Rudolf Hubert

Im Geheimnis leben

Zum Wagnis des Glaubens
in der Spur Karl Rahners ermutigen

Mit einem Nachwort von Roman Siebenrock

Rudolf Hubert

Im Geheimnis leben

Zum Wagnis des Glaubens
in der Spur Karl Rahners ermutigen

Mit einem Nachwort von Roman Siebenrock

echter

Bibliografische Information der Deutschen Nationalbibliothek

Die Deutsche Nationalbibliothek verzeichnet diese Publikation
in der Deutschen Nationalbibliografie; detaillierte bibliografische Daten
sind im Internet über ‹http://dnb.d-nb.de› abrufbar.

1. Auflage 2013

www.echter-verlag.de
Gestaltung: Hain-Team, Bad Zwischenahn (www.hain-team.de)
Umschlagfoto: Quelle unbekannt
Druck und Bindung: CPI – Clausen & Bosse, Leck
ISBN
978-3-429-03602-7 (Print)
978-3-429-04698-9 (PDF)
978-3-429-06097-8 (ePub)

Inhalt

Vorwort

Karl Rahners Theologie begleitet mich seit meiner Jugendzeit. Rahner lehrte mich nicht nur den Glauben in „intellektueller Redlichkeit". Er vermittelte mir auch die Freude am Glauben und den „Mut zum kirchlichen Christentum". Wenn dieses Buch mit dazu beiträgt, auf diesen „Vater im Glauben" (Johann Baptist Metz) wieder stärker aufmerksam zu werden, dann hätte es seinen Sinn in überreichem Maße erfüllt.
Einen vielfachen Dank habe ich abzustatten. Ich kann unmöglich alle Namen aufzählen, die meinen Glaubensweg mit Karl Rahner bisher begleitet haben. Doch sei es mir vergönnt, wenigstens einige von ihnen namentlich zu erwähnen. In allererster Linie natürlich meine Frau Maria Hubert und meine Söhne. Sie waren fast immer die ersten Zuhörer von dem, was ich zu Papier gebracht habe. Und ich habe ihre Geduld oft in sehr starkem Maße in Anspruch genommen. Neben meinen Eltern und Geschwistern und meinem Heimatpfarrer, möchte ich meine Freunde aus dem Schweriner Seelsorgekreis und die Teilnehmer der Parchimer Bildungstage erwähnen. Ohne die sachkundige Hilfe und den vielfachen freundschaftlichen Rat von Prof. Dr. Roman Anton Siebenrock wäre das Buch ebenfalls nicht zustande gekommen. Bei ihm stehe ich in tiefer Schuld, ebenso bei Weihbischof Dr. Nikolaus Schwerdtfeger und Prof. Dr. Ralf Miggelbrink. Die Arbeiten der beiden Letztgenannten über Karl Rahner haben mir sehr geholfen, die Tiefendimension rahnerschen Denkens wahrzunehmen und zu verstehen. Und nicht zuletzt danke ich unserem Herrn Erzbischof Dr. Werner Thissen. Sein Wort: „Am Rahner müssen sie dran bleiben" und seine großzügige Unterstützung haben mir auch dann Halt gegeben, wenn der Weg steinig und mühsam wurde. Dem Echter Verlag Würzburg bin ich ebenfalls zu großem Dank verpflichtet, weil er mit seinen Möglichkeiten dazu beiträgt, das Glaubenszeugnis Karl Rahners wach zu halten.
Ich hoffe und wünsche, dass dieses Buch etwas vermittelt von der Weite, der Tiefe und dem Reichtum kirchlich-katholischen Christseins.

Schwerin, den 28.11.2012 Rudolf Hubert

Einleitung

An wen wendet sich dieses Buch? Welche Leserin, welchen Leser möchte ich mit ihm erreichen und warum? Damit nicht Missverständnisse oder falsche Erwartungen dieses Buch „begleiten“, möchte ich zunächst sagen, was dieses Büchlein *nicht* ist.

Es ist kein wissenschaftliches Werk zur Theologie Karl Rahners. Es ist daher kein Werk der theologischen Auseinandersetzung.[1] Das Ziel dieses Buches ist vielleicht am besten beschrieben mit den Worten „Zeugnis“ und „Ermutigung“.

Es geht zunächst um meine eigenen Erfahrungen mit dem Denken eines großen Theologen, der mir ein „Vater im Glauben“ (Metz) wurde. Ich kann deshalb auch nicht von der eigenen „Betroffenheit“ absehen. Ich will es auch gar nicht, weil mir diese Erfahrung für mein Leben viel zu wichtig geworden ist. Von daher kann und will dieses Buch nicht „objektiv“ sein.

Doch ich möchte nicht nur bei mir und meinen Erfahrungen mit der Theologie Karl Rahners stehen bleiben. Glauben kann man nur in Gemeinschaft. Vielleicht wird manch eine Leserin und manch ein Leser aufmerksam auf den Glaubenszeugen Karl Rahner? Meine Hoffnung ist es; ebenso, dass die unterschiedlichsten Lebens- und Glaubenserfahrungen in ein Gespräch gebracht werden mit dem Denken Karl Rahners. Ich habe die Erfahrung gemacht, dass Karl Rahner keine fertigen Patentrezepte für den Glauben und für das Leben parat hatte. Wohl aber machte (und macht!) mir seine Theologie Mut, Lebenserfahrungen und Glauben zusammenzubringen.

Dieses Buch ist nicht geschrieben worden für Menschen, die „eh immer schon wissen, wo's lang geht“. Auch nicht für Menschen, für die die Welt „nun mal so ist, wie sie ist“. Wenn alles klar, alles durchschaubar ist, wenn es keine Fragen mehr gibt, wenn man mit sich und der Welt „fertig“ ist, dann muss auch dieses Buch langweilig werden. Warum? Weil es darauf aufmerksam macht – und zwar immer wieder, in immer neuen Anläufen[2] – dass wir viele Fragen haben, die sich eben nicht wirklich

„klar" und „überschaubar" beantworten lassen. Wer eine definitive Klarheit sucht, die die Unruhe des Fragens auslöscht, wird diese hier mit Sicherheit nicht finden!
Doch ich möchte sogleich „bekennen": Gott sei Dank haben wir Fragen, die nie an ein Ende kommen. Karl Rahner hat es immer wieder „eingeschärft": Wir haben Fragen, weil wir im Letzten eine einzige Frage sind! Ich möchte gar nicht restlos mit der Welt und mit mir „fertig" sein. Dann wäre ich wirklich „fertig". Nein, für uns Menschen, so wie wir „gebaut sind", gibt es keinen „Standort", von dem aus man sagen könnte, dass alle Fragen „erledigt" sind.
Gesellschaftspolitisch habe ich genau das im „real-existierenden Sozialismus" erlebt: Da war angeblich alles klar, in der „Planwirtschaft". Zum Schluss, 1989, hat sich herausgestellt, dass überhaupt nichts „klar" war, außer der Tatsache, dass die Menschen dieser Art von Bevormundung ein für allemal überdrüssig waren.
Und heute? Wenn alles funktioniert, wenn alles „stimmig" ist, wenn „es sich rechnet", geht dann die „Rechnung unseres Lebens" auf? Kann sie, ja darf sie überhaupt aufgehen? Ein Mysterium, ein Geheimnis des Menschen, gab es im „real existierenden Sozialismus" nicht. Angeblich! Und in der heutigen „Wissensgesellschaft" wird auch alles darangesetzt, das Geheimnis des Menschen – nun endlich und vollständig – zu enträtseln.[3]
Doch ich wollte (und will) mir die großen Fragen, wo wir herkommen, wo wir hingehen, was ein Leben wesentlich prägt und bestimmt, von nichts und niemanden (mehr) ausreden lassen! Auch nicht von einer Ideologie des Geldes, der Macht oder der Banalität!
Dabei ist dies alles andere als ein Plädoyer für Irrationalismus oder für ein Denken, das sich der „Anstrengung des Begriffs" entziehen möchte und deshalb nach „faulen Ausreden" oder falschen Kompromissen sucht. Im Gegenteil: Wir müssen mit aller Leidenschaft des Herzens und des Verstandes unser Leben befragen. Denn: Wenn alles in Frage steht, wenn es um das Ganze unseres Lebens geht, kann, ja darf, keine Teilantwort „der Weisheit letzter Schluss" sein. Dies gilt es – im Denken und noch mehr im Leben – zu erweisen![4]
Diese eine „Voraussetzung" allerdings müssen die Leserin und der Leser dieses Buches mitbringen: Den Willen, sich der Mühe zu unterzie-

hen, das eigene Leben zu befragen. Und dann zu schauen, ob die Glaubenshilfe, die Karl Rahners Denken bietet, wirklich *eigene* Lebenshilfe sein kann. Diese Mühe kann niemandem abgenommen werden, der sich mit diesem Buch beschäftigt. Die Erfahrung, dass es sich lohnt, sich auf Rahners Impulse einzulassen, kann wirklich nur jeder selbst ganz persönlich machen. Es geht dabei um eine spannende Ausfahrt auf das „offene Meer" des Lebens und des Glaubens. Ich kann hier lediglich die eigene Erfahrung bezeugen: Es lohnt sich wirklich.
Zum Aufbau des Buches an dieser Stelle eine kleine Orientierungshilfe. Auch hier stand Karl Rahner gewissermaßen Pate. Er hat seinen „Grundkurs des Glaubens" in verschiedene „Gänge" untergliedert. Ich habe versucht, mich an diese Struktur ein wenig anzulehnen.[5] In mehreren Gängen möchte ich auf eigene Erfahrungen und Fragestellungen des Glaubens und Lebens eingehen. Diese Gänge sollen sich – ähnlich einer Spirale – in je neuen Perspektiven dem Zentrum des Glaubens zuwenden, indem der Mensch sich versteht und erfährt als „Ereignis der freien, vergebenden Selbstmitteilung Gottes". (Karl Rahner)
Das „Fundament" gleichsam, von dem diese Gänge abgehen, bildet die „Hinführung zum Buch". In ihm wird auch der Versuch unternommen, die Kohärenz der Aufeinanderfolge der Gänge aufzuzeigen, ihre Schritt- und Reihenfolge plausibel, nachvollziehbar zu machen.
Es geht – nochmals sei es gesagt – zunächst um meine ganz eigenen subjektiven Erfahrungen mit der Theologie Karl Rahners. Das ist gewissermaßen der eine Pol des Buches. Der andere Pol ist die Einladung an Sie, es selber mit diesem geistlichen Begleiter zu versuchen. Diese Einladung ist gleichzeitig eine Aufgabe, die das Buch selbst nicht mehr eigens leisten kann. Wo Sie, liebe Leserin und lieber Leser, selbst „ins Spiel kommen". Das vorliegende Buch ist von daher in seinem Charakter dialogisch, „interaktiv" angelegt.[6]

Die einzelnen Gänge des Buches haben formal den gleichen Aufbau:
- Zu Beginn versuche ich in wenigen Worten gleichsam einen „Durchblick" durch den jeweiligen Gang zu geben.
- Ihm schließen sich ein oder mehrere Rahner-Texte an.
- Eine kurze Interpretation will die Texte sachthematisch erschließen.

- Dann erfolgt jeweils eine „Entfaltung auf heutige Erfahrung hin".
- Abgeschlossen werden die einzelnen Schritte in den Gängen mit Überlegungen zur Frage: „Zu welcher Bekehrung möchte Rahner mit diesem Text bewegen?"

Das Buch hätte seinen Zweck in überreichem Maße erfüllt, wenn es Mut macht, sich auf dem Weg christlichen Glaubens von einem Lehrer begleiten und führen zu lassen, bei dem Glaube und Frömmigkeit, Denken und Kenntnis der Weite der Überlieferung auf eine ganz originelle Art und Weise eine untrennbare Einheit bildeten.[7] Karl Rahner hat mich gelehrt, das „Leben zu beten" und die Kirche zu lieben, auch wenn sie eine „Kirche der Sünder" bleibt. Möge dieses kleine Büchlein ein bescheidener Dank sein für alles, was ich von der Theologie Karl Rahners für mein Leben empfangen habe.

Hinführung

Ein Großteil meiner bisherigen Biographie spiegelt den Alltag in einem Land wider, das die Utopie des „real-existierenden Sozialismus auf deutschem Boden“ 40 Jahre lang umgesetzt hat. Mit all den Macht- und Informationsmitteln eines diktatorischen Regimes stalinistischer Prägung. Dabei spielte die staatlich „verordnete“ Durchsetzung der „einzig wissenschaftlichen Weltanschauung“ des Marxismus/Leninismus eine wichtige Rolle. Wies sie doch in ihrem kämpferischen Atheismus dem religiösen Glauben die Rolle zu, „Opium des Volkes“ zu sein, Leben in einer „Hinterwelt“.

Mir geht es in meinen Ausführungen besonders um den christlich-katholischen Glauben, das Leben in und mit der Kirche unter diesen Bedingungen. Welche spezifischen Erfahrungen wurden gemacht? Welchen Herausforderungen musste die Kirche sich stellen? Wie ging sie damit um? Was kann man als gläubiger Christ aus diesen Erfahrungen lernen für seinen Glauben im Hier und Heute?

Bei diesen Betrachtungen geht es mir also nicht vornehmlich um einen Blick zurück in die Vergangenheit. Erst recht nicht um „Verklärung“, um Nostalgie. Ich möchte vielmehr mit diesen spezifischen Erfahrungen Antworten suchen und finden auf folgende Fragen: Welchen „Mehrwert“ hat der Glaube für mein Leben? Können diese spezifischen Erfahrungen auch fruchtbar gemacht werden für die geistige Auseinandersetzung in der Gegenwart? Wie kann dies konkret geschehen?

Die politische „Wende“ ist ja mittlerweile schon über 20 Jahre her. Vieles hat sich zu heute im gesellschaftlichen Umfeld und auch im kirchlichen Bereich erheblich verändert. Fragestellungen sind teilweise völlig neu, Problemkonstellationen ebenfalls. Wurde der Glaube einst eher bekämpft und belächelt, wird er heute zumeist ignoriert, verdächtigt oder als veraltet abgetan.

Doch schon hier muss vor einer „holzschnittartigen“ Vereinfachung gewarnt werden: Auch im „real-existierenden Sozialismus“ wurde der Glaube nicht nur bekämpft und lächerlich gemacht. Vielfach wurde er

auch ignoriert, verdrängt, totgeschwiegen. Man war sich schon bewusst, dass die aktive Auseinandersetzung mit dem christlichen Glauben auch eine aktive Beschäftigung mit ihm verlangt. Das muss nicht immer zum Vorteil sein für Machthaber und Parteistrategen. Denn wer sich aktiv auseinandersetzt, wertet in gewisser Weise den „Gegenstand" der Auseinandersetzung auf. Mit Belanglosigkeiten gibt man sich nicht ab. Von daher sind die Ignoranz und das Totschweigen „erfolgreicher" und für den Glauben gefährlicher, weil sie eine zunehmende Belanglosigkeit und damit „Harmlosigkeit" der Glaubensentscheidung fördern.[8]
So ist es kaum verwunderlich, dass das Wissen um Religion in den sogenannten „neuen Bundesländern" erschreckend gering ist. Im „realexistierenden Sozialismus" wurde der Glaube systematisch aus der Öffentlichkeit verbannt bzw. zurückgedrängt. Und wie sieht es heute aus? Mir scheint, dass – bei allen Möglichkeiten, die die demokratische Grundordnung bietet – der Glaube, den die Kirche verkündet, „verdunstet wie Morgennebel in der Sonne" (Karl Rahner).
War der Glaube im kommunistischen Machtbereich bedroht und eingeschränkt, scheint er heute eher „abzusterben", ohne dass dieses Sterben sonderlich Aufsehen erregt.
Es ist diese scheinbare Bedeutungslosigkeit christlich-kirchlichen Glaubens in einer fast vollständig säkularisierten Welt, der unbemerkte Verlust des ausdrücklichen Gottesbezuges, der mich erschreckt.[9] Dies umso mehr, als die Flucht in den Esoterikboom nach wie vor anhält, ebenso die Suche nach anderen Religionsformen.[10]
Das führt mich noch einmal zurück zur Anfrage an den Glauben der Kirchen. In ihnen hört man häufig statt der „Freude eines Christenmenschen" den „Klagegesang" über Missbrauchsskandale, Priestermangel oder Finanznöte. Strukturfragen scheinen die eigentlichen Probleme zu sein, verbunden oftmals mit einem wehmütigen Blick zurück in die sogenannten „guten alten Zeiten".
Mir drängen sich bei all dem entscheidende Fragen auf: Wie können wir als Christen mit diesen Herausforderungen „intellektuell redlich" umgehen? Und was können wir aus den spezifischen Erfahrungen des eigenen Lebens für die Gestaltung gläubigen Lebens heute und morgen lernen? Auch und gerade deshalb, weil fast alles heute „im Fluss zu sein

scheint". Und weil nicht zuletzt deshalb einerseits Sorge und Angst um sich greifen. Ebenso wie das Verlangen nach Orientierung und Verlässlichkeit. Wenn „alles fließt", will man gerade dann wissen, was denn nun (noch) gilt.
Und auch die Weitergabe des Glaubens scheint (vielleicht deshalb?) in vielfacher Hinsicht nicht so sehr das Bezeugen einer frohmachenden, lebensspendenden Botschaft zu sein. Eher ähnelt sie mitunter einem mühsamen „Geschäft", bei dem das Aufwand-Nutzen-Verhältnis scheinbar immer weniger lohnt.
Ausgehend von diesen Betrachtungen möchte ich in zweierlei Hinsicht Mut machen. Dies ist eines der „Vermächtnisse", die sich aus der Begegnung mit Karl Rahner ergeben. Der erste Impuls hat nichts Spektakuläres an sich und hört sich ganz selbstverständlich an: Glauben kann man nicht allein!
Karl Rahner war (und ist!) mir auf meinem Glaubensweg stets ein stiller, unaufdringlicher, verlässlicher und unbestechlicher Weggefährte. Sei es, dass er mir half, in der Zeit des „real-existierenden Sozialismus" die Utopie der kommunistischen Weltdeutung als solche zu erkennen und den Glauben als konkreten Realismus wahrzunehmen.[11] Sei es, dass er mir heute hilft, die „Götzen" des Geldes, des Konsums oder der Banalität mit ihren maßlosen Ansprüchen als solche zu entlarven. Dies geschieht insbesondere in seinen Gebeten und Meditationen. Ich kenne keine bessere „Gebetshilfe" als die, Rahners „Gebete des Lebens" zu meditieren. Dabei kann man die eigenen Erfahrungen „Von der Not und dem Segen des Gebetes" machen und weiß sich dabei doch nicht allein. Ebenso wie beim Gang mit Karl Rahner durch das „Große Kirchenjahr". Diese beglückenden Erfahrungen kann ich nicht für mich behalten. Ich gebe sie deshalb weiter bei Gemeindeveranstaltungen wie auch bei den „Parchimer Bildungstagen".
Die Idee und die Anlage zu diesem Büchlein entstammt von daher auch zu einem großen Teil aus jenen Erfahrungen, die ich dort gemacht habe. Einmal sagte mir der Leiter des „Edith Stein-Hauses" in Parchim, er merke, wie die Texte Karl Rahners die Leute ansprechen. Sie hätten es ihm berichtet und ich solle doch überlegen, ob ich diese nicht einem größeren Leserkreis zugänglich machen könnte. Ich spüre es auch und

höre es von guten Freunden, dass einerseits Texte Karl Rahners „brandaktuell“ sind und für sich sprechen. Andere bedürfen dafür eines längeren „Anlaufes“, einer Hinführung und entfalten erst ihre Kraft, wenn sie im Dialog miteinander „geklärt“ werden.

Der zweite Impuls ist dem ersten eng verwandt: So, wie man nicht allein glauben kann, sowenig „hat“ man das Leben selbst „fest im Griff“. Das Leben in all seinen vielen Facetten ist wesentlich ein Wagnis. Rahners Spiritualität hat mir Mut gemacht, das Wagnis der persönlichen Entdeckungsfahrt des Lebens im Vertrauen auf das unendliche, unbegreifliche und unbegreiflich liebende Geheimnis Gottes zu unternehmen. Es lohnt sich allemal, weil es eine spannende Geschichte ist, die das Leben schreibt.

Dabei ist es zunächst gar nicht selbstverständlich, dem Leben mit all seinen Höhen und Tiefen zu trauen. Die medial mit großem Aufwand inszenierten Horror- und Katastrophenmeldungen lassen Vertrauen und Optimismus deshalb auch allzu leicht als Naivität aussehen. Und doch habe ich immer wieder dieselbe Erfahrung gemacht, derer ich allerdings immer erst in der Rückschau gewahr wurde: An den entscheidenden Wegstrecken meines Lebens wurde ich – reichlich und unverdient – im wahrsten Sinne des Wortes beschenkt. Das bestätigt mich in der Hoffnung, die oft genug schon zur Gewissheit wurde: „Das Leben wagen, weil Gott es mit uns lebt.“

Das Gespräch über geistliche Impulse aus dem Werk Karl Rahners für das eigene Leben ist von daher die eigentliche „Gestalt“ dieses Buches, die erst „rund“ wird, wenn mein Teil und der der Leserin und des Lesers zusammenkommen.

An den Anfang hab ich zwei „große Anfragen“ gestellt. Auf einzelne Aspekte dieser „großen Fragen“ werde ich immer wieder im Text zurückkommen:

Was heißt es, wenn der Mensch als solcher „stirbt“, indem er all seine Fragen, Hoffnungen und Sehnsüchte entweder still auf sich beruhen lässt oder alles als Unsinn, als Lächerlichkeit, als „Überbau“ abtut?

Und die Kehrseite: Was „passiert“, wenn genau das nicht zugelassen wird, das „Austreiben“ der großen Fragen? Wenn man es sich nicht verbieten lässt zu fragen: Was kann ich wissen, was darf ich hoffen, was muss ich tun? Wenn es nicht einfach hingenommen wird, dass nur das gelten soll und gelten darf, was funktional, greifbar, exakt und bestimmbar ist? Wenn das Geheimnis, das wir nicht nur suchen, sondern wesentlich selber sind, wieder in den Blick kommt? Wenn wir selbst – und damit auch Gott – (endlich) wieder zu Fragen werden?

Es geht entscheidend um das Offenhalten der Frage des Menschen nach sich selbst in den vielfältigen Lebensbezügen, die dadurch auch Glaubensvollzüge sind.

Die acht Gänge haben von daher auch eine „innere Logik", die kurz skizziert werden soll:

In Gang I geht es um die „posthumanen Laboratorien" der Gegenwart, also um die „gängigen" Antwortversuche auf die Frage nach dem Menschen. Gang II beschäftigt sich konkreter mit der Anthropologie, jetzt schon deutlicher die Aussagen der christlichen Botschaft in den Blick nehmend. Gang III bezieht sich ausdrücklich auf die Heils- und Offenbarungsgeschichte, während Gang IV sich der Heilszusage Gottes im Christusereignis widmet. Ausgehend davon ist Gang V eine Besinnung zur Trinität. Wenn Gott selbst uns in Jesus von Nazareth nahegekommen ist und SEIN Geist „in unsere Herzen ausgegossen wurde", ist Trinität nicht irgendein „spekulativer Luxus", sondern konkreter, geschichtlich erfahrener Lebensvollzug der Zuwendung und Nähe des göttlichen Geheimnisses.[12] Der VI. Gang ist Überlegungen zur Kirche in der Welt von heute gewidmet, dem sich im Gang VII eine Besinnung anschließt über die Situation des Glaubens heute angesichts des radikalen Pluralismus der Weltanschauungen. In gewisser Weise stellt Gang VII eine Rückkopplung her zum Ausgangspunkt, also zu Gang I, weil im Pluralismus der Weltanschauungen die Antwort des Glaubens sich bewähren muss. Darum thematisiert Gang VIII unmittelbar anschließend Fragen der Eschatologie, also der „letzten Dinge". Glaube in Hoffnung und Liebe ereignet sich im „tätigen Weltbezug". Am „Ende der Tage" wird offenbar werden, wie wir als Menschen mit uns selbst, mit unseren Mitmenschen und mit Gottes Schöpfung umgegangen sind. Denn sie zu hüten und zu pflegen (und nicht auszubeuten!) ist der Auftrag an den Menschen. Das zeichnet ihn in dem Maße aus, wie es ihn in die Verantwortung ruft.

Dieser letzte Gang versucht eine Deutung der christlichen Lebenskultur unter ausdrücklicher Anerkennung des bleibenden Geheimnisses. Darum können die Betrachtungen zu Glauben, Hoffnung und Liebe auch als eine Art Zusammenfassung gelesen und verstanden werden.
Der Abschluss meiner Erfahrungen mit Karl Rahner ist zugleich Einladung an Sie, liebe Leserin, lieber Leser. Ich wage die Hoffnung, dass auch Sie für sich Karl Rahner entdecken als Lehrer, Beter, Denker. Als einen Glaubenszeugen, der Sie „einweist“ ins Mysterium, in das Geheimnis, das uns umgibt. Dessen vergebende und beseligende Nähe wir erfahren im „Christusereignis“, im Zeugnis der Kirche, im Wirken des Heiligen Geistes, der „weht, wo er will“.
In einem wissenschaftlichen Nachwort werden Roman Anton Siebenrock und ich einigen Fragen an die Theologie Karl Rahners nachgehen. Gerade die Auseinandersetzung mit kritischen Hinweisen an die Theologie Karl Rahners lässt eine Ahnung aufkommen von dem, was Karl Lehmann treffend beschreibt: „Die versierte Kenntnis der Geschichte der Kirche und der Theologie hat Rahner jene immer wieder überraschende Zuverlässigkeit gegeben, die ihm in den schwierigsten Fragen (Natur und Gnade, Dogmenentwicklung, Grundlegung der Christologie) und zu den gefährlichsten Zeiten (sie reichen ja bis in die Jahre vor dem Krieg!) eine Tollkühnheit des theologischen Denkens erlaubte, deren Gewicht man heute kaum mehr direkt ermessen, sondern in einem fast schon ‚historischen‘ Rückblick nur noch vermuten kann.“[13]

A) Der Mensch als findiges Tier – Umgang mit der Transzendenz des Menschen

Es war eine gespenstische Szene, die sich im Advent vor einigen Jahren in Schwerin abspielte. Die Kirche war hell erleuchtet, der Weihbischof hatte sich zur Pontifikalvesper angekündigt, im Kircheninnenraum waren jedoch nur ein paar ältere Menschen zu sehen. Vorne, in den ersten Bänken, saßen ein paar Ordensfrauen. Weder war ein Messdiener vorn am Altar, von Menschen mittleren Alters waren nur wenige zu sehen, von Jugendlichen ganz zu schweigen.

Mir ist an diesem Abend buchstäblich „der Schreck in die Glieder gefahren": Die „Wende" in unserem Land war schon etliche Jahre her, als das alte DDR – Regime mit seinem Traum von der „historischen Mission der Arbeiterklasse" abdanken musste. Zwischenzeitlich hat sich sehr viel getan in unserem Land, viele Häuser wurden saniert, prächtige Einkaufscenter prägen das Bild der Innenstädte, eine glitzernde Reklamewelt verspricht, dass alles besser, billiger und schöner wird. Das Wort von den „blühenden Landschaften" bewahrheitet sich heute, wenn auch nicht überall. Und die „inneren Landschaften"? Sind sie auch blühend oder müssen wir eher von „Wüste", von Ödland, vom Verdorren und Verdursten sprechen?

Mir stellte sich an diesem Abend eine Frage mit Dringlichkeit und großem Ernst: Wie ist es möglich, dass in so kurzer Zeit an die Stelle der Ideologie der Macht die Ideologie des Geldes und des Konsums treten konnte? Denn eines war offensichtlich: Die leere Kirche stand in auffälligem Kontrast zum wogenden Treiben, zum Hasten der Menschen auf der Suche – ja, nach was eigentlich? Vordergründig sicher, um geeignete Geschenke für die Lieben daheim zu kaufen. Doch erklärt das wirklich alles? Ist nicht das Getriebensein der Menschen förmlich „mit Händen zu greifen" in dieser angeblich stillen Zeit des Advents?

Menschen werden getrieben und lassen sich treiben. Bedrückende Erfahrung und hilflose Ratlosigkeit: Lassen Menschen mit sich wirklich alles machen? „Brot und Spiele" – die Maxime altrömischer Lebensart – ist das auch heute die dominante Lebensmaxime, die einfach so an die Stelle treten konnte, wo einstmals lauthals verkündet wurde: „Von der

Sowjetunion lernen, heißt siegen lernen"? Oder: „Vorwärts mit neuen Taten zum Aufbau des Kommunismus"? Ist das alles einfach so austauschbar? Gibt es keinen eigenen, unverwechselbaren Wert- und Sinnhorizont, der gilt? Auch inmitten und jenseits gesellschaftlicher Umwälzungen? Was heißt menschliche Identität? Wie „fühlt sich das an", wenn ein Parteisekretär „über Nacht" zum Firmenboss avanciert?
Und was ist mit unseren Kirchen los? Was ist *in* ihnen los? Ist überhaupt mit Kirche heute etwas „los"? Stehen die christlichen Kirchen nicht oftmals hilf- und sprachlos dem Phänomen der leeren Kirchen einerseits, der vollen Supermärkte, der Talkshows und der „Wellness-Kultur" andererseits gegenüber? Nimmt sich nicht selbst dieser Vergleich eigenartig, skurril aus? Denn das ist ja irgendwie eine unfreiwillige „Ökumene des Unvermögens". Oder steckt mehr dahinter, als nicht immer „auf der Höhe der Zeit zu sein"? Kommt die Botschaft von der Menschwerdung Gottes heute nicht nur nicht an, sondern hat sie Mühe mit der Moderne? Kann sie sich in ihr nicht zurechtfinden? Ist sie überfordert, wirkt sie eher wie ein Fremdkörper? Ist sie Rückzugsraum für jene, denen das Tempo heutigen Lebens zu schnell geworden ist?
Ist es nicht (auch) so, dass hinter all der Hetze, der Unruhe vieler Menschen heute, vielleicht – unausgesprochen – ein oft vages und zielloses Suchen die Antriebskraft ist? Ein Suchen, das nicht in der Lage ist, eine Richtung anzugeben, ein Suchen, das sich im Unklaren darüber ist, „wohin die Reise geht". Diese diffuse Situation, die eine große geistige Not in heutiger Zeit anzeigt – wird sie in den Kirchen hinreichend wahrgenommen und registriert? Haben wir Sensibilität in ausreichendem Maße entwickelt für unsere „Zeitgenossen", ihre Fragen, Probleme, Sorgen, Nöte, Hoffnungen und Sehnsüchte?
Schlussendlich müssen wir uns in der Kirche die Frage stellen angesichts dieses „Befundes": Ist unsere „Zeit-Diagnose" hilfreich und öffnend oder eher verurteilend, abschätzig? Wird sie gestellt aus echter christlicher Sorge und Verantwortung um die Mit- und Umwelt oder doch eher aus einem grundsätzlichen Ressentiment, aus Misstrauen heraus?
Wir müssen uns fragen oder auch fragen lassen in der Kirche: Wollen wir wirklich einen ehrlichen Dialog, einen, der auch uns durchaus in-

frage stellt? Oder reden wir vielleicht zu viel von Dialog, um eine – geheime – Angst, ja Unfähigkeit zum Dialog zu übertünchen? Und kaschieren wir unsere Unfähigkeit, mit diesem Phänomen angemessen umgehen zu können, nicht vielleicht durch einen Rückzug auf den „sicheren Kirchenraum“, auf die – vermeintlich – unangreifbaren kirchlichen „Schutzräume“ und beschränken uns auf das Abwarten, bis „der Sturm vorüber“ ist?[14]

Karl Rahner sprach oft – einen Impuls des letzten Konzils aufgreifend – von der „Hierarchie der Wahrheiten“, davon, dass sich die Verkündigung auf die „innere Einfachheit des Christentums“ zu konzentrieren habe. Nur wenn der Mensch den inneren Zusammenhang zwischen den Glaubensgeheimnissen nachvollziehen kann, wenn er erkennen kann, wie Glauben und konkretes Leben zusammenhängen, wird ihn das verkündigte Wort erreichen, ansprechen und bewegen. Karl Rahner war auch ein „Pionier der ‚Kurzformeln des Glaubens‘“. Dabei geht es keinesfalls um eine Reduktion, um ein „Auswahlchristentum“, frei nach dem Motto: Was mir passt, behalte ich, das Sperrige, das Unverstandene „geht über Bord“. Nein, hier geht es vorrangig um die Änderung der Perspektive, um die Konzentration auf das Wesentliche, um den Nachweis der inneren Stimmigkeit der Glaubensaussagen, um ihren Zusammenhang.

Wird dies wirklich ausreichend in der kirchlichen Verkündigung geleistet? Oder liegt hier ein Vermächtnis Karl Rahners vor, dass von den Kirchen erst noch eingelöst werden muss?

Der Hinweis auf die „Schutzräume“, von denen Papst Benedikt spricht, ist wichtig, weil wir immer wieder „zu Hause ankommen“ wollen (und müssen). Wir brauchen „Tankstellen“ der Freude und der Hoffnung, Orte und Ereignisse der Vergewisserung. Schwierig wird es erst dann, wenn diese Schutzräume zu „Trutzburgen“ verkommen. Wenn wir in der Kirche hohe Mauern errichten, um uns gegenüber der „gottlosen“ Welt oder jener Welt, die eher eine „frei vagabundierende Auswahlreligiosität“ sucht, abzuschotten. Der Hinweis, dass dieses Phänomen mit der Unfähigkeit und Unwilligkeit zusammenhängt, sich verbindlich zu entscheiden, darf nicht überhört werden. Doch die Frage muss erlaubt sein, ob dieser Hinweis wirklich das Phänomen erschöpfend beschreibt?

Ich meine, in Bezug auf unsere Kirche darf man nicht „wertneutral" argumentieren, was „die" Kirche solle und was nicht. Wenn es um Kirche geht, dann sind wir allesamt gemeint. Das muss auch sprachlich deutlich werden.

Nach Karl Rahner gehört es zur bleibenden Bedeutung des Zweiten Vatikanischen Konzils, dass es nicht der Frage widersprochen hat, ob wir hoffen dürfen, dass Gott am Ende alle rettet.[15] Das meint eine Hoffnung für alle Menschen als Akt der Nächstenliebe und ist meilenweit entfernt von einem „billigen Heilsoptimismus". Kirche ist und bleibt von ihrem Wesen her missionarisch. Wie könnten wir die Hoffnung und den Geist, der „in unsere Herzen ausgegossen wurde", vor Anderen verschweigen? D. h. aber zugleich, dass wir uns nach Kräften mühen müssen dass das, was wir verkünden, so verkündet wird, dass es beim „Hörer des Wortes" auch ankommen kann.

Sprechen wir denn in den Kirchen eine Sprache, die verstanden wird? Oder üben wir uns in „Sprachspielen", die oft niemand versteht und geben Antworten auf Fragen, die kaum jemand stellt? Und dabei wissen wir vielleicht insgeheim, dass wir bei den wirklichen Fragen zunehmend rat- und sprachloser werden? Immunisieren wir uns nicht manchmal durch feste Rituale und eine „Formelsprache", um uns nicht eingestehen zu müssen: Das, worum es eigentlich geht, lassen wir nicht wirklich nahe genug an uns heran? Wenn wir das täten, würden viele ernste Fragen auch uns erreichen? Doch wollen wir uns wirklich infrage stellen lassen, wollen wir diese Unsicherheit? Positiv formuliert: Wollen wir uns „aufbrechen lassen" von Gottes Geist, auch in der Kirche?

Noch einmal: Nichts spricht gegen Formen und Rituale, die notwendig sind, schon weil der Mensch ein gemeinschaftliches Wesen ist. Kritisch wird es erst dann, wenn es zur Erstarrung, zur Abschottung kommt. Wenn eine Haltung „kultiviert" wird, etwa nach dem Motto: „Was wir haben, wissen wir. Und was kommt, wissen wir nicht." Und das, was kommt? Es könnte gut sein, es könnte auch gefährlich sein. Und darum ist es gut, die „Finger davon zu lassen", man könnte sie sich sonst leicht „verbrennen".

Was ich in diesem Buch versuche, sind allermeist Fragen. Fragen und Staunen gehören ganz elementar zum Glauben. Auch das Fragen will gelernt sein. Gerade auch hier war Karl Rahner ein großer Lehrmeister, der dafür bekannt war, die oft schwersten, die sogenannten „Kinderfragen", zu stellen, und sich nicht mit vorschnellen Antworten und Halbwahrheiten zufriedenzugeben.

Die Fragen sind gewissermaßen tastende Versuche (mehr nicht), um dem Phänomen auf die Spur zu kommen, das schon benannt wurde: Religion scheint eigentlich heute gefragt zu sein, während unsere Kirchen offensichtlich immer leerer werden. Ich bin mir sehr bewusst, dass „einfache Rezepte" nicht weiterführen. Ebenso wenig werden reine Strukturdebatten oder Schlagworte (Reizwörter: Zölibat, „alte Zöpfe abschneiden", Demokratie statt Hierarchie) hinreichend Antwort bieten können. Wir müssen die Sonde tiefer ansetzen. Doch wo? Und wer kann uns dabei behilflich sein?[16]

Wenn es so scheint, dass die Botschaft des Glaubens – zumindest die, die von den Kanzeln der Kirchen ertönt – mehrheitlich nicht mehr gefragt ist, wenn „niemand mehr nach Wein verlangt", weil er keinen „Durst verspürt", wie soll sich die Verkündigung der Kirche mit dieser Situation „arrangieren"?

Von Karl Rahner ist zunächst zu lernen – exemplarisch am Text „Der Christ und seine ungläubigen Verwandten" –,[17] dass der Kontakt mit jenen nicht abbrechen darf, die unsere „Antwort des Glaubens" jetzt nicht hören wollen oder können. Deren Verweigerung oder „Abstinenz" sollte – aus Liebe zum Nächsten – erst recht Aufforderung sein zu verstärkter Bemühung um Verstehen und um Gespräch.

Dazu muss die Fähigkeit kommen, sich weder von „Ewiggestrigen" noch von „Alleskönnern" und „Besserwissern" beirren zu lassen, denn diese „Spezies" wird es immer geben, leider auch in der Kirche![18] Sie wird man – jetzt und künftig – in Geduld und Barmherzigkeit aushalten müssen, wenn man sie denn nicht „bekehren" kann.

Wenn wir auf die heutige Weltlage unvoreingenommen schauen, auf die atomare Katastrophe, die selbst das Hochtechnologieland Japan anscheinend nicht „in den Griff" zu bekommen scheint, auf das politische Pulverfass im Norden Afrikas und im Nahen Osten, auf das fast schon „inflationäre Gerede" von Wirtschafts- und Finanzkrise und über die Sorgen vor einer realen (und einer herbeigeredeten!) Rezession der

Wirtschaft mit all ihren Auswirkungen auf den Arbeitsmarkt und das soziale Umfeld in Familie und Gesellschaft – wer „schlägt da nicht die Hände vors Gesicht?"[19] Die scheinbar gerade noch abgewendete Finanzkrise internationalen Ausmaßes – hat sie zum wirklichen Umdenken beigetragen? Oder erleben wir nicht vielmehr, dass die Erkenntnis greift: Staaten, ganze Kontinente sind „im Ernstfall" erpressbar und „zahlen die Zeche"? Sind wir augenblicklich nicht gerade wieder Zeugen eines „Jetzt erst recht!" im internationalen Zocken von Banken und Börsenspekulanten?

Der „kalte Krieg" ist Geschichte – doch was ist mit den Ängsten und Sorgen der Menschen? Wie steht es mit ihnen? Sind sie geringer geworden? Oder hat sich nur das Gewand, in dem sie daher kommen, geändert? Warum jagt eine Megakonferenz die andere?[20] Mal geht es um den globalen Klimaschutz, mal um die Auswirkungen der weltweiten Wirtschafts- und Finanzkrise, mal um die Sorgen im ‚Atomstreit', mal um den steigenden Hunger in der Welt, um Frieden, um die Abwehr von Terrorgefahren usw. usf. Die Reihe ließe sich beliebig verlängern. Und fast jedes Mal fallen die Resultate unendlich geringer aus als die Erwartungen, die zudem meistens auch schon im Vorfeld gedämpft wurden. Obwohl – Stichwort Klimaschutz – jeder, der es wissen möchte, es auch wissen kann, dass es – und das ist nicht nur sprichwörtlich gemeint – eher „fünf nach zwölf" als „fünf vor zwölf" ist.[21]

Umso dringender taucht doch heute die Frage auf: Was braucht der Mensch wirklich? Was braucht unsere Zeit heute wirklich?[22]

Mit der Besinnung auf die eigentlichen, die „großen" Fragen, die wir nicht nur haben, sondern die wir eigentlich sind, (Darum stellen wir sie ja, darum lassen sie uns nicht zur Ruhe kommen!) wenn wir uns fragen nach dem Woher und Wohin, nach dem Warum und Wozu, erreichen wir eine „Gleichzeitigkeit" mit all jenen Gläubigen, die den allzu festen und fertigen Antworten, die im Leben – auch unserer Kirche – mitunter gegeben werden, die einfache Glaubenswahrheit entgegenhalten:[23] Es gibt keinen Glaubensbesitz! Wir tragen unseren Schatz nur in zerbrechlichen Gefäßen.

Karl Rahner macht es sich nicht einfach mit dem „Heilsoptimismus", also mit der Hoffnung auf das Heil für alle Menschen, ja für die ganze

Schöpfung. Sie ist für ihn ein von uns geforderter Akt der Nächstenliebe. Nur in der Hoffnung für Andere und in der Furcht um und für uns können wir auch für uns selber hoffen. Ebenso und erst recht ist das „Heil“, also das Leben mit Gott, unverdientes, unverfügbares Geschenk SEINER Zuwendung. Allerdings macht Gottes Liebe uns weder zu Marionetten noch zu Befehlsempfängern. Sie ermöglicht uns vielmehr, IHN in SEINER Liebe wieder zu lieben.

Karl Rahner kennt zudem eine Heilshoffnung, die nicht nur auf die sichtbare Kirchengestalt beschränkt ist. Er kennt eine universale Hoffnung, die sich daraus ableitet, dass Gott wirklich das Heil aller Menschen will. Diese Zusage Gottes gilt, und zwar uneingeschränkt! Weil es aber nach christlicher Lehre keinen Heilsvollzug an Christus vorbei gibt, viele Menschen vor und nach Gottes Menschwerdung in Jesus von Nazareth diesen Name nicht (vielleicht nie) kennen (lernen), Gott sein Heil nicht an der Freiheit des Menschen vorbei wirkt, muss in theologischer Konsequenz das Heil „außerhalb“ der sichtbaren Kirche auch einen Bezug zu Christus haben. Warum soll man diesen Bezug nicht „anonym“ nennen, wenn er tatsächlich da ist, ohne namentlich benannt zu werden?[24]

Es bleibt die bedrängende Frage – gerade aufgrund dieses „universalen Heilsoptimismus“ – bestehen: Wie ist die „düstere Vision“ Karl Rahners einer Welt ohne Gott – einer Welt, die nicht mehr nach sich selbst fragt und damit auch nicht nach Grund, Sinn und Ziel von allem – abzuwenden? Ist sie nicht in erschreckendem Maße heute bereits sehr realitätsnah, uns förmlich „auf den Leib gerückt“? Bleibt nicht eine große Ratlosigkeit bestehen in Bezug auf ein „rechtes Leben aus dem Glauben“?[25] Wenn wir eine Einsicht für richtig halten, ist ja noch längst nicht ausgemacht, dass wir wissen, wie sie umzusetzen ist.

Eine große Fastfood-Kette wirbt mit dem Slogan: „Ran, satt, weg“. In kurzer Zeit soll möglichst viel verkauft werden. Keine Zeit für Einzelgespräche, geschweige fürs Zuhören. Dahinter wird eine grundlegende Struktur im gesellschaftlichen Umgang erkennbar, die – vom Wirtschaftsleben ausgehend – sich anschickt, alle Lebensbereiche zu dominieren: Bloß weg, möglichst schnell, wenn zuvor möglichst rasch

und möglichst viel konsumiert worden ist (und der Profit somit gesteigert wurde!), damit andere Konsumenten den Platz einnehmen, um die gleiche Rolle zu spielen. Umsatzsteigerung ist oberstes Ziel, der Mensch kommt nur insofern in den Blick, sofern er ein guter „Verbraucher", ein Abnehmer, ein „Konsument" ist. Man spricht in der Soziologie von der „Rationalität der Organisation", die dem „subjektiven Faktor" (gemeint ist der Mensch) überlegen ist, zumal dieser sich meist als – der einzige – Störfaktor entpuppt.
Dabei sollen Strukturen und Organisationen „dienenden Charakter" haben, um dem Menschen zu mehr Freiheit, Freizeit, Eigenständigkeit zu verhelfen.
Wem fällt nicht angesichts dieses Befundes Goethes „Zauberlehrling" ein? Die Frage stellt sich: Warum werden Systeme, die uns „entmenschlichen", nicht boykottiert? Wie geht solch ein Boykott, wenn die „Masse" doch lieber billig als „fair" einkauft? Und sind nicht mit dem „christlichen Abendland" auch das Profitstreben, die Ausbeutung und Unterdrückung, gleich mit in die Welt geliefert worden? Kamen nicht hinter, vor oder neben den Missionaren die Eroberer gleich mit?[26]
Und was, wenn der Mensch die Rolle des „guten" Konsumenten, des finanzwilligen und finanzkräftigen Verbrauchers, nicht mehr spielt, weil er sie nicht mehr spielen will oder nicht mehr spielen kann? Weil er dazu finanziell, physisch oder psychisch nicht (mehr) in der Lage ist oder weil er prinzipiell – wie bei Menschen mit einer Behinderung – in vielerlei Hinsicht derart eingeschränkt ist, dass er grundsätzlich diese ihm eigentlich „zugedachte" Rolle nie spielen konnte, nie spielen wird? Auch dafür hat das allbeherrschende Marktsystem seine „Lösung" mit der ihm eigenen, innewohnenden Logik: Dann wird dieser Mensch zunehmend zu einem „Kostenfaktor", z. B. in der Pflege, der Medizin, die an ihm solange verdient, solange er Kosten verursacht. Ist er „weg", kommen andere nach, das „soziale Aggregat Mensch", dessen „maßgebliche Funktion" sich „physikalisch" beschreiben lässt als Stoff- und Energieaustauschsystem, funktioniert solange reibungslos, solange die Kette nicht unterbrochen wird.
Unterbrochen wird die Kette dieser „Stoff- und Energieumwandlung" durch den „Einbruch menschlichen Geistes", durch die Frage des Men-

schen nach sich selbst. Menschlicher Geist – ein Störfall der Evolution, ein „Abfallprodukt", das besser nicht hätte sein sollen und das wert ist, möglichst rasch wieder zu verschwinden? Menschlicher Geist – ein störendes Element inmitten reibungslos ablaufender Prozesse?
Es scheint so zu sein, dass teilweise mit allen zu Gebote stehenden geistigen Möglichkeiten die Abschaffung des Geistes als Lösung der vom Menschen verursachten Probleme von einigen Zeitgenossen heute propagiert wird. Ob sie sich des ungeheuren Selbstwiderspruchs bewusst sind, in dem sie sich befinden oder nicht – sei dahingestellt.
Diese Möglichkeit als Möglichkeit zu benennen und in Aussicht zu stellen, ist nämlich nur verständlich im Kontext der Frage des Menschen nach dem Ganzen, nach dem Sinn, nach sich selbst. Es ist deshalb ein Selbstwiderspruch, weil der menschliche Geist bei seiner eigenen Abschaffung nicht etwa nur zuschaut, sondern sie aktiv betreibt. Wenn er sich selbst als irrelevant, lediglich als „Funktion von ..." oder als „Vehikel der Gene" interpretiert, dann ist er es, der dies selber (mit sich) macht. Er ist es, der diese Interpretation selber vornimmt.
Dieser offensichtliche Selbstwiderspruch besagt nun aber gerade nicht, dass es diese Möglichkeit für den Menschen nicht wirklich gibt. Dass dies nur literarische Fiktion bleibt und nicht Realität annehmen wird. Man könnte ja vermuten, dass der Mensch sich dieser Gefahr bewusst wird und dann erschrocken vor dieser Möglichkeit des eigenen (geistigen) Untergangs zurückweicht. Ich denke, dass dies auch die eigentliche Intention der Warnung Karl Rahners vor der „Selbstmanipulation des Menschen" ist,[27] ebenso seine Schreckensvision vom Menschen, der „sich zurückverwandelt in einen Termitenstaat unerhört findiger Tiere".[28] Hier gibt es m. E. nach eine sehr große geistige Nähe zwischen Karl Rahner und Reinhold Schneider.[29] Die Selbstabschaffung des Menschen, der sich in einem „geistigen Salto mortale" besonders groß fühlt, weil es ihm (endlich) „gelungen" ist, herauszubekommen, was es im Letzten mit ihm auf sich hat, wenn und indem er sich als „Abfallprodukt" einer „blinden Evolution" ansieht. Einer Evolution allerdings – das ist das Dilemma jeder materialistischen Geschichtsdeutung – bei der man kein Ziel angeben kann. Ebenso keine Richtung.[30]
Eine solche blinde, „geistlose" Evolution als umfassende Wirklichkeit

vorausgesetzt, macht dann allerdings auch verständlich, dass der menschliche Geist sich in ihr irgendwie „deplatziert“ vorkommen muss. Als „Störfaktor“ oder Fremdkörper (den man schleunigst und vollständig entfernen sollte), denn man weiß ja nicht so recht, was er denn in dieser Realität überhaupt soll.[31] Die Frage stellt sich, wie der Mensch in solch einer Welt Orientierung finden, wie er leben, ja wie er überleben kann. Und welchen Nutzen er von einer Antwort auf diese Frage hat. Hier geht es um nicht mehr und nicht weniger als um die Legitimität der Sinnfrage; ob es einen Vorteil mit sich bringt, sie zu stellen, sie einfach auf sich beruhen zu lassen oder sie als irrelevant, als nicht zulässig zu kennzeichnen. Vielleicht ist sie ja nichts weiter als ein evolutiver Trick im Überlebenskampf, Ausdruck einer raffinierten „Überlebensstrategie im Kampf ums Dasein“.[32]

Wir können uns selbst davon laufen, gewiss. Aber immer sind wir es selber, die dieses tun. Wir können uns interpretieren als Ergebnis und Produkt von geistlosen Prozessen, wir können uns vollständig destruieren – doch immer sind wir es selber, die dies tun. Selbst *im* Prozess der eigenen Selbstabschaffung als Freiheitswesen können wir die Tatsache nicht überspringen, dass dieser Prozess nur zustande kommt, wenn und weil wir unser Einverständnis dazu geben bzw. dazu gegeben haben. Karl Rahner nennt dies „wirkliche Subjekthaftigkeit, Sichaufgebürdetheit ... als eine transzendental-apriorische Erfahrung meiner Freiheit ... selbst dort, wo ich so etwas bezweifle, in Frage stelle und als Einzeldatum meiner raumzeitlich-kategorialen Erfahrung nicht entdecken kann.“[33]

Aufgabe der Verkündigung wird es deshalb – der menschlichen Existenz wegen – sein müssen (und bleiben), die Frage nach dem Menschen unbedingt offenzuhalten! Überall dort Einspruch zu erheben, wo der Mensch reduziert wird, etwa nach dem Motto: Der Mensch ist nichts weiter als ... Die sattsam bekannten Antworten müssen als das entlarvt werden, was sie sind: Reduktionsversuche, um dem Menschen sein Eigentlichstes zu nehmen, um ihn einzusetzen in eine „Kosten-Nutzen-Rechnung“, die am Ende – scheinbar – aufgeht.

Der Mensch, wenn er als solcher sich nicht selber endgültig verlieren und aufgeben will, muss darum alles, was in seinen geistigen Kräften

steht, aufbieten, damit solch eine „Rechnung“ nie die Chance hat, aufzugehen!
Denn man kann den Menschen *zu* sich oder *von* sich als Freiheitswesen befreien.[34] Hier hat kirchliche Verkündigung von der Berufung des Menschen zum Heil ihren „Sitz im Leben“. Und hier wird auch ihre Bedeutung erkennbar, die kaum überschätzt werden kann.

B) Das Austreiben der großen Fragen – Wenn Gott (wieder) zur Frage wird

In der Ausgabe der Neuen Kirchenzeitung für das Erzbistum Hamburg vom 21.6.2009 wird von einem bemerkenswerten Gespräch berichtet zwischen dem Philosophen und Atheisten Herbert Schnädelbach und dem Hamburger Weihbischof Hans-Jochen Jaschke.[35] Anfragen und Antworten sind lesenswert, inhaltsreich und von gegenseitigem Respekt erfüllt.

Doch bemerkenswert ist noch ein anderer Umstand. Oft hat man ja den Eindruck, dass Religion gar kein wirklich ernsthaftes Thema unter Zeitgenossen ist. Scheinbar kündigt sich aber gerade in solchen Diskussionen das Gegenteil an. Die Existenz von Humanisten- und Freidenkervereinen und auch die Erfahrungen im interreligiösen Dialog zeigen unübersehbar, dass die Zeiten vorbei sind, wo Religion einfach ignoriert wurde. Das allein ist schon ein hoffnungsvolles Zeichen.[36]

Karl Rahner prägte den Begriff des „bekümmerten Atheisten".[37] In ihm sah er einen, ja vielleicht *den* Dialogpartner des gläubigen Menschen. Und auch Papst Benedikt hat vielfach sein Augenmerk darauf gerichtet, die „Ungewissheit im Unglauben" und „die Ungewissheit im Glauben" zu verdeutlichen.[38]

Ist die Wirklichkeit, in der wir leben, für uns eine Überforderung? Die weder Glauben noch Unglauben „in Reinkultur" zulässt? Oder ist der Befund, dass Glaube und Unglaube gleichermaßen immer behaftet sind mit Zweifel und Unsicherheit nicht vielmehr eine typische Standortbestimmung für unsere menschliche Situation? Auch und gerade heute und (sicher auch) morgen?

Gott scheint ein Fremdwort vielerorts, ein Begriff aus längst vergangener Zeit. Hat nicht mancher Zeitgenosse das Gefühl, dieser Begriff stamme aus der „Mottenkiste klerikaler Bevormundung", bei dem man nicht einsehen kann, wozu er überhaupt noch tauglich ist? Wenn man diesen Jargon weiter fortsetzen würde, müsste man fragen: Ja, war er wirklich jemals tauglich? War er nicht stets (zu allen Zeiten) *das* „Trostpflaster" für Menschen, die mit sich, ihrem Leben, ihrer Zeit, den vielen Anforderungen nicht zurechtkamen? Die sich dies nicht einzu-

gestehen wagten? Die dem Leben entflohen? Die sich vom Leben betrogen fühlten? Und die die Gemeinschaft mit jenen suchten (und fanden), denen es ähnlich zu gehen schien?
Haben nicht jene Menschen ihre Wünsche in den Himmel projiziert, denen die Erde zu beschwerlich wurde? Und ließ es sich mit dem Versprechen auf ein „himmlisches Jerusalem" nicht einigermaßen gut leben? Zumindest sahen es doch all die so, die die Parole ausgaben, dass die Kirche den Menschen den Glauben als „Opium für das Volk" (Lenin) anbietet oder für die der Glauben grundsätzlich nichts anderes ist und sein kann als „Opium des Volkes". (Marx) Wie weit mit solchen Begriffen religiöse Missstände oder Missbräuche angemessen beschrieben werden können, ist eine Frage, auf die ich hier nicht näher eingehen kann. Ebenso wenig darauf, ob Fragen dieser oder ähnlicher Art überhaupt eine Berechtigung haben. Und wenn sie – zumindest unter bestimmten Perspektiven – eine gewisse Legitimität für sich beanspruchen können, muss weiter gefragt werden, ob diese Fragen nicht nur an die Vergangenheit, sondern auch an die Gegenwart zu richten sind. Und nicht nur an die Religionen, sondern auch an alle Ideologien mit ihren Utopien.
Es muss dann vor allem die Frage gestellt werden: Was ist mit jenen und ihrer „Religion", die das „irdische Jerusalem" für sich gut ausgepolstert hatten? Die diese Versprechen besonders jenen Menschen zielorientiert erzählten, die am Zustand der Welt wirklich am meisten litten? Sie sollten nach Lesart dieser Religionskritiker nur nicht auf den Gedanken kommen, ihren armseligen Zustand ändern zu wollen. Solche „revolutionären Ideen" könnten womöglich die „gottgefällige Ordnung" ins Wanken bringen.
Ja, auch das hatte man schnell erkannt. Wenn billiger Trost zur Wahrung eigener Besitzstände tauglich war und ist – warum eigentlich nicht? Die eigene Bequemlichkeit – wer wollte und will sie schon selbst gefährden?
Eines sollte allerdings an dieser Stelle schon klar benannt werden und – ich hoffe es – wird sich bei der weiteren Lektüre auch deutlich zeigen: Hier wurde bzw. wird mit einem groben Zerrbild sowohl der Religion als auch des Menschen selber gearbeitet. Wer dies so unbesehen

gelten lässt, muss sich die Frage gefallen lassen, ob diese Art von unkritischer Übernahme von Religionsverständnis und Menschenbild nicht mehr aussagt über ihn als über die in Frage stehende Religion![39]
Kann man nicht, wie in einer bekannten Fernsehsendung „hart aber fair" fragen: Was passiert, „wenn Gottesglaube auf Wirklichkeit trifft?"
Karl Rahner gebrauchte in Bezug auf Gefahren für den Glauben von heute und morgen das Bild vom Morgennebel. Glaube sei in der Gefahr, wie Nebel in der Sonne zu verdunsten. D.h. es bleibt wirklich nichts, nicht einmal ein Rest, eine Leerstelle, übrig.[40]
Wenn Gott ein Fremdwort geworden oder in Gefahr ist, gänzlich unverständlich zu werden, kann man etwas Gleichwertiges an seine Stelle setzen? Muss man etwas an SEINE Stelle setzen, um als Mensch nicht auf der Strecke zu bleiben? Vieles scheint dafür zu sprechen. Denn scheinbar kann der Mensch auf Dauer nicht in Langeweile und Banalität, im Alltagstrott erstarren. Warum sonst die Hast und die Jagd von Event zu Event? Warum dreht sich das „Vergnügungskarussell des Lebens" immer schneller, warum wird der Nervenkitzel permanent gesteigert? Warum reichen alle Höchstleistungen nicht aus, werden ihre „Halbwertzeiten" ständig kürzer? Warum muss es immer Neues, Besseres geben?
Wenn sich herausstellt, dass die Stelle Gottes als Leerstelle doch ausgefüllt werden muss, wer oder was kann sie überhaupt ausfüllen? Ist sie überhaupt adäquat zu ersetzen? Oder bemüht man sich vergeblich und stellt nur mühsam einen – vergleichsweise billigen – Religionsersatz nach dem anderen auf den Leuchter Gottes? Und erweisen sich dann folgerichtig mit der Zeit all diese Angebote nicht schlussendlich als wirkungslos, als Placebos, die stets mehr verheißen als was einzulösen und zu halten sie wirklich in der Lage sind? Ist dies nicht das eigentliche Kennmerkmal gegenwärtigen Lebensgefühls: Die Unrast und das – beharrliche und oft vergebliche – Bemühen der Neuzeit und der (Post-)Moderne, Überraschendes, Neues anzubieten, dass das Alte, Bekannte, Langweilige ablöst?[41]
Die Frage der Unsterblichkeit ist für mich – recht verstanden – unverzichtbar für gelingendes menschliches Leben.[42] Und dennoch müssen wir zur Kenntnis nehmen, dass sie beileibe nicht zu allen Zeiten und an allen Orten – zumindest nicht ausdrücklich – gestellt worden ist.

Hier liegt für mich das eigentliche Problem des Glaubens (und somit des Lebens!): Herauszufinden, ob und wie die Frage der Unsterblichkeit letzten Endes doch in allen Vollzügen des Menschen eine – ja, die entscheidende – Rolle spielt. Dies zu erweisen – und dabei eine Menge an „Übersetzungsarbeit" leisten zu müssen – ist vielleicht eine der wichtigsten und schwierigsten Aufgaben, vor denen die Kirche in ihrer Verkündigung der frohen Botschaft heute steht.[43]

Wir dürfen uns die „großen Fragen nicht austreiben lassen", wenn wir als Menschen leben – und überleben wollen. Der Himmel kommt nicht irgendwann. Wenn er nicht hier beginnt, wird er nie beginnen. Die Erde wird nie das Paradies werden. Damit würden wir sie und uns überfordern. Doch wenn sie uns nicht den „Geschmack und die Lust auf mehr" vermittelt, wird sie uns alsbald gar nichts mehr vermitteln.

Eines der großen Themen Karl Rahners war die „Gnade im Alltag". Gnade ist Geschenk Gottes, seine Zuwendung, die uns im Christusereignis greifbar, anschaulich geworden ist. Nur wenn wir dem nachspüren, wenn wir gleichsam erfühlen, dass in alltäglichen Vollzügen – wie eine geheime Essenz – die Sehnsucht und die Verheißung nach mehr enthalten ist, wird Glaube geerdet sein und gleichzeitig ist und bleibt er hoffnungsschwanger. Er ist kein Besitzstand, wir „tragen ihn nur in irdenen Gefäßen". Glaube und Besitzstandswahrung schließen sich gegenseitig aus!

„Man könnte einmal das ganze Christentum auf die Formel bringen: Es ist der Glaube, in dem Gott den Hochmut des Menschen so übertrumpft, dass die ärgste Einbildung des Menschen von seinem eigenen Wert zu sündhaftem Kleinglauben und fast tierischer Bescheidenheit degradiert wird ... Wo der Mensch ‚pantheistisch' sich einbildet, Gott zu sein, macht er ... nicht sich zu Gott, sondern Gott zu sich."[44]

Im Glauben geht es also nicht so sehr zunächst um das Tun und das Machen. „Der Glaube kommt vom Hören", am Anfang steht Gottes Zusage und sein Angebot, das mit dem Geschenk des Lebens eigentlich unübersehbar ist. Wir haben uns uns nicht selber gegeben. Wir haben uns nicht „gemacht". Weil wir eine „verdankte Existenz" sind, ist Glaube weder billiger Trost noch ist er weltflüchtig. Glaube ist illusionslos aber nicht hoffnungslos. Und diese Hoffnung ist gut begrün-

det. „Glaube, der die Erde liebt" – so ein Buchtitel Karl Rahners. Unser Glaube lädt uns ein, uns und unseren Sehnsüchten, Wünschen, Träumen und Hoffnungen zu vertrauen.[45]
Man kann sich einreden, alles sei pure Illusion, Wunschdenken, Einbildung. Dann aber auch dieser Gedanke und diese „Erkenntnis", dass das mit Gott alles nur eine pure Illusion sei. Man mag dann zusehen, ob und wie man mit dieser „Weisheit" leben kann.[46] Es ist zuzugeben, dass es ein logischer Fehler ist, ausschließlich von der Tatsache eines Wunsches auf eine tatsächliche Existenz zu schließen. Das Gegenteil zu behaupten, verfällt allerdings dem gleichen Fehler: Aus der Tatsache, dass etwas gewünscht wird, kann man schwerlich ableiten, dass es genau *deshalb* nicht existieren kann.[47]
Ein junger Mann hat mir einmal gesagt: „Glaube ist pure Illusion. Sie hängt mit der Erfahrung eigener Minderwertigkeit zusammen. Glaube ist deshalb ein untauglicher Versuch. Er soll Menschen helfen in ihrer Existenznot, die nicht wahrhaben wollen, dass sie lediglich – wie heute einige Biologen behaupten – Überlebensmaschinen ihrer Gene sind." Dieses Verhalten sei – so sagte er weiter – eine Art kindischer Reaktion, weil der tatsächliche Zustand von Welt und Mensch nicht so akzeptiert wird, wie er tatsächlich ist. Das erinnere ihn an einen „Verliebten, der jedes Wort der ‚Angebeteten' als ein für ihn positives Zeichen deutet."
Das Resümee des jungen Mannes war eindeutig: Das Gedankenkonstrukt Gott ist eine rein subjektive Betrachtung, eine Fiktion, der nichts Reales entspricht.
Auf eine derartige Anfrage ist letzten Endes nur das Leben selbst die einzige und umfassende Antwort, die gegeben werden kann.
„Dem Leben trauen, weil Gott es mit uns lebt" – so lautete ein Slogan einer großen kirchlichen Veranstaltung in Deutschland. Das Wagnis des Lebens ist immer auch ein Wagnis des Glaubens. Von dieser Entscheidung gibt es keinen Dispens! Wer sich nicht entscheiden will oder kann, hat genau *so* seine Entscheidung getroffen. Wir können nicht vor uns selber davonlaufen. Darum kommt alles darauf an, wem wir im Leben trauen, wem wir uns anvertrauen – und warum!

I. Gang:
Experiment Mensch. In den posthumanen Laboratorien der Gegenwart

Worum geht es in der Rede von den „posthumanen Laboratorien der Gegenwart“? Es klingt so harmlos, das Wort „posthuman“. Doch dahinter steckt die unheilvolle Vision, für die Karl Rahner die griffige Formel fand vom Menschen, der sich zurückentwickelt zum „findigen Tier“. Die Selbstabschaffung des Menschen durch Selbstmanipulation ist heute weit über das Stadium der reinen Möglichkeit hinausgekommen.
Was Karl Rahner vor über 50 Jahren beschrieb, ist heute vielfach Realität. Die atomwaffenstarrenden Arsenale der Macht lassen die Selbstauslöschung der Menschheit als reales Szenario erahnen. Die ungehemmte Spaßgesellschaft lässt Verantwortung und Freiheit zu Beliebigkeiten verkommen. Ganze Kontinente verarmen, das sensible Ökosystem der Erde ist durch schonungslosen Raubbau an der Natur und hemmungslose Profitgier beträchtlich in Mitleidenschaft gezogen.
Mit Wucht stellen sich Fragen nach dem, was der Mensch darf, kann und soll? Welchen Weg er künftig gehen wird, wenn er seiner eigenen Existenz auf dem Planeten Erde nicht endgültig den Garaus machen will. Die nachfolgenden Gedanken möchten das Thema konkret anpacken und gleichzeitig die Unausweichlichkeit der Gefahr der Selbstabschaffung des Menschen herausstellen. Es wird sich erweisen, dass Karl Rahners Gegenwartsanalyse von ihrer Aktualität nichts eingebüßt hat. Gerade deshalb schließt sich die Frage nach dem Glauben im Hier und Heute an. Denn es gilt, die Alternativen zu bedenken: Was wäre wenn … Karl Rahner verweist in diesem Zusammenhang auf die Tatsache unserer Existenz. Wir finden uns im Leben schon vor, bevor wir zu fragen anfangen. Weil uns also ein *Ja* vorgegeben ist, ist die vertrauensvolle Annahme unseres Lebens an sich nur folgerichtig, denn „von nichts kommt nichts“.

Säkulare Apokalyptik

Das Wort „Gott" soll verschwunden sein, spurlos und ohne Rest ... Dann ist der Mensch nicht mehr vor das eine Ganze der Wirklichkeit ... gebracht. Er würde in der Welt und in sich steckenbleiben, aber nicht mehr jenen geheimnisvollen Vorgang mit vollziehen, der er ist und in dem gleichsam das Ganze des ‚Systems', das er mit seiner Welt ist, streng sich selbst als Eines und Ganzes denkt, frei übernimmt, so sich selbst überbietet und übergreift in jene schweigende, wie ein Nichts erscheinende Unheimlichkeit hinein, von der her er jetzt zu sich und seiner Welt kommt, beides absetzend und übernehmend. Der Mensch hätte das Ganze und seinen Grund vergessen und zugleich vergessen – wenn man das noch so sagen könnte –, dass er vergessen hat. Was wäre dann? Wir können nur sagen: Er würde aufhören, ein Mensch zu sein. Er hätte sich zurückgekreuzt zum findigen Tier. (Meditation über das Wort „Gott", SW 26, S. 51)

Kurze Interpretation

Bei dieser ‚Unheilsvision' Rahners fällt zunächst die Schlichtheit, die Alltäglichkeit auf. Es „fallen keine Sterne vom Himmel", es öffnet sich kein Höllenschlund. Es ist nicht die Rede von einem alles zerstörenden Krieg oder einer Naturkatastrophe ungeahnten Ausmaßes. Wenn Gott ‚verschwunden' ist, wenn er wirklich radikal ausfällt – so die nüchterne ‚Bilanz' Rahners – dann ist auch das Ende des Menschen gekommen. Nach Rahner kann das ganz unspektakulär vor sich gehen: „Der Mensch hätte das Ganze und seinen Grund vergessen und zugleich vergessen ... dass er vergessen hat." Ist der Mensch dann weniger intelligent, weniger kreativ, weniger produktiv und einfallsreich? Karl Rahner gibt kein Urteil darüber ab, was für Fähigkeiten, Fertigkeiten und Erfolgsaussichten der Mensch besitzt, für den die Gottesfrage aus dem Blickfeld verschwunden ist. Sein Hinweis auf das „findige Tier" sollte im Gegenteil zur Vorsicht mahnen in der Prognose. Rahner scheint dem Menschen, für den die Gottesfrage endgültig erledigt ist, eine Menge zuzutrauen. Es ist deshalb primär keine Frage der Intelligenz oder der technischen

Raffinesse. Ein „findiges Tier" kann optimal funktionieren, wie Bienen in einem Bienenstock oder Termiten im Termitenstaat. Alles hat seine Ordnung, alles hat seinen Platz, die Funktionsweisen sind perfektioniert, Anpassung und Arbeitsweisen sind so optimiert worden, dass möglichst perfekte und leistungsfähige Funktionseinheiten entstanden sind, die am Ende des Prozesses reibungslos den ganzen „Apparat" aufrechterhalten können auf Grund einer perfekten Programmierung.

Es könnte sein, dass diese Welt viel effizienter ist als jene, die wir kennen und dass sie der uns bekannten Welt unendlich überlegen ist, z. B. im technischen Bereich, weil der Störfaktor Mensch eigentlich der einzige ist, den es gibt und den es deshalb „auszumerzen" gilt durch Selektion. Frei nach dem Motto: Endlich sind die lästigen Fragen nach Grund, Ziel und Sinn aus dem Weg geräumt (auch dadurch, dass man sie – nicht mehr – zulässt oder als unzulässig und damit sinnlos erklärt).

Für mich nimmt sich George Orwells „1984" dieser Vision von der Zukunft des Menschen gegenüber wie der „Struwwelpeter" für Erwachsene aus.[48] Denn die modernen Medien, die (noch nicht einmal ausgedachten) Möglichkeiten technischer Manipulation in Gegenwart und Zukunft, wie sie in vielen utopischen Werken schon heute Realität annehmen, stellen diese bedrückende Zukunftsschau Orwells längst „in den Schatten". In modernen utopischen Visionen übernehmen künstliche Intelligenzen die Kontrolle über alles; selbstprogrammierbare Computersimulationen lösen die Wirklichkeit auf und bestimmen, was Wirklichkeit ist und was nicht. Die Vision einer perfekten Welt ohne Geheimnis wird oft mit hoher künstlerischer Freiheit phantasiereich ausgeschmückt. Wenn alles perfekt geplant und organisiert ist, wenn alles Fragen und Hoffen, alles Bangen und Wünschen erloschen ist, weil alle alles haben und alles können und alles wissen, wenn keine Ahnung mehr vorhanden ist davon, dass man selbst ein Ich ist, eine Person mit unbedingter Würde, mit eigenem, unverwechselbarem Gesicht und Namen, wenn man als Nummer im großen Kollektiv so funktioniert, dass das große Anonyme das Alleinige und Einzige ist, was tatsächlich existiert, zählt und gilt – dann ist der Mensch – und mit ihm die Frage nach Gott – tatsächlich abgeschafft. Rahner warnt davor, diese Möglichkeit nicht zu sehen, sie zu unterschätzen, deren Gefahr ja gerade darin besteht, dass sie im Gewand des Alltäglichen, des Gewöhnlichen, des Unspektakulären daherkommt bzw. daherkommen kann. Ihr Kennmerkmal ist die Banalität, die nicht (mehr) um sich selber weiß. Die Abschaffung des Menschen – und damit die Abschaffung Gottes – kann ganz leise und unmerklich vor sich gehen. Gott geht nicht darin auf, „Funktion" für den Menschen zu sein. Doch der Mensch hat sich abgeschafft, wenn er den ihm von Gott geschenkten personalen Bezug nicht mehr zu realisieren vermag. Es ist wie ein unspektakulärer Suizid, der deshalb unspektakulär ist, weil niemand da ist, der ihn bemerkt. Und der seinen eigenen geistigen Tod rationalisiert mit der Begründung, dass natürlich der Mensch – nur er – im Mittelpunkt aller Bemühungen steht und zu stehen hat. Wer mag, wer kann demgegenüber überhaupt noch eine Frage anmelden?

Entfaltung auf heutige Erfahrung hin

Mir macht diese Schau, diese Vision Angst. Warum? Diese düstere Vision Karl Rahners einer Welt ohne Gott – ist sie nicht in erschreckend hohem Maße realitätsbezogen, wirklichkeitsnah? Wie funktioniert denn heute der sich als allmächtig gebende Markt im entfesselten und enthemmten Kapitalismus, in dem der Mensch in Werbung und in Hochglanzbroschüren ununterbrochen „berieselt" wird? Immer wird ihm vorgemacht, es gehe nur um sein Wohl, um nichts anderes. Und weil es nur um ihn geht, den Menschen, werden keine Mühen und Kosten gescheut. Ärgerlich ist es nur, wenn der so Umworbene am Ende mitbekommt, dass er „die Zeche zu zahlen hat". Gott sei Dank, wenn er es noch mitbekommt, wenn er – mehr erleidend als erkennend – wahrnimmt, dass er nur noch wie oder als eine Ware behandelt wird, dass er zu einer ‚Sache' degradiert wurde, zu einem Gegenstand, zu einem Teil von Statistik. Dass er dazu „dient", den Konsum zu steigern und damit die Produktionskennziffern. In der kommunistischen Ideologie nannte man Individualität, Gewissen, Personwürde abfällig „bürgerliches Geschwätz", das den Klassenstandpunkt „aufweicht". Heute ist es subtiler: Je weniger darüber geredet und nachgedacht wird, desto besser. Desto wirkungsvoller funktioniert die Verdrängung der Erkenntnis und des Bewusstseins, dass der Mensch als Person einen unverrechenbaren Eigenwert hat.

Und erst das „unsterbliche Gerücht von Gott“ (Robert Spaemann)! Die Botschaft vom Menschen, der zur „Ebenbildlichkeit Gottes“ berufen ist, ist unhinterfragbarer Grund für Menschenwürde und Menschenrechte. Diese Frohbotschaft ist absoluter Grund von personaler Würde jenseits aller Bedingungen und Vorbehalte. Gerade deshalb stellt sie ihrerseits aber alles insofern in Frage, indem sie die Begrenztheit aufzeigt von all dem, was sich heute als allmächtig aufführt. Es will uns scheinen, dass gerade heute das politische Potential von Religion notwendig ist als Gegenmittel gegen alle Verdrängungsmechanismen und Manipulationsversuche. Denn es ist leicht einsehbar: Wer sich auf die Botschaft des menschgewordenen Gottes wirklich einlässt, kann sich nicht nur um das Wohl seines Nächsten im Freundes- und Bekanntenkreis kümmern. Er hat es auch mit den verheerenden Wirkungen entsubjektivierender und entsolidarisierender Strukturen in der Gesellschaft unserer einen Welt zu tun.[49]

Wir werden mit unserer Zukunftsangst nur fertig werden, wenn wir Heute, im Hier und Jetzt, damit anfangen, die unendliche Würde des Einzelnen wieder zu „befestigen“. Gemeinschaft ist wichtig. Kein Mensch kann ohne sie auskommen. Und doch geht Gemeinschaft nie auf Kosten des Einzelnen, im Gegenteil. Nur freie, selbstbewusste Personen sind gemeinschaftsfähig. Ich habe manchmal das Gefühl, dass die „Herrschaft des Man“ (Heidegger), des Uneigentlichen und Banalen – gerade um ihre ungeheuerliche Zerstörung menschlicher Würde und Individualität zu verdrängen und zu verheimlichen – mit bzw. in glänzender Fassade auftritt.

Und dort, wo – wider Erwarten – doch Fragen sind und bleiben? Sehnsucht, Angst – gehört das alles abgeschafft, zugedeckt? Ist das ein Mangel, der möglichst schnell und umfassend beseitigt werden muss? Oder steckt doch mehr dahinter? Der Mensch, der zur Liebe mit Gott befähigt ist auf Grund göttlicher Zuwendung – kann er diese Unruhe (die gar nicht von ihm stammt!) abschaffen, ohne zugleich sich selbst mit abzuschaffen?[50]

Die Frage stellt sich als eigentliche Überlebensfrage für den Menschen heraus: Kann man ohne diese Vision überhaupt noch sinnvoll an eine Welt glauben, in der sich dem „Gesetz des Stärkeren" oder der „Dominanz des Marktes" oder der Herrschaft des Banalen aus guten Gründen entgegengestellt wird? Welches sind die Gründe, die Motive für diesen Widerstand? Werden sie ausreichen, wie fest ist ihr Fundament, was ist überhaupt ihr Fundament?

Zu welcher Bekehrung möchte Rahner mit diesem Text bewegen?

Mit Rahners Analyse ist auch die Aufgabe eines Christen in der Welt von heute umrissen. Christsein kann man nur gemeinsam leben. In der globalisierten einen Welt ist das Schicksal der Fernsten zugleich das der Nächsten. Angesichts vieler technischer Neuerungen mag man einerseits erleichtert sein. Jeder Punkt der Erde ist leicht von jedem anderen Punkt aus erreichbar. Doch wem fällt nicht sogleich Goethes „Zauberlehrling" ein? Sind wir heute in der Lage, gut mit all dem umzugehen, was wir technisch alles vermögen? Wie sieht es mit der Medienkompetenz, mit der Sozialkompetenz aus? Halten sie Schritt mit all dem Fortschritt in Wissenschaft und Technik? Und wie steht es um die grundlegenden Fragen der Ethik? Darf der Mensch alles tun, was er kann? Wenn nicht, wer setzt ihm wo Grenzen und warum? Welches sind die Kriterien für menschlich richtiges und gutes Handeln? Und kommt gutes Handeln nicht aus gutem Denken? Was ist das für ein Denken, das dem Menschen angemessen ist, das ihm wirklich gut tut?
Die Gefahr des Identitätsverlustes kann auch so beschrieben werden: Es besteht heute eine reale Gefahr, die latent oder offensichtlich im medialen Bereich zunehmend an Relevanz gewinnt, nämlich vorzugeben, den Verlust der eigenen Identität gar nicht zu bemerken, gar nicht zu spüren, was wirklich abhanden gekommen ist. Und dennoch zu meinen – aller Fremdbestimmung und Manipulation zum Trotz (oder in deren Sinn!)– Eigenverantwortung und Selbstbestimmung hätten noch nie solch ein Ausmaß erreicht, wie in der Gegenwart.
Es stellt sich die Frage, ob die Kirche den Mut aufbringt, im Vertrauen auf Gott Sicherheiten aufzugeben. Die Konfrontation heute mit diesen

selbsternannten „Göttern“ aufzunehmen und ihnen die Maske vom Gesicht zu reißen, egal welch schillernden Namen sie tragen, wie Markt, Geld, Prestige, Gewinn oder Sicherheit. Das ist heute gefordert. Zugleich ist damit auch das Urteil gesprochen über jede falsche Anpassung an den sogenannten „Zeitgeist“!
Es gab kein „goldenes Zeitalter“ und es wird kein „Paradies auf Erden“ errichtet werden. Wir sollen die Güter dieser Welt nutzen – und teilen. Und wach bleiben für die Erkenntnis: Es sind Güter dieser Welt. Sie sind gut und von daher auch nicht zu verachten. Doch wenn sie den Schein des Unbedingten vortäuschen, trügen und lügen sie. Wenn wir „eingelullt“ werden, und dadurch die Fragen nach dem „Ewigen im Menschen“ (Max Scheler) nicht mehr stellen, muss das Christentum unüberhörbar Einspruch erheben! Das Vertrauen auf Gott und sein Reich ist für Christen der „Schatz im Acker“. Ihn zu bergen, nur das ist wirklich sinnvoll und lohnenswert – und verlangt nicht weniger als den Einsatz des ganzen Lebens. Aber es lohnt sich, denn es geht um nichts Geringeres als um das Leben, ja um das menschliche Überleben!
Ob wir Christen die Kraft dazu haben, „alles zu verkaufen, um diese kostbare Perle zu erwerben“? Alles kommt darauf an. Das vorbehaltlose Wagnis des Lebens im Einsatz für den Nächsten, der heute zugleich auch der Fernste ist. Der Dienst an der Wahrheit – um Gottes und der Menschen Willen – das ist der Kaufpreis für die kostbare Perle, für den „Schatz im Acker“ unseres Lebens!

Die „Selbst-Abschaffung“ des Menschen

„Der Stolz des Geistes, nirgends endgültig haltmachen zu müssen ist auch der (immer deutlicher empfundene) Schmerz, nie endgültig anzukommen. Man kann natürlich eine solche Philosophie hier unerfüllbarer Transzendentalität als uninteressante Phantasterei abtun … diese unerfüllte Transzendentalität bleibt doch, auch wenn sie verdrängt wird; sie ist am Werk hinter zahllosen Phänomenen des individuellen und kollektiven Lebens, in der Langeweile, deren Nebel alles bunt Konkrete verschluckt, in der gereizten Aggressivität gegen die Gegenwart, die einem unerträglich unvollkommen vorkommt, so dass man ihr in eine utopische Zukunft geträumter Art zu entfliehen sucht; in Psychotechniken der Flucht aus einer Welt, die einem zu eng und trostlos zu sein scheint (eigentlich ja mit Recht); in dem Versuch, das endlich Angenehme oder endlich Bedeutsame in raffiniertem Genuss oder einer Ideologie so zu steigern oder zu übersteigern, dass das Phänomen der Endlichkeit all dieser übersteigerten Wirklichkeiten nicht mehr erfahren wird; in dem Versuch, im radikal Bösen einer Unendlichkeit habhaft zu werden, die einem das immer nur endlich verwirklichte Gut nicht gibt; und so fort" (Was ist der Mensch?, SW 22/2, S. 39–47).

Kurze Interpretation

Karl Rahner deutet in sehr sensibler und behutsamer Art und Weise in diesem Text Alltagserfahrungen aus. Weil er davon ausgeht, dass der Mensch, und zwar jeder, von Gott „immer schon" angesprochen ist, kann sich niemand diesem Liebeswort und Liebeswerben Gottes entziehen. Dennoch erscheint heute nicht wenigen Menschen der Begriff Gott wie ein Überbleibsel aus längst vergangener Zeit, etwas, das für Menschen vielleicht tröstlich sein kann, um sich über die Härte der realen Wirklichkeit hinwegzumogeln. Gott und die Beziehung zu uns ist anscheinend nichts für Realisten, weder begrifflich, noch real. In der Wirklichkeit, in den Laboratorien, Büros, Werkstätten, Universitätsvorlesungen kommt der Begriff Gott nicht vor. Und auch das, was mit ihm gemeint ist, worauf der Begriff eher schüchtern hinweist als dass er es zu beschreiben vermag, scheint nicht vorzukommen. Glaube, Gott sind Begriffe, die nur vage etwas auszusagen vermögen – eine wirklichkeitsgestaltende Kraft scheint von ihnen nicht auszugehen.

So muss man denken, wenn man den neuesten Umfragen Glauben schenkt, dass über 60 % der Menschen in Deutschland mit dem Osterfest im Jahr 2011 nichts Religiöses mehr verbinden.

Das Kennzeichnen unserer heutigen Glaubenssituation scheint nicht einmal die gesellschaftliche Defensive, der Rückzug zu sein, sondern vielmehr die scheinbar erwiesene (angeblich bewiesene) Irrelevanz des Glaubens. Gott hat keine Bedeutung, wofür soll er denn auch gut sein? Man braucht nicht mehr atheistisch, irgendwie dagegen zu sein, der tatsächliche Zustand der Wirklichkeit selbst ist ein einziger Beweis für Gottes Bedeutungslosigkeit. Er kommt nicht vor in der Welt, in der wir leben. Es ist völlig unerheblich, ob es ihn gibt. Wie wir die Welt erleben und erleiden, gestalten und uns in ihr einrichten, ist ausschließlich unsere Sache. Da ist jeder „seines eigenen Glückes Schmied". Die so teuer erkämpfte (und erkaufte) Autonomie – wer wollte sie uns streitig machen? Sorgsam werden wir darauf achten, dass uns auch die Kirchen da nicht drein reden. Obwohl – müssen wir wirklich noch darauf achten? Wen erreichen die Kirchen mit ihrer Botschaft denn heute wirklich noch?

Wenn diese Diagnose stimmen würde, dann kann es nicht stimmen, dass – zumindest als Angebot – jeder Mensch einen Gottesbezug hat. Denn der müsste sich ja irgendwie bemerkbar machen. Es müsste spürbar werden, dass im Menschen eine Kraft schlummert, die ihn hinaushebt über die Monotonie des Alltags, über alle Betriebsamkeit und Genügsamkeit.

Karl Rahner macht darauf aufmerksam, dass wir in einer Zeit leben, in der der Gottesbezug sozusagen verschüttet ist. Dabei ist diese Diagnose nicht nur ein irgendwie hinzunehmender Tatbestand, der nicht zu ändern ist. Vielfach weist Karl Rahner nach, dass der konkrete Lebensvollzug mit seiner Aufgabenfülle, seiner Schnelllebigkeit, seiner Unruhe und Hektik entscheidend mit zu diesem Tatbestand beiträgt.

Die Rede vom Gottesbezug eines jeden Menschen – zumindest als Angebot Gottes – ist eine sehr ambivalente, mehrsinnige Aussage. Besagt sie doch – anknüpfend an das soeben Gesagte – wie schwer es einerseits ist, diesen Gottesbezug zu realisieren. Und andererseits entlastet sie, indem sie darauf aufmerksam macht, dass wir den Gottesbezug nicht herstellen, nicht „machen" müssen. Das können wir auch gar nicht! Die Herstellung des Gottesbezuges ist weder machbar noch erforderlich. Denn Gott wartet bereits auf uns. Er ist – eine oft wiederkehrende Redewendung Karl Rahners gebrauchend, mit der er das Angebot der zuvorkommenden Gnade Gottes umschreibt – „immer schon" da.[51] Bei uns und für uns. Das „Einfache, das schwer zu ‚machen' ist", auf das es aber entscheidend ankommt, ist: Auf Gottes Liebeswerben lauschen, sich IHM im Leben öffnen. Rahner leitet daraus auch ab, dass wir menschliche Vollzüge „liebevoller analysieren“ sollten,[52] um das in ihnen Verdrängte und Verschüttete sozusagen ans Tageslicht zu fördern. Denn nur so schaffen wir die Voraussetzung, dass es auch zur Entfaltung kommen kann, d. h. dass das Gnadenangebot Gottes auch im Leben Wirklichkeit wird.

Entfaltung auf heutige Erfahrung hin

Ein wichtiges Buch Karl Rahners (Von der Not und dem Segen des Gebetes), das bereits in 16facher Auflage erschienen ist und anlässlich des 100. Geburtstages und des 20. Todestages von Karl Rahner erneut aufgelegt wurde, beginnt sein erstes Kapitel mit einer – auf den ersten Blick – merkwürdigen Überschrift: „Die Öffnung des Herzens“. Und auch das zweite Kapitel mutet in seiner Überschrift irgendwie seltsam an: „Der Helfer-Geist“. Beide stehen in engstem Zusammenhang: Karl Rahner spricht im ersten Kapitel davon, dass wir uns heute in einer Situation des „verschütteten Herzens“ befinden. Und im zweiten Kapitel beschreibt er das, was uns wesentlich prägt. Neben aller Anthropologie, (die oft genug vorgibt, das Wesen des Menschen restlos ergründen zu wollen und es auch zu können), besonders auf dem Gebiet der Tiefenpsychologie und der Soziologie, befragt Karl Rahner in seinen „Fastenpredigten“ die Botschaft des Glaubens, ob sie etwas beitragen könne zur Beantwortung der Frage, was es denn mit dem Menschen auf sich habe.
Karl Rahner wird bei der Glaubensbotschaft fündig. Der Mensch ist nicht nur vielfach geprägt und determiniert durch Umwelt, Erziehung, Genetik. Er ist auch berufen, in der Welt und durch sie hindurch sich selbst zu finden. Sich zu finden, indem er alle Begrenztheiten übersteigt, sich ausstreckt nach dem, was seine eigentümliche Sehnsucht, seine Unruhe und Hoffnung, sein Fragen und Staunen ausmacht. Das er nicht unterbinden kann, das sich immer wieder meldet und das den Menschen „aufscheucht“ (Karl Rahner), wenn er es sich im Endlichen (wieder mal) zu behaglich eingerichtet hat.
Karl Rahner macht darauf aufmerksam, dass in vielen Einzelerfahrungen diese Grunderfahrung des Menschen spürbar wird – nicht

selten in verdrängter Form. Er nennt die vielfach verbreitete Langeweile, die um sich greift. Rahner beschreibt eine eigentümlich „gereizte Aggressivität". Und er nennt die Sehnsucht nach einer „utopischen Zukunft", die Flucht aus einer Welt, die zu eng geworden ist, das krampfhafte Bemühen, durch Drogen oder andere Rauschmittel das Angenehme derart zu übersteigern, dass es widerlich und unbekömmlich, zerstörerisch wird und wirkt. Er geht auch auf Ideologien ein, die den Versuch (immer wieder) wagen und dabei mit immer neuen Versprechungen locken, „im radikal Bösen einer Unendlichkeit habhaft zu werden, die einem das immer nur endlich verwirklichte Gute nicht gibt".
Rahner macht uns darauf aufmerksam, dass wir derartige Erfahrungen zur Genüge machen. Die Frage ist nur, wie wir damit umgehen (wollen und sollen) und wie wir diese Erfahrungen interpretieren? Sind sie uns lästig? Machen sie uns ärgerlich und verdrießlich? Verdrängen wir sie einfach oder halten sie für puren Unfug? Für etwas, was unsere „religiöse Pubertät" verrät – nämlich sich nicht abfinden zu wollen oder zu können mit der Realität, wie sie nun mal ist? Oder sind wir sensibel, wachsam genug für das Zeugnis des Glaubens, das in dieser Unruhe des Geistes und des Herzens das Liebeswerben Gottes vernimmt?

Zu welcher Bekehrung möchte Rahner mit diesem Text bewegen?

Das zweite Kapitel in Karl Rahners Buch „Von der Not und dem Segen des Gebetes" trägt die Überschrift „Der Helfer-Geist". Der enge Zusammenhang zwischen dem Kapitel „Die Öffnung des Herzens" wird deutlich in der Sprachgestalt des „verschütteten Herzens". Herz steht immer für die Personmitte, das, was wir sind, was uns wesentlich bestimmt und ausmacht. Rahner sagt uns, dass wir oftmals achtlos an dem vorübergehen, was uns trägt, uns ausmacht, ja, was wir eigentlich im Allertiefsten sind. Wir sind im Letzten Gottes geliebte Kinder. Keine Marionetten, sondern Wesen, die zu personaler Gemeinschaft berufen sind. Die Botschaft des Glaubens geht noch weiter: Gott ist uns nicht nur nahe, er ist auch nicht nur das Ziel und der Sinn unseres Lebens. Der Glaube sagt uns, dass Gott uns immer schon näher ist, als wir uns selbst einzugestehen wagen. Er ist die eigentlichste Mitte unseres Herzens – und damit unseres Lebens.

Wenn wir allen Lärm beiseite lassen und den vielen überflüssigen und unwichtigen „Schutt des Lebens“ wegräumen von der eigentlichen Herzensmitte, dann – so Rahner – können wir eigentlich uns nur freuen über die Ungeheuerlichkeit der Botschaft des Glaubens. Denn sie ist wirklich ungeheuerlich. Wir von uns aus wären – bei aller Sehnsucht und Erwartung – nie von alleine darauf gekommen: Dass wir nämlich Ausschau nach Gott halten, *weil* Gott zuerst Ausschau nach uns hält. Nicht eigentlich wir suchen Gott. Gott sucht uns. Und nur weil er uns sucht, können wir ihn suchen.

Weil Gott immer schon bei uns ist, ist das Wagnis, der Aufbruch aus all dem, was uns einengt, uns unfrei macht, klein und schwach, unser ureigenstes Metier. Ja, Gott selbst, der uns in seinem Heiligen Geist und in seinem Sohn, dem Wort des Vaters, unendlich nahe ist, macht uns Mut, begründet selbst die Legitimität, dass wir unseren Wünschen, Hoffnungen, all dem, was im Tiefsten in uns angelegt ist, trauen dürfen.

Es ist eine frohe Botschaft, die uns besonders Weihnachten entgegenkommt und durch das gesamte Kirchenjahr hindurch wie ein Generalbass weitertönt, eine Frohbotschaft, die die Kirche für alle Zeiten bereithält: Ja, wir dürfen uns selber trauen, Mut zu uns selber haben. Es gibt keinen Grund, uns selbst gegenüber misstrauisch zu sein. Wir dürfen Vertrauen haben, weil das, was der Mensch ist, erst gültig für uns aussagbar geworden ist, seitdem „Gottes Wort Fleisch geworden ist“. Die Menschwerdung Gottes ist die eigentliche anthropologische Kernaussage. Die eigentliche „anthropologische Wende“ ist in Wirklichkeit eine theologische! Das sagt uns unser Glaube, der damit Hoffnung begründet, die jedes Maß sprengt und in Liebe ergriffen wird.

Rahner möchte uns mit seinem Text zu dieser Anthropologie ermutigen, die ihr Maß vom Christusereignis hernimmt. Und dieses Maß ist wirklich maßlos!

Daraus leiten sich für mich zwei wesentliche Einsichten der „Bekehrung“ ab: Wir dürfen zu Recht Vertrauen haben und Hoffnung auf des „Lebens Fülle“. Und wir müssen das kritische Potential dieser Botschaft beachten: Ideologiekritisch können, dürfen, ja müssen wir sein! Überall dort, wo endliche Güter einen unendlichen Anspruch erheben. Einen Anspruch, der ihnen – weil sie endlich sind – nicht zukommt. Und der, wenn er zugelassen wird, den Menschen endgültig auf ein festes, begrenztes Maß reduziert.

Was wäre wenn …

„Wir setzen freilich schon hier voraus, daß man erhaben ist über die stumpfe Naivität, zu meinen … das Materielle sei realer als das Geistige und dieses schwebe nur als eine Art Ausdünstung oder Nebeneffekt physikalischer Konstruktionen über diesem Materiellen. Solche ‚Materialisten' übersehen, daß ihnen dieses Materielle nur durch den Geist gegeben ist, oder sie können gar nicht sagen, was das Materielle als solches eigentlich und ursprünglich sei" (Ich glaube an Jesus Christus, SW 28, S. 652).
„Es ist doch eigentlich so, dass der Atheist, für den dieses Leid eine absolut unlösbare Endgültigkeit hat, dieses Leid gerade als letztlich belanglos, als endlich, als eine Unvermeidlichkeit einer sich entwickelnden und sich immer wieder aufs Neue in ihren Gestalten auflösenden Natur erklären muss. Der Atheist hat das geringste Recht, dieses Leid der Welt besonders wichtig zu nehmen. Ein Mensch, der glaubt, dass Gott existiert, als ein heiliger, gerechter, liebender, unendlich mächtiger Gott, für den ist eigentlich das Leid erst ein wahres Problem. Er löst es dann nicht, aber er kann wirklich einsehen, dass gerade er von seiner Position her viel radikaler dieses Leid als Frage ernst nehmen kann als ein Atheist, der im Grunde genommen von vornherein sich mit der Absurdität dieser Welt, dieser Naturentwicklung, dieses Aufgehens und Abstürzens zufriedengeben muss" (Im Gespräch mit Jugendlichen und ihren Fragen, SW 28, S. 447).

Kurze Interpretation

In diesen beiden Texten setzt sich Karl Rahner ausdrücklich mit der Frage auseinander, die als der „Fels des Atheismus" (Büchner) gilt, jene Frage

nach Leid, Schuld und dem Verhältnis dieser Tatsachen zum Gott der Liebe. Während im ersten Text – er ist einem Glaubensbekenntnis Karl Rahners entnommen – Rahner zunächst mehr auf der theoretischen Ebene verbleibt, wird seine Aussage im zweiten Text sehr praktisch, ja existentiell. Beide Texte ergänzen sich, weil sie jeweils von zwei unterschiedlichen Zugängen auf diese Frage schauen und sie beleuchten. Beide Aspekte bilden jedoch in ihrer Verschiedenheit eine untrennbare Einheit.
Rahner setzt sich mit einer Meinung des von ihm sogenannten „Vulgärmaterialismus“ auseinander. Sie gibt vor, zu wissen, dass nur das Materielle real sei. All das, was mit „Geist“ gemeint sei, sei in Wirklichkeit nur in der Einbildung vorhanden. Von daher – vor aller Infragestellung Gottes durch Anfragen, die sein Wirken in der Welt betreffen – wird sein Sein in Frage gestellt. Es sei längst ausgemacht, dass Gott lediglich ein Phantasieprodukt des Menschen sei. Von daher lohne es nicht, sich überhaupt mit derlei Gedanken – denn mehr ist es ja nicht – zu beschäftigen. Rahner nennt solche Überzeugung „stumpfe Naivität“. Sie übersieht den einfachen Tatbestand, dass dem Menschen das Materielle als solches nur im „Geist“ bewusst wird. Wer dies bestreitet, verabschiedet sich aus dem rationalen Diskurs. Er kann nicht mehr angeben, worüber geredet wird, weil dann keinerlei begriffliche Bestimmung mehr möglich ist. Oder anders gesagt: Mit einer rationalen Erklärung lässt sich schlecht beweisen, dass es Rationales nicht gibt.
„Geist aber ist mit der Frage nach ihm schon gesetzt und in seinem Wesen schon erfahren“ (SW 17, I, S. 702).
Der zweite Text entstammt einem Brief, den Karl Rahner an einen jungen Menschen schreibt, der sich an ihn wendet, weil all die Nöte, die er sieht und erfährt, bei ihm die Frage aufkommen lassen: „Ins Leben gerufen, um doch dem Tod zu verfallen?“ (SW 28, 445) Es ist ein echter Brief,[53] genauso authentisch ist auch Karl Rahners Antwort.
Es fällt zunächst auf, dass Rahner als Theologe, wie man es hätte erwarten können, dem jungen Menschen mit einer Belehrung über das Wesen Gottes antwortet oder ihm sagt, dass Gott natürlich viel mehr Möglichkeiten hat, als wir es uns vorstellen können.
Doch bevor ich auf Karl Rahners Antwort inhaltlich näher eingehe, möchte ich den Blick auf etwas lenken, das unerlässlich ist für ein ge-

lingendes Glaubensgespräch. Der Antwort muss ein bereitwilliges Hören der Frage vorausgehen. Bereitwillig heißt in diesem Zusammenhang: Die Frage (und damit der Fragesteller) werden zunächst an- und ernstgenommen. Hier argumentiert nicht der „große Theologe von oben herab". Aus dem Brief wird deutlich, dass der Fragende den Eindruck hat, dass er mit seiner Frage zunächst „richtig liegt", d.h. er darf sich ganz aussprechen, seinem Problem wird Raum gegeben.
Erst auf dieser Grundlage, die auf einer Haltung des Einfühlens, der Sympathie, des Ernstnehmens basiert, kann das Glaubensgespräch geführt werden. In ihm geht Karl Rahner auf den Inhalt der Frage in einer für ihn typischen Art ein: Die Frage darf sich gleichsam ganz aussprechen. Nur so gelingt es Rahner, Implikationen in der Frage aufzudecken, die so dem Fragesteller vielleicht noch gar nicht bewusst sind. Das wird in dieser Fragestellung besonders schön deutlich: Gerade weil wir an einen liebenden Gott glauben, kann sich hier überhaupt erst ein Problembewusstsein entzünden. Warum? Karl Rahner geht zunächst auf das Selbstverständnis des Materialismus ein: Es gibt keinen Gott, es kann keinen Gott geben. Davon leitet er ab: Weil das so ist – weil es keinen Gott gibt – kann der Mensch auch nicht ernsthaft Gott anklagen. Er würde ja ein Phantom anklagen. Es ist ja – nach seiner eigenen Voraussetzung – niemand da, der hört. Wozu dann ein lauter oder leiser Protest?[54] Und wenn er sich meldet, ist er aus diesen Gründen nicht sonderlich ernst zu nehmen.
„Wir stehen doch vor dem Dilemma, entweder uns immer neu davon zu überzeugen, dass dieser Schrei des Protestes, der alle Weltgeschichte begleitet, doch gehört und beantwortet wird in einer Weise, die von hier aus nicht begriffen, aber auch nicht widerlegt werden kann, oder uns davon zu überzeugen, dass alle diese Prozesse von vornherein sinnlos sind, dass sie nicht mehr bedeuten als irgendwelche physikalischen Reibungserscheinungen, die kommen und gehen" (SW 28, 565).

Entfaltung auf heutige Erfahrung hin

Es scheint nicht nur eine heutige Erfahrung zu sein, sondern eine, die so alt ist, wie die Menschheitsgeschichte: Solange alles den menschlichen Erwartungen entspricht, wenn der Mensch sich und seine Umgebung rundum o.k. findet („Ich bin o.k., du bist o.k."), fällt die Frage nach Gott eigentlich aus oder ist eine Fragestellung rein theoretischer Natur. Wenn es sie gibt, ist sie für das eigentliche praktische Leben doch recht uninteressant, denn sie scheint ziemlich belanglos, irrelevant zu sein. Gibt es Gott – gut, schaden kann es nichts, an ihn zu glauben. Gibt es ihn nicht – macht es auch nichts.

Erst wenn existentielle Fragen und Probleme auftauchen, wenn unsere Planungen durchkreuzt, unsere Erwartungen enttäuscht und unsere Perspektiven irritiert und gestört werden bzw. sind, gilt in der Regel die Aufmerksamkeit Gott gegenüber in einer existentiell ganz anderen Art und Weise. Wo das Ganze unserer Existenz fraglich, zerbrechlich wird, bekommt Gott eine Bedeutung:

„Warum? Warum gerade ich und nicht die anderen? Wie kann er das zulassen? Und das soll ein liebender Gott sein? Auf den kann ich gut verzichten." So oder ähnlich hört man die Klage, so oder ähnlich klagen wir selber, sofern diese Art des Klagens noch nicht verlernt worden ist. Denn viele Menschen heute haben auch diese Möglichkeit nicht (mehr). Für sie ist Gott in keiner Weise (mehr) existent bzw. relevant.[55] Zumindest auf den ersten Blick.

Fast immer gerät man in Verlegenheit bei der Frage: Wo ist nun Gott? Gläubige geraten oft in eine Defensivposition. Karl Rahners Hinweis kehrt die gesamte Fragestellung um bzw. bringt sie zunächst in eine gänzlich andere, ungewohnte Perspektive. Er befragt den Materialismus, jene Weltdeutung, die Gott von vornherein ausschließt. Für die alles blinde, ungerichtete Evolution ist, die in Selbstorganisationsprozessen Strukturelemente materiellen Seins hervorbringt, die wir mit „Geist" bezeichnen.

Geist wird nicht nur als Struktureigenschaft von Systemen bezeichnet. Geist stellt Fragen nach Woher, Wozu, Wohin derart, dass alle Grenzen überschritten werden. Diese Fragen werden heute oftmals als nicht zulässig, als Ausdruck „anthropozentrischen Mittelpunktwahns", als Hybris einer speziellen Spezies der Evolution beschrieben. Für Gott ist nicht nur kein Platz. Man kann nicht nur auf die „Hypothese Gott" verzichten. Man muss es geradezu! Es ist nämlich geradezu grotesk und aus

„alter Zeit" überkommen, als der wissenschaftliche Fortschritt noch nicht alle „Welträtsel" gelöst hat, dass man einen Begriff einführt bzw. auf ihn zurückkommt, der heute vielen Menschen nichts oder nur vage noch etwas sagt.
Karl Rahner fragt nicht: „Vielleicht ist es wahr?", wie es andernorts geschieht.[56] Er geht anders vor, indem er die Alternativen einer kritischen Sichtung aussetzt. Man könnte Rahners Vorgehen so beschreiben: „Gesetzt, es ist wahr. Es ist wahr, dass die Botschaft eines liebenden Gottes nichts bedeutet, nichts bedeuten kann, weil sie schlicht nicht stimmt. Dann wären die Fragen nach Sinn und Ziel, nach Gerechtigkeit, die Vorstellungen von einem „ewigen Leben in Fülle" ohne wirklichen Anknüpfungspunkt in der Realität, lediglich „Verschaltungsprobleme des menschlichen Gehirns"!
Wenn der Atheismus Recht hat, dann macht es keinen Sinn, nach ausgleichender Gerechtigkeit zu fragen, dann sind wir keinen hemmungslosen Mächten ausgeliefert, dann gibt es das Böse nicht, wie es auch das Gute nicht gibt. Wertungen und Werte, Wahrheit, Freiheit, Verantwortung – all das sind Begriffe, die vielleicht helfen, Gemeinschaft zu ordnen, zu strukturieren. Im Letzten sind sie nicht existent; in dem, was sie meinen, haben sie allerhöchstens einen begrenzten, funktionalen Wert. Es gibt keine Wirklichkeit, die damit in irgendeiner Weise gemeint sein kann. Von daher ist – wenn überhaupt – die Relevanz solcher menschlichen Vorstellungen, Begriffe und Verhaltensweisen nur als äußerst begrenzt einzustufen.
Doch kann der Mensch wirklich mit solch einer Grundlage leben? Ist dies überhaupt eine Grundlage, um menschlich leben zu können? Bringt Rahners Analyse nicht das „Elend des Atheismus", sein ganzes Ausmaß zum Vorschein? Ist der Ausweis der Menschheitsgeschichte nicht überwältigend, dass Menschen so nie gelebt haben? So nie leben konnten? Mit einer Gewissheit des radikal Ungewissen? Was folgt daraus, dass Menschen es nicht aushalten, es nie ausgehalten haben, jene Gewissheit als der „Weisheit letzter Schluss" hochzuhalten: Wir haben den „Adel eines Staubkörnchens" in Raum und Zeit, deren Dimensionen unendlich sind.[57]
Wer die Fragen nicht verdrängt, kann nicht – ohne krank zu werden – sie mit der Wirklichkeit in Zusammenhang bringen. Es ist angesichts

dessen eine intellektuelle Spielerei, zu fragen, ob es das gibt, was alle meinen, wenn sie Gott sagen. Kant hat Recht: 100 gedachte Taler ergeben zunächst wirklich keinen einzigen. Doch trifft dieser Vergleich den in Frage stehenden Problemkomplex? Ich denke nicht. Wer in der Wüste verdurstet, weil er kein Wasser findet, für den ist auch der Durst kein Beweis für Wasser in eben dieser Wüste. Wohl aber ist der Durst Beweis dafür, dass der Durstige ohne Wasser (oder einen anderen Durstlöscher) nicht leben kann.

Zu welcher Bekehrung möchte Rahner mit diesem Text bewegen?

Die letzten Gedanken zeigen auch schon die Richtung einer Antwort an, die einzuschlagen Karl Rahner uns mit seinen Texten empfiehlt. Zunächst denke ich, war es Karl Rahner ein Anliegen, den Menschen des Glaubens bewusst zu machen, dass sie eine frohe Botschaft, keine Drohbotschaft verkünden. Gott liebt uns über alle Maßen – was kann es Schöneres geben? Und selbst, wenn dieser Satz eine Illusion wäre, wir wären unendlich ärmer ohne sie.
Das ist vielleicht der wichtigste Aspekt, auf den Rahner uns aufmerksam machen möchte: Wir sind reich beschenkt. Von daher ist es abwegig, bei Fragen dieser Art, verschämt und betroffen wegzuschauen. Gläubige Menschen brauchen nicht auf alles eine Antwort zu wissen, doch die Haltung der Hoffnung überführt jene, die nicht glauben können, zumindest an dieser Stelle ihres Mangels, ja ihrer Armseligkeit. Sie können nur auf das verweisen, was – ihrer Meinung nach – „real existiert". Und damit sind sie es, die mit all den schweren Fragen des Lebens allein bleiben.
Glaube und Mut gehören ebenso zusammen wie Verzweiflung und Ratlosigkeit, die aus der selbst gewählten „Bescheidenheit des Unglaubens" heraus erwachsen (müssen).
Hier erhebt sich ein gewichtiger Einwand. Gibt es nicht so viele „Menschen guten Willens", die Hoffnung, Mut und Liebe tagtäglich unter Beweis stellen? Ist deshalb diese Alternative nicht arrogant, hochfahrend und spricht sich selbst das Urteil? Hier kommt ein zweiter, wichtiger Hinweis Karl Rahners zum Tragen. Karl Rahner kann den Men-

schen immer nur von der liebenden Zuwendung Gottes her denken. Sein „vierter Gang“ im „Grundkurs des Glaubens“ bringt es in der Überschrift exakt zum Ausdruck:[58]

„Der Mensch als das Ereignis der freien, vergebenden Selbstmitteilung Gottes“.

D. h. Menschsein ist nach Karl Rahner nicht anders möglich als im Raum des Angebotes der göttlichen Zuwendung. Rahner spricht hier vom „übernatürlichen Existential“. Von daher ist – bei aller Nüchternheit und Skepsis – den Aussagen Karl Rahners ein optimistischer Grundton unterlegt, denn es ist „nicht so leicht, nach etwas zu greifen, ohne mit Gott und Christus … zu tun zu bekommen.“[59]

Rahner macht Mut, nicht nachzulassen in dem Bemühen, bei allen kritischen Anfragen, weiter zu fragen, das Eigentliche zu verstehen suchen, das oft über die vordergründige Frage hinausreicht. Rahners Sicht vom Menschen im Raum des Angebotes der göttlichen Zuwendung lässt uns viele, oft „anonyme“ Verbündete erkennen. Hier geht es nicht um Vereinnahmung, sondern um Wertschätzung. Was wir empfangen haben – so dürfen wir vermuten – ist auch den anderen Menschen, die mit uns leben – nicht vorenthalten worden. Aus dieser Sicht leitet sich eine ganze Ekklesiologie ab.[60] Karl Heinz Weger schreibt:

„Der persönliche Umgang Karl Rahners mit Atheisten war von Freundlichkeit und gegenseitigem Respekt bestimmt. Ärgerlich allerdings konnte Rahner werden, wenn ihm von atheistischer oder agnostischer Seite vorgehalten wurde, der Glaube des Ungläubigen sei redlicher, mannhafter, illusionsloser. Wieso ist es ‚mannhafter‘, ohne die Überzeugung an Gott leben zu wollen? ‚Mannhaft‘ ist doch eine sittliche Qualität, ist Antwort auf einen moralischen Imperativ von einer Geltung, die absolut sein will. Worin gründet dies? Warum ist unter atheistischen Voraussetzungen eine solche Mannhaftigkeit mehr als eine sinnlose Dummheit? Warum und mit welchem Recht wird unterstellt, daß der Theist in einer Illusion befangen sei, der skeptische Atheist aber illusionslos lebe? Ist es nicht mannhafter, durch alle Enttäuschungen hindurch die Überzeugung eines letzten Sinnes hindurchzutragen? Kann es die skeptische Abstinenz einer Entscheidung zwischen Theismus und Atheismus auf die Dauer

weiterbringen als zu einem Leben von Banalität, das ängstlich den letzten großen Fragen des Daseins als einem und ganzem ausweicht?"
Diese Kaskade von Fragen ist zunächst wieder typisch für Karl Rahners Art, Theologie zu treiben. Er fragt nicht nur oft dort weiter, wo andere mit Antworten aufhören oder sich zufrieden geben. Er dringt mit seinen Fragen immer wieder auch in Tiefen vor, die die Fragenden oft selbst nicht vermutet haben. Auch hier spürt man das, was Rahner einmal die „Frömmigkeit des Fragens und Denkens" nannte. Doch neben der Ermunterung, nicht zu früh mit dem Fragen aufzuhören, steht auch der inhaltliche Aspekt der Antwort Karl Rahners. Im Dialog mit dem Atheismus lassen wir uns vielleicht zu sehr beeindrucken von Etiketten wie „Gotteswahn", oder von Attributen wie, „der Glaube ist wissenschaftsfeindlich", er ist „reaktionär", „bedeutungslos" oder dergleichen. Der kämpferische Atheismus – so verstehe ich Karl Rahner – ist zutiefst armselig, wenn er sich wirklich ernst nimmt und zu Ende gedacht wird. Und das sollte als solches auch – in aller „Freundlichkeit und gegenseitigem Respekt" – im Dialog benannt werden.
Gläubige haben überhaupt keinen Grund zur Überheblichkeit, weil sie ihr Leben als „verdankte Existenz" verstehen. Sie haben aber auch keinen Grund zum Minderwertigkeitskomplex auf Grund ihres Glaubens, weil Atheisten nicht nur keine Hoffnung haben, wenn sie ihren Atheismus wirklich ernst nehmen und im Leben umzusetzen versuchen.
Sie können auch keinen Grund der Hoffnung angeben, wenn sie nur ihrer eigenen – mit Recht als schwach und ambivalent empfundenen – Kraft vertrauen und in positivistischer Manier alle anderen Überzeugungen als Wunschgebilde, als „Überbau" abtun, der nur helfen soll, andere Ziele zu bemänteln. So ja nach wie vor die Kritik des Marxismus/Leninismus und des Neomarxismus an der Religion. Und wenn der Atheist hoffnungsvoll lebt, liebt, Verantwortung übernimmt im Leben – dann lebt er aus Quellen, die von weiter her kommen, als seine theoretische Selbstinterpretation es hergibt. Darauf darf man dann auch mit „Freundlichkeit und Respekt" aufmerksam machen.[61]
Rahner möchte uns dazu „bekehren", die skeptische Enthaltung bei wichtigen, existentiellen Fragen, die nicht selten die praktische Seite des theoretischen Atheismus ist, im Dialog „liebevoll" aufzudecken. Und

aufzuzeigen, dass im praktischen Leben diese Art von geistiger Enthaltung oftmals gar nicht durchgehalten wird und dadurch einen – wenn auch „anonymen“ – Glauben bezeugt. Ob das nicht zuerst und zuletzt eine „Öffnung des Herzens“ ist? Sie zu wecken, ist uns als Kirche im Dialog mit den Menschen unserer Zeit aufgetragen.

II. Gang:
Der „Hörer des Wortes"

Was ist der Mensch? Diese Frage sollte an sich aufregend, spannend sein. „Ensemble gesellschaftlicher Verhältnisse" sagen die Marxisten. „Ins Dasein geworfen" – so interpretieren die Existentialisten die menschliche Existenz. „Vehikel der Gene" hört man von Biologen, die ihre Wissenschaft zur Weltanschauung gemacht haben.
Der Mensch – eine Komposition aus „Blut und Boden" – brachte im vergangenen Jahrhundert nicht nur KZs und millionenfachen Völkermord hervor. Gemeinsam mit den Kommunisten sorgen jene menschenverachtenden Ideologien dafür, dass die menschliche Person, die Individualität verschwindet, aufgeht im „Volksganzen" oder im „Kampf für eine bessere Zukunft".
Die Frage: „Was ist der Mensch?" sollte spannend sein, durchzieht sie doch die gesamte Menschheitsgeschichte, einschließlich der weitgespannten Religionsgeschichte. Doch ist sie wirklich aufregend? Ich habe heute eher den Eindruck, dass sich mit viel Akribie über viele funktionalen Zusammenhänge der „Kopf zerbrochen wird". Doch die Frage nach dem Ganzen scheint zumeist auszufallen. „Was soll das? Das ist ja nicht konkret, greifbar, vorstellbar. Wozu sich mit derlei Dingen überhaupt abgeben? Was bringt denn das? Wissen kann man hier sowieso nichts." Jeder sollte deshalb doch „nach seiner eigenen Fasson selig werden".
Wenn diese Zeitdiagnose einigermaßen zutrifft, wie soll da die Botschaft des Glaubens überhaupt ankommen können? Wir befinden uns quasi noch in der Vorhalle und müssen schauen, dass wir den rechten Eingang zum Haupthaus nicht verpassen. Karl Rahner macht uns zunächst an dieser Stelle darauf aufmerksam, dass auch die Vorhalle kein gottloser Raum ist. Das ist entlastend, zu wissen, dass wir nicht die „Macher" zu sein brauchen. „Denn du kommst unserem Tun mit deiner Gnade zuvor." So lautet deshalb auch der Titel eines Buches zur Theologie der Seelsorge heute.[62]

Deshalb dürfen, können und sollen wir die ganz alltäglichen menschlichen Erfahrungen eigens befragen. Sie – wie Karl Rahner sagt – „vorsichtiger und liebevoller analysieren“,[63] ob in ihnen nicht doch etwas davon vorkommt, was man auf den ersten Blick vielleicht weit von sich weisen würde. Hier wird man sehr vorsichtig sein müssen. Nichts würde die Botschaft der Liebe und Menschenfreundlichkeit Gottes mehr blockieren als pure Rechthaberei, als das kompromisslose Beharren auf dem eigenen Standpunkt.
Und doch: In der Erfahrung der „Sichaufgebürdetheit“ (Karl Rahner) im Fragen, Staunen und Zweifeln kann der Mensch vielleicht – wenn auch oft unreflektiert und unausgesprochen – der unbegrenzbaren Dynamik seines Geistes inne werden. Kann er vielleicht die Erfahrung der Transzendenz, des Überstiegs über alles Angebbare, Begreifbare machen.
Auch wenn der moderne Mensch sich dies vielleicht nur schwer selber sagen kann: Wenn er näher reflektiert auf seine Existenz, die er sich nicht selber gegeben hat, wenn er die Erfahrungen von Schuld, Versagen und Vergebung zulässt und sich nicht dagegen narkotisiert, kann er vielleicht sein Leben als Geschenk wahrnehmen. Ob da nicht dann doch die Frage auftauchen kann, ob hinter dem Geschenk ein großer Schenkender, ein großer Liebender steht?

Von Nichts kommt nichts …

„Wir reden oft vom Begriff Gottes, wir bringen also – wenn auch nachträglich – das ursprüngliche Woraufhin unserer unthematischen Transzendentalität in einen Begriff, einen Namen. Damit ist die Frage gestellt, ob das, was so in einen Wesensbegriff gebracht wird, nur ein Gedachtes oder auch ein Wirkliches ist. Dazu ist gleich zu sagen, dass es das größte Missverständnis wäre – das völlig aus der ursprünglichen Erfahrung herausfallen würde –, wenn man dieses Woraufhin als irgendein Gedankliches, eine Idee, die ein menschliches Denken sich als sein Gemächte setzte, deuten würde. Dieses Woraufhin ist ja das Eröffnende, Ermächtigende für eben den Transzendenzvorgang, dasjenige,

das diesen trägt und nicht seine Setzung ist. Das ursprüngliche Wissen um das, was „*Sein*" ist, ist hier in diesem Ereignis der Transzendenz gegeben …" (Transzendentale Erfahrung und Wirklichkeit, SW 26, 69).
„… dann ist die Aussage, Gott sei Person, sei absolute Person, die als solche allem, was sie als das von ihr Unterschiedene setzt, in absoluter Freiheit gegenübertritt, eigentlich eine Selbstverständlichkeit … Es ist ja zunächst einmal selbstverständlich, dass der Grund einer Wirklichkeit, die es gibt, diese von ihm begründete Wirklichkeit in absoluter Fülle und Reinheit in sich vorweg besitzen muss, weil sonst dieser Grund gar nicht der Grund des Begründeten sein könnte, weil er sonst letztlich das leere Nichts wäre, das – wenn man das Wort wirklich ernst nimmt – nichts sagen würde, nichts gründen könnte … Der Grund unserer geistigen Personalität … hat sich damit selber schon als Person zugesagt. Die Vorstellung, der absolute Grund einer Wirklichkeit sei so etwas wie ein sich selbst entzogenes sachhaftes Weltgesetz … ist eine Vorstellung, deren Modell aus dem Zusammenhang der sachhaften Weltdinge entnommen ist und nicht von dort herkommt, wo eine ursprüngliche transzendentale Erfahrung ihren eigentlichen Ort hat …" (Gott als Person, SW 26, 76).

Kurze Interpretation

Beide Texte sind dem „Grundkurs des Glaubens"[64] von Karl Rahner entnommen. Um sie hinreichend zu verstehen, muss berücksichtigt werden, was Karl Rahner zur Eigenart seines „Grundkurses" sagt, zur „ersten Reflexionsstufe, die von der Reflexionsstufe der Wissenschaften im heutigen Sinn unterschieden werden muss, weil das Leben, die Existenz eine solche fordert."[65] Schon in diesen kurzen Sätzen macht Rahner deutlich, dass es, im Unterschied zu aller Akribie der Wissenschaft, eine „Wissenschaftlichkeit der legitimierten Unwissenschaftlichkeit in solchen Lebensfragen"[66] geben muss. Einfach deshalb, weil es im Leben immer um das Ganze menschlicher Existenz geht. Oder mit den Worten Karl Rahners: „Offenbar kann ich trotzdem ein Christ sein, der mit der intellektuellen Redlichkeit seinen Glauben lebt, die jedem Menschen abverlangt wird. Aus dieser Feststellung folgt die wissenschaftstheoretische Möglichkeit einer Glaubensbegründung, die der Aufgabe und Methode des heutigen theologischen und profanen Wissenschaftsbetriebs vorausliegt."[67]

Dieser Kontext[68] muss uns bewusst sein, wenn wir uns den beiden vorangestellten Texten Karl Rahners zuwenden. In ihnen geht es um zwei wichtige Aspekte menschlichen Erkennens und menschlichen Seins: Was ist wirklich? Wer oder was ist Gott?

In einem Punkt kommen sämtliche Religionskritiken überein: Was Religion kennzeichnet, ja, was sie wesentlich ausmacht, ist ihr falsches Verständnis der Realität. Religion hat ein Verhältnis zur Wirklichkeit, das mit dieser nicht übereinstimmt. Sie ist realitätsfremd oder realitätsfern. Die Religion nimmt nicht zur Kenntnis, dass die „Hypothese Gott" entbehrlich ist, dass die Selbstorganisationsprozesse, die in der Realität wirken, keinen Platz (mehr) für göttliches Tun lassen. Es gibt in den modernen Wissenschaften längst nicht mehr nur das Bild vom einfachen, linearen Ursache-Wirkung-Schema. Man spricht von Feldern, von Energiequanten, von Prozessen, die in der Wirkung auf ihre Ursachen selbst wiederum Einfluss nehmen und diese dadurch verändern.

Die Suche nach der „Weltformel" wird ergänzt bzw. ersetzt durch die Anerkennung unübersteigbarer Grenzen der Erkenntnis und deren Aussagefähigkeit. Die moderne Physik ist weitestgehend mathematisierbar und damit abstrakt, unanschaulich geworden. Die Anerkennung der „Unbestimmtheitsrelation" (Heisenberg), der „Welle-Teilchen-Streit" in der Physik, die Relativitätstheorie und die Quantenphysik sind nur exemplarische Belege dafür. Wo soll es in dieser Wirklichkeit noch einen Platz für Gott geben? Und wie erst soll Gott Person sein, eine absolut liebende Person, die jeden Einzelnen von uns ganz persönlich meint?

Rahner macht in Beantwortung dieser Fragen zunächst darauf aufmerksam, dass in der menschlichen Existenz selbst ein unmittelbarer Zugang gegeben ist zu dem, was wir als Wirklichkeit erleben und bezeichnen. Dieser Zugang ist so evident, so grundlegend, dass keine Erkenntnis und Beschreibung diese Beziehung zur Wirklichkeit vollständig abbilden kann. Rahner spricht von einer „ursprünglichen Erfahrung", von einem „ursprünglichen Wissen", das allem Erkennen und Beschreiben vorausliegt. Daraus ergibt sich, dass das Gedachte immer in irgendeiner Art von Beziehung zu dieser vorausliegenden, ursprünglichen Erfahrung von Wirklichkeit stehen muss, weil sonst alles, auch diese Aussagen, unverständlich, undenkbar, unsagbar werden. Denn alle Erkenntnis und alle Aussagen partizipieren am ursprünglichen Wissen um das, was wir mit „Sein" bezeichnen. Dieses ursprüngliche Wissen ist uns Menschen gegeben „im Ereignis der Transzendenz". Sie ist nicht ein selbstherrliches Vermögen, dessen sich der Mensch aus eigener Kraft bemächtigen kann. Der Mensch erfährt in diesem ursprünglichen, „eröffnenden" Ereignis, das ihn „ermächtigt", eine große Ambivalenz: Er weiß um sich, um sein Leben, um die Welt um ihn herum. Zugleich erfährt er ursprünglich und zutiefst, dass seine Existenz nicht autonom, unabhängig ist.

Abhängig von wem oder was? Dieser Frage geht der zweite Text Karl Rahners nach. In ihm geht es um die Frage, ob Gott Person sei. Auch hier setzt Karl Rahner wieder bei der ganz ursprünglichen Erfahrung an: Wie erleben wir uns in der Welt? Wie erleben wir uns ganz unmittelbar? Dort, wo eine ursprüngliche transzendentale Erfahrung ihren eigentlichen Ort hat, nämlich in der unmittelbaren Selbst- und Welterfahrung, erfahren wir uns als Person. Karl Rahner geht noch nicht differenziert darauf ein, was eine Person von einer Sache unterscheidet. Er setzt früher an, auf der „ersten Reflexionsstufe". Und da ist es für ihn eine „Selbstverständlichkeit", sozusagen eine „Urerfahrung", die allem zugrunde liegt: Ein „sich selbst entzogenes, sachhaftes Weltgesetz", der „Zusammenhang der sachhaften Weltdinge" kann nicht jene Wirklichkeit sein, wo eine „ursprüngliche transzendentale Erfahrung ihren eigentlichen Ort hat." Von dieser grundlegenden Erfahrung, die nicht abgeschafft oder übersprungen werden kann, leitet sich alles Andere ab. Erfahrungen funktionaler oder sachlicher Art sind legitim und haben ihren Eigenwert. Sie überschreiten nur dann ihren Zuständigkeitsbereich, wenn sie zu Alles- oder Letztaussagen werden. Sie können immer nur einen begrenzten Teilbereich beschreiben. Sie sind aber grundsätzlich nicht in der Lage, die ursprüngliche, transzendentale Erfahrung vollständig abzubilden. Der „eigentliche Ort" für alle personalen Vollzüge der Freiheit und Verantwortung, der Hoffnung, des Fragens, des Staunens und der Liebe kann selber wiederum nur Person sein, keine

Sache. Eine Person allerdings, wenn sie zu diesen Vollzügen ermächtigt, kann nicht Person in dem uns bekannten, begrenzten Sinn sein. Sie muss „absolute Person" sein, „die als solche allem, was sie als das von ihr Unterschiedene setzt, in absoluter Freiheit gegenübertritt."

Diese Formulierungen sind und bleiben ziemlich abstrakt und nötigen uns eine gewisse „Anstrengung des Begriffs" (Hegel) ab. Darum sei noch auf einen anderen Text verwiesen. In ihm wählt Karl Rahner einen etwas anderen Ausgangspunkt und greift dabei auf eine berühmte Formel der Theologiegeschichte zurück.

„Das Vierte Laterankonzil sagt ausdrücklich, man könne über Gott von der Welt aus, also von jedwedem denkbaren Ausgangspunkt der Erkenntnis aus, nichts an Inhaltlichkeit positiver Art sagen, ohne dabei eine radikale Unangemessenheit dieser positiven Aussage mit der gemeinten Wirklichkeit selbst anzumerken ... Bei diesem Reden vergessen wir dann meistens, dass eine solche Zusage immer nur dann einigermaßen legitim von Gott ausgesagt werden kann, wenn wir sie gleichzeitig auch immer wieder zurücknehmen, die unheimliche Schwebe zwischen Ja und Nein als den wahren und einzigen festen Punkt unseres Erkennens aushalten und so unsere Aussagen immer auch hineinfallen lassen in die schweigende Unbegreiflichkeit Gottes selber, wenn auch unsere theoretischen Aussagen noch einmal mit uns selber zusammen unser existentielles Schicksal teilen einer liebend vertrauenden Hingabe unserer selbst an die undurchschaute Verfügung Gottes, an sein Gnadengericht, an seine heilige Unbegreiflichkeit"(SW 25, S. 47–57).

Karl Rahner legt sich am besten selber aus. Ich kenne keine präzisere Beschreibung des ursprünglichen Verhältnisses des Menschen zur Wirklichkeit, als wie sie Karl Rahner in seinem letzten großen, öffentlichen Vortrag bietet. Aufmerksam machen möchte ich nur noch auf die Tatsache, dass Rahner auch ausdrücklich darauf hinweist, dass die Analogie nicht nur die grundlegende Weise des Erkennens und Beschreibens ist, ja diese erst ermöglicht. Sie ist auch – und darauf kommt es entscheidend an – die grundlegende Weise menschlicher Existenz überhaupt.

Entfaltung auf heutige Erfahrung hin

Wenn man diese Texte Karl Rahners gelesen hat, erscheinen sie vielleicht als sehr „theoretisch“. Texte, die erkenntnistheoretische Fragen an die Religion grundlegend und umfassend zugleich aufgreifen. Doch – was Karl Rahner öfter fordert – muss auch hier eingelöst werden, nämlich die „Anstrengung des Begriffs“. Derlei „Rahner – Texte“ führten (und führen) zu dem weitverbreiteten Vorurteil vom „schweren“ Rahner. Gemeint ist damit, dass Texte Karl Rahners wegen der langen Sätze und der schwierigen Gedankengänge relativ schwer zu verstehen sind. Doch auch hier sollte man nicht einfach undifferenziert bestehende Klischees weiter tradieren.[69]

Hier ist vielleicht auch ein Hinweis angebracht für den grundsätzlichen Umgang mit Texten Karl Rahners in Anwendung des von Lehmann und Raffelt Gesagten. Es ist nicht ratsam, um Karl Rahner kennenzulernen, mit seinem „Grundkurs des Glaubens“ zu beginnen. Man sollte mit den geistlichen Texten aus dem „Großen Kirchenjahr“, mit den Gebeten („Gebete des Lebens“) oder mit den Betrachtungen und Meditationen beginnen, die unter dem Titel „Von der Not und dem Segen des Gebetes“ vielfach verbreitet wurden. Man kann sicher sein, dass hier kein vereinfachter Rahner geboten wird. Aber die Texte sind – aus verschiedenen Gründen –[70] verständlicher, zugänglicher.

Von daher legt es sich nahe, in der Entfaltung auf heutige Erfahrung hin und ergänzend zu den mehr „theoretischen“ Einführungstexten, einen Text Karl Rahners anzufügen, der vielleicht zum Schönsten gehört, was Karl Rahner geschrieben hat und der vielleicht auch der Text Rahners ist, der den größten Bekanntheitsgrad aufweist.[71] Man kann nicht nur die Erfahrung machen, dass in solchen und durch solche Texte Karl Rahner selbst Aspekte theologischen Denkens nochmals verdeutlicht, die er zuvor bzw. andernorts und aus bestimmten Erfordernissen heraus in mehr abstrakter Art und Weise dargeboten hat.

Hierzu schreibt Karl Heinz Weger: „Es wurde schon (im Zusammenhang mit den transzendentalen Erfahrungen des Menschen) darauf verwiesen, dass sich die beste Schilderung solcher Erfahrungen, die an die eigene, d. h. die Selbsterfahrung appellieren und den Menschen auf die

Bedingung ihrer Möglichkeit aufmerksam machen wollen, am eindringlichsten dort findet, wo Rahner die transzendentalen Erfahrungen als Gottes – oder Geisterfahrungen beschreibt" (Karl Rahner, 82 ff.).
„Wo eine Verantwortung in Freiheit auch dort noch angenommen und durchgetragen wird, wo sie keinen angebbaren Ausweis an Erfolg und Nutzen mehr hat,
Wo ein Mensch seine letzte Freiheit erfährt und annimmt, die ihm keine irdischen Zwänge nehmen können,
Wo der Sturz in die Finsternis des Todes noch einmal gelassen angenommen wird als Aufgang unbegreiflicher Verheißung,
Wo der bittere, enttäuschende und zerrinnende Alltag heiter gelassen durchgestanden wird …
Wo man sich loslässt, ohne Bedingung, und diese Kapitulation als den wahren Sieg erfährt,
Wo der Mensch alle seine Erkenntnisse und alle seine Fragen dem schweigenden und alles bergenden Geheimnis anvertraut, das mehr geliebt wird als alle unsere uns zu kleinen Herren machenden Einzelerkenntnisse,
Wo wir im Alltag unseren Tod einüben und da so zu leben versuchen, wie wir im Tode zu sterben wünschen, ruhig und gelassen … Da ist Gott und seine befreiende Gnade. Da erfahren wir, was wir Christen den Heiligen Geist Gottes nennen. Da ist die Mystik des Alltags, das Gottfinden in allen Dingen …" (Erfahrung des Geistes, SW 29, S. 38–57).
Eine Meditation zur Weihnachtszeit von Karl Rahner trägt den bezeichnenden Titel: „Gnade in menschlichen Abgründen".[72] Wer sich in diese Betrachtungen vertieft, wird nicht weggeführt, sondern tiefer hineingeführt in vielfältige Lebensvollzüge. Betend, meditierend kann er die Erfahrung geistlich bestehen, dass Gottes Gnade wirklich alle Höhen und Tiefen menschlichen Lebens ausmisst. Er kann im Gebet erfahren, dass Gott uns seine Zuwendung schenkt. An den Sonntagen und Alltagen des Lebens, an den Rändern und in der Mitte, zu Anfang und am Ende.
Wenn man die Titel der beiden frühen Werke Karl Rahners „Geist in Welt" und „Hörer des Wortes" als Deutungs- und Lesehilfe in Bezug

auf heutige Erfahrungen heranziehen möchte, dann scheint mir das sehr hilfreich: Karl Rahner gelingt es in theoretischer Klarheit und mit sprachlicher Eindringlichkeit, die Situation des Glaubens heute vor Augen zu stellen: Weil Gottes Geist uns wesentlich bestimmt, uns ruft und uns immer wieder herausreißt aus aller selbsterwählten Genügsamkeit, darum sind diese „Geisterfahrungen" zugleich Aufbrüche aus dem selbstgemachten Gefängnishof der Endlichkeit. Sie zeigen uns, dass wir die Alternative haben, zu verdursten in den „Wüsten der Banalitäten" oder den Mut aufzubringen haben, am „Rande des Meeres des Geheimnisses" wohnen zu wollen.

Zu welcher Bekehrung möchte Rahner mit diesem Text bewegen?

Ich sehe zwei wesentliche Aspekte, auf die Rahner mit Nachdruck insistiert und die für uns heute bedeutsam sein können. Vielfach wird Karl Rahners Zitat verkürzt oder falsch wiedergegeben, in dem es heißt: „Der Fromme von morgen wird ein Mystiker sein, oder er wird nicht mehr sein".[73] Vergessen oder oft als unwichtig erachtet wird der entscheidende Hinweis Karl Rahners, was er unter einem „Mystiker" eigentlich versteht. Das steht in dem kleinen Nebensatz: „Einer, der etwas erfahren hat". Es geht um Erfahrung, letztlich um Gotteserfahrung. Die Wirklichkeit, so Karl Rahner, ist uns zunächst in einer ganz ursprünglichen Art und Weise in und durch unsere Existenz selber gegeben. Wir müssen sie nur ganz vorlassen und dürfen sie nicht – funktional, methodisch, wie auch immer – verkürzen. Es ist heute ein Gebot der Redlichkeit und der Ehrlichkeit, die Welt der Schlagzeilen, des Scheins zu durchbrechen und immer wieder den Grund freizulegen, aus dem wir leben – und auf den hin wir leben! Das geschieht durch die Infragestellung des Scheins des allzu Selbstverständlichen, der heute mit großem medialen Aufwand „zelebriert" wird: Höher, besser, schneller, weiter – so heißen die Parolen im Sport. In der Leistungsgesellschaft, analog wie in der Konsumgesellschaft, zählt nur das, was sich am besten in „Szene setzen kann". Doch ist es auch das, was trägt, was durchträgt, was den Augenblick, die „Laune des Moments" überdauert? Rahner leitet uns an, die Kunst des Fragens zu erlernen, er führt uns hinein

in eine „Frömmigkeit des Fragens und Staunens", um zum Kern, zum Eigentlichen der Wirklichkeit durchzustoßen. Das ist der erste Impuls, den ich seinen Texten entnehme.
Und dabei kommt gleichsam ein zweites „Strukturelement" zum Tragen. Nur wenn wir wirklich die Schwierigkeiten des Lebens nicht verdrängen, wenn wir sie – neben all dem Schönen und Erfreulichen, das auch nur Verheißung auf Größeres ist – gelten lassen und uns nicht betäuben,
„wenn wir unsere Brüchigkeit wirklich zugeben und uns der tödlich drohenden Leere des Lebens stellen, noch radikaler als der radikalste Skeptiker, desillusionierter als der härteste Positivist, dann gestehen wir uns zwar die Gefährdetheit unseres Glaubens ein, haben damit aber auch (erst!) den Boden gewonnen, auf dem der Glaube in seiner heute einzig wahrhaft möglichen Gestalt stehen kann" (SW 14, 14).
Da schließt sich die Frage an, warum das denn so ist oder so sein sollte. Rahners Antwort:
„Der Christ ist der wahre und der radikale Skeptiker. Denn wenn er an die Unbegreiflichkeit Gottes wirklich glaubt, dann ist er davon überzeugt, dass keine Einzelwahrheit wirklich wahr ist außer in dem zu ihrem wahren Wesen notwendig gehörenden Vorgang, in dem sie sich selbst in die Frage aufhebt, die unbeantwortet bleibt, weil sie nach Gott und seiner Unbegreiflichkeit fragt. Der Christ ist darum auch der, der mit jener sonst irrsinnig machenden Erfahrung fertig wird, in der man … keine Meinung für ganz richtig und keine Meinung für ganz falsch halten kann" (SW 22/2, S. 39–47).
Das kleine Wörtchen „darum" ist entscheidend, um diesen Text zu verstehen: Weil es in dieser Frage um Gott und seine Unbegreiflichkeit geht, darum muss sie unbeantwortet bleiben. Sie ist per definitionem unbeantwortbar, denn
„Diese ‚Unklarheit' hat für uns eine absolut positive und unersetzliche Funktion, und der Mensch, der diese Unklarheit nicht als Positivum und Verheißung annimmt, verfällt in die Banalität bloßen Stumpfsinns" (SW 28, S. 189).
„Warum aber soll die Antwort des Glaubens wahr sein, wahrer als andere Antworten? Ja, wie lautet diese Antwort überhaupt? Was sollen wir

denn tun in der konkreten Situation? Wer hat den Beweis, dass der Glaube Recht hat? Und wo sind überhaupt seine konkreten Auskünfte und die entsprechenden Begründungen für ein ‚Leben aus dem Glauben'?"

So in etwa lauteten Fragen, die mir aus einem denkwürdigen Gespräch entgegenkamen. Dennoch oder gerade deshalb bin ich für das Gespräch und die Kritik am Glauben, die dabei deutlich wurde, sehr dankbar. Jene Fragen haben mich veranlasst, weiter zu fragen. Und natürlich nach Antworten zu suchen. Und wieder war es Karl Rahner, der nach meinem Dafürhalten am tiefsten schürfte. Am meisten hat mich beeindruckt, was Rahner dabei in seinen Meditationen und Gebeten bedacht hat. Rahner bewegt und „bekehrt" uns zum „Nachdenken" im wörtlichen Sinne. Das ist der zweite Impuls Karl Rahners zu all diesen Fragen.

Karl Rahner, der immer wieder die „Anstrengung des Begriffs" forderte und sie selbst mustergültig einlöste, gibt auf den grundsätzlichen Einwand, was denn überhaupt noch Geltung beanspruchen darf, den entscheidenden Hinweis, in welcher Richtung eine Antwort zu suchen sei: „Diese ‚Unklarheit' hat für uns eine … unersetzliche Funktion". Warum? Weil sie gleichzeitig eine Verheißung auf ein „Mehr" ist. Wird dies nicht gesehen und angenommen, verfällt der Mensch in die „Banalität bloßen Stumpfsinns". Auch diese Behauptung lässt Karl Rahner nicht einfach so stehen. Sein hochgradig „vernetztes Denken" zeigt auch hier deutlich auf, warum das so ist und gar nicht anders sein kann.

Da ist zunächst der weiter oben gemachte Hinweis, dass der Mensch selbst – er also in seinem Sein und nicht nur in der Reflexion – „Ereignis der Selbstmitteilung Gottes" ist. Es ist nicht so, dass der Mensch erst reflektiert und dann – als Ergebnis der Reflexion – sich der Gedanke Gott einstellt. Nein, immer schon sind wir von Gott „ergriffen" („Du hast mich ergriffen, nicht ich habe dich begriffen"), auch und erst recht, wenn wir darauf reflektieren. Das begründet auch die – unabschaffbare – existentielle „unheimliche Schwebe", von der Rahner spricht, die nicht nur eine Erfahrung der Erkenntnis ist, sondern des gesamten Lebens.

Und drittens muss man Rahners Aussage wirklich hören und gelten lassen, dass es keine „Einzelwahrheit" gibt, „außer in dem zu ihrem wahren Wesen notwendig gehörenden Vorgang, in dem sie sich selbst in die Frage aufhebt, die unbeantwortet bleibt, weil sie nach Gott und seiner Unbegreiflichkeit fragt".

Ein letzter Hinweis sei noch angebracht an dieser Stelle, weil er zu einem tieferen Verständnis rahnerschen Denkens beitragen kann. Mehrfach ist die hochgradige Kohärenz, die innere Stimmigkeit und Stringenz im Denken Karl Rahners hervorgehoben worden (Ekstatische Gottesliebe, S. 18 f).[74] So ist es nicht verwunderlich, wenn Karl Rahner nach einem Durchgang durch jene theistischen Antwortversuche, die landläufig gegeben werden auf die Theodizeefrage und die er allesamt – am Gewicht der Frage gemessen – als ungenügend kennzeichnet, die Fragerichtung umkehrt und nur in der „Aufhebung der Frage" auch die ihr gemäße Antwort erkennen kann.

Damit ist noch einmal gebündelt das ausgesagt, was Rahner mit seinem Hinweis auf den „Frommen von morgen" meint. Und es ist der dem Menschen gemäße Zugang und Umgang mit der Wirklichkeit beschrieben, wenn er sie sich nicht künstlich „vom Leibe hält", sie verkürzt oder verdrängt.

Auf die Frage nach Gott und dem Leid, die Grundfrage schlechthin, sagt Karl Rahner:

„Wenn wir dies bedenken, erscheint unsere Grundfrage unter ganz anderen Aspekten. Ihre bisher festgestellte Unbeantwortbarkeit ist dann nicht mehr der möglichst rasch zu beseitigende Skandal in unserer Existenz, der aufgeklärt werden muss, sondern ist ein Moment an der Unbegreiflichkeit, die unser Dasein durchdringt, herausfordert und für sich beansprucht" (SW 30, S. 383).

Welche Erfahrungen bringen wir mit, müssen wir zulassen? Der Mensch vor dem absoluten Geheimnis

„Wenn alle Versuche, das einzig Wichtige ... aus dem Grund des Herzens auszugraben, gescheitert sind und es immer wieder am Ende sich herausstellt, dass das Gefundene – der Mensch ist, der sich auf die Dauer nicht anbeten kann, weil dieser Gott doch zu armselig ist, dann sagt das

Wort Gottes ... Zutiefst in den Abgründen des Menschen lebt ... Gott ... wirklich Er selbst, ... jene Unendlichkeit, die uns sowohl befreit von der versklavenden Gewalt der menschlichen Seelenmächte (die, in sich endlich, uns in ihrer hungernden Unersättlichkeit eine Unendlichkeit nur vorlügen) als auch erhebt über die im letzten doch kümmerlichen Maße eines harmonischen Humanismus, in dem alles so geformt wird, dass es enge wird, erhebt auch über die einzige Unendlichkeit, die ein Mensch mit ein bisschen Schein von Wahrheit für sich in Anspruch nehmen kann: Die Unendlichkeit seiner Ohnmacht und seiner Endlichkeit" (Not und Segen, 71,vorgesehen für SW 7).[75]

Kurze Interpretation

Karl Rahner spürt in dem Text den Versuchen nach, die in der Geschichte gemacht wurden, um zu mehr Freiheit und Selbstbestimmung zu gelangen. Dabei wird ein naiver Fortschrittsglaube ebenso als Illusion erkannt, wie die Tatsache, dass moderne Philosophien oftmals deshalb zu Angst und Depression beitragen, weil sie den Menschen seiner Einsamkeit überführen. Und ihn dann allein mit dieser Einsamkeit lassen! Einsam ist der moderne Mensch und ängstlich, weil er alleine ist – auch und gerade dort, wo er wünscht, gehalten, getragen, beim eigenen Namen gerufen zu sein.
Und eine zweite Gefährdung des Menschen ist der ersten nicht unähnlich: Der Mensch der Einsamkeit, der immer nur bei sich selbst ankommt, ist gleichzeitig oft derselbe, der sich seiner Unbedeutendheit bewusst wird. Was ist der Mensch? Das Anlegen eines begrenzten Maßstabes macht den Menschen klein, unbedeutend, unscheinbar.
Mein Heimatpfarrer hat einmal einen Satz gesagt, der sich mir sehr eingeprägt hat: „Wo der Glaube zur Tür hinausgeht, kommt der Aberglaube zum Fenster herein." Wenn die Botschaft von einem liebenden Vatergott verblasst oder zur Karikatur, zur Fratze, verkommt – was ist dann? Wenn das Leben einer „rotierenden Hölle" (Reinhold Schneider) gleicht, was macht das mit uns? Wer beruhigt die Angst? Können wir es mit uns selbst aushalten? Reicht der Mitmensch, die Menschheit? Was ist das Leben angesichts der Unendlichkeit der Welt in Raum und Zeit? „Man

blickt nicht ungestraft in die eigenen Abgründe" – nicht nur Reinhold Schneider hat diese Mahnung wiederholt. Sie drängt sich angesichts der Möglichkeiten, die wir haben, uns und Gottes Schöpfung zu schaden, mit elementarer Wucht auf!

Entfaltung auf heutige Erfahrung hin

Mir kommt das Jahr 1989, das Jahr der „Wende" in Osteuropa, in den Sinn. Es wäre nicht eingetreten, wenn Menschen all jenen Parolen geglaubt hätten, die die Entwicklung zum Sozialismus-Kommunismus als eine zwangsläufige, weil gesetzmäßige gesellschaftliche Entwicklung propagierten. Es wäre nicht eingetreten, wenn die Menschen einem naiven Fortschrittsoptimismus gehuldigt hätten. Es wäre auch nicht eingetreten, wenn die Zukunftsangst, der Pessimismus obsiegt hätten, wenn jene Meinung Oberhand gewonnen hätte: „Man kann eh nichts machen."

Es ist kein historischer Zufall, dass der gesellschaftliche Umbruch allermeist in Räumen der Kirchen stattfand. In diesem geistlichen Umfeld erhielten Menschen Nahrung und Kraft für Wagnis und Aufbruch. Wem fällt hier nicht der „Exodus", der Auszug der Juden aus Ägypten, ein? Die Flamme der Sehnsucht nach dem geheimnisvollen „Mehr", das Wissen darum, dass der Mensch sich seiner Wünsche, Sehnsüchte und Hoffnungen nicht zu schämen braucht, hat eine Kraft freigesetzt, die die Machthaber machtlos werden ließ.

„Auf alles waren wir vorbereitet", so ein ehemaliger hoher Beamter der Staatssicherheit, „nur nicht auf eine ‚Revolution mit Kerzen in den Händen'". Der Hinweis, dass alles hätte auch anders kommen können, ist zunächst berechtigt. Mich überkommt ein großes Gefühl der Dankbarkeit, wenn ich mir die Ereignisse ins Gedächtnis zurückhole. Es war überhaupt nicht damit zu rechnen, dass die Waffen schwiegen und die Panzer in ihren Depots blieben. Entscheidend ist: Die friedliche Revolution hat stattgefunden, die Kerzen haben geleuchtet, sie haben die Finsternis hell gemacht. So hell, dass selbst waffenstarrende Macht geblendet war vom Glanz der Friedfertigen und Sanftmütigen. „Selig sind die Frieden stiften" – ob dieser Satz nicht ein Nachhall ist eines viel tie-

feren Friedens, der all jenen verheißen ist, die IHN lieben? Der auf uns, auf einen jeden von uns wartet? Der all die selbstherrlichen „neuzeitlichen Türme von Babel“ ihrer Lächerlichkeit und Unbedeutendheit überführt?
So wichtig und gut viele Errungenschaften der Moderne sind – und wir sollen nicht einerseits die „süßen Früchte“ essen und sie gleichzeitig verfluchen – sie erweitern unseren Radius und sind für viele Lebenslagen echte Nothelfer, so anfällig sind sie allerdings auch für die (und befördern sie!) Selbstüberschätzung des Menschen: „Wir möchten sein wie Gott“. – Diese Urversuchung ist deshalb so verheerend, weil sie uns ein falsches Bild von der Welt und von uns zeichnet. Sie beeinträchtigt unsere Liebesfähigkeit elementar. Wir können uns nicht mehr vorbehaltlos der vergebenden und vergöttlichenden Liebe Gottes öffnen, wir können uns nicht mehr vertrauensvoll IHM hingeben. Wir verfehlen Gottes Ruf, unsere Berufung.

Zu welcher Bekehrung möchte Rahner mit diesem Text bewegen?

Die Frage bleibt: Was ist zu tun? Die Früchte menschlicher Arbeit sind nicht zu verachten. Gottes Gaben sind für den Menschen da. Über seine Schöpfung sagte Gott der Herr, nachdem er sie betrachtet hatte, dass alles gut sei. Dennoch ist die Schöpfung eine „gefallene“, der Eingang zum Paradies ist durch die Engel mit Flammenschwert verwehrt. Wir merken es an unserem Umgang mit der uns anvertrauten Schöpfung, welch’ Riss durch alles hindurchgeht: Wie oft verwechseln wir hegen und pflegen mit rücksichtsloser Ausbeutung? Wie oft führen wir uns auf, als sei die Erde unser Eigentum, mit dem wir machen können, was wir wollen? Erleben nicht oft auch jene, die die Ressourcenknappheit anmahnen, die vor Klimaveränderungen warnen, dass sie der Nörgelei verdächtigt werden? Was sollen diese Einschränkungen? Muss man uns wirklich den Spaß so verderben? Warum immer diese Warnungen und Mahnungen, dieses Leben mit dem „erhobenen Zeigefinger“, der alle Freuden des Lebens schal werden lässt? Schließlich haben wir doch nur dieses eine Leben!
Es scheint so, dass der Glaube dort Verbündete hat, wo Positivismus und Materialismus in ihrer Banalität und in ihrer scheinbaren Selbst-

verständlichkeit „irritiert" werden. Dort, wo der Mensch sich das Fragen und Staunen nicht verbietet bzw. es sich nicht verbieten lässt, ist der Raum der Selbstbeschränkung aufgebrochen, kann der „Hörer des Wortes" lauschen, ob ihm nicht doch das Wort zugesagt wird, nach dem er – vielleicht heimlich und uneingestanden – in seinem Leben und durch sein Leben hindurch Ausschau hält. Vielleicht ist sogar all das, was zuvor beklagt wird im schwierigen Umgang des Menschen mit sich und der Schöpfung Gottes, all die vielen Ambivalenzen, vielleicht sind sie in Wirklichkeit Ausdruck eines mühsamen Lernprozesses? Eines Reifungsprozesses, indem wir Menschen langsam erst unsere Rolle erkennen und anerkennen, die Gott uns zugedacht hat.

Karl Rahner schrieb in einem Gebetstext, dass wir in allem Gott suchen und in allem uns, also den Menschen, nicht lassen können. Die Welt wäre absurd, gäbe es nicht IHN, den Gottmenschen, „in dem man Gott hat ohne den Menschen lassen zu müssen." Warum ist Gott Mensch geworden? Diese alte Frage steht hinter der Analyse Rahners. Wenn es darum geht, zu fragen, was es denn mit dem Menschen, mit seiner Realität auf sich hat, die wir nun 'mal nicht „lassen" können (denn wir können uns nicht gleichsam neben uns stellen!), dann lädt uns Karl Rahner gleichsam ein, mutig zu sein, uns bis zum Ende, mit aller Konsequenz, auszusagen.

Dann – aber auch erst dann – kann uns das Geheimnis, das wir Gott nennen, in Sinn und Herz kommen. Karl Rahner gibt uns die Botschaft des Glaubens weiter, dass das göttliche, unbegreifliche Geheimnis längst in unserem Herzen darauf wartet, dass wir seine Anwesenheit wahrnehmen. Und darum kann er uns auch dazu ermutigen, dass wir im Gespräch mit Suchenden, Hoffenden und Fragenden nicht aufgeben. Es gibt viele verschiedene Arten und Gestalten von Hoffnung. Rahner macht uns Mut, sich auf sie einzulassen, sie ernst- und anzunehmen, weil auf deren Grund nochmals viele christliche Möglichkeiten zu entdecken sind.

Dynamismus des Geistes: Mensch als Transzendenz

„Man kann das Leben, insofern man zwischen diesem und jenem hindurch finden muss, mit Formeln der Wissenschaft meistern. Wenigstens auf weite Strecken mag das gelingen, und man greift glücklicherweise morgen noch ein gutes Stück weiter. Der Mensch selbst aber gründet im Abgrund, den keine Formel mehr auslotet. Man kann den Mut haben, diesen Abgrund zu erfahren als das heilige Geheimnis der Liebe“ (Gott ist keine naturwissenschaftliche Formel, SW 15, S. 391–394).

Kurze Interpretation

Karl Rahner akzeptiert uneingeschränkt, dass die Größe des Menschen in unmittelbarer Nachbarschaft steht zu seinen Grenzen und Gefährdungen. Wer beides unbefangen gelten lässt – so immer wieder Karl Rahners Appell – in dem kann die Ahnung wachsen, dass alles Menschenmögliche nicht ausreicht, um dem Anspruch des Menschen gerecht zu werden. Dem kann aufgehen, dass der Mensch nach dem Unbegrenzten, dem Unbegrenzbaren auslangt. Die Frage ist – und sie kann verdrängt, niemals jedoch ganz abgeschafft werden, ohne sich des Menschseins zu begeben – wie der Mensch sich zu diesem Abgrund verhält, der sich vor ihm und hinter ihm auftut.
Es ist gerade die moderne Wissenschaft, die uns die Grenzenlosigkeit und gleichzeitig die Relativität von Raum und Zeit mit unüberhörbarer Deutlichkeit vor Augen führt. Ist es eine Grenzenlosigkeit, die uns mit unsagbarem Schrecken erfüllt, wie einst Pascal beim „Schweigen der unendlichen Räume“? Oder ist es eine Grenzenlosigkeit, die eine grenzenlose Hoffnung trägt und legitimiert? Rahners Antwort ist getragen von einer Erfahrung, die ihm kirchlicher Glaube vermittelt: Weil Gott, der Unsagbare, uns in Jesus von Nazareth unendlich nahe gekommen ist, ist der Abgrund, der uns umgibt, ein Abgrund der ein tragender Grund ist. Ein Grund bedingungsloser, geheimnisvoller, unendlicher Liebe und Güte.

Gemeinhin wird die Frage Goethes aus seinem „Faust", was denn „die Welt im Innersten zusammenhält" nach wie vor als unabweisbar hingestellt, weil der Mensch nach Herkunft und Zukunft, nach Sinn und Ziel fragen muss, solange er Menschenantlitz trägt. Doch stimmt diese Behauptung? Stimmt sie noch? Oder ist sie Ausdruck eines Wissensstandes, der heute längst überholt zu sein scheint. Haben Wissenschaft und moderne Philosophie diese Frage nicht längst als unzulässig und gleichzeitig als irrelevant herausgestellt? Als Frage, die sich nicht verifizieren, nicht bewahrheiten lässt? Und die deshalb keinen Anspruch auf Sinnhaftigkeit erheben kann und darf? Nehmen nicht Wissenschaft und Technik heute den Platz ein, den in vergangener Zeit die Religion innehatte? Hat Auguste Comte nicht recht gehabt mit seiner Prognose, dass wir aus Unmündigkeit hinübergehen werden zum Wissen und zum Machen?

Zudem: „Was die Welt im Innersten zusammenhält" – wissen wir es nicht schon sehr genau? Moderne Physik und Mathematik scheinen doch kurz vor der „Weltformel" zu stehen. Und womöglich ist es gar die „Weltformel", die zeigt, „was die Welt im Innersten zusammen hält". Doch es scheinen sich die Stimmen der Wissenschaftler zu mehren, die sagen, dass es eine „Weltformel" nicht gibt, nicht heute und auch nicht morgen. Niemals. Einfach deshalb, weil es sie nicht geben kann.

Weil der Mensch sich selbst nie aus dem Geschehen heraus nehmen kann, ist der Traum von der „reinen Objektivität" ein für allemal ausgeträumt. Endgültig. Es gibt auch im geistigen Leben so etwas wie eine „Unbestimmtheitsrelation" und immer ist die Erkenntnis interessegeleitet. Hinzu kommt: Selbst wenn es eine „Weltformel" gäbe – vor ihr zu tanzen, sie zu lieben, sich ihr buchstäblich in die Arme zu werfen, das ginge dann wohl doch zu weit. Doch kann der Mensch auf den Tanz, die Freude, das Vertrauen verzichten?

Ergänzend muss hinzugefügt werden: Evolutionstheorie, Astronomie und alle Spielarten der Anthropologie bis hin zur Neurologie scheinen heute jedenfalls in einem Punkt einig: Die Welt ist nun 'mal, wie sie ist. Man spricht von Selbstorganisationsprozessen, vom Spiel zwischen Zu-

fall und Notwendigkeit. Für Gott als „Schöpfer Himmels und der Erde" scheint es keinen Platz zu geben. Und auch die Theologen wissen sehr genau, dass in den Wissenschaften auf die „Hypothese Gott" nicht nur verzichtet werden kann, sondern verzichtet werden muss.
Doch kann der Mensch als Mensch auf die „Hypothese Gott" verzichten?
Karl Rahner stellt sich dieser Frage. Es gibt für ihn keine Flucht aus dem Hier und Heute. Es gibt auch für ihn keinen ausgesparten religiösen Sonderbezirk. Gott ist Gott der gesamten Schöpfung – oder er ist gar nicht! Rahner räumt den Wissenschaften den größtmöglichen Raum ein ohne irgendein Bedenken, dass damit Gott gleichsam verschwinden könnte. Auch das Denken des Menschen ist eine gute Gabe Gottes. Rahner weiß um die vielfältigen Möglichkeiten des Menschen, um seine Größe. Er weiß auch, dass der Mensch seine „Talente vergräbt", wenn er sie nicht nutzt.
Wenn man indessen genauer zuschaut, entpuppt sich jene Frage, die heute vielfach und intensiv diskutiert wird, wer oder was hinter der Evolution steht, im Kern als die nach dem Grund und der Möglichkeit von Hoffnung. Sinn, Hoffnung, Freude sind zunächst menschliche Vollzüge. Vollzüge, die über sich hinausweisen, die nach einer Begründung und nach einem Ziel verlangen. Wenn Sinn, Wahrhaftigkeit und Hoffnung relativierbar sind, dann sind sie endlich. Dann können sie dem menschlichen Anspruch, der ohne unbedingte Geltung nicht auskommen kann, nicht Genüge tun. Hier wird ein Feld der geistigen Auseinandersetzung erkennbar, dessen Ausmaß kaum messbar und in seinen Auswirkungen nur schwer vorauszusehen ist.

Zu welcher Bekehrung möchte Rahner mit diesem Text bewegen?

Rahners Theologie ist gekennzeichnet durch ein hohes Maß an Rationalität. Nach Karl Rahner kann, darf und muss auch in der Theologie immer umfassend und genau gedacht werden. Dennoch ist Karl Rahner kein Rationalist, jemand, der die Ratio für die alles bestimmende Wirklichkeit hält. Die alles bestimmende Wirklichkeit, das, was „uns unbedingt angeht" (Paul Tillich) ist für Rahner keine vom Menschen

her auszudenkende Wirklichkeit. Es ist eine personale Wirklichkeit, die die Unbedingtheit von Hoffnung und Sinnhaftigkeit, den Anspruch auf unbedingte Geltung von Wahrheit zu tragen vermag.
Darum ist diese Wirklichkeit auch Person, ohne dass mit diesem Begriff die Wirklichkeit, die gemeint ist, umfassend ausgesagt werden könnte. Doch sie muss Person sein – und zwar ohne all jene Begrenzungen, die wir bei uns erleben. Denn das, was wir als Menschen brauchen, um überhaupt als Mensch in einer Welt voller Brüche und Ambivalenzen leben zu können, muss uns vorgegeben, geschenkt, zugesagt werden. Sonst ist unsere Würde, unser Anspruch auf Menschlichkeit nicht einzulösen.
Zyniker würden sagen: Alles, was wir unter Würde, Sittlichkeit, Verantwortung verstehen, ist nur Einbildung, eine Fata Morgana, ein zufälliger Trick der Evolution. Es werden uns Ziele vorgehalten, damit wir gleichsam in Bewegung bleiben, mehr nicht. Schlussendlich gibt es nichts über den Augenblick hinaus.
Solchen Versuchen, die in der Geschichte immer wiederkehren, wenn auch unter anderer Begrifflichkeit, muss Einhalt geboten werden. Das Offenhalten der Frage nach dem Menschen ist für diesen selbst entscheidend – für sein Leben, ja, sein Überleben. Scheint es nicht mitunter, dass der Mensch heute der Wirklichkeit nicht standhält, nicht standhalten kann oder nicht standhalten will? Dass er ihr entflieht durch Kauf, Rausch, Vergnügen und Sucht?
Besonders augenfällig wird dies bei Versagen und Schuld. Wenn wir uns ernst nehmen und Schuld als solche gelten lassen, dann müssen wir sagen: Wir können uns nicht selber entschulden. Dort, wo wir hinter unseren Möglichkeiten zurückbleiben, wo wir uns verweigern, wo wir die Liebe schuldig bleiben, muss uns ein Wort der Vergebung zugesagt, geschenkt werden.
Karl Rahner will uns mit seinem Text sensibilisieren: Für die Größe *und* Gefährdung des Menschen. Und er will uns Mut machen, die Dimensionen des Menschen nicht zu verkürzen, sie ganz ausschwingen zu lassen.
Weil Gott uns ruft, darum sind wir wirklich Person mit unendlicher Würde, mit unbegrenzbarem Wert – durch alle Bedingtheiten und Be-

grenztheiten hindurch. Es ist keine leichte, aber eine lohnende Aufgabe, die Rahner seiner, unserer Kirche mit auf den Weg gibt. Gerade in unserer heutigen Zeit, die den Menschen nur allzu gern reduziert auf bestimmte Aspekte seines Seins, ist unsere Intervention erforderlich. Es gilt, die Option des Menschen, die Option für den Menschen, einzulösen und aufrecht zu erhalten. Auf Nutzen, Leistung, Jugend, Gesundheit oder Ansehen – so wertvoll und erstrebenswert diese „Güter der Welt“ im Einzelnen sind – darf der Mensch niemals reduziert werden. Karl Rahner rät uns, wach zu bleiben, nicht nachzulassen im Fragen, im Hören auf das, was aus der Geschichte uns als Antwort auf die Frage, wer wir sind, entgegenkommt. Denn der „Hörer des Wortes“ ist ganz wesentlich ein geschichtliches Wesen. Aus der Geschichte kommt uns die Botschaft vom Schöpfergott, vom liebenden Vater, der „seine Sonne aufgehen lässt über Gerechte und Böse“, vom Gottes- und Menschensohn, entgegen. Von Gott, der Mensch sein will, damit wir „Gotteskinder“ werden.

Was wäre, wenn diese Botschaft gilt? Wenn sie wahr ist? Und wie ergeht es uns, wenn wir mit dieser Botschaft uns unbefangen der Wirklichkeit stellen, uns auf sie einlassen? Die Wirklichkeit fordert uns heraus. Weil sie gleichzeitig Verheißung und Gefährdung in einem ist. Glaube braucht Mut, Glaube ist Wagnis. Allerdings kein unbegründetes. Darum ist der Glaube eine wirkliche Lebenshilfe. Das Leben der Heiligen ist dafür wie eine „Wolke von Zeugen“.

Am Schluss soll eine wahre Begebenheit stehen, in der lebensgeschichtlich deutlich wird, wozu Karl Rahner uns in diesem Text „bekehren“ will: Zur Sensibilität für die Nöte und Gefahren einerseits. Aber eben auch für den – mitunter energischen – Einspruch des Glaubens und der Hoffnung andererseits.

Der „Philosoph von Münster“, Peter Wust, war schwer erkrankt und klagte in einem Briefwechsel seinem Freund, dem elsässischen Priester, Prälat Karl Pfleger, seine Angst und Not vor Gott, wenn er denn bald, auf Grund seiner Krankheit, sterben würde. Darauf antwortete Pfleger in einem Brief mit Worten, die in ihrer Art einen Glauben bezeugen, der für sich spricht. Besonders, wenn man bedenkt, dass diese Worte im November 1936 (!) gesprochen wurden.

„Ich würde allen Respekt verlieren, wenn Gott uns nach diesem Erdenleben, das für viele eine lebenslange Quälerei ist, noch einmal zu quälen anfinge, allen Respekt, allen Glauben, alle Hoffnung, alle Liebe. Ein Gott, der nicht die Liebe ist, kann mir gestohlen werden, Teufel haben wir schon genug, in Menschengestalt laufen sie hier millionenweise herum, soll drüben dieselbe Sauerei noch einmal anfangen? Glauben Sie nicht, lieber Freund, dass das Redensarten von mir sind, nein, das ist meine tiefste Hoffnung, davon leb ich, sonst würde ich wie der Iwan Karamasoff die Eintrittskarte zu diesem Leben hinschmeißen".[76]

Beschenktsein: Verdankte Existenz

„Er hat uns gerufen ins Dasein, und es ist ein ewiges Dasein. Er hat uns gerufen in seine Gnade, und diese Gnade ist Er und sein ewiges Leben selbst. Dieses Sein, da wir auch nicht sein könnten, diese Ewigkeit, hinter der das leere Nichts liegt, und dieses Leben mit Gott und vor ihm, das dem Geist in der Gnade und in der Glorie gegeben ist, das ist Barmherzigkeit, denn das ist die Seligkeit Gottes selbst; und all das andere in unserem Leben, was uns dieses Dasein fragwürdig machen will, ist eben doch das Vorübergehende, das Vorläufige, die Probe und Prüfung" (Biblische Predigten, SW 14, S. 235 f.).

Kurze Interpretation

Karl Rahner beschreibt den Menschen als „das Ereignis der freien, vergebenden Selbstmitteilung Gottes".[77] Der Mensch ist Mensch, weil Gott, sein liebender Partner, ihn immer schon will! Nur deshalb gibt es die tiefe Sehnsucht im Menschen, das große Ungenügen, die existentielle Frage, die sich mit keiner Antwort zufriedengeben kann. Der Spruch des Gewissens ist wie ein Echo auf einen zuvor ergangenen Ruf. Es ist ein Ruf der Liebe, des Werbens, des Lockens.

Im Kapitel „Der Helfer-Geist" in seinem Buch „Von der Not und dem Segen des Gebetes" beschreibt Karl Rahner am Ende des Kapitels,[78] wie

es Gottes Geist in uns ist, der mit uns und für uns betet. Ich gestehe ehrlich, dass mir diese Passagen in meiner Jugendzeit das größte Unbehagen und Unverständnis bereiteten, nicht nur wegen der „Patina der Geschichte“, die die Sprache angesetzt hat. Ich konnte nicht sehr viel damit anfangen, dass in uns Gottes Geist uns treibt, uns lockt, für uns eintritt „mit unaussprechlichem Seufzen“. Später erschloss sich mir die Tiefendimension dieser Realität: Gott selbst ist in uns, er ist uns näher, als wir es uns selbst je sein können. Das ist ja gerade das Wichtigste: Im eigenen Leben, nicht nur im Denken und Sprechen darüber, nein, in jedem Lebensvollzug sind wir immer schon nie ganz allein, sondern Gottes Geist ist bei uns. Er ist es, der uns treibt, lockt, ruft.
Es ist ein heilsamer, frohmachender und tröstender „Schrecken“, der einem da buchstäblich „in die Glieder fahren kann“. Gott ist nicht nur *für* uns, er ist auch und vor allem *mit* uns. Die menschliche Selbstinterpretation – vom Glauben erleuchtet – bringt dies auf den Begriff, wenn sie von uns als Kinder Gottes spricht: Wir sind Kinder Gottes, wir sind von IHM SELBST IN SEINE Nähe berufen. Welch eine atemberaubende Sicht vom Menschen!

Entfaltung auf heutige Erfahrung hin

Die Erfahrung der unsagbaren Nähe Gottes ist beglückend, frohmachend. Sie ist unverdientes Geschenk, Gnade. Gleichzeitig ist sie Gabe und Aufgabe, denn sie beruft uns, die Würde der Gottesebenbildlichkeit, wie die Bibel sagt, zu bewahren im Weitergeben. So wie eine Kerze brennt – und verbrennt – soll unser Leben sein: Im „Sein für Andere“ findet der Mensch sein Eigentliches. Der Mensch kann sich nicht finden, wenn er nur bei sich bleibt. Im Mit- und Füreinander verwirklicht sich Gemeinschaft.
Vielfach erleben wir, dass in der medial dominierten Wirklichkeit Werte wie Jugend, Gesundheit, Ansehen einen Stellenwert haben, der maßlos überzogen ist. Scheitern, Trauer, Schuld geraten ins Abseits ebenso wie die sogenannten traditionellen Werte wie Familie, Treue, Wahrhaftigkeit und Gerechtigkeit. Und wenn sie medial bearbeitet werden, haben sie fast immer Eventcharakter.

Doch das Leben ist kein Event, keine Dauerbelustigung. Wir können uns zwar den Luxus leisten, über Probleme anderer zu philosophieren, solange jedenfalls, als es nicht die unsrigen sind. Doch spätestens dann, in Klage und Trauer, in Verzweiflung und Resignation, legen Menschen Zeugnis davon ab, dass sie eine heile Welt wollen, in der sie vorkommen, in der sie einen Platz haben. Und den sie qualvoll vermissen.
Hier liegt das große, kritische Potential der Religion. Die Welt hat viele Fragen, auf die sie keine Antworten geben kann. Heute nicht und morgen nicht. Wir können und wissen heute viele Dinge, die unsere Vorfahren nicht einmal ahnten. Doch die Fragen nach Sinn und Zukunft, in denen auch die vielen Opfer und Vergeblichkeiten der Geschichte und Gegenwart nicht unberücksichtigt bleiben, führen menschliche Möglichkeiten ein um das andere Mal an Grenzen. Um der Menschlichkeit willen darf man diese Fragen nicht unterlassen und muss doch ein prinzipielles Scheitern zugeben.
Glaube bietet der Welt ein Wissen an, das diese sich nicht selbst geben kann. Und das, obwohl wir als Menschen ohne eine hinreichende Antwort auf unseren Lebenssinn, der auch unsere Vorfahren und Mitmenschen, ja die ganze Schöpfung einschließt, gar nicht leben können. Gläubiges Wissen bezeugt keinen abstrakten Sinn, keine diffuse Hoffnung, sondern erzählt von der konkreten Annahme der Welt durch Gott in Jesus von Nazareth, von der Liebe, die aller Kreatur gilt.

Zu welcher Bekehrung möchte Rahner mit diesem Text bewegen?

Das Wort Sören Kierkegaards „Christus will keine Bewunderung, sondern Nachfolge“, gibt einen Fingerzeig für ein rechtes Verstehen des Anliegen, das in dieser Meditation Rahners steckt. Liebe, Gerechtigkeit, Friede – all das sind Vollzüge menschlichen Lebens, die nicht als moralische Forderung demonstrativ vorgetragen werden können. Sie werden eh nicht geglaubt in einer Welt, in der oft genug der Gute zugleich auch der Dumme ist, in der jener die höchste Achtung erwirbt – zumindest öffentlich – der am besten sich „in Szene zu setzen“ versteht. Eine Welt, in der man mitunter den Eindruck hat, dass Gott als Schöpfer sich zu rechtfertigen hat ob ihres Zustandes, aber nicht der Mensch, der sich seiner Ohnmacht nur allzu schnell bewusst wird.

Moral ist abgeleitet in dem Sinn, dass dem Geschenk göttlicher Zuwendung gar nichts anderes entspricht, als diese Zuwendung nachzuahmen. Wenn mit berücksichtigt wird, dass der Nachbar und Freund (Nachbarn sind wir heute alle im „globalisierten Dorf"), ja, jeder Mensch, ebenfalls ein „mit Gott-Beschenkter" ist, dann mutet es fast grotesk an, überhaupt noch moralische Normen und Verhaltensregeln einzufordern, überhaupt eine Forderung erheben zu müssen. Dann müsste es die normalste Sache der Welt sein, dem Anderen zu helfen, sich zu finden und zu entfalten, weil ein mit Gott-Beschenkter die Welt reicher und schöner macht.

Doch gleichzeitig wirft die Tatsache, dass dies eben nicht die normalste Sache der Welt ist, einen erschreckenden und ernüchternden Blick auf die Realität: Wie gerecht ist diese, unsere Welt wirklich? Was ist Gerechtigkeit? Kann sie mehr sein als ein frommer Wunsch oder eine schöne Illusion? Rahners Text lädt uns ein, die Welt sensibler wahrzunehmen. Aus einer Haltung der Dankbarkeit heraus ein Gespür zu entwickeln, wo Strukturen ungerecht sind, wo Menschenrechte nicht eingehalten werden, wo die Schöpfung missbraucht wird.

Es gibt weder politische Patentrezepte noch einfache Lösungen. Es ist wahr: Wir leben in *einer* Welt. Sie ist auch gekennzeichnet durch eine ungeheure Vielfalt und Komplexität. Entscheidend ist nicht, ob man immer gleich die richtigen Antworten parat hat. Entscheidend ist, dass man bereit ist, Verantwortung zu übernehmen. Und ob man bereit ist, dieses „man" aufzugeben und stattdessen „ich" zu sagen. Ob ich fähig und willens bin, herauszutreten aus Selbstgenügsamkeit, Selbstbespiegelung, aus einer ausschließlich ichbezogenen „Spaß – und Wohlfühl – Mentalität im Wellness-Gewand".

Das setzt die Fähigkeit zum Dialog voraus, den Willen, die Bereitschaft zu Verständnis und Verstehen. Darüber hinaus geht es nicht nur um den Willen, sondern um die Fähigkeit und um ein Tun aus einer bestimmten Einstellung und Haltung heraus. Aus welcher Haltung der Dialog geführt wird, ist mitentscheidend über Verlauf und Ergebnis. Geht es um pure Rechthaberei oder um echten Willen zur Veränderung,

der auch mich selbst mit einschließt? Geht es um das Hören der Beweggründe des Anderen, auch um die Wahrnehmung all der vielen leisen Töne und Zwischentöne? Oder geht es nur um die Macht, um die eigenen Interessen, die durchzusetzen oberstes Ziel ist?
Karl Rahner will uns bewegen, den Geschenkcharakter des Daseins wahrzunehmen und aus dieser Haltung heraus zu versuchen, das Leben zu gestalten. Weil das Leben ein Geschenk ist, müssen wir nicht „die Macher" sein, jene, die schon „wissen, wo's lang geht". Weil der ganzen Schöpfung ein göttliches Ja voraus geht, ist uns Mitwirkung gestattet, ermöglicht und geboten. Gleichzeitig bewahrt dieses Wissen vor Selbstüberschätzung, Überforderung und Resignation. Man könnte die Haltung des gläubigen Menschen zum Leben auf die ganz einfache Formel bringen: Der religiöse Mensch ist ein dankbarer Mensch.

Die sich selbst aufgegebene Freiheit

„Der Mensch existiert immer als der Herkünftige und Angerufene ... Diese Her- und Hinkünftigkeit der geistigen Kreatur ist ihr Wesen. Je radikaler dieses vollzogen wird, umso selbständiger, das heißt freier ist der Mensch. Diese vollzogene Her- und Hinkünftigkeit ist darum in einem und im gleichsinnig wachsenden Maß die Gabe Gottes und die Tat des Menschen."[79]

Kurze Interpretation

Dieser Text Karl Rahners zeigt einerseits die dialogische Dimension menschlicher Existenz, die für den eigentlichen Existenzvollzug grundlegend ist. Der Mensch ist keine Leibnizsche Monade, er ist auch nicht der Selbstherrliche und Sich-selbst-Genügsame. Er ist weder als ein „hochentwickeltes Tier" noch als „Laune der Natur" im großen Konzert einer unendlichen und unendlich mannigfaltigen Evolution hinreichend zu beschreiben. Der Mensch hat auch nicht in sich seinen Mittelpunkt. Man könnte formelhaft sagen, dass die eigentliche Mitte des Menschen außerhalb und zugleich zutiefst zuinnerst bei ihm ist. Das, was den Menschen „unbedingt angeht"(Paul Tillich), was ihn – nach Karl Rahner – zum „Hörer des Wortes" macht, ist seine Grunderfahrung: Ich bin der, der sich nicht selbst gehört. Ich bin angerufen, ich persönlich bin gemeint.

Meine Herkunft ist nicht vage und diffus. Ich habe eine Identität, ich lebe in Raum und Zeit, mit konkreten Konditionen, Eltern, Geschwistern, mit Grenzen und Chancen, die erkennbar und bestimmbar sind. Durch all das hindurch spricht mich Gott an. Sonst bliebe mir nur die Selbstinterpretation eines „Staubkornes" im unendlichen Weltraum, ein Zufallsprodukt. Er, Gott, mutet mir diese Welt zu als Angebot an meine Freiheit, an meinen eigenen Lebensentwurf, an dem ich mitwirken darf. Ich bin restlos abhängig von IHM und dennoch – oder gerade so – frei, d. h. mit all diesen Möglichkeiten und Grenzen bzw. durch sie hindurch gestalte ich mein eigenes, ganz individuelles Leben. Ja, ich bin im eigentlichen Sinn mit diesem Lebens- und Freiheitsvollzug identisch. Wenn ich mich auf das Leben vorbehaltlos einlasse, dann verwirkliche ich das in mir Angelegte.

Der zweite Aspekt bezieht sich auf das Leben in und mit Gott. Karl Rahner spricht von der Gnade, von Gottes Zuwendung als der vergebenden, liebenden und vergöttlichenden Selbstmitteilung Gottes. Gott teilt nicht irgendetwas mit, etwas von ihm Verschiedenes. Er gibt SICH SELBST. Zu intimer Partnerschaft bietet Gott, der Schöpfer, sich seinem Geschöpf an. Wir sind keine Marionetten, die wie Gliederpuppen, gleichsam am Gängelband Gottes, durch die Weltgeschichte stolpern. Die Gabe, die Gott gibt, ist an Großzügigkeit nicht zu überbieten. Gott gibt SICH SELBST. Und er gibt uns frei, d. h. die Abhängigkeit von Gott ist keine, die unsere Freiheit einschränkt, sondern erst ermöglicht. So kann Karl Rahner sagen, dass die Abhängigkeit von Gott und der Freiheitsvollzug im Leben des Menschen in gleichem Maße wachsen.

Und ein dritter Aspekt, der in diesem kleinen Text zu finden ist: Wenn die „vollzogene Her- und Hinkünftigkeit" des Menschen gleichermaßen Gabe Gottes und Tat des Menschen ist, dann ist hier das Grundgeheimnis göttlicher Schöpfung mitbenannt: Göttliches Heilshandeln vollzieht sich nach der christologischen Formel des Konzils von Chalzedon unvermischt und ungetrennt. Göttliches und Menschliches vermischen sich nicht. Aber sie gehen eine Einheit ein, in der das Göttliche selbst noch einmal den Unterschied setzt, ohne dass die Einheit zerrissen würde. Wir werden nicht tiefer eindringen können in dieses göttliche Geheimnis. Wir können nur staunend und anbetend wahrnehmen: Gottes Gabe ist zugleich unsere Aufgabe. Und diese Aufgabe sind wir selbst!

Entfaltung auf heutige Erfahrung hin

Unsere Gesellschaft würde es offiziell weit von sich weisen, wenn der Vorwurf erhoben würde, dass die Abschaffung des Menschen in ihr und oft durch sie in vielfacher Weise betrieben wird. Doch schauen wir genauer zu. Die mediale Reizüberflutung, das überreiche Angebot an Waren, an Angeboten der Freizeitindustrie, die ständig wachsenden Anforderungen am Arbeitsmarkt, der rasante Wechsel der Moden und Meinungen – all das führt einerseits zu einer Verunsicherung des Einzelnen in einem bisher nie dagewesenen Ausmaß.
Da stehen dann Fragen auf: Was gilt heute noch? Gilt überhaupt noch etwas? Woran kann ich mich orientieren? Ist mein „weinerlicher Pessimismus“ nicht vielmehr ein Indiz dafür, dass ich erlebe, dass mich die Welt, so wie sie ist, heillos überfordert? Doch was ist mit den Anderen? Vielleicht kommen sie ja viel besser mit all den Anforderungen zurecht, die für mich immer mehr zur Überforderung, zur Bedrohung werden?
Ein weiterer Aspekt ein- und desselben Vorgangs ist die Selbstinterpretation des Menschen. Dass die religiöse Aussage, Kind Gottes zu sein, längst ausgedient hat, scheint weithin ausgemachte Sache zu sein. Die „Alternativen“ haben wohlklingende Namen, zumindest hören sie sich vornehmer an als die angestaubten kirchlichen Vokabeln von Gott als Schöpfer, der sein Geschöpf, den Menschen, liebt. Ensemble gesellschaftlicher Verhältnisse – so die kommunistische Doktrin. Vehikel der Gene – die biologistische Antwort. Der „Übermensch“ (Nietzsche) war so ein Versuch, ein „schwankendes Schilfrohr, das denkt“ (Pascal), „Zigeuner am Rande des Universums“ (Monod) sind weitere neuzeitliche Selbstinterpretationen des Menschen. Zwischen einem Leben in völliger Determiniertheit und einem chaotischen Evolutionswirbel scheint

sich die Identität des modernen Menschen herauszubilden bzw. sich neu zu erfinden und zu bestimmen. Dabei sind durch nichts aufzuhaltende Fortschrittsgläubigkeit und Verzweiflung, die an Nihilismus grenzt, wohl die äußersten Pole einer Selbstinterpretation der Moderne, die erst noch ihr Maß finden muss.

Wir sind uns selbst aufgegeben, das kann als Fluch, aber auch als Segen verstanden werden. „Wir sind zur Existenz verdammt" – so der französische Philosoph Sartre. Wir sind „Ereignis der Selbstmitteilung Gottes" – so Karl Rahner. Wir können nicht abseits stehen in diesem Dialog, weil wir schon mittendrin sind. Und wenn wir als Christen uns nicht einbringen, dann wird über uns entschieden werden – so oder so. Was haben wir in diesen Dialog einzubringen als gläubige Menschen? Gerade Christen mussten (und müssen!) sich den Vorwurf gefallen lassen, sie seien unrealistisch. Die moderne Religionskritik geht ja schon weit hinaus über den Vorwurf, bei der Religion handele es sich um einen „ideologischen Überbau im klassenbedingten Interesse" (Marx), sie wäre „reine Illusion" (Feuerbach) oder sie ist die „Erfindung der Schwachen" (Nietzsche), um den „Starken ein schlechtes Gewissen zu machen".

Heute wird nicht nur stark auf das angebliche Gewaltpotential der Religionen insistiert, der Blick in die Geschichte soll zudem belegen, dass Religionen nicht nur Gewalt gepredigt, sondern sie auch massiv eingesetzt haben. Gleichzeitig „stirbt Religion ab" (Marx, Comte), weil sie immer bedeutungsloser wird, je aufgeklärter die Menschheit wird.

Die Irrelevanz des Religiösen scheint einerseits längst widerlegt zu sein durch den Esoterikboom, doch gleichzeitig wird das alte Vorurteil erneut hervorgeholt, Religion zeichne ein falsches Bild von der Wirklichkeit.

Es wird die Aufgabe des Christen zu allen Zeiten sein, jederzeit seine Hoffnung auf neue Art und Weise zu bezeugen. Vielleicht hilft uns in diesem Dialog eine geschichtliche Besinnung weiter. Um die Bedeutung der Religion für das menschliche Leben möglichst anschaulich darzustellen, griff der französische Philosoph und Mathematiker, Blaise Pascal, die Herausforderungen der Skeptiker literarisch auf. Die Überlegungen Pascals gehen in etwa so:

Wenn du deinen Kopf anstrengst, gehst du mit mir eine Wette ein. Du meinst ja, deine Skepsis ist durch nichts zu erschüttern. Denn du sagst: Wer beweist mir, dass die gläubige Interpretation menschlichen Lebens zu Recht besteht? Ihr glaubt an eine Berufung durch Gott, der euch ewiges Leben verspricht. Wer beweist mir dies als Tatsache? Und komme ich mit einer derartigen Auffassung nicht in Gefahr, das eigentliche Leben schlicht zu verpassen?

Pascal antwortet dem Skeptiker: Ich setze das Leben mit Gott gegen eine – immer endlich bleibende und damit dem Tod geweihte – begrenzte Lebensperspektive. Gesetzt nun, lieber Skeptiker, du hast recht und ich verliere die Wette, weil es Gott nicht gibt und deshalb auch keine göttliche Berufung des Menschen. Was hätte ich verloren? Gemessen an der Unendlichkeit buchstäblich ein Nichts; nichts hätte ich verloren gegenüber der Ewigkeit.

Aber jetzt du. Du gewinnst die Wette. Es gibt keinen Gott, es gibt nur die Welt der Materialisten, für die Gott Hirngespinst und Luftschloss ist. Was ist dein Gewinn? Ein paar Jahrzehnte, wenn es gut geht, eine kurze Weile durchschnittlichen Glücks, und dann eine ganze Ewigkeit lang gar nichts. Und wie erst, du verlierst die Wette? Es gibt Gott. Und mit ihm das ewige Leben. Es existiert die unendliche Hoffnung für den Menschen, du aber hast versäumt, nur an sie zu denken. Du verlierst dann alles, und zwar alles für ein sprichwörtliches Nichts. Wähle also! Vermeiden zu wählen kannst du nicht.

Paulus wurde auf dem Areopag zu Athen zu verstehen gegeben, seine Rede sei nicht erwünscht. Zunächst zum gegenwärtigen Zeitpunkt. Wird sie jemals erwünscht sein? Wann ist der richtige Zeitpunkt? Wo ist der richtige Ort dafür? Was sind die Gründe, die frohe Botschaft gering oder gar nicht zu achten? Kann es wirklich Wichtigeres geben als die Frage: Wo gehe ich hin? Wo komme ich her? Sind derlei Fragen sinnlos, nur weil sie auf das Ganze menschlicher Existenz zielen? Weil partielle Antworten – und nur solche können wir als Menschen geben – gemessen am Gewicht der Frage – immer zu kurz greifen (müssen)? Kann es sein, dass heute Möglichkeit und Gefahr für den Menschen gleichermaßen so groß sind, wie noch nie in der Geschichte? Wird deshalb heute von uns die Antwort des Glaubens unter erschwerten Bedingungen gegeben? Werden wir sie – um des Menschen Willen – geben können, ja geben müssen? Der Mensch hat eine unendliche Würde, die im Liebeswerben eines unendlich uns zugewandten Gottes begründet ist.[80]

Ich denke, hier geht Karl Rahner mit seinem Optimismus über Reinhold Schneider hinaus. Rahner dachte den Menschen nie anders als denjenigen, der in allen Vollzügen des Lebens – nicht nur des Erkennens – immer schon über sich hinaus ist. Und das nicht aus eigener Kraft! Anthropologie ist für Karl Rahner untrennbar mit Theologie verbunden. Und das deshalb, weil das Maß des Menschen nicht der Mensch ist. „Der Mensch ist das Maß aller Dinge" – dieser Satz ist für Karl Rahner Ausweis eines

„unbegreiflich bescheidenen Humanismus, der uns einfach von der ungeheuerlichen Gewalt der Liebe Gottes, in der Gott wirklich selber aus sich selber gerät, verboten ist" (SW 25, S. 47–57).

Zu welcher Bekehrung möchte Rahner mit diesem Text bewegen?

Karl Rahners Denken hat eine anthropologische Wende in der Theologie mit eingeleitet. So kann man es vielfach hören oder lesen. Das ist nicht falsch, weil für Rahner klar ist, dass in jeder theologischen Aussage der Mensch immer mit vorkommen muss. Gott gab uns kein Geheimwissen durch das, was in der Theologie Offenbarung genannt wird. Es geht um uns, um unser Heil, das nur dann für uns kommen wird, wenn wir es im Leben gelernt haben, den Mittelpunkt unseres Lebens nicht in Eigensucht und Selbstbespiegelung zu verlegen. Doch wohin dann?

Rahner wäre völlig verkannt, wenn er als Theologe in eine „Schublade gepackt würde" mit all jenen Theologen, die ausschließlich horizontalistisch denken. Es müsste an jene zunächst die Frage gerichtet werden, ob sie überhaupt noch Theologen sind, denn für sie ist Gott eigentlich bedeutungslos geworden. Des Menschen einziges und sinnvolles Ziel ist seine Selbstverwirklichung – und das möglichst um jeden Preis! Mit der neumodischen Vokabel „Selbstverwirklichung" tat sich Karl Rahner eigentümlich schwer. Dabei war für Rahner klar, dass es Nächstenliebe nicht ohne Selbstliebe geben kann. Dieser Satz ist genauso unbestritten wie der, dass man nur am Anderen und durch den Anderen zu sich selbst findet. „Liebe deinen Nächsten, wie dich selbst". Doch vor dem Machen kommt das Empfangen. Weil Gott uns zuerst geliebt hat, sind wir selber auch liebenswürdig. Gottes Annahme erst ermöglicht Selbstannahme und Annahme des Nächsten. Kein Kind kann Vertrauen entwickeln, ohne dass das Lächeln der Mutter (oder des Vaters) ihm das Grundgefühl vermittelt: „Alles ist gut. Du bist gewollt".

Die Anthropologie Karl Rahners kommt vom Christusereignis her. Rahner sagte einmal, wir können gar nicht Theologie ohne Anthropologie betreiben, weil Gott in Christus selbst Anthropologie getrieben hat. Das gilt es ernst zu nehmen und zu beachten! Daraus folgt auch und zuerst, dass Christus das Maß abgibt für eine gültige christliche Anthropologie.

Wir sollen die Botschaft der Kirche aufmerksam hören, besonders wenn sie von Karl Rahner so eindringlich vorgetragen wird – dass das Maß des Menschen von Christus her zu nehmen ist. Vom Gottes- und Menschensohn, der in einer einmaligen Art und Weise Gott seinen Vater nannte, mit ihm in einer einmaligen und exemplarischen Nähe und Beziehung stand, von ihm her sich und sein Leben verstand.

Nichts in Jesu Leben und Sterben wird verständlich – erst recht nicht seine zentrale Reich-Gottes-Botschaft – ohne den Bezug und die Verbundenheit mit dem Heiligen Geheimnis, das er seinen Vater nannte, auch in der Stunde seines Sterbens. Das Leben Jesu, das im Tod nicht unterging, das als siegreich, als gültig erfahren wurde und wird (Auferstehung) zeigt uns, was Menschsein in allen Dimensionen bedeutet. Die Heiligen, jeder in seiner Weise, die in der Nachfolge Jesu ihren Weg gingen und gehen, sind ebenfalls Ausdruck und Maß menschlichen Lebens, das in Gott gründet.

Diese Erfahrungen des Glaubens, diese existentielle Gewissheit, geben uns den nötigen Rückhalt, aufzustehen, wo das Maß des Menschen – um den Preis der Menschlichkeit – reduziert wird. Es bedarf keines Blickes in die schrecklichen Abgründe kommunistischer und nationalsozialistischer Barbarei, um die Gefahren ausfindig zu machen. Überlegungen, wie Embryonen „nutzbar gemacht werden können", deuten

eine fatale Entwicklung an. Eine bedenkliche Schieflage erlitt die Diskussion um die Frage des Schwangerschaftsabbruchs, als sie massiv einseitig verschärft wurde unter dem Slogan: „Mein Körper gehört mir". Menschen sind – zu keinem Zeitpunkt ihrer Entwicklung – Eigentum von jemandem!
Die Frage nach Würde und Wert des Menschen ist für Christen ausdrücklich und ausschließlich vom „Einsatz Gottes" (Balthasar) her zu beurteilen. Dieser Maßstab, dass wir „Im Einsatz Gottes leben" – und zwar jeder Mensch – ist einzubringen, wenn vornehmlich und medienwirksam vom Nutzen für die Gesellschaft die Rede ist angesichts der kostenmäßigen Belastungen, die Menschen mit einer Behinderung oder kranke und alte Menschen verursachen.
„Diese vollzogene Her- und Hinkünftigkeit ...", der Existenzvollzug des Menschen von Gott her und auf ihn hin gibt den Maßstab ab für die „Unterscheidung der Geister". Rahner ermuntert uns, auch heute uns einzumischen, damit das Bild, das Gott sich vom Menschen gemacht hat, dass er uns leibhaftig in Jesus von Nazareth vorgestellt hat, nicht in Frage gestellt wird. Damit es seinerseits all jene Lebensentwürfe in Frage stellt, die eine Relativierung menschlicher Existenz vornehmen, in dem sie Prüfkriterien wie Nutzen, Leistung oder Zumutbarkeit aufstellen.
Wenn Gott sich bedingungslos für den Menschen entschieden hat, können wir nicht Bedingungen aufstellen, die dieser Liebe Hindernisse in den Weg legen.
Von daher ergeben sich auch und gerade heute vielfältige Aufgaben für die (Wieder-) Herstellung und Rettung der Würde des Menschen: Überall dort, wo strukturelles Unrecht herrscht, wo Unwissenheit den Menschen Lebenschancen raubt, wo Menschsein elementar in Frage gestellt wird. Das Bild Gottes vom Menschen in Jesus von Nazareth lässt das Menschsein von Gott her und auf ihn hin als *die* Dimension anthropologischer Selbstinterpretation aufscheinen. Es gibt auch den allgemeinen Menschenrechten ein absolutes und unaufgebbares Fundament. Ohne dieses unhinterfragbare Fundament ist nicht zu sehen, wie die menschliche Würde hinreichend begründet werden kann. Wie will man der Beliebigkeit entgehen? Hier kommt ein gesellschaftskritisches Po-

tential christlicher Weltdeutung in Sicht, das oftmals nicht nur (noch) nicht eingelöst worden ist. Es stellt auch unverrückbare Maßstäbe auf, dass z. B. der Mensch nicht verzweckt werden darf oder nach seinem „Gebrauchswert“ taxiert wird. Das Bild Gottes vom Menschen gilt es hochzuhalten, auch wenn Parteistrategie und Finanzjongleure dagegen sprechen.

Eine weitere Einsicht hat für das Leben der Kirche unmittelbar Konsequenzen: Wir sind als Kirche gewissermaßen „amputiert“, wenn wir nicht mit unserer karitativen Dimension die Ganzheitlichkeit der Liebe Gottes zu den Menschen nachvollziehbar und erfahrbar verkünden. Der Satz „Der Mensch lebt nicht vom Brot allein“ ist ebenso richtig, wie der Satz: „Gebt ihr ihnen zu essen“. Der Maßstab echten Glaubens ist aufrichtige Liebe. „Was ihr einem der geringsten meiner Brüder getan habt, das habt ihr mir getan.“ Und heute ist *der* Nächste zunächst immer auch *die* Nächste (das ist noch längst nicht überall selbstverständlich!). Entfernungen spielen bei Nöten keine Rolle; Nächste sind auch jene Notleidenden, die weit weg, auf anderen Kontinenten leben, ebenso die oder der Einsame, die oder der Unverstandene, Trauernde von nebenan. Zu den Nächsten in Not gehören auch jene, die sich ihre Not nicht einmal einzugestehen wagen.

Das zweite Futur: Wer möchte ich einmal gewesen sein?

„Man kann es eigentlich niemandem vormachen. Man kann niemanden zwingen, die Planke loszulassen, an der der Mensch sich krampfhaft festhält, obwohl er weiß, dass sie ihn nicht retten kann, die Planke der verzweifelten Selbstbehauptung und der sich selbst behauptenden Verzweiflung … Man kann nur immer wieder sagen: Dein angebliches Nichtkönnen, mit dem du dein Nichttun entschuldigst, geht gar nicht in Wahrheit als eine bloße Tatsache deinem Wollen voraus, sondern ist schon deine tiefste Schuld oder – ach, wer hat den Sinn des Herrn erkannt –,solange du dich nach dem Können sehnst und nicht verliebt bist in dein Unvermögen (bist du dessen sicher, mein armer Bruder?), die Ohnmacht des Herrn, die dich erlösen wird. Aber auch dann: Warum will dein Knie, deine Hand, dein Mund nicht sprechen, was dein Herz vermeintlich nicht kann? Weil es unredlich wäre? Aber ist es unredlich, so zu tun mit dem Leib, wenn das Herz sich sehnt, zu können, was es vermeintlich noch nicht vermag? Sind wir uns aber nicht einig, dass dein Herz ersehnen soll, was es – wie du sagst – nicht kann, glauben an den Sinn, die Freiheit, das Glück, die Weite, die lichte Wahrheit, an – Gott? Wie könntest du, was in dir ist, ausdrücken mit dem bitteren Wort: Ich kann nicht, ohne zugleich einzugestehen, dass es gut wäre, ersehnt und verpflichtend ist, zu können? Ich meine, es bleibt dabei: Gnade kommt in der Gestalt deiner freien Tat; und es ist nie so, dass du nur warten dürftest. Eines kannst du immer: wenigstens auf den Knien und mit dem Mund in die ohnmächtige, grenzenlose Finsternis deiner toten Herzenswüste hineinrufen, dass du nach Gott verlangst …" (Not und Segen, S. 60).[81]

Kurze Interpretation

Das zweite Futur sagt zunächst etwas über die Gegenwart aus. Das, was heute Gegenwart ist, wird in der Zukunft Vergangenheit sein. Nichts ist beständig. Manch ein Blick in die Zukunft, in der man prognostisch schon erkennen kann, was sich einmal wie entwickelt haben wird, gleicht mitunter einem Wunschbild, das bei näherer Betrachtung der Realität nicht standhält. Der vorliegende Text Karl Rahners nimmt beides zugleich in den Blick: Die Realität und die Wunschvorstellung. Zugleich damit all die Schwierigkeiten, die Ambivalenzen, die mit der Frage „Wer möchte ich einmal gewesen sein?" verbunden sind.
Was ersehnt das Herz des Menschen, wonach streckt sich im Innersten, in seinem Herzen, jeder Mensch aus? Wenn er zurückblickt, wofür möchte er in seinem Leben sich engagiert haben? Für Sinn, Freiheit, Glück, Wahrheit, Weite. In den Religionen wird weltweit das Wissen um diese tiefsten Sehnsüchte des Menschen zugleich bewahrt und weiter gegeben. Verbunden damit ist das Wissen (das verdrängt und oft niedergehalten wird), dass ohne die Erfüllung von Sinn, Weite und Freiheit mein Leben nicht „heil" sein kann und nicht heil sein wird. Und ich möchte doch „Leben in Fülle" haben, ich möchte jemand sein, der

ja zu sich sagt, weil das Leben sinnvoll ist, der glücklich ist, der frei ist und für den es gut ist, für sich und mit anderen wahrhaftig zu sein, ohne sich schämen zu müssen.
„Die Wahrheit wird euch frei machen". Dahin möchte eigentlich jeder Mensch sich entwickeln, eingestanden oder uneingestanden. Wenn alles einmal „offenbar sein wird", möchte ich jemand gewesen sein, der wahr, glücklich und frei lebte – dessen Leben gelungen ist, der „mit sich in's Reine kam", dessen Leben sich gerundet hat, vollendet, heil geworden ist. Wer möchte nicht so sprechen?
Gleichzeitig – mit dieser Erwartung – geht das Wissen einher, dass mein Leben gerade in diesen elementaren Bezügen Geschenkcharakter hat. Das Eigentliche kann ich nicht machen, ich muss es mir schenken lassen. Und auch das, was ich machen kann, ist eigentlich nur das Nutzen, besser das Ausnutzen dessen, was mir anvertraut, geschenkt wurde.
Karl Rahner setzt sich in diesem Text, der ein wunderbarer innerer Dialog ist, gründlich mit den Argumenten auseinander, die das Gelingen des Lebens verhindern. Etliche Gründe werden vorgebracht: „Ich kann es nicht". Oder: „Es ist unredlich." Fragen kommen auf: „Was werden die Anderen dazu sagen?" Der Zweifel nagt: „Geht das überhaupt, glauben an die Weite, die Wahrheit, das Glück, das sich mir und allen anderen Menschen schenken will?" „Mache ich mir dabei nicht nur etwas vor?" Es gibt immer wieder Hinderungsgründe, Zweifel, Widerstände, sein Leben nicht nach dem auszurichten, wonach man im geheimen doch verlangt.
In diesem inneren Dialog geht es darum, dass der falsche Schein zerstört wird: Es geht nämlich nicht zuerst um ein Nicht-Können. Der Mensch wird konfrontiert mit dem, was er eigentlich meint und will und wovon er sich selbst oft ablenkt oder abbringen lässt. Und was er, oft im Nachhinein, noch rational zu rechtfertigen sucht: „Ich konnte nicht." Oder: „Es ist unredlich, an derlei Idealen festzuhalten".
In diesem Dialog wird das Glaubensgespräch genau dort wieder aufgenommen, wo es vielfach schon zu Ende zu sein scheint. Wo es oft auch an ein wirkliches Ende gekommen ist. „Ich wollte … aber es ging nicht". Die Gegengründe und Abwehrmechanismen erhalten gewissermaßen Gelegenheit, sich bis zum Ende auszusprechen. Und das nicht,

um sie nicht gelten zu lassen oder sie als unwichtig zu überführen. Sie sind ja da, sie stehen auf und verhindern oft genug das Wagnis des Glaubens. Und nur wenn ihre ganze „Argumentationsbreite" sich entfalten darf, besteht überhaupt die Chance, sie ihrerseits zu befragen. Ansonsten gibt es zuhauf Nischen und Ausflüchte. Solches Fragen ist dann kein Tribunal, sondern letztlich ein einziges Werben. Ein Werben, sich nicht selbst davon zu laufen. Man flieht ja das, was man eigentlich, in der letzten Tiefe, ersehnt. Hier greift das Wissen des Glaubens: Die eigentliche Tiefe des Menschen ist nicht der Mensch! Daher auch die Weite des Glaubens, die auch da noch eine Chance für den Menschen erblickt, wo Andere schon den „Stab gebrochen haben": „Solange du dich nach dem Können sehnst". Der Mensch hat immer eine Chance, weil nicht nur er nach Gott Ausschau hält, sondern Gott immer auch nach ihm. Ja, Gott hat immer schon *zuvor* Ausschau gehalten. Die Sehnsucht des Menschen ist wie ein Nachhall, wie ein Echo auf das Liebeswerben Gottes.

Karl Rahner fragt deshalb mitfühlend aber beharrlich weiter, was es damit auf sich hat, wenn das Herz, also unsere Personenmitte, doch das im Tiefsten ersehnt, was man sich selbst und erst recht vor anderen nicht einzugestehen wagt. „Wer möchte ich einmal gewesen sein"? Diese Frage hängt wesentlich davon ab, wozu ich mich im Leben verhalte. „Gnade kommt in der Gestalt deiner freien Tat" – eine Aussage, die nicht nur der Flucht des Menschen vor sich selber den Weg abschneidet. Sondern die auch auf die atemberaubenden Möglichkeiten hinweist, die uns geschenkt sind. Wenn, ja wenn wir der Botschaft des liebenden Gottes vertrauen und die „Planke der verzweifelten Selbstbehauptung und der sich selbst behauptenden Verzweiflung" (endlich) loslassen.

Entfaltung auf heutige Erfahrung hin

1989 brachte den meisten Ländern Osteuropas eine tiefe Zäsur. Das kommunistische Zwangsjoch wurde abgeschüttelt, die freiheitlich-parlamentarische Demokratie wurde Staats- und Regierungsform. So auch auf dem Gebiet der neuen Bundesländer der Bundesrepublik Deutschland, deren Menschen neben der Freiheit auch die Einheit ihres Vater-

landes in einer friedlichen Revolution vollzogen. Freiheit, Menschenwürde und Menschenrechte im bisher kommunistisch regierten Teil Deutschlands – sie waren in gleichem Maße Geschenk wie auch Ergebnis eines gesellschaftlichen Prozesses, der in Europa eingeleitet wurde durch den Aufstand mutiger Arbeiter auf der Danziger Werft zu Beginn der 80er Jahre des 20. Jahrhunderts.
Man sollte sich diese Zusammenhänge immer wieder in Erinnerung rufen, denn ohne das mutige Beispiel polnischer Arbeiter wäre das „Gespenst des Kommunismus" (Kommunistisches Manifest Marx/ Engels, 1848, London) nicht besiegt worden. Ihnen zur Seite stand die katholische Kirche Polens. Eine ihrer strahlenden Persönlichkeiten – gleichzeitig ein Symbol für Freiheit und Mut, auch den Mächtigen und Mächten der Welt gegenüber – war ein Priester aus Polen, Karol Woityla, Papst Johannes Paul II.
Dass der Glaube Berge versetzen und Mauern einreißen kann, das wurde im Herbst '89 buchstäblich erlebt. Es ist wichtig, sich dies immer wieder in Erinnerung zu rufen, denn nicht nur Nostalgiker treten heute auf den Plan, die das ehemalige Zwangsregime verherrlichen und verharmlosen. Zu schnell gewöhnen wir uns an das, was 1989 für die Menschen in den kommunistischen Unterdrückungsregimen wie ein Traum erschien. Und noch schneller vergessen wir, dass es Frauen und Männer aus unserem polnischen Nachbarland waren, die im Vertrauen auf Gott und seine Hilfe sich dem kommunistischen Unterdrückungsapparat als Erste mutig widersetzten.
Viele Menschen halten heute die Erinnerung an diese Zeit wach, viele aber wissen von ihr kaum noch etwas. Und viele junge Menschen wachsen – Gott sei Dank – heute in Deutschland auf, ohne die Erfahrung eines diktatorischen Regimes gemacht zu haben.
Weil alles selbstverständlich ist, alltäglich, tut Erinnerung not. Als Kinder sind die meisten Mädchen und Jungen in der DDR bei den „Pionieren" organisiert gewesen, später in der „Freien Deutschen Jugend". Gelernt haben wir im Geschichts- und Staatsbürgerkundeunterricht, dass es gesellschaftliche Gesetze gibt, die eines Tages die kommunistische Welt heraufführen werden, in der jeder Mensch glücklich sein wird. Es wird kein Geld mehr geben, jeder wird von all dem, was er benötigt, ge-

nügend haben und erhalten. „Jedem nach seinen Fähigkeiten, jedem nach seinen Bedürfnissen."
Im Kino schauten wir uns den Film über Karl Marx und Friedrich Engels an: „Mohr und die Raben von London". Im England des 19. Jahrhunderts, wo viele Arbeiter in die Städte zogen, um in den neuen Fabriken Arbeit und Lohn zu finden, war die Verelendung allgegenwärtig. Arbeiter wurden zu Lohnsklaven, Kinderarbeit war an der Tagesordnung. Es gab kaum Rechte für Arbeiter, die allesamt ein bitterarmes Leben zu fristen hatten. Die Menschen hatten nicht nur ein elendes, meist kurzes Leben. Ausbeutung und Unterdrückung herrschten allenthalben, Menschen waren lediglich Ware, Tauschobjekte.
Im Film erzählte man sich das „Märchen vom Land von morgen und übermorgen".
Fast ist man geneigt, darin das Land wieder zu erkennen, von dem die Bibel spricht, das Land, in dem „Milch und Honig fließen". Das „goldene Zeitalter" wird beschworen, „Utopia" ist überall, allen wird es gut gehen, wenn erst sämtliche Produktionsmittel allen gehören. Wenn Grund und Boden den Adligen entrissen sind und das Volk die Macht in Händen hält. Und natürlich wird die Macht nicht *miss*braucht, sondern *ge*braucht, im „Land von morgen und übermorgen" – und zwar zum Wohle aller.
Wer wollte nicht in diesem schönen Land leben? Und worüber sprach man nicht? Und es fiel kaum auf, dass darüber nicht gesprochen wurde. Oder war auch das nur geschickte Propaganda, die auf Verdrängung setzte? Man schwieg einfach über Ungleichheit, Krankheit, menschliche Schwierigkeiten, Leid, Not und Tod. All das war irgendwie weit weg. Das „Land von morgen und übermorgen" faszinierte uns als Kinder. Es war einfach nur schön – und es war eine Lebenslüge!
Denn es diente den Mächtigen dazu, schon Kinder „auf Linie zu bringen", ihre Ein-Parteienherrschaft als gesetzmäßig auszugeben, als gesellschaftlichen Fortschritt, um die „historische Mission der Arbeiterklasse" zu erfüllen. Und wer sich dieser Ideologie nicht verschrieb, dem wurden nicht nur Entwicklungschancen genommen. Der Parteiapparat, dem auch die Staatssicherheit unterstellt war, hatte genügend Mög-

lichkeiten zur Einschüchterung, Manipulation, Bespitzelung und Unterdrückung.
Sozialarbeit konnte es – so wurde mir gesagt – nicht geben in der „entwickelten sozialistischen Gesellschaft“, weil der antagonistische Klassengegensatz im Sozialismus endgültig überwunden war. Und damit die Quelle aller (!) sozialen Übel, wie Sucht, Abhängigkeiten, Ängste. So etwas gab es eben nur im Kapitalismus, im Ausbeuterstaat, der nichts gemein hatte mit dem „Staat der Arbeiter und Bauern“.
Die Kirchen hatten in diesem Staat ihre Angelegenheiten selbst zu regeln – im Rahmen der Gesetze des sozialistischen Staates. Kirchen waren strikt vom Staat getrennt und vom gesellschaftlichen Leben weitgehend ausgeschlossen. Für sie blieb die Arbeit an Menschen mit Behinderung, auch die Pflege älterer Menschen nahm der kommunistische Staat gerne an. Im Übrigen wurden die „westlichen“ Sozialarbeiterausbildungen nicht anerkannt. „Fürsorger im kirchlichen Dienst“ durften wir als Berufsbezeichnung eintragen – ohne jegliche staatliche Anerkennung. Zumindest offiziell. Inoffiziell nahm man die kirchlichen Dienste durchaus gerne an, wenn es z. B. um Hilfe in schwierigen Familienverhältnissen ging oder um Betreuung psychisch kranker Menschen oder um die Pflege alter und kranker Menschen.
Erst als junger Erwachsener ging mir auf, wie viel religiöse Elemente die Story vom „Land von morgen und übermorgen“ aus dem Film „Mohr und die Raben von London“ enthielt, wie viel Wirklichkeit verdrängt und durch utopische Visionen ersetzt wurde. Als 1989 das kommunistische Zwangsregime zu Ende war, war es für sehr viele Menschen eine wirkliche Befreiung. Und für nicht wenige Menschen war es großenteils insofern auch eine echte Lebenschance, weil für sie ja ohnehin die Lebensmaxime galt (und gilt, weil sie sich ja bewährt hat!), sich immer wieder den herrschenden Gegebenheiten anzupassen. Wenn diese sich ändern, dann muss man sich eben neu orientieren, sich darauf einstellen. „Man ist doch flexibel.“
Und es gab (und gibt) Menschen, für die buchstäblich eine ganze Welt zusammenbrach. Ich erinnere mich noch sehr genau an ein langes Gespräch mit einer Frau, die zu DDR-Zeiten Schuldirektorin war, die gefürchtet war, weil sie nicht zimperlich umging mit jungen

Christen, die nicht zur – staatlich verordneten – „Jugendweihe" gingen.
Wir kannten uns aus Ausschuss- und Gremienarbeiten, in denen es z. B. um die Förderung von Beratungsstellen ging, um ambulante Seniorenarbeit, um das soziale Ehrenamt, um die Unterstützung für Menschen mit einer Behinderung. Wir arbeiteten nicht nur zusammen, wir schätzten einander und merkten, dass wir sozialpolitisch ganz ähnlich dachten und auch handelten. Besonders deutlich wurde dies bei gemeinsamen politischen Aktionen, bei Protesten, bei Anträgen und dergleichen mehr.
Diese couragierte Frau war vor und zu Beginn unseres sehr persönlichen Gespräches sehr unsicher, sie hatte sich durchaus gründlich darauf vorbereitet. Später sagte sie mir, sie wusste ja nicht, was für ein „Typ ich sei", weil ich ja „bei der Kirche arbeite". Was für ein Bild von Kirche steckte allein hinter dieser Aussage, die mehr Andeutung war als wirkliche Befürchtung? Wie viel Unsicherheit, auch wie viel Unwissen und Halbwissen über die Kirche trat hier zutage![82]
Doch dann sagte sie auch: „Ach, weißt du, mit dir kann man ja reden". Und dann brach es förmlich aus ihr heraus, sie erzählte von den 50er Jahren, von FDJ-Bauprojekten wie „Max braucht Wasser", vom Bau des Rostocker Überseehafens, von den sowjetischen Erdöl- und Erdgasleitungen, die Namen wie z. B. „Druschba" (übersetzt heißt der Begriff Freundschaft) trugen. Sie erzählte von vielen Erlebnissen bei den Pionieren, in der FDJ, in der Grundorganisation der FDJ an den Schulen. Und sie stellte dann– fast verzweifelt – mit tonloser Stimme fest: „An irgendetwas mussten wir uns doch festhalten, an irgend etwas muss man doch glauben. Und dass das alles nicht stimmte, dass wir alle belogen und betrogen wurden – das ist wirklich das Allerschlimmste für mich." Sie sagte dann noch, wie gut wir es doch in der Kirche hätten. Wir hätten derlei Katastrophe nicht zu verkraften, die sie jetzt erlebt und dass das alles einem totalen Zusammenbruch gleichkomme.
Für diese Frau war wirklich eine Welt, ihre Welt, zusammengebrochen. Sie lag wirklich in Trümmer, die Welt und auch ihr Traum von dieser Welt, der so jäh ausgeträumt war. Wir führten noch viele Gespräche,

eines Abends erhielt ich sehr spät noch einen Anruf von ihr. Sie erzählte mir am Telefon von ihrer Mutter, die verstorben sei und dass sie vom evangelischen Pastor beerdigt wurde. Sie sei so froh darüber, dass die Mutter jetzt ihren Frieden hat. Sie war auch froh, dass der Pastor sich viel Zeit für sie nahm.
Für mich war dieser Umstand ohnehin eine große Überraschung, diese „rote Frau" und ihr Kontakt zur Kirche. Ich weiß heute nicht mehr, warum der Kontakt abbrach, er brach jedenfalls ab und wir sahen uns dann auch immer seltener, seit Jahren gar nicht mehr.
Ich habe mich oft, wenn ich über diese Begegnungen nachdachte, gefragt: Wo wärest Du, ohne deine Eltern und deine Erziehung in einer christlichen Gemeinschaft? Was suchen wir, was brauchen wir? Als Mensch – das hat mir das Schicksal dieser Frau deutlich gemacht, die später eine Kabarett-Gruppe leitete und deren beste Freundin nach der Wende 1989 für einige Zeit in einer stationären psychiatrischen Einrichtung sich einer Therapie unterziehen musste – können wir nicht nur „von einem Tag auf den anderen leben". Das Wort aus der Bibel „Der Mensch lebt nicht vom Brot allein" gilt – auch heute. Der Mensch braucht einen festen Halt, der nicht vergeht, er braucht etwas, was sich durchhält, was bleibt, was trägt. Und oft suchen wir es, ohne genauer darüber nachzudenken, ohne uns darüber Rechenschaft zu geben.
Mir ist durch diese Begegnung eines deutlich geworden: Jesu Gleichnis vom Sämann, der die Saat ausbringt, ist auch heute noch gültig. Einiges fiel unter die Dornen, einiges auf felsigen Grund, einiges wurde von den Vögeln des Himmels aufgelesen, einiges verdorrte in der Sonne. Doch einiges fiel auf guten Boden und brachte Frucht im Übermaß.
Wie groß ist heute die Aufgabe für die Kirche? Wir beten zum Herrn der Ernte, dass er Arbeiter in seinen Weinberg schicken möge. Und wir beklagen oft, dass die Ernte groß und die Zahl der Arbeiter gering sei. Wo stehen wir? Erkennen wir, dass unser Einsatz, unsere Gabe, entscheidend ist dafür, wer wir einmal sein werden? Wer möchten wir einmal gewesen sein?

Zu welcher Bekehrung möchte Rahner mit diesem Text bewegen?

Karl Rahners Text lädt ein, sich selber immer wieder zu hinterfragen. Ähnlich wie in den Exerzitien lädt dieser „Monolog mit dialogischem Charakter“ ein, eigene Beweggründe, Motive zuzulassen, hochkommen zu lassen, sie nicht zu verdrängen, sich mit ihnen auseinander zu setzen und sie nicht zu ignorieren oder sie als irrelevant abschätzig abzutun.
Es ist wie ein Eintritt in das Labyrinth des Lebens, zu dem Rahner uns hinführen möchte. Dahinter steht die Gewissheit, dass wir mehr brauchen, als was die hellen Reklamen und Auslagen der Supermärkte anpreisen und versprechen. Doch wir sind oft nicht in der Lage – ob aus Bequemlichkeit, beruflichen Zwängen, die kaum mehr Zeit lassen, aus Angst, aus Unsicherheit, aus einer Mischung aus alldem – uns wirklich auf diese Grundfragen einzulassen: Was brauche ich wirklich? Was tut mir gut? Herr, was willst du, dass ich tun soll? Rahner macht Mut, es immer wieder neu zu versuchen: „Eines kannst du immer …“
Und ein Zweites: Rahners Text lässt uns aufhorchen. Wir sollten sensibel sein und wach im Umgang mit den eigenen Motiven, Beweggründen, Voreiligem und schnell Dahergesagtem. Was heißt schon Redlichkeit, Anstand, wenn es buchstäglich um Alles oder Nichts geht? Wenn der Mensch in seiner Existenz unmittelbar mit der Wirklichkeit seines ganzen Lebens zu tun hat? Wenn alles andere von dieser „transzendentalen Erfahrung“ abgeleitet ist, sollte man da nicht vorsichtiger sein, als es landläufig geschieht mit der Gewichtung der letzten Fragen, Wünsche, Hoffnungen und Sehnsüchte? Kann man sie wirklich nur als reines Wunschdenken abtun, dem keine objektive Realität entspricht?
Was ist hier objektiv, was subjektiv? Kann womöglich das Subjektivste das Objektivste sein? Zumal, wenn sich herausstellt, dass Menschen zu allen Zeiten, an allen Orten, im Wesentlichen durch die gleichen „Archetypen“ geprägt sind? In dem, was Menschen im Letzten suchen und brauchen, sind sie sich sehr ähnlich. Ist das nicht mehr als nur ein Fingerzeig, möglichst nicht allzu vorschnell viele Fragen und Vorgänge auf rein subjektive Befindlichkeit allein zu reduzieren?
Rahner lädt uns ein, die „Frömmigkeit des Fragens“ einzuüben. Er macht es uns vor, aber nicht so, dass wir nur seine Fragen wiederholen

müssten. Nein, wir müssen unsere Fragen heute und hier finden und formulieren. Und wir sollten behutsam sein im Umgang mit unseren Mitmenschen, was das Glaubensgespräch anbetrifft.
Warum sind viele Menschen heute nicht im Sinne der Kirche gläubig? Spüren sie keine Sehnsucht, haben sie keine Hoffnung? Wie ist das bei ihnen mit der „zuvorkommenden Gnade Gottes"? Wollen sie nicht Menschen sein, die einmal „gezeichnet sind vom Glück der Ewigkeit"? Und liegt es nicht oft auch mit an uns, dass die Botschaft des Glaubens nur verstümmelt bei ihnen ankommt? Weigern wir uns selbst nicht oft, „mit den Knien, mit der Hand, mit dem Mund das zu tun, wonach eigentlich unser Herz verlangt?" Gott zu lieben, ihm zu danken, auf ihn zu vertrauen?
Sind wir nicht oft auch feige: „Was könnten die Anderen sagen oder denken?" Und nehmen wir damit nicht Anderen den Mut, zu dem zu stehen, was ihr Herz begehrt? Sind wir es nicht oft, deren Schwachheit es anderen Menschen so schwer macht, zu dem zu stehen, wonach ihr Herz verlangt? Denn: Ist unser Glaubenszeugnis nicht manchmal kaum als ein solches wahrzunehmen? Und erscheint es nicht oftmals gequält, anstatt leuchtend und froh dem Mitmenschen die Tür zu Gottes froher Botschaft weit aufzumachen? „Alle Lust will Ewigkeit" – gilt das nicht für das Leben insgesamt? Wollen wir als Menschen nicht Glück, Freude, Friede und Geborgenheit ohne Maß? Wollen wir nicht Wahrheit, die gilt, und Güte, die kein Ende nimmt? Schämen wir uns vielleicht, offen zu zugeben, dass wir „Kinder des Glücks" sein wollen – ein Glück allerdings, das wir nicht erzwingen können? Bei dem wir mithelfen dürfen, damit andere Menschen von dieser Liebe eine Ahnung bekommen? Wo wir aber gleichzeitig nicht die „Macher" sind, weil es um Liebe und Annahme geht, die uns geschenkt werden? Können wir uns einlassen auf die wesentlichen Dimensionen des Lebens, weil sie Geschenkcharakter tragen? Karl Rahner fordert uns zur Wahrhaftigkeit, zur Gewissenserforschung heraus.
Bezeugte und vermittelte Hoffnung – kann man so vielleicht die Zukunft, das Wesen und die Aufgabe der Kirche umreißen? Müssen wir nicht noch genauer hinschauen, bei uns selber, ob wir Gottes Einladung manchmal nur widerwillig und mürrisch annehmen? Wir möchten

Menschen der Ewigkeit sein und verweilen doch mitunter ängstlich im Hier und Heute – wohl wissend, dass alles Gute für uns nicht gut genug sein kann. Hier tut Umkehr not, Jesu Botschaft lautet ja: „Suchet zuerst das Reich Gottes, alles andere wird euch hinzugegeben werden." Wer möchte ich einmal gewesen sein? Wer möchte ich sein, wenn die Frage Gottes mich anruft: „Mensch, wo bist du?" Wie möchte und wie muss ich im Hier und Heute leben, wenn mich diese Frage in Zukunft mit Freude und Glück überrascht und nicht mit Angst und Schrecken? „Eines kannst du immer …" Die Hoffnung auf Gottes Liebe, die ohne Maß ist, im Leben einüben. Wenn ich ein Mensch der Hoffnung gewesen sein möchte, ist das vielleicht schon genug.

III. Gang:
Der Mensch im Lichte des Glaubens: Heils- und Offenbarungsgeschichte

Mir scheint, ein Blick auf die vielfältigen Versuche, herauszubringen, was es mit dem Menschen eigentlich auf sich hat, ähnelt sehr einer Nachtwanderung. Es ist dunkel, man ist froh, durch den Schein einer Taschenlampe wenigstens einige Umrisse wahrzunehmen von dem, was einen umgibt. Da werden Bäume, Sträucher, Wege erkennbar. Umrisse deuten oft mehr an, als dass sie konkrete Ausmaße genau anzeigen. Vieles bleibt schatten- und schemenhaft. Man freut sich, wenn die Sonnenstrahlen den Tag ankündigen, wenn die Sonne das Dunkle vertreibt und die Helligkeit des Tages Klarheit, Sicherheit und Orientierung bietet.
Was ist der Mensch? Was macht ihn wesentlich aus? Was bestimmt ihn? Diese Fragen werden auch im Glauben nicht gewissermaßen „erledigt".[83] Sie erfahren jedoch durch die Botschaft des Glaubens eine Konkretisierung, eine nähere Bestimmung und Vertiefung. Der Glaube ist wie helles Tageslicht, in seinem Glanz wird alles klar und deutlich. Die Schatten weichen, die Konturen der Schöpfung und des Menschen in ihr treten aus Dämmerung und Zwielicht heraus.
Dabei möchte ich den Menschen in seinen vielfältigen Bezügen betrachten, denn niemand lebt isoliert, nur für sich allein. Wir erleben uns vielfach vorgeprägt und beeinflusst durch Familien, wir leben in Gemeinschaften, gestalten Freundschaften, leben in Nachbarschaften und haben Kontakte zu Verwandten und Bekannten. Niemand lebt für sich allein. Und doch ist jeder Einzelne unverwechselbar, einmalig.
Unsere Individualität kennt neben dem Mikrokosmos auch den Makrokosmos. Wir leben angesichts des „Schweigens der unendlichen Räume" (Pascal) in Angst und Schrecken, aber auch im Hochgefühl unendlicher Weite. Es ist unser Glaube, der uns ausdrücklich ermutigt, nicht zu gering von uns zu denken. Karl Rahner definiert den Menschen als ein Ereignis der Begegnung. Durch die freie und vergebende Selbstmit-

teilung Gottes ist der Mensch von sich aus immer schon mehr, als er von sich aus zu hoffen wagt. Diesem grundlegenden Gedanken Karl Rahners wollen wir im folgenden Gang nachgehen.
Dabei gibt der Blick in die Weltgeschichte, die immer auch Heils- und Unheilsgeschichte ist, Fragen auf nach dem Sinn des Ganzen, nach den Ursprüngen und den Zielen, nach Triebkräften und Interessen. Die unterschiedlichen Vorstellungen, denen wir in diesem Gang begegnen, können viele Wege deutlich machen: Irrwege, Auswege, Umwege. Die Frage bleibt: Sind sie auch Wege zum Heil, Heilswege?

Individuell, gemeinschaftlich, kosmisch

„Das Christentum kennt dennoch nur eine Materie, die von vornherein als Ermöglichung geistig-personalen Lebens, als Basis eines solchen Lebens aus dem Geist, der Gott heißt, und für den Geist, der Mensch genannt wird, erschaffen ist und west. Der Geist ist nicht der Fremdling in einer geistlosen Welt, die unbekümmert um diesen Geist ihre Bahnen zieht, sondern diese materielle Welt ist die Leibhaftigkeit des Geistes, der erweiterte Leib des Menschen und hat darum im letzten mit ihm nur ein einziges Ziel und Geschick. Sie ist auch in Ewigkeit in der Vollendung des Geistes der Ausdruck dieses vollendeten Geistes und nimmt darum ‚verklärt' … an seinem endgültigen Los teil. Und darum bekennen wir, dass das Ende ein neuer Himmel und eine neue Erde sein wird" (Das Christentum und der neue Mensch, SW 15, S. 138–153).

Kurze Interpretation

Rahners Text macht deutlich, dass es um zwei gegensätzliche Grundoptionen geht, zwischen denen wir zu wählen haben: Nämlich, ob der menschliche Geist Fremdling ist in einer „geistlosen Welt" oder in ihr sein Zuhause findet, weil sie seine Heimat ist. Das Letzte kann er nur, weil er, wie die ganze Schöpfung, „aus dem Geist, der Gott heißt", kommt.
Diese Option ist keine streng wissenschaftliche Beweisführung, sondern eine Glaubensoption, allerdings eine begründete. Denn ohne sie

wäre ein Sinnzusammenhang in der Welt nicht denkbar, darum auch kein Dialog, keine Wissenschaft. Ohne sie wäre – konsequenterweise – auch die Formulierung der gegensätzlichen Option weder sinnvoll, noch denkbar. Warum? Wenn es eine Welt gäbe, die nur durch Chaos und Zufall geprägt ist, ist kein sinnvoller Zusammenhang möglich. Er kann von daher auch nicht formuliert und kommuniziert werden. Und darum ist selbst solch ein Satz wie: „Alles ist sinn- und geistlos" eine Aussage, die voraussetzt, dass sie wahr ist und ihr Gegenteil nicht wahr. Wie aber sollte es diese Unterscheidung geben in einer Welt, deren einziges Kennmerkmal das reine Chaos ist. Welcher Maßstab wäre in solch einer Welt anzuwenden und warum? Das Votum für Chaos verbietet jedoch schon wieder derlei Fragen.

Der Einwand ist nicht uninteressant, dass auch im Chaos Gesetze herrschen. Dass man also nicht davon reden dürfe, dass „kein sinnvoller Zusammenhang möglich ist". Wenn es so ist – was neuere Chaosforschungen nahelegen –, dass sich auch chaotische Systeme nach eigenen Gesetzmäßigkeiten ausrichten, dann haben wir es in der Tat erneut mit einem „geisterfüllten" Gebilde zu tun. Dieser Sachverhalt würde nochmals den Hinweis untermauern, dass die Welt, die wir erforschen, viel mehr einem Gedanken als einem leblosen Klotz gleicht.[84]

Der Satz: „Das Gehirn hat das Denken nicht erfunden" – er stammt von Hoimar von Ditfurth – mag in diesem Zusammenhang überraschend klingen, bezeichnet aber präzis den entscheidenden Diskussionspunkt. Alles kommt darauf an, Bedingung und Ursache zu unterscheiden. Sie sind nicht identisch. Wenn die Welt von Anfang an geistgeprägt ist, so wird sie es auch am Ende sein. In der Bibel wird denn auch von Gott als dem Schöpfer *und* Vollender dieser Welt gesprochen.

Entfaltung auf heutige Erfahrung hin

„Vater, mit der Religion kann man es sich doch ‚klemmen', wenn klar ist, dass mit dem Tod alles aus ist." Auf die Frage, warum das denn so sicher sei, antwortete einer meiner Söhne: „Ganz einfach, die Wissenschaft hat klar erwiesen, dass man jede geistige Aktivität messen kann. Jedem Denkvorgang ist demzufolge eine molekulare Bewegung im Gehirn – ein Hirn-

strom – eindeutig zuzuordnen. Und wenn das Gehirn seine Aktivitäten einstellt, dann gibt es nichts mehr von dem, was mal war."[85]
Offensichtlich ist bei solch einer Argumentation, dass scheinbar gar kein Unterschied gemacht wird zwischen Ursache und Bedingung. Bemerkenswert und bedenkenswert ist zudem die Tatsache, dass es ausgerechnet Wissenschaftler mit bekanntem Ruf auf dem Gebiet der Hirnforschung sind, die das Ungenügen der materialistischen Deutung neuerdings ausdrücklich betonen. Vielleicht, weil sie näher dran sind am Mysterium? Oder weil sie spüren, dass es ein Unding ist, mittels des Denkens genau dies zu desavouieren?[86]
Doch es geht nicht um ein philosophisches, um ein rein theoretisches Problem, das keine lebenspraktischen Auswirkungen hat. Das Gegenteil ist der Fall, es hat ganz praktische Konsequenzen, je nachdem, wie der Mensch gesehen und eingeschätzt wird. Ich denke an eine Weihnachtsmeditation Karl Rahners, in der er seine Hörer und Leser fast beschwört, nicht das Denken über dem Gedachten, nicht die Hoffnung über dem gerade Erstrebten und nicht die Freude über dem Erfreulichen zu vergessen. Wir sind immer in der Versuchung, nur dem Augenblick zu verfallen.[87]
Karl Rahner macht uns Mut, dieser Versuchung nicht nachzugeben, sich ihr nicht hinzugeben. Er will dazu anleiten und motivieren, dass wir in uns hinein hören, dass wir uns wahrnehmen mit all den Fragen, Sehnsüchten, Hoffnungen und Wünschen, die uns umtreiben.
Und dass wir im Allerletzten dem trauen, was sich in all dem anmeldet, ankündigt: Ein Aufbruch aus dem Jetzt, aus den festen, eingefahrenen Gleisen.

Zu welcher Bekehrung möchte Rahner mit diesem Text bewegen?

Wir sollen einschwingen in eine Bewegung, die nicht nur bei uns bleibt, die uns von uns wegreißt. Wohin? Ins Nirgendwo? Zumindest nicht in das Überschaubare, Verrechenbare, Kalkulierbare. Uns vertrauen, uns selbst etwas zutrauen – das kann man nur mit einem gesunden Selbstvertrauen. Vertrauen, Selbstvertrauen „fallen nicht einfach vom Himmel", sie setzen eine Grundannahme voraus.

Da wird jene Grundoption des Christen, des gläubigen Menschen, existentiell entscheidend sein: Weil die Welt in Gott gründet, weil sie geistgeprägt ist, ist sie im Allerletzten, bei allen Schwierigkeiten, Brüchen, Verirrungen und Wirren eine Wirklichkeit, der Vertrauen entgegen gebracht werden kann. Und dieses Vertrauen ist nicht willkürlich, es bezieht seinen Grund und seine Kraft nicht aus einer rein materiellen Welt, die blind ist oder aus einer Evolution, die weder Ziel noch Richtung hat. Das alles kann nicht Grund eines vernünftigen Vertrauens sein. Dieses aber ist gefordert für Selbstannahme und Selbstvertrauen.
Es muss zur Welt mit ihren Gründen und Abgründen eine Dimension hinzukommen, damit wir von einer geistgeprägten Welt sprechen können. Christen sprechen von Gott. Ohne sein Da-Sein und Für-Sein, ohne seine Zuwendung, ist die Welt nichts weiter als ein blinder, unbewusster, chaotischer Wirbel um sich selbst.
Karl Rahner besteht darauf, dass diese Alternative aufrechterhalten wird. Dass wir uns ihr stellen. Und dass wir die Alternative in den Blick nehmen und prüfen![88] Er macht Mut, sich deshalb auf den Glauben einzulassen, weil die materialistische ‚Alternative' eben keine ist: Das reine Nichts, ein blindes Weltgesetz, Chaos, Zufall – all das kann weder tragend sein für einen Sinn, der im ganzen Leben durchtragen und sich bewähren soll. Und ohne den wir doch nicht sein können!
Besonders dann, wenn viele Dinge im Leben unsicher und undurchsichtig werden, sollten wir uns die Frage vorlegen: Ist die Alternativlosigkeit des Glaubens nicht vielleicht *die* Glaubensbegründung schlechthin? Und ist sie nicht eine solide Grundlage, in das Gespräch über den Sinn des Lebens mit unseren fragenden Zeitgenossen einzutreten? Der Glaube, der von der Liebe und der Hoffnung spricht, hat genügend Gründe für sich, auch wenn der erste Augenschein das anders sieht. Besonders wenn er jene Denkrichtungen in den Blick nimmt, die aus Gründen der Ehrlichkeit und Redlichkeit meinen, genau dies, nämlich Hoffnung, Liebe, Sinn ablehnen zu müssen.
Mit Rahner sollten wir den Mut haben, ohne Überheblichkeit, aber selbstbewusst, die Kritiker des Glaubens zu fragen, woher in einer „geistlosen" Welt Redlichkeit und Ehrlichkeit überhaupt ihren Sinn beziehen, ja ob diese Worte überhaupt sinnvoll gebraucht werden können, wenn

das große Chaos und die blinde Evolution die eigentlichen Wirklichkeiten sind. Kann es überhaupt ein sinnvolles Argument dafür geben, Hoffnungslosigkeit der Hoffnung vorzuziehen? Die offensichtliche Alternativlosigkeit des Glaubens ist nicht nur ein starkes Glaubensmotiv, sondern auch wirklicher Grund zur Glaubensfreude.

Mensch als Ereignis der freien und vergebenden Selbstmitteilung Gottes: Anthropologie

„Zuletzt sei eben dieser Glaube selbst nochmals beschworen und gepriesen: Der Glaube unserer Väter und unseres eigenen Lebens, der Glaube, der von Anfang an war und durch die Geschichte der Menschheit und ihres Heiles immer mehr zu sich kam, bis in Jesus Christus Gottes Wort und des Menschen Hören, gemeinte Wirklichkeit und ihre Aussage, Verheißung und Erfüllung ihre absolute Einheit fanden; der Glaube der Kirche, der Glaube, in dem die inwendigste Gnade und das amtlich strenge Wort von außen sich selig begegnen; der Glaube, der ganz einfach ist, weil er das Eine, Ungeheuerlichste sagt, aus dem allein wir doch leben können, dass Gott Gott ist: Das anzubetende, ewige Geheimnis, das als ebendieses sich selbst in radikalster Unmittelbarkeit uns schenkt, so dass wir diese in der Erfahrung der Gnade in unserer eigenen Existenz greifen und in der Geschichte in Jesus Christus leibhaftig anblicken können; der Glaube, der die höchste Last und die schwebende Leichtigkeit unseres Daseins, Gottes reine Gnade im Vollzug unserer eigensten Freiheit ist; der Glaube, den unser armes Stammeln bekennt und verkündigt, so verkündigt, dass Gott diese Herolde nach seinem endgültigen Wort in Christus trotz der Dummheit der Menschen, der Enge der Geister und Herzen, der Zerteiltheit ihrer Geschichte, nicht mehr endgültig aus seiner Wahrheit herausfallen lässt; der liebende Glaube, der uns rechtfertigt, der uns die Kraft des Lebens und die Zuversicht des Sterbens sein soll; der Glaube, der dort noch gesiegt haben kann, wo man meint, nicht zu glauben; der Glaube, der nie uns so gegeben ist, dass wir nicht täglich neu in Anfechtung und Gebet ihn uns erbeten müssten, weil er ewig Gottes Gnade bleibt, und wir somit, indem wir unseren Glauben bekennen, darin immer demütig gestehen, dass wir von uns allein aus feige, schwache, blinde Kleingläubige oder Ungläubige sind" (Im Heute glauben, SW 14, S. 24f.).

Kurze Interpretation

Dieser Text Karl Rahners steht ganz am Schluss seines Büchleins „Im Heute glauben". Der Vortrag, der zunächst an Priester gerichtet ist, behandelt all jene existentiellen Fragen, denen sich ein Christ gegenübersieht, der versucht, sich über seinen Glauben verantwortlich Rechenschaft zu geben. Die Betrachtungen handeln von der göttlichen Eröffnung des Glaubens, von seiner Einfachheit, von seiner Not und Angefochtenheit und schließlich von seiner Brüderlichkeit. Bei der Neuauflage dieses Vortrages in den Sämtlichen Werken Karl Rahners schreibt sein Schüler, Herbert Vorgrimler, dass in diesem Bändchen Rahner „in nuce" enthalten ist. Nachdem Karl Rahner sich all den modernen Fragen und Problemen der Kirche und des Glaubens zugewendet hat, kommt er am Ende seiner Ausführungen zu einem fast hymnischen Lobpreis des Glaubens.
Wer diese „Kurzformel des Glaubens" in Ruhe und Geduld auf sich wirken lässt, dem kann eine Ahnung erwachsen von dem Befreienden, dem Hoffnungsvollen, dem Frohmachenden des Glaubens. Es ist kein „pausbäckiger" Glaube, auch keiner, der, wie im Wolkenkuckucksheim, der Wirklichkeit entflohen ist. Es ist ein Glaubenszeugnis, das trotz und angesichts der Wirklichkeit Mut machen kann. Dieser Glaube nimmt seine Kraft nicht zuletzt davon her, dass andere Sinnantworten und Sinnangebote angesichts der realen Wirklichkeit als zu leicht befunden werden (müssen). Er steht damit in der Tradition der Frage der Jünger Jesu: „Herr zu wem sollen wir gehen? Du hast Worte ewigen Lebens".

Entfaltung auf heutige Erfahrung hin

Wie viele Menschen stehen heute in derselben Situation wie die Jünger Jesu, die ihren Herrn und Meister fragten. „Wohin sollen wir gehen?" Lebensentwürfe sind zerbrochen, Krankheiten stellen sich als unheilbar heraus trotz aller medizinischen Fortschritte, der Arbeitsplatz ist „wegrationalisiert", für einen anderen ist man nicht mehr genügend anpassungsfähig. Überhaupt sind die Arbeitsprozesse derart verdichtet, dass viele Menschen „burn out" sind. Viele erleben sich als reine „Funktionswesen" bzw. dass sie als solche nur noch „gehandelt" werden, als Kostenfaktoren, die möglichst nach unten abgesenkt werden sollten. Man muss ja schließlich konkurrenzfähig bleiben. Die Fitten setzen sich durch, jene mit den stärkeren Ellenbogen. Viele persönlichen Beziehungen zerbrechen, weil sie dem Druck nicht mehr standhalten, der von allen Seiten her auf sie einwirkt. Ältere Menschen fühlen sich an den Rand gedrängt und unterlegen im Wettbewerb der Generationen. Jüngere erleben sich als überflüssig, unverstanden, ohne wirkliche Zukunftsperspektive.

Was soll da der Glaube bewirken? Kann Glaube überhaupt etwas bewirken? Oder ist er nicht nur ein frommer Wunsch, ein Märchen, das sich all jene erzählen, die der rauen Wirklichkeit zu entfliehen trachten? Hat Feuerbach Recht, dass Glaube die Illusion ist, die der Mensch braucht, um im Jammertal Erde bestehen zu können? Oder hat Friedrich Nietzsche Recht, dass Glaube der Trick der Schwächeren ist, um den Starken permanent ein schlechtes Gewissen einzureden? Und überhaupt: Wenn es schon ein Jammertal gibt, dann spricht es nicht für jene, die jammern. Eher schon für die, die mit dieser Wirklichkeit gut umgehen können. Und was soll das für ein liebender Gott sein, der uns eine Wirklichkeit zumutet, bei der einem buchstäblich zum „Jammern zumute ist"?

Wer Karl Rahners Text aufmerksam liest, wird merken: Hier spricht einer über einen „Glauben, der die Erde liebt".[89] Hier wird nicht ein Phantasiegemälde gemalt, sondern darauf aufmerksam gemacht, dass all jene Erfahrungen, die uns das Leben verdrießlich machen, Einweisung sein können in das Geheimnis Gottes, das das Geheimnis unseres Lebens ist. Und dass alle Freuden Verheißung und Vorgeschmack sind. Warum? Weil alle endlichen Freuden begrenzt sind und bleiben, weil wir bei aller Enttäuschung an der Welt und am Leben erkennen: Weder wir selbst noch die Welt sind in der Lage, uns das zu geben, was wir brauchen. Und weder wir selbst noch die Welt können sich anmaßen, gottgleich zu sein. Der „Hörer des Wortes“ braucht ein Wort, das über die Welt und den eigenen, viel zu engen Horizont hinausführt.

Zu welcher Bekehrung möchte Rahner mit diesem Text bewegen?

Karl Rahners Betrachtung ist ein Werben, eine Einladung. Wir sollen uns wagen, uns drangeben und unseren Sehnsüchten, Wünschen und Fragen trauen. Sie geben eine Richtung des Suchens an. Wir sollen das Staunen nicht einfach beiseite tun, es kann der Anfang sein für Glaube, Hoffnung und Liebe. Rahner ist ein Zeuge des Glaubens, der das tut, wovon er spricht. Und er kann es tun, weil er nicht besitzergreifend von Gott redet, sondern weil er weiß, dass er immer schon von Gott „ergriffen“ ist. Nicht zufällig steht ganz am Ende dieser Meditation die fast schüchterne Aufforderung und Einladung zum Gebet; also das zu tun, worüber die ganze Zeit geredet wurde. Karl Rahner ist ein „produktives Vorbild“ im Glauben, an ihm kann man ablesen, wie das geht: „Im Heute glauben“.
Man wird Karl Rahner nicht kopieren können. Jeder ist aufgerufen, in seiner Zeit, an seinem Ort dem Ruf Gottes nachzuspüren und die eigene, persönliche Antwort zu geben. Gebet ist das Leben, das gläubig Gott hingehalten wird. Dazu will Karl Rahner anleiten, dazu will er hinführen. Und seine Glaubensrechenschaft gibt gute Gründe an, warum Glaube besser ist als sich verzweifelt zurückzuziehen oder sein Leben in der Banalität des Alltags aufgehen zu lassen. Die eigentliche Gefahr für den Glauben ist dieselbe wie für das Menschsein: Wenn der Mensch nicht mehr vor sich selbst gerät, wenn er die Frage nach dem Sinn des Ganzen nicht mehr stellt, dann droht er abzugleiten in die Welt des Fraglosen, des Unbekümmerten, des Banalen. Dann denkt er vielleicht noch funktional, aber er weigert sich, über solche Zusammenhänge hinaus das Ganze zu bedenken. Weil er es nicht in den Blick nimmt, kommt es ihm aus dem Blick. Derart selbst ‚amputiert‘ fragt er nicht mehr weiter und kann auch keinen Grund erkennen, zu danken, zu loben, zu bitten und zu preisen. Es ist ja keiner da, der hört oder antwortet. Und vergessen oder übersehen wird das Einfachste: Wir selbst – in unserem Sein – sind schon die Anrede Gottes.

Dann hat der Mensch vergessen, dass er all dies vergessen hat. Es ist der (geistige) „Tod des Menschen“, das „Leben in einem findigen Termitenstaat“, vor dem nur der Glaube bewahrt. Weil er ins Freie, ins Offene führt. Karl Rahner weiß um die „Not und den Segen“ des Glaubens und des Betens. Sein theologisches Denken ist ein einziges Werben, eine Einladung, dass Menschen sich dem unverfügbaren, unendlichen Geheimnis anvertrauen. Die Alternative, vor der er beschwörend warnt, ist die „Hölle der Endlichkeit“, in die wir uns ansonsten selbst verbarrikadieren. Karl Rahner ist auch ein Zeuge der Freude am Glauben. Das Frohmachende, das Befreiende, das Helle, Lichte, die Weite des Glaubens – wie oft wird es im Leben hinten angesetzt? Rahners „theologischer Hymnus auf den Glauben“ möchte uns auch besonders auf diese Seite unseres Glaubens aufmerksam machen.

Experiment Mensch – Rahners Gegenwartsanalyse und die Entwicklungen heute

„Wir leben in einer Welt, in der die früher mehr oder weniger kulturell, gesellschaftlich und politisch getrennten Geschichtsräume zu einer Einheit zusammengewachsen sind … Wir leben in einer Welt, in der das allgemeine Bewusstsein der Gesellschaft und jedes einzelnen grundlegend durch die Wissenschaften, also durch die alle geschichtlichen Wirklichkeiten trotz aller ihrer idiografischen Aufgabe relativierenden Geschichtswissenschaften, durch die autonomen, exakten und funktionalen Naturwissenschaften und durch die ebenso fast naturwissenschaftlich denkenden, empirischen Gesellschaftswissenschaften, tiefgreifend geprägt ist. Das ‚metaphysische‘ und religiöse Bewusstsein des Menschen kann nur dann unbefangen existieren und eine Chance der Zukunft haben, wenn es eine unbefangene Symbiose mit diesem wissenschaftlichen Bewusstsein mit seiner skeptischen Rationalität eingeht … Wir leben in einer Zeit der Massengesellschaft, deren Autoritäten nur funktional verstanden werden, in der in einer merkwürdigen Gleichzeitigkeit Freiheit und Sozialität Schlüsselbegriffe geworden sind und sich gegenseitig zugleich bedrohen und begründen.

Wir leben in einer Welt, in der der Mensch in den verschiedensten Dimensionen das Objekt seiner eigenen Machbarkeit und Veränderung geworden ist ... Wir leben in einer Welt, in der die Tiefenpsychologie Abgründe im Menschen entdeckt, die sie einerseits nicht durch einen Appell an eine rationale Freiheit des Subjekts, sondern durch eine naturwissenschaftlich konzipierte Psychotechnik zu beherrschen sucht und die doch andererseits den Menschen in die anonymen Mächte seiner biologischen und gesellschaftlichen Herkunft aufzulösen unternimmt. Wir leben in einer Welt, die eine Gesellschaft der steuernden Massenmedien ist ... Wir leben in einer Welt, in der die Vorstellungsmodelle, unter denen der Mensch sein eigenes Wesen versteht, mobil und plural geworden sind ... Wir leben schließlich in einer Welt, deren Gesellschaft pluralistisch ist, d. h. in der auch in den einzelnen geschichtlichen Räumen keine Gesellschaft mehr existiert, die gemeinsame und konkrete Leitbilder für alle Gruppen der Gesellschaft bereithält" (SW 24, S. 490–579).

Kurze Interpretation

Karl Rahner hat vielfach eine präzise und umfassende Analyse unserer Zeit vorgenommen. Erinnert sei hier nur exemplarisch auch an seine Zeitdiagnosen in dem bekannten Büchlein „Im Heute glauben" oder an das zweite Kapitel seines Buches „Von der Not und dem Segen des Gebetes", an Aufsätze, wie den zur „Absolutheit des Christentums" oder jenen „Über die Möglichkeit des Glaubens heute". Dies sind meinerseits lediglich spontane Hinweise, die mühelos durch zahlreiche andere erweitert werden können.

Bestechend sind dabei für mich die konkreten, realistischen und umfassenden Aussagen, die ein klares Bild abgeben von den Herausforderungen, denen sich der Glaube zu stellen hat. Rahner hat – aus pastoralem Interesse – immer schon „kontextuelle Theologie" betrieben. Für ihn gab es keine „frei schwebenden" theologischen Aussagen. Karl Rahners Theologie war immer geerdet. Die „inkarnatorische Tendenz" seiner Theologie durchformt seinen Glauben so, dass es ein „Glaube (ist), der die Erde liebt".[90] Karl Rahners Theologie hat immer beides zugleich

im Blick: Die Glaubensaussage selbst und den Adressaten, der durch sie erreicht werden soll.
Karl Rahner war sich bewusst, dass Glaubensaussagen – weil sie Heilsaussagen sind – den Menschen betreffen. Und zwar den Menschen in allen Dimensionen seiner Existenz. Darum gibt es kein Sonderchristentum, keinen abgeschlossenen Bereich, darum muss man sich mühen, den Menschen zu kennen – und zu beschreiben – in seinen vielfältigen Bezügen. Dieses Wissen übersetzte sich bei Karl Rahner in seine vielfältigen pastoralen Impulse. Sie sind letztlich auch das eigentliche Interesse und das Ziel des Theologen Karl Rahner.
Es lohnt sich deshalb, einige Aspekte rahnerscher Analyse herauszugreifen, um für die Glaubensaussagen den „Sitz im Leben" näher zu bestimmen. Karl Rahner spricht von einer zunehmenden Vereinheitlichung der Welt und benennt schon sehr früh das, was heute unter „Globalisierung" verstanden wird. Er nennt eine Welt, die geprägt ist durch Wissenschaft, Technik, durch Nüchternheit, Sachlichkeit und durch einen Pluralismus, der von niemandem mehr in eine überschaubare Synthese gebracht werden kann.
Er nennt die Abgründe in Raum und Zeit und geht darauf ein, dass der Mensch in einem ihm bisher völlig unbekannten Ausmaß heute daran geht, sich selbst als „Bauplatz" zu begreifen, zu verstehen – und zu gestalten. Gerade die letzte Aussage ist eine von ungeheurer Dramatik: Die tiefsten Abgründe des Menschen sind heute ebenso aufgebrochen wie seine umfassenden Möglichkeiten, die bis zur Selbst- und Weltzerstörung gehen können.
Gottes Wort ist nicht zu reduzieren auf das, was der Mensch verstehen und begreifen kann. Karl Rahner zeigt allerdings umfassend jenen Raum auf, in den hinein das Wort der „Menschwerdung Gottes" so gesprochen werden muss, dass es wirklich ankommen kann. Darum ist es so zu verkünden, dass der Mensch einen Zugang dazu bekommen kann, eine Ahnung, warum und wie ihn Gottes Wort – „um des Heiles willen" – betrifft.
Karl Rahner macht zudem deutlich, dass die Zeit endgültig vorbei ist, in der die Kirche selbstverständliche gesellschaftliche Größe ist, in der Tradition und Sitte stützend wirken für das eigene Glaubensleben. So

sehr Glaube zuerst und zuletzt Geschenk, Gnade ist, so sehr wird er heute und morgen aufruhen auf der freien, begründeten Entscheidung jedes Einzelnen. Dabei sind Entschiedenheit und Gemeinschaft keine Gegensätze in der Glaubensgemeinschaft der Kirche. Sie sind vielmehr aufeinander bezogen, denn die Gemeinschaft wird gebildet aus der Freiheitsentscheidung des Einzelnen. Sie wiederum wirkt stärkend und motivierend auf das Glaubensleben des Einzelnen zurück.

Entfaltung auf heutige Erfahrung hin

Vielfach reden wir heute von krisenhaften Erscheinungen in Gesellschaft und Kirche. Nicht wenige Menschen in der Kirche beklagen, dass die Zeit endgültig vorbei ist, in der Kirche *die* normative, gesellschaftliche Größe ist. Soziales, Bildung, Kultur, autonome Sachgebiete haben eigene Zuständigkeiten. Und nicht selten hatte die Rede von einer „kirchlichen Bevormundung“ in der Vergangenheit einen wahren Kern, weil diese Sachgebiete in ihrer relativen Eigenständigkeit zu wenig berücksichtigt wurden.
Mir fällt auf, dass es heute allerdings eine merkwürdige Diskrepanz gibt: Einerseits eine verstärkte Abneigung gegen alles, was „von oben“ kommt. Und wenn es dann „salbungsvoll daherkommt“, mit einem belehrend-„pastoralen“ Unterton und dem moralischen Zeigefinger, dann erscheint Kirche als *die* „Spaßbremse“ schlechthin. Während ich noch erlebt habe, dass das, was vom Pfarrer kam, zumindest bedenkenswert war, ist heute in der Regel alles kritisch zu hinterfragen, mit „Vorsicht zu genießen“, *weil* es von einer kirchlichen Autorität kommt.
Die andere Seite ist die, dass bei jeder Katastrophe Menschen Trost und Zuflucht suchen und ihn in der Kirche finden! Auch und gerade in unserer sich so aufgeklärt gebenden Umwelt. Das ist insofern merkwürdig und aufschlussreich, dass einerseits Spott, Hohn, Gelächter oder Ignoranz jener Institution entgegen gebracht werden, die in den entscheidenden Lebenssituationen dann wieder aufgesucht wird. In deren Mauern buchstäblich Schutz und Halt gesucht wird.
Als ein plötzlicher Sandsturm eine Massenkarambolage im Frühjahr 2011 vor Rostock verursacht hatte, in der acht Menschen starben, waren

Entsetzen und Hilflosigkeit groß. Die einzige Sprache, die der Trauer zur Verfügung stand, war die des Glaubens. Und Politiker aller Parteien kamen und versammelten sich um den Altar. Angesichts dieser Situation spottete niemand; das Fürbittgebet, die Musik – sie waren verbindende Momente und offenbarten eine Schicht im Menschen, die sich im Alltag kaum bemerkbar macht. Und die doch da ist, tief verschüttet mitunter – aber da!
Ich wundere mich mitunter, wie es gerade Verantwortlichen der Kirchen gelingt, in derlei existentiellen Augenblicken jene Worte zu finden, die trösten, bergen und heilen. Wie es ihnen gelingt, obwohl man sie sonst kaum beachtet und ihr Wort nicht selten als „frommes Geschwätz" lächerlich macht. Scheinbar ist die Welt, in der sich alles „rechnet", doch nur *ein* Aspekt einer Wirklichkeit, die viel reicher ist.

Zu welcher Bekehrung möchte Rahner mit diesem Text bewegen?

Wer sich um eine redliche Analyse müht, wer sich eingesteht, wie groß die Aufgaben sind und wie gering oftmals die Kräfte – der muss einen Grund haben, der ihn gleichermaßen vor Resignation und Fatalismus schützt.
Ich glaube, Karl Rahner möchte uns mit diesem Text dazu ermuntern, auf Gottes Geist zu vertrauen. Das ist sicher das Erste und Wichtigste, denn sein ganzes Tun ist das eines „produktiven Vorbilds im Glauben". Wir können uns nur dann ehrlich, wenn es sein muss schonungslos, die reale Situation von Kirche und Welt eingestehen, wenn wir ein tragfähiges Fundament haben. Auf dieses weist uns Karl Rahner immer wieder hin. Seine gesamte Theologie, besonders auch seine Meditationen und Gebetstexte, sind eine einzige Einladung und Werbung, sich auf das heilige, unbegreifliche Geheimnis der Liebe Gottes einzulassen. Allerdings ist dies – das sei unumwunden zugegeben – eine „Werbung in intellektueller Redlichkeit", die „die Anstrengung des Begriffes" nicht nur nicht scheut, sondern sie auch einfordert.
Mir fallen Sätze Karl Rahners ein, die ich schon in der Jugendzeit als hilfreich und geradezu befreiend erlebt habe:

„Dass das Gebet mit Christus in der Kirche geschieht, das ist unsere erste Gebetshilfe" (Not und Segen).[91] Wir sind im Glauben nicht allein, wir sind eine Gemeinschaft. Und dann:
„O Mensch, erkenne auch die Würde deines Gebetes! Wenn du bekennst, dass du der göttlichen Natur teilhaftig geworden bist, dann bekennst du damit auch, dass dein Gebet nicht bloß das Gebet eines Menschen, des Menschen in dir ist, sondern auch des Geistes Gottes in dir" (Not und Segen, S. 76).[92]
Wir sind nicht nur eine Gemeinschaft von Gleichgesinnten in der Kirche und durch die Kirche. Weil jeder Mensch von Gott im Innersten angesprochen worden ist und wir in der Kirche den Grund der Hoffnung für alle Menschen, für die ganze Schöpfung, mit Namen kennen und nennen, Jesus von Nazareth, darum sind wir immer schon in eine Geschichte und auf einen Weg gestellt, den Gott selbst mit uns geht. Und darum wartet auf uns nicht eine gottferne Welt, sondern eine, die innerlich durch Gottes universale Liebe längst „aufgesprengt" ist, um das Wort der Botschaft vom „Leben in Fülle" zu vernehmen.[93]
Es ist ein typisches Kennzeichen der Theologie Karl Rahners, die Tradition der Kirche und zugleich den Adressaten der Botschaft des Glaubens immer zugleich im Blick zu haben. Dies zeichnet sein ganzes theologisches Bemühen aus, beide Aspekte nicht auseinanderfallen zu lassen: Tradition und Zeitgenossenschaft in der Verkündigung. Dies ist eines der Vermächtnisse Karl Rahners an seine, an unsere Kirche. Weil dies heute – insbesondere was die Tradition der Kirche anbetrifft – nicht durchgängig in Theologie und Verkündigung beherzigt wird, wird Rahner teilweise „schmerzhaft vermisst", wie J. B. Metz beklagt.[94] Rahner will uns dazu „bekehren", das Wissen des Glaubens immer wieder auf seine Lebenstauglichkeit zu überprüfen. Zu schauen, ob es beim Adressaten so ankommt, wie der Verkündiger will, dass es ankommt. Dieser pastorale Dienst ist nicht irgendwann mal abgeschlossen. Er muss sich immer wieder neu den Herausforderungen stellen und sich in ihnen bewähren.[95]
Bei der Verkündigung muss zudem ein Aspekt eigens hervorgehoben werden – das Verhältnis zwischen Form und Inhalt. Gerade wenn wir ernst damit machen, dass Gottes Einladung an uns immer schon an uns

ergangen ist, dass er uns als ein Liebender erwartet, dann haben alle Bemühungen um den rechten Ausdruck dienenden Charakter im eigentlichen Sinn: Es wird im Glauben nichts gemacht, es muss nichts „produziert“ werden. Wir stellen uns Gottes Wirken zur Verfügung, wir bieten uns an, dass durch uns etwas von seiner Liebe weitergegeben wird.[96]
Weil Gott es ist, der das Heil aller Menschen will, ist die Botschaft des Glaubens oft überraschend, umstürzend, Erwartungen sprengend und überbietend – aber im Allerletzten nicht etwas, was zerstörerisch ist. Auch wenn die Liebe Gottes uns „verbrennt“, ist es dann letztlich so, dass wir *in* diesem „Verbrennen“ zu unserem Eigentlichen, zu uns selbst kommen. Wir finden uns dann, wenn wir uns von Gott finden lassen. Darum sagt Rahner, dass Liebe eigentlich das Einfachste und Schwerste zugleich ist. Einfach deshalb, weil Gott ein so großer Liebender ist, der uns sucht und in SEINER Liebe SICH SELBST gibt. Schwierig ist das Glaubensabenteuer, weil wir immer wieder in Versuchung sind, dieser großartigen Einladung nicht wirklich zu vertrauen. Der tatsächliche Zustand der Welt, in der es neben dem Guten auch das Bittere gibt, die konkreten Alltagserfahrungen der Mühe, Vergeblichkeit und Enttäuschung sind sicher hinderlich für das Vertrauen und lassen oft Zweifel und Ratlosigkeit zurück.[97]
Doch Ratlosigkeit und Bitternis geben nicht die ganze Wirklichkeit her. Zu viel an Schönheit, an Gutem, an Freude ist in der Welt, als dass wir uns die Botschaft vom liebenden Gott ausreden lassen müssten und dürften.
Es ist der universale Heilsoptimismus der Kirche, den Karl Rahner nicht müde wird zu betonen, der sich – gerade angesichts der vielen Fragen heute – als die eigentliche Lebenshilfe erweist.
„Nur angesichts dieser radikalisierten Situation geht dem Menschen ganz und deutlich auf, dass er und die Welt eben nicht Gott ist“ (SW 14, S. 14). Und zum Glauben selbst sagt Rahner angesichts der vielen Probleme, Fragen und Nöte:
„Er ist heute nur echt, wo angesichts dieser Situation geglaubt wird, und er ist haargenau die absolute Sinnantwort, die als solche nur zur Erscheinung kommt, wo die Sinnfrage absolut gestellt wird“ (SW 14, S. 14).

Es nützt nichts, der „guten alten Zeit" hinterher zu trauern, die ja oftmals so gut auch nicht war, sondern wo Kirche oftmals auch gesellschaftliches, angepasstes Verhalten in großem Stil widerspiegelte. Wir nehmen Abschied von den Resten der sogenannten Volkskirche, doch nach Rahner sollte die Trauer abgelöst werden durch die Freude, dass es auf die „Kirche der Entschiedenen" ankommt. Eigentlich kam es auf sie immer an. Die Frage nach der Zukunft und Wahrheit der Kirche ist letztlich die Frage nach ihrer Heiligkeit.

Schuldbedrohtheit – auf Vergebung angewiesen

„Die Erlösung kann von daher nur gesehen werden als Erlösung von der Sünde (und von daher erst von anderen Übeln) und somit als Vergebung durch Gott. Die Idee einer Selbsterlösung verfehlt deshalb von vornherein das wahre Wesen oder die absolute Tiefe unserer Erlösungsbedürftigkeit; andererseits ist die Erlösung durch Gott keine ‚Fremderlösung', weil Gott kein ‚Fremder', sondern der in sich selbst bleibende Grund unseres Eigensten ist ... und weil er gerade durch seine erlösende Gnade uns die Freiheit der Annahme seiner eigenen, vergebend-erlösenden Selbstmitteilung schenkt" (Christliches Erlösungsverständnis, SW 17, I, S. 554 f.).

Kurze Interpretation

„Mensch, wo bist du?" Dieser Satz steht auf den ersten Seiten der Bibel. Er beschreibt einen menschenfreundlichen Gott, der im Dialog mit dem Menschen, seinem Geschöpf, steht. Dieser Dialog begründet unser Wesen, das selbst wiederum nur im Dialog mit anderen Menschen zur Entfaltung kommt. Das Lächeln der Mutter oder des Vaters kann dem Kind eine Ahnung vermitteln von Annahme und Geborgenheit.
„Mensch, wo bist du" ist eine Frage, ohne deren Antwort der liebenden Annahme kein Mensch lebensfähig ist. Wer nicht ausreichend Liebe und Zuwendung im Leben spürt, für den ist das Leben nicht nur schwer, es ist nicht lebenswert, ja, es ist gar nicht möglich. Gerade deshalb sind wir

sensibel, wenn es Störungen gibt, wenn das Verhältnis zu uns selbst, zum Anderen, zur Um- und Mitwelt getrübt ist. Karl Rahner macht in diesem Textabschnitt zweierlei deutlich: Die Erkenntnis von Schuld, Sünde, Verweigerung – all das setzt die Erfahrung von Liebe und Zuwendung zunächst voraus. Nur weil wir Liebe erfahren haben, ist es uns möglich, nachzuempfinden, wo wir dieser Liebe nicht gerecht geworden sind, wo wir uns nicht auf sie eingelassen haben, wo sie von uns zurückgewiesen wurde.

Und ein Zweites. Von uns aus können wir den Faden nicht wieder neu knüpfen. Wir können uns mühen und um Verzeihung, um Vergebung bitten. Doch Vergebung ist immer ein Geschenk. Das ist im zwischenmenschlichen Bereich nicht anders. Man selber kann sich eigentlich nicht entschuldigen. Wohl kann man um Entschuldigung, um Entschuldung, bitten. Und es ist ein befreiendes Hochgefühl, wenn sie uns gewährt wird. So ist es auch im Verhältnis zu Gott.

Und doch ist es auch anders. „Alles ist Gnade". Dieses Wort ist nicht nur das letzte, das Bernanos' „Landpfarrer" am Schluss seines irdischen Lebens sagte, dieser Satz gilt uneingeschränkt in der Theologie der Kirche. Genauso uneingeschränkt gilt der andere Satz, dass göttliche Gnade uns nicht zu Marionetten macht. Wir haben – aus Gottes Gnade – wirklich ein eigenes Sein. Gnade Gottes ist es, der uns eine wirkliche Partnerschaft zu ihm ermöglicht. Das gilt für alle menschlichen Vollzüge, auch dort, wo wir hinter unseren Möglichkeiten zurückbleiben, wo wir uns dem Liebeswerben Gottes verschließen oder verweigern. Nochmals ist es Gnade Gottes, die uns verzeiht, wenn wir ihn darum bitten. Und nochmals ist es göttliche Zuwendung, die uns in den Stand versetzt, SEINE Vergebung und liebevolle Huld anzunehmen.

Es ist uns nur eines verwehrt, nämlich vom Gnadenwirken Gottes gering zu denken, ihm eine Grenze zu ziehen. Das ist bei Karl Rahner auch der eigentliche, der wirkliche Kern der Sünde.

„... befreie uns von unserer Schuld ... die eigentlich nur eine ist: Nicht zu glauben an Dich und an die Unbegreiflichkeit Deiner Liebe" (Not und Segen, S. 64).[98]

Zunächst wird man sagen müssen, dass die Erfahrung der Liebe nie völlig vernichtet sein kann, solange wir es mit menschlichen Wesen zu tun haben. Wohl wird man mitunter tief bohren müssen, um all den „Schutt und das Gerümpel" wegzuräumen, das sich im Leben vor diese Erfahrung gedrängt hat, sie nicht zur Entfaltung kommen lässt. Immer jedoch gibt es irgendwo noch im Leben eines Menschen einen Widerschein der Liebe, der empfangen wurde. Spüren wir nicht oft genug, dass in der Liebe, im Verzeihen, in der Freude etwas durchscheint von dem, was wir alle eigentlich meinen, was unsere Existenz zutiefst ausmacht und bestimmt? Und was wir uns weder zusagen noch geben können? Was wir nicht machen können im Sinne von herstellen? Von dem wir mehr ahnen, als dass wir es wissen und aussagen können? Von dem wir aber eines sehr genau wissen, dass wir ohne dieses „Lebensmittel" nicht wirklich leben können?
Dann gibt es die andere Erfahrung: Schuld, Scheitern, Versagen. Und damit gehen oft Leugnung, Verdrängung und Verharmlosung einher. Man kann die Probe aufs Exempel machen: In den Medien wird häufig derjenige zum Held, der es schafft, den Partner „übers Ohr zu hauen", dem es gelingt, möglichst raffiniert sein Geschäft zu machen nach dem Prinzip: „Koste es, was es wolle". So sehr wir im Leben auf Verlässlichkeit in den Beziehungen angewiesen sind, auf Tugenden, wie Wahrhaftigkeit und Gerechtigkeit – oft genug werden diese Fragen und Aspekte als nicht zeitgemäß, als langweilig oder spießig hingestellt.
Bei genauerem Hinsehen kann man leicht die Rationalisierung erkennen: Weil es schwer ist, gerade im Alltag so zu leben, wie es erforderlich ist für ein gedeihliches Zusammenleben, wird das Versagen nicht als defizitär, sondern als clever beschrieben und gezeigt. Je öfter dies geschieht, desto weniger läuft man Gefahr, sich ertappt zu fühlen bei dem Gedanken, dass in Wirklichkeit hier etwas nicht in Ordnung ist.
Und doch bleibt ein fader Beigeschmack. „Man sieht sich im Leben immer zweimal" – dieser Satz drückt durchaus eine sehr reale, ambivalente Erfahrung aus: „Du magst heute dich clever fühlen, weil du mich ausgetrickst hast. Warte ab, morgen bist du dran, da kommt die ganz

große Revanche". Wir spüren es an sehr vielen Reibungsflächen in der Politik, im Alltagsgeschäft, in der Wirtschaft oder in der Wohlfahrtspflege: Verlässliche Rahmenbedingungen sind kein Luxus. Sie braucht man, um planen zu können, um verantwortlich miteinander umzugehen. Der kurzzeitige Erfolg, der gegen den Anderen erreicht wurde, ist in der Regel keiner, weil er sich nachhaltig negativ auswirkt. In der Theologie nennt man diese Realität des Bösen die „Sündenstrafen". Sie sind unweigerliche Konsequenzen bösen Tuns und Denkens.
Christen sind keine besseren Menschen, sie haben es weder schwerer noch einfacher im Leben als andere. Sie erkennen und anerkennen, dass Scheitern und Versagen zur Wirklichkeit dazu gehören. Und dass es weder hilft, Schuld zu leugnen, zu verdrängen oder zu verharmlosen. Schuld belastet und stört menschliche Beziehungen zwischen Einzelnen genauso wie zwischen Gruppen und Völkern. Das ist zunächst nur eine Aussage zum Realismus des Christen. Der „Mehrwert" des Christen kommt dadurch zustande, dass der Christ darüber hinaus weiß: Diese Wirklichkeiten sind vorläufig, sie haben nicht das letzte Wort. Gottes Einsatz in Jesus Christus eröffnet uns die Chance und Möglichkeit des Neuanfangs in seiner Gnade.

Zu welcher Bekehrung möchte Rahner mit diesem Text bewegen?

Die göttliche Zuwendung beschrieb Karl Rahner als Selbstmitteilung Gottes oder „Der Geber ist selbst die Gabe" (SW 26, S. 120), um deutlich zu machen: Es ist Gottes Kraft, der in seiner Selbstmitteilung Menschen dazu befähigt, ihn in seiner Liebe wieder zu lieben.
Wenn man heute über Grundtugenden redet, sollte eine Fähigkeit nicht „stiefmütterlich" behandelt werden, nämlich die, in den „Mokassin des Anderen" laufen zu lernen. Diese alte indianische Weisheit ist gerade heute unabdingbar, wenn die „Öffnung des Herzens" gelingen und die Botschaft des Glaubens den „Hörer des Wortes" erreichen soll. Das „Sich-in-den-anderen-Hineinversetzen" im Denken und Tun ist kein Luxus, den wir auch unterlassen könnten. Für die Weitergabe des Glaubens ist diese Empathie unerlässlich. In SEINEM Geist und Sohn ist Gott genau da, wo wir sind. Ja, er ist uns innerlicher, als wir es uns je sein könnten.

„Warum wurde Gott Mensch?“ Auf diese alte Frage kann man nur mit dem Hinweis antworten, dass der liebende Gott es nicht aushalten kann, nicht bei uns, in unserer unmittelbaren Nähe zu sein. Darum und so ist er wirklich der „Gott mit uns“.

Appelle und moralische Hinweise kommen oft nicht an oder zu spät. Warum? Weil die biblische Botschaft mehr als halbiert wird, wenn man nicht ernst nimmt, dass vor dem „Du sollst …“ des Dekalogs die Erinnerung steht, dass Gott der Herr sein Volk aus dem Sklavenhaus Ägyptens befreit hat. Sinn aller Gebote ist darum nichts anderes als die Vermeidung neuer Sklaverei.

Bevor die Frohbotschaft des menschenfreundlichen Gottes verkündet werden kann, muss deshalb zunächst Anteil genommen werden am Los all jener, die sich in Not und Elend befinden. Und dieses Anteilnehmen muss echt sein. Wo auch nur der Hauch eines Kalküls, wie Wahlkampf, Wählerstimmen, Vorteilsnahme die wahren Intentionen ausmachen, kann man sicher sein, dass das sehr schnell bemerkt und als solches identifiziert werden wird.

Die unterschiedlichen Gestalten der Not müssen in jeder Zeit neu als solche diagnostiziert und benannt werden: Mal ist es mehr materielle Not, mal mehr seelische oder soziale. Die Form der Unfreiheit wechselt ihr Gewand, der Kern – das Leben jenseits der „Lebensfülle“[99] – bleibt. Und nur der wird die befreiende Botschaft glaubwürdig ausrichten können, der zuerst sich hinunter begeben hat – hinunter zu den Fragen, Nöten und Sorgen der Menschen. Der nicht distanziert, abseits steht, sondern sich einmischt, die Sorgen teilt und die Nöte nicht bagatellisiert. Das ist eine Aussage, die nicht nur der Mitwelt, sondern auch der Umwelt, Gottes Schöpfung gilt.

Nur wo Menschen – besonders in Not und Leid – sich ernst- und angenommen fühlen, kann die Botschaft des menschenfreundlichen Gottes auf fruchtbaren Boden fallen. Ob wir angesichts dessen nicht intensiver über Ausbildungsinhalte und Ausbildungsorte pastoraler Mitarbeiter nachdenken müssen? Wo wird wirklich mit den Armen gelebt, das Leben geteilt? Ein zweiwöchiges Praktikum bei der Caritas mag einen ersten Einblick geben, mehr nicht. Und die Frage bleibt: Wie kommt die Botschaft der Liebeszuwendung Gottes bei Menschen an, die sich

vergessen, „abgeschrieben“ vorkommen? Ist es wirklich erstaunlich, dass diese Botschaft eben häufig nicht ankommt? Die Kirche selbst wird hier immer wieder an ihrer eigenen Verkündigung gemessen werden: „Was ihr einem der geringsten meiner Brüder tut, das habt ihr mir getan.“ Aber auch: „Was ihr einem meiner geringsten Brüder nicht getan habt, das habt ihr auch mir nicht getan“.
Uns Christen muss dabei immer bewusst sein und bleiben, dass es stets Gottes Kraft ist und nicht die unsere, die in der Lage ist, Menschen zu verwandeln. Karl Rahner sagte in einem Interview, ein Jahr vor seinem Tod: „Du kommst unserem Tun mit deiner Gnade immer schon zuvor.“ Diese Einsicht hilft sowohl vor Überforderung als auch vor dem Schielen nach greifbarem Erfolg. Erfolg ist keine christliche Kategorie. Das Kreuz bzw. die Nachfolge des Gekreuzigten taugen am allerwenigsten, sich medial respektabel in Szene zu setzen.

Einheit von Welt und Heilsgeschichte

„Die Heilsgeschichte ... ist nicht eine Auslegung der Natur, die auch unabhängig von einer solchen Auslegung ‚so‘ wäre, sondern das Werden dieser Natur selbst ... zu dem, als was nur der Glaubende sie wissen kann, weil nur er weiß, dass auch die Natur eingefasst ist in die Ordnung der Erlösung. Nur weil das Wort des Vaters in die Welt gekommen ist und in der Kraft seines Geistes auch zum innersten Gesetz aller Natur geworden ist, sind diese Dinge der Welt Symbole dessen, was kommen soll.“[100] (Heilige Nacht, vorgesehen für SW 7)

Kurze Interpretation

Wir sollten die Frage möglichst klar und unmissverständlich stellen: Kann ein Mensch im Alltag wirklich so leben, als ob es überhaupt keinen Sinn gibt? Zur Arbeit gehe ich, um Geld zu verdienen, ins Theater gehe ich, weil ich mir ein gutes Stück anschauen oder anhören möchte. In den Supermarkt gehe ich, weil ich Lebensmittel brauche. Nichts geschieht, wenn der Mensch es bewusst macht, ohne Zweck, Ziel und Sinn.

Fragen allerdings wie: Warum lebe ich, warum gibt es mich, warum gibt es das alles um mich herum, warum gibt es überhaupt etwas und nicht nichts? Solche Fragen werden fast immer entweder als unzulässig, als unbeantwortbar, als unsinnige Spekulation abgetan.
Doch warum eigentlich? Nur weil wir hier an eigene Grenzen der Erkennbarkeit, der Beschreibbarkeit kommen?
Was weniger auffällt ist die Tatsache, dass auch jene, die sagen: „Es hat keinen Sinn, so zu fragen", eigentlich eine Antwort geben, zumindest einen Antwortversuch. Allerdings mit negativem Resultat. Und wer den Menschen in seinem Hoffen, Bangen und Fragen ernst nimmt, für den stellt sich die Frage mit Dringlichkeit: Wer gibt überhaupt das Recht dazu, zu behaupten, es gibt keinen Sinn in dieser Welt? Alles sei nur vom Menschen an die Wirklichkeit herangetragene, höchst subjektive Interpretation von ausschließlich subjektiven Vorstellungen. Zu sagen, alles, was nicht prüfbar sei im Experiment, sei nicht wert, weiter bedacht zu werden. Wer gibt das Recht, Fragen alleine auf funktionale Zusammenhänge zu begrenzen? Geht das überhaupt? Wer gibt das Recht, die Empfehlung auszusprechen, doch einfach mit dem Fragen aufzuhören?
Was nicht von der Hand zu weisen ist – und davon spricht unser Text –, ist die Tatsache, dass die Welt, so wie wir sie oft erleben, einen letzten Sinn von sich aus nicht verbürgen kann. Und der Mensch in all seiner Fragwürdigkeit kommt auch für letzte Antworten, für einen letzten Halt und eine letzte Geborgenheit nicht in Frage. Dennoch oder gerade deswegen erleben wir ja, dass Menschen Ausschau halten nach sogenannten „Letztantworten". Dass sie ihr Leben nach einem Kompass ausrichten, der die Richtung anzeigt, auf die man sich jederzeit verlassen kann. In der man nicht in die Irre geht. Wir erleben, dass Menschen auf eine letzte Grundorientierung gar nicht verzichten können, selbst wenn sie es wollten!
Von daher stellt sich in aller Deutlichkeit die Frage: Kann eine abweisende Grundoption überhaupt ernst genommen werden? Ist sie lebensfähig, dient sie dem Leben oder ist sie nicht vielmehr Indiz einer Problemanzeige, einer Lebensproblematik?
Aus einer rein rationalen Begründung allein kann eine lebensbejahende Grundoption nicht kommen, zumal dies ja gerade als Möglichkeit be-

stritten, geleugnet wird oder in Frage steht. Unabweisbar jedoch drängt sich die Frage auf: Können wir als Menschen überhaupt so leben, so überleben? Was macht das Leben lebenswert in einem Zeitalter des Positivismus, der nur das als Wirklichkeit gelten lässt, was zählbar, messbar, wägbar ist?
Menschen haben nie positivistisch leben können, sie leben im Alltag, in dem geliebt und gehofft wird, in dem Verantwortung getragen wird, nicht so, und – es steht zu vermuten bzw. ist zu hoffen – dass Menschen, solange sie Menschen sind, niemals so werden leben können. Der Mensch kann sich nicht einfach mit dem bescheiden, was nun mal Fakt ist. Auch nicht auf Befehl. „Der Mensch lebt nicht vom Brot allein" – immer wird er ein Fragender, Trauernder und Hoffender sein. Dieser Mehrwert des Glaubens kommt im Sprachbild „Geheimnis" zum Ausdruck, das scharf zu unterscheiden ist von einem unaufgeklärten Rest oder von einem verwaschenen Begriff, der herhalten muss dafür, weil die präzise Begrifflichkeit angesichts einer Wirklichkeit, die in Gänze in Frage steht bzw. das Ganze meint, in Verlegenheit gerät. Die an eine letzte Grenze und – deshalb – auch in eine letzte Krise gerät.
In diesen Grunderfahrungen wird eines deutlich: Nicht der Mensch macht den Sinn, vielmehr erhält er Anteil am Sinn! Er ist zuerst und zuletzt ein Beschenkter. Die Welt, die er erfährt, ist (noch) nicht heil, aber sie ist geheiligt. Geheiligt ist sie, weil sie eingebettet ist in einen Heilszusammenhang, der „nicht von dieser Welt ist".

Entfaltung auf heutige Erfahrung hin

Nichts ist uns vertrauter – vielleicht ist es sogar heute die größte Versuchung – als das Habenwollen um jeden Preis – auch im Bereich des Weltanschaulichen und der Sinndeutung des Lebens. Der Sinn des Lebens muss vorzeigbar, verifizierbar sein. Er muss nach ‚Kriterien' beurteilt werden können. Was nicht beschreibbar ist, ist auch nicht wirklich. Doch was wissen wir wirklich? Was wissen wir wirklich von dem, was wir tun? Welche Auswirkungen hat unser Tun in Wirtschaft, Politik, im Umweltschutz, in Wissenschaft und Zukunftsforschung? Je mehr

wir wissen, desto erfahrbarer wird gleichzeitig der unendlich große Raum unseres Nichtwissens.
Dieses Unwissen macht unsicher. Wie können wir uns dagegen schützen, wie unsere Angst besiegen? Was nicht wirklich weiterhilft, sind Verdrängung und Scheinsicherheiten. Verdrängung passiert überall dort, wo wir das, was wir nicht beherrschen können, mit Denkverboten, Tabus, irrationalen Ängsten und Verdächtigungen überziehen. Frei nach dem Motto: „Es kann nicht sein, was nicht sein darf."
Vielfach – so belegen es auch heute wieder die Bestseller der Religionskritik – soll dies auch für die Religion insgesamt gelten, die intellektuell abgewirtschaftet habe. Dies um so mehr, weil sie als „Opium für das Volk" längst ausgedient und ihre Lebensuntauglichkeit erwiesen hat.[101]
Und doch erleben wir gerade in unserer Zeit mit Wucht – neben dem Hochgesang auf den unendlichen menschlichen Fortschritt – auch das Gefühl der Kälte und abgrundtiefen Einsamkeit in Raum und Zeit. So deutlich vielleicht, wie in keiner anderen Epoche zuvor. „Zigeuner am Rande des Universums", „Nomaden des Weltalls", das Gefühl unendlicher Verlassenheit, des Alleinseins, der Einsamkeit greift heute dort um sich, wo gleichzeitig die „Weltformel" mit Händen greifbar nahe zu sein scheint und man sich anschickt, „den Himmel auf die Erde zu holen".
In diese Situation hinein spricht der Glaube vom menschgewordenen Gott. Und was sagt der Glauben der Christen? Er sagt etwas sehr Tröstliches: Wir sind nicht allein. Gott ist uns unendlich nahe in seinem Wort und in seinem Geist.
„Heiligung der Welt" heißt demnach auch: Weil Gott seiner Welt so unendlich nahe ist, dürfen wir begründet vertrauen. Wenn es nicht so wäre, wären allein schon die Fragen nach Sinn und Zukunft sinnlos. Dann wäre es nur konsequent, sie würden gar nicht erst gestellt werden, weil sie ohnehin in sich keinen Sinn hätten. Sie wären ja völlig unverständlich angesichts eherner Gesetze und angesichts einer Welt glasklarer Fakten, die für derlei Hirngespinste – wenn überhaupt – ein mitleidiges Lächeln übrig hätte.
Wichtig scheint mir an dieser Stelle zunächst die Wahrnehmung der besonderen Situation unseres Glaubens zu sein. Ausgespannt zwischen Euphorie und Verzweiflung einerseits und stumpfsinniger Banalität an-

dererseits, nimmt er eine merkwürdige Zwischenstellung ein. Er lässt die Welt gelten mit ihren Abgründen und Hochebenen, sagt aber auch: Das alles ist wohl Gottes Schöpfung. Gott selbst ist es nicht. Und er irritiert immer wieder den Rückzug in die Banalität durch die Frage: „Wenn es aber wahr wäre?" Dieser Glaube bleibt nicht beim Welterleben stehen, er erzählt uns von einem Gott, der unsere Geschichte zu seiner eigenen macht. Der sich anschickt, die Täler auszufüllen, die Wege zu begradigen, die uns immer wieder den Blick ins Weite, Offene versperren.

Zu welcher Bekehrung möchte Rahner mit diesem Text bewegen?

Der Text hat missionarischen Charakter, er lädt ein nach dem Motto: „Prüfet alles, das Gute behaltet". Jahrzehntelang wurde den Menschen im ehemaligen kommunistischen Machtbereich von Staats wegen „eingehämmert": „Religion ist Opium des Volkes" oder sie ist „Opium für das Volk". Bei Straßensammlungen der Caritas auf dem Magdeburger Hauptbahnhof spottete ein hochrangiger Offizier der Nationalen Volksarmee der DDR, er würde ja so gerne helfen, auch mit einer Spende, aber er wird auf keinen Fall Rauschgiftsüchtige unterstützen. Die Rede von der „Unwissenschaftlichkeit der Religion" – sie hat viele Spuren in den Köpfen und Herzen der Menschen hinterlassen. Ich konnte noch erleben, wie etliche Jahre nach der Wende unsere Kinder sich nicht getrauten, in ihrer Klasse zu sagen, dass sie zur Kirche gehen.
Der Text fordert uns auf, die Gegenprobe zu machen. Und dann kann man eine befreiende Entdeckung machen. Es ist nicht nur so, dass die Anderen auch nur „mit Wasser kochen", wenn es um Fragen geht, auf die es letzten Endes ankommt: Was trägt, was gilt – und zwar uneingeschränkt? Es ist geradezu armselig, was man dann als Alternative zu hören bekommt zu dem uns in Jesus von Nazareth in Liebe unendlich nahegekommenen Gott, auch wenn wir nur mühsam mit den Begriffen andeuten können, was wir eigentlich meinen. „Vergöttlichte Natur", „ewige, unbegrenzte Materie", aber auch: „Alles ist sinnlos", „Das Recht des Stärkeren" oder „der Aufbau der klassenlosen Gesellschaft".

Ist es angesichts dieses Befundes nicht unsere Aufgabe, unseren Zeitgenossen zu sagen – in Wort und Tat – unsere Welt ist, nur weil sie nicht heil ist, nicht (auch deswegen nicht!) absurd und banal? Die Welt, unser Leben, unsere Zeit – sie sind hoffnungsschwanger, weil Gott unser Leben mit uns teilt. Und es stellt sich mit Dringlichkeit die Frage, ob unsere Zeit auf ein solches Zeugnis überhaupt verzichten kann!
Der Text Karl Rahners fordert uns zur Mission auf. „Unsere Kirche im Norden ist missionarisch" – so lautet der zweite Leitsatz des Pastoralgesprächs im Erzbistum Hamburg „Das Salz im Norden". Ich erlebe immer wieder, dass Menschen ihr Christsein im Kirchenraum, im privaten Bereich ausschließlich leben. Doch die Welt „draußen" spürt zu wenig davon. Die Getto-Mentalität der ehemaligen DDR-Kirche zeigt auch heute noch ihre Auswirkungen.
„Nur weil das Wort des Vaters in die Welt gekommen ist …" – Wir können und wir dürfen diese atemberaubende Botschaft nicht unterschlagen. Sie zu sagen ist Ausdruck der Nächstenliebe. Die Menschen um uns warten auf sie, sehnsüchtig. Viele Menschen sind Menschen des Advents.
Sicher ist das Einnehmen der anderen Perspektive auch einer der Impulse, die von Rahners Text ausgehen: Dass wir nicht sagen: „Wir dürfen diese Botschaft nicht unterschlagen", sondern vielmehr: „Wir dürfen diese großartige, einzigartige Botschaft weitergeben". Gott hat uns dazu berufen, ER nimmt uns in SEINEN Dienst. Er gibt uns die Möglichkeit, dass auch wir uns beteiligen an SEINEM Heilswerk.

Vollendung der Welt (Evolution)

„Der Glaube an den Advent ist die bessere Voraussetzung auch für eine innerweltliche Zukunft als der Widerglaube des Utopisten, der die endgültige Zukunft selbst herstellen will … Der Mensch des Advents hat wirklich eine absolut unendliche Zukunft vor sich, die schon existiert, wenn sie auch noch nicht endgültig bei ihm angekommen ist; er nennt sie Gott. Der Mensch des Advents Gottes kennt das jetzt schon gegebene Innesein der Zukunft in der Gegenwart, er nennt es Gnade, Liebe und Gottes Heiligen Geist." (Kirchenjahr, SW 23, S. 297–299)

Kurze Interpretation

Karl Rahner sieht den Glauben des Christen im Verhältnis zu den anderen Sinnangeboten als bessere Lebenschance an. Und das ohne Selbstüberschätzung und Arroganz einerseits, und ohne unfaires Herabsetzen Andersdenkender andererseits. Rahner ist sehr bewusst, dass unserem Tun, unserem Denken und Handeln, Gottes Gnade vorausgeht. Wir können in Räumen handeln, die wir nicht gebaut haben, die uns Gott großzügig zur Verfügung gestellt hat.
Karl Rahner spricht an anderer Stelle (SW 25, S. 47–57) vom Engagement für Gerechtigkeit und Frieden. So sehr er dieses Tun wertschätzt, so klar sieht er auch, dass es Gefahr laufen kann, abzugleiten in einen „frommen Jesuanismus", der Ausdruck ist eines „über alle Maßen bescheidenen Humanismus". Warum? Weil in all diesen Anläufen und Versuchen nicht Ernst gemacht wird mit der Tatsache, dass Gott – Gott ist, der nicht aufgeht darin, für uns dazu sein. Das wäre auch nur ein – vermeintlich menschenfreundlicher – Götze, eine liebgewonnene menschliche Wunschvorstellung!
Gott muss um seiner selbst willen geliebt werden. Nur wenn dem Menschen – in Gottes Kraft – diese Ekstase aus seinem endlichen Wesen gelingt, hat er eine Chance, nicht bei sich zu verbleiben. Das Verbleiben bei sich, im endlichen Horizont, ist die vom Menschen selbstgewählte Hölle, wenn es auch vermeintlich und zunächst sich wie der Himmel oder das Paradies ‚anfühlt'.

Entfaltung auf heutige Erfahrung hin

Gerade dieser Text Karl Rahners hat einen eminent politischen Akzent. Dies muss gerade an dieser Stelle auch deshalb so deutlich gesagt werden, weil nicht selten „im Konkurrenzkampf der Weltanschauungen" (Klaus Hemmerle) so getan wird, als habe man immer schon das Rechte gewusst, als haben die Anderen, immer schon, total unrecht (gehabt). Das gilt nicht nur für die vielen, oft fruchtlosen politischen Debatten, deren Parteikalkül häufig recht leicht erkennbar ist.

Ein unrühmliches Beispiel bietet die Wahl zum Bundespräsidenten der Bundesrepublik Deutschland im Sommer 2010. Hier sei, aus nachvollziehbaren Gründen, erinnert an die Zeit des „real-existierenden Sozialismus auf deutschem Boden“, wie es seinerzeit voller Hochmut und Selbstüberschätzung gerne hieß.
(Das Nachfolgende kann ich gar nicht anders erzählen als mit viel Wehmut, weil ich selber Wut und Hass auf die Religion erlebt habe, denen ich in jungen Jahren fast gänzlich ohnmächtig gegenüberstand, wie viele andere gläubige Christen auch, die diesen „Unterricht“ über sich ergehen lassen mussten und die derlei unsinnige Antworten geben mussten, wenn die Benotung einigermaßen positiv ausfallen sollte. Aus diesem Grunde gab es oft, neben einer zur Schau getragenen Anpassung, durchaus auch ein „Leben in der Nische“ und eine gewisse Schizophrenie im Verhalten.)
Einer der Kandidaten für die Wahl zum Bundespräsidenten der Bundesrepublik Deutschland war der ehemalige Bundesbeauftragte für die „Stasi-Unterlagen“. Joachim Gauck ist Theologe und hat aus seiner kritischen Haltung zur kommunistischen Diktatur nie einen Hehl gemacht. Die ‚Aufarbeitung‘ der SED-Hinterlassenschaft mit all den Gräueltaten der Stasi, die sie im Auftrag der SED verübte, war von daher bei ihm in „guten Händen“. Zumal er als Theologe den Blick dafür hatte, dass politische Strategien immer Ausfluss weltanschaulicher Grundoptionen sind. Die Politik der SED beruhte auf dem Weltbild des „dialektischen und historischen Materialismus“, dessen klassenkämpferischer Atheismus durch die stalinistische Willkürherrschaft nicht nur der Kirche viele Opfer im kommunistischen Machtbereich abverlangte.
Mindestens ebenso schlimm ist der ‚Erfolg‘ dieser „einzig wissenschaftlichen Weltanschauung“, der es gelang, den Gottesbezug aus vielen Köpfen und Herzen der Menschen zu verbannen. Dass die Nachfolgepartei der SED diesen Kandidaten für das Amt des Bundespräsidenten in Bausch und Bogen ablehnte, mag aus ihrer Sicht nachvollziehbar sein. Es zeigt andererseits mit sehr großer Eindeutigkeit, was von den Reformbeteuerungen der „Postkommunisten“ zu halten ist. Wer sich bis dahin noch einer Täuschung – aus welchen Motiven auch immer – hingegeben hat, wurde unmissverständlich eines Besseren belehrt.[102]

Deutlich vor Augen habe ich noch die „Ableitungen“ im „Philosophieunterricht“ der 12. Klasse: Der „dialektische und historische Materialismus“ war die „einzig wissenschaftliche Weltanschauung“. Ihm gegenüber stand der „Idealismus“, der selbstverständlich nur „unwissenschaftlich“ sein konnte in Diensten der „ausbeutenden Klasse“, der „Bourgeoisie“. Und „Spielarten“ dieser „unwissenschaftlichen Weltanschauung“ waren u. a. die Religionen, die nur vom Klassenkampf abhalten sollten, indem sie „himmlischen Trost“ versprachen. Und unter ihnen gab es natürlich noch ganz besondere „reaktionäre“ Ansichten. Das Christentum gehörte natürlich dazu. Und erst recht die römisch-katholische Kirche war ein besonderer Hort des „reaktionären“ und falschen Denkens.
Man muss dies gerade heute wieder in Erinnerung rufen, weil die „Propheten des irdischen Paradieses“ alles daran setzen, vergessen zu machen, wie ihr schlimmes geschichtliches Experiment ausgesehen hat und ausgegangen ist. Und auf welchen Grundlagen es beruhte. Im Zeitalter des Positivismus und der Wissenschaftsgläubigkeit einerseits und des „Kulturpessimismus“ mit seiner Weltuntergangsstimmung andererseits, glauben politische „Heilsbringer“ leichtes Spiel bei jenen Menschen zu haben, die noch an etwas glauben wollen, deren Idealismus noch nicht aufgebraucht und unwiederbringlich geschädigt worden ist.

Zu welcher Bekehrung möchte Rahner mit diesem Text bewegen?

Karl Rahner erinnert daran, dass christlicher Glaube angesichts dieser Situation einen zweifachen Dienst zu übernehmen hat: Er muss gleichzeitig motivieren und desillusionieren. Und dabei ist es nochmals eine zweifache Aufgabenstellung für den Glauben, die er leisten muss, aber auch leisten kann: Einerseits führt er alle weltimmanenten Sinndeutungen, die einen Absolutheitsanspruch erheben, ad absurdum, weil sie des Menschen Perspektive und Dimensionen nicht Genüge tun können. Endliche Ziele können nicht ausreichen für Menschen, die für die Ewigkeit bestimmt sind. So wichtig für Karl Rahner ein „Glaube (ist), der die Erde liebt“, so eindringlich ruft er uns immer wieder ins Gedächtnis:

„Freu dich Erde, deines himmlischen Lichtes“[103]. Wir sollen die Erde, den Auftrag Gottes, sie zu hüten und zu pflegen, ernst nehmen.
Und im selben Maße bedarf es einer Askese, eines Verzichtes. Die Erde ist ein Symbol dafür, dass uns nichts Endliches zufriedenstellen kann. Darum ist uns auch der Glaube an die Verheißung aufgetragen. Die Hoffnung weiter zu sagen, dass Gottes Schöpfung, seine gute Gabe noch auf dem Wege ist. So wie die Schöpfung aus Gottes Schöpferhand hervorgeht, so ist auch die Vollendung im Letzten SEINE Sache. Wir sind Geschöpfe, die zur „Freiheit der Kinder Gottes bestimmt sind“. Unsere Würde ist gleichzeitig unsere Verantwortung: Wir können und dürfen mittun am Schöpfungswerk Gottes. Doch die Schöpfung vollenden, die Erde in das Reich Gottes verwandeln, ist noch einmal Geschenk des menschenfreundlichen Gottes, der unsere kleine Tat und unser Tun nicht zurückweist, sondern einbaut in seine große Schöpfungssymphonie.
Ebenso wichtig ist die Wächterfunktion des Glaubens überall dort, wo Versuche unternommen werden, den Menschen ins Sachliche, rein Funktionale herabzudrücken, ihn ausschließlich auf diese Vollzüge zu reduzieren.[104] Hier wird das Niveau des Menschen als Person unterschritten hin auf die Ebene der Sachen mitsamt allen damit verbundenen Konsequenzen und Gefahren, die nicht drastisch genug eingeschätzt werden können und dürfen.[105] Karl Rahner hat diese Alternative drastisch formuliert, um uns aufzurütteln:
„Es bleibt dem Menschen letztlich keine Wahl: er versteht sich letztlich als platte Leere, hinter die man kommt, um mit dem zynischen Lachen des Verdammten zu merken, dass nichts dahinter ist, oder – da er selber sicher nicht die Fülle ist, die beruhigt in sich ruhen könnte – er wird gefunden von der Unendlichkeit und wird so, was er ist, der, der nicht dahinterkommt, weil das Endliche nur in die unumgreifbare Fülle Gottes hinein überstiegen werden kann“ (Theologie der Menschwerdung, SW 12, S. 309–322).
Die Praxis moderner Diktaturen gab und gibt vom Ungeist des Menschen hinreichenden Anschauungsunterricht. Denn wenn der Mensch „nichts weiter als …“ ist, dann kann er verbraucht, genutzt, eingesetzt werden. Dann ist sein Wert identisch mit seinem Nutzen, seiner Leis-

tung, seinem Verbrauch, seinem Ansehen – was auch immer, wobei diese „Herren" stets wechseln. Und dabei den „Thron Gottes" für sich beanspruchen. Nur wenn auf diesem „Thron" der wahre Gott herrscht, der eben nicht in unsere Kategorien einzuordnen ist, sondern – ganz im Gegenteil – sie immer wieder aufs Neue sprengt, sind des Menschen unangreifbare Würde, sein unendlicher Wert, fest verankert.
Das Unrecht der diktatorischen Regime des 20. Jahrhunderts ist die praktische Umsetzung eines „Glaubens, der *nur* die Erde liebt". Über diesen wird man schreiben müssen: „Freu' dich, Erde, deines irdischen Lichtes", denn ein anderes gibt es nicht. Es kann, ja es darf kein anderes Licht geben! Die massenhaften Gräuel des letzten Jahrhunderts sind wie ein einziger Hilferuf und Notschrei des Menschen, der Gott verloren hat oder der ihm genommen wurde – und wird! Gott darf nicht als „Funktion für den Menschen" eingesetzt und missverstanden werden, die ‚Rechnung mit IHM' kann und darf gerade nicht aufgehen. Um des Menschen willen!
Karl Rahner sprach von der „unverbrauchbaren Transzendenz Gottes".[106]
Gott kann und darf vom Menschen nicht verzweckt werden. Karl Rahners Mahnruf ist auch ein Weckruf für die Christenheit heute! Gott muss um seiner selbst willen geliebt werden, wenn der Mensch nicht nochmals „Götzendienst auf hohem Niveau" betreiben will!

IV. Gang: Jesus Christus

„Der Mut, Jesus um den Hals zu fallen" (SW 29, S. 197–230) mutet an, wie jugendliche Schwärmerei. Der Satz könnte vielleicht aus einem Gebet junger Leute stammen oder aus einem Song der Jesus People-Bewegung aus Amerika. Doch er stammt von einem fast 80-jährigen. Karl Rahner hat sich noch in hohem Alter Gedanken über die Liebe gemacht. Und dabei war Jesus natürlich nicht ausgespart.
Mir drängen sich oft Fragen auf, wie: Warum gerade Jesus, ein Jude aus irgendeinem kleinen Winkel der Erde, geboren zu einer Zeit, die nicht die unsere ist, in der man meilenweit entfernt war vom Computerzeitalter, von Informatik, Raumfahrt oder Atomenergie. Ein Mann, der nicht sehr alt wurde, weil er eines gewaltsamen Todes starb, der keine Weltliteratur verfasst hat, von dem man historisch nicht sehr viel weiß, der weder Entdecker oder Erfinder war, der weder etwas wusste von Einsteins Relativitätstheorie, von Atomfusionen oder Röntgenstrahlen.
Warum – um alles in der Welt – dieser Jesus aus Nazareth? Die Bücher über ihn füllen ganze Bibliotheken, doch sehr Genaues weiß man nicht. Er soll „der Retter", das „Heil der Welt" sein, er soll „Gottessohn" sein, der uns „am Kreuz erlöst hat". Mir leuchtet sehr ein, dass es mit einer Welt des reinen Machbaren und Materiellen allein nicht getan ist. Sie reicht uns Menschen nicht und lässt uns unbefriedigt zurück.[107] Ich kann auch nachvollziehen, dass eine Welt ohne Christentum wesentlich anders, ärmer aussehen würde. Der Mensch hätte kein Zuhause, er wäre buchstäblich obdachlos, ziellos, ohne Heimat. Ein Gefühl, das heute verstärkt um sich greift, wo das Christentum im Begriff ist, zu verdunsten. Eine Welt ohne Christentum – ist sie wirklich lebens- und liebenswert?[108] Christentum im Vollsinn kann es nicht geben ohne den Namensgeber, Jesus von Nazareth. Doch noch einmal: Warum gerade dieser Jesus? Was hat er, was macht ihn so anziehend, warum geht von ihm solch eine Faszination aus?

Wenn ich mir diese Fragen und Begriffe vor Augen führe, spüre ich den gewaltigen Abstand, der uns heute von Jesus Christus trennt. Eigentlich ist er uns fast total fremd. Und dennoch sagt ausgerechnet Karl Rahner, dem man schwerlich Gefühlsduselei oder schwärmerisches Gehabe wird nachsagen können, dass es darauf ankommt, diesen Jesus zu lieben. Zu lieben „mit Haut und Haar“, ja, man müsse den Mut haben, ihm wirklich um den Hals zu fallen, sagt Karl Rahner.

Warum das so ist, wird vielleicht deutlich werden in diesem vierten Gang. Ich hoffe es jedenfalls, denn ich möchte mit Rahner dem Geheimnis, das es um diesen Jesus gibt, auf die Spur kommen. Und mich dabei von Karl Rahner selber führen lassen, wenn er Begriffe wie „absoluter Heilsbringer“ oder „suchende Christologie“ erläutert.

Vertrauen, Mensch absoluter Glaubwürdigkeit

„Überall begegnest Du mir, allem bist du inwendig, ungenannt oder mit Namen angerufen. Denn in allem suche ich Gott, um der tötenden Nichtigkeit zu entfliehen, und in allem kann ich den Menschen nicht lassen, der ich bin und den ich liebe. Darum bekennt alles dich, den Gott-Menschen. Alles ruft nach dir, in dem als Menschen man Gott schon hat, ohne nochmals den Menschen lassen zu müssen, und in dem als Gott man den Menschen finden kann, ohne fürchten zu müssen, dem bloß Absurden zu begegnen“ (Jesus lieben, SW 22/1).

Kurze Interpretation

Der Mensch würde sich in eine Existenz- und Identitätskrise stürzen, wenn er Teile von sich abspalten würde, die ihn wesentlich ausmachen: Seine Herkunft, seine Leiblichkeit, seine Einbindung in Raum und Zeit, seine Verwobenheit in die Menschheitsgeschichte. Gleichzeitig ist er der, der sich mit dem Hier und Jetzt nicht zufrieden geben kann. Er ist ein Wesen der Sehnsucht und Hoffnung, ein Wesen mit einem Anspruch auf Sinn und Wahrheit, der unbedingt gilt.

Karl Rahner beschrieb in poetischen Worten dieses ambivalente Wesen des Menschen in einer Ostermeditation, die überschrieben ist „Freu dich, Erde, deines himmlischen Lichtes“. Dort nennt er zunächst uns Menschen „Kinder der Erde“. Und er verbleibt in dem Bild, wenn er weiter ausführt, dass die Erde Kinder gebiert mit einem maßlosen Herzen. Und all das, was die Erde ihren Kindern anbietet, ist zu schön, zu wichtig, um verachtet zu werden. Und gleichzeitig ist es zu arm, um diese Kinder – die Unersättlichen – reich, zufrieden zu machen. Wir sind „Kinder der Erde“ und gleichzeitig tragen wir die Sehnsucht nach dem Himmel in uns. Wie halten wir unser Wesen aus? Halten wir es aus? Oder sind wir nicht insgeheim auf der Flucht? Doch wohin? Und wo kann es eine Erfüllung unseres Wesens geben?
Karl Rahner wendet sich gegen zwei Irrwege. Einmal gegen einen Dualismus, der streng unterscheidet zwischen Geist und Leib. Wir sind immer schon „Geist in Welt“.[109] Von daher gibt es auch keinen Himmel nur für die „gute Seele“.
Und dann wendet sich Rahner gegen eine Sicht vom Menschen, für die nur das Greifbare und Sichtbare zählt. Unsere Hoffnung findet ihren Ausdruck im Glauben an die Auferstehung. Dabei bekennen wir eine Auferstehung des ganzen Menschen, ja eine Vollendung der gesamten Schöpfung. Die Botschaft vom Heil ist zuerst und zuletzt eine Botschaft der Annahme des Geschöpfes durch seinen Schöpfer. Jesu Leben und Wirken war (und ist) vielleicht gerade deshalb so anstößig, weil in ihm deutlich wird: Gott kommt nicht zu uns mit Glanz und Pomp, mit Macht und Gewalt. Gott ist menschenfreundlich. Er ist nicht in „fernen Himmeln“ zu finden, sondern dort, wo wir sind.

Entfaltung auf heutige Erfahrung hin

Natürlich brechen hier Fragen auf, damals wie heute auch.
Ist diese „göttliche Option“ für uns wirklich ganz geheuer? Rückt Gott uns nicht zu sehr „auf den Leib“? Dass in der Schwester, im Bruder Gott selbst uns nahe ist – ist das nicht gleichzeitig zu banal und zu unglaubwürdig? Und ist es nicht andererseits genau das, was wir – insgeheim – selber doch auch für uns erhoffen?

Genau das sagt dieser rahnersche Text: Wir können nicht gleichsam aus uns „ausziehen", doch ganz zu Hause sind wir eigentlich im Hier und Heute auch nie. Und die Frage steht im Raum: Gilt diese unüberbietbare Nähe Gottes zu uns Menschen, wie wir sie in Jesus von Nazareth erleben, wirklich für alle Menschen? Auch für die, die am Rande stehen, für Menschen mit einer Behinderung, für Menschen in sozialen und psychischen Nöten? Welches Antlitz Gottes blickt uns im Nächsten an?

Zu welcher Bekehrung möchte Rahner mit diesem Text bewegen?

Zunächst wird man von der göttlichen Option für die Schöpfung reden müssen. Ihr entspricht die „Option für die Armen", denn es gilt nicht nur: „Selig sind die Armen, die Sanftmütigen und Friedfertigen". Es gilt auch: „Was ihr einem meiner geringsten Brüder getan habt, das habt ihr mir getan." Und die Antwort auf die Frage: „Wer ist mein Nächster" ist im Gleichnis vom barmherzigen Samariter eindeutig von Jesus für alle Zeiten gegeben. Und da ist es gleichgültig, ob es Bruder oder Schwester ist, ob jemand reich oder arm ist, wie seine Hautfarbe, Rasse, Klasse, Religion oder Weltanschauung ist.
Rahner weist uns darauf hin, dass die Parteinahme Gottes in Jesus für uns einen gewissen „Relativismus" begründet. Einen Relativismus aller Schranken und Grenzen, die – für sich betrachtet – sinnvoll sein mögen. Im Lichte der göttlichen Liebe können sie nur sehr begrenzte Gültigkeit beanspruchen. Das Gemeinsame vor Gott, nämlich von IHM berufen und geliebt zu sein, ist allemal größer und bedeutsamer. Das gilt es – in Wort und Tat – gelegen oder ungelegen, deutlich zu machen. Das kritische Potential, zu dessen Wahrnehmung und Erkenntnis Karl Rahner uns „bekehren" will in seinem Text, hat ganz konkrete, praktische Auswirkungen: Wenn Gott uns näher ist als wir uns selbst, wenn er uns im Nächsten in besonderer Art und Weise ganz real begegnet, ist dann nicht ein Maßstab gegeben, der dazu aufruft – und zwar unbedingt – den Menschen eben nicht als Ware, als Objekt zu behandeln? Sind dann nicht Würde und Wert des Menschen in einer Weise begründet, die im buchstäblichen Sinn bedingungslos ist, weil sie in Gott hin-

einreicht? Und werden dann nicht alle den Menschen entfremdende Strukturen als solche ob ihrer Unmenschlichkeit angeklagt und überführt?
Es sollte uns von daher bedenklich stimmen, wenn die Botschaft vom Kreuz keinen Widerspruch fände. Wie gehen wir mit dem Kreuz im Leben um? Ist am Leben Jesu nicht ablesbar, dass es gar nicht anders geht, als dass des Menschen Weg ein Kreuzweg ist? Gestern, heute und auch morgen? Wenn und weil die Endlichkeit menschlicher Existenz buchstäblich „durchkreuzt" werden muss, um aufgebrochen zu werden für eine Liebe ohne Maß! Wenn das Geschenk Gottes ER SELBER ist, ist dann nicht jede Vorstellung zu klein, jedes menschliche Maß zu gering, als dass es nicht zerbrechen müsste angesichts des Angebotes göttlicher Liebes- und Lebensfülle?
Es ist einfacher, sich ein Heil auszumalen, das „nicht von dieser Welt ist", indem es mit ihr nichts zu tun hat. Realistischer ist es, sein Leben auszurichten nach dem Zeugnis des Mannes aus Nazareth. Dann kann die gläubige Ahnung zur Gewissheit werden: „Das Leben ist von dieser Welt", die doch Gottes Schöpfung ist. Und darum ist sie immer schon aufgebrochen in „das Reich des Vaters" hinein.

Suchende Christologie: Hoffen, Lieben, Tod annehmen …

„Der Abstieg in die Armut unseres eigenen Wesens hat immer schon begonnen, seitdem wir Menschen sind, wenn auch unscheinbar und verborgen auf dem Grund unseres Daseins. Diese unsere Wesensverfassung, der wir mit all unserer Geschäftigkeit nicht ausweichen können, ist auch die Ermöglichung dafür, dass wir jetzt schon mit unserem Menschenbruder Jesus wirklich Karsamstag feiern können. Da wir aus demselben Holze geschnitzt sind und auch wir mitten im Leben unseren Tod sterben, können wir sein Los nicht bloß von außen her verstehen, sondern wir können es teilen. Glaubend erfahren wir, dass sein Abstieg in die Ohnmacht unseres Menschseins alle Karsamstagsstunden unseres Lebens geheiligt hat" (Kirchenjahr, SW 14, S. 163–166).

Kurze Interpretation

Dieser Text Rahners berührt mit elementarer Wucht Grunderfahrungen unseres Lebens. Wir sind todgeweihte Wesen, Wesen der Vergänglichkeit und der Vergeblichkeit, Wesen des Scheiterns und der Armseligkeit. Diese unsere Grundverfassung teilen wir nicht nur mit allen Mitmenschen, Freunden und Bekannten. Wir teilen sie mit all jenen, die vor uns lebten, mit jenen, die uns nahe sind und mit jenen, denen wir lieber „aus dem Wege gehen". Wir teilen sie auch mit jenen, die nach uns kommen werden, ja, wir teilen sie mit der ganzen Schöpfung.
Reinhold Schneider sprach von der Tragik, die auf dem Grunde jeglicher Existenz lauert. Und mag die moderne Forschung noch so viele Erfolge aufweisen, mag es in der Zukunft durch Klonen oder sonstige – heute gar nicht ausdenkbare – Möglichkeiten gelingen, eine Zeitlosigkeit der Existenz zu schaffen – immer wird es auch eine Welt der Begrenztheiten und Schwierigkeiten sein, die man gar nicht für immer aushalten möchte und kann.
Oder es wird eine Welt sein, in der alles gewusst und alles gekonnt wird, eine geheimnislose Welt, eine Welt entsetzlicher Langeweile, weil „dahinter" ja nichts mehr kommt, kommen kann. Wer will so leben? Wer kann so leben? Eine Welt der entsetzlichen Langeweile würde eine Welt der Fragwürdigkeiten ablösen – und dabei selbst wiederum eine einzige Frage sein. Nein, Zeitlosigkeit kann von sich aus keine Ewigkeit werden. Ewigkeit ist ja nicht Zeitlosigkeit, sondern „Fülle der Zeit". Trost der Zeit oder Trost in der Zeit kann nur kommen, wenn wir nicht allein sind und allein bleiben. Nur wenn Endlichkeit und Ratlosigkeit, dieses „Wasserzeichen der Schöpfung" (Hans Urs von Balthasar), vom Schöpfer dieser Welt geteilt werden, kann die Endlichkeit aufgebrochen werden.
Ein atemberaubender Gedanke: Der Schöpfer gebietet nicht nur macht- und huldvoll über seine Schöpfung. Er teilt ihr Schicksal mit, er steigt ein in das „irdische Jammertal". Nicht, um mit Macht und grandiosem Siegeszug dem Elend endlich ein Ende zu setzen. Nein, sein Mitleben und Mitleiden macht uns aufmerksam darauf, dass es in der Schöpfung eine Tiefenströmung gibt, die von weiter her kommt als ausschließlich

von Endlichkeit und Beliebigkeit. Ohne die die Endlichkeit und Begrenztheit als solche in ihrer Dramatik und Tragik gar nicht wahrgenommen werden kann.
Diese Botschaft der Kirche von Jesus, dem menschgewordenen Gottessohn, der ein Gott ist, der uns nachgeht, nachgeht bis in die letzten Verlorenheiten hinein, ist deshalb so glaubwürdig, weil sie so menschlich ist. Weil sie – und nur sie – uns in den Stand versetzt, im Letzten zu vertrauen, uns zu vertrauen, uns und den anderen, die mit uns leben. Daraus erwächst Selbstvertrauen, das auch dem Anderen etwas zutraut. Ohne diese göttlich-menschliche Solidarität bliebe nur abgrundtiefes Misstrauen übrig. Dabei werden nicht all die Rätsel, Trümmer und Traurigkeiten wie mit einem großen Schwamm einfach weggewischt. Wenn Gott in diese Engen einsteigt, erhalten sie eine Dynamik, die von weiter her kommt als „die Welt" zu hoffen wagt. Gott wird nicht endlich. Doch sein Einlassen auf die geschöpfliche Wirklichkeit gibt dieser eine unbegrenzte, unbegrenzbare Dynamik und Dimension.
Wo und was wären wir ohne diese Botschaft vom menschgewordenen Gott? Und was bieten uns jene zum Leben an, die meinen, diese Botschaft mit großer Geste ignorieren oder lächerlich machen zu können?

Entfaltung auf heutige Erfahrung hin

Wie gehen wir mit diesen menschlichen Grunderfahrungen um? Sie werden sehr häufig ausgeblendet, ignoriert oder uminterpretiert. Die Medienwelt der Events kennt zumeist nur Schöne, Junge und Reiche. Oder alte Menschen, die sich jung halten durch wirksame Medikamente. Die sollen aber gefälligst gekauft werden, genau deshalb wird ja ihre Wirksamkeit so werbewirksam angepriesen. Ein Beispiel ist das Lob auf die „dritten Zähne". Dahinter stehen Kaufinteressen für eine bestimmte Marke von Haftcreme, ähnlich wie der Hinweis auf das beschwerliche Treppensteigen die Kaufzahlen bestimmter Treppenlifts puschen soll. Ein sogenannter „zweiter Blick" zeigt allerdings, dass wir als Menschen den Erfahrungen der Gebrechlichkeit, der Vergänglichkeit und Fragwürdigkeit nicht wirklich ausweichen können. Das zeigt sich besonders dann, wenn Menschen in ihr eigenes Leben schauen. Wenn sie – mit-

unter tief erschrocken – feststellen, Zeit vergeudet zu haben oder sie für Ziele und Interessen eingesetzt zu haben, die sich im Nachhinein als belastend, störend oder gar als falsch und irreführend erweisen.
Beispielsweise ist ein Phänomen weithin in den neuen Bundesländern zu beobachten, das Anlass gibt zum Nachdenken und zur Sorge. Die friedliche Revolution von 1989 auf dem Gebiet der früheren DDR wird teilweise heute bedauert wegen des Wegfalls sogenannter sozialer Errungenschaften. Wenn nicht sogar schon wieder öffentlich darüber debattiert wird, wieweit jene, die „auf die Straße gingen", vom „Westfernsehen" entsprechend manipuliert wurden. Vergessen wird nicht nur die herrschende Macht der Parteiclique, die die Ohnmacht und Rechtlosigkeit eines ganzen Volkes nach sich zog. Vergessen wird auch, dass die Abschottung nach außen ein wirtschaftliches Desaster für große Teile der Wirtschaft mit sich brachte.
Vergessen oder übersehen wird nicht zuletzt, dass sehr viele, angeblich soziale Wohltaten, Interessen der herrschenden Parteiclique dienten: Indoktrination, Militarisierung der Jugend, Massenveranstaltungen, um individualistische „Auswüchse" möglichst gering zu halten – all das war nicht „wertneutral" im staatlich gelenkten System der „Volksbildung". Oft waren diese „Segnungen" zudem wirtschaftlich überhaupt nicht finanzierbar. Und im Senioren- oder Behindertenbereich war vielfach das Mindestmaß gerade gut genug, wenn man an die stationären Einrichtungen in der DDR denkt.[110]
Es ist geradezu verblüffend: Da werden nach wie vor (oder schon wieder?) alte Klischees bedient und weitergegeben. Es gab und gibt Apologeten, die nach wie vor z. B. die Berliner Mauer als „antifaschistischen Schutzwall" bezeichnen und die diejenigen, die es nicht aushielten, im „vormundschaftlichen Staat" dauerhaft eingesperrt zu leben und die deshalb über die Grenze flüchteten, als „Grenzverletzer" titulieren.
Oder beispielsweise die Frage: War die DDR ein Unrechtsstaat oder war sie es nicht? Wer die DDR an ihrem eigenen Selbstverständnis misst, für den kann es gar keine Diskussion über diese Frage geben, denn Macht, Wahrheit und Recht waren für die ehemaligen kommunistischen Parteikader und Machthaber unter keinen Umständen verhandelbar. Bürgerliche Grundrechte, allgemeine Menschenrechte, waren lediglich

„bürgerliches Geschwätz“, das vom „Klassenkampf“ nur ablenken sollte. „Rechtsstaat“ – die Machthaber von einst hätten diesen Begriff müde belächelt als antiquiert, verstaubt, als „nicht am Klassenstandpunkt ausgerichtet“ abqualifiziert. Und dennoch versucht man heute krampfhaft zu begründen, dass das Prädikat „Rechtsstaat“ auch auf diesen Staat zutrifft.
Warum ist das so? Und schweifen diese Überlegungen nicht doch allzu sehr auf politisches Terrain ab? Ich glaube ganz im Gegenteil, dass diese Beobachtungen einen eminent wichtigen religiösen Hintergrund haben, der allerdings vordergründig nicht sofort erkennbar wird.
Dass die politische Beschreibung einigermaßen stimmig ist, zeigt ein Blick z. B. in das auflagenstärkste Anzeigenblatt in Mecklenburg-Vorpommern, den „Blitz am Sonntag“. Man schaue nur einmal die Leserbriefe durch, die immerhin eine gesamte Zeitungsseite füllen. Es mutet mitunter skurril an, so als ob Parteiaufträge abgearbeitet werden, um die Meinung des „Politbüros“ unter das Volk zu bringen.
Menschen, die in Gewaltregimen leben, ja ihnen dienen, brauchen eine Rechtfertigung für ihr Tun oder Lassen. Auch sie brauchen – wie alle Menschen – eine Sinngebung. Und so kommt es, dass die Parteiprogramme nicht selten kritiklos „geglaubt“ wurden und werden. Das frühere Leben wird im Nachhinein deshalb nicht nur verklärt, sondern auch gerechtfertigt.
Weil man ihnen den Glauben an göttliche Verheißung aus Köpfen und Herzen mit allen Mitteln geraubt hat – woran sollen sie sich festhalten, wenn die Zeiger der Lebensuhr unaufhörlich dem Ende zustreben? Wenn Macht und Glanz vergangener Zeiten bröckelt, verloren ist oder verblasst, was kann dann Halt geben? Woran kann man sich festhalten? Worauf kann man im Rückblick auf sein Leben überhaupt noch stolz sein? Kann man damit leben, die schönsten Jahre im Leben vertan zu haben im Dienst an einer Sache, die verlogen war? Wenn die Sinnfrage sich derart aufdrängt, ist es nur zu verständlich, dass alles aufgeboten wird, was zur Verfügung steht, um dem Eindruck der Vergeblichkeit und des Scheiterns zu wehren.
Damit kommen wir zum Eigentlichen, zu des „Pudels Kern“: Kann ein Mensch mit der Erkenntnis und Gewissheit leben, dass sein Leben ei-

ner puren Illusion galt, die zerstob und die obendrein von einer herrschsüchtigen Machtelite schamlos missbraucht wurde? Kann der Mensch Opfer sein mit dem gleichzeitigen Eingeständnis, diesen Zustand selbst mit verursacht zu haben? Kann ein Mensch im Angesicht des Lebensendes mit der Ahnung, ja mit der offensichtlichen Gewissheit leben, vielfach vergeblich, ja umsonst gelebt zu haben? Kann man überhaupt vor sich selber bestehen angesichts solch einer Lebensbilanz?
Ich glaube nicht, dass dies ohne große innere Widerstände geht. Der scheinbare Eindruck vergeblichen Lebens ruft all die Geister der Rationalisierung, der psychologischen Abwehr auf den Plan, zu rechtfertigen, was oft nicht zu rechtfertigen ist. Das ist so menschlich verständlich, naheliegend und nachvollziehbar, dass es überhaupt nicht zu verwundern braucht.[111]
Die Analyse jedenfalls kann deutlich machen: Der Mensch ist so „konstruiert", dass er ein zu großen Teilen offensichtlich vergebliches Leben nicht akzeptieren kann. Darum gab es auch in dem System des Sozialismus viele „Gläubige", die durchaus dem System huldigten.[112] Und wer kann es ihnen verdenken, dass sie im Nachhinein ihr Leben als sinnvoll rechtfertigen?[113]
Man wird über diese Fragen viel nachdenken und debattieren. Doch sollten Zeitgenossen gerade deshalb nicht auch empfänglich sein für die Aussage, dass es nicht reicht, wenn dem Menschen gesagt wird: „Du bist nur von dieser Welt". Zur menschlichen Erfahrung gehört doch die unumstößliche Tatsache, dass es Vergeblichkeit, Irrtum, Schuld und Scheitern eben auch gibt. Der Satz: „Gedenke Mensch, dass du Staub bist und zum Staube zurück kehrst", ist deshalb viel realistischer als sämtliche Parteitiraden vom „Sieg des Sozialismus". Der Satz vom Staub ist wenig schmeichelhaft für den Menschen, weil er ihm gerade jene Seiten seines Lebens zeigt, die insbesondere der moderne Mensch, der auf Leistung und Können getrimmt ist, sich nur allzu gern ersparen möchte. Doch er ist ehrlich und hat die Lebenserfahrung auf seiner Seite. Die Frage steht auf, ob diese Seite des Lebens, die nicht für immer verdrängt werden kann, nur deshalb erträglich ist, weil es ein Wissen darum gibt, dass eben „Staub" nicht das letzte Wort über den Menschen ist.

Zu welcher Bekehrung möchte Rahner mit diesem Text bewegen?

„Wie kann er denn leben ohne Gott?“ So fragt Dostojewski in seinen „Brüdern Karamasow“. Kann es nicht sein, dass gerade die Erfahrung des Nicht-wahrhaben-Wollens, des Sich-nicht-abfinden-Könnens mit dem Verdacht, einem grandiosen Irrtum im Leben erlegen zu sein, ein Hinweis ist auf „Ewigkeit in der Zeit“? Rahners Text macht genau darauf aufmerksam. Und er regt an, sich dieser Erfahrung zu stellen.
Sie führt den Menschen nicht von sich weg, sondern tiefer zu ihm hin. Der Mensch erlebt und gestaltet sein Leben. Und er macht die Erfahrung, dass das Gestern nie wieder kommt, dass das Morgen (noch) nicht verfügbar ist und dass sein Wirken sich auf das Hier und Heute bezieht. Etwas tun, was die Zeit überdauert, was beständig ist, ist eine allzu menschliche und verständliche Urhoffnung.
Die Tatsache, dass der Mensch, jeder Mensch, tief in seinem Herzen die Hoffnung auf gelingendes Leben hat, sollte aufmerksam machen: „Der Mensch lebt nicht vom Brot allein“. Er braucht die Gewissheit, nicht umsonst gelebt zu haben.
Hier kündigt sich eine Sinndimension an, die für jeden Positivismus und Materialismus eine innere, unüberwindliche Grenze anzeigt. Es zeigt sich auch, dass der Mensch, der nur allzu oft die Erfahrung des Vergeblichen im Leben macht, des Scheiterns, der Schuld, angewiesen ist auf einen Zuspruch, der gilt, der unbedingt ist. Um die Impulse Karl Rahners aus diesem Text noch besser zu verstehen, sei noch auf einen Gedanken unseres Papstes aufmerksam gemacht. Er unterscheidet drei Aspekte des Todes: Einmal der Tod, der überall dort im Leben erfahren wird, wo der Mensch seine Endlichkeit erlebt und erleidet. Dann der Tod als tatsächliches Ende irdischen Lebens. Und schließlich die Erfahrung, dass auch in der Liebe, im Weggeben, im Sich-Verlieren, eine analoge Erfahrung des Sterbens gemacht werden kann.[114] Bei all diesen Erfahrungen kann eine Ahnung spürbar werden, dass der Mensch für seinen gesamten Lebensentwurf ein unbedingtes Gegenüber braucht, das bzw. der nicht nur peinlich genau das Leben aufrechnet, sondern der großzügig, barmherzig und aufrichtend ist.

Diese Ahnung kommt allerdings nur dann auf, wenn der Mensch sich ganz aussprechen darf. Karl Rahner will uns dazu „bekehren", Geduld zu üben. Diese Erfahrungen gleichsam zu sich kommen zu lassen. Und er will anleiten zu solchen Erfahrungen. Denn dann wird der Mensch auch erleben: Diese Ahnung ist mehr als ein vages Fühlen. Sie ist ihm ganz innerlich, wesentlich. Und sie kann sich selbst erst richtig verstehen, hinreichend deuten, wenn sie dem Wort begegnet, das ihr aus der Geschichte entgegen kommt. Und dieses Wort ist ein menschgewordenes. Göttliche Liebe hat in Jesus von Nazareth Menschenantlitz erhalten. Seitdem wissen wir, wie es um uns Menschen steht. Dass wir ein Torso sind (und bleiben), wenn Gottes Liebe uns nicht zu sich emporzieht. Doch wir wissen durch den Mann aus Nazareth auch: Gottes Liebe will nicht nur ganz nahe bei uns sein, sie will unser Leben mit uns teilen, damit wir Anteil erhalten an SEINER Herrlichkeit.

Der Mensch und seine Stellung innerhalb einer evolutiven Weltsicht

„Man kann sich wirklich vorkommen, wie eine einzelne kleine Ameise, die eine kleine Tannennadel einen Zentimeter weit herumzerrt, das noch wichtig nimmt, ohne wirklich zu realisieren, wie unbedeutend ihr mühseliges Tun ist auf der ganzen Erde, die selber nur ein winziges Stäubchen in einem Universum ist, dass Milliarden Lichtjahre groß ist und sich immer noch in einer ungeheuerlichen Dynamik ausdehnt. Was ist, von dieser kreatürlichen Erfahrung unserer Unbedeutendheit her gesehen, all das, was wir erleben, tun und erleiden, als Glück empfinden oder als kommendes Unglück fürchten? Das Grässlichste, was wir für die ganze Menschheit auf einmal fürchten könnten, wäre universalkosmisch gesehen doch nur eine kleine Reibungserscheinung in der ungeheuren Maschinerie des Universums. Man könnte von da aus denken, die ganze Menschheitsgeschichte sei im Grunde genommen eben doch nur ein verlorener kleiner Ameisenhaufen in einem Universum, das diesen kleinen Haufen Menschheitsgeschichte von drei Millionen

Jahren, so nebenbei und letztlich gleichgültig, auch hervorgebracht hat und wieder vergehen lässt …
Die ungeheure, atemberaubende Geschichte des Kosmos hat ihren letzten Sinn darin, dass innerhalb dieser Geschichte scheinbar bloß punktförmig unzählige Geschichten des Geistes und der Freiheit sich ereignen können, in denen ebenso oft die Geschichte des Kosmos selber grundsätzlich zu sich selber kommt. Und diese unzählige Male sich ereignende Geistes- und Freiheitsgeschichte als Zu-sich-Kommen des Kosmos ist gleichzeitig und in einem die Geschichte der Selbstmitteilung Gottes als absoluter Zukunft an diese Geschichte der Freiheit und des Geistes des Kosmos. Das endgültige Ergebnis all dieser zu Gott als solchem selber vordringenden Geschichte des Geistes und der Freiheit, in der der Kosmos erst zu sich selber kommt, heißt das ewige Reich Gottes. In dieser Geschichte des Kosmos, des Geistes und der Freiheit ist aber der unwiderrufliche Sieg dieser Geschichte schon bezeugt und hat er auch schon als er selber begonnen. Dieser Anfang der seligen Vollendung des Kosmos heißt Jesus Christus, der durch seinen Tod hindurch Auferstandene. Die bleibende Gegenwart dieses siegreichen Zusagewortes Gottes in Jesus Christus heißt die Kirche derer, die an diesen Jesus glauben, ihn und in ihm Gott selber lieben und mit ihm in die Unbegreiflichkeit Gottes hinein in Hoffnung sterben" (Heilige Schrift, Buch Gottes und Buch der Menschen, SW 30, S. 178–187).

Kurze Interpretation

Dieser Text Karl Rahners ist wiederum eine Art „Kurzformel". In ihm sind alle wichtigsten Glaubensaussagen zusammengefasst. Und gleichzeitig sind all die modernen Anfragen an den Glauben in einer Sprache „versammelt", die ich einfach nur schön nennen kann.
Da ist zunächst das Gefühl der Unendlichkeit in Raum und Zeit. Die Wissenschaft hat einen ungeheuren Zeithorizont aufgerissen. Wir leben nicht mehr 6000 Jahre nach Schaffung des ersten Menschen, wir können nicht mehr die Zeit in Jahren zwischen Adam und uns angeben. Unsere Entwicklung liegt in Zeitdimensionen, die nur noch in Milliarden und Millionen von Jahren anzugeben sind. Wir wissen heute

um die großartigen Entdeckungen evolutiven Denkens. Uns verbindet mit der ganzen Schöpfung Gottes unendlich viel, es gab und gibt eine aufsteigende Linie, angefangen von den primitivsten Einzellern hin bis zu uns Menschen. Und all die vielen „Zwischenglieder" sind „Tastversuche" der Evolution auf ihrem Weg der Höherentwicklung.
Gottes Schöpfung ist unendlich reich, ja verschwenderisch. Eine kaum zu überblickende Vielfalt an Arten und Lebensformen gibt es. Viele Versuche wurden und werden im großen „Laboratorium Schöpfung" unternommen, die im Laufe der Evolution wieder verschwinden. Wir beginnen erst langsam den „Motor der Evolution" zu verstehen, welche Mechanismen am Werk sind, wie all das funktioniert, das uns als Menschen hervorgebracht hat.
Es ist ein großes Staunen, das uns befallen kann – und eine große Angst. Pascal fürchtete das „Schweigen der unendlichen Räume", auch Reinhold Schneider schaute mit Entsetzen in den Abgrund der Schöpfung, die uns ihr evolutives Gewand präsentiert. Endgültig vorbei ist ein naives Weltverständnis, das von Gott und der Welt zu gering dachte. Gott nahm nicht einfach nur etwas Lehm wie ein guter Baumeister. Die Welt ist eher ein komplexer Gedanke als ein Betonklotz, hat ein moderner Zeitgenosse einmal prägnant formuliert. Die Fragen: Was ist Sein? Was ist wirklich? bekommen heute eine ganz neue Dringlichkeit. Vor unseren Augen entrollt sich eine Schöpfung mit ungeahnten Dimensionen. Sie stellt unser Gottes-, Welt- und Menschenbild radikal in Frage.
„In der Theologie sagt man vieles, und dann hört man auf und meint gegen seine eigenen Grundüberzeugungen, dass man jetzt wirklich am Ende sei und aufhören könne, dass die paar Aussagen, die man gemacht hat, die allen metaphysischen und existentiell radikalen Durst stillenden Aussagen seien und nicht (wie es in Wahrheit ist) die Aufforderung, zu merken, dass man mit all diesen Aussagen letztlich nur in jene antwortlose Aporie geraten solle, die nach Paulus (2. Korinther 4,8) die Existenz des Menschen ausmacht."[115]
Der Mensch ist in dieser Sicht jener „Punkt", an dem der Kosmos in Geist und Freiheit zu sich selber kommt. Karl Rahner macht darauf aufmerksam, dass diese Geschichte deshalb die Geschichte Gottes ist, weil er in seiner verschwenderischen Liebe Geschöpfe schafft, die in Geist

und Freiheit die Selbstmitteilung Gottes annehmen können. Und auch diese Annahme geschieht wiederum in Kraft göttlicher Selbstmitteilung. Das „Reich Gottes“ ist die Vollendung der Schöpfung in vollendeter Annahme der Selbstmitteilung Gottes.

Jesus Christus – welchen Platz nimmt er in dieser Sicht der Schöpfung ein?

In dieser Geschichte des Kosmos, des Geistes und der Freiheit ist aber der unwiderrufliche Sieg dieser Geschichte schon bezeugt und hat er auch schon als er selber begonnen. Dieser Anfang der seligen Vollendung des Kosmos heißt Jesus Christus.[116]

In der Menschwerdung des Sohnes Gottes ist die gelungene, nicht mehr rückgängig zu machende Annahme der Selbstmitteilung Gottes an sein Geschöpf als Zusage für uns alle geschichtlich greifbar in Erscheinung getreten.

Wie schon gesagt, Karl Rahners Denken ist geprägt von großer Kohärenz. Erst wenn die zusammengehörenden Aspekte auch zusammengesehen werden, ergibt sich deren „innere Stimmigkeit“. So auch hier, wenn man zum Verständnis die nachfolgende Aussage aus dem „Grundkurs des Glaubens“ Karl Rahners hinzu zieht:

„Der Gottmensch ist der erste Anfang des endgültigen Gelungenseins, der Bewegung der Selbsttranszendenz der Welt in die absolute Nähe zum Geheimnis Gottes. Diese hypostatische Union darf im ersten Ansatz nicht so sehr als etwas gesehen werden, was Jesus von uns unterscheidet, sondern als etwas, was einmal und nur einmal geschehen muss, wenn die Welt beginnt, in ihre letzte Phase einzutreten … in der sie ihre endgültige Konzentration, ihren endgültigen Höhepunkt und ihre radikale Nähe zum absoluten Geheimnis, Gott genannt, verwirklichen soll.“[117]

Rahner legt sich am besten selber aus. Diese Erkenntnis ist mir gerade bei diesem Text wieder in den Sinn gekommen. All die schwierigen Termini der „Selbsttranszendenz“ oder der „hypostatischen Union“ werden erhellt, wenn man daran erinnert, dass Karl Rahner immer – auch und gerade in seiner Schöpfungstheologie – von der göttlichen Zuwendung, von der Gnade, der göttlichen Selbstmitteilung her denkt.

„Soll aber dieser Begriff einer aktiven Selbsttranszendenz … nicht … die Leere zum Quell der Fülle machen … dann kann diese Selbsttranszendenz nur als Geschehen gedacht werden in der Kraft der absoluten Seinsfülle.“[118]
Die Aussagen über die Kirche, die sich unmittelbar anschließen, sind zudem nicht nur eng verknüpft mit Anthropologie und Christologie, sondern auch mit der wesenhaften Bestimmung des Eigentlichen christlichen Glaubens.
Kirche bezeugt und vermittelt dieses leibhaftige, geschichtliche „Zusagewort Gottes“, ja, ihre Existenz ist die „bleibende Gegenwart“ dieser göttlichen, irreversiblen Zusage. Hier, in diesen wenigen Worten, liegt eine ganze Ekklesiologie, eine Lehre von der Kirche vor, die sich ganz unmittelbar und ausschließlich vom „göttlichen Einsatz“ im Christusereignis herleitet. Und fast nebenbei – und dabei ganz zentral – nennt Karl Rahner dann das Wesen christlichen Glaubens: An Jesus als den Sieg der Gnade Gottes für uns, ja für die Welt zu glauben und mit ihm eine Hoffnung zu realisieren, die nur dort echt ist, wo wir uns im Leben und Sterben der Unbegreiflichkeit Gottes überlassen.

Entfaltung auf heutige Erfahrung hin

„Hat Gott die Welt nun in ein paar Tagen erschaffen oder nicht?“ Und wenn das mit dem Paradies und dem ‚Sündenfall‘ nicht stimmt, was stimmt dann überhaupt noch von der Botschaft des Glaubens, von der Bibel?“ So oder ähnlich wurde und wird oftmals über den Glauben diskutiert.
In einem Land, in dem der Atheismus zur Staatsdoktrin gehörte, wurde zudem diese Frage „angereichert“ mit Spott und Hohn, mit Redewendungen wie: „Na ja, das Christentum war ja immer wissenschaftsfeindlich. Es war ja Aufgabe der Kirche, im Sinne der herrschenden Klasse, die Menschen dumm zu halten und sie auf ein Jenseits zu vertrösten. Damit, mit diesem himmlischen Trost, schaffte man es immer wieder, die Menschen abzubringen vom revolutionären Klassenkampf.“
Es war für uns nicht einfach als Schüler im Staatsbürgerkundeunterricht. Einerseits waren wir kaum in der Lage, dem Lehrer wirklich et-

was entgegenzusetzen. Andererseits war es oft unerträglich, so wehrlos zu sein, wenn das, was Eltern und Großeltern für wichtig ansahen, so in den „Schmutz gezogen wurde". Ich erinnere mich noch gerne an viele Gespräche mit unserem Heimatpfarrer. Ich brachte damals ein Buch mit in den Religionsunterricht. Es trug den Titel „Abstammungsgeschichte des Menschen".[119] Schon die Einleitungssätze zeigten die Richtung an, wohin der Autor mit seinem Buch zielte:
„Wie und wann entstand der Mensch? Eine Schöpfung Gottes oder das Produkt langer biologischer und sozialökonomischer Evolution?"[120] Eine Alternative, die es nicht gibt, die aber in ihrer Einfachheit durchaus suggestive Wirkung zu entfalten vermochte. Dann kamen Sätze wie „Auch der Jesuit Coreth (1973) kommt nicht umhin, die genetische Abstammung des Menschen von tierischen Lebensformen anzunehmen …"[121] Die Kirche war mit ihrer Botschaft – so der Eindruck, der vermittelt werden sollte – natürlich immer auf dem Rückzug.
Ich erinnere mich noch heute an viele Sätze unseres Pfarrers, der sagte, die Bibel könne man nicht „pressen", sie sei im Vorderen Orient entstanden, wo man, um einfachste Sachverhalte zu erklären, ganze Geschichten erzählt; der uns einführte in die Exegese, in der es darum ging, zu unterscheiden zwischen Aussageform und Aussageabsicht sowie Inhalt des Glaubens. Gerne erinnere ich mich auch an ein gutes Buch, über das wir mit einigen interessierten Jugendlichen so manchen Abend mit unserem Pfarrer zusammensaßen.[122] Es war so wichtig für uns, dass jemand da war, der uns half zu verstehen. Und der uns den Eindruck vermitteln konnte, dass die sich so überlegen gebende „einzig wissenschaftliche Weltanschauung" des Marxismus-Leninismus so überlegen offensichtlich doch nicht war. Und dass das, was die Kirche verkündete, durchaus vernünftig, sinnvoll war und etwas für das Leben bedeutete, was der Marxismus-Leninismus uns so gar nicht geben konnte.
Warum schreibe ich von dieser Erfahrung gerade an dieser Stelle? In den Nachrichten kam unlängst die Information, dass im Osten Deutschlands – in deutlichem Unterschied zur Bevölkerung auf dem Gebiet der alten Bundesrepublik – nur 25 % der Menschen angaben, an Gott zu glauben. Ich denke, die atheistische Propaganda, das „Herausreißen des

Gottesglaubens aus dem Herzen der Menschen", wie es der Landesrabbiner von Mecklenburg-Vorpommern, Dr. William Wolff, so treffend formuliert, hat nicht nur erhebliche Spuren hinterlassen in Form einer „geistlichen Verwahrlosung". Hier wird auch – ein sehr zweifelhafter – „Triumpf" der kommunistischen Ideologie deutlich. Und man wird daran erinnern müssen – gerade heute – weil es nach wie vor gesellschaftliche Kräfte gibt, die diese Ideologie aus nachvollziehbaren und leicht durchschaubaren Gründen verharmlosen.[123]
Gerade die Frage nach dem Schöpfergott ist es zudem, die auch heute kritisiert wird. Bei der christlicher Glaube leicht lächerlich gemacht, indem das Vorurteil „kultiviert" wird, mit der Wissenschaft stehe der Glaube ohnehin auf „Kriegsfuß". Da werden dann Alternativen aufgemacht, die es so gar nicht gibt,[124] gar nicht geben kann. Etwa die von Schöpfung und Evolution. Beide Fragen liegen auf ganz unterschiedlichen Ebenen, haben unterschiedliche Intentionen, Adressaten und thematisieren Zusammenhänge, die nicht unmittelbar zusammengehören.[125]
„Die Freiheitsgeschichte in geistiger Gegebenheit des Freiheitssubjekts für sich und darin die Selbstgegebenheit der Welt ist eine empirische Tatsache. Wer eine universale Evolution als ein Grundschema der Weltwirklichkeit und ihres Verständnisses behauptet, muss diese Tatsache dann eben in diese Weltkonzeption einordnen; er muss sagen, dass sich in einer (letztlich trotz aller Zufälle gerichteten) Evolution die Gesamtwirklichkeit auf diese Freiheitsgeschichte hin entwickelt hat und diese (mindestens in vieler Hinsicht nicht mehr überbietbare) Freiheitsgeschichte dasjenige ist, in das die vorausgehenden Phasen der Weltevolution sich durch Selbsttranszendenz hinein entwickelt haben. Dabei ist dann die Möglichkeit von Fehlentwicklungen, Sackgassen und Abstürzen, wie sie in der theologischen Heilsgeschichte gedacht werden, nicht mehr verwunderlich" (Naturwissenschaft und Theologie, SW 30, S. 399–432).
Wir sind als Christen herausgefordert, gerade auch hier den Glauben zu bekennen und ihn vor Vereinfachung und Verunglimpfung zu schützen. Dabei hat das Gnadenhandeln Gottes, seine Zugewandtheit zu seiner Schöpfung, besonders zu uns Menschen, absolute Priorität in der

Glaubensaussage. Die Frage, wie die Stellung des Menschen als „Kind Gottes“ Platz hat in einer evolutiven Weltsicht, muss beantwortet werden, wenn die Verkündigung an einen Menschen von heute gelingen soll. Dennoch hat die Aussage, dass der Mensch „Ereignis der freien, vergebenden Selbstmitteilung Gottes“ ist, Vorrang vor jeder anderen anthropologischen Qualifikation des Menschen.

Rahners gnadentheologische Grundoption ist nicht nur geeignet, falschen Alternativen zu wehren (Ist der Mensch nun Ziel oder – lediglich – Ergebnis der Evolution?). Sie eröffnet Zugänge zum Christusgeheimnis, die ansonsten eher verschüttet, unentdeckt blieben. In dieser Sicht ist Christus das von Gott selbst heraufgeführte Heilsereignis, in dem Gott sich total engagiert. Und zwar genau dort, wo wir sind, in unserer Geschichte. An Christus können wir nicht nur ablesen, wie Gott den Menschen haben will, welches Bild er vom Menschen hat. Wir können auch sehen, dass der Fortschritt des Menschen – und diese Frage wird ja gerade in einer evolutiven Weltsicht thematisiert – nicht gleichzusetzen ist mit Wissen, Können, Macht, Einfluss und Reichtum. All diese Attribute sind eher unbedeutend, wenn es um den Fortschritt geht in Bezug auf die Gottes- und Nächstenliebe. In diesen Akten vollzieht der Mensch sein eigentliches Wesen, hier ist Jesus nicht nur produktives Vorbild. Hier ist er die – von Gott erwirkte – göttliche Garantie, dass dieser Weg richtig ist, dass er bei Gott ankommen wird und dass – durch Gottes Einsatz – diese Richtung unumkehrbar ist.

„Die Klarheit und Endgültigkeit der christlichen Wahrheit ist die unerbittliche Überantwortetheit des Menschen in das Geheimnis hinein und nicht die Klarheit der Übersichtlichkeit über ein Teilmoment des Menschen und seiner Welt.“[126]

Zu welcher Bekehrung möchte Rahner mit diesem Text bewegen?

Ich glaube, Karl Rahner möchte uns mit diesem Text Ängste nehmen. Einerseits erleben wir ja, dass vielfältige Fortschritte bejubelt werden: In der Raumfahrt, der Gentechnik, der theoretischen Physik beispielsweise. Wenn wir anfangen, über unsere Stellung in der Welt nachzudenken, liegen die Gefahren der Selbstüberschätzung und die der

grenzenlosen Angst ganz eng beieinander. Der Mensch als „Krone der Schöpfung" kann und darf alles. Der Mensch als Zufallsprodukt einer ‚blinden' Evolution erlebt sich als „ins Dasein geworfen", und „zur Freiheit verdammt".
Ich erinnere mich noch, wie zum Ende des 20. Jahrhunderts ein Schrecken durch alle Medien geisterte, nachdem in der damaligen Sowjetunion eine atomare Katastrophe unvorstellbaren Ausmaßes passiert ist. Die Erregung legte sich schnell, man ging zur Tagesordnung über. Bis im Jahr 2011, im Hochtechnologieland Japan, ein ähnlicher Unglücksfall in vielen Ländern eine deutliche Kurskorrektur in der Energiepolitik – weg von der Kernenergie – einleitete.
Es sind – leider – fast immer nur die Schreckensszenarien, die die Menschen nachdenklicher und ehrlicher im Umgang mit sich und der Um- und Mitwelt machen. Nach den Schrecken des 2. Weltkrieges erlebte Reinhold Schneider 1957/58 in Wien mit großer geistiger Hellsichtigkeit die Gefahren, die die Atomenergie mit sich bringt.[127] Dabei ist der Griff nach Kräften, die der Mensch womöglich nicht mehr bändigen kann, nur exemplarisch am Atom von Schneider illustriert.[128] Schneider selbst sprach deshalb in diesem Zusammenhang vom „Symbol Atom": Viele andere Bereiche können benannt werden, auf die die Chancen und Gefahren gleichermaßen zutreffen, für die die Atomtechnologie als Symbol steht: Genmanipulierte Pflanzen, Raubbau an der Natur mit unabsehbaren Folgen, Waffenproduktionen mit unkalkulierbaren Risiken, Manipulationsmöglichkeiten ungeahnten Ausmaßes durch immer raffiniertere Methoden medialer Beeinflussung, Finanzspekulationen, die ganze Völker in den Ruin treiben können.
Karl Rahner will uns „bekehren" zu einer Sicht des Menschen, die die Größe nicht leugnet. Die sie aber (und zwar ausschließlich) als gute Gabe eines Schöpfers auffasst und nicht als eigene Macht und Größe. Denn dann kann nur Größenwahn die Folge sein.
Und er will uns aufmerksam machen auf Christus, unseren Bruder und Herrn. In ihm ist Gott ganz bei uns. Aber doch nicht so, dass wir davor ins Bodenlose, in die Bedeutungslosigkeit versinken. Es gibt heute in der Kirche die Gefahr, aus „Frömmigkeit unchristlich zu werden". Dann nämlich, wenn die Meinung um sich greift, Gott hat in Jesus alles schon

für uns „erledigt". Nun sind wir erlöst und brauchen uns um nichts mehr kümmern. Karl Rahner wendet sich entschieden gegen diese Art von Entmündigung. Im Gespräch mit Pinchas Lapide antwortet Rahner auf den Vorwurf bzw. Verdacht seines Gesprächspartners, der vermutet, dass es im Christentum doch eigentlich so sei, dass doch „die endgültige Selbstmitteilung Gottes in Jesus Christus geschehen sei":
„Ich fürchte, ich bin missverstanden ... In Jesus ist mir die unwiderrufliche Verheißung der endgültigen Selbstmitteilung Gottes gegeben. Diese selbst erwarte ich noch, auch wenn mir in der Gnade, das ‚Angeld', wie Paulus sagt, dafür schon gegeben ist."[129]
Karl Rahner wird noch deutlicher in Bezug auf solche „Frömmigkeitsformen":
„Eine Konzeption der stellvertretenden Erlösung, in der Jesus an meiner Stelle etwas tut, was ich eigentlich tun sollte, aber nicht kann und was dann mir ‚angerechnet' wird, halte ich für falsch oder mindestens für eine missverständliche Formulierung ... durch Jesus ist ja gerade möglich, dass ich Gott, von Gottes Selbstmitteilung getragen, wirklich selber erstreben, glauben, erhoffen und lieben kann, dass ich also das Höchste wirklich tun kann ... dass in meiner Freiheit selbst ein Erlösungs-, ein Befreiungs-, ein Heiligungsvollzug gegeben ist, wie er ja nicht höher, massiver, radikaler gedacht werden könnte."[130]
Wir sind weder pure Zufallsprodukte, noch sind wir die Herren der Schöpfung. Wir sind in jedem Vollzug des Lebens aufeinander verwiesen und angewiesen. Das wurde mir in meiner Jugend besonders am Beispiel meiner Eltern und Geschwister, meines Heimatpfarrers, der Jugendgruppe und dem Freundeskreis nachhaltig vermittelt und bewusst und hat sich durch mein Leben bestätigt. Wo wäre ich in meinem Glauben ohne meine Familie? Ohne unsere Gemeinde?
Insbesondere sind wir angewiesen auf die Zuwendung Gottes, der uns in seinem Geist und in seinem Sohn unendlich nahe gekommen ist mit seiner Liebe, die keine Grenzen kennt. Karl Rahner macht uns Mut, uns auf die Wirklichkeit unbefangen einzulassen, weil sie eingefasst ist in den Willen Gottes, der einer Schöpfung zwar unübersehbar viele Möglichkeiten der Entwicklung gibt, der aber vor, hinter und über allem Kreatürlichen mit seinem Liebeswillen steht.

Darum will Karl Rahner uns bekehren zu einer realistischen und hoffnungsvollen Sicht des Menschen – auch in evolutiver Weltbetrachtung. Es bleiben immer – trotz aller Fortschritte – Fragen und Probleme offen, die einer Lösung harren. Wir brauchen sie weder zu verdrängen, noch brauchen wir zu verzweifeln. Wir dürfen optimistisch sein – nicht weil es von uns aus dafür Grund gäbe – sondern weil Gott mit uns ist. Dafür ist sein Sohn untrüglicher Zeuge, der wirkt, was er bezeugt. Auch heute, besonders in und durch seine Kirche.
Rahners Sicht vom Menschen in evolutiver Betrachtung kann nicht absehen davon, dass wir geliebte Kinder eines Vaters im Himmel sind. Ich möchte daher diese Überlegungen mit einem Hinweis aus einem Text Karl Rahners beschließen, den sein Freund Karl Heinz Weger als „einen der schönsten Texte Rahners" beschrieben hat und der für mich selbst bei vielen Fragen immer wieder hilfreich und richtungsweisend geworden ist:[131]
„Da ist einer, der erfährt, dass seine schärfsten Begriffe und intellektuellen Denkoperationen auseinanderfallen, dass die Einheit des Bewusstseins und des Gewussten im Zerbrechen aller Systeme nur noch im Schmerz besteht, mit der unermesslichen Vielfalt der Fragen nicht mehr fertig zu werden und sich doch nicht an das klar Gewusste der Einzelerfahrungen und der Wissenschaften halten zu dürfen und halten zu können ... wo der Mensch alle seine Erkenntnisse und alle seine Fragen dem schweigenden und alles bergenden Geheimnis anvertraut, das mehr geliebt wird als alle unsere uns zu kleinen Herren machenden Einzelerkenntnisse."

Idee des absoluten Heilsbringers: Suchende Christologie

„Die Botschaft des Glaubens von Jesus Christus erzählt keinen Mythos und kein Märchen, wohl aber sagt sie das radikale einmalige Ereignis der Verwirklichung der letzten Wesensmöglichkeit des Menschen. Der Glaube hat den Mut, Jesus von Nazareth als den anzunehmen, der sich aus der letzten in Gott gründenden Tiefe seines Wesens gehorsam diesem Gott übereignet hat und als solcher angenommen worden ist – was in der Auferstehung zur Erscheinung kommt –, der dies deshalb konnte, weil er der war und ist, der von Gott immer schon angenommen war, so dass sich in seinem Leben ereignete und geschichtlich erschien, was seine Wirklichkeit ist: die Selbstzusage Gottes an die Welt von Unwiderruflichkeit in und durch die radikale gottgewirkte Annahme dieser Selbstzusage im wahren Menschen Jesus" (Ich glaube an Jesus Christus, vorgesehen SW 22/1).

Kurze Interpretation

Eigentlich könnte man über jeden Rahnertext schreiben: Ein „typischer Rahner". Der vorliegende Text ist für diese Bezeichnung geradezu exemplarisch. Gemeint ist damit nicht nur ein gewisser Schwierigkeitsgrad. Der Text zeigt anschaulich, was Karl Kardinal Lehmann einmal den „Gedanken im Vollzug" bei Karl Rahner nannte.[132]
Deutlich ist zu sehen, wie eine Aussage die andere abstützt, bedingt, begründet. Wenn Karl Rahner denkt, denkt er immer in einem engen Bedingungs- und Beziehungsgeflecht, das in seiner Gestalt eine tiefe innere Stimmigkeit aufweist und so Nachvollziehbarkeit und Verstehen (nicht Begreifen!) ermöglicht. Die Tradition des Glaubens ist dabei immer voll präsent. Ohne jeden Anflug von Überheblichkeit werden ihre „Daten" dem Leser nahegebracht, ebenso – und zwar ausschließlich auf der sachlich-inhaltlichen Ebene – die Einwände. Schon die Art, wie Karl Rahner mit solchen Fragen umgeht, zeigt exemplarisch auf, warum er zu einem „Vater des Glaubens" wurde.[133]
Schauen wir kurz auf einige Details: Da steht zu Beginn die Frage, ob Jesus nicht doch eher Mythos oder Märchen sei. Rahners Absage an diese Vermutung lässt aufhorchen. Er weist den Märchenverdacht zwar ab. Doch wie macht er das? Er macht es, indem er gleichzeitig – und das ist es, was erstaunt – den in Frage stehenden Gegenstand durch den Hinweis auf Jesu Einmaligkeit selber eigens nochmals problematisiert. Rahner spricht von der „letzten Wesensmöglichkeit des Menschen", die in Jesus verwirklicht worden ist. Er beschreibt Jesus als den, der sich aus dem Tiefsten seiner Seele von Gott her und auf ihn hin verstand, sich diesem Gott übergab und gleichzeitig von ihm angenommen worden

ist. Karl Rahners Anthropologie ist also durch und durch „theozentrisch" geprägt. Erst von der Erfahrung mit Jesus gibt es für ihn ein gültiges Bild vom Menschen. Ein Bild, dessen Maß unendlich ist – weil der Partner des Menschen der unendliche Gott ist.

Das ist wichtig zu sehen: Rahner konstruiert kein fiktives Menschenbild. Genau umgekehrt – so zeigt es dieser Text und viele andere von ihm – geht er vor: Von der Erfahrung mit Jesus, dem „Menschensohn", bestimmt sich seine gesamte Anthropologie. Rahner versucht, in unzähligen Anläufen immer wieder aufzuzeigen: Der Mensch verfehlt sich radikal, wenn er sich nicht zutiefst begreift als „von Gott her und auf ihn hin". Theologie und Christologie bestimmen Rahners Anthropologie, keine freischwebende, idealistisch anmutende philosophische Spekulation!

Das zeigt sich auch im nächsten Gedankengang. In ihm geht es um das Besondere, die Einmaligkeit Jesu. Die „radikale, einmalige" Übergabe an Gott und seine Annahme durch Gott, konnten nur geschehen, weil Jesus von Gott „immer schon angenommen war".

Das Christusereignis wird von Rahner in der Begrifflichkeit kirchlicher Tradition weiter umschrieben. Umschreiben meint eher ein Hinweisen als ein Beschreiben. Es gibt bei Karl Rahner nicht den Versuch, etwa das Geheimnis Jesu erschöpfend zu beschreiben. Karl Rahner wurde nicht müde, mit Nachdruck darauf zu insistieren: Gott ist und bleibt Geheimnis. Selbst in der seligen Vollendung. Ein Geheimnis allerdings, das uns in seinem Geist „radikal" nahe kommen will und im Christusereignis uns geschichtlich erfahrbar unendlich nahe gekommen ist.

Rahner spricht davon, dass sich in Jesu Leben das „ereignete und geschichtlich erschien, was seine Wirklichkeit ist". Was ist nun Jesu Wirklichkeit? „Die Selbstzusage Gottes an die Welt von Unwiderruflichkeit in und durch die radikale gottgewirkte Annahme dieser Selbstzusage im wahren Menschen Jesus."

Ein theologisch sehr „kompakter" Satz, in dem alle Elemente aufeinander bezogen sind.[134]

Am Anfang der Theologie Karl Rahners steht die Glaubenserfahrung, die er reflektiert, nicht eine philosophische Vorgabe. Rahner bemächtigt sich nicht der Wirklichkeit Gottes, auch nicht im Denken. Er nimmt unbefangen Erfahrung und Geschichte ernst, wie sie uns im Leben und Sterben, in Wort und Tat Jesu entgegentreten. Seine Reflexion darauf legt die Grundstruktur dieser Beziehung bloß: Gott macht seine Geschichte mit dem Menschen. Wenn dieser sich auf das Liebeswerben Gottes einlässt, wird er seinen Mittelpunkt aus sich selbst verlagern und – durch Gottes Zuwendung – in's Weite, Offene geführt. Schon hier wird erkennbar, dass dies keine langweilige Beziehung sein kann und ist, sondern eine dramatische.

Die Zuwendung Gottes allerdings ist es auch, was uns mit Jesus *verbindet*, unbeschadet seiner Einmaligkeit. Verbindet deshalb, weil Gott alle Menschen anspricht, um sie wirbt. Er will Gemeinschaft mit jedem Menschen, weil er das Heil aller Menschen will. Nicht nur der Mensch sucht Gott, eher muss man umgekehrt formulieren: Gott sucht den Menschen. Nur weil es diesen göttlichen Einsatz für uns gibt, kann überhaupt der Mensch auf die Idee von Gott kommen und auf die Suche nach IHM gehen.

Und dann kommt eine Glaubensnachricht, die eigentlich umwerfend ist:[135] Gott gibt nicht nur etwas von sich. Er gibt SICH ganz, er gibt SICH SELBST. Nur so ist personale Gemeinschaft mit Gott in der Tiefe eines Menschenlebens überhaupt möglich. Jeder Mensch ist dem Gottgeheimnis konfrontiert, jeder hat eine ganz eigene Geschichte mit Gott. Das begründet seinen Wert und seine Würde und bewahrt ihn davor, mit Zweck und Nutzen verrechnet zu werden.

Vom Angebot der Liebe Gottes ist kein Mensch ausgenommen. Rahner sagt an anderer Stelle, dass Gott keine Dutzendware kennt. Jeder Mensch ist einmalig.

Rahner spricht mit den großen Konzilien von Nizäa und Konstantinopel ausdrücklich auch vom „wahren Menschen Jesus". Darum ist Jesu Menschheit keine Verkleidung des Göttlichen. Gottes Zuwendung bringt das Menschsein erst zur Entfaltung. Und darum auch seinen eigenen Auftrag, seine ganz eigene Sendung. In Jesus sehen und erleben wir buchstäblich hautnah den Einsatz Gottes für uns.

Menschsein kann und darf nie nivelliert werden, weil Gott eine ganz persönliche, individuelle, ja intime Geschichte mit jedem einzelnen Menschen eingeht.[136]

Rahner drückt dies so aus:
„Die Nächstenliebe ist das Ineinandertreten zweier solcher Geheimnisse, in denen das Geheimnis schlechthin – Gott – anwesend ist“ (Wer ist dein Bruder, S. 70).[137]
Was heißt das nun für die Erfahrung mit Jesus? Gott selbst sagt sich in diesem einen Menschen der ganzen Welt zu und zwar unwiderruflich. In diesem Menschen wird zugleich diese Zusage Gottes angenommen. Alle Menschen sind von Gott geliebt und zu einem Leben mit Ihm berufen. Aber Gott macht seine Geschichte mit uns nicht nach unserem eigenen Gutdünken, sondern so, wie er es will. Darum gibt es Christus, die Kirche, die Sakramente, das Heil im Hier und Heute, gewirkt durch sinnfällige Zeichen, die so und nicht anders sind.
Rahner spricht vom „wahren Menschen“ und von der Annahme, die „radikal“ und „gottgewirkt“ ist. Es ist die alte Konzilsformel, mit der Karl Rahner versucht, diese Annahme, diese Einheit „auf den Begriff zu bringen“. In Jesus sind Gottheit und Menschheit „ungetrennt und unvermischt“ in Einheit da.
Und dennoch (oder gerade deshalb) gibt es den Unterschied zwischen Christus und uns – bei aller Einheit – den Karl Rahner ausdrücklich anerkennt und verdeutlicht.
„Soll also die Wirklichkeit Jesu, in der als Zusage und Annahme die Selbstmitteilung Gottes absoluter Art an die Gesamtmenschheit für uns „da ist“, wirklich die unüberholbare und endgültige Zusage und Annahme sein, dann muss gesagt werden: Sie ist nicht nur von Gott gesetzt, sondern ist Gott selbst. Ist diese Zusage aber selbst eine menschliche Wirklichkeit als absolut begnadete und soll diese Zusage wirklich absolut Gottes selbst sein, dann ist sie die absolute Zugehörigkeit einer menschlichen Wirklichkeit zu Gott, also eben das, was wir, richtig verstanden, unio hypostatica nennen. Diese unio unterscheidet sich nicht von unserer Gnade durch das in ihr Zugesagte, das ja beides mal die Gnade (auch bei Jesus) ist, sondern dadurch, dass Jesus die Zusage für uns ist und wir nicht selber wieder die Zusage, sondern die Empfänger der Zusage Gottes an uns sind“ (SW 26, S. 195).
Diesen Sätzen Karl Rahners ist nichts mehr hinzuzufügen, außer vielleicht der Hinweis, dass nur so Jesus zugleich für uns Bruder und Herr ist.

Entfaltung auf heutige Erfahrung hin

In der heutigen Situation der Kirche spricht man von den „pastoralen Räumen“, die gestaltet werden müssen als Annahme der neuen Herausforderung durch eine Mentalität, die sowohl durch Ignoranz gegenüber kirchlichem Leben als auch durch eine neu aufgeflammte Religionskritik (Dawkins „Gotteswahn“) bestimmt ist.
Zunächst fällt mir hier eine Aussage eines alten Lehrers ein, den wir Schüler sehr verehrten. Er lebte in der Zeit der kommunistischen Zwangsherrschaft auch als Lehrer seinen Glauben. Still, unaufdringlich, doch man spürte, dass er anders war als der kommunistische Staat es von ihm erwartete. Und er war ein kluger, weiser Pädagoge, der spürte, wann es Zeit war zu reden oder zu schweigen. Immer, wenn jemand mit einer Frage zu ihm kam, konnte er einer guten, tiefen Antwort gewiss sein oder er bekam das Angebot, zu einem bestimmten Termin über diese Frage einmal ausführlicher zu reden.
So ging es auch mir. Wir unterhielten uns über Fragen, die heute unter Stichworten wie Globalisierung und Ökologie abgehandelt werden. Dieser vornehme ältere Herr sprach mehrere Sprachen, hatte einen Garten, indem er alle Pflanzen mit lateinischer Bezeichnung kannte, die Vögel seines Gartens wurden von ihm liebevoll gefüttert und akribisch katalogisiert. Sein umfangreiches Wissen versetzte uns immer wieder neu in Erstaunen. Und er hatte einen hintergründigen Humor, der alle Dinge mit einer gewissen Distanz und Heiterkeit zu nehmen wusste. Wir ahnten damals, als Schüler, etwas von seiner Lebenshaltung, die ich einfach als „mönchisch“ bezeichnen möchte: Bescheiden, auf Gott vertrauend, Mensch und Welt liebevoll zugetan.
Dieser gütige Lehrer sagte einmal, fast wie nebenbei: Welches sind denn die Wurzeln Europas, des Abendlands? Und er zählte drei Bausteine auf, die das Fundament bilden, auf dem das „Haus Europa“ erbaut ist: den jüdisch-christlichen Glauben,[138] das römische Recht und die griechische Philosophie. Mich faszinierte diese kurze Aufzählung. Im Gespräch bzw. in mehreren Gesprächen hat er mir häufig Details erläutert, warum er hierin die Wurzeln Europas ausmache. Und er sagte auch, dass Europa Schaden nehmen wird, wenn es seine Wurzeln vergisst.

Für mich waren diese Gespräche tiefe Glaubenszeugnisse. Gesprochen in einer Zeit, in der der Glaube zuerst bekämpft und verspottet, später mehr totgeschwiegen wurde in der Hoffnung, dass sich somit seine gesellschaftliche Belanglosigkeit erweisen und er sich selbst abschaffen würde.

Für einen Großteil der Menschen in den neuen Bundesländern ist in der Tat Religion ein Fremdwort oder sie haben oft völlig verzerrte Vorstellungen davon. Umso wichtiger erscheint mir, dass wir heute, in den sogenannten pastoralen Räumen, jenen pastoralen Impulsen folgen, die Karl Rahner seiner Kirche mit auf den Weg gegeben hat. Dazu gehört auch, dass wir unsere Geschichte und Tradition kennen, uns um sie mühen. Und sie nicht einfach geringschätzen oder sogar verachten, wie es nicht selten auch in offiziellen Medien geschieht.[139] Für Karl Rahner waren die alten Konzilsdefinitionen hoch bedeutsam, für ihn war es wichtig, herauszuarbeiten, welcher theologische Gehalt in ihnen steckt und wie diese dogmatischen Definitionen heute verkündet werden können, ohne in ihrer Aussage abgeschwächt zu werden.[140] In diesem Punkt kann ich auch meinem alten, verehrten Lehrer nur folgen: Wenn Europa seine Wurzeln vergisst oder ignoriert, wird es Schaden nehmen.

Doch wie sieht es teilweise heute in der Kirche aus? Erleben wir wirklich eine frohe Theologie und Verkündigung in der Kirche, die einerseits um den ihr anvertrauten Schatz weiß und andererseits (oder gerade deshalb!) eine Kirche „mit dem Gesicht zur Welt“ ist? Das Wort der deutschen Bischöfe aus dem Jahre 2009 „Berufen zur Caritas“, ist – ganz so wie die erste Enzyklika von Papst Benedikt „Deus Caritas est“ – in seiner Richtungsanzeige eindeutig. Kirche hat Sakrament des Heils für die Welt und in der Welt zu sein, es gibt keine Separierung irgendwelcher kirchlicher Vollzüge. Die Unabweisbarkeit der Sinnfrage muss thematisiert werden, ebenso die Not und der Segen des Gebetes. Zum Glaubenszeugnis hat Gott uns in der Kirche berufen. Wir sind eine Zeugengemeinschaft, die von Gott mit diesem Auftrag in die Welt gesandt ist, Zeugnis von ihm und seiner Liebe zu geben. Ist das die (ganze) Realität in unseren Gemeinden?

Gott sei Dank kann dies alles auch wahrgenommen werden: Die Freude am Glauben, an der Gemeinschaft, die Zuversicht, die Hoff-

nung, die lebendig macht, die weiß, wie tief die Wurzeln reichen, die den Baum des Glaubens tragen. Doch es gibt auch ängstliche „Rückzugsgefechte“, ein Sich-Beschränken auf den Kirchenraum, ein teilweise arrogantes Behaupten von Wahrheit und Einsicht, das sich der Mühe der Argumentation und Begründung entzieht durch eine angeblich „objektive Evidenz“, einer „Schau der Gestalt“, die so überwältigend ist, dass nur fehlender oder schlechter Wille die Zustimmung verweigern kann, wobei man dann auch gleich den Unglauben ausgemacht hat.
Nicht selten werden vordergründig Strukturdebatten geführt, die – bei allem berechtigten Eigenwert – erst sinnvoll werden, wenn der inhaltliche Kontext auch hinreichend mit bedacht und gesehen wird.
Ich glaube, es ist auch heute lohnenswert, der Welt – in Wort und Tat – zu verkünden, dass Gott Mensch geworden ist. Dass er in seinem Menschsein dieses „geadelt“ hat mit einer Würde und einem Wert, die tatsächlich bedingungslos, unbegrenzt sind. Und es ist gleichermaßen lohnenswert, darauf aufmerksam zu machen, dass in diesem Menschen, Jesus von Nazareth, die Erfahrung des „Gott mit uns“ aufleuchtet. Gott selbst gibt seiner Zuwendung ein eigenes, unverwechselbares Gesicht. Und es ist das Gesicht, die Geschichte eines Menschen.
Wie anders will man auch sonst dem Einwand Hoimar von Ditfurths entgehen, der den Glauben an Gott bejaht und gleichzeitig es absurd findet, dass der Sinn der Welt die Gestalt eines mit Mängeln behafteten Übergangswesen der Evolution – homo sapiens – annimmt? Sind wir nicht heute in der gleichen Frage- und Problemstellung, wie die ersten Verkünder des Glaubens? Den Heiden eine Dummheit, den Juden ein Ärgernis? Ein Erlöser kann nicht armselig sein, der Sinn der Welt kann keine Heimat in einem Stall haben. Die Provokation des Glaubens bleibt zu allen Zeiten aktuell. Doch sie ist die einzige Art, die uns rettet. Rettet, weil sie uns ernst nimmt, indem sie uns annimmt.
Heute wird weltweit diskutiert über Artensterben, weltweiter Rohstoffknappheit, Verelendung ganzer Kontinente. Das gewachsene Problembewusstsein ist nur zu begrüßen, weil wir in einer Welt leben, in der der Fernste zum Nächsten geworden ist. Doch die Fragen werden immer dringlicher, je mehr der Mensch kann: Was darf er und was darf er –

um des Menschen willen – nicht? Fatal wäre es, wenn ihm hier der rechte Maßstab abhanden kommt oder wenn andere Maßstäbe einen Absolutheitsanspruch für sich geltend machen, der ihnen nicht zusteht. Wenn Nutzen, Leistung, Können, Zweck, Brauchbarkeit das Maß des Menschen bestimmen. Und zwar letzt- und endgültig. In Jesus hat Gott sein Bild vom Menschen uns vorgestellt. Schaffen wir es, dieses Bild heute der Welt so zu zeigen, „dass die Welt glaube?"

Zu welcher Bekehrung möchte Rahner mit diesem Text bewegen?

Zunächst noch einmal ein kurzer Rückblick: Wer heute in der Theologie von der „anthropologischen Wende" spricht, die durch Karl Rahner wesentlich beeinflusst worden ist, muss auch sagen, dass bei Rahner Anthropozentrik und Theozentrik keine Gegensätze sind, sondern zwei Seiten ein- und derselben Medaille. Ansonsten muss man Rahner zwangsläufig missverstehen. Rahner stellt in dem Aufsatz „Stirbt das Christentum aus?" die Frage so:
„Und Jesus? Fällt er nicht doch als unwichtig aus dieser Absolutheit des Christentums heraus?"[141] um dann darauf zu antworten:
„Wie verhält er sich denn zu dem Gott des Christentums, der nur dann wirklich in seiner Wahrheit erkannt wird, wenn man sich bedingungslos in seine Unbegreiflichkeit hinein loslässt? Die damit gegebene Lehre vom Menschen hebt natürlich den richtig verstandenen Gottesglauben nicht auf, sondern sagt und vollzieht gerade, dass Gott so die namenlose Unbegreiflichkeit ist, von der wir uns in Glaube, Hoffnung und Liebe überwältigen lassen. Nun ist aber für den christlichen Glauben Jesus, sein Leben und seine Todesvollendung nichts anderes als die endgültige Einladung Gottes zu dieser Übergabe und die unwiderrufliche Verheißung, dass diese Übergabe von Gottes machtvoller Liebe her und letztlich nicht durch die Anstrengung unseres guten Willens wirklich gelingt ... Die Unüberbietbarkeit des christlichen Gottesglaubens wird nicht bedroht, sondern bestätigt, wenn der Christ sich dem Ereignis in Jesus zuwendet, in dem es für uns greifbar einem Menschen gelang, wirklich Gott selbst zu erreichen als die Zusage Gottes davon für uns ... Jesus ist

das von Gott her gewirkte, einmalige produktive Vorbild voll siegreicher Verheißung für den Glauben an Gott" (Stirbt das Christentum aus?, S. 10 ff.).
Es ist nicht einfach, auf der oft staubigen Straße der Welt mit all den anderen Menschen mitzupilgern. Rahner lädt uns ein, diesen Dienst des Dialogs nicht aufzugeben, ihn ernst zu nehmen. Wir haben keine irritationsfeste Bastion zu verteidigen, Gott ruft uns immer wieder heraus aus all den selbstgefertigten „Palästen".[142] Solche festen Häuser schützen nicht wirklich vor dem Zugwind des Daseins. Im Gegenteil, oft sind sie stickig und modrig, am Ende sind sie baufällig und stürzen ein. Es gilt, auf Jesus, den Gottes- und Menschensohn zu schauen. Er sagt es uns und lebt es uns vor: Dass es sich lohnt, zu vertrauen, zu vertrauen auf Gott, denn es gibt keinen anderen Halt, der wirklich trägt. Und zwar immer und überall. Gott ist kein Lückenbüßergott, er wirkt sein Heil sowohl im Alltag als auch am Sonntag des Lebens. Und er wirkt es nicht an der freien Entscheidung des Menschen vorbei. Wir sind – das zeigt uns das „fleischgewordene Wort Gottes" – aufgefordert, das Liebeswerben Gottes zu beantworten. Das ist unsere Berufung, unsere Würde! Geschichte ereignet sich im Vollzug, im Tun. Nicht in einer teilnahmslosen Schau, die sich ängstlich oder überheblich von der Welt abwendet.
Rahner will uns bekehren, Kirche zu sein und zu bleiben. Herausgerufen, nicht in eine enge Arche, die vor der bösen Welt abschottet und schützt und die Andere ausschließt, sondern in ein „Schiff, das sich Gemeinde nennt". Das auf dem Strom der Zeit, des Hier und Heute, an allen Gestaden den Menschen „sein teure Fracht" bringt. Jene Fracht, auf die alle Welt wartet, die sie dringend sucht und braucht.
Der Blick auf das Christusereignis kann dabei Mut machen für diese, von uns geforderte, Nachfolge, er kann sie stützen und stärken. Und er kann deutlich machen: Diese Nachfolge ist nicht nur gefordert. Wir sind eingeladen, uns wird die Möglichkeit geschenkt, Gott in seinem Heilswerk zu unterstützen. Forderung hat immer etwas Beschwerliches. Was wir einüben müssten, ist vielmehr die Freude darüber, dass Gott es mit uns wagt.
Und ein Weiteres. Es geht um die Art, *wie* der Dialog geführt wird. Auch hier ist Karl Rahner sozusagen produktives Vorbild. Seine Art der Dialogführung verrät nicht nur ein hohes Problembewusstsein, ohne das

ein wirklicher Dialog gar nicht zustande kommen kann. Die Behauptung, die der Glaube über Jesus von Nazareth aufstellt, erfordert – so sagt es uns Karl Rahner – Mut. Die Botschaft von und über Jesus ist keine Selbstverständlichkeit, die den Menschen mit strahlender Evidenz überfällt. Damit ist eine Gemeinsamkeit, eine gemeinsame Ausgangsposition mit dem Fragenden hergestellt, der erlebt, dass der Glaubende – wenn man so will – sich seiner Sache nicht 100 % sicher ist. Wozu ist sonst Mut erforderlich?
Rahner legitimiert insofern die Anfrage, weil sie ja auf etwas zielt, was überhaupt nicht selbstverständlich ist. Er nimmt den Fragenden somit ernst und ermöglicht damit ein echtes Glaubensgespräch.
Hier sollten wir noch einmal innehalten: Damit ein Glaubensgespräch zustande kommt und gelingen kann, ist jene Haltung wichtig, die Karl Rahner in diesem kleinen Text uns exemplarisch vormacht: Er reiht sich ein in die Schar der Fragenden, derjenigen, die nicht nur die Frage kennen und zulassen, sondern die darüber hinaus eigene Probleme und Nöte haben und sich trauen, sie an- und auszusprechen.
Es geht um diese dialogische Grundhaltung. Nur so kann Verständnis, Verstehen reifen. Karl Rahners Theologie ist werbend, einladend. Sie ist nicht Ausdruck des immer schon Wissenden. Karl Rahner versucht nicht, auf den Fragenden einzureden, seine Haltung ist die des Argumentierens, des Begründens, nicht die des Behauptens. Er versucht, Gründe zu finden und sie zu benennen, die die Einsicht stützen und fördern, dass Glaube „intellektuell redlich" möglich ist. Man wird bei Karl Rahner durchaus auch eine „Schau der Gestalt" des Christusereignisses finden, wenn Rahner auf das „Herz Jesu" blickt und dieses Ereignis meditativ bedenkt. Doch es ist keine Schau, die völlig überwältigt, die „irritationsfest" ist. Sie unterstützt vielmehr den Vollzug des Glaubens in Dialog und Sendung.
Es geht Karl Rahner in seiner Theologie um mögliche Zugänge zur Botschaft des Glaubens. Gott kann nicht eigentlich erklärt werden, das Geheimnis bleibt Geheimnis. Dabei ist Geheimnis weder der noch nicht aufgeklärte Rest, den man eigentlich wissen könnte. Noch ist Geheimnis ein anderes Wort für etwas Absurdes. Geheimnis ist das eigentliche, das einzige Selbstverständliche, das Verstehen, Zusammenhang, Fragen und

Staunen erst ermöglicht. Das noch da ist und „still waltet", wenn alles Denken und Reden an ein Ende gekommen ist. Es ist gerade das Bemühen Karl Rahners, aufzuzeigen, inwiefern das Leben Jesu, das dieses allumfassende Geheimnis einfach seinen Vater nannte, uns etwas angeht. Seine Art der Theologie weist uns nicht nur gleichsam ein in den Glaubensvollzug. Sie macht uns auch Mut, den Dialog heute und hier selbstbewusst (nicht arrogant!) und dankbar aufzunehmen und zu verkünden, „was kein Auge und Ohr je gehört und gesehen hat, was aber Gott jenen verheißen hat, die ihn lieben".
Dabei müssen wir unsere ganz eigene Sprache des Glaubens finden. Diese Mühe kann uns niemand abnehmen. So sehr wir hier unseren eigenen Beitrag gewissermaßen zu leisten haben, so sehr sind wir auf Glaubenszeugen angewiesen, die uns dabei helfen und unseren Glauben stützen. Wir werden so nochmals auf die Notwendigkeit „kirchlicher und dialogischer Existenz" im Glauben hingewiesen.

Fragen, Staunen, Zweifeln

„Das Überraschende und geradezu Bestürzende am Leben Jesu (das wir als solches nur darum nicht mehr empfinden, weil wir gewohnt sind, es zu übergehen) ist zunächst, dass es sich ganz innerhalb des allgemeinmenschlichen Rahmens hält, ja dass in ihm das konkrete Menschsein noch verdichtet und radikalisiert wird ... Wenn aber in Jesus der Logos das konkrete menschliche Dasein angenommen hat, dann muss dieses offenbar doch so groß und bedeutsam, gegen unsere Erfahrung und trotz bleibender Enge weit, zukunftsreich und so voller Möglichkeiten sein, dass Gott, wenn er aus sich herausgehen wollte, nichts anderes geworden ist als gerade ein solcher Mensch" (Betrachtungen, S. 124).[143]

Kurze Interpretation

Für Juden war und ist der Messias ein ‚Siegertyp'. Einer, der mit Macht und Herrlichkeit, wie ein General an der Spitze einer Armee, Einzug hält und den Armen und Unterdrückten, den Waisen und Witwen mit

erhobenem Arm souverän Recht verschafft. Unverständlich ist, dass der Retter der Welt nur ein einfacher Mensch ist, einer, der unsere Armut und Unbedeutendheit als seine eigene annimmt. Wie sollte *der* Recht und Ordnung wieder herstellen können? Und für gebildete Griechen des Altertums war es ein Unding, dass der Weltsinn am Rande des römischen Imperiums, in einem völlig unbekannten Ort, von „Gott und der Welt“ unbeachtet, ein – nach außen hin – völlig unbedeutendes menschliches Leben führt. Der Logos „dümpelt“ am Rande des römischen Imperiums in Verborgenheit und Schande dahin?! Das war in der Tat den „Juden ein Ärgernis und den Heiden eine Torheit“. Was sollte es auch sonst sein?
Das Wunder der Selbstmitteilung Gottes in Jesus von Nazareth ist nicht nur die göttliche Überbietung aller menschlichen Erwartungen und Maßstäbe. Diese göttliche Intervention ist zugleich Provokation. Und sie bleibt Provokation aller gängigen Maßstäbe und Spielregeln, weil sie eine wirkliche „Umwertung der Werte“ herbeiführt.
Papst Benedikt spricht vom „Gesetz des Inkognito“. Es gibt nicht einfach *das* Große oder *das* Kleine. Egal, wen oder was Gott in den Dienst nimmt: Der göttliche Einsatz in der Welt und für die Welt relativiert sämtliche Unterschiede! Die göttliche Infragestellung jener Maßstäbe, die Menschen aufgerichtet haben und aufrichten, ist gerade die realistische Begründung einer Hoffnungsperspektive für Menschen, die sich am Rande der Gesellschaft erleben. Christen lesen am Beispiel des Mannes aus Nazareth ab: Gott ist wirklich mit uns, er teilt unser Leben, so, wie es ist. Gott ist bei uns, bei allem Schönen und bei aller Trauer. Er handelt, wie er will und nicht, wie wir Menschen meinen, dass er handeln müsste. Gott sei Dank!

Entfaltung auf heutige Erfahrung hin

Aus dem Stall von Bethlehem erwächst christlicher Realismus. Nur derjenige wird hier von Wunschdenken reden, der nicht am Rande steht, der sich in seinem Selbstverständnis als o. k. erfährt und ansieht. Jener, der sich (noch) den Luxus leistet, Probleme zu diskutieren, unter denen andere Menschen leiden.

In der Arbeit mit Menschen, die eine Behinderung haben, kann man etwas ahnen von einer tatsächlichen Werteverschiebung. Ein Mensch mit einer geistigen Behinderung ist in der Regel nicht fixiert auf Machtstatus, auf Statussymbole wie Geld, gesellschaftliche Anerkennung und Prestige. Er braucht nicht das beste Auto und den prall gefüllten Geldbeutel, um sich wohl zu fühlen. Er ist nicht misstrauisch, ob in dem augenscheinlichen Interesse, das ihm entgegengebracht wird, nicht klammheimlich das Eigeninteresse vorherrscht, das den Nutzen aus Beziehungen zu ziehen versteht. Menschen mit einer Behinderung leben oftmals viel spontaner als wir sogenannten Normalen. Sie sind direkt und echt. Sie spüren genau, wer es gut und wer es nicht gut mit ihnen meint.
Der Preis ist hoch, weil solche Menschen ungeheuer leicht verletzbar sind. Sie spüren bis ins Mark, wenn sie zurückgestoßen werden. Und sie haben kaum Abwehrmechanismen und Anpassungsstrategien, um mit Verletzungen fertig zu werden. Doch sie haben auch einen unschätzbaren Vorteil: Ihre Freude am Leben ist echt, hier spielt kein Kalkül irgendeine Rolle, das das Erleben verzerrt. Sie können Gefühle echt erleben und ausdrücken, sie können ihre Empfindungen so authentisch zurückgeben, dass man davon angesteckt wird.
Wer einmal diese Freude in der Begegnung mit behinderten Menschen erleben durfte, dem stellen sich echte Fragen: Wer ist behindert, wer ist wirklich naiv? Jene, die die Mitwelt mit klugem, mitunter verschlagenem Blick abmessen und nach eigenem Vorteil taxieren und einstufen? Jene, die sich quasi einen Panzer zugelegt haben, um nicht verletzt zu werden? Oder jene, die unbefangen auf die Welt zugehen? Jene, die nicht ahnen, dass es auch Böses gibt, Unrecht, Missgunst und Neid. Sind unsere Maßstäbe die richtigen? Brauchen wir vielleicht nicht doch etwas grundlegend anderes im Leben und für das Leben, um nicht in „Strukturen des Bösen“[144] zu geraten?
Vielleicht kommt in solch einer Begegnung bei uns auch eine Ahnung davon auf, warum Jesus sich den Ausgegrenzten, den Benachteiligten, den Armen und Kranken in besonderer Weise zugewandt hat.

Zu welcher Bekehrung möchte Rahner mit diesem Text bewegen?

Das Leben Jesu hat Vorbildcharakter. Man kann es nicht kopieren, weil jede Zeit andere Herausforderungen und Fragen zu meistern bzw. zu beantworten hat. Doch was heißt dann Nachfolge heute ganz konkret? Eines wird man sicher sagen können, was ein kleines Gedicht so wunderschön ausdrückt:
„Verachte nicht das Kleine, Geringe in der Welt,
das Kleine und Geringe oft Großes aufrecht hält.
Das Kleine und Geringe, es wird in Gottes Hand,
zu lauter reichem Segen für dieses Erdenland."
Gottes Nähe zu uns in Jesus von Nazareth führt die selbstverständlichen Geltungsmuster der zwischenmenschlichen Beziehungen in die Krise. Sie macht Mut, dem Unscheinbaren zu trauen. Wenn Gott das Unbedeutende auserwählt hat, seine Liebe zu bezeugen, dann muss das Laute, Mächtige, sich vollmundig Anpreisende nicht so sein, wie es gerne wahrgenommen werden möchte. Dann müssen (und dürfen!) wir es kritisch auf seine Werthaftigkeit hin befragen. Das ist ein Impuls aus der Meditation Rahners.
Doch es gilt, noch einen weiteren Aspekt näher zu beleuchten. Gottes Erniedrigung in Jesus von Nazareth adelt nicht nur das scheinbar Geringe. Sie macht uns auch nicht nur Mut, die Parolen und Angebote zu hinterfragen, die das Heil lautstark verkünden. Sie gibt uns einen unverrückbaren Maßstab an die Hand: Gottes Intervention im Christusereignis ist eindeutig. Sein Engagement ist total. Gott riskiert sich in der Begegnung mit uns, er lässt sich ganz auf uns ein und hält sich nicht vornehm oder vorsichtig zurück. Gott wartet nicht zögerlich ab, sein Einsatz in der Menschwerdung seines Sohnes ist unmissverständlich und fordert zur Entscheidung auf. Gerade deshalb erleben wir ja sein Liebesengagement für uns gleichzeitig als eine große Herausforderung. Warum? Weil wir es doch sind, wenn wir eine ehrliche Gewissenserforschung betreiben, die doch immer wieder versuchen zu taktieren, uns um eine eindeutige Entscheidung herumzudrücken. Ja, die Eindeutigkeit der göttlichen Option sollte uns wirklich in einem guten Sinn irritieren. Sie sollte uns bewegen, uns und die üblichen Denk- und

Handlungsschablonen, die Angebote und Heilsbringer gründlich zu hinterfragen, ob sie gekommen sind zu dienen oder zu herrschen.
Je nachdem, wie die Antwort ausfällt, können wir entscheiden, ob sie mehr Liebe und Güte in die Welt bringen oder ob diese Versprechen lediglich die Welt und in ihr den Menschen ausbeuten und Herrschaft weiter befestigen. Gott nimmt in Jesus unser Dasein an. Damit sind Würde und Wert menschlichen Lebens bei Gott gleichsam hinterlegt. Und wenn wir Jesu Verhältnis zur Schöpfung genauer betrachten, werden wir ebenfalls zur Nachdenklichkeit herausgefordert. Können wir uns noch freuen an den „Lilien des Feldes", an den „Vögeln des Himmels", die in den Bäumen ihre Nester haben und von ihrem „himmlischen Vater ernährt werden"? Haben wir noch ein so unverkrampftes Verhältnis zur Schöpfung? Bringen wir sie noch in Beziehung zum Schöpfer, der so vielfältige Möglichkeiten und Entwicklungschancen in seine Schöpfung hineingelegt hat? Ist sie für uns nicht oft nur noch Objekt der Ausbeutung, das uns zu geben hat, was wir zum Leben brauchen? Fragen wir noch nach Ordnungen, nach Maßstäben, die wir zu beachten haben im Umgang mit Gottes Schöpfung? Oder sind wir nicht vielmehr oft bereit, jeden Preis zu zahlen, (zahlen zu lassen!) wenn unser (oft kurzzeitiges) Vergnügen, unsere Befriedigung gewährleistet sind?
Haben wir Vertrauen in Gottes Güte oder nur in unsere Fähigkeiten? Und zeigt uns nicht die Welt am Rande der atomaren Zerstörung, unsere reiche Welt, die täglich viele tausend Menschen vor Hunger sterben lässt, dass unsere Maßstäbe dringend einer Revision bedürfen?
Geht uns (noch) die Erkenntnis auf, dass wir nicht mehr viel Zeit haben, weil die Welt, in der wir leben, auch durch unser Tun, durch unsere Gier, in eine Situation geraten ist, in der täglich viele Arten von Pflanzen und Tieren sterben und unwiederbringlich verloren gehen?
Umkehr ist ein wichtiges Wort im Christentum. Metanoia. Wir müssen uns sicher viel sagen lassen von den Experten über all die Zusammenhänge in der großartigen Schöpfung Gottes. Aber eines haben wir als Christen selber einzubringen: In Wort und Tat das Bewusstsein dafür zu schärfen, dass das Kleine und Unbedeutende von Gott ganz anders wahr- und angenommen wird, als wir es oftmals meinen. Und dass

die Schöpfung – Schöpfung ist! Nicht Spielwiese angemaßter und überzogener Ansprüche, die oft maßlos und damit lächerlich wirken. Die in ihrer Maßlosigkeit – ich denke nur an das ungehemmte Abholzen tropischer Regenwälder – eine Hybris des Menschen verrät, einen Wahn, der buchstäblich sprachlos machen kann. Schöpfung im Sinne Jesu, auf den uns der Text Karl Rahners hinweist, meint vielmehr: Habt das Kleine und Geringe lieb! Es ist uns etwas anvertraut, das wir umsorgen, behüten, pflegen und schützen sollen.
Das ist eine fundamental andere Aussage und Perspektive als die von Luxus, Macht, Anspruch, Besitz und Kalkül. Karl Rahners kleine Meditation macht in stiller aber eindringlicher Art nachdenklich. Nachdenklich über eigene Lebensgewohnheiten, Ansprüche, Einstellungen. Ob wir es schaffen, sie wieder neu auszurichten? Die Richtung ist vorgegeben. Das Ineinander von Gottes- und Menschenliebe schließt immer nur ein – nie aus! Dem verlorenen Schaf steigt der Hirt hinterher in die Gefahrenzone. Weil Gott uns in Jesus sucht – und findet – können wir auch zu uns finden, wenn „wir tun, was er an uns getan hat".

Der Historische Jesus und der Christus des Glaubens

„Einmal hat diese Lehre von der Hypostatischen Union, wirklich katholisch, d. h. chalkedonisch verstanden, absolut nichts von Mythologie an sich. So wenig es Mythologie ist, wenn ich sage: In der absoluten Transzendenz des Geistes ist mir die Unendlichkeit Gottes gegeben, und dieses Anwesen Gottes ist wirklicher, realer als alle endlich-dinghafte Wirklichkeit ... so wenig ist es Mythologie, wenn ich sage: in einem bestimmten Menschen, der absolut real Mensch ist mit allem, was dieses Wort sagt ... hat die in uns grundsätzlich nur im Werden und in Anfänglichkeit bestehende Selbsttranszendenz einen absoluten und unüberbietbaren Höhepunkt erreicht und ist die Selbstmitteilung Gottes in einer einmaligen und unüberbietbaren Weise an die kreatürliche Geistigkeit geschehen" (Glauben heute, SW 10, S. 574–589).

Kurze Interpretation

In diesem Text geht es Karl Rahner um eine Frage, die zunächst von C. G. Jung und heutzutage, teilweise zumindest, von Eugen Drewermann thematisiert wird: Wie ist das mit Jesus? Ist er lediglich ein Archetypus[145], nur ein Bild, das evolutiv sich in unserer Psyche gebildet hat? Und stimmt dieses Bild? Wenn die Jesuserfahrung kein Bild unserer Seele ist, oder zumindest mehr ist als nur ein Bild, ist sie historische Wahrheit? Was ist eine historische Wahrheit? Wie kann sie verifiziert werden? Geschichte kennt das Einmalige, Nichtwiederholbare und muss verzichten auf jene Methoden, die der Naturwissenschaft zur Verfügung stehen, nämlich Experiment, Wiederholung, Beobachtung. Wie kann – wenn sich herausstellt, dass die Erfahrung der Menschen mit Jesus eine historische Wahrheit ist – diese uns heute betreffen, da wir doch durch den „garstigen Graben der Geschichte" (Lessing) von diesem Ereignis durch einen Zeitraum von über 2000 Jahren getrennt sind? Und wenn es bei Jesus um das „Heil der Welt" geht, wie verhält sich dieses Christusereignis dann zu den vielen Geschlechtern vor und nach ihm?

Es sind eine Menge Fragen, die heute an den Glauben herangetragen werden. Und es wird – das betont Karl Rahner immer wieder – nicht möglich sein, in einem Durchgang durch alle Wissenschaften eine allseits befriedigende, über jeden Zweifel erhabene Antwort auf diese Fragen zu finden. Und doch ist dem Menschen eine Entscheidung zugemutet.[146] Auch wenn die Freiheit durch vielerlei unterschiedliche Bedingungen konditioniert ist – *im* Entscheidungsprozess selbst handelt der Mensch selber und kann davon nicht noch einmal absehen. Hier – und nicht in der Reflexion darauf – auch darauf insistiert Karl Rahner immer wieder – ereignet sich das, was wir als „Freiheit" bezeichnen. Auch ein ängstliches Ausweichen, ein Bekenntnis, dass man nicht sicher wissen und deshalb auch nicht entscheiden könne und dürfe, ist dem Wesen nach eine Entscheidung, die *im Vollzug* des vermeintlichen Nichtentscheidens getroffen wird.

Die christologische Grundaussage Karl Rahners ist nicht abzukoppeln von seiner Anthropologie. Diese wiederum ist nur im theologischen

Kontext zu verstehen. Wir erleben hier in exemplarischer Weise, wie bei Rahner eine theologische Aussage auf die andere verweist, wie zwischen den einzelnen Aussagen ein gegenseitiges Bedingungsverhältnis waltet. Daher vermag eine isolierte Betrachtungsweise, ein Herauslösen einzelner Aussagen aus dem Gesamtkontext, dem Gegenstand des Glaubens nicht gerecht zu werden.
„Wenn man richtig von Gott sprechen will, muss man vom Menschen sprechen. Genauso wenig kann man die Tiefe der menschlichen Natur erforschen, ohne zu sagen, dass der Mensch jenes Wesen ist, das von Gott geschaffen und im Dasein gehalten wird … Christologie, Theologie und Anthropologie sind so zuinnerst miteinander verbunden, dass es helfen würde, den wirklichen Begriff einer anthropozentrischen Theologie an den Tag zu bringen, indem man sie ‚inkarnatorisch' nennt" (SW 31, S. 21).
„Deshalb muss man einen spezifischen Punkt des Dogmas, welcher auch immer es sein mag, vom Zusammenhang und von der Totalität der christlichen Botschaft erklären" (SW 31, S. 17).
Rahner betont also einerseits den inneren Zusammenhang der dogmatischen Aussagen, der nie außeracht gelassen werden darf („Totalität der christlichen Botschaft"). Und er sagt ausdrücklich, dass dies wirklich für jeden Aspekt des Glaubens und der Reflexion darauf gilt („einen spezifischen Punkt des Dogmas, welcher auch immer es sein mag"). Diesen Hinweis wird man immer in Anschlag bringen müssen, wenn wir uns jetzt noch einmal direkt dem Text zuwenden.
Dem Verdacht, bei Jesus handele es sich um einen reinen Mythos, begegnet Rahner mit dem Hinweis auf die Transzendenz des Menschen. Jeder Mensch ist ein Wesen der Transzendenz, so Rahner, und in ihr ist Gott anwesend. Hinter dieser – teilweise sperrigen philosophischen Begrifflichkeit – steht die Glaubenserfahrung, dass Gott jedem Menschen nahe ist, dass er jeden Menschen einlädt, ihn beruft. Dies zeigt sich in der Unbedingtheit des Fragens, Staunens, Hoffens, der Sehnsucht des Menschen, die im Endlichen nicht zu stillen ist. Diese Vollzüge sind nicht vom Menschen „gemacht". In ihnen erfährt der Mensch vielmehr eine Dynamik, die ihn anfordert und ihn über sich hinausführt.

Karl Rahner spricht davon, dass die Transzendenz des Menschen das „Anwesen Gottes“ insofern verbürgt, weil sie kein eigenes Werk des Menschen ist. Sie ist eine – von Gott eröffnete – und deshalb gnadenhafte – Transzendenz. Sie hat Geschenkcharakter, die somit auf Jenen verweist, der schenkt.

Rahner hinterfragt auch in diesem Text Selbstverständlichkeiten, und erschüttert so seinerseits die Fragen selbst in ihrer Selbstverständlichkeit. Was ist überhaupt wirklich? Warum soll der Hinweis auf die Anwesenheit Gottes in der Transzendenz verdächtig sein? Warum soll sie weniger wirklich sein als jene Realitäten, die wir ansonsten auch nicht in Frage stellen? Und warum soll bei Jesus nicht das gegeben sein, das uns im Wesen kennzeichnet und bestimmt? Und warum soll Gott nicht solch ein Ereignis in absoluter einmaliger Art und Weise in der Geschichte bewirken, wenn wir doch als „Hörer des Wortes“, als Menschen also, die sich das Eigentliche nicht selbst zu sagen vermögen, angewiesen sind auf solch ein Wort? Angewiesen derart, dass wir Ausschau halten müssen in der Geschichte, ob uns nicht dort eine Antwort zuteil wird? Eine Antwort, die zumindest so sein muss, dass wir sie als Antwort auf unser Leben identifizieren können, auch wenn sie anders ausfällt, als wir sie erwarten, wenn sie unsere Erwartungen irritiert und überbietet?

Ist diese Erfahrung mit Jesus, dieses Christusereignis, nicht gerade deshalb glaubwürdig, weil wir es verstehen können? Wir können es verstehen, weil seine Gestalt die unsere ist. Allerdings – durch Gottes Gnade – derart, dass all das, was bei uns Versuch, Fragment ist und bleibt, bei Jesus vollendet zur Erscheinung und zum Vollzug kommt durch Gottes Tat für uns und damit auch an uns.

Zugleich müssen wir auch sagen und festhalten: Unser Verstehen wird durch Gottes Tun buchstäblich „durchkreuzt“, weil unsere Erwartungen und Vorstellungen nur insofern bestätigt werden, indem sie zugleich überboten werden. Denn die Frage taucht sofort auch auf: Ist das, was wir verstehen können, nicht doch verdächtig, dass es mehr von uns und nicht von Gottes Tat an uns spricht? Gottes Einsatz fällt gänzlich anders aus, als wir es von uns aus denken oder uns vorstellen würden. Stall, Vergeblichkeit und Kreuz sind nicht unbedingt auf den ersten

Blick göttliche Attribute, auf die wir von alleine gekommen wären. „Den Heiden eine Torheit, den Juden ein Ärgernis". Gottes Wirken für uns in Jesus rief und ruft immer Zu- und Widerspruch hervor!
Rahners Theologie ist ein legitimer und dringend nötiger Versuch, die Antwort des Glaubens auf die Fragen von heute zu erschließen. Es gibt auch andere Versuche.
Mir scheint der Vorteil rahnerschen Denkens in zweierlei Hinsicht zu liegen: Er hinterfragt mit „kinderschweren" Fragen herkömmliche Selbstverständlichkeiten. Und gleichzeitig konfrontiert er die Fragen selbst immer mit zentralen Aussagen des Glaubens. Dabei weist gerade Karl Rahner die innere Vernetzung und Stimmigkeit des Glaubens auf, die nicht nur zwischen den einzelnen Glaubensartikeln besteht, sondern auch zwischen ihnen und den konkreten Fragestellungen. Der Mensch als „Geist in Welt" und „Hörer des Wortes" lebt eben „nicht nur vom Brot allein".
Diese Struktur zwischen Frage und Antwort, diese „Plausibilität des Glaubens", legt Rahner nachvollziehbar offen. Es ist diese Art von „Glaubensvermittlung in intellektueller Redlichkeit", die mir immer wieder Mut macht, mich auf den Glauben einzulassen. Auch wenn er immer wieder neu ein Wagnis ist. Doch wer sich nicht auf den Glauben einlässt, hat die Beweislast auf seiner Seite, denn er muss seine Alternative herzeigen.

Entfaltung auf heutige Erfahrung hin

Noch heute steht mir ein Erlebnis aus meiner Jugend- und Ausbildungszeit lebendig vor Augen. Einer meiner Freunde war aktives Mitglied in der „Jungen Gemeinde". Besonders in der Adventszeit war es spannend, wenn die Krippenspiele geprobt und aufgeführt wurden. Mein Freund hatte dabei meistens, der Frisur wegen, die Hauptrolle gespielt.
Wir waren gerne und häufig zusammen und diskutierten bei uns zu Hause oder bei ihm oder in den Gemeinderäumen über „Gott und die Welt". Wir wollten die Kirche und die Welt verändern. Eigentlich wussten wir auch, was alles so falsch lief und wie man es ändern müsse. Es

schien uns in der Jugendzeit alles relativ einfach, die Zeit war auf unserer Seite, wir fühlten uns wohl im Vollbesitz der Kräfte, die Zeit schien grenzenlos zu sein. Alles war irgendwie machbar, auf Hoffnung gestimmt. Mein Freund lernte einen Handwerksberuf, ich machte mein Abitur. Dann kam ich zur Nationalen Volksarmee, musste dort 18 Monate meinen Pflichtdienst absolvieren. Er ging zu den sogenannten „Spatensoldaten" aus christlicher Überzeugung. Eine in der DDR gravierende Entscheidung, weil sie verbunden war mit erheblichen Einschränkungen bei der beruflichen Laufbahn. Und auch privat hatte man fortan nicht immer Ruhe, man war ja nicht bereit, sein Vaterland mit der Waffe in der Hand zu verteidigen. Damit war man schon fast so etwas wie ein „Staatsfeind", dem man nicht über den Weg traute. Die DDR hatte ja eigens dafür die bestens funktionierende Staatssicherheit aufgebaut.
Nach dem Abitur und der Militärzeit entschied ich mich, ein staatliches Studium nicht anzutreten und eine Ausbildung bei der Kirche zum, heute würden wir sagen, Sozialpädagogen zu machen. Eine damals für mich ebenfalls folgenschwere Entscheidung, denn man hatte keinerlei staatliche Anerkennung, das Risiko war sehr groß, was die Absicherung des Lebensunterhaltes anbetraf. Doch unser Idealismus war größer als Ängste und Bedenken. Mein Freund entschied sich dann, neben seinem Beruf, sich noch stärker kirchlich zu engagieren. Er bildete sich weiter in einem sogenannten „katechetischen Seminar", ich war zu dieser Zeit in verschiedenen Praktikumsfeldern der Caritas tätig im Rahmen des berufsvorbereitenden Jahres. Wir sagten damals „Vorpraktikum" dazu. Eine gewisse Entfremdung zwischen uns trat ein, als er mir von seinen Seminaren und Vorlesungen erzählte. „Weißt du", so höre ich ihn noch heute, „alles ist in Wirklichkeit Interpretation". Wir diskutierten bis spät in die Nacht, ob das denn alles so glaubhaft sei, das mit Jesus, den Wundern, wieso er der „Heiland der Welt" ist, ob der Glaube nicht längst widerlegt worden ist durch Wissenschaft und Aufklärung etc. Mir drängte sich immer mehr der Eindruck auf: Er rang mit sich und seinem Glauben, der seine Einfachheit verlor. Das Seminar, das ihm Fragen offenbarte, auf die er nicht vorbereitet war, zerstörte nicht nur seinen Kinderglauben, es bot scheinbar nicht das an, was er in dieser Zeit suchte und brauchte.

Ich ging dann zum Studium, wir sahen uns kaum noch, der Kontakt brach dann auch fast völlig ab. Irgendwie spürten wir, wir waren nicht mehr auf der gleichen Wellenlänge, etwas war zerbrochen. Und wir konnten damit nicht umgehen, ja, es war auch sehr schwer, es zu benennen. Waren wir in der Jugendzeit einem schwärmerischen Bild von Kirche und Glauben hinterher gelaufen, das der Wirklichkeit nicht standhielt? Das „katechetische Seminar" war irgendwann für meinen Jugendfreund Geschichte, er arbeitete in seinem Beruf weiter, heiratete und lebte fortan ein ganz normales bürgerliches Leben. Wir verloren uns aus den Augen, die Beziehung lief irgendwie aus, ohne dass sie offiziell von einer Seite beendet worden wäre. Nur einmal sahen wir uns noch. Es war an einem schönen Frühlingstag, wir waren beide allein und kamen ins Gespräch, was denn jeder so mache. Ich erzählte ihm von meinem Dienst in der Kirche, von Seniorenfreizeiten und Jugendabenden. Und dann sagte er jenen Satz, der – ohne Wut und Überheblichkeit – von ihm, vielleicht sogar ganz nebensächlich, gesagt wurde, und der mir dennoch wie ein Messer tief ins Herz schnitt: „Sag mal, kommst du irgendwann mal aus der Pubertät raus?"
Ich weiß nicht, ob ich ihm mit meiner Interpretation Unrecht tue,[147] doch damals, in diesem Gespräch, das schon sehr viele Jahre zurückliegt, habe ich es so empfunden: Für ihn war all das, was uns in der Jugend mit der Kirche verband, eine pubertäre Übergangserscheinung. Glaube – eine Sache der Pubertät, der verfliegt, wenn die harte, unerbittliche Wirklichkeit das Leben, den Alltag bestimmt. Ich habe nur noch ausweichend reagieren können, war betroffen und spürte, welch tiefer Graben zwischen uns mittlerweile bestand.
Ist der Glaube wirklich nur etwas für jugendliche Schwärmer? Etwas, das dem Leben zur Zierde dient, die Feierlichkeiten oder auch Schwierigkeiten des Lebens, wie Geburt, Trauung, Sterben noch ein wenig geheimnisvoller bzw. erträglicher macht? Aber etwas, das mit dem wirklichen Leben, in dem es auf Nutzen, Fakten, Leistung und Ansehen ankommt, wirklich nichts zu tun hat?
Was ist, wenn „Glaube auf Wirklichkeit trifft?" Viele Anfragen an die Religion sind berechtigt. Doch das Leben selbst braucht Antworten, die zählen, die gelten, die sich nicht von Anfragen völlig verunsichern las-

sen. Hier haben die großen Religionskritiken dem Glauben einen unersetzbaren Dienst erwiesen, indem sie unreflektiertes, naives Denken als solches aufdeckten. Man müsste in der Kirche nicht nur der Heiligen gedenken. Ich glaube, die großen Kritiken waren oft ein ganz notwendiges Infragestellen althergebrachter Tradition und Sitte, um das Eigentliche des Glaubens, das vorhanden, aber verborgen, verschüttet war, wieder zum Leuchten zu bringen.

Die vielen Diskussionen um den Christus des Glaubens und den historischen Jesus, die vielfältigen Versuche, ein „Leben Jesu" (Albert Schweitzer) doch noch zu schreiben, die dann allesamt mehr oder weniger scheiterten, der Versuch von Rudolf Bultmann, alles herauszufiltern, was das ganz Besondere an Jesus war, was ihn von seiner jüdischen Umgebung abhob und – die gegenteilige Sicht – auch die jüdischen Versuche, Jesus nur als Jude zu sehen (Lapide, Ben-Chorin „Bruder Jesus") machen eines überdeutlich: Die Gestalt Jesu überragt alle Interpretationsversuche. Sie ist in ihrer Einmaligkeit immer wieder neu zu entdecken. Auch heute.

Mir haben bei all diesen Fragen zwei Antwortversuche am meisten weitergeholfen. Zunächst der Hinweis von Eugen Drewermann in seinen „Strukturen des Bösen", dass dem Menschen kausale Erklärungen nicht helfen in Bezug auf die – notwendig zu stellende – Sinnfrage. Und dass der Mensch nicht leben könnte – keinen Augenblick – wenn sich herausstellen würde, dass das, was im Letzten in ihm angelegt ist an Wünschen, Träumen, Sehnsüchten, überhaupt keinen Anhaltspunkt in der Realität hätte.

Und dann natürlich Karl Rahner, der sicher heute – angesichts solcher Fragen – das Problem „Natur und Gnade" sicherlich unter dem Thema „menschliche Psyche und Gnade" oder „Heilung und Gnade" theologisch behandelt hätte.

Die vielfältigen Antwortversuche der heutigen Theologie und Anthropologie wären ohne die Gnadentheologie Karl Rahners, der Gnade als Selbstmitteilung Gottes versteht, kaum nachvollziehbar. Und nicht zuletzt weiß der „Hörer des Wortes", dass er nur Fragen hat, weil er eine einzige Frage ist, die letzten Endes nur weiß, dass sie sich selbst nicht genügen kann.

Wenn wir der Gestalt Jesu, wie sie uns aus der kirchlichen Überlieferung entgegentritt, mit mehr Offenheit begegnen würden, ob dann nicht eine Ahnung aufkommen kann, dass hier, in menschlicher Existenz, Gott uns sein endgültiges Wort zugesagt hat? Und ist dann die Frage: „Historischer Jesus und Christus des Glaubens" nicht sekundär und aufgehoben? Hineingenommen in die Gemeinschaft der Glaubenden, die einmütig bekennt: „Herr, du hast Worte ewigen Lebens."

Zu welcher Bekehrung möchte Rahner mit diesem Text bewegen?

Rahner macht in diesem Text auf zwei Aspekte aufmerksam: Kirche und Tradition einerseits, Glaube in heutiger Zeit andererseits. Beides gehört untrennbar zusammen. Rahners Texte mahnen uns gewissermaßen, hier keine Abstriche, keine „theologische Gewichtserleichterung" vorzunehmen. Wir, die wir um den Glauben und die Glaubensweitergabe an die nachfolgende Generation ringen, dürfen auf dem Weg in die Zukunft nicht das einfach über Bord werfen, was uns offensichtlich bei der Glaubensverkündigung hinderlich zu sein scheint. Gleichzeitig sollen wir auch keine „unnützen Lasten schnüren und aufbürden". Rahner will uns dazu bekehren, traditionell in einem guten Sinn und modern zugleich zu sein. Er selbst macht es uns vor.
Wir sollen immer wieder den Blick auf die Überlieferung der Kirche, auf die Tradition richten. In ihr ist – unter dem Beistand des Heiligen Geistes, der seine Kirche in alle Wahrheit einführt – ein Schatz an Einsichten und Erkenntnissen vorhanden, der nicht ignoriert werden darf, will die Kirche nicht Schaden nehmen. Doch – auch das ist von Karl Rahner zu lernen – diese Tradition muss man kennen, gut kennen. Nur dann wird man auch die Übersetzungsarbeit ins Heute leisten können. Denn die wesentlichen Aussagen des Glaubens sind Aussagen der Geschichte des Menschen mit Gott. Besser: Der Geschichte Gottes mit den Menschen.
Solange wir Menschen als Menschen existieren, werden wir „die Großen Fragen"[148] stellen. Fragen nach dem Woher und Wohin, nach dem Sinn des Ganzen, ob es eine ausgleichende Gerechtigkeit gibt, warum die Welt so ist, wie sie ist. Wenn uns diese Fragen abhanden gekommen

sind, ist der geistige Tod des Menschen da. Egal, ob wir noch funktionieren, wie ein „findiger Termitenstaat“[149], wir würden den (geistigen) Tod des Menschen nicht einmal mehr bemerken (können). Denn dann wären solche „großen Fragen“ sofort wieder da. Als Menschen können wir uns jedoch die entscheidenden Antworten auf die wichtigsten Lebensfragen nicht selber geben. Wir sind zunächst angewiesen auf das Zeugnis Anderer, die uns eine lebenstragende Antwort verbürgen. Deshalb können wir als Menschen, die in Geschichte und Gemeinschaft leben, nicht auf das Glaubenszeugnis früherer Generationen verzichten. Ebenso nicht auf das Zeugnis der anderen Mitchristen heute. Im Zeugnis der Kirche geht es allerdings um eine Antwort, nach der wir Ausschau halten, die grundsätzlich alles Menschenmögliche überragt. Die liebende Zuwendung Gottes können wir nur vertrauensvoll entgegennehmen im Wagnis des Glaubens. Ja, die Botschaft des Glaubens ist wirklich überwältigend in dem Sinne, dass Gott wirklich niemanden von seinem Heilswillen ausschließt. Darum kann und muss der Dialog die Grenzen der sichtbaren Kirchengestalt übersteigen. Weil es ein Dialog der Liebe und der Wahrheit ist, kann und darf er sich nicht auf Kirchenmauern begrenzen. Er muss mit allen „Menschen guten Willens“ geführt werden. Es ist unsere frohe Botschaft, unser Evangelium, dass Gottes Heilswille wirklich niemanden ausschließt. Dass seine Zuwendung, zumindest als Angebot, überall wirksam ist. Doch der Wille zum Dialog mit allen Menschen in der Welt von heute, ist nur der eine Teil. Als Kirche ist uns der Dialog aufgetragen, er ist unsere Sendung. Doch der zweite Teil ist –neben dem Willen – auch die Fähigkeit zum Dialog. Sie stellt sich nicht automatisch ein. Auch und gerade hier kann (und sollte!) die Kirche von heute von Karl Rahner lernen. Sie sollte deshalb in besonderer Weise auf ihn hören, bei ihm gewissermaßen „in die Schule gehen“, weil das Leben in und mit der Kirche für Karl Rahner eine Selbstverständlichkeit war. Das ist kein banaler Satz, er hat gravierende Konsequenzen. Wer die Kirche liebt, kann, ja darf sich nicht uninteressiert zeigen an ihrer Geschichte, ihrer Tradition. Er muss sie kennen und sich mühen, sie immer besser zu verstehen. Heute kann man vielfach nachlesen, wie gut Karl Rahner die Tradition der Kirche kannte. Die Herausgabe seiner Sämtlichen Werke belegt dies eindrucksvoll.

Die Kenntnis der Tradition, das Leben in und mit der Kirche, ist das Eine, was wir von Karl Rahner lernen können in Bezug auf Glaubensvermittlung und Glaubensweitergabe von Christus, dem Erlöser aller Menschen. Das Andere ist die Aufforderung, uns immer wieder neu zu mühen, den tiefen theologischen Gehalt, z. B. der alten Glaubensdefinitionen, wie sie insbesondere auf den frühen Konzilien formuliert und feierlich verkündet wurden, herauszuspüren. Die Neuformulierung des Glaubens ist jeder Zeit aufgetragen, wenn sie den Dialog ernst nimmt. Denn ein Dialog ist nur dann einer, wenn man sich gegenseitig um Verstehen, um Verständnis bemüht. Eine Neuformulierung des Glaubens kann und wird nur gelingen, wenn sie Maß nimmt an der Überlieferung. Wenn sie Formulierungen findet, die das Alte wirklich so aussagen, dass seine eigentlichen Inhalte zum Leuchten und nicht zum Verschwinden gebracht werden. Sie wird misslingen, wenn sie es sich zu einfach macht und nur die Überlieferung buchstabengetreu wiederholt. Glaubensverkündigung kann nicht darauf verzichten, den Kontext mit zu bedenken, in den hinein die Botschaft verkündet wird. „Der Geist ist es, der lebendig macht".

Nicht ausschließend, sondern integrierend den Glauben verkünden und leben. Nicht „allein die Schrift", sondern: „Schrift und Tradition". Jesus hat kein Buch geschrieben, seine Botschaft ist Menschen, einer Gemeinschaft anvertraut worden. Deren Aufgabe und Sendung ist es, in der Welt und für die Welt Zeugnis zu geben durch Glaube, Hoffnung und Liebe.

Im Vertrauen auf Gottes Beistand und im Wissen um das Glaubenszeugnis seiner Kirche lädt uns Karl Rahner ein, den Glauben in der Welt durch Wort und Tat zu bezeugen. Er macht uns Mut, sich neuen Fragen auszusetzen, sich in Frage stellen zu lassen. Glaube ist kein Besitz, man kann ihn nicht haben, auch nicht in festen Begriffen. Karl Kardinal Lehmann sagte einmal über Karl Rahner, dass er aus einem „lebendigen Quellgrund der Erfahrung des immer größeren Gottes schöpft"[150] und dass deshalb seine Theologie in ihrer Dynamik „immer neu die Käfige unserer Begriffe"[151] zerbricht. Die Glaubensgemeinschaft der Kirche braucht, um ihre Identität zu wahren und um erkennbar zu sein und zu bleiben, dogmatische Vorgaben wie z. B. die Formel von Chal-

zedon, dass in Jesus Gottheit und Menschheit „ungetrennt und unvermischt“ eine Einheit bilden.
Wir können nicht darauf verzichten, zu bekennen, dass Gott uns in seinem Sohn und im Heiligen Geist nahe kommt. Doch was heißt das heute? Hier ist uns Karl Rahner „Lehrmeister“ und Vorbild in einem, der in seiner Zeit mit Ausdrücken wie *Gnade als Selbstmitteilung Gottes*, das *Angebot der Gnade als übernatürliches Existential*, *Gott als absolutes, heiliges Geheimnis* oder *Jesus als absoluter Heilsbringer*, sich um eine Sprache, um Begriffe mühte, die den Reichtum der Tradition nicht preisgaben und dennoch in der Zeit verständlich sein sollten. Und dabei Fragestellungen, wie die nach dem Verhältnis zwischen dem historischen Jesus und dem Christus des Glaubens nicht als falsch abwies, sondern in eine umfassendere Perspektive stellte, die auch für andere, neue Fragestellungen offen ist.
Der Dialog wird heute in einer geistigen Atmosphäre geführt, die teilweise Wahrheitsansprüche grundsätzlich als überholt ansieht. Daraus ergeben sich neue, veränderte Herausforderungen und Anfragen. Wie sie im Glauben bestanden werden können, macht Karl Rahner für mich in seinem Büchlein „Im Heute glauben“ exemplarisch deutlich.[152]
Der Kirche ist es aufgetragen, die Botschaft des Glaubens an allen Orten und zu allen Zeiten auszurichten. Und dabei ist beides festzuhalten: Es ist die Botschaft des *einen* Glaubens. Damit sie es bleiben – und wohl auch wieder neu werden kann –, muss sie so gesagt werden, dass sie als solche auch ankommt. Dass sie so ankommt, wie sie gemeint ist. Auch heute und morgen. Auch durch uns. Denn wir sind Kirche.

Passion und Kreuz

„Der Tod schlechthin war in Sein Herz gestiegen und stach in die innerste Mitte Seines menschlichen Daseins. Der absolute Tod. Gott ‚Mein Gott, warum hast Du Mich verlassen?‘ Und da alles so war, so verloren und tot, da sagte Er – hörst Du –: Vater, in Deine Hände empfehle ich Meinen Geist! Es ist schrecklich, in die Hände des lebendigen Gottes zu fallen, wenn man sich in unbegreiflicher Liebe eins gewollt hat mit der Sünde der Welt. Und Er sagte dennoch, da, als Er so fiel: Vater, in Deine Hände empfehle Ich Meinen Geist! Wenn es ein Wort gibt, das aus sich heraus glaubwürdig ist, dann ist es dieses. Dieses Wort, von Ihm in diesem Augenblick gesprochen, muss angekommen sein. Es gibt Gott, den Vater. In Seine Hände kann man alles legen. Alles" (Seht, welch ein Mensch, SW 14, S. 162).

Kurze Interpretation

Dieser Text entstammt einer Meditation Karl Rahners unter dem Titel „Seht, welch ein Mensch". Vieles wäre hier zu sagen, um nur ein wenig zu kratzen an der Oberfläche dessen, was Karl Rahner hier vor uns ausbreitet. Dieser kurze Text ist für mich eine kleine Summe der Theologie, in der Anthropologie, Christologie und Soteriologie, d. h. die Lehre von der Erlösung, vom Heil, in ihrer einzigartigen und gegenseitigen Verwobenheit gezeigt werden.
Wir greifen indes nur einen ganz kleinen Teil heraus. Es geht um die letzten Stunden in Jesu Leben. Er, der die Welt mit so liebevollen Augen ansah, der zärtlich von den „Blumen des Feldes sprach", der mit wunderbaren Bildern von Gott seinem Vater erzählte, der sich den Menschen gegenüber so verhält, wie ein Hirte, der dem verlorenen Schaf hinterher steigt, ihm in alle Abgründe folgt, alle Gefährlichkeiten auf sich nimmt, um es heim zu tragen auf den Schultern. Dieser Jesus fühlt sich von allen verlassen. Von den Menschen, die ihn verachten, von den Jüngern, die erst schliefen und ihn dann verließen. Ja, wo sogar der Erste unter ihnen ihn verleugnete. Und verlassen von Gott, den er zärtlich „Abba", Väterchen, nannte.
Rahner betrachtet dann das Wort, das Jesus sagte: „Vater, in Deine Hände empfehle ich meinen Geist." Dieses Wort folgt der biblischen Erfahrung, dass es „schrecklich ist, in die Hände des lebendigen Gottes zu fallen". Warum? Weil Jesus „sich in unbegreiflicher Liebe eins gewollt hat mit der Sünde der Welt". Wer kann das verstehen? Jesus liebt Gott, den er seinen Vater nennt. Und er liebt uns, seine Schwestern und Brüder. Bedingungslos, mit allen Schwächen und Fehlern, mit all den

Aggressionen, die wir haben, mit all dem Neid, dem Leid, der Missgunst, der Lüge, dem Verrat, der Treulosigkeit, der kriminellen Energie, mit all den dumpfen, dunklen Trieben, mit all dem, was wir verdrängen, was wir an bösen Neigungen in uns haben. Wo nur Ängstlichkeit und Feigheit uns abhalten, sie auszuleben.
Jesus macht sich in seiner Liebe eins mit uns, seinen Geschwistern. So sehr er all das Falsche ablehnt, das moralisch Anstößige, das Niedrige, das wir tun und denken. Er sieht es und er sieht uns in unserer Schwäche und Verletzlichkeit, in unserem Kleinsein und in unserem Unvermögen. Er nimmt uns gerade so, wie wir sind, an. Darum war und ist er, der ohne Sünde ist, in denkbar größter Nähe bei uns, die wir keine moralischen Helden sind. Und gleichzeitig ist er aufs innigste verbunden mit dem Gott der Liebe. So dass sich hier eine riesige Spannung auftut: Jesus gibt weder seine Liebe zu uns preis, noch sein Vertrauen auf den Gott, den er uns brachte: Den Gott der bedingungslosen Liebe und Güte. Er flüchtet nicht, sondern hält an Gott fest in aller Trost- und Hoffnungslosigkeit, die Menschen ihm bereiten. Er erlebt dieses Schicksal noch einmal als Ausdruck seiner Sendung, seines Auftrages. Wie könnte er, der aus der bedingungslosen Annahme durch Gott, seinen Vater, lebt, jetzt nicht an ihm festhalten? Alles wäre als Schein, als Trugbild entlarvt.
Wie kann man diese Spannung selber aushalten, sie bestehen und nicht irre werden am Zustand der Welt, die den, der alle liebte, auf bestialische Weise umbrachte. Hier können wir vielleicht am deutlichsten in das „Herz des betenden Karl Rahners“ schauen, der im Gebet konkret die Not artikuliert und sie doch Gott, dem Geheimnisvollen, hinhält. Rahner wertet Jesu Wort am Kreuz als „Gebet des verlassenen Gottes“[153] und sagt im selben Atemzug, dass das Jesus-Wort: „Vater, in Deine Hände empfehle ich meinen Geist“, in höchstem Maße glaubwürdig ist. Es ist nicht nur glaubwürdig, es muss angekommen sein bei Gott, seinem Vater. In dessen Hände wir deshalb auch alles legen können, wirklich alles, uns selbst.[154]

Man hat dem Christentum häufig vorgeworfen, es leugne die Realität, es baue „Luftschlösser“, es nähre sich von Illusionen und falschen Versprechungen. Hier haben wir es mit einem Text zu tun, der den ganzen Menschen, mit all dem, was zu ihm gehört, ins Wort bringt. Hier wird weder verdrängt noch beschönigt. Rahner sagt es ganz ausdrücklich in dieser Meditation: „was uns von uns gezeigt werden muss, weil wir das nicht wahrhaben wollen (die Verzweiflung darüber ist auch nur eine andere Form des Nichtwahrhabenwollens)“[155]. Und es ist trostreich, dass an der dichtesten Stelle, wo wirklich alles in Frage steht, solche Glaubenszeugen wie Karl Rahner, Reinhold Schneider und Hans Urs von Balthasar gemeinsam eine Sprache finden, die das Gebet der Not, der Gottverlassenheit als „letzten Notruf des Glaubens“ deuten. Und es bleibt die Frage an die Kritiker des Christentums: Schaut ihr ebenso unverhüllt und schonungslos in den Abgrund der Wirklichkeit? Wie geht ihr damit um? Was bietet ihr an, damit unsere „Sinne noch heil bleiben?“ Auch diese Frage gehört in ein echtes Glaubensgespräch.

Karl Rahners geistliche Texte sind nicht nur sprachlich schön und verständlich,[156] sie „zeigen vielmehr oft genauer den Wurzelgrund seiner Theologie“ als es in den großen Aufsätzen oder in den vielen Lexikonartikeln geschieht.[157] Dabei nehmen seine Meditationen über „Die sieben letzten Worte Jesu“ eine ganz besondere Stellung ein. Sie finden sich deshalb auch in verschiedenen Veröffentlichungen. Ich nenne nur das Buch, das zu DDR-Zeiten eine Begleitung durch das Kirchenjahr an der Hand Karl Rahners ermöglichte,[158] heute finden wir diese Betrachtungen in „Gebete des Lebens“[159] sowie eigens in dem Bändchen „Worte vom Kreuz“[160].

Ich lege deshalb so viel Wert auf das Buch „Meditationen zum Kirchenjahr“, weil es – hier sei mir ein ganz persönliches Wort erlaubt – mir schon in der Jugendzeit eine Begegnung mit Karl Rahner ermöglichte. Neben dem Buch „Von der Not und dem Segen des Gebetes“, war „Meditationen zum Kirchenjahr“ so etwas wie meine „Jugendliebe“ zu Karl Rahner. Und dabei besonders der Text, über den wir gerade nachdenken sowie eben Rahners Betrachtung über „die sieben letzten Worte Jesu". Und unter ihnen wiederum ragt das vierte besonders hervor. Ich kann nicht sagen, dass meine „Jugendliebe zu Karl Rahner" abgekühlt ist, ganz im Gegenteil![161]

Die den Menschen bedrängenden Fragen – Schuld, Not, Tod – verweisen den Christen auf das Kreuz, das Leiden und Sterben Jesu. Jesu Antwort am Kreuz hat deshalb in unserer Zeit und für sie eine Bedeutung, weil sie dort Hoffnung stiftet, wo alle anderen Antwortversuche an ihr Ende kommen. Oder kann irgendein Materialismus, egal in welchem Gewand er auftritt, wirklich Hoffnung stiften? Die Aussage: „Mit dem Tod ist alles aus!" ist eben keine wertneutrale Beschreibung dessen, was ist. Sie ist Ausdruck purer Trostlosigkeit und Ratlosigkeit! Man kann doch nicht so tun, als ob am Grab eines lieben Menschen alle wesentlichen Fragen an das Leben mit einem Schlag aufhören.

Man kann in einem philosophischen Disput die (theoretische) Frage stellen, ob die Wirklichkeit überhaupt eine tröstende sein kann. Vielleicht ist sie es nicht. Sicher ist, dass der konkrete Mensch einen Trost braucht. Und es ist eine philosophische Spitzfindigkeit, zu meinen, man kann unterscheiden zwischen dem, was der Mensch entscheidend braucht und dem, was es gibt. Der zutiefst Leidende jedenfalls führt durch sein Leid und seine Trauer alle wertneutralen Beobachtungen und philosophischen Spitzfindigkeiten ad absurdum. Er kann sich nicht den Luxus weltferner Spekulation leisten. Er will getröstet werden! Er braucht Trost – keinen billigen – auch und besonders da, wo alle Grenzen des Machbaren erreicht sind.

Der Frage des Menschen schlechthin wird durch das Christusereignis die Antwort des Glaubens zuteil, wenn und indem sie Antwort des Glaubenden als Mitvollzug der Worte Jesu am Kreuz ist.

Zu welcher Bekehrung möchte Rahner mit diesem Text bewegen?

Ich habe die Erfahrung z. B. mit Senioren gemacht, dass es nicht so entscheidend ist, was ich selber über Rahners Theologie sage. Viel wichtiger ist es, immer wieder auf Texte Rahners direkt einzugehen. Viele

Texte von Karl Rahner sprechen für und aus sich selbst heraus. Es ist lohnend, sie gemeinsam zu lesen, sich von ihnen ansprechen, inspirieren zu lassen. Der Mythos vom „schweren Rahner" widerlegt sich dabei von selbst. Rahner beeindruckt in seinen geistlichen Schriften durch Texte, die man nicht besser vermitteln kann als dadurch, dass man sie immer wieder gemeinsam meditiert und somit Karl Rahner selber, immer wieder neu, zu Wort kommen lässt.
Es gibt durchaus Vorbehalte, auch bei Geistlichen: „Was, den Rahner wollen sie den Leuten ‚beibringen'? Das geht doch gar nicht, der ist ja viel zu schwer."
Nach meiner Erfahrung ist das Gegenteil der Fall. Wenn man Texte sorgfältig auswählt, sie den Leuten „an die Hand gibt", sie mit ihnen gemeinsam durchgeht, meditiert, hinführt, Fragen zulässt, den Text laut wiederholen lässt oder selber wiederholt – dann erleben Menschen, die diesen existentiellen Fragen des Lebens nicht ausweichen, dass Karl Rahner ihre Anliegen ins Wort zu bringen vermag. Und nicht nur das: Sie vernehmen die Botschaft der Kirche in einer Art, mit der sie etwas anfangen können. Und zwar deshalb, weil Karl Rahner die Tradition aufschließt, ohne sie abzuschwächen oder zu verharmlosen.
Menschen, die sich mit Karl Rahner vertraut gemacht haben oder an seine geistlichen Texte, besonders auch an seine Gebete und seine Meditationen zum Kirchenjahr, behutsam herangeführt wurden, haben mir häufig das Gefühl vermittelt, dass sie sich selber in den geistlichen Texten Karl Rahners angesprochen fühlen mit ihren Fragen, Wünschen, Hoffnungen. Karl Rahner hatte keine „theologische Sonderwelt" aufgebaut. Sein Glaube, seine Theologie sind zunächst ganz in der Kirche zuhause. Und gleichzeitig ist es ein Denken, das die Fragen und Probleme von heute ernst nimmt und anspricht und sie in Beziehung setzt zu Glaubensantworten, wie sie die Kirche bereithält. Und die oftmals ganz oder teilweise vergessen wurden.
Karl Rahner macht uns Mut, mit der Einsicht Ernst zu machen: Glauben kann man nur gemeinsam. Gemeinsam glauben heißt, sensibel füreinander sein, versuchen, sich in die Situation des Anderen hineinzudenken und hineinzufühlen, sich zu stützen, zu stärken, zu beglei-

ten in den Fragen des Lebens, die immer auch Fragen des Glaubens sind.
Dabei ist kein Aspekt ausgenommen, erst recht nicht jene Bereiche, über die zu sprechen Menschen sich häufig nicht oder nur selten getrauen: über Schuld, Einsamkeit, Unverstandensein, Trauer, Tod.
Karl Rahner will uns „bekehren" zu einem Glauben aus tiefer kirchlicher Erfahrung heraus, der alles Vordergründige abgestreift hat. Und er will uns hinweisen auf jene Seiten, die zu uns gehören und die wir gerne „zudecken". Sie gehören zu uns, wir können sie nicht verdrängen. Nur wenn wir sie annehmen, können sie auch erlöst werden.
Es ist eine Stärkung im Glauben, mit Rahner auf das „Herz Jesu" zu schauen, zu sehen – wie Karl Rahner es formuliert – dass uns nichts erspart bleibt. Auch Jesus blieb nichts erspart. Und dass es besser ist, mit ihm gemeinsam, auch in Finsternis und Verlassenheit, zu seinem und unserem Vater zu rufen. Mit Jesus zu sterben, um mit ihm auch aufzuerstehen.
„Wenn du, Jesus, so betest, in solcher Not betest, wo ist da noch ein Abgrund, aus dem man nicht zu deinem Vater rufen dürfte? Wo ist eine Verzweiflung, die nicht, in deiner Verlassenheit geborgen, selbst zum Gebet werden könnte?" (Gebete, 66).[162]

Das eigene Herz befragen …

„Wenn in Ihr Herz eine Ahnung eindränge von der stummen Selbstversperrtheit der rein materiellen Natur, ihrer Totheit, von ihrer brutalen Gewalt, von ihrer Selbstentfremdetheit, wenn etwas in das Herz einzöge von der wuchernden Unbekümmertheit der lebendigen Natur, von ihrer Grausamkeit, von dem Kampf auf Leben und Tod in der Natur, vom Wuchern des Lebens aus der Fäulnis des Todes, von der scheinbaren Sinnlosigkeit immer neuer Formenspiele, die nie enden, von der brutalen Vernutztheit jedes Individuums im Dienst der Spezies, von der wenigstens scheinbaren Geilheit wild wuchernden Zeugens und der wilden Verschwendung der Natur, von der Entwicklung, die ihr eigenes Ziel nicht zu kennen scheint; wenn Sie dann erst sich hineinwagten in die Geschichte der Menschheit, in die Geschichte des Geistes, der fast ohnmächtig dieser grausamen, blinden und dumpfen Welt der Materie und des Bios ausgesetzt wird, wenn Sie etwas in Ihrem Herzen aufkommen ließen von all den Qualen der Schuld, des Todes, der Vergeblichkeit, die die Menschen in ihrer Geschichte, die ihr Ziel nicht kannte, die qualvoll dumpf zu stagnieren schien, sich selber zugefügt haben; wenn Ihr Herz überfallen werden könnte von den Schmerzen der Sklaven, der Sterbenden, der Betrogenen, der gequälten und geschändeten Kinder, der beschmutzten Liebe, der verratenen Ideale, der gebrochenen Treue; wenn Ihr Herz sich dann sagte, von verzweifeltem Grauen zerrieben und in seiner Würde tödlich gekränkt, dass das bisschen Freude und Liebe, Treue und Seligkeit, das sich in dieser Kloake der Welt- und Menschengeschichte findet, die Summe der Welt und der Menschheit nicht besser mache, sondern nur noch entsetzlicher, weil soviel Sinn in der Welt zu sein scheine, dass der Irrsinn sich in tödlicher Qual empfinden könne, und nicht mehr – dann blicken Sie auf das Herz des Herrn, das durchbohrte, und sagen Sie sich: Aus dieser Quelle allein entströmt all diese unbegreifliche Wirklichkeit mit ihrer Vielfalt, ihrem Widerspruch, ihrer Qual, ihrem endlosen Weg zu unbekannten Zielen, mit ihren Ausweglosigkeiten, ihrem Kampf und Tod, mit ihrer Finsternis, mit ihrer ganzen Unbegreiflichkeit ... Sie sagen dann nicht nur, dass es über der finsteren Unbegreiflichkeit die lichte, selige, Sich selbst liebend besitzende Einheit gibt, Sie sagen, dass dieser selig-lichte Grund nicht nur all dieser finstere Chaos der Welt aus Sich hat schöpferisch in Seine widerspenstige Vielfalt entspringen lassen, sondern diese qualvolle und liebeleere Unbegreiflichkeit an Sein Herz genommen, als Seine Wirklichkeit selbst angenommen hat, Sein eigenes Herz in den finsteren Abgrund der Welt hat fallen lassen, Sein eigenes Herz als die wahre Quelle aller dieser weltlichen Wirklichkeit außer Gott in die tödliche Leere des Nichtgöttlichen eingesetzt hat. Wenn Sie diese Wahrheit aushalten bis zum Tod, in aller Enttäuschung, festhalten auch im Fallen in den Abgrund des Todes, der Durchbohrtheit und Ausgeronnenheit des eigenen Herzens, dann werden Sie selig – sonst nicht. Es ist nicht so leicht, die Wahrheit der Herz-Jesu-Verehrung zu begreifen“ (Einheit – Liebe – Geheimnis, SW 13, S. 527–539).

Kurze Interpretation

Der Text dieser Herz-Jesu-Meditation Karl Rahners führt in die Mitte existentiellen Betens. Ich habe bewusst eine frühe Textfassung verwendet. In ihr kommt die direkte Anrede Karl Rahners deutlicher und klarer zum Ausdruck. In späteren Überarbeitungen wird die Formulierung eher geglättet, da heißt es im Text in der Regel „wir“. In der ursprünglichen Textfassung spricht Rahner seine Zuhörer direkt an: „Sagen Sie sich …“ oder: „Wenn Sie diese Wahrheit aushalten bis zum Tod …“ Diese Art der Anrede hebt die persönliche Betroffenheit der Gottesanrede in solchen Situationen stärker hervor als die spätere, veränderte Formulierung, die mehr das gemeinsame Stehen vor Gott betont.
Karl Rahner konfrontiert die Botschaft des Glaubens von der unverbrüchlichen Zuwendung Gottes zu seiner Schöpfung mit dem Schicksal dieser Welt, mit all den Abgründen in menschlicher Geschichte, mit den Abstürzen, sinnlosen Verschwendungen und Ausweglosigkeiten in der Biosphäre, mit all den Rätseln und Katastrophen in der gesamten Schöpfung.
Man wird Karl Rahners Eingehen auf die Frage, wie Leid, Not und Tod mit der Botschaft von der Liebe Gottes zusammengehen, die sogenannte Theodizeefrage also, nur verstehen, wenn man dem Hinweis seines älteren Bruders Hugo Rahner folgt, der in der „Theologie des Symbols“ den „Inbegriff der theologischen Grundrichtung“ Karl Rahners ausmacht.[163]
Nikolaus Schwerdtfeger hat in seiner Arbeit über Karl Rahner „Gnade und Welt“ [164] herausgearbeitet, welches die kennzeichnenden Merkmale von Rahners „Symboltheologie“ sind. Er nennt deren drei. Da ist als erstes der „Selbstvollzug … des sich Symbolisierenden“ zu nennen. Ein zweiter Aspekt kann wie folgt beschrieben werden: Das Symbol ist zugleich verschieden vom Symbolisierten, wiewohl es gleichzeitig ein „inneres Moment an diesem“ ist, d. h. „es gehört wesentlich zum ihm“. Und

ein Drittes kommt hinzu: Darum setzt das „sich Symbolisierende das Symbol, um zu seiner eigenen Vollendung zu gelangen“. Diese drei Aspekte müssen immer in ihrem Zueinander, in ihrer Einheit und Geschlossenheit, zusammen gesehen und beachtet werden. Mit diesem Instrumentarium ausgerüstet, gelingt es Karl Rahner, Zugänge zu erschließen für das gläubige Verstehen der göttlichen Liebe zur Welt und in der Welt.

Gott liebt diese Welt so sehr, dass er in und durch seinen Sohn sie annimmt, ihre „tiefsten Tiefen“ ausleidet. Der allgemeine Heilswille Gottes verwirklicht sich durch den Selbstvollzug göttlicher Liebe. Sie geschieht durch die Fleischwerdung seines Wortes, durch Inkarnation, Leid, Kreuz, Auferstehung und Geistsendung. Kirchliches Tun als Nachfolge Jesu geschieht deshalb nicht weltfern und geschichtsunabhängig. Gottes universale Liebe vollzieht sich im und durch den Heiligen Geist jeweils im Hier und Heute. Diese sehr konzentrierten theologischen Aussagen zum Ineinander von Symbol und Symbolisierten, erfahren ihre beste Illustration und Interpretation durch Karl Rahner selbst, der insbesondere in den mehr geistlichen Texten eine Sprache entwickelte von beinahe schon klassischer Schönheit.

„Der Blick auf das Herz Christi kann uns einweihen in die liebende Übergabe unseres ganzen Wesens an das Geheimnis, das bleibt, in dessen Abgrund wir gründen …“

„Der Mensch muss sich restlos in dem, was wir Glaube und Hoffnung nennen, unbedingt und ohne Vorbehalt, an Gott übergeben. Aber er kann das nur, wenn er sich an Gott als die Liebe übergibt, an die er glauben und auf die er als die ihm geschenkte hoffen darf und muss. Dieser Akt als der reflex gewußte ist ihm aber nur vor Jesus Christus, dem Gekreuzigten und Auferstandenen, vor seinem Herzen möglich, vor seinem Herzen, dem durchbohrten, dem Herzen, das selbst in die unauslotbare Not des Todes und der Gottverlassenheit geraten ist“ (SW 13, S. 527–539).

Man könnte geneigt sein, hier eine Seelenverwandtschaft zwischen Karl Rahner und Reinhold Schneider festzustellen. Zeitlich liegt ja auch kaum ein Abstand zwischen dem Text Karl Rahners (1962) und Reinhold Schneiders „Winter in Wien" (1958). Jenes Buch Schneiders, über das vielleicht am meisten gestritten wurde. Zumindest warf es von den Büchern Reinhold Schneiders die meisten Fragen auf.[165] Reinhold Schneider konnte nicht mehr „Vater" sagen, zu groß war sein Entsetzen über das Schweigen der unendlichen Räume. Auch Karl Rahner sieht all das Treiben, die „rotierende Hölle" (Reinhold Schneider), nichts liegt Rahner ferner als ein partielles Christentum, das die Schrecklichkeiten der Welt ausspart, ignoriert oder verdrängt.
Rahner richtet in dieser Meditation den gläubigen Blick auf das „Herz" des Herrn, auf das Geschehen am Kreuz, auf den leidenden Gottes- und Menschensohn.
Ist es nicht vermessen, ja wahnhaft, angesichts solch eines Tatbestandes noch von Hoffnung zu sprechen? Ist es nicht ehrlicher, aufzugeben, nicht mehr weiter zu fragen, Atheist zu sein aus „intellektueller Redlichkeit"? Wird ansonsten nicht doch ein „Gotteswahn"[166] der Verdrängung erkennbar, der sich all die Schrecklichkeiten nicht eingestehen will bzw. kann? Ist nicht die einzig sinnvolle Reaktion angesichts des Zustandes der Welt, nur noch „die Hände vors Gesicht (zu) schlagen"? (Reinhold Schneider)
Karl Rahners Antwort ist nicht die des weltabgewandten Blickes. Er schaut auch nicht in die Tiefen der eigenen Seele oder in die „Tiefen der Gottheit", um eine „Lösung der Welträtsel" zu erheischen. Was ist Karl Rahners Antwort und warum ist sie hilfreich für den Glaubensvollzug? Auch hier gibt der Bruder, Hugo Rahner, wieder einen bedeutsamen Fingerzeig.[167] Zu dem, was „zur Kirche gehört", wie es Hugo Rahner formulierte, gehört das tiefe Wissen darum, dass Gott seiner Welt gegenüber nicht so etwas ist, wie ein ferner Regent. Gott nimmt nicht die Pose des Unbeteiligten ein, des absolut Überlegenen, dem das Schicksal der Welt egal ist. Gott ist – Gott, sonst wäre er nicht der Transzendente, der nicht abhängig ist von seiner Schöpfung. Und dennoch ist er ein „Gott

mit uns", er ist der Gott, der sich geoffenbart hat als der „Ich bin da". Das heißt auch: Ich bin da und bei Dir, wenn wirklich alles dich verlässt. Abraham, Mose, Elija, die ganze Schar der Propheten, unendlich viele Glaubenszeugen haben diese Erfahrung erlebt, oft erlitten. Ihr Glaubenszeugnis berührt auch uns heute und lässt uns nach ähnlichen Erfahrungen und Glaubenszeugnissen Ausschau halten.
Die junge Christenheit hat diese Erfahrungen in Anspruch genommen, um die Erfahrung mit Jesus von Nazareth sich und ihrer Umgebung verständlich zu machen und nahe zu bringen. Denn selbstverständlich darf der Eingottglaube, der Monotheismus, nicht in Frage gestellt werden. Und gleichzeitig wurde in Jesu Sein und Tun eine Nähe Gottes erfahren, die unüberbietbar ist und die deshalb eine Formulierung verlangt, die diese Erfahrung nicht im Nachhinein wieder abschwächt. So wurde auf den großen Konzilien der Kirchengeschichte um die christologische Grundformel gerungen, dass in Jesus von Nazareth Gottheit und Menschheit zugleich da sind. Wie sind sie da? Unvermischt und ungetrennt. Das ist die Formel, die nichts abschwächt, nichts verkürzt: Wahrer Mensch und wahrer Gott. Aber: Nicht vermischt und vermengt, sondern: ungetrennt und unvermischt. Eine Einheit, die das wahre Gottsein Jesu und das wahre Menschsein Jesu wahrt und aufrechterhält.
Der Glaube heute steht in mehrfacher Bedrohung: Wir lassen uns einschüchtern von all den Erkenntnissen der Wissenschaften: Es kann keinen Gott geben, alles ist in Evolution begriffen, die Selbstorganisationsprozesse machen Gott gänzlich überflüssig. Wer angesichts der – aus menschlicher Sicht – Grausamkeiten, der Ungerechtigkeiten, der vielfach misslungenen Versuche im Zuge der Evolution, der kosmischen Katastrophen, auf den Gedanken kommt, dass ein Gott sei, muss sich sagen lassen: Solch ein Gott wäre ein sehr schlechter Programmierer. Und was die Wirklichkeit mit einem „lieben Gott" zu tun haben soll, erschließt sich schon gar nicht.
All das führt kirchlichen Glauben in die Krise, denn er muss daran festhalten: Gott ist die Liebe, er ist der allmächtige Schöpfer des Himmels und der Erde. Ist Gott allmächtig, dann bleibt die Frage nach Gerechtigkeit und Barmherzigkeit, ist Gott gerecht und liebt er seine Welt, dann

kann er nicht allmächtig sein angesichts ihres offenkundig schlechten Zustandes.
Wir können nicht darauf verzichten, die Liebe Gottes zu verkünden. Die Gefahr ist groß, aus Angst, keine Antwort geben zu können, den Fragen auszuweichen und den Blick von der Welt abzuwenden. Doch Glaube ist Glaube in der Welt und für die Welt. Die Kirche muss im Wort *und* tätigen Dienst gläubig nachvollziehen, was sie in der Feier der Eucharistie, der großen Danksagung, immer wieder feiert: „Und das Wort ist Fleisch geworden und hat unter uns gewohnt."

Zu welcher Bekehrung möchte Rahner mit diesem Text bewegen?

Es ist zunächst der klare Realismus, zu dem Rahners Theologie anleiten, hinführen will. Christen können ihren Glauben nicht nur an den Sonntagen des Lebens zelebrieren, Glaube muss dem Alltag, den Sorgen, Mühen, Fragen und Nöten standhalten. Er muss ein Glaube sein, der nicht nur vom Hohen und Schönen kündet. Das auch. Doch er muss von Gottes Liebe und Güte künden – auch und gerade dann – wenn diese scheinbar nur schwer oder gar nicht erfahrbar sind. Kirche hat den Dienst der Stellvertretung zu leisten, auch für all jene, die nicht (mehr) beten können oder wollen. Sie hat ihn deshalb zu leisten, weil sie damit eintritt in die Hoffnung und Liebe Gottes, die niemanden ausschließt und aufgibt und die uns in Jesu Sein und Tun im wahrsten Sinn des Wortes anschaulich wurde. Wir können und sollen uns in das Bild der göttlichen Liebe vertiefen – um in ihre Nachfolge einzutreten!
Eine Weihnachtsmeditation Karl Rahners trägt den Titel: „Gnade in menschlichen Abgründen" (SW 14, S. 156 ff.). Rahner macht uns Mut, Ernst zu machen mit der Botschaft der Kirche, dass Gottes Zuwendung zu uns keinen Bereich der Wirklichkeit ausspart. Wir haben nicht das Recht, Gott einzuengen, auch nicht in vermeintlich guter Absicht auf den Kirchenraum. SEIN sind Orient und Okzident.
Doch noch einmal gefragt: Wie kann es gelingen, angesichts des Zustandes dieser Welt an einen Gott der Barmherzigkeit, Liebe und Güte zu glauben? Das ist die Frage, die uns heute bedrängt. Aber nicht nur heute, zu allen Zeiten haben Menschen sich gefragt, wie Gottes Liebe

den Zustand der Welt verantworten kann. Karl Rahners Theologie hat gerade darum so vielen Menschen geholfen, weil sie aus tiefer geistlicher Erfahrung schöpfte, ihre Kraft bezog. Und weil sie nicht dabei verharrte, sondern zu dieser Erfahrung immer wieder auch anleitete. Das – denke ich – ist das eigentliche Vermächtnis rahnerscher Gebetstheologie: Sich der eigenen Wurzeln immer wieder zu vergewissern, um weiterzugeben, was selber empfangen wurde. Von Karl Rahner habe ich gelernt, dass ich von Gott nur „aus der Gestimmtheit des Beters" heraus richtig reden kann.[168] Gott ist nicht objektivierbar, erst recht nicht herstellbar oder vorzeigbar. Er kommt nicht auf Knopfdruck aus irgendeinem Häuschen heraus. Wenn ich versuche, meine Lebenserfahrungen nicht zu banalisieren, sondern sie zu befragen, dann sprechen sie eine beredte Sprache: In Hoffnung und Sehnsucht, in der unbedingten Frage, im Suchen nach Wahrheit und Gerechtigkeit offenbart sich mir eine Wirklichkeit, die mich grenzenlos übersteigt, die mit mir zu tun hat, der ich nicht ausweichen kann, der ich mich stellen muss.

Da ist Karl Rahner geistlich ganz authentisch, das belegen eindrucksvoll besonders seine Gebete: Bei ihm geht oftmals tiefe theologische Meditation über in die direkte Anrede Gottes, in das Gebet.[169] Und auch umgekehrt: In seinen Gebeten ist seine ganze Theologie „versammelt" (Lehmann).[170]

Karl Rahners Gebetstheologie kann uns ermutigen, unsere eigene Gebetssprache zu finden, uns darin einzuüben, unsere Anliegen, Freuden, Hoffnungen, Sehnsüchte, aber auch Nöte und Fragen, auszusprechen, Gott hinzuhalten. Also nicht so sehr *über* ihn, sondern vielmehr und stärker *zu* ihm zu sprechen. Ich kann nur über meine eigene Erfahrung berichten, dass das Beten, gleichsam an der Hand dieses großen Beters, der Karl Rahner ja war, mir persönlich sehr geholfen hat.

„Wie geheimnisvoll ist diese Einheit des Widerstreitendsten im Bittgebet Jesu! … Wer kann dieses Geheimnis restlos deuten? Und doch ist in diesem Geheimnis das Geheimnis des wahren christlichen Bittgebets enthalten, des gottmenschlichen Bittgebets, des wahren Bittgebets jedes Christen, in dem, wenn wir so sagen dürfen, wie in Christus selbst das Göttlichste und das Menschlichste, unvermischt und ungetrennt sich vereinigen und durchdringen" (Not und Segen, S. 126).[171]

Bezeichnend für Karl Rahner ist, dass er selbst in solch einem Text einen behutsamen „Nachhilfeunterricht" in Theologie erteilt. Fast so, als wäre es das Selbstverständlichste auf der Welt, wird mitten im theologischen Denken, bei dem man nicht genau sehen kann, ob es (schon wieder oder noch immer) Gebet oder Reflexion ist, die große Konzilsformel erwähnt.

Und dann die großen Fragen, die so sehr zu schaffen machen. Wer kennt nicht das Bild, das Dostojewski von der Eintrittskarte gemalt hat, dem Billett, das dem Schöpfer der Welt zurückgegeben wird, weil der Blick auf diese Welt unerträglich geworden ist. Ja, wenn wir ausschließlich auf eigene Kraft bauen, dann wäre die Welt trostlos, es wäre angemessen, die „Eintrittskarte in das Dasein" (Dostojewski) zurückzugeben, man hat dann schon – um mit Dostojewskis Karamasow zu sprechen, – „genug gesehen für sein Billett". Selbst „wenn ich mich umbrächte, wenn ich protestierte gegen mein Dasein (mit Dostojewskis Worten) ‚die Eintrittskarte in diese Welt wieder zurückgeben wollte', ich würde nochmals mein Dasein bestätigen, ich wäre nochmals vor diese absolute Wand gestellt, dass ich bin und dass ich nicht nicht bin" (Der Mensch als Kreatur, SW 13, S. 269–437).

Wir können uns nicht selber entlaufen, vor uns selber fortlaufen. Wir leben und handeln als Wesen mit Selbstbewusstsein, als Wesen, die „ich" sagen (können). Rahner sagte im Gespräch mit einem Mitbruder aus der Gesellschaft Jesu, dass uns allein durch unsere Existenz grundsätzlich ein großes Ja vorgegeben ist. Wir sind in Geschichte und Gemeinschaft hineingestellt, weil wir nicht alleine leben. Auf vielfältige Weise – Freunde, Nachbarn, Bekannte, Verwandte, Arbeitskollegen – sie alle bilden mit uns gemeinsam das unmittelbare Umfeld unseres Lebens.

Wir sind bis in die tiefsten Tiefen unseres Herzens voneinander abhängig, auch und besonders vom Zeugnis des Glaubens. *Stellvertretung* ist keine irgendwie altertümliche theologische Kategorie. Nein, sie hat ihren ganz konkreten „Sitz im Leben": Wir sind im Glauben immer auch gehalten von jenen, die mit uns glauben und von jenen, „die uns vorangegangen sind, bezeichnet mit dem Siegel des Glaubens und die nun ruhen in Frieden". Wir können nicht einsam, sondern nur gemeinsam glauben. Darum sind Glaube und Gemeinschaft nicht voneinander zu trennen, darum gibt es auch das Einstehen des Einen für den Anderen, auch und gerade hier, wo es um das Eigentlichste menschlichen Lebens geht. „Dass das Gebet mit Christus in der Kirche geschieht, das ist unsere erste Gebetshilfe.“[172]

„Bekehrung“, Umkehr ist vonnöten, besonders heute, weil auch die Kirchlichkeit des Glaubens weithin in's Zwielicht geraten ist. Weil unsere Zeit dominiert wird vom Glauben an das eigene Können und Machen, weil Individualität mitunter einen Stellenwert einnimmt, der den Blick für die Gemeinschaft verstellt bzw. ihn ganz verdeckt. Wir sind in eine konkrete Zeit hineingestellt mit ihren spezifischen Anforderungen, Fragen, Nöten, Hoffnungen. Zu allen Zeiten haben Menschen Fragen gehabt, die in die Tiefe gehen und das Eigentliche berühren: Wo komme ich her? Wo gehe ich hin? Hat mein Leben einen Sinn? Welchen Sinn? Was bleibt?

Aus der Geschichte kommt die wunderbare Kunde des Glaubens auf uns zu, die einen Gott verkündet, der sein „Herz“, aus dem alles entspringt, öffnet und es hineinfallen lässt in alle Abgründe. Wenn unser Glaube Recht hat, dann gibt es in der Welt keinen Ort, der wirklich „gottlos“ ist. Karl Rahner hat an anderer Stelle einmal formuliert, dass Jesus selbst bei seinem Gang in die „Hölle“ seine Liebe zu seinem Vater und zu seinen Geschwistern mitgenommen hat.

„Diese Finsternis seines ohnmächtig gewordenen Lebens ist noch nicht das Allerletzte seines Daseins. Das Allerallerletzte ist noch einmal die ganze Liebe ... Man könnte sagen, dass Jesus nur darum nicht in der Hölle ist, weil er die unbegreifliche, absolute Kraft seiner Liebe in sie mitgenommen hat.“ (Betrachtungen, SW 13, S. 37–265)

D. h. der Glaube versichert uns, dass die Liebe Gottes zu uns keinerlei Grenze hat. Gott ist in Jesus und in seinem Geist selbst dort bei uns, wo wir verzweifeln, wo wir versuchen, uns gleichsam gegen ihn zu verbarrikadieren, wo wir die Hölle der selbstgewählten Einsamkeit als den uns gemäßen Ort wählen. Darum sagt Rahner auch, dass es gar nicht so leicht ist, der Gnade Gottes zu entrinnen.

„Ja, noch mehr; es ist Christus schon mancher begegnet, der nicht wusste, dass er denjenigen ergriff, in dessen Leben und Tod er hineinstürzte als in sein seliges, erlöstes Geschick ... Gott und Christi Gnade

sind in allem als geheime Essenz aller wählbaren Wirklichkeit, und darum ist es nicht so leicht, nach etwas zu greifen, ohne mit Gott und Christus (so oder so) zu tun zu bekommen.“ (Menschwerdung, SW 12 S. 309–322)[173]
Der mitunter merkwürdig erscheinende Begriff vom dreifaltigen Gott zeigt hier seine ganz praktische Bedeutung: In unserem Leben und in der Geschichte begegnen wir Gott selbst, nicht einem Vertreter oder einer blassen Erscheinungsform des Göttlichen. Diese Überlegungen können nur mit einem Gebetstext Karl Rahners abgeschlossen werden, denn für ihn sind „Beten und Fragen nach der göttlichen Führung dasselbe“.[174]
„So wie es wahrhaft Erde und wahrhaft Himmel gibt, so wie wahrhaft ein lebendiger, freier allmächtiger Gott ist und doch auch wahrhaft freie kreatürliche Person, so gibt es diese Doppelheit auch im Bittgebet: wahrhaft Schrei der Not, die das Irdische will, und wahrhaft radikale Kapitulation des Menschen vor dem Gott der Gerichte und der Unbegreiflichkeiten. Und beides in einem? Eines, ohne das andere aufzuheben? Ja. Wie ist das möglich? So möglich, wie es Christus gibt. Verwirklicht aber tausendmal in jedem wahrhaften Christenleben, in dem man wird – o höchste Tat des Menschen – wie ein Kind, das nicht deswegen davor Angst hat, Kind und sogar kindisch zu sein, weil es seinen Vater weiser und weitsichtiger weiß und gütig in seiner unerklärten Härte und darum doch auch nicht sein kindliches Urteil und Verlangen zur letzten Instanz macht.
Kind vor Gott zu sein mitten in der gefühlten und erlittenen Todesqual und der Verzweiflung, gelassenes, bescheidenes, schweigendes, vertrauendes Kind mitten in dem Absturz in die äußerste Leere des ganzen Menschen bis in den Tod, ja bis zum Tod am Kreuze, beides in einem zu sein und so beides in sein Bittgebet hineinzubeten: die Angst und das Vertrauen, den Willen zum Leben und die Bereitschaft zum Tode, die Gewissheit der Erhörung und den restlosen Verzicht, nach eigenem Plan erhört zu werden, das ist das Geheimnis des Christenlebens und des christlichen Bittgebetes. Denn für beides ist Christus das eine und alleinige Gesetz … Solange die Hände gefaltet bleiben, gefaltet bleiben auch im entsetzlichsten Untergang, solange umgibt uns unsichtbar und geheimnisvoll, aber wahrhaftig – die Huld und das Leben Gottes, und

alle Abstürze in das Entsetzen und in den Tod sind nur ein Fallen in die Abgründe der ewigen Liebe.“[175]

Ostern

„Weil der Eine, der die Einheit selber ist, im Menschsein Jesu die streitende Vielfalt des menschlichen Daseins und der Welt angenommen hat als seine Wirklichkeit, die die letzte Versöhntheit seines eigenen einen Grundes nicht aufheben kann, weil dieser Eine den Widerstreit ausgelitten und dadurch in seiner eigenen Geschichte zum versöhnten Ende geführt hat, darum ist das Innerste der Wirklichkeit, ihr Herz, Friede und nicht der vernichtende und auflösende Widerspruch“ (Friede auf Erden, SW 23, S. 343–345).
„Wenn man uns, seinen Boten, die Türen schließt, Ihm kann man sie nicht versperren. Er steigt in alle Herzen, um sie mit dem Hunger nach Gerechtigkeit und Liebe, mit der Sehnsucht nach dem Leben und der Wahrheit immer aufs neue zu beunruhigen, mit dem Hunger und der Sehnsucht, die ihm gehören, weil er die Liebe und Gerechtigkeit, das Leben und die Wahrheit ist. Er ist die ewige Unruhe dieser Welt geworden … In jedem Jahrhundert erklärt die Welt, dass das Reich Christi nun endgültig an Altersschwäche zugrunde gegangen sei und man nun ruhig zur Tagesordnung übergehen könne, und doch bricht immer wieder der Paroxysmus dieser selben Welt gegen diesen Christus los als das Zeichen, (das die Blinden nicht sehen), dass Er noch immer in dieser Welt lebt“ (Unser Osterglaube, vorgesehen für SW 7).[176]

Kurze Interpretation

Ostern ist das höchste Fest im Kirchenjahr. Wir feiern die Auferstehung Jesu als das Fest, das uns verbürgt, dass die Liebe Gottes gültig ist – und bleibt. Und dass es keinen Abgrund gibt, den sie nicht unterfängt und ihn dadurch aufhebt. Aufhebt nicht insofern, dass Leid, Schuld und Not nicht mehr da wären. Sie sind da, sie entfalten ihre negative Macht. Doch diese erweist sich als endlich, gewissermaßen als schon gebrochen. Die

Erfahrung von Ostern erlaubt uns keinen Blick in das „Innere Gottes" hinein. Wie der gütige Gott eine von Leid und Not zerrissene Welt „rechtfertigt",[177] werden wir begrenzten, schuldbeladenen Wesen nie ergründen. Wichtig ist vor allem der Hinweis, dass Gott sich nicht nach unseren Maßstäben zu richten hat. Wenn Gerechtigkeit, Frieden und Barmherzigkeit Richtungsanzeigen sind, wie Gott zu uns ist, dann haben wir gerade angesichts der Übel der Welt Gottes größere Macht zu bekennen und zu preisen, die nicht dort endet, wo wir am Ende sind. Gottes Einsatz für uns, die wir „Im Einsatz Gottes leben",[178] offenbart eine Macht der Liebe, die jegliche Erwartungen unsererseits aufsprengt. Gottes Name ist: „Ich bin da". Und dieser Name ist in Jesus von Nazareth Mensch geworden. Sein Wort, sein Leben, sein Sterben, sein ganzes Sein ist gültige Aussage des Verhältnisses Gottes zu uns, seines Dabeiseins in allen Höhen und Tiefen unseres Lebens.

Ostern feiern wir, dass diese absolute, unüberbietbare Nähe Gottes zu seiner Schöpfung keine Fata Morgana, kein Wunschgebilde ist. Dass Gott sein letztes, sein absolutes Wort, das Fleisch geworden ist, einer von uns, nie mehr zurücknimmt. Dass es bleibt, egal wie lange die Welt besteht und wohin sie sich entwickelt. Gott ist und bleibt nicht nur der Herr der Schöpfung und der Geschichte, sein Engagement von der Krippe bis nach Golgatha war kein Intermezzo, das nur kurz den Lauf der Welt unterbrochen hat. Es ist – und bleibt – buchstäblich bis in alle Ewigkeit – in voller Weise gültig. Das haben die Jünger nach dem offensichtlichen Scheitern Jesu am Kreuz erfahren. Das hat ihre Welt buchstäblich auf den Kopf gestellt, das hat sie herausgerufen aus Lethargie, Angst und Sorge. Das ließ sie die Botschaft von Jesus, dem Gekreuzigten und Auferstandenen, „bis an die Enden der Erde" tragen. Dafür gingen sie in den Tod – für diese Erfahrung, dass Leben und Botschaft Jesu am Kreuz nicht vernichtet wurden, sondern dort endgültige und höchste Beglaubigung erfuhren.

Rahners Texte lassen einen Schluss ausdrücklich nicht zu: Das „irdische Jammertal" zu verachten, um Trost zu finden in einem Jenseits, das mit dieser schrecklichen Welt nichts zu tun hat. Rahner beschreibt das Ausleiden all der Widersprüche und Zerrissenheit dieser Welt durch Gott in Jesus Christus. Daraus wird sicher abzuleiten sein: Auch uns

wird das Leben in all seinen Widersprüchen nicht erspart. Auch uns wird die Welt, so wie sie ist, zugemutet. Wir werden sie aushalten müssen. Doch der Glaube verheißt uns auch einen Trost: Uns ist SEIN Geist ins Herz gesenkt. Wir können zwar weiter fragen, warum die Welt so ist, wie sie ist. Wir werden keine andere Antwort erhalten als die des Glaubens. Von uns selber her können wir die Antwort ohnehin nicht geben. Die Botschaft des Glaubens sagt uns: Diese Unruhe, dieser Hunger und diese Sehnsucht sind nicht rein zufällig da. Sie künden von einer Welt, die unvollkommen ist. Sie künden auch von einer Welt, die ihren Sinn, ihr Ziel nicht in sich selber haben kann.
Diese Unruhe reißt uns – immer wieder neu – aus allen selbstgefälligen Bequemlichkeiten heraus, in denen wir versucht sind, uns immer wieder behaglich einzurichten, es uns gemütlich zu machen, uns auf Dauer in ihr einzurichten, wenn es uns mal wieder richtig gut geht. Es ist uns nicht verwehrt, die Freuden des Lebens zu genießen. Auch sie sind Teil der Schöpfung Gottes, seine Boten der Freude, die von einer ewigen Freude und einem erfüllten Leben künden. Doch es ist uns verwehrt, all das Andere, was es auch gibt, zu vergessen und zu verdrängen.
Der Impuls der Endlichkeit, der aller Schöpfung innewohnt, ist von uns aus nicht aufzuheben und aufzulösen. Er ist immer und überall und begleitet die gesamte Schöpfung. Von daher kann man Sterben und Tod auch nicht als isoliertes Geschehen betrachten, das irgendwie im Leben mal unverhofft auftritt oder erst am Ende, weil das Leben ja irgendwie mal zu Ende geht. Nein, mitten im Leben wird gestorben. Das Leben ist ein Kommen und Gehen, immer wieder muss man Abschied nehmen, Verluste beklagen. Und auch die Augenblicke der Freude und des Glücks sind nicht ewig, sie vergehen, sind gefährdet und verweisen ihrerseits auf ein Leben, das „nicht von dieser Welt ist“. Darauf weist Karl Rahner in vielen Texten immer wieder hin, indem er die Unruhe, die uns aus allem Behaglichen immer wieder aufscheucht, als Erfahrungen der Gnade beschreibt. Sie können dies sein, wenn wir uns dem Anruf Gottes öffnen, der sich uns gerade so zeigt: In der Erfahrung, dass wir auch beim besten Willen nicht Herr der Welt sind, dass Vergänglichkeit und Vergeblichkeit Zeichen sind für eine Welt, die unvollkommen, erlösungsbedürftig ist.

Weil Gott sich uns naht, darum können wir uns ihm nahen. Das geschieht – mitten im Leben – durch Ekstase, durch ein Heraustreten aus dem Gewohnten, das immer wieder verlassen und zurückgelassen werden muss. Gott sucht uns, er geht uns nach, er neigt sich uns zu. Wenn wir auf sein Werben hören, uns auf ihn einlassen, führt diese Ekstase, dieses Herausgerissenwerden und dieses Herausgehen aus dem endlichen Kreis der Gewohnheiten, der liebgewordenen Vorstellungen, der eingefahrenen Gleise uns in die „Freiheit der Kinder Gottes".
Ostern ist das Fest, an dem wir feiern, dass aus Jesu Tod Leben erwächst, das die Welt heilt und sie aufrichtet. Was damals in und mit Jesus Endgültigkeit wurde, ist zugleich Beginn und Verheißung, dass am Ende aller Zeit das Heil der gesamten Schöpfung zuteil werden wird.

Entfaltung auf heutige Erfahrung hin

Wer von Ostern redet, darf Karfreitag und Karsamstag nicht ausklammern oder verdrängen. Gründonnerstag, im Abendmahlssaal, gab Jesus ein Beispiel, das keine ausweichende Interpretation zulässt. Der Herr wusch den Jüngern die Füße. Damit war die geltende Ordnung verletzt, ja auf den Kopf gestellt. Ein Herr hat zu herrschen, ein Sklave zu dienen. Doch Jesus hat seiner Kirche unmissverständlich zu verstehen gegeben, dass der letzte Platz der Ehrenplatz ist, dass im Leben oft die Dornenkrone die Krone des wahren Königs ist. Das Leben, das wir Ostern feiern, ist eines, das den Tod besiegt hat.
Wenn wir heute Menschen über unseren Glauben Auskunft geben wollen, dürfen wir genau dies nicht verschweigen: „Der Schüler steht nicht über dem Meister". Und: „Wer sein Leben retten will, wird es verlieren, wer es aber um meines Namens willen verliert, der wird es retten." Die Hoffnung, die die Botschaft des Glaubens anbietet, ist keine der „billigen Gnade".[179] Das Leben, das den Tod besiegt, wird auf den Straßen dieser Welt gelebt, auf denen geliebt und gehofft, aber auch gelitten und gestorben wird. Auch bei Jesus war das nicht anders.[180]
Man wird schwerlich sagen können, dass der Kreuzweg Mode ist. Darum darf auch Jesu Wort vom „breitem Weg, der ins Verderben führt"

heute und morgen nicht überhört werden. Ebenso wenig sein Hinweis auf die „schmale Pforte", die zum Heil führt.
Karl Rahner weist darauf hin, dass diesem „Zeichen des Widerspruchs" an allen Orten und zu allen Zeiten widersprochen wird. Und das, obwohl man schon oft meinte, hier sei längst kein Widerstand mehr nötig, der Bau ist so morsch, so überholt, dass selbst die Auseinandersetzung nicht lohne. Und dann immer wieder doch das Anstoßnehmen.
Vielleicht ist gerade dies – einerseits das Lächerlichmachen, das Ignorieren und das An-die-Seite-Stellen der christlichen Botschaft einerseits und andererseits der erbarmungslose Kampf gegen das Christentum, gegen seine Werte und seine Botschaft, die neben der Freude und Hoffnung auch Forderungen enthält, der Schwester und dem Bruder Lebenschancen nicht vorzuenthalten – das eigentliche Kennzeichen des Echten und Wahren. Vielleicht erlebt jede Zeit neu und anders, was Simeons Weissagung ankündigte: Das Schwert, das die Seele durchdringt, das Zeichen, dem widersprochen wird.
Das Ärgernis in der Zeit verrät die Ewigkeit in ihr.
Ich denke in unserer Zeit an die Wendejahre 1989/90. Wie viel Hoffnung war bereits erstorben. Die kommunistischen Machthaber saßen scheinbar unangreifbar, ja für immer, auf ihrem „Thron". Schließlich gab es nach ihrer Auffassung eine gesetzmäßige gesellschaftliche Entwicklung: Feudalismus, Kapitalismus waren besiegt im Klassenkampf. Nun blieb nur noch der Aufbau der kommunistischen Gesellschaftsordnung, denn die „entwickelte sozialistische Gesellschaft" hatte die Machtfrage „ein für allemal" geklärt. Wer zweifelte noch am Sieg des Sozialismus? Schließlich waren wir schon in die zweite Phase der „entwickelten sozialistischen Gesellschaft" eingetreten. Alles verlief exakt und genau nach Plan. Was sollten da noch Fragen, gar Zweifel? Es war alles so schön rund, schlüssig – unwirklich!
Und wer es wirklich wagte, daran zu zweifeln und darüber auch noch redete, dem brachte man das „richtige Bewusstsein" schon bei. Alles diente ja der Stärkung des Sozialismus, diesem Ziel waren alle anderen Bemühungen und die Wahl der Mittel untergeordnet. Wie hieß es doch so unmissverständlich: „Alles zum Wohle des Volkes!"

Und dann kam alles anders. Gegen betende Hände und Kerzen der Hoffnung lässt sich auch mit Panzern und Bajonetten nicht ankommen. Oder schauen wir auf Südafrika: Jahrzehntelang saß ein schwarzer Rebell, ein Staatsfeind im Gefängnis. Er wurde den Machthabern zu gefährlich. Und dann – plötzlich – ein weißer Regierungschef, dem es dämmerte: „Nein, so geht es nicht weiter". Die Macht wird geteilt, die Minderheit kann nicht mehr einfach über die Mehrheit nach Gutdünken verfügen. Menschen, die anders sind, anders aussehen, sind Menschen mit derselben Würde, denselben Rechten. Aus dem Gefangenen wurde ein Präsident, die Welt horchte auf, als in Südafrika laut über Versöhnung, über Instrumente für einen gesellschaftlichen Ausgleich und die Aufarbeitung geschehenen Unrechts nachgedacht wurde. Als Strukturen der Versöhnung geschaffen wurden, die auch funktionieren.

Auferstehung geschieht nicht irgendwann, nicht irgendwo. „Gottes Geist weht, wo er will." Wenn wir uns ihm öffnen, geschieht Auferstehung – auch hier und heute.

Zu welcher Bekehrung möchte Rahner mit diesem Text bewegen?

Ich glaube, dass Karl Rahner uns mahnt, sensibel zu sein im Umgang mit uns selbst, mit den Mitmenschen, mit Gottes Schöpfung. Die Erfahrung von Ostern ist kein Meteorit, der einfach vom Himmel fällt. Ostern kann nur feiern, wer die „ewige Unruhe dieser Welt" nicht überhört und übertönt mit all den Nebensächlichkeiten, die allerorten als lebenswichtig angeboten werden. Diese Unruhe ist in uns, es ist Gottes Geist selbst, der in Jesus unser Leben mit uns teilt. Der uns durch sein Beispiel darauf aufmerksam gemacht hat, dass „der Mensch nicht vom Brot allein lebt".

Brot steht hier als Symbol für all das, was an irdischen Gütern bereitsteht. Sehr häufig zum rechten Gebrauch, oft jedoch wird daraus auch Missbrauch. Die Frage steht: Was brauchen wir wirklich zum Leben? Ist unser materieller Überfluss nicht zumeist erkauft mit der Armut der Anderen? Und dient er nicht oft dazu, die in uns existierende Leere aufzufüllen?

Hören und sehen wir genauer auf diese Leere! Darauf macht Karl Rahner immer wieder aufmerksam, denn es ist ein Zustand, der schon durch die einfache Tatsache, dass er da ist, Zeugnis gibt von unserem Angewiesen-Sein. Der uns darauf aufmerksam machen kann – wenn wir denn willige Schüler sind – dass in den wichtigsten Lebensvollzügen, wie Vertrauen, Hoffnung und Liebe wir von der Zuwendung anderer Menschen, letztlich des „ganze Anderen" leben. Unsere innere Leere zeigt durch sich selbst an, dass wir als Menschen im Allerletzten eines unbedingt Gebenden, eines grenzenlos Schenkenden bedürfen! Der gibt ohne Maß.

„Wenn sie … sich nicht einbilden (mehr ist es dann auch nicht), aus eigener Kraft die verzweifelte Leere zu sein, sondern lieber aus der Gnade eines anderen (des einen anderen) die geschenkte Fülle zu sein bereit sind." (Not und Segen, S. 53)[181]

Noch ein weiterer Gedanke zu Ostern, der an den „Hunger nach Gerechtigkeit und Liebe" anknüpft. Für Karl Rahner waren Alltäglichkeiten immer mehr als Banalitäten. Der reale Hunger nach Brot sprach für ihn auch von dem nach Liebe und Gerechtigkeit. So sollten auch wir hier fragen: Ist das Brot, das wir Menschen täglich brauchen, nicht auch Symbol dafür, wie sehr wir angewiesen sind auf das wirkliche „Brot des Lebens"? Auf jene Speise, die wir unbedingt brauchen und die nicht von uns, auf unseren Feldern einfach angebaut werden kann? Sind wir uns dieser Tatsache wirklich bewusst in all der Hektik des Alltags? Ist es uns nicht gerade deshalb verwehrt, dieses irdische Brot zu verwechseln mit dem „Brot, das vom Himmel kommt", weil das irdische Brot nur irdischen Hunger stillen kann? Wenn Gott SELBST in seiner Fülle die „Nahrung" ist, die allein uns „sättigen" kann, warum verwechseln wir das irdische Brot doch immer wieder mit dem himmlischen, trotz aller guten Vorsätze? Kommt die Osterbotschaft bei uns so schwer an, weil wir zu sehr mit uns selbst beschäftigt sind? Die Stille, die uns auf unsere Leere aufmerksam machen kann, sollten wir nicht fliehen. Sie kann eine gute Ostervorbereitung sein!

Und noch ein Aspekt. Wir sind nicht jene,(Wir dürfen es nicht sein!) die beruhigt Ostern genießen können, wenn wir nicht der Welt diese Botschaft bringen. In Wort und Tat. Denn Glaube, Hoffnung und Liebe kann man nicht für sich allein genießen. Sie sind Vollzüge, die von sich her jeden Eigensinn aufbrechen, die zur Solidarität aufrufen, die Gemeinschaft stiften. Wie könnte ich eine Hoffnung haben nur für mich? Wenn Rahner vom Frieden spricht, von Versöhnung, dann meint das immer mehr als den Einzelnen. Wir sind eine Gemeinschaft, in der jeder Mensch vor das Geheimnis Gottes gerufen ist. Ist diese Berufung nicht vielfach heute verschüttet? Vielleicht auch deshalb, weil unser Zeugnis so wenig Glanz verbreitet und in Menschen gar nicht die Ahnung aufkommt vom Mehrwert des Glaubens? Kann der, der davon weiß, davon ergriffen ist, dies je für sich behalten? Wird er seine Osterfreude, dass Jesus lebt, nicht hinausrufen, dass alle Welt es hört? Doch wird er es so in die Welt hinein rufen, dass sein Freudenschrei auch gehört und verstanden wird? Freude kann man nicht für sich behalten. Und manchmal schaffen auch die besten Worte keine „Öffnung des Herzens“. Vielleicht hilft dann das Zeugnis der Tat dort weiter, wo Worte an unüberwindliche Grenzen stoßen. Caritas allein ist nicht Kirche, doch eine Kirche ohne Caritas kann es nicht geben.

Gottes Güte zu uns ist nicht irgendein Geschäft, eine Kompensation. Gott liebt so verschwenderisch, dass er SICH SELBST gibt. Dass er sich riskiert, indem er das Wagnis eingeht, mit uns eine Geschichte zu beginnen. Das ist nicht nur ein Drama, das Höhen und Tiefen kennt. Es ist ein gottmenschliches Drama, das buchstäblich am Kreuzesbalken scheinbar zu Ende ging, indem die Hoffnung der Welt schändlich in ihrer Ohnmacht offenbar wurde. Aufgehängt wie ein Verbrecher. „Anderen hat er geholfen, sich selbst kann er nicht helfen.“ Und: „Seht da, den Menschen.“ Aber auch: „Noch heute wirst du mit mir im Paradiese sein.“ Das Kreuz ist eine Lebenswirklichkeit, die uns nichts erspart und die uns nicht abgenommen wird. Doch das Kreuz hat – buchstäblich, Gott sei Dank – nicht das letzte Wort. Ostern feiern wir den Aufgang im Untergang. Rahner will uns hinführen, anleiten und mahnen mit seinen Texten, der Versuchung der Weltflucht nicht zu erliegen. Auch in unserer Kirche gab und gibt es immer wieder Versuche, die Worte aus dem Evangelium abzuschwächen.

„Und das Wort ist Fleisch geworden“ – „Was soll das?“ „Das kann doch nicht wortwörtlich genommen werden.“ Oder: Die Welt ist nicht zu retten, dann lasst uns lieber in den Schutzraum Kirche flüchten. „Lasst uns darunter sicher steh'n, bis alle Stürm' vorüber geh'n."

Das fällt manch einem umso leichter, je mehr man auf Jesus im „Allerheiligsten" schaut, der alle „Gottesfernen ausgelitten hat". Um nicht missverstanden zu werden: Wer Frömmigkeitsformen, wie Andachten vor dem Allerheiligsten oder stille Betrachtungen ablehnt, aus welchen Gründen auch immer, kann sich gerade *nicht* auf Karl Rahner berufen! Rahner liebte die „stillen Messen", von ihm sind Passionsandachten überliefert mit Meditationen, die die Zeiten überdauern. Karl Rahners Herz-Jesu-Verehrung zeigt in besonderer Weise die innere Verschränkung von Theologie und geistlicher Betrachtung, die sein Werk auszeichnet.

Worum es Karl Rahner allerdings geht, darf bei aller Frömmigkeit nicht übersehen werden: Dann – und nur dann – wenn Frömmigkeitsformen dazu genutzt werden, sich der Aufgabe eines Christen in der Welt zu entledigen, hat man beides verkannt und verraten. Frömmigkeit ist kein intellektueller Genuss und Glaube ist immer ein „Glaube, der die Erde liebt".[182]

Vergessen wird allzu leicht bei einer zu behaglichen und gemütlichen „Schau der Gestalt",[183] dass nur der die richtige Schau des Einsatzes Gottes in der und für die Welt hat, der sich in SEINE Nachfolge begibt. Vergessen wird zu leicht und zu schnell vielleicht der enge und schmutzige Stall zu Bethlehem, der Kreuzweg des Herrn und dass Jesus in seine Nachfolge ruft und nicht in teilnahmsloses Verharren.

Kontemplation und Aktion dürfen nicht gegeneinander ausgespielt werden, sie bedingen und durchdringen sich. Nachfolge Jesu kann nur ein Pilgern sein auf den staubigen Straßen dieser Welt, kein behagliches Zuschauen von sicherem Terrain aus. Wer bei Karl Rahner „in die Schule geht", wird sich immer wieder neu zum Paulus-Wort bekehren, das Rahner uns ans Herz legt: „Habt den Alltag und das Gewöhnliche lieb" (SW 14, S. 271).

Gott mutet uns die Welt zu. So, wie sie ist. Weil er sie sich auch selber zugemutet hat in SEINEM Sohn haben wir begründete Hoffnung. Deshalb feiern wir Ostern. Damit feiern wir auch, dass Gott einen besonderen Weg des Heils erwählt hat. Aber gerade diese Erwählung ist kein

Ausschlusskriterium. Zur Kirche berufen zu sein heißt, an die „Enden der Erde" zu gehen, damit das Heil auf allen Straßen und Plätzen verkündet werde. Wege der Welt werden Wege des Heils, wenn sie Wege mit Gott sind.
Ostern – geht uns das was an? Alles geht es uns an! Weil unser Leben, was aus ihm wird, uns nicht gleichgültig sein kann. Unser Glaube sagt uns, dass jene Wege, die wir mit Gott gehen, auch ans Ziel kommen. An ein Ziel, das wir nicht selber machen können, das aber alle Menschen – oft auch unausgesprochen – ersehnen. Weil Gottes Geist sie treibt und lockt. Es ist Auszeichnung, Berufung und Würde des Menschen, dass Gott uns die Möglichkeiten schenkt, am Werk der Vollendung seiner Schöpfung mitzuwirken. Ostern ist von daher auch eines der stärksten Motive für den Weltdienst des Christen. Alles, was unter Gottes Segen steht, hat Bestand. Diese österliche Botschaft ist uns durch Jesu Tod und Auferstehung verbürgt, so dass wir uns freuen auf den „Tag, den Gott gemacht hat". Weil es der „Tag (ist), der keinen Abend kennt". Hoffnung und Freude gehören zusammen.
„Freu dich Erde deines himmlischen Lichtes."[184]

V. Gang:
Der Dreifaltige Gott als „konkreter Monotheismus“ – Leben aus der Gnade

Ist unser Glaube eine Zumutung? Die Frage kann heute leicht aufkommen. Denn nach Gott wird oft nicht oder nicht mehr gefragt. Wenn dann noch von „einem Gott in drei Personen“ die Rede ist – scheint das wirklich zuviel zu sein für einen Menschen des 21. Jahrhunderts, oder? Ja, mir scheint, der Glaube mutet uns in der Tat etwas zu: Wir dürfen glauben, dass Gott selbst mit uns eine gemeinsame Geschichte machen will – und macht!
Vielleicht haben wir uns kirchlich schon zu sehr eingerichtet und eingewöhnt, so dass es uns schwerfällt, den Abstand zu ermessen, der zwischen der nüchternen Mentalität einer Fabrikhalle oder eines Forschungslabors waltet und unseren Gebetstexten: „Gott ist dreifaltig einer.“ Wir sprechen ja in der Kirche ganz unbefangen vom „Sohn Gottes“, vom „Geist, der in uns wohnt“. Es macht uns in der Weihnachtszeit meistens nicht viel Kopfzerbrechen, wenn wir hören: „Die Jungfrau wird ein Kind empfangen, es wird ‚Sohn des Allerhöchsten‘ genannt werden.“
Doch hier sollten wir innehalten: Dankbar und staunend nehme ich wahr, wie sehr unser Glaube von einer reichen Tradition geprägt ist, ja wie er daraus lebt. Da ist vieles selbstverständlich – so als könne es gar nicht anders sein. Und dann erlebe ich, wie Menschen von heute, die in dieser Tradition nicht aufgewachsen sind, ihr oft völlig verständnislos gegenüber stehen. Und mit einem durchaus heilsamen Schreck durchfährt es mich dann: Vieles, was mir so selbstverständlich scheint, ist es überhaupt nicht. Ganz viel von dem, was wir als Kinder im Religionsunterricht gelernt haben, muss heute ganz neu gesagt werden. Damit es das Gemeinte wirklich zur Sprache bringt und so ankommt, wie es gemeint ist.

Wenn wir uns in dieser Situation von Karl Rahner wieder „an die Hand nehmen lassen", können wir gerade bei diesen Fragen, die uns oft rat- und hilflos zurücklassen, zunächst etwas ganz Erstaunliches vernehmen: Es geht bei der Frage des dreifaltigen Gottes nicht – wie man es vielleicht vermuten könnte – um irgendeine Nebensächlichkeit oder Spitzfindigkeit. Es geht um das Zentrum unseres Glaubens! Um die Liebesgeschichte Gottes mit uns. Darum gibt es die Schöpfung, in der der Mensch als Freiheitswesen noch einmal seinen ganz besonderen Platz hat.
Gott selbst will mit uns eine ganz eigene, persönliche Geschichte haben. Dabei macht Gott nicht irgendein Geschenk als Zeichen seiner Freundschaft. Er gibt sich selbst, ganz und gar. So, wie er ist. In der „Dreifaltigkeit" Gottes geht es zunächst darum, wie wir Gott – IHN SELBST – erleben, in unserem Leben, im Leben der Anderen, die mit uns und vor uns gelebt haben, die nach uns kommen werden. Dabei ist die Erfahrung mit Jesus von Nazareth noch einmal etwas ganz Besonderes. Wenn Gott sich gibt, gibt er sich ganz. Er hält nichts zurück, er behält sich nichts vor. Wenn wir Gott selbst erfahren, so wie er ist, dann handelt es sich immer um den einen und selben Gott. Und dann sagt diese „heilsgeschichtliche Erfahrung" etwas aus, über diesen Gott – und uns! Nicht nur, wie er zu uns ist, sondern auch, wie er wirklich ist. Wenn Menschen das ausdrücken, wird diese Sprache immer nur sehr bruchstückhaft bleiben. Wie sollte es auch anders sein, angesichts der Beziehung Gott-Mensch?
In diesem Gang wollen wir dem faszinierenden Geheimnis göttlicher Nähe nachspüren, in der Welt, in der Geschichte, in der menschlichen Gemeinschaft, im eigenen Leben.

Gott in Welt

„Immer noch ist Inkarnation. Denn das, was damals angenommen wurde, ist angenommen, wird täglich neu angenommen. In dieser Annahme des Nichtgöttlichen zum innersten Eigentum und zur innersten Wirklichkeit Gottes selbst sind auch wir Angenommene, in das Leben

Gottes Hineingenommene. Wenn Gott selbst eine irdische Wirklichkeit als seine eigene hat und wenn diese Wirklichkeit gar nicht ohne die Welt, ohne die Umwelt, ohne eine menschliche Mitwelt gedacht werden kann, dann ist schon im Logos selbst durch seine Menschwerdung die Welt und die Menschheit angenommen, sind wir angenommen. Wir gehören zu ihm, und wir haben in ihm, in der Einheit der hypostatischen Union, schon unsere Annahme durch Gott empfangen, und wir brauchen eigentlich nur eines im Blick auf Jesus Christus zu tun: uns anzunehmen. Dann haben wir das angenommen, was Gott angenommen, aufgenommen, erlöst, für endgültig erklärt hat. Darin haben wir Gott selbst in seiner seligen Unbegreiflichkeit gefunden" (Rahner, Einübung priesterlicher Existenz, SW 13, S. 269–437).

Kurze Interpretation

Karl Rahner geht es in der Trinitätstheologie darum, ihr den Ort zuzuweisen, der ihr zukommt. Die Trinität Gottes ist zentrale Aussage christlichen Glaubens. Daraus folgt streng, dass man nicht den Monotheismus, den Glauben an den einen Gott, der Trinität, der Dreifaltigkeit Gottes, gegenüberzustellen oder gar beide Aussagen gegeneinander ausspielen kann. In der Trinität geht es um die Geschichte Gottes mit uns Menschen.
„Immer noch ist Inkarnation". Wenn Gott selbst mit uns eine Geschichte eingeht, dann dürfen wir diese Aus- und Zusage Gottes nicht abschwächen, etwa in dem Sinn, dass es nicht sein kann, dass der allmächtige Gott mit uns schwachen Geschöpfen so „intim" umgeht. Wir können über die Liebeszuwendung Gottes staunen und sie dankbar entgegen nehmen. Gott in seiner Liebe Grenzen setzen – das können wir Menschen nicht. Wenn Gott mit und an uns handelt, dann gibt er sich ganz. Es ist dann gerade nicht so, als ob es nur um ein besonderes Geschenk Gottes an uns geht, um eine, vielleicht nette Geste Gottes gewissermaßen. Wenn Gott sich uns gibt, dann ist der „Geber selbst die Gabe".[185] Recht verstandene Trinität und Eingottglaube hängen aufs engste miteinander zusammen. Man könnte auch formulieren, dass Trinität „konkreter Monotheismus" ist. Denn wenn es wirklich um Gott selbst geht,

der bei uns – nicht nur sein will, sondern *ist* – dann müssen wir ernst damit machen: In Christus und im Heiligen Geist haben wir es mit Gott selbst zu tun. Ja, wir können es noch genauer sagen: Wir haben es mit einem Gott zu tun, der uns in sein Leben hinein nimmt.

Und nicht nur uns. Die Menschwerdung Gottes greift über auf Gottes ganze Schöpfung, so dass Rahner auch formulieren kann: Durch die Menschwerdung des Logos selbst ist „die Welt und die Menschheit angenommen."[186]

Karl Rahners Trinitätstheologie wird umfassend gewürdigt im Wort der deutschen Bischöfe zur Trinität.[187] Der Begriff „Selbstmitteilung Gottes" als gültiger Ausdruck für das, was kirchlich unter Gnade verstanden wird und dem Karl Rahner entscheidend mit zum Durchbruch in der Theologie verholfen hat, wurde vom Lehramt der Kirche breit aufgenommen[188].

Entfaltung auf heutige Erfahrung hin

Unmittelbar vor seinem Tod, in seinem letzten öffentlichen Vortrag, legt Karl Rahner ein Glaubensbekenntnis ab, dass auf mich wie ein Prüfkriterium wirkt. Mit ihm werden nicht alle Fragen einfach „vom Tisch gewischt". Sie sind wichtig, vieles bedarf der Klärung. Doch wo es um die letzten Grundentscheidungen geht, werden alle zweitrangigen Fragen im Grad ihrer Bedeutsamkeit sehr klar und schnell erkennbar. Da wird das Eigentliche sichtbar, auf das es (letztlich) allein ankommt. In seiner überragenden Bedeutung weist es weitere Anfragen nicht ab, bringt sie aber in eine Perspektive, die vieles nimmt, was sich mitunter drückend und belastend für den Glauben ausnimmt.

„Wir können nur entweder alles, nämlich Gott selbst in seiner reinen Gottheit wollen, oder wir sind verdammt, d. h. begraben in dem Kerker unserer Endlichkeit" (SW 25, S. 47–57).

Der „Kerker der Endlichkeit" – Kerker, Gefängnisse gibt es viele. Im buchstäblichen und im übertragenen Sinn. Wollen die Menschen wirklich raus aus ihren, oft selbstgewählten, „Kerkern", die ihnen ja auch Schutz bieten und eine gewisse Sicherheit? Hungern und dürsten die Menschen wirklich nach den „Wassern des Lebens"? Ja, die Menschen

hungern und dürsten sehr – täglich sterben viele Menschen an Hunger und Unterernährung. Und hier bei uns, im „reichen Westen"? Wie kann die Botschaft der Liebe und Güte bei den Menschen ankommen, wenn sie das Notwendigste zum Leben nicht haben? Vielleicht ist das größte Hindernis für die atemberaubende Botschaft des Glaubens, dass Menschen sie gar nicht hören *können*. Weil die Sorge um das nackte Überleben in ihnen gar keine anderen Gedanken aufkommen lässt, als die Frage: Was habe ich heut' und morgen zu essen? Wo finde ich ein Obdach? Und umgekehrt: Die vollen Regale, das Gefühl, per Mausklick alles zu wissen, was es zu wissen gibt, überall gleichzeitig zu sein, zugleich alles und nichts zu wissen, das stumpft ab, macht öde, langweilig, blöd. Zumindest ist die Gefahr sehr groß. Und es blockiert die einfache Frage: Wozu das Ganze überhaupt? Sie wird oft weder zugelassen, noch wahrgenommen, kaum (noch) gestellt. Die entscheidende Lebensalternative, die Karl Rahner so eindrucksvoll vor Augen führt – sie verpufft in ihrer Wirkung. Sie kann nicht ankommen, weil zunächst viele andere, mehr lebenspraktische Fragen, entscheidend und wichtig sind.
Ich höre zwei Einwände, die gleichsam mitschwingen bei dieser Analyse: „Hör' doch endlich damit auf, du willst uns nur das Leben verdrießlich machen. Außerdem jammert nur so jemand, der scheinbar überfordert ist von der Wirklichkeit und am besten in eine selbstgemachte ‚Glaubenswelt' abtauchen möchte." Und der zweite Einwand: „Wir können doch nicht wirklich etwas tun an all den vielen ungerechten Strukturen. Hör' endlich auf damit, bei uns Deinen Frust abzuladen." Wie geht man um mit dieser „Abfuhr"? Und ist daran nicht viel Wahres? Ist die christliche Botschaft wirklich nur etwas für Leute, die sich im Leben als minderwertig und überfordert erleben? Die nicht „mit der Zeit gehen", weil sie dem Tempo nicht standhalten?
Hat Friedrich Nietzsche doch recht mit seiner Religionskritik, dass der Glaube nur etwas ist für die „Schwachen"? Der Trost für die „Zukurzgekommenen"? Und müssen wir uns dem Schicksal blind ergeben, weil wir wirklich nichts ausrichten können?
Rahners Text steht in der Tat gegen einen vordergründigen Pragmatismus, der auch ein alles zu beherrschendes Lebensgefühl, eine Lebenseinstellung, eine Mentalität prägt, die für ganze Gesellschaften, ja Epo-

chen gelten kann. Rahners Hinweis ist sozusagen „gegen den Strich gebürstet“, wenn er davon spricht, dass man nur alles, nämlich Gott selbst, wollen kann oder ersticken müsse im „Kerker unserer Endlichkeit“.

Ich glaube, hier stehen wir vor einer der schwierigsten Fragen in der Glaubensverkündigung heute: Wie ist es möglich, dem Menschen von heute (und morgen!) klar zu machen, dass er ganz vieles kann, weiß und über ungeheure Möglichkeiten verfügt, dass er sie nutzen kann, darf, ja soll, denn sie sind Gaben aus Gottes guter Schöpfung. Und der Mensch ist ja ausdrücklich berufen, an ihrer Vollendung schöpferisch mitzuwirken. Wie ist es möglich, gleichzeitig daran festzuhalten: Das alles ist gut, schön, wertvoll, richtig und wichtig – wenn du aber dein Herz dran hängst, bist du begraben im Verlies der selbstgewählten Endlichkeit?

Den entscheidenden Fingerzeit, hier klarer zu sehen und die praktische Bedeutung der Trinitätstheologie zu erahnen, gab mir Karl Rahner im Kapitel „Vom Helfer-Geist“ in seinem Buch „Von der Not und dem Segen des Gebetes“ (vorgesehen SW 7).[189] Dass Gottes Geist in uns betet, auch dann wenn wir schwach, träge oder skeptisch sind, das zeigt nicht nur, dass Gott selbst unsere Unruhe ist (ungetrennt und unvermischt), die uns aufscheucht. Wir müssen uns „nur“ auf dieses Drängen des Geistes einlassen. (Das ist schwer heute, unsagbar schwer bei all der Hektik und dem Tageslärm, IHN wahrzunehmen und noch mehr, SEINEM Wink und Ruf zu folgen.)

Es ist diese „lebenspraktische Trinität“, die uns vor Überforderung bewahrt und gleichzeitig einlädt, die Güter dieser Welt nicht gering zu schätzen und trotzdem immer eine gewisse Distanz zu ihnen zu bewahren. Nur so – in einem lebenslangen Lernen – wird man die Güter dieser Erde gebrauchen, ohne ihnen zu verfallen. Ohne sein Herz gänzlich an sie zu verlieren. Hier hat die Trinität, das Wirken des göttlichen Geistes in uns, eine kaum zu überschätzende, praktische Bedeutung.

Dieses Wissen um den „Helfer-Geist“ macht uns gleichsam immun gegen Fatalismus und Ängstlichkeit. Dann, wenn es sich wandelt von einem theoretischen Wissen hin zu einem existentiellen Wissen, zu einer Haltung des Herzens, zu einem Vertrauen, das zur Annahme der Wirklichkeit befähigt. Einer Wirklichkeit, wie sie sich uns gibt und nicht, wie

wir sie uns wünschen. Wir können nicht die Welt „erlösen". Aber wir sollen unseren Teil dazu beitragen, damit dort, wo Gott uns hinstellt, ein wenig mehr von seiner Güte, seiner Liebe und Barmherzigkeit erfahrbar wird. Alles andere ist Gottes Werk, der unser Tun nicht gering achtet. Auch hier ist er Partner, der uns in unseren Möglichkeiten ernst nimmt und der sie unterstützt. Er ist ja bei uns.
Und noch ein anderer Aspekt aus dem Verständnis der Trinität als „konkreter Monotheismus". Das Wissen um den unmittelbaren Gottesbezug jedes Menschen macht nicht nur auf unsere Verantwortung und auf die Würde jedes Einzelnen aufmerksam. Es macht auch Schluss mit der irrigen Annahme, der Mensch sei so etwas wie ein hochentwickeltes Tier oder eine wunderbar funktionierende Maschine.
Die Tatsache, dass der Mensch unmittelbar zu Gott hin ist, macht seine Einzigartigkeit aus. Die Evolution wird damit nicht geleugnet, ganz im Gegenteil. All das, was wir als „Wirkung des Heiligen Geistes" erfahren und interpretieren – sollte dies nicht auch Spuren und Analogien in der gesamten Schöpfung hinterlassen haben?[190] Denn es ist doch Gottes Schöpfung. Und es ist SEIN Wort und SEIN Geist, die uns geschenkt sind. Dabei ist es immer der eine und selbe Gott, der so *bei* und *mit* uns ist. Welche Würde ist uns geschenkt und welche Gabe. Sie ist zugleich Aufgabe. Doch „wenn Gott mit uns ist, wer ist dann gegen uns?"

Zu welcher Bekehrung möchte Rahner mit diesem Text bewegen?

Rahner möchte uns „bekehren", die Meinung als irrig zu erweisen, dass die Trinitätstheologie nicht mehr ist als eine theologische Spekulation. Er ermuntert uns, dass wir auch im Dialog deutlich machen, dass Trinität eine äußerst praxisrelevante theologische Aussage beinhaltet, die sich ins Leben hinein übersetzen muss. Das scheint mir eines der entscheidenden Anliegen rahnerschen Denkens zu sein.
Dabei geht es nicht primär um einen Streit über Worte und Begriffe. Es geht ganz „handfest" um die Frage, ob wir glauben können, dass Gottes Angebot, mit jedem Menschen eine eigene, persönliche Geschichte einzugehen, wirklich wahr ist und gilt. Ob wir uns auf dieses Angebot einlassen können, weil wir glauben, dass es für unser Leben die ent-

scheidende Frage überhaupt ist. Und dabei ist Glauben nicht eingeengt zu verstehen und zu reduzieren auf ein bloßes „Fürwahrhalten“ von Sätzen, von rein theoretischen Aussagen. Es geht um die ganze Wirklichkeit des Menschen. Darum, dass wir Ernst damit machen, dass Gott selbst sich immer schon auf uns eingelassen hat. Und das mit allen Folgerungen, die daraus zu ziehen sind.

Noch etwas anderes lehrt uns Karl Rahner. Es ist die Tugend des Mutes, die Tugend der „intellektuellen Redlichkeit“ und auch des „kritischen Wortes in der Kirche“. Denn wenn „Gott mit uns ist“, sind Angst und Mutlosigkeit Haltungen des Unglaubens. Haltungen, die nicht Ernst damit machen, dass wir in all unserem Tun nie allein sind, dass Gott mit uns ist. Darum ist das kritische Wort in Kirche und Gesellschaft uns aufgetragen und zugemutet. Nicht um zu nörgeln oder um einfach was los zu werden, sondern um mitzuhelfen, dem Wirken des Geistes Gottes Türen zu öffnen, Wege zu bahnen.

Auch dies tut gerade heute unserer Kirche gut, in der manch „Schutt und Geröll“, manch Ängstlichkeit und Erstarrung, nicht gerade dazu beitragen, die Falten und Runzeln aus ihrem Gesicht zu entfernen. Das freie Wort in der Kirche ist uns aufgetragen, damit Gottes Botschaft besser gehört und ausgerichtet wird. Er selbst will ja wirklich bei uns ankommen. Und das wirft die Frage auf, ob wir dazu bereit sind. Ob wir ihm Einlass gewähren oder die Tür zuhalten. Er ist bei uns, er selber – und wartet. Die Frage bleibt, wenn man feststellt, dass man im Leben von Gottes Gegenwart nichts merkt, ob es nicht Hindernisse gibt, die wir selber zuerst wegzuräumen haben.

Das betrifft auch die Sprache, die Verkündigung. Sprechen wir heute so, dass wir die Menschen mit der Botschaft vom Heil erreichen? Oder reden wir „über die Köpfe hinweg“? Flüchten wir uns in eine Formelsprache, die niemand versteht, die uns – scheinbar – unangreifbar macht? Die in Wirklichkeit aber Ausdruck von Angst sein kann, sich wirklichen Lebensfragen auszusetzen. Eine Glaubenssprache, die zur Belanglosigkeit zu werden droht, weil sie nicht ankommt, nicht ankommen kann. Was nicht ankommt, kann nicht verstanden werden. Was nicht verstanden wird, kann auch nicht bewusst umgesetzt werden. Eine Sprache, die nicht ankommt, die unverstanden bleibt, wird irrelevant, bedeutungslos.

Karl Rahners Theologie blieb nicht ohne Widerspruch, er selbst hielt sein Denken nicht für etwas Feststehendes, sondern forderte immer wieder zum theologischen Disput auf. Der sei schon deshalb nötig, weil sich Umstände, Kontexte, Fragestellungen, Problemkonstellationen, Erkenntnisse etc. immer wieder ändern und wir – auch als Kirche – keine irritationsfesten Besitzstände haben. Rahner lädt ein, in „intellektueller Redlichkeit", unsere selbstgezimmerten Wohneinheiten des Glaubens auf Funktionsfähigkeit und Standfestigkeit zu überprüfen. „Der Geist ist es, der lebendig macht".
Auch der theologische Diskurs, so fruchtbringend er ist, geht nicht ohne Reibung ab, ohne Widerspruch. Auch hier können wir von Rahner lernen, um der Sache willen solche Spannungen auszuhalten und auszutragen. Solange der Disput um den Glauben geht (und damit um die wichtigste „Sache" der Welt und nicht um persönliche Profilierung oder Herabsetzung Andersdenkender), ist dagegen überhaupt nichts einzuwenden, im Gegenteil. Der theologische Diskurs ist unerlässlich, will Kirche nicht erstarren zu einem – höchst ehrenwerten – Museum![191] Die Trinitätstheologie als „konkreten Monotheismus" zu verstehen, der im Leben eine (ja die entscheidende!) wichtige Bedeutung hat, die man erst durch sein ganzes Leben „einholen" kann, war und ist für mich einer der entscheidenden Impulse, die ich Karl Rahner verdanke.
Eine zweite Einsicht ist nicht minder bedeutsam: Wer sich auf Karl Rahner einlässt, lässt sich auf jemanden ein, der die Botschaft der Kirche unverkürzt und unverfälscht zur Darstellung bringt.[192] Auch dies gilt es heute sich selber immer wieder zu sagen: Wir sind Gläubige in der Kirche, die den Schatz der Offenbarung hütet. Nichts wäre verkehrter als die Selbstverliebtheit in die eigene Subjektivität, vor der Karl Rahner ausdrücklich gewarnt hat.[193]
Rahners „konkreter Monotheismus" fordert uns zu einer mutigen Haltung, auch und gerade in der Kirche, heraus. Gott ist mit uns, dann sollen wir es auch zeigen, denn „an ihren Früchten sollt ihr sie erkennen". Die Kirche ist die „Stadt auf dem Berge", nicht das „Getto im Tal". Vollzüge der Kirche kann und darf man nicht separieren, wenn Gottes Heil allen Menschen gilt und wir deshalb auch zu allen gesandt sind, weil

Gott längst schon in ihnen darauf wartet, dass das „Verlies des Herzens" geöffnet wird.
Die Trinitätslehre ist „hoffnungsschwanger", weil sie kündet, dass es keine „gottlose Welt" gibt. Wer diesen Gedanken zu Ende denkt, kann nicht ängstlich sein in Bezug auf die Zukunft der Welt und der Kirche. Auch dies ist ein Vermächtnis Karl Rahners, der sich hierin mit dem seligen Johannes Paul II. trifft, der uns mit den Worten ermutigt: „Habt keine Angst".

Erfahrungen auf Selbstmitteilung hin

„Die eigentliche und einzige Mitte des Christentums und seiner Botschaft ist darum für mich die wirkliche Selbstmitteilung Gottes in seiner eigensten Wirklichkeit und Herrlichkeit an die Kreatur, ist das Bekenntnis zu der unwahrscheinlichsten Wahrheit, dass Gott selbst mit seiner unendlichen Wirklichkeit und Herrlichkeit, Heiligkeit, Freiheit und Liebe wirklich ohne Abstrich bei uns selbst in der Kreatürlichkeit unserer Existenz ankommen kann ... für mich wäre aller noch so fromme Jesuanismus, alles Engagement für Gerechtigkeit und Liebe in der Welt, aller Humanismus, der Gott für den Menschen verbrauchen will und den Menschen nicht in den Abgrund Gottes hineinstürzt, Religion eines unbegreiflich bescheidenen Humanismus ..." (SW 25, S. 47–57).

Kurze Interpretation

Karl Rahners Denken ist gerade in dieser Passage ein einziger Hymnus auf die Größe, Güte und Menschenfreundlichkeit Gottes. Die geheimnisvolle Wirklichkeit Gottes wird nicht nur als Schöpfer der Welt erfahren, als letzter Sinn und Halt einer durch und durch fragwürdigen und zerbrechlichen, aber auch schönen und bestaunenswerten Wirklichkeit. Gott ist nicht nur derjenige, der den Menschen und mit ihm alle Kreaturen in das Dasein ruft. Er ist gleichsam verliebt in sein eigenes Werk. Und er liebt in besonderer Weise den Menschen, dem er die

Freiheit schenkt, Partner Gottes in einem spannenden Dialog zu sein. Die „Konzeption“ Gottes mit den Menschen ist deshalb atemberaubend, weil Gott nicht wenig riskiert, wenn er dem Menschen seine Schöpfung zur Mitwirkung anvertraut. Sie ist so erregend, dass sie oftmals gar nicht erst geglaubt wird (Das kann doch gar nicht wahr sein, es ist pure Illusion.) oder aber sie wird lächerlich gemacht (Ein so „mickriges“ Zwischenwesen der Evolution – was soll denn das?).
Umweltzerstörung, die Geschichte der Menschheit aus „Blut und Tränen“ sprechen eine deutliche, eine andere Sprache!
Gott schenkt dem Menschen nicht nur die Freiheit. Er ist ein so leidenschaftlich Liebender, dass er nicht nur etwas von sich wegschenken will. ER will SICH SELBST dem Menschen schenken. Und zwar jedem Menschen! Die Botschaft von der Gnade Gottes sagt nichts weniger als das: Gott SELBST will dem Menschen in SEINEM SOHN und im HEILIGEN GEIST nahe sein. Jesus von Nazareth als „wahrer Mensch und wahrer Gott“ ist als „Sohn Gottes“ der „Erstgeborene der neuen Schöpfung.“ Mit ihm und durch ihn sind auch wir zur „Gnade der Kinder Gottes berufen“.
Es ist verständlich, dass diese Botschaft Mut braucht, sie zu glauben, sich auf sie einzulassen. Es ist auch verständlich, dass dieses Engagement Gottes unwahrscheinlich ist, wenn wir zu uns als Menschen und zur eigenen Geschichte ehrlich sind. Doch ist das Unwahrscheinliche auch gleichzusetzen mit dem Unwahren? Ist es so verwunderlich, dass Gott uns mit seinen Möglichkeiten total überrascht? Spricht es nicht eher gegen uns als gegen die Wahrscheinlichkeit des Einsatzes Gottes, wenn wir diesem Liebesangebot mit Misstrauen, Unbehagen und Unglauben begegnen? Und zeigt uns nicht gerade der Blick in menschliche Abgründe, dass sie geradezu schreien nach Hilfe, nach Rettung, die eben nicht von uns, zumindest nicht von uns allein, kommen kann?

Entfaltung auf heutige Erfahrung hin

Die Botschaft vom menschenfreundlichen Gott ermutigt uns. Ich denke, dieser Impuls ist vielleicht sogar der wichtigste. Mut zum Glauben, Mut zur Hoffung und Mut zur Liebe. Gottes Geist ermutigt und befähigt uns, seine Liebe nachzuahmen. Gottes Partnerschaft mit seinen Ge-

schöpfen macht uns gleichzeitig untereinander solidarisch. Sie macht aber auch sensibel in einer Welt, die vorgibt, das Heil der Menschen ohne oder gegen Gott zu erlangen. Können diese Alternativen zum Glaubensangebot überhaupt halten, was sie versprechen? Die Erfahrungen im 20. Jahrhundert irritieren naiven Fortschrittsglauben nachhaltig!
Noch nie in der Geschichte der Menschheit gab es derart massenhafte Grausamkeiten. Die Erfahrung des Völkermordes durch die Nationalsozialisten an Juden und anderen Volksgruppen wie Sinti und Roma war so bestürzend, dass man meinte, derartige Schrecklichkeiten stehen beispiellos in der Geschichte dar. Der Genozid an den Juden ist in seiner Schrecklichkeit auch einzigartig und darf niemals verharmlost, nivelliert oder bagatellisiert werden.
Doch spätestens seit Solschenizyns „Archipel Gulag" ahnt man auch etwas von der Dimension der Grausamkeiten stalinistischer Regime. Es ist barbarisch und menschenverachtend, ein Unrecht gegen das andere aufzurechnen, mahnen uns doch die KZs, die Gulags, das Völkersterben in Ruanda und Kambodscha gleichermaßen an die ungeheuerlichen Ausmaße des Bösen unter den Menschen.
Die rassistische Theorie der Nazis von Ariern und Herrenmenschen war (und ist!) in sich abgrundtief böse. Die Vernichtung jüdischer Menschen wie „Ungeziefer" durch das Volk der „Herrenmenschen" war so ungeheuerlich, dass der geringste Versuch, hier etwas schön zu reden, selber zutiefst pervers ist. Bei den Grausamkeiten stalinistischer Systeme war die ideologische Rationalisierung der Untaten subtiler. Diejenigen, die dem Volk das „Opium" verabreichen, die es abhalten für die gute und gerechte Sache zu kämpfen, sie gehören „ausgemerzt", vernichtet im „revolutionären Kampf".
„Es rettet uns kein höh'res Wesen, kein Gott, kein Kaiser noch Tribun" – Dieser revolutionären Maxime wurde alles Denken und Tun im „realexistierenden Sozialismus" im 20. Jahrhundert untergeordnet. Damit war zugleich die Begründung gegeben, um Kirchen zu schließen, Priester in die Verbannung und in den Tod zu schicken, den Glauben zu verbieten und ihn aus den Herzen und Köpfen der Menschen zu entfernen.
Gottlose Ideologien müssen zur Menschenverachtung herabsinken, weil – und das ist zwangsläufig – mit dem Verlust Gottes auch der Verlust des

Maßstabes einhergeht (einhergehen muss), der den Menschen davor bewahrt, funktionalisiert oder instrumentalisiert zu werden. Ohne den Transzendenzbezug, ohne das Eingeständnis, dass wir uns nur finden, wenn wir über uns hinausgehen, wird der Mensch zur Sache, die – wenn es erforderlich ist – jedem Zweck geopfert werden kann – ja muss! Was bleibt, sind Ängste und Perversionen. Die atheistischen Philosophien des Existentialismus und des Nihilismus, das Gefühl, ins Dasein geworfen, „Zigeuner am Rande des Universums" (Monod) zu sein, sind Seismographen, die das Leben in der Gottferne anzeigen.
Heute ist der Mensch, besonders auch in Westeuropa, in Gefahr, sich an eine Welt des Konsums und des Genusses zu verlieren, während andere Kontinente im Elend zu Grunde gehen. Der Überfluss auf der einen Seite hat als Preis den Mangel auf der anderen. „Götter" kommen heute im Gewand der Jugend, der Schönheit, der Macht, des Events und des grenzenlosen Optimismus daher. „Fit for Fun" – gilt als gängiges Lebensmotto. Schwäche passt nicht ins Bild, keiner möchte als Versager, als Verlierer dastehen. Wer sich nicht zur Freiheit berufen fühlt, sondern sich als zur „Freiheit verdammt" (Sartre) erlebt, der muss aus dem Leben, das vielleicht 70 oder 80 Jahre währt, alles rausholen, was sich irgendwie lohnt. Was Spaß macht, was hilft, die Monotonie des Alltags irgendwie zu bestehen. Medien sind hilfreich und erfinderisch als Diener dieses neuen Menschenbildes.
„Yes We Can" – Dieser Leitspruch des amerikanischen Präsidenten Obama aus seinem Wahlkampf sagt zunächst nicht aus, dass wir alles können. Er bedeutet viel eher, dass wir etwas ändern, verändern können. Doch wenn wir ihn bewusst einmal so verstehen wollen, dass damit ein Gefühl vermittelt werden soll, dass eigentlich der Mensch alles kann, dass es für ihn keine Grenzen gibt? Wie gesagt, das war nicht Obamas Intention. Dennoch: Dieses Gefühl der totalen Allmacht – ist es nicht heute eine weitverbreitete Mentalität? Gepaart mit der Meinung, auch (bald) alles zu wissen. Und die umgekehrte Seite der Medaille ist dann die Ohnmacht, die Angst und Verzweiflung oder die Langeweile, die Frustration am Dasein.
Man wird fragen müssen: Darf der Mensch alles, was er kann? Was ist der Preis dafür? Und wer zahlt ihn? Man wird darauf aufmerksam ma-

chen, dass in uns eine unendliche Dynamik am Werke ist, die wirklich jedes erreichte Resultat wieder in Frage stellt und die uns aus der Banalität herausscheucht. Entscheidend wird sein, wie man diese Dynamik versteht: Ist sie unser eigenes Werk? Dann kann am Ende des Titanenkampfes, am Ende der menschlichen Hybris nur Tod, Zerstörung stehen, wie wir sie allenthalben in der schonungslosen Ausbeutung der Güter und Ressourcen dieser Erde derzeit in ungeahntem Ausmaß erleben. Oder ist diese Dynamik Gottes Geist, der in uns wirkt, der uns ruft und lockt, weil die Welt selbst eine einzige große Verheißung ist? Eine Verheißung, nicht die Erfüllung. Wäre sie die Erfüllung und gäben wir uns mit ihr in falscher Selbstgenügsamkeit zufrieden, weil wir der Verheißung nicht trauen, dann – so Karl Rahner – bleibt nur die „Hölle der selbst gewählten Endlichkeit". Sie ist der Preis oder die Folge unseres Misstrauens, sagen wir es genauer, unseres Unglaubens!

Zu welcher Bekehrung möchte Rahner mit diesem Text bewegen?

Ich glaube, es sind zwei Aspekte der christlichen Botschaft, auf die Karl Rahner uns aufmerksam macht. Christen haben der Welt eine *frohe* Botschaft zu verkünden. „Frohbotschaft und keine Drohbotschaft" ist eine Richtungsanzeige, wenn das Gefährdungspotential nicht ignoriert wird, das im Menschen schlummert. Eine „pausbäckige Frömmigkeit", die Gott einen „guten Mann" sein lässt, dessen Metier das Verzeihen ist, ist damit nicht gemeint. Rahner spricht von der Selbstmitteilung Gottes, die wirklich bei uns ankommt. Es ist wirklich eine Mitteilung des personalen, liebenden Gottes, der sich nicht zurückhält. Er ist ein „eifersüchtiger" Gott, der sich in seiner Liebe restlos verschwendet. Einer, der nicht irgendetwas schenkt, sondern sich zu Nähe und Intimität anbietet. Diese sich verschwendende Liebe Gottes ist auf Grund der Sündigkeit des Menschen immer und faktisch auch eine vergebende. Gott nimmt uns an und er nimmt uns ernst! Rahner möchte uns „bekehren", nicht zu gering von Gott – und damit auch von uns – zu denken. Wir sind Wesen der Hoffnung, weil Gott die Liebe ist, die uns hoffen lässt. Und es ist eine maßlose Hoffnung! Wie könnte es anders sein, wenn Gott der Einladende ist.

Und ein Zweites. Es gibt nichts und niemanden, der uns einreden könnte, unsere Botschaft sei veraltet, sie sei unmodern. „Religion eines unbegreiflich bescheidenen Humanismus" – so nennt Rahner die Alternativen zum Glauben. Rahner möchte uns „bekehren", den „religiösen Minderwertigkeitskomplex" aufzugeben bzw. abzulegen. Die Alternative zur Liebe Gottes, die unseren Glauben begründet, ist nicht nur keine, sie ist wirklich erbärmlich. Weil der Mensch ohne Gott immer nur bei sich bleibt. Er bliebe ohne Gott „Gefangener der eigenen Endlichkeit".

Rahner ruft uns auf, desillusionierend zu wirken, die modernen „Götter" ihrer Unbedeutendheit zu überführen. Wir sind als Kirche gerufen in eine Welt, die immer noch oder schon wieder dabei ist, auf sich allein zu vertrauen. Unser Grundvertrauen ist ein begründetes, weil es Gottvertrauen ist. Es führt über all das hinaus, was die Welt anzubieten hat, ohne dabei die Güter dieser Erde zu missachten.

Die Hoffnung auf Gott zu verbinden mit einer Geringschätzung seiner Schöpfung wäre ein schweres Missverständnis unseres Glaubens. Uns Christen ist der Weltdienst aufgetragen. Eine Weltflucht[194], die zum Ziel hat, nur sich selber retten zu wollen, ist theologisch ein grober Unfug, weil es keinen Heilsegoismus geben kann. Der Mensch ist immer zugleich individuell und sozial. Weil Gott in Jesus von Nazareth die Welt, den Menschen annimmt, kann es kein Heil am Menschen vorbei geben. Darum gibt es auch die Einheit von Gottes- und Menschenliebe. Die reale Zukunftsperspektive für den Menschen liegt im Einsatz Gottes für uns begründet. Darum ist der Vorwurf an die Christen unverständlich, sie sollten „erlöster aussehen". Nun ist nicht ausgemacht, ob es nur an unserem Aussehen liegt, ob man unserem Erlöser Glauben schenkt oder nicht. Für mich war es jedenfalls Ausdruck der „Würde der Kinder Gottes" (und kein Zufall!), dass ausgerechnet in den Kirchen der ehemaligen Ostblockstaaten der „aufrechte Gang" eingeübt wurde, der zum Sturz diktatorischer Regime führte.

Der Hinweis Karl Rahners auf einen „unbegreiflich bescheidenen Humanismus" kann und sollte uns immer froh und dankbar an unsere Würde und Berufung erinnern.

Beziehung zu den verschiedenen göttlichen Personen

„Wenn der Mensch die absolute Offenheit auf Gott hin ist, wenn er der radikal Empfangen-Könnende und um diese Empfangsoffenheit absoluter Art Wissende ist, wenn er der ist, der sich als absolut unmittelbar herkünftig von Gott weiß, sich so versteht, dann versteht er sich schon (ob er es weiß oder nicht) als Bild des Logos, der die Aussage des Vaters ist, der die absolute Empfänglichkeit für den Vater ist. Dieses Bild des Logos, das der Mensch wesentlich und von vornherein ist, wird nun auch die Selbstaussage des Logos, so daß der Gottmensch in einem das Bild des ewigen Bildes des Vaters ist, das Bild, das von Ewigkeit als Wort des Vaters in der Dimension des Kreatürlichen gesagt wird. Dieser Gott-Mensch ist in seiner unbegreiflichen Einheit von Gottheit und Menschheit eigentlich der einzige Punkt, von dem aus man das Verhältnis Gottes zum Nichtgöttlichen grundsätzlich verstehen, annehmen und leben und in dem man selig werden kann" (Einübung, priesterlicher Existenz, SW 13, S. 269–437).

Kurze Interpretation

Die Trinitätstheologie Karl Rahners ist auch eine „Theologie der Bescheidenheit".[195] Rahner denkt konsequent von der heilsgeschichtlichen Erfahrung her und erteilt sich selbst strikt das Verbot, hinter das geoffenbarte Geheimnis Gottes in Jesus Christus und des Wirkens des Heiligen Geistes gleichsam sich „zurückzutasten" in bzw. hinter das göttliche Geheimnis.[196]
Man wird bei Karl Rahner nirgendwo eine „rein innergöttliche" psychologische Trinitätsspekulation finden. Es gibt bei ihm kein „Bild" davon, wie sich „Vater", „Sohn" und „Geist" verhalten jenseits der heilsgeschichtlichen Erfahrung. Das Drama, das Karl Rahner kennt und das er beschreibt, ist das Drama der Geschichte Gottes mit seiner Schöpfung, insbesondere mit uns Menschen. Dieses „gottmenschliche" Drama unterscheidet Karl Rahner scharf von einer „innergöttlichen" Spekulation über ein „innergöttliches Drama". Karl Rahner beharrt strikt darauf, dass solcherlei Überlegungen, so interessant

sie bisweilen auch sein können, uns nicht möglich sind und uns deshalb auch nicht zustehen.

Bei seinem letzten Vortrag über „Erfahrungen eines katholischen Theologen“ war die Problematik der Analogie Karl Rahners erste und fundamentale „Erfahrung“. Er beklagte, dass scheinbar in der Theologie zu wenig nachempfunden wird, dass alle Begriffe analog zu verstehen sind, d.h. dass sie von dem eigentlich Gemeinten viel mehr Unähnliches als Ähnliches aussagen. Und dass die Analogie weit über Begriffe und Erkenntnis hinausgeht. Sie umfasst alle Vollzüge des Menschen, der im unerschöpflichen Geheimnis Gottes gründet. Dieses Verhältnis ist nur erlebbar und beschreibbar in Begrifflichkeiten, die weit zurückbleiben (müssen) hinter dem, was sie eigentlich meinen und bedeuten. Rahner wörtlich:

„dass man nicht gerade deutlich merkt, sie (die theologischen Aussagen, Anm. R. H.) seien durchzittert von der letzten kreatürlichen Bescheidenheit, die weiß, wie man wirklich allein von Gott reden kann, die weiß, dass alles Reden nur der letzte Augenblick vor jenem seligen Verstummen sein kann, das auch noch die Himmel der klaren Schau Gottes von Angesicht zu Angesicht füllt ... dass der Theologe erst dort wirklich einer ist, wo er nicht beruhigt meint, klar und durchsichtig zu reden, sondern die analoge Schwebe zwischen Ja und Nein über dem Abgrund der Unbegreiflichkeit Gottes erschreckt und selig zugleich erfährt und bezeugt ... Wir halten uns zu sehr in der *Rede* über die Sache auf und vergessen bei all dieser Rede im Grunde die beredete Sache selber“ (SW 25, S. 47–57).

Darum kann, wer über Karl Rahners Trinitätstheologie näher nachdenkt, nur reflektieren über die „Beziehung *zu* den verschiedenen göttlichen Personen“. Er kann nicht darüber nachdenken, wie sich „innergöttlich“ und „unvordenklich“ außerhalb der Zeit die „göttlichen“ Personen zueinander verhalten, ohne die heilsgeschichtliche Erfahrung mitzubedenken.

Karl Rahner ist konsequenter Denker des Konzils von Chalzedon. Jede neuchalzedonische Trinitätsspekulation, die die heilsgeschichtliche Erfahrung verlässt, lehnt er ab. Wir haben darüber hinaus auch gerade bei diesem Thema all die traditionellen Probleme quasi „auf dem Tisch“, die verbunden sind mit klassischen Ausdrücken der Philosophie wie „Natur", „Person", „Hypostase". Karl Rahner hat immer wieder darauf aufmerksam gemacht, dass es nicht statthaft ist, diese Begriffe gleichsinnig mit heute verwendeten Begriffen zu benutzen. Insbesondere verwies er auf den Bedeutungswandel beim Begriff Person. Heute versteht man darunter ein selbständiges Aktzentrum, ein Subjekt, das handelt, das einen eigenen Willen hat, das angewiesen ist und begrenzt. Unterlegt man dieses Verständnis der alten Konzilsformel, die von einem Gott in drei Personen spricht, muss man zwangsläufig zu einem Tritheismus gelangen.

Begriffe haben eine Geschichte, sie machen einen Bedeutungswandel durch und sind von daher immer wieder auszurichten am wirklich Gemeinten, das mit aller Akribie erforscht werden muss. Dazu hat Karl Rahner in seinem wissenschaftlichen Werk enorm viel beigetragen.

Wie eine „Quersumme" dieser vielfältigen Bemühungen liest sich für mich der letzte Satz des schwierigen Rahner-Zitates.

„Dieser Gott-Mensch ist in seiner unbegreiflichen Einheit von Gottheit und Menschheit eigentlich der einzige Punkt von dem aus man das Verhältnis Gottes zum Nichtgöttlichen grundsätzlich verstehen, annehmen und leben und indem man selig werden kann" (s. o.).

Dieser Satz bringt in genialer Kürze und Klarheit entscheidende Aspekte unseres Glaubens zusammen:

Er sagt in aller Deutlichkeit aus, von wo aus wir über Gott nur sinnvoll reden können. Es gibt nur einen einzigen Punkt, das ist der Gottmensch Jesus von Nazareth. Was die Menschen mit und an ihm erfahren haben, konnten sie nur deuten als jene Erfahrung, dass Gott sich diesem Menschen in einzigartiger, absoluter Weise verbunden hat. Nur von diesem „archimedischen" Punkt aus sind alle theologischen Fragen, wie Gott zu uns steht, an uns handelt, wie er vergibt und begnadet, anzugehen. Von der heilsgeschichtlichen Erfahrung kann keinen Augenblick lang abgesehen werden, wenn man nicht in eine unfruchtbare Spekulation abgleiten will.

Und – ausgehend von ihr – kann dann gesagt werden: In Jesus wirkt Gott einmalig, absolut. Sein Engagement ist ein Engagement für uns, das eine unüberbietbare Qualität hat, die nie mehr zurückgenommen

wird. Sein Lebensvollzug ist ein Heilsvollzug, in den wir hineingenommen sind. Gottes Sein bei uns nimmt die Form des Menschseins an. Darum sind wir immer schon „Schwestern und Brüder Jesu", des Gottmenschen.
Das macht unsere Würde und Berufung aus, davon vor aller Welt Zeugnis abzulegen. Was gibt es Schöneres zu verkünden, als dass wir eben nicht „Zigeuner am Rande des Universums" sind (Monod), sondern „Gottes geliebte Töchter und Söhne"? Was gibt es Bedeutsameres als zu wissen, dass uns mit Jesus viel mehr verbindet als uns trennt? In SEINEM GEIST können auch wir rufen: „Abba, Vater".

Entfaltung auf heutige Erfahrung hin

Was auffällig ist, ist eine merkwürdige Diskrepanz: Einerseits ist in den neuen Bundesländern der Anteil der Bevölkerung sehr hoch, für den Religion im jüdisch-christlichen Sinn, aber auch im muslimischen Sinn, keine oder nur eine sehr untergeordnete Rolle spielt. Andererseits ist der Esoterikboom relativ weit verbreitet. Es gibt sie also, die Sehnsucht nach dem Mysterium. Die Welt der Formeln und Zahlen, die Welt der „gusseisernen Begriffe",[197] die Welt ohne Geheimnis, hinterlässt offensichtlich im Menschen eine Leere, die nicht dauerhaft überspielt werden kann. Der Positivismus, die Weltanschauung, die nur das als wirklich und wahr gelten lässt, was Fakt ist, was wägbar, messbar, überprüfbar ist im Experiment, ist methodisch bedeutsam. Er ermöglicht Fortschritt in den Wissenschaften und schafft neue Räume und Einsichten. Doch er grenzt die Wirklichkeit willkürlich ein und reduziert sie auf eine überprüfbare Fakten- und Tatsachenwelt. Der Mensch will jedoch mehr, er kann offensichtlich nicht damit leben, in einer Welt einen vermeintlichen Sinn zu finden, die vollständig mathematisierbar ist. Die so gänzlich durchschaubar wäre. In der es kein Geheimnis (mehr) gibt. „Alles Durchschaute ist leer" – so lautet auch der sinnfällige Titel einer Meditation Karl Rahners (SW 14, S. 284).
Wenn diese „Diagnose" stimmt – und vieles spricht dafür – deutet sich ein merkwürdiges Paradox an: Einerseits ist der Mensch von heute, der moderne Mensch also, ein Mensch der Wissenschaft und Technik. Vie-

les lässt sich heute erklären durch wissenschaftliche Erkenntnisse, vieles lässt sich leichter machen und erreichen durch technische Hilfsmittel. Es wäre absurd, wenn man zugleich diese Wohltaten genießen und sie verteufeln würde, wie es teilweise in fundamentalistischen weltanschaulichen Strömungen oder in Sekten geschieht. Die Ergebnisse der Wissenschaften, wenn sie seriös sind, verdienen hohe Anerkennung und Beachtung.

Und dennoch: Es scheint so zu sein, dass der moderne Mensch, der Technik und Wissenschaft souverän beherrscht, dennoch Mangel leidet. Und zwar grundsätzlich. Diesem grundsätzlichen Phänomen ist weiter nachzuspüren. Was macht der moderne Mensch angesichts dieser Situation? Er sucht Abhilfe – und findet offensichtlich keine oder wenig in den großen Kirchen. Zumindest drängt sich der Eindruck auf und wird bestätigt durch Daten und Fakten. Zuspruch wird scheinbar dann eher in fundamentalistischen Gruppierungen oder in fernöstlichen Religionen oder in esoterischen Zirkeln gesucht. Wird er dort auch gefunden? So, dass er dauerhaft trägt? Es wird viele Gründe geben, warum Kirche offensichtlich bei vielen Zeitgenossen „out ist". Die Religionssoziologie wird einen ganzen Katalog von Antworten präsentieren können. Mir drängt sich – neben vielen anderen Aspekten – ein Aspekt mit unübersehbarer Deutlichkeit auf: Ob unsere Kirchen vielleicht eine Botschaft verkünden, die den Eindruck erweckt, sie sei von „damals", also aus einer Zeit, die von der unsrigen grundverschieden ist? Und sie handelt von einem Gott, der „über den Wolken thront", der mit dem Alltag im Hier und Heute aber herzlich wenig gemein und zu tun hat? Der Gott der Propheten war ein Gott, der unmittelbar mit dem Menschen handelt. Jesus erfuhr seinen Vater ganz unmittelbar. Und die Apostel erfuhren zu Pfingsten den Heiligen Geist, „wie er sich auf jeden Einzelnen von ihnen hernieder ließ". Karl Rahner hat vehement und früh darauf hingewiesen, dass es der Botschaft des christlichen Glaubens nicht entspricht, die Einheit Gottes separat zu behandeln und dann – anschließend – auch noch seine Trinität. Der trinitarische Gott ist der Gott, den wir als Menschen konkret erfahren. Oder wir haben es mit einem abstrakten Begriffsgebilde zu tun, nicht aber mit dem Lebendigen, der „Himmel und Erde gemacht hat".

Ich glaube, wir werden in der kirchlichen Verkündigung nachjustieren müssen. Und zwar in erheblichem Maß. Es muss immer zugleich die Rede davon sein, dass der Schöpfer auch der Erlöser ist, der den Menschen begnadet und vollendet. Wenn vom „Sohn Gottes" die Rede ist und nicht deutlich gemacht wird, was Gottes Geist in uns bewirkt, kann man kaum ein angemessenes Verständnis dafür entwickeln, dass es immer der eine Gott ist, der mit Jesus und mit jedem einzelnen Menschen eine unverwechselbare Geschichte hat. Die Einzigkeit Jesu wird nicht eingeebnet, solange klar bleibt, dass sein gesamtes Sein, seine Sendung, sein Auftrag und sein Selbstverständnis das endgültige, absolute Zusagewort Gottes an die Welt war und ist.
Ich sehe in der Krise der Kirche von heute – zumindest auch – eine große Chance: Durchzubrechen zur Kirche der Entschiedenen. Für mich sind das Menschen, die Gott erfahren haben und deshalb nichts unversucht lassen, von dieser Erfahrung zu berichten. In Wort und Tat. Nur von diesem Zusammenhang her ist Rahners Wort nachvollziehbar, dass der „Christ der Zukunft ein Mystiker sein wird, einer, der etwas erfahren hat." Nämlich das Handeln Gottes selbst, die Liebe und Zuwendung einer unbegrenzten und unbegrenzbaren Güte, die sich nicht „konservieren" und einsperren lässt. Wenn die Kirche diese Botschaft weitersagt – ihre Heiligen sind der beste Kommentar dieser Botschaft – erfüllt sie nicht nur den Auftrag des Herrn. Sie stiftet Sinn, Hoffnung und Zukunft, indem sie einer oft suchenden und geistig-frierenden, friedlosen Welt zuruft: Glaubhaft ist nur Liebe.[198]

Zu welcher Bekehrung möchte Rahner mit diesem Text bewegen?

In „Kleines Theologisches Wörterbuch" von 1961 formuliert Karl Rahner unter „Trinitätstheologie" jene Aufgabe, die jeder Zeit immer wieder neu gestellt wird.
„Trinitätstheologie … hat die Aufgabe, dieses höchste Geheimnis der christlichen Offenbarung der Glaubenswilligkeit und dem Glaubensverständnis nach Kräften nahezubringen" (SW 17, I, S. 842).
Damit ist eigentlich schon alles gesagt, wozu Karl Rahner uns „bekehren" möchte. Doch wenn wir behutsam vorgehen wollen, und anders

ist es dem „höchsten Geheimnis der christlichen Offenbarung“ wohl nicht angemessen, dann werden zwei Fragen zunächst zu beantworten sein. Die erste Frage gilt der Nachfolge Jesu, wie sie im Hier und Heute erfolgen kann. Die zweite Frage ist die nach unserer konkreten Beziehung zu den drei göttlichen Personen.
Hilfreich ist mir, gerade angesichts einer relativ schwierigen theologischen Fragestellung, zunächst das Wort Karl Rahner zu überlassen. Ich habe hierfür einige kleine Texte aus seinem Buch „Einübung priesterlicher Existenz“ herausgesucht. Anhand der Impulse, die Karl Rahner gibt, möchte ich ein paar Andeutungen versuchen in der Richtung, wo eine Antwort auf die o. g. Fragen zu erwarten sein könnte.
„Nachfolge Christi bedeutet also von da aus primär und im letzten die Annahme des eigenen menschlichen Daseins mit seinem Ziel, Nachvollzug jener Annahme der menschlichen Natur zu sein, die der ewige Logos selbst vollzogen hat“ (S. 91).
Karl Rahner macht in diesem Text deutlich: Unser Leben mit Gott ist im allerletzten nicht so sehr verschieden von dem, was uns in Christus begegnet, was uns also mit dem Mann aus Nazareth verbindet. Wir sind in der Kirche gewohnt, Christus als unseren Herrn und Meister anzurufen und zu verehren. Doch er ist auch und gleichzeitig unser Bruder. „Er war in allem uns gleich, außer der Sünde.“ Es gibt eine gewisse Frömmigkeitstendenz, Jesu Leben und besonders sein Sterben, seinen Tod, als so einmalig hinzustellen, dass nicht mehr deutlich wird, wie nahe Gott uns eigentlich durch seine Menschwerdung gekommen ist. Die Gefahr, die damit verbunden ist, liegt auf der Hand: Die Wirklichkeit braucht dann nicht mehr ernst genommen zu werden, wenn Christus schon alles für uns getan hat. Dann brauchen wir uns nur noch „in seine Lieb’ versenken“ – auch wenn die Welt „draußen“ auf unseren Einsatz wartet. Hier braucht es eine Korrektur, die das Eingehen Gottes in unsere Welt, auch heute, nicht nur bekennt, sondern mit vollzieht. Mir scheint, dass Karl Rahners geistliche Bemühungen das Ziel haben, uns in folgender Weise zu „bekehren“: Weg von einer rein passiven Beschaulichkeit hin zu einem aktiven Vollzug der Nachfolge. In solch einem Vollzug haben Betrachtung und Gebet nicht nur ihren legitimen Platz. Dieser Glaubensvollzug der Nachfolge Jesu ist als solcher selbst Gebet.

„Natürlich darf das nicht als eine Annahme irgendeiner abstrakten menschlichen Natur verstanden werden, die wir auf irgendeine Formalität hin, z. B. animal rationale, reduzieren. Sondern es ist immer gemeint: das konkrete, menschliche Dasein, also das vom Vater im Logos Entworfene, das vom Logos in seiner Menschwerdung selbst Gesagte, dasjenige, was von vornherein als Mitwelt des fleischgewordenen ewigen Logos gedacht und gewollt ist. Diese Menschennatur nehmen wir immer an, nicht so wie wir sie verstanden haben, sondern so, wie sie uns als das Rätsel unseres eigenen Daseins auferlegt ist. Daher gelingt es keinem Menschen, vor dieser Christozentrik des menschlichen Daseins auszuweichen. Jeder Mensch muss so seine Freiheit in der Annahme oder Ablehnung dieses seines Menschseins bestätigen und ist dazu wirklich, gewissermaßen unausweichlich, verpflichtet" (S. 92).
Wir spüren, dass wir als Kirche in der Defensive sind. Zumindest sieht es so aus. Und das in einem Ausmaß, dass wir uns allenthalben in kirchlichen Kreisen Gedanken machen, was denn nun zu tun ist angesichts der Glaubensnot und des Glaubensschwundes. Ich bin weit davon entfernt, diese Bemühungen und Anstrengungen gering zu schätzen. Im Gegenteil, es ist immer wieder erstaunlich und aller Ehren wert, welche Überlegungen heute angestellt werden zu pastoralen Räumen, zum Freiwilligenengagement in Kirche und Gesellschaft, zur Rolle und Mitwirkung der Laien in der Kirche. Was aber, wenn unsere Perspektive und Zeitdiagnose gar nicht stimmt? Gar nicht *so* stimmt? Wenn wir uns angewöhnt haben, auf die Mit- und Umwelt zu schauen, um dort nur den Verlust und das Fehlen des Glaubens zu entdecken? Wenn uns die Fähigkeit abhanden gekommen ist, in die Welt zu schauen, um dort, zumindest auch, Gottes Geist, SEIN Wirken wahrzunehmen? Was, wenn wir unsere „natürlichen Verbündeten" nicht erkennen, weil unser Blick getrübt ist durch eine zu starke Fixierung auf ein Bild von Kirche, das mehr dem exklusiven Klub der Auserwählten gleicht als der Kirche, die in Wirklichkeit „Sakrament des Heils" für die Welt und in der Welt ist? Karl Rahner lädt uns in diesem Text zur „Bekehrung" ein, einen Perspektivenwechsel zu vollziehen. Diese veränderte Sicht kann nicht nur eine Hoffnungsperspektive begründen und den Blick weiten. Sie ist auch theologisch geboten, weil es Gottes Geist ist, der die Menschen einlädt,

um mit ihnen Gemeinschaft zu haben. „Der Geist weht, wo er will", er lässt sich nicht aufhalten und auch nicht einsperren – auch nicht hinter Kirchentüren und Kirchenmauern!

Der Geist Gottes, der in der Welt wirkt, so dass sie nicht als gottlos zu interpretieren ist, ist der Geist Jesu Christi. Die Menschwerdung Gottes ist nicht diffus und unbestimmt erfolgt. Die kirchliche Botschaft sagt uns: Hier, konkret in Jesus von Nazareth, hat Gottes Zusage sich an uns erfüllt. Hier ist sie endgültig als Verheißung für alle Welt da, absolut, irreversibel. D.h. Gott nimmt seine Zusage nie mehr zurück. Sie trägt menschliches Antlitz. Gott selbst hat also das als sein Eigenes angenommen, was uns nicht fremd, sondern sehr vertraut ist. Unsere menschliche Natur wurde von Gott in Jesus von Nazareth angenommen. Wir kennen also jenen Namen, an dem sich unsere tiefsten Sehnsüchte und Hoffnungen erfüllen. Wie könnten wir ihn vergessen oder ihn verschweigen? Von ihm her können wir deshalb auch all das, was uns wesentlich ausmacht und bestimmt, deuten. Wir gründen in Gott und sind immer schon eingeladen, in ihm auch endgültig Heimat zu finden. Die Zuwendung Gottes zu uns Menschen, zu seiner Schöpfung, ist christusförmig, christusgeprägt. Gnade ist immer Gnade Christi.

„Wir wissen durch die christliche Offenbarung mehr von dieser ontologischen Tiefe des menschlichen Daseins, aber mit diesem Dasein, so wie es ist, hat jeder Mensch zu tun, reflex gewusst oder sich diesem Unverstandenen notwendigerweise stellend. Jeder Mensch nimmt, ob er es weiß oder nicht, mit seinem Dasein, in Freiheit angenommen, Christus an oder lehnt im Protest gegen das ihm Auferlegte Christus ab" (S. 92).

Deutlich wird hier, dass die Annahme der menschlichen Natur nicht reduktionistisch geschehen darf. Wir sind nie nur auf irgendeinen Aspekt zu reduzieren, der heute gerade aktuell ist. Leistung, Können, Nutzen, Schönheit, Jugend, Frau, Mann, Schwarz, Weiß, Verbraucher, Konsument, Arbeitnehmer, Arbeitgeber usw. usf. Die Reihe der Klassifikationen ließe sich beliebig verlängern. „Wir wissen ... mehr von dieser ontologischen Tiefe des menschlichen Daseins", heißt dann auch: Weil wir „Gott konfrontierte Wesen" sind, können alle Erkenntnisse, aller Fortschritt und alle Sicherheiten nur vorläufig sein. Es gibt keine

absoluten, menschengemachten Sicherheiten in einem, irgendwie gearteten „Reich Gottes auf Erden". Es bleibt für immer eine Utopie, weil es menschliche Hybris ist, es dennoch errichten zu wollen – mit allen Mitteln und um jeden Preis. Durch die christliche Offenbarung wissen wir um das „Rätsel unseres eigenen Daseins". Karl Rahner hat in Bezug auf seinen Ordensgründer Ignatius einmal formuliert:
„Ignatius kommt von Gott zur Welt. Nicht umgekehrt" (Schriften III, S. 344).[199]
Nur von dieser gnadentheologischen Voraussetzung her, hat kirchliche Verkündigung das geeignete Instrumentarium zur Verfügung in der Auseinandersetzung, im Dialog heute um das rechte Welt- und Menschenbild.
Es wird Aufgabe der Kirche, also unsere Aufgabe, heute und für die Zukunft sein, sensibel und misstrauisch gegenüber allen Reduktionsversuchen zu sein, die den Menschen gewissermaßen amputieren und ihn verstümmeln. Versuche, die den Menschen auf ein Maß „zurechtstutzen", das man ihm gerade noch zugesteht. Karl Rahner will uns dazu „bekehren", im Denken und Tun tiefer zu graben, die Oberflächlichkeiten und Gefahren solcher reduktionistischer Versuche als solche zu erkennen und zu entlarven. Ein erster und wesentlicher Schritt der „Bekehrung" ist getan, wenn wir uns eingestehen und bewusst bleiben, dass wir zuerst Empfänger sind, nicht Macher. Und wenn wir ernst mit dem existentiellen Wissen machen, dass es Gottes Geist ist, der „ausgegossen ist über alles Fleisch". Dann weiß man nicht nur voller Freude und Dankbarkeit über die Tiefe und Weite des göttlichen Einsatzes für seine Kreatur. Dann kann man auch sagen, warum alle Reduktionen des Menschen auf Teilaspekte seines Seins und Handelns letzten Endes eine „Sünde wider den Geist" ist: Weil die Liebe Gottes gehindert werden soll an der Vergebung und Vergöttlichung des Menschen.
Gott will uns nicht im „Kerker der Endlichkeit" belassen.
„In dieser Annahme des Nichtgöttlichen zum innersten Eigentum und zur innersten Wirklichkeit Gottes selbst sind auch wir Angenommene, in das Leben Gottes Hineingenommene".

Gotteserkenntnis und Ekstase der Liebe

„Das ist die ungeheuerliche Paradoxie des Christentums, daß das erlöst wird, was als das Unerlöste angenommen wird. Denn so ist es. Wir sollen vom Tod erlöst werden und darum wurde der Tod als Schicksal des Logos selbst angenommen. Wir sollten von unserer existentiellen Armut, Leere und Verlorenheit erlöst werden, darum ist er um unseretwillen arm geworden (Phil. 2, 8–9), darum hat er unsere Gottverlassenheit am Kreuz ausgelitten. „Das Wort ist Fleisch geworden", das ist das Ereignis, das Gott wagen konnte.
Wenn wir uns in unserem Dasein wohl und vergnügt finden, gerne in unserer Haut stecken, dann verstehen wir nicht, was gesagt wird. Aber wenn wir an die grauenhafte Verlorenheit und Tiefe des Menschen denken, wie sie sich in der Weltgeschichte immer wieder zeigt, und bei allen Aufstiegen des Menschen immer nur die Abgründe um so größer werden, dann können wir verstehen, was es heißt: „Das Wort ist Fleisch geworden." In diese Untiefe hat sich der ewige Sinn, die ewige Helle, die ewige Vernunft, eben der göttliche Logos selber gewagt. All das erklärt er in der Radikalität seines Entschlusses als etwas, was nicht als der unvermeidliche Rand des Göttlichen betrachtet wird, der leider eben entsteht, wo Gott aufzustrahlen beginnt, sondern all das ist von Gott selber angenommen, weil es angenommen und erlöst werden kann; weil eben im und am Tod das Leben, an der Armut der Reichtum, an der Leere die Fülle, an der Trauer die Seligkeit, an der Knechtschaft die Freiheit erscheinen kann. Wie – das ist das Wunder der Gnade und das Wunder des Glaubens" (Einübung priesterlicher Existenz, SW 13, S. 269–437).

Kurze Interpretation

Auch dieser sehr „dichte" Text Karl Rahners ist eine echte, aber lohnende theologische Herausforderung. Hier haben wir es wieder mit einer der rahnerschen „Kurzformeln des Glaubens" zu tun, in denen alles sehr komprimiert ist, wo allerdings dafür auch die wesentlichen „Bausteine" des Glaubens zusammen sind. Darum lohnt es sich, kurz einzelne von ihnen näher anzuschauen:

Zunächst wird das Christusereignis, die „hypostatische Union", als „Heilsgeschehen" charakterisiert. „Für uns und um unseres Heiles willen ist er vom Himmel herabgestiegen und hat Fleisch angenommen durch den Heiligen Geist". D.h. dieses Ereignis, dieses göttliche Engagement hat mit uns zu tun. Darum überhaupt ist es uns möglich, im Einsatz Gottes zu leben.
Des Weiteren wird man sagen müssen: Man wird Gottes Tun verkürzt darstellen, wenn man das Konzil von Chalzedon vergisst oder verdrängt, dass nämlich in Jesus wirklich „wahrer Mensch und wahrer Gott" zu einer Einheit „gefunden" haben, in der Gottheit und Menschheit wirklich „unvermischt und ungetrennt" sind.
Nur so kann ja die „ungeheuerliche Paradoxie des christlichen Glaubens" aufrechterhalten und bekannt werden, dass Gott selbst das Unerlöste annimmt. Durch diese Annahme / in der Annahme wird es erlöst. Nur so.
Nie darf vergessen werden, dass nur von dieser Erfahrung her – niemals lösgelöst von ihr! – das Verhältnis Gottes zum Nichtgöttlichen ausgesagt werden kann. Dieses Tun Gottes mag unseren Erwartungen nicht entsprechen, es mag uns fremd erscheinen, uns überfordern: Ja, unsere Erwartungen werden scheinbar buchstäblich durchkreuzt. Aber wir haben keine andere Wahl: Gott ist mit uns. Und wenn er bei uns ist bei allem Schönen, bei allem Frohen, dann – und das ist der „Trost der ganzen Welt" – auch in all den Verlorenheiten und Vergeblichkeiten, die Karl Rahner so nachdrücklich, besonders auch in seinen „Herz-Jesu-Meditationen", beschreibt. Ich kann hier nur freudig bekennen: Gott sei Dank, haben wir keine andere Wahl, als dass Gott mit uns, dass er uns so nahe ist.

Entfaltung auf heutige Erfahrung hin

„Warum lässt uns Gott leiden?" Diese Frage, die seit alters her die Menschen bewegt, die Theodizeefrage, gilt als „Fels des Atheismus" (Büchner). Ist Gott gut, dann kann er nicht allmächtig sein. Ist Gott gut, muss er ohnmächtig sein angesichts der Meere von Tränen und Leid. Ist er ohnmächtig, kann er nicht Gott sein. Gott und Ohnmacht – wie soll das gehen? Auch Karl Rahner hat keine Antwort auf diese Frage, die in

ihrer Unausweichlichkeit jedenfalls einen Schluss scheinbar nicht zulässt – den auf einen Gott, der die Liebe ist.
Denkbar ist, dass es keinen Gott gibt. Denkbar ist auch, dass der „liebe Gott" in Wahrheit gar kein liebender Gott, sondern ein „Willkürgott" ist, der mit uns spielt, für den die Welt ein einziges großes Theater ist, der sich daran ergötzt, was sich so alles in der Weltgeschichte abspielt. Denkbar wäre auch noch eine Position, die Gott sieht als jemanden, der helfen möchte, aber nicht helfen kann, dem die Schöpfung – um in einem Bild zu bleiben – vielleicht aus den eigenen Händen geglitten ist. Es ist allerdings ein nur schwer fassbarer (und eigentlich unerträglicher) Gedanke, denn wenn Gott der Schöpfer der Welt ist, dann muss er ihr überlegen sein. Doch vielleicht ist es ihm mit seiner Schöpfung so ergangen, wie Goethes „Zauberlehrling", der die Geister, die er sich zur Hilfe rief, schlussendlich nicht mehr los wurde. Doch ist dieser Jemand dann noch Gott?! Unser Gott, der „Himmel und Erde gemacht hat"?
Schon Paulus musste erleben, dass für die Philosophen seiner Zeit der Gedanke nicht plausibel war, dass der Weltsinn, der Logos, in und an der Welt scheitert. Und auch für Juden ist ein „gekreuzigter Messias" ein Widerspruch in sich. Und doch ist die „ungeheuerliche Paradoxie" des Christentums unser Glaube: Es wird erlöst, was angenommen wird – und zwar von Gott selbst. Das Unerlöste selbst – Tod, Armut, Sinnlosigkeit, Leid, Schmach – wird angenommen. Angenommen von Gott selbst. Sein Sohn musste leiden. Und er leidet in seinem Geist in unser aller Geschichte. Aber es ist Gott selbst, kein Vertreter Gottes, der im Tiefsten bei uns ist. Der uns in diesem „Wunder der Gnade und des Glaubens", in seinem „konkreten Monotheismus" trinitarisch erscheint. Weil es aber Gott selbst ist, ist diese Trinität nicht nur „für uns" gewissermaßen eine Erscheinung, hinter der sich der wahre Gott verbirgt. Nein, so ist Gott selbst, „in" sich und „für uns". Die theologische Fachsprache hält hier Begriffe bereit, wie „immanente Trinität" und „heilgeschichtliche oder ökonomische Trinität", um das in ihnen Gemeinte, einigermaßen adäquat auszusagen. Wer hier allerdings das „unvermischt" und „ungetrennt" von Chalzedon nicht aufrechterhält und beachtet, verstrickt sich in absurde Widersprüche.[200]

Es ist Gott selbst, mit dem wir es zu tun haben in unserer Existenz, in unserer Welt. Nicht ein Schein oder ein schemenhaftes Gebilde – nein Gott selbst mutet sich der Welt mit all ihren Abgründen zu. In der „Herz-Jesu-Verehrung" hat die Kirche eine Frömmigkeitsform gefunden, in der dieser Einsatz Gottes betend betrachtet wird.

Es gab (und gibt) die marxistische Verhöhnung des Christentums: „Euer Gott vertröstet auf ein Jenseits, damit das ‚irdische Jammertal' erträglicher würde." Man soll himmlisch getröstet werden, um irdisch nicht zu kämpfen für mehr Gerechtigkeit, gegen Ausbeutung und Unterdrückung. Man hat diese Doktrin den Kindern in der DDR im Staatsbürgerkundeunterricht, im Geschichtsunterricht, im Deutschunterricht – überall und immer wieder – ins Gehirn praktisch „eingehämmert". Die Kirche im Bund mit den Adligen, mit der Bourgeoisie, die vom Klassenkampf abhält, und damit „Steigbügelhalter der herrschenden Klasse" war. Lenin diente diese Geschichtsbetrachtung als Legitimation zur „Liquidierung" vieler unschuldiger Gläubiger in der Sowjetunion, besonders der Priester.

Gibt es das heute noch? Ist nicht die Kirche in Lateinamerika an der Seite der Opfer? Romero, Cardenal, sind das nicht Namen, die der marxistischen Kritik Hohn sprechen? Ja und nein. Es gab und gibt immer auch den selbstlosen Einsatz für Gerechtigkeit, Frieden und Bewahrung der Schöpfung. Und es gibt immer auch das Versagen in der Kirche, ja auch der Kirche selbst. Die erste Sozialenzyklika „Rerum novarum" von Leo XIII. kam rund 50 Jahre nach dem Erscheinen der revolutionären Schrift von Marx und Engels: „Das kommunistische Manifest". Die amtliche Kirche kam in der sogenannten *Arbeiterfrage* 50 Jahre zu spät. Wer weiß, wie anders sonst vielleicht das 20. Jahrhundert verlaufen wäre. Doch es geht um etwas noch Tieferliegendes. Wo jeder Kampf zu Ende ist, wo jede Hoffnung buchstäblich begraben wird, wo jede materialistische Weltbetrachtung verstummen muss mit einem achselzuckenden: „Es ist eben so", da verkündet der Glaube: Inmitten all der tiefen Abgründe ist der Mensch nicht allein, selbst nicht im Abgrund des Todes und der Gottverlassenheit. Es ist Gott selbst, der sich in Liebe verschwendet, der dem Menschen dorthin folgt, bei ihm ist. Er ist und bleibt bei uns – er und nicht nur ein Gesandter von ihm – auch und besonders,

wenn alles uns verlässt. Er ist wie der gute Hirt, der dem verlorenen Schaf nachgeht, in Schluchten und an gefährliche Abhänge.
Das ist es, was wir allen „Revolutionären" auch heute sagen müssen: Der Glaube an den trinitarischen Gott ist der Glaube, dass es keinen Raum und keine Zeit gibt, wo Gott – er selbst – nicht bei uns ist, nicht bei uns sein kann. Wir müssen ihm nur die Tür öffnen, er wartet bereits. Immer. Der Kampf um die Gerechtigkeit ist den Christen nicht weniger aufgetragen als anderen Menschen und Gruppierungen. Doch dort noch eine Perspektive zu haben, wo menschliches Tun und Wissen versagt, endgültig versagt, das ist uns nur möglich im Glauben an den Gott, der „seinen Sohn nicht geschont, sondern ihn für uns alle dahingegeben hat".

Zu welcher Bekehrung möchte Rahner mit diesem Text bewegen?

Um diese Frage zu beantworten, greife ich zunächst einen Gedanken auf aus einem Aufsatz, den ich gemeinsam mit Roman Siebenrock aus Innsbruck, aus Anlass des 70. Geburtstages des Erzbischofs von Hamburg, Werner Thissen, angefertigt habe. Der Aufsatz trägt die Überschrift: „Universales Sakrament des Heils".
Zur Trinitätstheologie Karl Rahners schrieben wir darin, dass sie „einem grundsätzlichen pastoralen Anliegen Karl Rahners" entspricht. Und weiter „... dass es im Leben der Kirche latent zwei Gefahren gibt, die miteinander zusammenhängen. Der Glaube an die Trinität kommt im faktischen Glaubensleben der Christen oft gar nicht vor. Und dort, wo dieser Glaube praktiziert wird, geschieht es oft in unbekümmerter Art und Weise, so dass eine nachgehende Reflexion einen faktischen Tritheismus in nicht seltenen Fällen diagnostizieren wird.
Rahner macht dafür den fehlenden Zusammenhang zwischen den einzelnen Traktaten in der Dogmatik verantwortlich. Die Isolierung des Themas in der Dogmatik und die Teilung der Gotteslehre in ‚De Deo Uno' (oder ‚De Divinitate') und ‚De Deo trino'. Er leitet daraus die Aufgabe für die Theologie ab, einen systematischen Entwurf zu erarbeiten, der nicht nur die theologische Synthese vertieft, sondern dadurch auch die Trinität für das faktische Glaubensleben in seiner Relevanz erweist."

Dies ist der erste und wesentliche Impuls, der sich aus der rahnerschen Trinitätstheologie ergibt: Theologie aus pastoralem Antrieb, der die Trinität für das faktische Glaubensleben in seiner Bedeutung erweist. Rahner will uns zu einem Glauben „bekehren", der nicht vom tatsächlichen Leben unendlich weit entfernt ist, sondern der mit ihm unmittelbar zu tun hat. Sonst verkommt er unter der Hand schnell zu einer Ideologie mit überzogenen Ansprüchen.

Ein zweiter Aspekt ist nicht minder bedeutsam. Da Gott in Christus und im Heiligen Geist allen Menschen nahe (gekommen) ist, haben Kirche und Theologie nach Rahner die Aufgabe, die Gottesgeschichte jedes einzelnen Menschen zu erhellen und zu bezeugen. Kirche als „universales Sakrament des Heils" dient dieser Hoffnung, begründet und vermittelt sie durch ihre sichtbare Gegenwart.

Hier tut in der Tat Buße, Bekehrung Not, denn wie oft ist Kirche nicht die sichtbare Gegenwart dieser Hoffnung? Wie oft erweckt sie den Anschein von Resignation, Zukunftsangst? Karl Rahner hat sich darüber gewundert, wie häufig Christen in sogenannten konservativen Parteien und wie relativ wenig sie in sogenannten progressiven Parteien anzutreffen sind. Damit ist keine Wertung verbunden, nur scheint es ausgemachte Sache zu sein, dass für viele Christen das Bewahren verlockender ist als der Weg Abrahams, der ein Weg des Aufbruchs ins Unbekannte war.

„Wagnis Theologie", so heißt ein Buch anlässlich des 75. Geburtstages von Karl Rahner. Ob es nicht gerade der „konkrete Monotheismus" ist – das Dabeisein Gottes, das uns die Trinitätstheologie vermittelt –, der uns Mut und Zuversicht vermitteln kann? Was kann uns denn passieren, wenn Gott bei uns ist und uns nicht verlässt? Und müssen wir nicht manchmal eingefahrene Gleise verlassen, um das „gelobte Land" zu erreichen?

Uns ist das Reich Gottes verheißen, nicht das sogenannte Paradies auf Erden. Dieser Traum ist wohl zum Ende des 20. Jahrhunderts endgültig ausgeträumt – doch war der Preis für diesen Traum nicht viel zu hoch? Das Reich Gottes kommt nur, wenn wir uns seinem Kommen nicht verweigern. Das ist richtig. Richtig ist aber auch, dass wir allein das Reich Gottes nicht auf die Erde herunterzwingen werden. Einfach, weil wir es nicht können, weil all unser Tun – so wichtig es ist – Stückwerk bleibt, das von Gott gesegnet sein muss. Eigenartig ist es deshalb schon, wenn wir als Kirche mitunter so tun, als ob wir nur diese „irdischen Wohnungen" haben. Das Wissen um die „himmlischen Wohnungen" sollte uns vielmehr Motivation und Anlass sein, dafür zu sorgen, dass die Schwester und der Bruder einigermaßen „irdische Wohnungen" als Verheißung für ein „Leben in Fülle" haben. Denn die „ekstatische Gottesliebe"[201] verwirklicht sich nur im „tätigen Weltbezug".

Selbstannahme und Gotteszustimmung: Das Geheimnis wird offenbar (Gotteserfahrung heute)

„Was wissen wir von diesem wahren Gott, von Gott, den wir nicht ergreifen, sondern der uns ergreift; den wir nicht tragen, sondern von dem wir getragen werden. Die ursprüngliche Erfahrung ist eben nicht: Ich denke an Gott und ich erkenne ihn, sondern: Ich bin von ihm ergriffen und von ihm erkannt. Mein Wissen, mein Lieben, meine Sehnsucht, meine Angst ist schon von vornherein von einer Unbegreiflichkeit getragen, die eben Gott genannt wird und eben nur dann, wenn diese ursprüngliche Erfahrung Gottes irgendwie durch das Reden über Gott, lebendiger angenommen, da ist, hat dieses ganze Reden von Gott einen Sinn, erst dann hat auch das Nachdenken über Gott einen tieferen Sinn" (Einübung priesterlicher Existenz, SW 13, S. 269–437).

Kurze Interpretation

Es drängt sich mir der Eindruck auf, dass eine Besinnung auf die „Hierarchie der Wahrheiten", von denen das letzte Konzil spricht, d. h. also eine Konzentration auf das Wesentliche unseres Glaubens, in Theologie und Verkündigung, noch nicht hinreichend zum Zuge gekommen ist. Gewiss, es gibt von Karl Rahner, aber auch von anderen Theologen, „Kurzformeln des Glaubens". Es gibt „Einführungen in den Glauben", auch „Einweisungen" und dergleichen mehr. Gleichzeitig werden immer wieder Verdächtigungen laut, hier werde Wesentliches des Glau-

bens „über Bord geworfen". Man spricht von unzulässiger „Gewichtserleichterung", von Anpassung an die Moderne, an den Zeitgeist. Und zu schnell wird außer acht gelassen, worum es bei der „Hierarchie der Wahrheiten" geht: Es geht nicht um Reduktion, sondern um Konzentration auf die eigentliche Substanz des Glaubens.[202] Nicht um ein Weglassen oder Auslassen von wichtigen Glaubenswahrheiten geht es, wohl aber um einen Perspektivenwechsel, um eine „Priorisierung", eine Schwerpunktsetzung bzw. Schwerpunktverlagerung.
Wenn man den Satz Karl Rahners wirklich zu Ende denkt:
„Mehr weiß ich nicht von Dir – Du –, Gott meines Lebens",
kann einem die Tiefe und Schönheit des Glaubens aufgehen. Mir ist es jedenfalls so ergangen. Denn was ist dieses „Mehr"? Die Tatsache, dass ich endlich bin und Gott unendlich, dass ich ohne IHN dieser Tatsache gar nicht ansichtig werde. Dass auch dieses Reden nur ein hilfloser Versuch ist, mein eigenes Geheimnis auszusagen; dass ich nicht wäre und sein kann ohne dieses größere Geheimnis, von dem und in dem ich lebe. Dass ich nicht eine Sekunde leben kann außerhalb dieser Beziehung. *Gott ist* und er ist die „Unendlichkeit meiner Endlichkeit". D. h. immer, wenn ich meine Endlichkeit erfahre und aussage, sage ich schon den Horizont, dieses „Mehr", den unendlichen Horizont mit aus.
Endlichkeitserfahrungen als solche sind nicht ohne diesen Kontrast, ohne diese Grenzerfahrung endlich-unendlich• erlebbar und als solche beschreibbar. Und selbst wenn ich in der Sprachphilosophie dies alles nur als Eigenschaft von Sprache und Grammatik ausmache, kann doch deutlich werden: All dies deutet mehr an als es aussagt (aussagen kann), dass wir nur leben angesichts eines unbegreiflichen Geheimnisses. Eines Geheimnisses, das wir nie begreifen, nie aussagen können. Und doch: Es wäre um unser Menschsein geschehen, wenn wir *von* ihm schweigen würden, wenn wir nicht *zu* ihm reden würden.

Entfaltung auf heutige Erfahrung hin

In der Berliner St. Hedwigs-Kathedrale gibt es einen Kreuzweg, der mich tief beeindruckt. Er ist gestaltet vom Künstler Josef Hegenbarth, die Meditationen zu den Kreuzwegstationen stammen aus der Feder Hans Urs

von Balthasars. An der VI. Kreuzwegstation kann man betend dem Gedanken Balthasars nachsinnen:
„Cogitor, ergo sum. Er denkt mich, darum bin ich."
Der Satz Balthasars steht in auffälliger Nähe zu einem sehr frühen Gebetstext Karl Rahners:
„tuus sum ego: Ich bin der, der sich nicht selbst gehört, sondern dir. Mehr weiß ich nicht von mir, mehr nicht von dir – Du –, Gott meines Lebens, Unendlichkeit meiner Endlichkeit" (Gebete, 27 f).
Wem fällt hier nicht René Descartes ein? „Cogito, ergo sum." – „Ich denke, also bin ich."
Dieser erkenntnistheoretische Hauptgrundsatz des französischen Philosophen (1596–1650) hat Philosophiegeschichte geschrieben. Hier steht das selbstherrliche, autonome Ich völlig im Mittelpunkt. Es ist der Dreh- und Angelpunkt, nicht mehr Gott, auch nicht mehr die Welt. Das Ich, das sich seiner Existenz vergewissert durch sein Denken. Verbunden damit ist die Wertschätzung, die diesem Ich entgegengebracht wird.[203]
Die grundlegende Problematik der neuzeitlichen Autonomie des Menschen ergibt sich aus einer einseitigen Interpretation dieses Ansatzes. Karl Rahner sagt zwar auch, dass *im* Ereignis der Transzendenz das ursprüngliche Wissen um das, was mit „Sein" gemeint ist, gegeben ist. Zugleich aber spricht Rahner davon, dass die Transzendenz des Menschen eröffnet, ermächtigt ist – und zwar nicht vom Menschen!
„Ich bin der, der sich nicht selbst gehört". Das ist Karl Rahner. Ich bin der, der sich selbst gehört – das ist René Descartes. Und mit ihm der deutsche Idealismus, die moderne Aufklärung und europäische Autonomie des Menschen, der „moderne Mensch", der die „Erde von der Sonne losgekettet hat" (Nietzsche).
Nicht zu vergessen ist: Wissenschaft und Technik sind großenteils Kinder dieser Entwicklung. René Descartes mit seiner philosophischen Grundhaltung hat seinen ehrenwerten Platz in der Philosophie der „Neuzeit".[204] Das Vertrauen in den menschlichen Geist, in das Experiment, hat den modernen Naturwissenschaften entscheidenden Schwung verliehen.
Ermöglicht – das darf besonders heute nicht vergessen werden – hat diese Art von Wissenschaft allerdings nicht die Neuzeit. Sie ist auch und

wesentlich Kind des jüdisch-christlichen Gottesbildes. Es gäbe keine moderne europäische Wissenschaft ohne die Tätigkeit der Klöster und Orden der Kirche. Die Kirche hat Kultur, Wissenschaft und Sozialwesen nicht nur bewahrt und weitergegeben. Viele Impulse gingen von Frauen und Männern des Glaubens aus. Das war kein Zufall, denn der Glaube des Judentums und des Christentums entwickelte ein eigenes, spezifisches Weltverständnis und Weltverhältnis, ohne das eine Entzauberung der Welt nicht zustande gekommen wäre. Mond und Sonne waren „Lichter am Firmament“, Jahwe herrschte „über alle Mächte und Gewalten“. D. h. geforscht und experimentiert werden durfte in und an der Schöpfung, eben weil sie Schöpfung ist und keine Gottheit.
Alles, was geschaffen wurde und was existiert, ist nicht Gott. Darum ist es dem Menschen, seiner Forschung, prinzipiell zugänglich. Ansonsten war der Raum des Göttlichen, des Heiligen, des Geheimnisvollen ein Tabu-Bereich. Er blieb unberührt, auch von der menschlichen Neugier. Es ist kein Zufall, sondern historische Tatsache, dass ohne das „christliche Abendland“ viele Pioniertaten der Menschen nicht zustande gekommen wären.
Auch übrigens nicht die Erklärung der allgemeinen Menschenrechte. Selbst „Freiheit, Gleichheit und Brüderlichkeit“ sind nicht rein zufällig zunächst in Europa, in dem Gebiet, das durch den Glauben der Christen geprägt ist, zum Durchbruch gekommen.[205] Diese Vokabeln hören sich noch heute an wie der Nachhall der Rede von der Gottebenbildlichkeit des Menschen.
Heute ist der Mensch selbst in einem kaum zu überschätzenden Maß Gegenstand seiner eigenen Forschung geworden, wenn man nur an die Bereiche der Neurologie, der modernen Hirnforschung oder an das breite Spektrum der Medizin, der Psychotherapie, der Gesellschafts- und Geisteswissenschaften und der Genforschung denkt.
Der neuzeitliche Glaube an den menschlichen Geist bedeutet einen Quantensprung in der menschlichen Entwicklung. Und in dieser Welt und an der Welt wird sich unser Glaube bewähren, bewahrheiten. Denn wir sind als „Geist in Welt“ zugleich „Kinder eines liebenden, himmlischen Vaters.“

Zu welcher Bekehrung möchte Rahner mit diesem Text bewegen?

Einerseits herrscht heute der Eindruck vor: Alles ist machbar! Wissen und Können sind scheinbar keine Grenzen gesetzt. Alles ist verfügbar, das Ich ist schrankenlos, grenzenlos geworden.
Doch diese Haltung hat ein Janusgesicht. Das Ich ist eigenmächtig, autonom. Es ist unendlich überlegen über alle anderen, uns bekannten Geschöpfe. Es steht jenseits aller Bindungen und Abhängigkeiten.
Das heißt aber auch: Der moderne Mensch ist ein Mensch, dem die Natur, die Welt insgesamt, nicht mehr fraglos als Schöpfung Gottes gegeben ist. Er ist darum der Umwelt und Mitwelt, wie auch sich selbst gegenüber, zugleich voller Sorge und Angst, voller Misstrauen. Das „Schweigen der unendlichen Räume" (Pascal) nimmt jegliches Gefühl von Geborgenheit und Beheimatung. Seltsam einsam ist der moderne Mensch – und so fühlt er sich auch. Einsam, ohne Zuhause. Der moderne Mensch ist beides zugleich: Der Macher, der Gestalter, der, der verfügt. Und derjenige, der Angst und Ohnmacht kennt, Einsamkeit und Verlorenheit.
Karl Rahner bezeugt dagegen in seinen Meditationen und Gebeten eine grundsätzlich andere Erfahrung: Nicht wir ergreifen Gott, auch nicht in unserem Denken. Wir sind zuallererst von Gott ergriffen. Und nur darum haben wir die Möglichkeit, mit den schöpferischen Kräften so umzugehen, dass wir im Schöpfungshandeln Gottes eine echte Rolle spielen.
Schöpfung ist also nicht lediglich Bauplatz, sie ist auch keine Spielwiese, sie ist erst recht kein „Ding an sich" (Kant), das uns zur Ausbeutung – die dann nur maßlos sein wird – dient. Welt ist im tiefsten Verstehen Schöpfung, d. h. sie ist nicht eigenmächtig, aus eigener Kraft und Macht im Dasein. Sie ist geschaffen, sie hat sich ihr Dasein nicht selber gegeben, sondern ist abhängig von ihrem Schöpfer und Erhalter. Abhängig von einem Gott, der sich in Liebe an diese, seine Welt, verschwenden will. Sie ist Schöpfung eines Gottes, der Partnerschaft, Solidarität, Verantwortung will. [206]
Ermessen wir die Würde, aus der sich unsere Verantwortung ableitet? Gott schafft Partner, keine Marionetten! Und sein Schöpfertum besteht

wesentlich darin, dass er uns an ihm wirklichen Anteil gibt. Rahner will hinführen und „bekehren“ zur realistischen Selbstannahme. Sie kann nur gelingen, wenn wir die Erfahrung zulassen und bedenken, dass nicht wir selbstherrlich uns „in Szene gesetzt haben“. Wir sind – mit allen Möglichkeiten und Begrenzungen – in der Welt, weil Gott es will. Und Gottes Wille ist Liebe. Die Botschaft des Glaubens preist geradezu in hymnischen Worten SEINE Zuwendung, wenn sie beschreibt, dass Gott wirklich „jedes Haar auf unserem Haupt gezählt“ hat.

Karl Rahners Gebetswort ist wie ein Echo auf das zuvor ergangene Wort der Schöpfung Gottes, der jeden Einzelnen von uns beim Namen ruft. Daraus leitet sich auch Rahners Verständnis von Gebet ab, das weit hinausgeht über rein verbales Sprechen: Unser gesamtes Sein – mit allem, was dazugehört – ist *die* Anrede Gottes an uns. Und weil es ein Wort der Liebe ist, traut sich Rahner, in seinem Gebet sich selber ganz auszusagen, sich selbst vor das eine, unbegreifliche Geheimnis zu bringen, sich ihm anzuvertrauen.

Rahners Gebete können eine Anleitung zum eigenen, persönlichen Gebet sein. Seine Theologie ist eine einzige Geste des Werbens, dem Leben zu trauen, weil Gott es mit uns lebt. Die Gebete Karl Rahners sind ein starker geistlicher Impuls für uns: Dass auch wir uns Gott anvertrauen, dass wir dies können und dürfen, ihn anreden, mit ihm „auf Du und Du“ stehen. Wenn wir dies tun – in SEINER Kraft – dann vollziehen wir unser eigenes Wesen, denn der Mensch ist nach dem Glauben der Kirche nicht nur Kind dieser Erde, sondern zuerst und zuletzt ein „Gotteskind“. Dieses vielleicht heute nicht leicht verständliche Wort übersetzt Karl Rahner in die großartige Definition des Menschen als „Ereignis der freien, vergebenden Selbstmitteilung Gottes“. Der Mensch ist zuerst und zuletzt also ein Ereignis. Ein Ereignis, ein Geschehen der Liebe.

Karl Rahner ist auch in seinen Gebeten nicht zu kopieren. Er kann uns durch sein Beispiel ermutigen, unsere eigene Sprache zu Gott auszuprobieren, sie zu finden, sie immer wieder neu einzuüben.

Ich bin Karl Rahner sehr dankbar, dass er nicht nur theoretisch über das Beten viel gedacht, gesagt und geschrieben hat. Sondern dass er darüber hinaus uns in seinen eigenen Gebeten einen Gebetsschatz anvertraut hat. Ich habe – auch und besonders in sehr schönen und sehr schweren Stunden – Gebete Karl Rahners still und dankbar meditiert. Sie waren und sind für meinen „geistlichen Haushalt“ unentbehrlich, denn von ihnen empfange ich viele Impulse für mein Leben aus dem Glauben. Ich fand und finde zudem Halt, Trost und Zuspruch.

Weil Karl Rahners Sprache in seinen Gebeten und meditativen Texten besonders schön ist, ja bisweilen poetische Qualität in klassischer Schönheit erreicht, sollen zwei kleine Auszüge aus Texten Karl Rahners am Schluss dieser Überlegungen stehen:

„Von … Gott sagen wir, dass die Welt das Ereignis seiner Selbstmitteilung, der Ekstase seiner Liebe sei, die sich selbst ‚nach außen‘ an das verschwenden will, was er nicht ist“ (SW 20, S. 3–25). Und: „Weil du allein unser endloses Ende bist, darum haben wir eine unendliche Bewegung der Hoffnung vor uns“ (Gebete, S. 98).

VI. Gang:
Kirche in der Welt von heute

Viele haben ihn nachgesprochen, den Satz Karl Rahners vom Christen von heute und morgen, der ein Mystiker sein wird, oder der nicht mehr (kein Christ) sein wird. Manch einer hat sich abgewendet: „Mystik, das ist nichts für mich. Das ist etwas Elitäres, etwas für Eingeweihte, für einen ‚erlauchten Kreis', zu dem ich doch nicht gehöre."

Es rächt sich, wenn der Gesamtzusammenhang dieses wichtigen Hinweises von Karl Rahner nicht berücksichtigt wird. Denn er hat gleich unmittelbar danach gesagt, was er denn unter einem „Mystiker" versteht. Und auf das richtige Verständnis kommt es gerade hierbei an: Für Karl Rahner ist ein Mystiker zunächst und ganz allgemein jemand, „der etwas erfahren hat".

Die Konsequenzen dieser, scheinbar fast nebenfälligen, Bemerkung sind kaum zu überschätzen. Denn sofort drängt sich die Frage auf: Was gibt es denn in dieser Welt zu erfahren? Ist nicht alles schon gesagt? „Nichts Neues unter der Sonne" – dieser Satz stammt nicht nur von berühmten Kritikern des Christentums, sondern ist schon biblische Weisheit. Wenn sich alles nur wiederholt, ist die Welt langweilig. Und dann sind da auch noch die Erfahrungen und Gedanken, die hinter und vor der Schöpfung eher einen Dämon, eine willkürliche Macht oder ein blindes Schicksal vermuten (lassen), als einen liebenden, treusorgenden Vater.

Ja, die Welt ist sehr widersprüchlich, ambivalent. Umso wichtiger ist es, dass die Stimme des Guten, des Wahren, des Schönen nicht überhört wird oder gar verstummt. Angesichts vielfältiger menschlicher Erfahrungen des Absurden, des Vergeblichen, der Verzweiflung und Schuld, muss gerade auch die andere Erfahrung bezeugt werden: Die der Treue, der Hoffnung, der Liebe und Wahrhaftigkeit. Wie sollte sonst die Ahnung wach bleiben im Herzen der Menschen nach DEM, der „jedes Haar auf unserem Haupt gezählt hat"? Wie soll der Glaube an den Vatergott

und seine mütterliche Liebe weitergegeben werden, wenn immer weniger die Erfahrung liebender Geborgenheit in familiären Beziehungen gemacht wird? Wenn statt dessen Erfahrungen von Gewalt, Einschüchterung und Unfrieden um sich greifen?
Um diese Fragen wird es vor allem im 6. Gang gehen: Kirche, die sich in der „Zeitgenossenschaft" einübt mit all den Freuden und Leiden der Zeit. Die Frage wird gestellt, ob und wie politisch das Christentums sein darf, ja sein muss? Strukturen, Fragen des ökumenischen Zeugnisses werden ebenso diskutiert wie das Verhältnis zur eigenen Kirche, zum Bleibenden innerhalb des ständigen Wandels. Die Antworten sind nicht geglättet, sie gehen nicht 1:1 auf, sie hinterlassen Fragen, die ihrerseits neue Fragen und Probleme aufzeigen und nach vorn drängen. Wie sollte auch sonst die Kirche wirklich bei den Menschen sein?

Unbedingtheiten: Selbstaufgegeben, Geliebt werden, Vertrauen ....

„Unser Anfang ist in Gott verborgen. Er ist verfügt. Und erst, wenn wir angekommen sind, werden wir ganz wissen, welches unsere Herkunft ist. Denn Gott ist das Geheimnis schlechthin, und was er setzte, als er uns in unseren Anfang einsetzte, ist noch das in seinem Offenbarungswort verborgene Geheimnis seines freien Willens. Aber, ohne daß dadurch das Geheimnis aufgehoben wird, können wir sagen: Zu unserem Anfang gehört die Erde, die Gott geschaffen, die Ahnen, in deren Geschichte Gott weise und vergebend waltete, gehört Jesus Christus, die Kirche und die Taufe, Erde und Ewigkeit. Alles ist da, alles, was überhaupt ist, versammelt sich schweigend in dem Quellgrund unseres eigenen Daseins. Mit dem Schweren und Leichten. Mit dem Zarten und Harten. Mit dem Abgründigen und Himmlischen. Und alles ist umfaßt von Gott, seinem Wissen und seiner Liebe. Und alles soll angenommen werden. Und allem gehen wir entgegen, alles, eines nach dem andern, erfahren wir, bis die Zukunft die Herkunft eingeholt hat. Eines aber von diesem Anfang ist uns schon durch das Wort Gottes gesagt: das Annehmenkönnen gehört selbst zur Macht des gottgesetzten Anfangs; und wenn wir annehmen, haben wir die lautere Liebe und Seligkeit angenommen" (SW 14, S. 151 f.).

Kurze Interpretation

In der Kindheit und Jugendzeit ist die Welt voller Träume, eine bis an den Rand gesättigte Verheißung.[207] Sicher, es gibt auch schon in vielen Fällen die Situation, dass Kinder nicht Kinder sein dürfen, doch weist gerade diese defizitäre Situation (mit all ihren verheerenden Folgen) uns darauf hin, wie sehr wir angewiesen sind auf Antworten, die tragen. Und irgendwann im Leben taucht unweigerlich bei jedem Menschen die Frage auf: Wo komme ich her? Wo gehe ich hin? Wer bin ich? Diese uralten Fragen sind zugleich mit dem Menschsein gegeben. Menschen, die derlei Fragen nicht stellen, sind – mit Pinachas Lapide gesprochen – in irgendeiner Weise „metaphysisch behindert".[208]
Karl Rahner gibt auf solche Fragen die Antwort des Glaubens: Wir sind nicht Kinder des Zufalls, wir sind auch nicht „Überlebensmaschinen unserer Gene", wir sind auch nicht „Ensemble gesellschaftlicher Verhältnisse" oder ein „Produkt aus Blut und Boden". Wir kommen nicht aus „grauer Vorzeit", denn wir sind von Gott gewollt. Und mit uns ist all das ins Dasein gerufen, das uns lieb und wert ist: Unsere Eltern, Bekannten, Verwandten und Freunde. Wir können zu allem ein großes Ja sagen, weil Gott es zuvor in liebender Zuwendung schon gesprochen hat. Dem Zweifelnden hält Rahner die Frage entgegen, ob er denn eine andere Alternative herzeigen könne. Diese Frage, existentiell gewendet, heißt dann, ob diese sogenannte Alternative wirklich lebenstauglich ist, ja ob sie dies überhaupt sein kann?

Entfaltung auf heutige Erfahrung hin

Wir machen heute die Erfahrung im gesamtgesellschaftlichen Kontext, dass die Antwort des Glaubens weder gefragt ist, noch durch die Wirklichkeit scheinbar gedeckt ist. Zu viele zerbrochene Beziehungen, zu viel Tragik im Mitmenschlichen, zu viel zerstobene Hoffnungen. Ist nicht alles nur Illusion, nostalgische Welle, das Beschwören der Familie, der

Tradition? Bezeichnenderweise erleben wir heute zwei Vorgänge gleichzeitig: Das radikale Zerbrechen traditioneller Formen und die (fast unerfüllbare) Sehnsucht nach ihnen.
Zudem kann man feststellen: Die Frage nach dem Menschen überhaupt, mitsamt den traditionellen Aussagen zu seinem Wesen, seinem Ursprung, zu seiner Bestimmung, zum Sinn und Ziel seines Lebens wird spätestens seit Beginn der Neuzeit radikal in Frage gestellt. Sie scheint sich als irrelevant, als sinnlos zu erweisen. Der Positivismus lässt sie nicht gelten, für ihn zählt ausschließlich das, was prüfbar, im Experiment wiederholbar ist. Nur das ist Wirklichkeit. Und für den kämpferischen dialektischen und geschichtlichen Materialismus sind solche Fragen ohnehin nur „Überbau" einer Welt, deren letzte Wirklichkeit „Materie" ist. Beiden Weltdeutungen ist gemeinsam, dass sie sich als „Letztbegründung" verstehen, ohne diese Behauptung hinreichend zu begründen, ja begründen zu können. Der Agnostizismus bekennt sich dazu, dass er sich nicht bekennen kann. Schon Augustinus machte darauf aufmerksam, dass man an allem zweifeln kann. Diese Aussage kann man aber nicht *gleichzeitig* in Zweifel ziehen, ohne sich selbst zu widersprechen.
Wohin führt es, wenn die menschliche Seele von abgrundtiefem Misstrauen sich selbst gegenüber erfüllt wäre? Können wir uns und unserer Geschichte vertrauen oder müssen wir ihr misstrauen? Oder ist dies eine unzulässige Frage? Kann der Mensch leben in der totalen Aporie, dass er zwar Sinn erwartet, dass er auf Hoffnung hin angelegt ist, dass er aber gleichzeitig aus Liebe zur Wahrheit dies alles als eitle Illusion entlarven muss?
Mir scheint, dass hier sogar das eigentliche Verbrechen von Karl Marx und seinen Jüngern vorliegt. Wenn er gesagt hätte, dass er davon ausgeht, dass es Gott nicht gibt, dass er die Vermutung hat, Gott sei ein Wunschgemälde, dann wären die Auswirkungen seiner Ideologie nicht so verheerend gewesen.
Doch er hat keine Vermutung geäußert. Er hat behauptet, zu wissen, dass es Gott nicht gibt. Viele haben es ihm nachgesprochen und dabei vielfältige Versuche angestellt, nachzuweisen, dass und warum es Gott nicht geben kann. Und was war, was ist das Resultat? Marx kannte sehr

wohl den Menschen, er wusste, dass der Mensch an einen unbedingten Sinn glauben muss. Familie, Volk, Gesellschaft – all das sind wichtige, aber immer nur vorletzte, begrenzte Wirklichkeiten, die in ihrer Enge und Begrenztheit – bei allem Schönen und Guten – eben auch erlebt werden. Doch der Mensch „lebt nicht vom Brot allein", er braucht mehr. Er braucht etwas, an das er unbedingt glauben kann, das gilt, das nicht enttäuscht.
Weil Marx das wusste, wusste er auch, dass er dem einfachen, dem ausgebeuteten Volk, das Wichtigste raubte, was es besaß: Die Hoffnung und das Gewissen, von dessen Spruch ich mich nicht ohne eigene Schuld distanzieren kann. Und so blieb nur der fantastische Glaube an die Macht, an die Klasse, an die „historische Mission der Arbeiterklasse". Und was ist mit jenen, die nicht zu dieser Klasse gehören? Die Bourgeoisie, die Intelligenz, die Künstler und auch die, die den „Fortschritt" nicht aktiv gestalten können? Wir wissen heute, wohin diese menschenverachtende Ideologie im 20. Jahrhundert geführt hat: zu Gulags, zu millionenfachen Morden, zur „Liquidation" Andersdenkender und anderer Klassen. Menschenverachtend ist diese Ideologie, weil sie das tiefste Wesen des Menschen zwar erkannt hat. Aber diese Erkenntnis wurde skrupellos ausgenutzt, der Glaube an Gott, an die Unbedingtheit der Liebe und Hoffnung – all das wurde aus dem Herzen der Menschen herausgerissen. Wo keine Hoffnung, da kein Gewissen! Der Stalinismus war kein historischer Zufall. Das muss heute vielleicht wieder ganz deutlich betont werden. Denn wir leben in einer Zeit, die das kommunistische Gesellschaftsexperiment nicht selten verharmlost.[209]

Zu welcher Bekehrung möchte Rahner mit diesem Text bewegen?

Karl Rahner schreibt seiner Kirche quasi ins Stammbuch, dass sie den Auftrag hat, mitzuwirken, dass Gottes Liebe bezeugt und wirklich erfahren wird. Und dabei sind wir nicht allein. Wir stehen immer schon in geschichtlichen Bezügen, in denen geglaubt, gehofft und geliebt wurde und wird.
Ist es nicht zutiefst frohmachend, dass unsere Eltern und Großeltern ebenso wie unsere Kinder und Enkel dazu gehören? Dass Kirche einen

Zusammenhalt herstellt nicht nur in der Geschichte, sondern auch über Rassen, Klassen und Kontinente hinweg? Gottes Geist, der „über alles Fleisch ausgegossen ist“ befreit uns nicht nur von der „Herrschaft des Man“ (Heidegger), der Beliebigkeit und der wechselnden Moden. Er ermutigt uns, ja er fordert uns auf, uns auf Geschichte und Gesellschaft einzulassen. Die „Option für die Armen“ ist nicht in unser Belieben gestellt. Gottes Geist legitimiert eine Zukunftshoffnung, die uns aufruft zur Mitwirkung in Kirche und Gesellschaft. Dies ist kein billiger Optimismus, sondern ein begründetes Ver- und Zutrauen in das Leben, weil Gott es mit uns lebt.
Ein Einwand soll noch zu Wort kommen: Stimmt das überhaupt mit der Kirche, die einen Zusammenhalt herstellt über jede Schranke, über Klassen, Rassen und Stände hinweg?[210] Oftmals ist die Kirche in ihrem Verhalten doch Spiegelbild ihrer Zeit und Gesellschaft. Und viel zu oft hat sie es eher mit den Mächtigen der Zeit als mit deren Opfern gehalten. Doch gleichzeitig hat diese „Kirche der Sünder“[211] jenen Maßstab nie aufgegeben, der sie der Sünde und Lieblosigkeit überführte. Zumindest gab es diese Möglichkeit auch, der die Kirche nicht erlegen ist. Das kann sowohl Mahnung und Warnung als auch Ansporn sein, den eigenen Auftrag in der Kirche und für die Kirche wahr- und anzunehmen. Ein weiterer Umstand, den es zu bedenken gilt, sollte uns auch aufmerksam machen, unsere Kritik an der Kirche behutsam und hilfreich anzubringen. Denn zunächst sind wir alle zusammen Kirche, die nur ein Haupt hat: Jesus Christus. Und hilfreich ist auch – besonders auch für den Umgang mit der eigenen Kritik an der Institution Kirche – dass wir sagen müssen: Wenn jemand Fremdes ein Jahr bei mir wohnen würde, um dann zu sagen: „Nun weiß ich, was Kirche ist“, dann könnte ich das sicher nicht ohne weiteres und mit ausschließlich gutem Gewissen tun. Es gibt – Gott sei Dank – auch das Sakrament der Buße, das die Kirche bereithält. Auch ihre schmutzigen Hände können also zugleich zärtlich und heilend sein. Das alles lässt uns vielleicht nicht nur Maß halten in der Kritik, die wichtig ist. Es sollte uns ermutigen, sie jeweils so zu sagen, dass sie aufbaut und nicht niederreißt.
Ein weiterer Aspekt der „Bekehrung“ durch Karl Rahner ist das, was ich das „Lob der vielen einfachen Leute“ nennen möchte, die nicht sehr viel

Philosophie, Theologie und Wissenschaft betreiben, die aber als Eltern, Freunde, Verwandte und Bekannte ihr Leben in Treue und Redlichkeit still und unaufdringlich vorbildlich führen. Hier hält uns Rahner an, diese Lebensvollzüge liebevoller zu analysieren, um auf ihrem Grund das Wirken der Gnade und Hoffnung und damit das Wirken des Heiligen Geistes, auch wenn es nie so benannt wird, ausfindig zu machen.[212] Man kann im Denken jedwede Position einnehmen. Im Leben, in dem Verantwortung gelebt, gehofft und geliebt wird, ist dies nicht möglich. Der Vollzug des Lebens widerspricht oft genug den Denkschablonen philosophischen Kalküls. So, wie der Mensch nicht ohne Annahme und Geborgenheit leben kann, kann er auch nicht ohne Hoffnung, Vertrauen und Zuversicht leben. Partielle Sinngehalte reichen nicht, wenn alles in Frage steht. Und wenn es um das Ganze unserer Existenz geht, dann sind auch immer Umwelt, Mitwelt, Geschichte und Zukunft einbegriffen. Dann geht es um den allumfassenden Sinn, der bedingungslos ist. Dieser Sinn kann nicht sein ohne Realität als Grund und Ziel. Oder alles ist sinn-, ziel- und zwecklos. Dann aber auch diese Feststellung, die Trauer darüber, jeder Gedanke und jedes Gespräch.

Zeitgenossenschaft

„Mitten im Innersten des bindungslos gewordenen, des kirchen- und dogmenfreien Menschen stand unversehens eine Gewalt auf, die den scheinbar ganz frei gewordenen Menschen bedrängte und verknechtete. In dem Maße, als er den äußeren Bindungen einer allgemein verpflichtenden Sitte, verpflichtender Grundsätze des Denkens und Handelns sich entzog, in dem Maße wurde er nicht eigentlich frei, sondern verfiel anderen Herrschaften, die von innen her ihn übermächtig überfielen: den Mächten des Triebes, den Mächten des Geltungsstrebens, des Machthungers, den Mächten der Geschlechtlichkeit und des Genusses und gleichzeitig den Ohnmächten der von innen her den Menschen aushöhlenden Sorge, der Lebensunsicherheit, des Sinnschwundes des Lebens, der Angst und der ausweglosen Enttäuschung … Er wollte ganz sich selbst entdecken und in sich die autonome Person von unantastbarer Würde – und hatte eigentlich nach aller Tiefenpsychologie und Psychotherapie und aller Existentialphilosophie und aller Anthropologie, in der sich alle Wissenschaften einfanden, um herauszubringen, was eigentlich der Mensch in seinen tiefsten Gründen und Untergründen sei, nur entdeckt, dass in den tiefsten Tiefen seines eigentlichen Wesens er eigentlich gar nicht – er sei, sondern ein unübersehbares, ungeheuerliches Chaos von allem und jedem, in dem der Mensch eigentlich nur so etwas ist wie ein sehr zufälliger Schnittpunkt dunkler, unpersönlicher Triebe ... Weiß der Mensch von heute aus sich wirklich mehr von sich, als dass er eine Frage ist in eine grenzenlose Finsternis hinein, eine Frage, die nur weiß, dass die Last der Fragwürdigkeit bitterer ist, als dass der Mensch sie auf die Dauer erträgt?“ (Not und Segen, S. 67 f.)[213]

Kurze Interpretation

Kaum eine Zeitdiagnose beschreibt die Ambivalenz der Moderne so prägnant und gleichzeitig so umfassend wie die von Karl Rahner aus dem Jahre 1946. Erstaunlich ist zunächst die Tatsache, dass diese Analyse noch unter den Schockwellen des verlorenen Krieges und in den Wirren der Nachkriegszeit zustande gekommen ist. Karl Rahner hielt diese Predigten im Februar des Jahres 1946 im zerbombten München. Er reflektiert auf die Gründe und Ursachen heutiger Existenz- und Identitätskrisen, die er wesentlich als Krise des gottfernen Menschen deutet. Gottferne ist nicht Gottlosigkeit.
Nur ein Kapitel zuvor macht Karl Rahner in einer bewegenden Meditation, die man ohne Übertreibung einen „geistlichen Klassiker“ nennen kann wegen der Tiefe der Reflexion und der Schönheit der Sprache, darauf aufmerksam, dass wir eine „Öffnung des Herzens“ dringend brauchen. Dringend deshalb, weil wir in einer Zeit leben, in der der Gottesbezug verloren zu gehen scheint und damit auch das Entscheidende des Menschseins. Einerseits wartet Gottes Geist in uns. Er wartet auf uns, dass wir uns ihm öffnen. Andererseits erleben wir in der Gesellschaft eine Zeit der scheinbaren bzw. offensichtlichen Gottferne. Gott kommt nicht vor, er scheint unsagbar fern, ja bedeutungslos. Für diesen Zustand prägte Karl Rahner das Bild vom „verschütteten Herzen“.

Karl Rahner ist jedoch kein Pessimist, dem die Hoffnung abhanden gekommen ist. Wenn er die Situation des „verschütteten Herzens“ beschreibt, meint er ja damit eine Situation, die es dem Menschen scheinbar fast unmöglich macht, noch auf die „stillen Regungen des Herzens“ zu achten, auf die unbeantwortbaren Fragen und die unerfüllten und unerfüllbaren Sehnsüchte. Rahner fragt dann weiter, wie es dazu kommt bzw. dazu kommen konnte, dass wir auf der Reise unseres Lebens nirgendwo ganz zu Hause sind. Auch (und erst recht nicht) bei uns selbst. Und er fragt weiter, wie der eigentliche Umstand zu interpretieren ist, dass wir nirgendwo endgültig ganz Halt machen können.[214] Und das, obwohl wir uns doch so sehr nach letzter Gewissheit und Geborgenheit sehnen.
Heute meinen wir – im Verhältnis zu früheren Zeiten – noch mehr zu wissen und noch viel genauer sagen zu können, was es mit dem Menschen im Letzten auf sich hat. Täglich mehren sich die Kenntnisse der Anthropologie; der Mensch ist beschreibbar, definierbar geworden, ein eigentliches Geheimnis des Menschen gibt es nicht (mehr). Oder vielleicht doch?
Wenn alles bekannt wäre, würde der Mensch aufhören können zu fragen? Würde dann nicht erst recht die Frage aufstehen: Warum? Wozu? „Wir alle haben die schweigende Unbegreiflichkeit Gottes mit oder ohne Namen angerufen; in uns und in ihnen ist das exakteste Weltbild als Ganzes eine Frage, die sich nicht selbst beantwortet …“(SW 15, S. 171–183).
So wenig gähnende Leere und Langeweile dem Menschen genügen können, so deutlich wird heute, wie vielleicht kaum sonst erkennbar und erfahrbar in der langen Menschheitsgeschichte, dass der Mensch auf Dauer nicht mit unverbindlichen, unsicheren Antworten leben kann. Und das trotz voller Regale, vielfältigsten Möglichkeiten, Angeboten und einer Unmenge an Informationen. Die Frage stellt sich mit Unerbittlichkeit, wenn wir sie nicht vorher schon in unserem Herzen und Verstand getötet haben (und damit unser Menschsein in der Banalität versandet ist. Was durchaus völlig geräuschlos vor sich gehen kann.): Was bleibt? Was ist echt und wird alle zeitlichen Moden überdauern? Oder ist alles nur Täuschung? Und ist die angebotene Zerstreuung letz-

ten Endes nur dazu da, uns über diesen Zustand hinweg zu trösten, die tödliche Langeweile zu zukleistern?

Entfaltung auf heutige Erfahrung hin

Es ist Karl Rahners Verdienst und auch Mut, diese Analyse in eine Zeit hineinzurufen, die buchstäblich nichts mehr hatte. Eine Zeit, die wirklich beim Punkt Null anfangen musste, nachdem der „Herrenmensch" sich im totalen Desaster wiederfand. Die materielle Not war dabei nicht nur sehr real. Sie zeigte zugleich die tiefe innere, die seelische Not an. Denn viele Menschen, die auf den „Führer" vertraut haben, fanden sich plötzlich wieder im „geistigen Niemandsland".
Es war eine Zeit, in der die Menschen sich vorrangig um Obdach und Nahrung kümmern mussten. Und doch war es Karl Rahner offensichtlich gerade in dieser Zeit darum zu tun, in all den Wirren der materiellen Not darauf aufmerksam zu machen: Das zutage liegende menschliche Elend liegt nicht nur in und an Strukturen, nur an äußeren Umständen, so schlimm und bedrängend diese Not auch erlebt wurde. Die äußere Not hängt vielmehr mit einer großen inneren Not zusammen und zeigt diese an. Worin bestand diese innere Not damals? Und besteht sie auch heute? Oder hat sie sich gewandelt?
Es war und ist eine verlockende Verführung, zu meinen, wenn nur die politischen und wirtschaftlichen Verhältnisse sich ändern, wird es auch insgesamt besser.[215] Der Utopie der Erbauer des Paradieses auf Erden ebenso wie den Fortschrittsoptimisten bürgerlicher und liberaler Gesellschaftsmodelle setzt Rahner schon in Zeiten bitterster Not und Armut den christlichen Realismus entgegen. Dieser verbietet es, nur das, was offensichtlich „der Fall" ist, gelten zu lassen. Rahner lässt keine Reduktion auf die Programmatik einfacher Rezepte zu, deren Wurzeln oft genug Verdrängung und andere Abwehrhaltungen bzw. Abwehrmechanismen sind.
Es war und ist kein Zufall, dass im Deutschland des Jahres 2009 Tausende ins Stadion drängten und an die Fernsehschirme, um ihrer Trauer Ausdruck zu verleihen bzw. der Trauerfeier beizuwohnen angesichts des Freitodes eines berühmten Fußballspielers. Sein Name: Robert Enke,

Torwart von Hannover ´96 und deutscher Nationaltorhüter. Natürlich kann man von Inszenierung sprechen, von Profitmaximierung im Medienzeitalter, von Pietätlosigkeit, die nicht einmal vor Tod und Trauer Halt macht. Man kann sprechen von der Macht der Medien, die selbst dramatische persönliche Widerfahrnisse noch vermarktet. All das hat seine partielle Berechtigung.
Doch möglich scheint dies alles nur zu sein (auch dieser Missbrauch), weil tief im Innern des modernen Menschen die Sehnsucht nach dem „ganz Anderen“ wohnt und sich bei solchen Ereignissen unübersehbar Bahn bricht. Es ist kein Zufall, wenn Trauer sich in einer Größenordnung breit macht, die alle Maßstäbe sprengt beim Tod einer „Prinzessin der Herzen“. Es spricht für den Menschen und dafür, dass in seinem Innern noch eine ganz andere, oft verborgene und verschüttete Schicht vorhanden ist, die selten zugelassen wird und die zu zeigen, man oft nicht den Mut findet: Was ist das für ein Vorgang, wenn ein Milliardenvolk und viele Millionen vor den Fernsehgeräten offiziell Abschied nehmen von einer kleinen, unscheinbaren katholischen Ordensfrau, die den Menschen in den Slums von Kalkutta durch ihr Tun und ihre Anteilnahme ihre schlichte Würde zurückgab.
Warum nehmen Menschen Anteil gerade an solchen Ereignissen und Schicksalen? Warum nahmen gerade junge Menschen weltweit in besonderer Weise Anteil an der Seligsprechung eines Papstes, der nicht nur ein Macher war? Der nicht nur ihnen allen zurief: „Habt keine Angst!“ Sondern, der der Welt auch zeigte, dass Leid, Behinderung, Alter, ja Sterben zum Leben dazu gehören? Bricht sich hier nicht etwas Bahn, was zutiefst Hoffnung begründen kann? Hoffnung für die Zukunft, für den Menschen, für den Glauben?[216] Steht hinter all dem nicht doch eine „geheime Zeitgenossenschaft“ und Sehnsucht vieler Menschen, sich nicht abzufinden damit, dass wir in einer Welt leben, die manchmal den Eindruck erweckt, an Gefühlskälte angesichts der Gesetze hemmungsloser Profitgier zu erfrieren? Angesichts einer Welt, die keine Schwäche duldet, die nur Starke, Schöne, Reiche und Durchsetzungsfähige zu kennen scheint?
Man muss nur Medienbotschaften wie „Unterm Strich, zähl ich“ oder „Geiz ist geil“ auf sich wirken lassen. Ganz zu schweigen von den Aus-

wirkungen irgendwelcher Talk-Shows, die zumeist auf privaten TV-Kanälen zu jeder Tag- und Nachtzeit ihre allzu einfachen und teilweise hemmungslosen Botschaften präsentieren. Und dabei ist es den ‚Meinungsmachern' solange egal, ob Kinder, Jugendliche oder andere Gruppen durch derlei Vereinfachung und Verführung Schaden an ihrer Seele nehmen, solange die Einschaltquoten hoch genug sind, um profitabel zu sein.

Nur dieser „Resonanzboden" lässt die Macht der Medien so gewaltig auftrumpfen. Ist dies alles nicht wie ein Vexierbild, wie ein negatives Kontrastbild, zu unserem Glauben, zur Botschaft von der Liebe und Menschenfreundlichkeit Gottes, der uns seine Nähe schenkt?

Und dennoch oder gerade deswegen muss diese Frage in aller Deutlichkeit gestellt werden:

Zeigen diese Phänomene nicht mit unübersehbarer Klarheit an, dass Menschen zumindest noch ein Gefühl dafür haben, dass Ihnen etwas Grundsätzliches fehlt?

In seinem „Vater-unser" betet Karl Rahner:

„Gib uns heute unser tägliches Brot, lass uns auch darum bitten, damit wir uns nie mit Dir verwechseln, selbst nicht in der Stunde, da Du uns nahe bist, sondern wenigstens an unserem Hunger merken, dass wir arme und unwichtige Geschöpfe sind" (Not und Segen, S. 63 f.).[217]

In seinem Büchlein „Im Heute glauben" deutet Karl Rahner solche Fragen und Ereignisse als Ausdruck der existentiellen Erfahrung, dass gerade der moderne Mensch von heute spürt, dass die Welt und er selbst eben nicht Gott sind – nach dem er im Allerletzten aber doch verlangt! Enttäuschung ist immer auch das Ende einer Täuschung. Da ist die deutsche Sprache sehr genau. Ist nicht die Erfahrung wichtig und – im buchstäblichen Sinn – heilsam – zunächst wahrzunehmen, mitzubekommen, dass man getäuscht wurde? Kann es nicht der erste Schritt zur „Öffnung des Herzens" sein, das wache Erleben einer Täuschung als solche? Wenn dies ehrlich eingestanden wird? Ja, kann die „Öffnung des Herzens" vielleicht wirklich nur dann gelingen, wenn die Enttäuschung über die falschen Heilsangebote zugelassen, eingestanden wird? Zumeist wird ja möglichst rasch darüber hinweggegangen. Weiter zum nächsten Event. Wozu solch trübsinniges Innehalten?

Zu welcher Bekehrung möchte Rahner mit diesem Text bewegen?

Wird die Kirche die Sehnsuchtsfülle der Menschen so aufgreifen können, dass Menschen sich in ihr aufgehoben, angenommen fühlen? Aufgehoben mit all den unerfüllten Träumen, Hoffnungen, Wünschen? Mit all den oft lastenden Fragen nach Gerechtigkeit, Chancengleichheit, Lebensmöglichkeiten? Wird sie in der Lage sein, den Menschen „Lesehilfe" zu bieten beim Durchbuchstabieren seiner oft rätselhaften Suchbewegung – nach, ja, nach was überhaupt?
Wird sie ihm wirklich helfen oder ihm eher im Wege stehen bei der Erkenntnis, dass nichts Endliches ihn endgültig zu befriedigen vermag? Wird die Kirche von heute und morgen dem Menschen helfen, die Entdeckung Augustinus' zu machen, dass unser Herz unruhig ist (und bleibt!), wenn es sich nicht in Gott geborgen weiß und fühlt? Wird die Kirche das oft rätselhafte Tun des Menschen als möglichen Gnadenanruf Gottes ‚dechiffrieren', deuten können? Und wird sie so authentisch sein im Verkünden und im Vorleben ihrer Frohbotschaft, dass Menschen ihr (wieder) zuhören und vertrauen?
Mir scheint, Karl Rahner will uns „bekehren", dem Menschen heute nicht nur sehr aufmerksam zuzuhören. Denn auch das ist eine Not der Zeit: Es gibt wenig Zeit für Gespräche, noch weniger für gutes Zuhören. Doch Rahners Analyse ist darüber hinaus auch ein Anruf, uns selbst zu hinterfragen: Sprechen wir eine Sprache, die verstanden wird? Sagen wir die Botschaft des Glaubens so weiter, dass sie aufrichtet, barmherzig ist, aufbaut? Sagen wir sie so, dass sie als Frohbotschaft und nicht als Drohbotschaft ankommen kann?
Ein zweiter Aspekt der rahnerschen Zeitanalyse scheint mir wichtig. Der Hinweis, dass man sein Leben nicht nur auf Hypothesen aufbauen kann, dringt unüberhörbar durch. Helfen wir den Menschen, die im Zeitalter des Zerbrechens sämtlicher Plausibilitäten buchstäblich ausgehungert sind nach dem, was nicht messbar, kalkulierbar und dokumentierbar ist? Wenn alles gewusst, alles gekonnt wird, jegliches Geheimnis verschwinden würde, dann erst recht würde der Mensch an seiner eigenen, inneren Endlichkeit leiden, an der entsetzlichen Langeweile des immer Gleichen.

Rahner sieht die reale Gefahr, dass Menschen in der Situation des „verschütteten Herzens" verharren. Sie ist dort gegeben, wo Menschen sich diese Not nicht eingestehen, sie verdrängen. Dort, wo sie dieser Situation davonlaufen – solange, bis sämtliche Verdrängungskünste nicht mehr helfen. Doch auch das kann noch der „Anfang des Heiles" sein.
Karl Rahners Heilsoptimismus entzündet sich gerade an der Erkenntnis, dass der Mensch die Last der eigenen Enge und Begrenztheit auf Dauer nicht erträgt. Dann meldet sich die verdrängte und verschüttete Gottessehnsucht mitunter umso drängender zu Wort. Folgt daraus, dass die Kirche (einseitig) auf die Schwächesituationen der Menschen in ihrer missionarischen Strategie abzielen sollte? Das folgt daraus schon deshalb nicht, weil wir jeden Tag, jede Stunde eigentlich Gott danken müssten für das Geschenk des Lebens. Dass dies eben keine Selbstverständlichkeit ist, das wird uns nur in den Grenzsituationen des Lebens stärker bewusst als sonst. Wohl folgt daraus, dass die Kirche all jenen beizustehen hat, die in Not sind. Egal, ob Menschen sich zur Kirche bekennen oder nicht. Wie sollte sonst das Zeugnis der Kirche von der Liebe Gottes glaubhaft sein, die allen Menschen gleichermaßen gilt?
Werden Menschen, die auf die Suche nach Antwort und Hilfe gehen, eine wache oder eher eine schlafende Kirche finden? Eine Kirche, die in der Lage ist, Menschen nicht nur in und bei ihren Fragen, sondern auch beim Fragen selbst zu helfen? Wird die Kirche die Menschen anleiten (können), ihre tiefsten Fragen und Sehnsüchte richtig zu deuten? Oder wird die Kirche nicht bei den Menschen, sondern bei sich sein und sich mit sich selbst beschäftigen?
Das ist vielleicht eine, wenn nicht *die* Schicksalsfrage für die Kirche von heute und morgen. Und für die Menschen!

Politisches Christentum: Gerechtigkeit …

„Orthodoxie, bürgerliche Wohlanständigkeit und Kirchentreue können zur Gefahr werden, zur Gefahr der Selbstgerechtigkeit und der frommen Heuchelei. Wir sollten Ausschau halten nach den ‚christlichen Heiden', das heißt nach den Menschen, die Gott nahe sind, ohne dass sie es wissen, denen aber das Licht verdeckt ist durch den Schatten, den wir werfen. Vom Aufgang und Niedergang ziehen Menschen ins Gottesreich auf Straßen, die in keiner amtlichen Karte verzeichnet sind. Wenn wir ihnen begegnen, sollten sie an uns merken können, dass die amtlichen Wege, auf denen wir ziehen, die sicheren und kürzeren sind" (Heiden und Christen, SW 10, S. 652–653).

Kurze Interpretation

Das Wort der deutschen Bischöfe „Berufen zur Caritas" aus dem Jahre 2009 macht darauf aufmerksam, dass es die Alternative: hier Nächstenliebe – dort Glaubensbekenntnis, nicht gibt. Man kann und darf Gottes- und Nächstenliebe nicht gegeneinander ausspielen. Karl Rahner sprach von der Einheit (nicht Identität!) von Gottes- und Nächstenliebe. Nach christlichem Verständnis kann und darf die Einheit zwischen Gottes- und Nächstenliebe nicht aufgegeben werden. Gottes- und Nächstenliebe dürfen auch nicht in Konkurrenz zueinander gesetzt oder gar alternativ gegeneinander gestellt werden. Es gibt keine Wahlmöglichkeit zwischen Gottes- und Nächstenliebe, weil es sie nach Ausweis christlichen Glaubens nicht geben kann! Die unverbrüchliche Zusage Gottes gilt für alle Dimensionen des Lebens und sie gilt jedem einzelnen Menschen. Dies zu bezeugen, zu verkündigen und zu feiern ist die Kirche zu allen Menschen und Völkern gesandt.[218]
Die Botschaft des Glaubens hat dialogischen Charakter, denn der „Glaube kommt vom Hören". Und weil „Gottes Geist weht, wo er will" und der Gläubige ein „Hörer des Wortes" ist, gibt es ein Draußen und ein Drinnen in Bezug auf die sichtbare Gestalt der Kirche. Daraus folgt auch, dass Kirche lernfähig und lernbereit zu sein hat gegenüber all jenen Schwestern und Brüdern, die sich ihr nicht zugehörig fühlen.
Damit ist keiner Nivellierung das Wort geredet, wohl aber der Unmöglichkeit von Haltungen wie Hochmut und Arroganz gegenüber Andersgläubigen. Aus der Tatsache, dass wir heute in einem „globalen Dorf" leben, leitet sich für die Kirche der Auftrag ab, über ihr eigenes Wesen, ihren Auftrag, über Mission, über das Verhältnis zu anderen Religionen und zum Atheismus und Agnostizismus immer wieder neu nach-

zudenken. Auch darüber, wie es gelingen kann, vorzuzeigen und erst recht vorzuleben, dass die „amtlichen Wege, auf denen wir ziehen, die sicheren und kürzeren sind“.

Entfaltung auf heutige Erfahrung hin

Wer über das Verhältnis von Gottes- und Nächstenliebe reflektiert, muss zunächst der Frage nachgehen, was die Menschwerdung Gottes in Jesus von Nazareth grundsätzlich für das Menschsein bedeutet.[219] Dazu Karl Rahner in einer sehr prägnanten Formulierung:
„Die Menschwerdung Gottes ist der einmalig höchste Fall des Wesensvollzugs des Menschen überhaupt.“[220]
Wegen dieser Einheit und näheren Bestimmung der Anthropologie durch die Christologie (und nicht umgekehrt!) können wir sogar sagen,[221] dass die Nächstenliebe (und Selbstliebe!) jene Orte sind, in der die Gottesliebe ihre maßgebliche Zeichengestalt in Gesellschaft und Geschichte gewinnt.[222]
Unser Glaube ist Einladung, Anruf an Freiheit und keine Ideologie. Er ist Einladung, sich auf dieses Abenteuer Gottes, das wir Menschen *sind*, einzulassen. Auf uns selbst, auf den Mitmenschen, auf die menschliche Gemeinschaft. Er ist ein Anruf an die Freiheit, weil die Selbstinterpretation des Menschen niemanden aufgenötigt werden kann und darf. Wenn der Mensch in Gott gründet und auf IHN hin verwiesen ist, dann ist damit auch jede Ideologie als solche entlarvt, die dem Menschen einredet, er selbst wäre das „Maß aller Dinge“. Biologische, soziologische oder mediale Steuerungen des Menschen lassen ihn weithin als determiniert, als unfrei erscheinen. So wichtig und gravierend diese Bestimmungen und Festlegungen des Menschen sind, so sehr sie zu berücksichtigen sind in Hilfeprozessen, bei strukturellen Veränderungen oder in Therapien, eines muss immer wieder – um des Menschen willen – gesagt werden: Immer dort, wo aus solchen Voraussetzungen oder Bedingungen ein Absolutheitsanspruch abgeleitet wird, handelt es sich um eine Verkürzung des Menschen auf ein endliches Maß! Wie groß der Spielraum auch sein mag in der Politik oder Humanwissenschaft.

Die „Option Gottes für den Menschen", ja für seine ganze Schöpfung, die sich seinem Liebeswillen verdankt, kann man heute nicht deutlich und laut genug sagen. Auf dem Gebiet der neuen Bundesländer herrschte vierzig Jahre lang eine Ideologie, die für sich in Anspruch nahm, genau zu wissen, was für den Menschen endgültig („wissenschaftlich begründet"!) gut ist in gesellschaftlicher, oft genug auch in privater Hinsicht. Heute kommen andere „Götter", zumeist mit schillernden Namen und in glitzernden Gewändern daher. Auch sie versprechen oft viel mehr als dass sie in der Lage wären, ihre Versprechen auch einzuhalten. Reichtum, Macht, Einfluss, Genuss – all diese Gaben sind weder zu verachten noch sind sie schlecht. Wer sagt denn, dass Macht immer nur missbraucht wird oder dass Reichtum nicht gerecht verteilt werden kann? Wer freut sich nicht, wenn er seinen Einfluss geltend machen kann im Dienst an einer guten Sache. Und warum sollte man etwas gegen Genuss und auch ein wenig Luxus haben, der uns die Last des Lebens – wenn schon nicht abnimmt – dann doch ein wenig erleichtert. Verführerisch sind allerdings jene Versprechen, die von Gesundheit, Macht oder Reichtum einen Anspruch ableiten, der totalitär ist. Totalitär in dem Sinn, dass er auf alle anderen Bereiche dominierend wirkt. Der Mensch ist und bleibt nicht immer jung und gesund, Reichtum verpflichtet, weil Gerechtigkeit nicht in unser Belieben gestellt ist. Und Macht muss geteilt werden, damit sie nicht zu angemaßter Hybris und „Allmacht" verkommt.

Ich habe mitunter den Eindruck, dass wir Menschen es durchaus in der Hand haben, ob die guten Gaben aus Gottes Schöpfung dies auch bleiben oder sich zu falschen Göttern entwickeln. Ich habe weiter den Eindruck, dass es heute teilweise besser gelingt als in früheren Zeiten, Totalitätsansprüche zu verschleiern. Das ist nicht nur neuen Medien und sublimeren Methoden geschuldet, dass die Manipulation immer größere Ausmaße erreicht. Es hängt auch mit uns ganz persönlich zusammen, denn wer will nicht auf dem neuesten Stand sein, egal, ob es sich um Technik oder Informationen handelt. Wer will nicht all das haben, was als unbedingt lebensnotwendig, angeblich allgemein angesehen und großartig medial inszeniert, teilweise „zelebriert" wird? Wer nicht „auf der Höhe der Zeit" ist, der ist in der Regel „out". Derjenige, der kritisch anfragt und sich nicht nach diesen buchstäblich vorgesetzten „Vorbildern" ausrichtet, kommt leicht in den Verdacht, Gutes schlecht zu machen. Nur, weil er ganz offensichtlich überfordert ist beim Mithalten im Wettbewerb. Wie schnell hört man dann, dass schon in der Evolution nur die Fittesten sich durchgesetzt haben. Ähnlich ist es angeblich auch im Tierreich, wo nur die Starken und Gesunden den Fortbestand der Art sichern.

Erschrocken bin ich bei und in derlei Gesprächen, insbesondere mit jungen Leuten, die oftmals dann so tun, als ob das völlig normal sei, einfach hinzunehmen wäre. Es war so, es ist so, es wird immer so sein. Wie latent sind doch derlei biologistische Denkmuster noch vorhanden? Wie leicht und unüberlegt werden sie weitergegeben? Wie notwendig ist es, dagegen überzeugende und hinreichende Argumente zu setzen? Wie wichtig ist das Gespräch, gerade mit der jüngeren Generation. Sind wir als Kirche darauf vorbereitet? Wissen wir um die Fragen und haben wir die hilfreichen Antworten?

Karl Rahner hat vor etlichen Jahren in einer bewegenden Passage die Situation der Kirche beschrieben, wenn sie ihre Botschaft auszurichten hat unter Umständen, bei denen sie gewiss sein kann, dass ihre Botschaft nicht nur nicht ankommt, sondern dass das für sie nicht vorteilhaft ist:

„Die Kirche hat auch dann für Gerechtigkeit und Freiheit, für die Würde des Menschen einzutreten, wenn es ihr selbst eher schadet, wenn ein Bündnis mit den herrschenden Mächten ... ihr auf den ersten Blick eher nützen würde. Theoretisch leugnet das ja unter uns gewiss niemand. Aber da wir eine Kirche der Sünder sind, können wir gewiss nicht sagen, dass wir diese Bestimmung der Kirche in der Praxis nie verraten würden" (Strukturwandel, SW, 24, S. 490–579).

Wo kommt bei all diesen Überlegungen Gott ins Spiel? Eigentlich war er immer schon „im Spiel", denn weil Gott selbst sich auf den Menschen einlässt, darum ist die Sinnfrage für den Menschen so unausweichlich. Darum erhebt sie einen unbedingten Anspruch. Dieser Zusammenhang knüpft nahtlos an das soeben Erwähnte an. In der Sinnfrage geht es nicht um einen einzelnen Aspekt des Lebens. In ihr kommt die existentielle Frage zum Durchbruch: Was bleibt, was ist gültig, was hat eine

Bedeutung, die durch nichts in Frage gestellt und gefährdet werden kann? Man mag diese Frage als illegitim abtun oder sie damit beantworten, dass es darauf keine wirkliche Antwort gibt oder geben kann. Doch gerade dadurch wird noch einmal bestätigt, dass die Sinn- und Existenzfrage unausweichlich ist. Der Konfrontation mit ihr kann der Mensch, solange er nach sich und dem Ganzen seiner Existenz fragt, nicht ausweichen. Ja, *indem* er so fragt, bringt er sie eigentlich erst hervor, zeigt sich ihr Anspruch und ihre Geltung.

Auch die deutschen Bischöfe betonen in ihrem Bischofswort „Berufen zur Caritas" den Aspekt der unausweichlichen Herausforderung durch die Sinnfrage.[223] Wie viele kirchliche Stellen erleben in ungezählten Beratungsgesprächen, dass materieller Fortschritt und ein relativ abgesichertes Leben nicht in der Lage sind, die Fragen und Sehnsüchte des modernen Menschen hinreichend zufriedenzustellen? Mögen sich solche, oft selbstgesteckten Lebensziele noch so stark in den Vordergrund drängen und einen Absolutheitsanspruch erheben. Immer wieder – solange Menschen als Menschen leben – wird gefragt nach dem, was bleibt, was Gültigkeit besitzt, die aller Vergeblichkeit und Vergänglichkeit standhält; wenn bei allen selbsternannten und selbstgewählten Göttern die vermeintliche Allmacht in Ohnmacht umschlägt.

Mir fällt spontan ein älterer Herr ein, der regelmäßig zu mir kommt. Er ist heute weit über 80 Jahre alt, hat es im beruflichen und privaten Leben, man würde landläufig sagen, zu etwas gebracht und stellt – in diesem hochbetagten Alter – die Frage nach Ziel und Sinn des Lebens mit großer Beharrlichkeit. Ich habe den Eindruck, dass seine Ungeduld sogar mit den Jahren zugenommen hat. „Was ist das mit diesem Leben, worauf kann ich bauen, was trägt wirklich?" Und jedes Mal erlebe ich neu, wie die Begegnung auch für mich Geschenkcharakter hat. Jedes Mal gehe ich nachdenklicher aus dem Gespräch, als ich es vorher war. Oft erlebe ich, wie Selbstverständlichkeiten und Plausibilitäten sich auflösen und auch bei mir die Frage aufsteht: Was gilt? Und warum? Was bleibt? Was ist sicher?

Zu welcher Bekehrung möchte Rahner mit diesem Text bewegen?

Der für mich wichtigste Aspekt des bischöflichen Schreibens „Berufen zur Caritas" ist überschrieben mit „Segen und Not des Gebetes" (Berufen zur Caritas, 43).[224] Wem fällt hier nicht das vielleicht bekannteste Buch Karl Rahners ein mit dem Titel: „Von der Not und dem Segen des Gebetes".[225] Mit Gebet hängt eng eine Erfahrung zusammen, die in einem anderen bekannten Wort Karl Rahners ebenfalls schon einen fast klassischen Klang besitzt: „Der Christ der Zukunft", so Karl Rahner, „wird ein Mystiker sein, oder er wird nicht mehr sein". Und er meinte damit: Der Christ der Gegenwart und Zukunft ist einer, der etwas erfahren hat. Diese Erfahrung muss derart sein, dass sie das ganze Leben trägt, wie sie auch durch dieses Leben immer wieder gestärkt und bestätigt wird.

Hintergrund dieser Prognose Rahners ist eine Tatsache, die heute weder bestritten noch verdrängt werden kann: Kirchliches Leben muss in der Regel ohne traditionelle Stützen auskommen, wie Sitte, allgemeine Überzeugung oder familiäre Absicherung. Alles das ist heute kaum noch da. Es gibt fast nirgendwo mehr ein sogenanntes traditionelles Milieu. Das betrifft auch und vor allem Familien, in denen es überhaupt nicht (mehr) selbstverständlich ist, dass der Glaube der Eltern auch der der Kinder ist. Diese Situation ist für den Glauben heute und morgen unausweichlich. Karl Rahner will uns dazu „bekehren", nicht die Augen vor dieser Tatsache zu verschließen. Unser kirchlicher Glaube ist vielmehr gefragt, wie angesichts dieser Situation heute und morgen der Glaube weitergegeben werden kann.

Karl Rahner zeigte zudem auch die Konsequenzen für den Glauben auf angesichts des Wegbrechens der sogenannten traditionellen kirchlichen Milieus. Wenn der Mensch nicht die Erfahrung von Annahme und Geborgenheit, von Liebe und Vertrauen macht, kann die Ahnung eines unendlich liebenden Gegenübers kaum noch aufkommen. Er hätte dann keinen Anknüpfungspunkt mehr in der erfahrbaren Realität. Hier, an diesem offensichtlichen Tatbestand, wird besonders deutlich, dass Kirche ohne Caritas oder Diakonie nicht Kirche im eigentlichen Sinne ist bzw. sein kann.

Ein gravierender Ausfall von Erfahrungen gelungenen menschlichen Lebens ist eben auch eine gravierende Behinderung für Glaubensentscheidungen. Kirche muss überall dort ihre Dienste anbieten und stärken, wo Menschsein behindert ist oder behindert wird. Caritas als „das der Welt zugewandte Gesicht der Kirche" (Johannes Paul II) fungiert zudem oft als Brücke zu Menschen, die vom Wort der Kirche nicht (mehr) erreicht werden. Dies betrifft zudem nicht nur die Welt des Menschen, sondern den ganzen Raum göttlicher Schöpfung.[226] Wenn diese Brücken einstürzen oder sich nicht (mehr) als tragfähig erweisen, entsteht der Kirche insgesamt Schaden. Denn ohne diese Erfahrungen der Selbst- und Nächstenliebe besteht die große Gefahr auch des Ausfalls der Gottesliebe. Es bestünde die Gefahr, dass der Glaube wirklich nicht mehr sein wird, weil er „verdunstet wie Morgennebel in der Sonne".
Es reicht nicht, Glauben für sich allein, quasi im „stillen Kämmerlein" zu praktizieren. Und auch das gute Tun bedarf der Kraftquelle des Gebetes, indem sich der Mensch vor Gott hinstellt, ihn anredet, ihm seine Anliegen – Bitten, Lob und Dank – vorträgt. Das Bewusstsein der Notwendigkeit der Einheit von Aktion und Kontemplation ist nicht nur eine Weisheit der Ordensleute, sondern Kennzeichen christlichen Lebens. Karl Rahner betont deshalb immer wieder, dass das Leben nur betend zu bestehen ist. Seine Reflexionen und Meditationen wollen im Letzten Hilfe sein: Hinführen und anleiten zu einem Leben, das sich selbst mit all seinen Vorhaben, Mühen, Sorgen, Freuden und Hoffnungen dem absoluten Geheimnis, von dem und auf das hin wir leben, vertrauensvoll übergibt. Nur so, *in* diesem Akt und nicht im klugen Reden darüber, kommt der Mensch wirklich von sich weg, schafft er – Kraft göttlicher Gnade – den Absprung von sich selbst. Rahner beschwört gleichsam in seinen Gebeten diese Haltung des Vertrauens und des Loslassens, weil außerhalb dieser Vollzüge der Mensch nur bei sich bliebe. Das wäre die „selbstgewählte Hölle der Endlichkeit", in die der Mensch sich nach Rahner „selbst verbarrikadieren" würde. Merkmale dieser „Hölle" sind die absolute Langeweile, das maßlose Beherrschen und Besitzen als Ausdruck alternativen Lebensstils.[227]

Rahner spricht immer wieder davon, dass diese Haltung des lassenden Vertrauens stets neu einzuüben ist – ein Leben lang! Man hat sie nie als Besitzstand. Darum konnte Karl Rahner auch sagen: „Christ sein kann man nur werden". Oder: „Ich hoffe, dass ich ein Christ bin."
Worauf kommt es in einem Christenleben letzten Endes an? Dazu abschließend eine Begebenheit mit Karl Rahner, von der Karl Lehmann berichtet:
„Einem Gesprächspartner antwortet er (Karl Rahner, Anm. R. H.) auf die Frage ‚Beten Sie?' – ‚Ich hoffe, dass ich bete. Sehen Sie, wenn ich in meinem Leben immer wieder in großen und kleinen Stunden eigentlich merke, wie ich an das unsagbare, heilige, liebende Geheimnis grenze, das wir Gott nennen, und wenn ich mich dem stelle, gleichsam auf dieses Geheimnis mich vertrauend, hoffend und liebend einlasse, wenn ich dieses Geheimnis annehme, dann bete ich – und ich hoffe, dass ich das tue" (Gebete, 10/13).[228]

Stunde der Kirche?

„Selbstverständlich passen einem tausend Dinge in der Kirche nicht. Aber warum müssen sie gerade einem passen? Wenn die Kirche genau so sein müsste, wie sie gerade einem selber liegt, was würden dann die andern machen? Sind wir bei uns nicht, ohne es zu merken, in der Gefahr eines eigentlich unverschämten Individualismus und Egoismus, mit dem wir in der Kirche leben wollen und sie nach eigenem Geschmack zurecht richten wollen? Behandeln wir einen Bischof, der uns vielleicht sogar mit irgendwelchem Recht nicht ‚passt', als einen Bruder, mit dem wir auf Gedeih und Verderb zusammenleben? So schwer es uns fallen mag, wir leben heute in der konkreten Weltkirche mit ihren geschichtlichen Bedingungen, mit der Bedingtheit und Vorläufigkeit der Phase, in der sie eben nun jetzt ist und nun einmal eine spätere, bessere noch nicht erreicht hat. In dieser Kirche müssen wir leben" (Wer ist dein Bruder, SW 29, S. 12–37).

Leben wir heute in der „Stunde der Kirche"? Zwischen den beiden Weltkriegen prägte Romano Guardini das Wort: „Die Kirche erwacht in den Seelen". Es war gleichsam das Motto der christlichen Jugendbewegung, die sich nach Erneuerung, nach Aufbruch sehnte. Erwacht die Kirche heute auch in den Seelen? Oder sind es eher die Finanzsorgen der Bistümer, die uns umtreiben? Die Strukturfragen, der Priestermangel, die Überalterung der Orden und Klöster, die Missbrauchsdiskussion? Wenn im Erzbistum Hamburg im Jahr 2009 über 3000 Menschen aus der Kirche ausgetreten sind bei einer Gesamtkatholikenzahl von knapp 400 000, dann fällt es sichtlich schwer, von einer „Sternstunde der Kirche" zu sprechen.
Nicht selten wird heute die Frage gestellt, ob Kirche nicht viel besser sein könnte und müsste. Einerseits werden ausschließlich weltliche Maßstäbe an die Kirche angelegt, nur um dann zu konstatieren: Kirche hat versagt, Kirche versagt auch heute. Und sie wird auch morgen ihren Auftrag mehr schlecht als recht erfüllen. Wenn man überhaupt geneigt ist, ihr eine Zukunftsperspektive einzuräumen.
Andererseits bezieht sich die Kirchenkritik auf das Selbstverständnis der Kirche als der „fortlebende Christus" in der Zeit und als das „wandernde Zelt Gottes unter den Menschen". Kirche muss sich dem Anspruch stellen, den sie selbst für sich erhebt: Zeichen des Heils in der Welt zu sein, das gleichzeitig das bewirkt, was es anzeigt. Vielfach wird heute der Vorwurf erhoben, eine „kirchliche Existenz" sei eigentlich die systematische Verhinderung der Entfaltung der eigenen Individualität. Und in der Tat: Die Kirche verkündet Christus den Gekreuzigten. Das ist etwas anderes als seichte Wohlfühlmentalität, die geeignet ist, permanent neue Bedürfnisse zu erzeugen, um dann auch gleich die Erfüllung dieser hochgezüchteten Wünsche und Bedürfnisse zu präsentieren. Denn die Frage bleibt, ob derlei Angebote wirklich tragen. Tragen sie auch dort, wo alle Sicherheiten platzen wie ein Luftballon, wo viele Erwartungen einem nüchternen Realismus weichen müssen, der am Grab und an den Vergeblichkeiten des Lebens nicht vorbeikommt? Kirche wird all den vielen Erwartungen gegenüber immer nur die eigene Gestalt hinhalten können: Ein Gesicht aus „Falten und Runzeln". Es ist

unser Gesicht, weil wir nicht selten mit beitragen zu den Wunden der Kirche.
Ob jene, die so lautstark die Kirche kritisieren, immer wissen, dass auch sie gemeint sind? Und sind nicht jene die größten Kritiker der Kirche, die am meisten in ihr und an ihr leiden, weil sie die Kirche lieben? Lieben und leiden an dem, was Kirche eigentlich zu geben imstande ist durch Gottes Geist? Und wie sie es doch oft nur mehr schlecht als recht, nicht selten mangelhaft bewerkstelligt? Wo menschliche Unzulänglichkeit Gottes Wirken in der Welt verdunkelt bis zur Unkenntlichkeit? Uns scheint, dass gerade der Schluss des rahnerschen Textes eine Tugend nahelegt, die heute – auch in der Kirche – nicht gerade Hochkonjunktur hat: Es ist die Tugend der Geduld und Gelassenheit, die darauf vertraut, dass die Gaben des Heiligen Geistes auch dann und dort wirken, wo wir es nicht sehen und erleben.

Entfaltung auf heutige Erfahrung hin

Es wird immer wieder die Frage Jesu an jeden Einzelnen gestellt und von ihm beantwortet werden müssen: „Wollt auch ihr gehen?" Wer ängstlich ausweicht und so tut, als habe er diese Frage weder gehört noch verstanden, der ist – entgegen seiner Vorstellung – einer Entscheidung nicht entkommen. Man kann sich selber nicht davonrennen – das ist Preis und gleichzeitig Auszeichnung der Freiheit! Das Ausweichen bzw. das Ausweichenwollen ist ja genauso eine Entscheidung wie jede andere auch! Legitim wäre ein Auszug aus der Kirche erst dann, wenn ein besserer Einzug garantiert ist. Wohin aber sollte der denn gehen? Ist das, was heute so lautstark an und in der Kirche kritisiert wird, anderswo wirklich besser zu haben? Kann ein Auszug aus der Kirche das Eigentliche der Kirche besser darbieten? Oder ist der Preis nicht viel zu hoch, der da oft heißt: Vereinzelung und Vereinsamung. Und trägt bzw. trug nicht der, der die Kirche lautstark kritisiert und mit viel Getöse die Kirchentür vermeintlich endgültig zuschlägt, oftmals sein eigenes Päckchen von Angst, Not und Bitterkeit auch in diese Kirche hinein? Womit ihr Aussehen dann auch nicht gerade verschönert wurde. Haben wir nicht alle in der Kirche daran Anteil, dass ihre Gestalt oftmals so entstellt ist?

Man kann schwer ein Haus abreißen, wenn nicht einmal ein Zelt als Ausweichquartier vorhanden ist. „Glaubhaft ist nur Liebe".[229] Dieser „Qualitätsstandard" ist ein untrügliches Gütesiegel und Echtheitskriterium. Ob damit die Angst vor der Zukunft nicht eingedämmt werden kann? Warum haben wir Sorge um die Zukunft? Weil die Zahl der Kirchgänger abnimmt? Erfolg ist keiner der Namen Gottes. Ist er einer der Kirche? Und seit wann „steht der Jünger über dem Meister"? Ist der Kirche ausweisbarer Erfolg verheißen? Sind wir nicht vielmehr „Salz der Erde", „Sauerteig"? Hoffnung ist der einzige uns gemäße Status. Und weil wir hoffen, besitzen und verfügen wir gerade nicht über das, was wir erhoffen. Sonst wäre es ja gerade nicht Hoffnung, sondern Gewissheit, Besitz. Hoffnung redet immer von etwas, was noch aussteht, nicht was war oder was schon eingetreten ist.
Die Tugend der Hoffnung haben wir auch nicht in „Reinkultur". Oft ist es eine Mischung aus Hoffnung, Unsicherheit, Zweifel, auch Angst. Angst, sich zu irren oder sich geirrt zu haben, etwa mit seiner Hoffnung „aufs falsche Pferd" gesetzt zu haben. Wer meint, abseits von der Kirche stehen zu müssen, um ihr Eigentliches zu retten, läuft Gefahr, genau dieses erst recht zu verlieren.

Zu welcher Bekehrung möchte Rahner mit diesem Text bewegen?

Warum liefen den Kirchen in den vergangenen Jahrhunderten scharenweise oft die nachdenklichsten Wissenschaftler davon? Warum entfernte sich die Arbeiterschaft im 19. Jahrhundert von der Kirche? Warum erschien „Rerum novarum" von Leo XIII. – die erste große Sozialenzyklika – erst 50 Jahre nach dem „Kommunistischen Manifest" von Marx und Engels? Warum gelingt der Dialog mit der Jugend, mit Frauen, mit den Befreiungstheologen in der sogenannten „Dritten Welt" der Kirche nur so mühsam und schleppend? Warum erleben wir gerade hier eine unerwünschte „Ökumene des Unvermögens"?
Damit soll nicht alles schlechtgeredet werden, doch es scheint: Alle unsere Appelle und moralischen Hinweise sind deshalb deplaciert, weil die „kopernikanische Wende" nicht vollzogen wird: Vor dem „Du sollst …" des Dekalogs steht die Erinnerung, dass Gott der Herr das

Volk aus dem Sklavenhaus befreit hat. Sinn aller Gebote, Mahnungen und Verbote ist die Vermeidung neuer „Sklaverei".
Bevor die Frohbotschaft des menschenfreundlichen Gottes verkündet werden kann durch Worte, muss Anteil genommen werden am Los all jener, die sich in Not und Elend befinden. Die unterschiedlichen Gestalten der Not müssen in jeder Zeit neu als solche identifiziert und benannt werden: Mal ist es materielle Not, mal mehr seelische oder soziale. Die Form der Unfreiheit wechselt ihr Gewand, der Kern – das Leben jenseits der Lebensfülle – bleibt. Und nur der wird die befreiende Botschaft glaubwürdig ausrichten können, der sich zuerst hinunter begeben hat – hinunter zu den Fragen, Nöten und Sorgen. Der nicht distanziert abseits steht, sondern sich einmischt, die Sorgen teilt und die Nöte nicht bagatellisiert.
Nur wo Menschen – und besonders jene in Not und Leid – sich ernst- und angenommen fühlen, kann die Saat, die Botschaft des menschenfreundlichen Gottes auf fruchtbaren Boden fallen. Gnade setzt Natur voraus – die Kirche hat es immer gewusst. Sie weiß es auch heute. Doch leider werden oft genug derlei Grundsätze vergessen oder hinten angestellt. Von uns, von jedem Einzelnen. Welchen Impuls gibt Rahner uns mit auf den Weg? Wozu will er uns „bekehren"? Ich meine, Karl Rahner vermittelt uns den Impuls der Umkehr, dem der Impuls für eine ernsthafte und gründliche Gewissenserforschung vorausgeht bzw. der zu ihr gehört!

Ökumene

„Wenn in allen christlichen Kirchen das Bekenntnis zum Dreifaltigen Gott, zum einzigen Herrn und Erlöser Jesus Christus gegeben ist, wenn wir alle getauft sind auf dich, den Dreieinigen Gott, und wiedergeboren sind zum Ewigen Leben in der Kraft deines göttlichen Geistes, der (so hoffen wir) in der Tiefe unserer Existenz schon Besitz von uns genommen hat, dann besteht unter uns Christen schon jene göttliche Einheit, die du selber bist, und wenn wir um Einheit, die noch werden soll, bitten, dann ist eine Einheit der Kirchen als leibhaftige geschichtliche Größe gemeint, die aus der letzten Einheit, die schon gegeben ist, entspringt, als deren Bezeugung vor der Welt und Geschichte, damit diese

Kirche wirklich und deutlich das Sakrament des Heiles der Welt sein kann" (Gebet um die Einheit der Christen, SW 27, S. 483–484).

Kurze Interpretation

Das Gebet Karl Rahners um die Einheit der Christen ist ein Gebet, das seinen letzten Lebenswochen entstammt.[230] Karl Rahner macht in diesem Gebet darauf aufmerksam, dass die Einheit der Christen in vielerlei Hinsicht schon gegeben ist. Die unterschiedlichen Auffassungen über das Amt in der Kirche, über die Zahl der Sakramente, über das Verhältnis von Schrift und Tradition oder über das von Natur und Gnade oder Gnade und Werke – all diese kontroverstheologischen Fragen werden von Karl Rahner nicht ignoriert oder verdrängt. Doch es ist ihm als „Pionier der Ökumene" ein unabweisbares Anliegen,[231] den Unterschieden das Gewicht zukommen zu lassen, das sie tatsächlich haben und nicht so zu tun, als ob sie das Ausschlaggebende sind.
Im Gegenteil, Karl Rahners Gebet ist auch ein Dankgebet, weil Gottes Geist uns längst schon eine Einheit grundsätzlicher Art geschenkt hat, die die Unterschiede nicht aufhebt, sondern eine „Einheit in Unterschiedenheit" erst ermöglicht. Alle ökumenischen Bemühungen können viel entkrampfter geführt werden im Bewusstsein, dass eine „versöhnte Verschiedenheit" deshalb möglich ist, weil aller Verschiedenheit eine Einheit vorausliegt, die nicht wir Menschen machen, sondern die Gott nicht nur schenkt, sondern in seiner Selbstmitteilung, in seinem Geist selber ist. „Der Geber ist selbst die Gabe."
Ein Vermächtnis stellt dieses Gebet in zweifacher Hinsicht für mich dar. Es ist immer wieder verblüffend und erstaunlich, wie es Karl Rahner gelingt, Reflexion und Gebet unlösbar miteinander zu verknüpfen. Er ist nicht nur ein großer Theologe, sondern auch ein großer Beter. Rahners Gebet ist allerdings eines, das die „Anstrengung des Begriffs" nicht scheut. Alles in der Kirche hängt am Einsatz Gottes im Christusereignis. Selbst die kontroverstheologische Frage nach dem Lehramt der Kirche ist für Karl Rahner schon deshalb keine unlösbare Frage, weil sie christologisch verankert ist. Und in allen christlichen Kirchen gibt es ein eindeutiges Bekenntnis zu Jesus, dem Christus.

Genau deshalb ist die Spaltung innerhalb der Christenheit auch ein so großes Ärgernis. Die Liebe Gottes zur Welt ist in Jesus von Nazareth, wie Karl Rahner nicht müde wurde zu betonen, „absolut, irreversibel und geschichtlich erschienen". Kirche bezeugt nicht nur diese Liebe, sie bringt sie auch zur Erscheinung, besonders in den Sakramenten und vermittelt sie in die Welt hinein durch ihre Grundvollzüge der Caritas, der Verkündigung und der liturgischen Feier. Darum ist die Spaltung der Kirche ein Widerspruch in sich, denn Gottes Liebe ist eindeutig. Und darum kann Glaube immer nur ein Glaube in und mit der Kirche sein. Von daher ist der Begriff „kirchliche Existenz" nicht eigentlich etwas, was zum Glauben dazu kommt, sondern Ausdruck des Eigentlichen des Glaubens. Und dennoch steht die Frage vor uns: Um welche Kirche handelt es sich? Ob uns angesichts dieses Befundes deutlich wird, welche Aufgaben in der Ökumene noch zu bewältigen sind?

Entfaltung auf heutige Erfahrung hin

Wir beten im Hochgebet für den Papst, die Bischöfe, die Priester und Diakone und das ganze Volk Gottes. Das ist gut so, weil wir eine Gebetsgemeinschaft sind, in der alle miteinander und füreinander einstehen vor Gott. Dies ist eine große Quelle der Zuversicht und des Trostes, das Wissen um das gemeinsame Gebet.

Und doch gibt es ein gewisses Unbehagen. Was, wenn die Reihenfolge umgetauscht würde? Wenn wir zuerst beten würden für das ganze Volk Gottes, für seine Diakone und Priester, seine Bischöfe und den Papst? Das Amt in der Kirche kann doch nur wirksam werden, wenn es sich versteht von Christus her und auf Christus hin. Als Dienstamt am „Leibe Christi", der Kirche. Das Amt hat in der Fußwaschung durch Jesus im Abendmahlsaal von Jerusalem ein untrügliches Zeichen und Kriterium der Echtheit erhalten.

Mir scheint, dass die Ökumene auch deshalb nicht so recht von der Stelle kommt, weil die Perspektive in gewissem Sinn „gedreht" werden muss. Sind die konfessionellen Unterschiede z. B. zwischen Katholiken und Protestanten heute wirklich die dominanten Herausforderungen für die Kirche in der Welt von heute? Wir sind umgeben von einem „ozeanischen Atheismus".[232] Positivismus, Materialismus, Pragmatismus, Skeptizismus, Agnostizismus und Nihilismus fordern heute die Kirchen in ungeahntem Ausmaß heraus. Ebenso neue religiöse Erscheinungen, wie z. B. die vielen esoterischen Angebote oder auch die Faszination fernöstlicher Religionen. Braucht es da nicht viel stärker eine Rückbesinnung auf das Gemeinsame der christlichen Konfessionen? Gewissermaßen eine neue Allianz christlichen Glaubens? Eine Allianz, sowohl zwischen den unterschiedlichen Konfessionen als auch zwischen den Religionen? Wie sehr fehlt uns heute das Erscheinungsbild des Christentums als Kirche in versöhnter Vielfalt? Wer kann ermessen, wie groß der Schaden ist, der sich daraus ergibt für die Glaubwürdigkeit der christlichen Botschaft, die ja die Liebe Gottes verkündet, die ausnahmslos allen Menschen gilt und die deshalb jede Schranke und Grenze überwinden kann.

Zu welcher Bekehrung möchte Rahner mit diesem Text bewegen?

Im Gespräch zwischen Karl Rahner und dem jüdischen Religionsphilosophen Pinchas Lapide fiel ein Satz, der als eine Richtungsanzeige fungieren kann für ökumenisches Bemühen. Lapide sagte, der „moderne Mensch" sei vielfach „metaphysisch behindert".[233]
Ist es nicht auf Grund dieser Diagnose die Aufgabe von Kirche, im modernen Zeitgenossen zunächst die Sensibilität zu wecken, damit diese „metaphysische Behinderung" überhaupt erst als solche wahrgenommen wird?
Der Kirche ist die „Öffnung des Herzens" (Karl Rahner) aufgetragen, denn nur, wo der Mensch als „Hörer des Wortes" gewissermaßen auf Empfang gestellt ist, wo sein Hören eingestellt und ausgerichtet ist auf eine mögliche Antwort des Glaubens, kann die Botschaft des Glaubens auch ankommen. Wenn nicht im Leben erfahrbar ist, dass der Mensch „nicht vom Brot alleine lebt", ist Glaubensverkündigung wie ein ‚Luxus', den man auch unterlassen kann.
Müssten wir uns in den Kirchen nicht viel stärker und gemeinsam um eine „Ökumene der Gottsucher" bemühen, die nicht schweigen können, von dem, was sie erfahren haben? Müsste man unserer Got-

tesrede nicht stärker anmerken, dass wir ‚über' Gott eigentlich nicht reden können, dass es aber unser ‚menschliches Ende' wäre, wenn wir von ihm nur schweigen würden? Wie gelingt es uns – gemeinsam – nicht so sehr ‚von' Gott zu reden, als vielmehr ‚zu' ihm, der auch unsere Anrede trägt?

Weil Gott uns in seiner Liebe so liebt, dass wir ihn wirklich wiederlieben können, deshalb sind wir keine Marionetten. Freiheit als „transzendentale Erfahrung" des „Sich-selbst-Aufgegebenseins" ist real, und nicht nur bloßer Schein oder Illusion. Es ist quasi das Privileg Gottes, als Schöpfer Geschöpfen Teilhabe an seinem Leben zu ermöglichen. Eine Teilhabe, die wirklich Partnerschaft ermöglicht.

Doch wie erleben Menschen von heute die Boten des Glaubens? Zumindest muss man sagen, dass die nachfolgende Charakterisierung *auch* einen Teil der Wirklichkeit abbildet. Manche Verkünder der Freude sind zerstritten und rechthaberisch, auf das Eigene pochend, ohne sich ernsthaft darum zu bemühen, was vielleicht an richtigen Einsichten und wichtigen Erfahrungen in dem steckt, was Andere für wichtig erachten. Hier tut Bekehrung Not! Wir wollen die konfessionellen Unterschiede nicht klein reden, ein billiger Relativismus der Beliebigkeit ist keine Lösung. Aber deutlich muss bleiben: Uns eint in der Ökumene vielmehr, als was uns trennt.

„Einheit in der Vielfalt" – ob es nicht angemessener ist, die Verschiedenheit (zumindest auch!) als Reichtum stärker wahrzunehmen, als – wie es oft geschieht – krampfhaft fast ausschließlich auf das Trennende fixiert zu sein? „Einer trage des anderen Last" – ist das nicht auch eine, vielleicht *die* ökumenische Perspektive? Und wird sich dann nicht oft statt der Last auch die Lust einstellen? Die Lust und die Freude auf den bzw. an dem Anderen?

Ist nicht die Freude am Glauben das, was die Zeit von uns erwartet, die vielleicht gar nicht so gottlos ist, wie es mitunter den Anschein hat? Vielleicht ist vielen Zeitgenossen nur der „Geschmack am Unendlichen" abhanden gekommen? Oder sie suchen irrtümlich dort, wo „die wahren Freuden des Lebens" nicht zu finden sind? Vielleicht haben wir Christen alle miteinander ein großes Schuldbekenntnis zu sprechen, weil es auch unser Schatten der Rechthaberei, des Zankes und des Streites ist,

der das Licht der Botschaft des Glaubens manchmal so wenig hell erstrahlen lässt.
Die Ökumene hat zu viele und zu große Aufgaben vor sich, als dass die Bemühungen um die Einheit der Kirche sich erschöpfen dürften in theologischen Spitzfindigkeiten. So legitim die Diskussion im Einzelnen auch sein mag. Beten wir um ein weites Herz und darum, dass Gottes Großherzigkeit und Langmut uns ermutigt, weitsichtiger und großherziger miteinander umzugehen. Die Zeit braucht eine andere Antwort der Kirchen als das ängstliche Beharren auf dem Status quo.

Römisch-katholisch: Entkrampfte Treue zum Papst

„Die konkrete Ortsgemeinde, die in einer legitimen Einheit mit der Gesamtkirche steht, ist selber Kirche und nicht nur ein administrativer Verwaltungssprengel einer Großkirche, die durch solche lokalen Einrichtungen für die individuellen religiösen Bedürfnisse der Einzelnen und für deren individuelles Heil sorgt. Pfarre ist Kirche am Ort. Denn hier muss geschehen, wozu Kirche überhaupt nur dient: das Ereignis des Heiligen Geistes Gottes in Freiheit und Liebe, das Zeugnis der ewigen Hoffnung an die Welt, die tätige Liebe von solcher Unbedingtheit, wie sie nur möglich ist, wenn Menschen sich in der freimachenden Liebe Gottes begegnen, Feier des Abendmahls Jesu, in der sein Tod und seine Auferstehung gegenwärtig werden, die uns geschichtlich greifbar bezeugen, dass Gott in seiner eigenen Herrlichkeit sich uns als unser Heil schenkt. Alles andere in der Kirche: Papst und Bischöfe, Klerus und Recht, Organisation und alles andere dazu sind nur Mittel zu dem Zweck, der in der Ortsgemeinde verwirklicht und in der Öffentlichkeit der Welt zur Erscheinung kommen soll: Gott und unser Leben in ihm in Freiheit, Vergebung und Liebe“ (Miteinander Kirche leben, SW 24, S. 288–297).

Es gibt einen Spruch, den ich auf einem Kalenderblatt gefunden habe. Ich habe ihn ausgedruckt und in meinem Büro gut sichtbar aufgehängt. Er stammt von Johannes Leisentrit und hat folgenden Wortlaut:
„Die zentrale Frage des christlichen Glaubens ist nicht, wann wir im Gottesdienst stehen, sitzen oder knien, sondern ob wir im Alltag umsetzen, was wir am Sonntag feiern."
Die Frage drängt sich auf: Muss dies eigens betont werden?
Die Kirche lebt in mehrfachen Spannungen, die zur Zerreißprobe sich auszuwachsen drohen. Einerseits gibt es eine größer werdende Anzahl von Zeitgenossen, die mit Kirche gar nichts mehr anfangen können. Andere geben resigniert auf, weil ihre Erwartungen nicht erfüllt wurden. Eine andere Gruppe will auf Kirche nicht verzichten, sei es, dass Beerdigung, Taufe, Firmung doch noch schöner zu feiern sind als Namensgebung oder Jugendweihe. Dann wird Kirche weiterempfohlen als moralische Instanz, als Erziehungsinstitution für Kinder und Jugendliche. „Es kann nichts schaden, wenn unsere Kinder etwas hören von den 10 Geboten. Und wenn sie dann auch noch ein wenig Geschichte hören und erleben, ist das auch nicht verkehrt." So hört man es mitunter, auch in der sogenannten Kerngemeinde.
Die andere Gruppe hält all dies für völlig unzureichend, für Auflösung des Eigentlichen in pure Anthropologie, in Humanismus, der die Gottesfrage verdrängt und vergessen hat. Befragt, was für sie Kirche ist, erhält man häufig zur Antwort: „Kirche ist dort, wo das Opfer Christi würdig gefeiert wird." Nicht selten tun sich diese Menschen schwer mit der Liturgiereform des II. Vatikanums, oft sind Kinder und neuere Formen der liturgischen Gestaltung Störungen der heiligen Handlung. Ein Rückzug auf den Sakralbereich wird dringend empfohlen, möglichst viele traditionelle Formen des Gottesdienstes sollen wiederbelebt werden, das Bild des Priesters ist ausschließlich das eines Vermittlers göttlicher Gnadengaben, er ist derjenige, der das Kreuzesopfer Jesu, allein durch seine Weihe, die er empfangen hat, gegenwärtig setzen kann. Der Mahlcharakter der Heiligen Eucharistie fällt dabei fast völlig aus. Ebenso die karitative Dimension der Kirche.

Da hört man dann schnell, dass Fragen der Ökumene Fragen sind, um die zu kümmern nicht schädlich sei, die aber mit dem Eigentlichen des Christentums nichts zu tun haben. Gleiches gilt für den Weltdienst des Christen. Nein, es ist schon recht, wenn man sich für seinen Nächsten einsetzt. Aber das Eigentliche ist doch etwas anderes. Die Frage nach der Einheit von Gottes- und Nächstenliebe wird schnell einseitig dahingehend beantwortet, dass man doch wohl der Gottesliebe nichts vorziehen kann. Als ob das jemand wirklich vorhätte?! Der Unterschied zwischen Einheit und Identität, um den es eigentlich und entscheidend geht, wird mit einer Handbewegung schnell als Wortklauberei abgetan. Und was den Weltdienst des Christen konkret angeht, ist man auch schnell bei der Hand mit dem Hinweis auf profane Sachgesetze, die doch respektiert werden müssen. Von daher habe sich Kirche da doch raus zu halten.
Um hier anzuknüpfen: Es geht nicht darum, Eigenständigkeit von Sachgebieten nicht anzuerkennen oder für die Kirche eine Kompetenz zu beanspruchen, die sie nicht hat. Aber es geht darum, zu verhindern, dass der Kontext ausgeblendet wird, den der Glaube bereitstellt und in dem die Verkündigung des Glaubens erfolgt. Im Glauben geht es um Werte, um deren Begründung und um Sinnantworten, nach denen im Leben gesucht und gefragt wird. Glaube hat immer mit dem Leben in allen Dimensionen zu tun. Er hat nicht nur am Sonntag eine Existenzberechtigung.
Nicht selten halten solche Gruppierungen in der Kirche das II. Vatikanum generell für verdächtig, die „Pius-Bruderschaft" ist hier nur Vorreiter einer rückwärtsgewandten Tendenz in der Kirche. Die tridentinische Messform wird dabei – offen oder verdeckt – als die alleingültige propagiert und die Bischöfe der Kirche oft als irregeleitet durch sogenannte progressive Theologen dargestellt und verstanden.
Die Kirche richtet ihre Botschaft von der menschgewordenen Liebe Gottes in Jesus von Nazareth in einer Welt und für eine Welt aus, für die sie mitunter selbst das Bild bietet von Orientierungslosigkeit, Rückwärtsgewandtheit und strenger, moralisierender Anstalt.
Dem hält Karl Rahner entgegen, dass vielleicht einzelne Aspekte von Kirche sich in derlei Beschreibungen legitimerweise wiederfinden

lassen; dass aber solche Gruppierungen Gefahr laufen, das Eigentliche kirchlicher Existenz oft fast gänzlich aus den Augen zu verlieren oder zu verfehlen. Die Kirche als Gesamtheit, die Ortgemeinde im besonderen, sie muss dafür sorgen, dass das geschieht, wozu Kirche überhaupt da ist, nämlich Ereignis und Zeugnis in einem zu sein für die unendliche, unbegreifliche Liebe des menschgewordenen Gottes, die allen Menschen und nicht nur vermeintlichen exklusiven Heilserben gilt.
Johannes Baptist Metz hat einmal davon gesprochen, dass Karl Rahner gerade wegen seiner Kirchlichkeit der Kirche heute besonders fehlt. Wer sich die derzeitigen Schwierigkeiten anschaut, mit denen die Kirche in Deutschland, aber nicht nur hier, sich abmüht, kann sich des prophetischen Wortes von Metz kaum entziehen.

Entfaltung auf heutige Erfahrung hin

Im Erzbistum Hamburg gab es in den vergangenen zehn Jahren gravierende Veränderungen. Zuerst war ein Pastoralgespräch geplant, das dann eingeholt wurde von der Notwendigkeit, einen anderen Prozess den pastoralen Grundüberlegungen vorzuschalten oder zumindest ihn parallel mitlaufen zu lassen, um im Haushalt des Erzbistums massiv zu sparen. Die Kosten drohten „aus dem Ruder zu laufen". Der sogenannte Konsolidierungs- bzw. Restrukturierungsprozess ging einher mit spürbaren Einschnitten für die Gemeinden. Neben den Kosten wurde in überraschend starkem Ausmaß deutlich, wie sehr die Prognosen für die Priester und geistlichen Mitarbeiterinnen und Mitarbeiter einer Korrektur bedurften. Der Priesternachwuchs ist dabei ein ebenso großes Problem wie die Überalterung bei den Geistlichen im Erzbistum.
Es schien so, als ob das Pastoralgespräch – zumindest auch – dazu dienen sollte, all die schwierigen Umstände, die solch ein Restrukturierungs- und Fusionsprozess mit sich bringt, quasi „pastoral zu ummänteln". Das war objektiv nicht der Fall, doch das subjektive Erleben drängte sich bisweilen auf. Ähnlich ging bzw. geht es zu in der Diskussion um das Ehrenamt. Immer wird es in der Kirche die fruchtbare Spannung geben zwischen Amt und Charisma, immer wird der Heilige

Geist seiner Kirche die verschiedenen Gnadengaben mitteilen, damit sie lebendig bleibt.
Und trotzdem konnte und kann manchmal der Eindruck entstehen, dass das Ehrenamt deshalb so hoch im Kurs steht, weil es um das Hauptamt nicht gut bestellt ist. In offenen Diskussionen wurde natürlich nie ein Zweifel daran gelassen, dass das Hauptamt durch das Ehrenamt nur ergänzt, nicht ersetzt werden kann. Doch ist das in der Praxis wirklich immer so? Und warum drängt sich subjektiv mitunter der Eindruck auf, dass dann doch das Ehrenamt das Hauptamt ersetzt, weil nicht genügend Hauptamtliche vorhanden sind?
Die Zeit ist so schnelllebig, dass auch diese Bemühungen nicht ausreichten. Seit dem Jahre 2009 wird im Erzbistum Hamburg erneut umstrukturiert unter der Bezeichnung „pastorale Räume". In den Räten, den Gremien wird eine Menge Papier produziert, es werden vielerlei Veranstaltungen durchgeführt, um das Thema umzusetzen und dabei auf möglichst breiter Grundlage viele Gläubige zu beteiligen. Auffällig ist auch hier, dass die ursprüngliche Reihenfolge ‚Vision – inhaltliche Diskussion – Strukturdiskussion' in der Praxis nicht eingehalten wird. So scheint es jedenfalls auf den ersten Blick zu sein. Von den „weichen" Faktoren pastoraler Grundsätze und Überlegungen gleitet allzu schnell der Blick auf die „harten" Fakten wie Personal, Finanzen, Strukturen. Es scheint so zu sein, dass zumeist von dort her geplant und gedacht wird als von der Vision einer Kirche der Zukunft und von pastoralen Grundsätzen.[234]
Wie anders soll man es werten, dass in den Räten und Gremien zunächst kaum geistlich die Fragen bedacht wurden und werden, dass eben nicht Exerzitien am Anfang von allem stehen, um zu hören, „was der Geist seiner Kirche sagt". Stattdessen stehen die Analysen der Pastoralplanung 2010 und deren Fortschreibung im Mittelpunkt, die großangelegte Sinus-Studie mit ihren Aussagen zu den unterschiedlichsten Milieus, an deren Charakteristika sich die Verkündigung zu orientieren und auszurichten habe, um überhaupt anzukommen.
Es steht mir nicht zu, diesen Prozess kritisch von außen zu bewerten, weil ich selber, z. B. im Diözesanpastoralrat, aktiv mitwirke in und an diesem Geschehen. Von daher – eher ergänzend als korrigierend –

möchte ich hinweisen auf die Impulse Karl Rahners. Wenn es nicht gelingt, bei den Gläubigen den Eindruck zu vermitteln, dass es neben Strukturen und Finanzen auch und vor allem um Inhalte geht, dann wird es auch nicht gelingen, Menschen aus den Gemeinden auf diesem Wege mitzunehmen. Und es ist entscheidend für das Gelingen des Aufbaus „pastoraler Räume", dass möglichst viele Gläubige sich dieses Anliegen zu eigen machen. Und zwar mit Herz und Verstand. Und um welches Anliegen geht es dabei? Mit den Worten Karl Rahners: Um „Gott und unser Leben in ihm in Freiheit, Vergebung und Liebe."

Zu welcher Bekehrung möchte Rahner mit diesem Text bewegen?

Karl Rahner macht auf zwei Richtungen aufmerksam, die wir beachten müssen, um nicht in die „Irre zu gehen". Er fordert dazu auf, das Reden in Gemeinplätzen und Pauschalurteilen zu unterlassen. Wie oft reden wir von *der* Kirche, *den* Bischöfen, *den* Pfarrern, die angeblich alles schon entschieden hätten. Und wie schnell wird diese Pauschalisierung zur puren Ausrede, um nicht selbst mitzudenken und mitzutun.
„Pfarre ist Kirche am Ort", das heißt doch wohl auch, dass bei aller Verbundenheit mit Rom wirklich vor Ort geschaut und mehr noch getan werden sollte „wozu Kirche überhaupt nur dient". Hier vor Ort ist jeder Getaufte und Gefirmte berufen, mitzuwirken, dass das Glaubenszeugnis noch besser, noch wirksamer, noch einladender gegeben wird. Jeder Christ muss bei sich zuerst schauen, welche Gnadengaben ihm gegeben worden sind, um das Leben in der Kirche und mit der Kirche zu bereichern. Gottes Gaben sind immer Gaben und Aufgaben zugleich. Das für mich schönste Symbol ist die Kerze. Nichts ist unwirklicher, als eine Kerze, die alt ist, der man ihr Alter auch ansieht – und die nie (für jemanden) gebrannt hat. Wenn eine Kerze sich verzehrt, wenn sie Licht und Wärme spendet, dann stiftet sie Gemeinschaft. Ihr „Opfer" ist dann nicht vergebens. Es ist Sinn einer Kerze, zu brennen.
Ich denke auch an das „Gesetz des Weizenkorns", das in die Erde gesenkt wird, dort stirbt, um reichhaltige Frucht zu bringen. Es ist ein ebenso anschauliches Bild für das „Grundgesetz" der Kirche, die davon lebt, dass „Menschen sich verschenken, die Liebe bedenken und

neu beginnen, ganz neu", wie es in einem schönen modernen Kirchenlied heißt.
Vielleicht hilft eine kleine Besinnung auf die unverzichtbare christliche Kategorie der „Stellvertretung" weiter.[235]
„Die Erlösung von Jesus Christus her hebt die Selbsterlösung des Menschen nicht auf, sondern konstituiert sie. Die Leugnung dieses Satzes ... wird vermutlich getragen von einem falschen Verständnis des an sich durchaus legitimen Satzes, dass der Mensch durch das ‚stellvertretende' Leiden Jesu erlöst sei. Dieses falsche Verständnis der Stellvertretung des Menschen durch Christus setzt stillschweigend voraus, dass Jesus anstelle der anderen Menschen etwas getan hat, was für die Erlösung der Menschen von Sünde an sich unbedingt erforderlich ist, was aber die Menschen selber nicht leisten können, wozu aber Christus imstande ist" (SW 30, S. 244 f.).
Diese Aussage Karl Rahners vergleiche man mit der von Klaus Hemmerle und Hans Urs von Balthasar. Man kann unschwer eine Übereinkunft allgemein anerkannter Theologen in dieser zentralen Frage des Glaubens bis ins Wörtliche hinein feststellen.
Weil Gott uns in seiner Liebe so liebt, dass wir ihn wirklich wiederlieben können, deshalb sind wir keine Marionetten. Freiheit als „transzendentale Erfahrung" des „Sich-selbst-aufgegeben-Seins" ist real und nicht nur bloßer Schein oder Illusion. Es ist quasi das Privileg Gottes, als Schöpfer Geschöpfen eine Art von Teilhabe zu ermöglichen, die wirklich Partnerschaft ermöglicht. Impuls Rahners ist es, dass wir uns „bekehren" zu dem, was wir sind: Mit Gottes Geist „gesalbt", nicht zur eigenen „Erbauung", die ausschließlich bei sich verbleibt, sondern zum Dienst am „Leibe Christi", der Kirche, damit sie wirklich in der Welt und für die Welt Sakrament des Heils sein kann.
Und eine zweite Richtung der „Bekehrung" gibt der Text Karl Rahners an. So schön ein feierliches Hochamt Kopf und Herz berührt und Gemeinschaft stiftet, so beruhigend und sinnstiftend ein wohlgestalteter Kirchenraum sein mag – Karl Rahner mahnt zur Vorsicht, dass über der Form der Inhalt, das Eigentliche, das, um dessentwillen die Form da ist, um es auszudrücken, nicht vergessen oder hinten angestellt wird.

„Gott und unser Leben in ihm“ – dieser Lebenssinn und Lebensinhalt ist eine Grundlage und Vorgabe, auf der aller Dienst steht und an der sich aller Dienst auszurichten hat.
Wenn man das recht bedenkt, dann geht von dieser „Klarstellung“ sowohl etwas Tröstendes aus als auch die Empfehlung zur Gelassenheit. Gerade in der Diaspora erleben wir häufig die Armseligkeit von Kirche, was die äußeren Formen anbetrifft. Wenig Menschen, oft nur noch ältere, eine kleiner werdende Kirche durch abnehmende Zahlen der Gottesdienstbesucher. Kirche scheint ein Auslaufmodell zu sein. Und fast sehnsuchtsvoll blickt man mitunter nach Rom, zu den großen Papstmessen, zu den großen Domen, dem Einfluss von Kirche und ihren Verbänden in Gebieten, in denen Kirche (noch) keine Minderheit darstellt. Das ist alles nicht schlecht zu reden, doch es muss in Relation, in Beziehung gesehen werden zu dem Eigentlichen, um das es der Kirche geht (von ihrem Wesen her gehen muss): Kirche ist kein Selbstzweck. Es geht der Kirche in all ihrem Formenreichtum immer nur um Gott und den Menschen. Genauer: Um Gottes Liebe zu seiner Schöpfung, besonders zu den Menschen.
Und kann es nicht sein, dass mitunter ein „Trachtenjackenchristentum“, wie Rahner manchmal ironisch die „Volkskirche“ bezeichnete, es in Wirklichkeit sogar schwerer hat als das Christentum in der Diaspora? Dort hat man erfahren – um des kirchlich-christlichen Überlebens willen –, dass es auf den Einzelnen, auf seine Entscheidung ankommt. Dass keine Tradition und Sitte wirklich hilft, dass der Einzelne seinen Glauben finden, begründen und leben muss. Ist es nicht sehr wahrscheinlich, dass diese Gestalt des Glaubens die Gestalt kirchlichen Glaubens von heute und morgen ist? Und ist hier der „Diasporachrist“ nicht im Vorteil, eben weil er vieler Formen entbehrt – und dennoch seinen Glauben lebt? Hat er hier nicht einen Erfahrungsvorsprung vor jenen Gläubigen, die (noch) in sogenannten christlichen Gegenden leben?
Kirche wird immer im Austausch der Erfahrungen unterschiedlichster Art stehen. Wenn wir nicht das Eigentliche, den Geschenkcharakter des Glaubens, vergessen, dann können wir unseren kirchlichen Glauben mit einer zweifachen Gelassenheit leben: Wir können zunächst alle von den Erfahrungen der Kirche, auch der Kirchengeschichte, lernen. Die-

ser Schatz zeigt uns, dass wir gemeinsam, nicht einsam auf dem Weg des Glaubens sind. Und das Eigentliche ist immer ER. Von daher kann es auch unendlichen Reichtum in ganz einfachen Formen, Gesten und Gebärden geben.
Der kleine Altar in einer Dorfkirche, um den sich ein paar ältere Damen versammeln, bringt uns Jesus in der Eucharistie genauso nahe, wie er uns begegnet im feierlichen Hochamt, das der Papst im Petersdom feiert. Und selbst derjenige, der am Sonntag nicht in einer Gemeinde Gott in besonderer Weise nahe sein kann, kann ihn erleben in seinen nächsten Schwestern und Brüdern.
„Du kommst uns mit Deiner Gnade immer schon zuvor" – Wenn dies nicht nur mit dem Verstand, sondern auch mit dem Herzen aufgenommen wird, dann sind noch nicht alle Fragen der Zukunft der Kirche entschieden. Doch *Angst* braucht man nicht zu haben, wenn man auf den Beistand des göttlichen Geistes in Glaube, Hoffnung und Liebe vertraut. Rahner ermutigt uns, uns in der Kirche einzumischen, uns einzubringen als „Glieder eines lebendigen Leibes". Er sensibilisiert uns, über die Form den Inhalt der Botschaft des Glaubens nicht zu vergessen. Und im Verweis auf den Inhalt dieser Botschaft macht er uns Mut, Angst und Verzagtheit zu überwinden. Wir sind aufgerufen, unseren Teil beizutragen. Den Teil, der uns zukommt, den wir tragen können. Die letzte Verantwortung ist uns weder für die Kirche noch für die Schöpfung übertragen worden. Wir können aber und dürfen mittun, denn wir sind weder Herr der Kirche noch Schöpfer der Welt. Das kann vor Hybris und Stolz bewahren. Und es begründet Gelassenheit und Zuversicht gleichermaßen.

Strukturwandel der Kirche

„Ein Auszug aus der Wahrheit der Kirche, aus ihrer Botschaft von dem lebendigen, bergenden Geheimnis, das wir Gott nennen, aus der Hoffnung des ewigen Lebens, aus der hoffenden Teilnahme an dem Tod Jesu, der sich hoffend und liebend in dieses Geheimnis Gottes fallen ließ, aus der Gemeinschaft der Liebe, Kirche genannt, aus der Annahme der Vergebung unserer Lebensschuld, kurz, aus alldem, was Kirche heißt, würde den Menschen nicht ein größeres Reich des Sinnes, des Lichtes, der Freiheit und der Hoffnung führen. Ein solcher Auszug wäre eben doch nur entweder ein Sich-fallen-Lassen in eine dumpfe Dunkelheit der Skepsis und des billigen Relativismus oder der fragwürdige Versuch, allein aus den geringeren Resten von Sinn, Licht und Mut, die noch bleiben, zu leben, ohne dass man eigentlich sieht, warum diese Reste mehr Zustimmung und Vertrauen verdienen als jene Fülle des Sinns, der in der Kirche gegeben und lebendig ist" (Ja zur konkreten Kirche, SW 24, S. 189–202).

Kurze Interpretation

Wir beten im Glaubensbekenntnis, dass wir an Gott glauben. *An* die Kirche im eigentlichen Sinn glauben wir nicht. Wir glauben *die* Kirche, in ihr und mit ihr, die uns den Glauben an Gott vermittelt. Gott ist es, der in der Kirche, an ihr und mit ihr handelt. Wir sind diejenigen, die von ihm in Dienst genommen werden. Im Dienst für Andere, um seine Liebe zu bezeugen.

Und ein Zweites: Christus ist der Herr der Kirche. Und damit auch ihr Maßstab, den die Kirche nie verloren gab, obwohl er ihr nicht selten das Urteil sprach. Überdies ist es Lehre der Kirche, dass die Gültigkeit der Sakramente unabhängig ist von der Würde des Spenders. Die Kirche hat immer um Heiligkeit und Sündigkeit in ihr gewusst und dieses Wissen nicht verdrängt.

Und ein Drittes. Viele Privilegien der Kirche von einst werden vergehen und sind schon vergangen. Entscheidend ist es letzten Endes nicht. Kirche wird solange nicht wirklichen Schaden nehmen, solange sie dem treu bleibt, was sie ihrem Wesen nach ist und bezeugt: Dass Ihr Leben nur möglich ist durch den und in dem dreifaltigen Gott. Wenn sie die Botschaft Jesu ausrichtet, in dem Gott uns unendlich nahe ist und wenn sie auf den Beistand SEINES Geistes vertraut, der uns näher ist, als wir uns je sein können, kann Kirche hoffnungsschwanger in die Zukunft blicken.[236]

Darum ist für mich die ‚Alternative' – hier Glaube des ‚mündigen' Menschen, dort die Kirche, die sich verfängt in Formelsprache, Metaphysik

und Amtsstrukturen – nicht nur falsch. Es gibt diese ‚Alternative' gar nicht! Es gibt zweifellos Gefahren, Tendenzen und realen Missbrauch in der Kirche – und sicher auch Strukturen, die geändert werden müssen und sollten. Und zwar schnell und gründlich, insbesondere, was auf Grund der Missbrauchsvorwürfe offen zutage getreten ist.[237]
Dennoch sollte man vorsichtig sein, das Heil primär von sogenannten Strukturveränderungen zu erhoffen. Es gibt Strukturen, die verändert werden müssen, weil sie ungerecht und inhuman sind. Und es gibt auch in der Kirche Optimierungsbedarf, was Transparenz von Entscheidungsprozessen, was wirkliche Mitsprache und Entscheidungsmöglichkeiten anbetrifft etc. Doch es war und ist der Irrtum, insbesondere aller materialistischen Systeme, eine Weltverbesserung ausschließlich von einer Strukturveränderung abhängig zu machen. Die gesellschaftlichen Totalitarismen, insbesondere des vergangenen Jahrhunderts, mit ihren verheerenden Auswirkungen sind wie ein Menetekel, wie die geheimnisvolle Schrift im Palast von Babylon: „Gewogen und zu leicht befunden."
Unterhalb jeglicher gesellschaftlicher Strukturen „lauert" die absolute Kontingenzlücke, derer der Mensch ansichtig wird, sobald er seiner selbst bewusst wird.[238] Niemand kann sie schließen, es sei denn Gott in seiner gnädigen Zuwendung. Und diese Zuwendung Gottes ist in der Menschwerdung Gottes in Jesus von Nazareth geschehen, absolut, irreversibel, einmalig. Dass diese Heilsbotschaft weitergegeben, bezeugt und zur Erscheinung gebracht wird, dass sie nicht wie „Flugsand der Geschichte" einfach untergeht – das macht Sinn und Wesen von Kirche aus! Genau deshalb muss Kirche sein – und bleiben! Wenngleich immer in der Gestalt: „Ecclesia semper reformanda".

Entfaltung auf heutige Erfahrung hin

Zu Zeiten der DDR gab es den pastoralen Dienst der *Diakonatshelfer.* Ein schönes Wort, in dem der Fokus auf Helfen und Dienst gerichtet ist. Heute gibt es den Dienst weiterhin, doch diese Bezeichnung wird nicht mehr verwendet. Sie wurde ersetzt durch das Wort: *Gottesdienstbeauftragte.* Sie wurden besonders in den 60er und 70er Jahren als ehrenamtliche pastorale Helfer ausgebildet. Ihre Aufgabe war und ist es, auf Außenstationen Wortgottesdienste mit Kommunionspendung zu feiern sowie in der Eucharistiefeier und bei Krankenbesuchen die Kommunion zu spenden. Ich erinnere mich noch sehr deutlich an die eindrückliche Art unseres Herrn Weihbischofs, mit der er uns auf die Ehrfurcht beim Umgang mit dem Allerheiligsten hinwies. Seine Worte, die mir noch heute sehr präsent sind, galten nicht nur der engen Verbindung von Wortverkündigung und Eucharistiefeier. Es ging auch darum, nachdrücklich zu unterstreichen, dass wir wirklich das *Allerheiligste* in den Händen halten, um es den Menschen zu bringen.

Eine Frage schließt sich an, ja drängt sich geradezu auf: Wenn Jesus sagt: „Was ihr dem geringsten meiner Schwestern und Brüder getan habt, das habt ihr mir getan" – müsste dann die „Realpräsenz Gottes" in der Schwester und im Bruder uns nicht dieselbe Ehrfurcht abverlangen wie im Falle der sakramentalen Gegenwart Gottes? Gleiches gilt für „Gotteswort in Menschenwort". Wie achtlos gehen wir mitunter – auch in der Kirche – mit dem Wort Gottes, mit der Heiligen Schrift um?

Die Kirche schenkt uns im Wort und Sakrament eine Nähe Gottes, die atemberaubend ist. Einigermaßen sprachlos werde ich, wenn ich darüber nachdenke, was wir der Kirche alles verdanken und wie schnell manch einer dennoch mit dem Argument bei der Hand ist: „Gott ja – Kirche nein". Oder auch: „Jesus ja, Kirche nein". Mitunter kommt das Argument auch im „theologischen Gewand" daher: „Jesus wollte das Reich Gottes – gekommen ist die Kirche".

Wir beten in jedem „Vater unser", dass Gottes Reich kommen möge. Das wäre dann das Ende der Kirchenzeit. In der Tat, doch ist uns bewusst, dass wir diese „Vater-unser-Bitte" gar nicht beten könnten ohne die Kirche? Weil wir das „Vater-Unser" gar nicht hätten ohne die kontinuierliche, geschichtliche Weitergabe des Glaubens durch die geschichtliche und gesellschaftliche Präsenz des Glaubens in und durch Kirche!

Und nicht zuletzt wird häufig argumentiert, dass der Mensch keinerlei Vermittlung in seinem Heilsvollzug brauche. Ich persönlich finde dieses Argument – ehrlich gesagt – schrecklich töricht und falsch. Selbst wenn man darauf antworten würde, dass derjenige, der so argumentiert, vereinsamt und vereinzelt in der Welt dasteht, hätte man das eigentlich Entscheidende noch nicht gesagt. Nicht nur die Tatsache, dass der Mensch immer als Individuum und Gemeinschaftswesen existiert, spricht dagegen. Erziehung, Sprache, all das, was wir lernen und weitergeben, was wir empfangen, macht deutlich, wie sehr wir in den entscheidenden Vollzügen des Lebens Angewiesene sind – und bleiben! Das soll ausgerechnet im Glaubensvollzug, in dem es buchstäblich um „alles oder nichts" geht, nicht gelten und anders sein? Der Mensch ist zutiefst ein „dialogisches Wesen", er wird erst durch menschliche Zuwendung zum Menschen. Es gäbe uns als Menschen nicht, wenn uns nicht Mütter und Väter das Vertrauen in das Leben vorgelebt und vermittelt hätten. Das gilt auch und erst recht für den Glauben. Obwohl er „nicht von dieser Welt ist", fällt er nicht vom Himmel, sondern kommt im menschlichen Wort und Zeichen, in Geste und Gebärde zu uns. Das hebt die Unmittelbarkeit zu Gott nicht auf, sondern ermöglicht sie! Karl Rahner sprach in diesem Zusammenhang von „vermittelter Unmittelbarkeit".

Zu welcher Bekehrung möchte Rahner mit diesem Text bewegen?

Die massive Infragestellung der Institution Kirche heute – so scheint mir – nimmt nicht genügend zur Kenntnis, was wir der Kirche alles zu verdanken haben. Selbst die säkularen Werte des Humanismus, wie Freiheit, Gleichheit und Brüderlichkeit können doch nur deshalb Geltung beanspruchen, wenn und weil es ein verdrängtes oder geheimes Wissen von einem „Vater im Himmel" gibt! Von einem Vater, der uns doch erst „Brüder und Schwestern" sein lässt. Sonst wären wir ja Vollwaisen!
Im Revolutionslied der russischen Kommunisten „Brüder, zur Sonne, zur Freiheit, Brüder zum Lichte empor …" klingt wie ein Echo das Wissen nach, dass es ein Licht gibt, das wir alle brauchen, das wir ersehnen, um das wir uns mühen. Dass wir aber nie und nimmer alleine herbeizwingen können. Und es klingt wie ein Hohn, wenn angesichts der ungezählten Opfer totalitärer Systeme, ausgerechnet in solch einem Lied, das von Sehnsucht und Schmerz gleichermaßen kündet, die Rede da-

von ist: „Brüder, das Sterben verlacht“. Die ganze Ironie oder der Zynismus werden deutlich, wenn man das Lied weiter hört, in dem es dann pathetisch heißt: „Ewig der Sklav'rei ein Ende, heilig die letzte Schlacht.“ Man kann sie mit Händen greifen, diese religiöse Aura, dieses Pathos, das allerdings antireligiös daher kommt. Wenn man nur ein wenig an der Oberfläche kratzt, wird leicht erkennbar, dass diese „revolutionäre“ Haltung, die in der russischen Revolution zu Beginn des 20. Jahrhunderts sich auch gegen alles Kirchliche austobte, ihre Kraft und Dynamik eben aus dem bezog, was so vehement bekämpft wurde.
Ist uns wirklich hinreichend bewusst, was wir der Kirche zu verdanken haben? Ich glaube das nicht. Sonst wäre das Image der Kirche in der Öffentlichkeit, in den Medien, ein anderes. Karl Rahner gibt auch für die heutige Zeit eine entscheidende Weichenstellung vor: Wir sollen mit dafür sorgen, dass auch in der Kirche „der Geist nicht ausgelöscht wird“. Nur so, mit einer Kritik aus Liebe, überwinden wir Ignoranz und Arroganz der Institution Kirche gegenüber. Gewiss, Kritik an der Kirche und in der Kirche gab es, wird es geben, ja geben müssen, heute und auch morgen. Aber um der Sache willen! Und „die Sache“ ist Gottes Liebe zu uns. Karl Rahner macht deshalb auch darauf aufmerksam, genau zu schauen, aus welchem Geist und aus welcher Motivation heraus die Kritik erfolgt. Ist es berechtigte Kritik aus dem Geist der Liebe, die noch einmal – auch durch diese Kritik – Ausdruck der Annahme der Botschaft des Glaubens ist? Sie soll ja besser leuchten, besser vermittelt werden. Darum erfolgt ja die Kritik. Oder ist es nur pure Rechthaberei, Besserwisserei, Nörgelei? Muss mitunter die Kirche dafür herhalten, dass man mit sich und der Gesellschaft nicht im Reinen ist? Dass man sich selber isoliert und wichtige Brücken einfach abbricht?
Ich denke, Karl Rahner erwartet von uns zweierlei, zu dem er uns „bekehren“ möchte: Zunächst eine ernste Gewissenserforschung über die Motive unseres Handeln. Und sodann eine Haltung der Dankbarkeit, die wach und sensibel wahrnimmt, was wir eigentlich alles der Kirche verdanken.
Damit wird die Kritik nicht überflüssig oder als illegitim gebrandmarkt. Wohl aber könnten sich Art und Weise, Tonfall und mediale Inszenierung ändern. Es ist ein Unterschied, ob ich aus Liebe und Dankbarkeit,

aus Wertschätzung heraus kritisiere oder aus Hass und Wut. Ob manche Kirchenkritik nicht etwas leiser daherkommen würde, wenn sich der Kritiker ehrlicher mit sich und seinen Motiven auseinandersetzen würde?
Der Frage „Wollt auch ihr gehen?“ kann sich niemand entziehen. Und wer aus der Kirche auszieht, wer weg geht, der sollte zeigen können, wohin er denn zu gehen beabsichtigt. Ich glaube, die Antwort aus dem Jüngerkreis „Du hast Worte ewigen Lebens“ ist auch noch heute gültig und wird es auch morgen sein.
Heinrich Böll hatte ein praktikables Rezept für alle, die sich an der Kirche und ihrer Realität reiben, sich mit ihr schwertun. Er empfahl, sich eine Welt vorzustellen, in der es Christus nicht gegeben hätte.[239]

Verwirrende Vielfalt – Sehnsucht nach Gewissheit

„Wir leben in einer weltlichen Welt. In dieser weltlichen Welt gibt es nicht nur verschiedene Funktionen in den Dimensionen des Materiellen, des Biologischen, des im engeren Sinne Gesellschaftlichen, sondern es gibt auch einen Pluralismus der geistigen, menschlichen Bestrebungen, der Ideologien, der Auffassungen, der konkreten Lebensstile, der Kulturen, der Parteien. Von da aus könnte es so aussehen, als ob die Kirche, insofern sie auch eine gesellschaftliche Verfassung hat, bloß eine der verschiedenen weltanschaulichen Gruppen sei … Der Christ und die Kirche sagen … im Grunde nicht etwas, gegen das anderes steht, sondern sie sagen so ihren Glauben, dass das Unsagbare, das keine Grenzen mehr hat, nicht nur die absolute Ferne, sondern die sich selbstmitteilende, liebende und selige Nähe ist. Und diesem eigentlichen Wesen des christlichen Daseins und so auch der Kirche kann vom Wesen dessen her, was damit gemeint ist, eigentlich kein Ja oder Nein konkurrierender Art gegenüberstehen. Dazu kommt noch, dass der Christ den Nichtchristen nicht auffasst als denjenigen, der einfach schlechthin in seinem Daseinsvollzug das Gegenteil von ihm sagt und lebt. Er erkennt ja jeden Menschen in der letzten Tiefe seines Gewissens, seiner Person, seines Daseins als denjenigen an, dem sich als der wahre Inhalt jedweden geistigen Lebens die Unendlichkeit, die Namenlosigkeit, die Undefinierbarkeit Gottes als Heil angeboten hat an die Freiheit dieser Person. Und der Christ weiß auch in seiner Hoffnung, dass ein solches Angebot des absolut unbegreiflichen, namenlosen, nicht mehr eingrenzbaren Gottes an die Freiheit des Menschen auch dann noch im konkreten, unreflektierten Daseinsvollzug eines Menschen zu seiner Rechtfertigung und zu seinem Heil angenommen sein kann, wenn dieser Mensch ohne seine Schuld bei seiner geschichtlichen Bedingtheit sein Dasein anders, nichtchristlich, vielleicht sogar atheistisch interpretiert ... Und darum steht der Christ jenseits des pluralistischen Wirrwarrs und hofft, dass dahinter eben doch, in allen, die guten Willens sind, ein letztes Ja verborgen ist" (SW 26, S. 378 f.).

Kurze Interpretation

Dieser Text Karl Rahners stellt für mich wiederum so etwas wie eine „Kurzformel des Glaubens" dar. Karl Rahner denkt von den unterschiedlichsten Ausgangspunkten und bei verschiedensten Anlässen immer von der Mitte des Glaubens her und auf diese Mitte hin. Daher die „Stimmigkeit" seiner Theologie, die große Kohärenz seiner Aussagen. Weil Karl Rahner die christlich-kirchliche Tradition stets mitbedenkt und ebenso den Adressaten der Verkündigung im Blick behält, sind seine „Kurzformeln" nicht nur Dialogformeln. Sie zeigen oft präziser und klarer als große Abhandlungen, worin der Kern des Glaubens besteht. So auch in diesem Text, bei dem gleichzeitig mitbedacht wird: An wen richtet sich die christliche Botschaft? Welches sind die zeitlichen und örtlichen Indikatoren, die beachtet werden müssen, wenn die Verkündigung den Adressaten wirklich erreichen soll? Karl Rahners Gegenwartsanalyse zeichnet sich in dieser Passage besonders dadurch aus, dass sie sich den heute vorherrschenden Pluralismus nicht verschleiert. Ohne längere Begründung der tatsächlichen Veränderungen unserer Situation gegenüber der vor vielleicht 200 oder 300 Jahren oder in sogenannten geschlossenen Gesellschaften, wird der Pluralismus heute zunächst als gegeben hingenommen und akzeptiert. Er gehört zu den Bedingungen für die Verkündigung, die weder grundsätzlich veränderbar oder gänzlich aufzuarbeiten sind. Der unvermeidliche Pluralismus wird sogar künftig eher noch wachsen als abnehmen. Einfach deshalb, weil der Erkenntniszuwachs auf allen Gebieten des Lebens beständig zunimmt. Damit ist eine wachsende Fülle von Erkenntnissen und Möglichkeiten gegeben, die niemand mehr überblicken, geschweige beherrschen kann. Heute weniger als gestern und morgen weniger als heute. Dieser Voraussetzung muss der Glaube, wenn er echt ist, Rechnung tragen. Wie sieht dies konkret aus? Dazu gehört zunächst, dass dieser Pluralismus – „unbefangen", wie Karl Rahner häufig formuliert – zur Kenntnis genommen wird. Dazu gehört weiter die Akzeptanz der Erkenntnis, dass dieser unvermeidliche Pluralismus wahrgenommen wird als charakteristisches Merkmal unserer Zeit, das tatsächlich in allen Lebensbereichen anzutreffen ist, sie „durchwaltet". Der unvermeidliche Pluralismus ist keine vorübergehende Erscheinung, er tritt nicht nur interimsmäßig auf, um eines Tages (endlich) überwunden zu werden. Er ist ein bleibendes Kennmerkmal unserer Situation, der wir nicht ausweichen können, die wir zu bestehen haben im Glauben. Dazu gehört auch die Einschätzung, dass auf der Ebene des empirisch Gesellschaftlichen Kirche und christliches Zeugnis wahrgenommen werden als an dieser Pluralität unweigerlich partizipierend. Karl Rahner verschweigt nicht, dass dies auch als Last empfunden werden kann, die „getragen werden muss" (S. 378).

Wie begegnet nun christlicher Glaube dieser Situation? Es scheint mir bezeichnend zu sein für die Art, wie Karl Rahner seinen Dienst als Theologe für die Verkündigung versteht, indem er diese Situation mit zentralen Aussagen unseres christlichen Glaubens konfrontiert. Denn unser Glaube schließt von seinem Wesen her nichts und niemanden aus, weil es um „das Unsagbare, das keine Grenzen mehr hat" geht und darum, dass diesem „Unsagbare(n)" deshalb „kein Ja oder Nein konkurrierender Art gegenüberstehen" kann, weil es „sich selbstmitteilende, liebende und selige Nähe ist" (S. 378). Komprimierter kann christlicher Glauben nicht ausgesagt werden! Wie sollte dazu eine Alternative aussehen, die dem tiefsten Sehnen und Hoffen des Menschen entspricht? Ergänzt wird diese „Kurzformel", die uns in Jesus Christus geschichtlich, greifbar, irreversibel, als „absolutes Zusagewort Gottes", das unbedingt gilt und von nichts und niemanden buchstäblich „aus der Welt geschafft werden kann", durch die Beschreibung der Weite des allgemeinen, wirksamen Heilswillens Gottes. Dieser hat keine Grenze, er schließt nicht aus, sondern ein. Als Angebot an alle Menschen. Es kann auch dort angekommen sein oder angenommen werden, wo Menschen sich verbal gegensätzlich dazu äußern, wo sie verstummen in Angst und Resignation. Dort, wo Grenzen menschlicher Rede, menschlichen Mühens erreicht werden, auch dort noch – auch und gerade in unserer Schwachheit – kann Gottes Wille zum Heil wirken. Diese Botschaft ist kein Aufruf zur Faulheit, zur Bequemlichkeit. Erst recht ist sie keine Vereinnahmung wider den eigenen Willen. Doch wir können nicht unsere Hoffnung, die allen gilt, verschweigen, ohne sie gleichzeitig preis zu geben. Wir müssen sie bezeugen, weil sie nicht nur uns allein, sondern allen Menschen, der ganzen Schöpfung Gottes gilt! Aber wir dürfen auch gelassen in die Welt blicken. Wir dürfen vertrauen. Vertrauen auf einen Gott, der uns in Anspruch nimmt, der unser Tun „adelt", indem es von IHM in Dienst genommen wird. Der aber Souverän, „Herr aller Mächte und Gewalten ist", und mit seiner Liebe auch dort noch siegreich sein kann, ankommen kann, wo unsere Kräfte zu Ende sind. Ein weiterer Aspekt, der an diesem Text ablesbar ist: Glaube hat ein sehr großes *Friedenspotential.* Wer sich geliebt weiß, muss sich nicht so aufspielen, dass der Andere neben ihm kleingehalten wird. Und wer ernst damit macht, dass Gottes Heilsangebot sogar dort noch wirksam sein kann, wo seine Ablehnung öffentlich bekannt wird, der wird sich schwertun damit, dem Anderen den Glauben abzusprechen. Damit ist nicht einem Relativismus oder der Beliebigkeit das Wort geredet. Wohl aber einem Glauben, der den Gott annimmt, „der sich in der Mitte und Tiefe dieses Daseins selber in seiner ganzen Unendlichkeit gibt" (S. 379).

Entfaltung auf heutige Erfahrung hin

„Verwirrende Vielfalt" – so ist dieser Abschnitt überschrieben. Es gab einen Versuch, dieser Vielfalt Herr zu werden, ein gesellschaftliches Experiment, das große Teile der Menschheit im buchstäblichen Sinne erfasste. 1989 kam sein Ende, bisweilen eher verkürzend als verstehend,

als „Ende des Kommunismus“ bezeichnet. Interessant ist – bezogen auf Rahners Text – dass in der Ausgabe des „Grundkurs des Glaubens“ aus dem St. Benno-Verlag zu DDR-Zeiten (1978), die gesamte Passage unter der Überschrift „Die Einzigartigkeit des christlichen Sinnangebots im gesellschaftlichen Pluralismus“ gänzlich fehlt. Gewundert, aber nicht wirklich nachgefragt und nachgedacht, habe ich mich, warum die Seite 386 nur knapp zur Hälfte bedruckt und die Seite 387 gänzlich unbedruckt war. Es ging erst auf S. 388 mit dem Text weiter. Für die DDR, die bei fast allen Sachgütern um Mangelverwaltung bemüht war, eine eher unverständliche Papierverschwendung. Doch das ist mehr ironisch gemeint. Der eigentliche Grund erschließt sich schnell, wenn man neben der „verdächtigen“ Überschrift und Worten wie „Ideologie“, die nur in klaren, vorgegebenen Zusammenhängen zu benutzen waren im Weltanschauungsstaat DDR, Sätze in diesem Abschnitt findet, wie diesen, dass „ja die Kirche, im Grunde genommen, nicht eine Ideologie vertritt, in der eine bestimmte menschliche Wirklichkeit innerhalb des menschlichen Daseinsraums verabsolutiert wird“ (S. 378).
Solch eine kleine Passage war es den ehemaligen Machthabern in der DDR wert, den Abdruck des ganzen Absatzes zu verbieten. Karl Rahner hat in diesen wenigen Worten nicht mehr und nicht weniger getan, als das Wesen einer totalitären Ideologie offenzulegen. Es besteht ja darin, dass eine begrenzte Macht – in diesem Fall die „führende Partei“ mit ihrer „einzig wissenschaftlichen Weltanschauung“ – einen Absolutheitsanspruch erhebt. Ein Anspruch, der nur Gott zukommt. Darum ist Glaube, recht verstanden, immer auch eine Relativierung politischer Ansprüche. Eine Relativierung sämtlicher endlicher Ansprüche, die absolute Geltung beanspruchen. Nichts, was endlich ist, darf sich als absolut ausgeben. Diese Zusammenhänge müssen den Zensoren der DDR bewusst gewesen sein, als sie Rahners „Grundkurs des Glaubens“ quasi unter die Lupe nahmen. Was man ihnen nicht unterstellen darf, ist, dass sie Rahner nicht genau gelesen haben. Darum wussten sie um die Infragestellung der eigenen Machtposition durch den Glauben. Darum ist gerade auch die Auslassung dieses Textes Aussage und Zeugnis der hohen gesellschaftskritischen Relevanz des Glaubens.

Dieses gesellschaftliche „Experiment Mensch" ist nicht zuletzt deshalb gescheitert, weil der Mensch in all seinen Bezügen vielfältig bedingt und begrenzt ist. Es hat mich immer „gewurmt", wenn in der gesellschaftspolitischen Agitation, z. B. im Schulunterricht, so getan wurde, als seien die „Gesetzmäßigkeiten gesellschaftlicher Entwicklung" total und unausweichlich gegeben: Wer Angehöriger einer bestimmten Klasse war, konnte daraus im Normalfall nicht ausbrechen. Er *musste* – entsprechend seines „Klassenstandpunktes", der ja nur das „Klasseninteresse" widerspiegelt – handeln. Zwangsläufig ist das so, so die Indoktrination durch staatliche Institutionen. Freiheit, Gewissen oder Moral waren – wenn überhaupt – nur sehr bedingt möglich. Ähnlich, wie im Nationalsozialismus der Rassenwahn Menschen auf ihre Rasse festlegte und damit weitestgehend determinierte, geschah dies auch durch den „Klassenstandpunkt".
Selbst in der berühmten Autobiografie Stefan Zweigs „Die Welt von gestern", in ihrer DDR-Ausgabe,[240] finden sich dann im Nachwort von Kurt Böttcher Sätze wie: „Die sozialökonomischen und gesellschaftlichen Fundamente geschichtlich-kultureller und politischer Prozesse bleiben am Rande der Betrachtung ..." (S. 470) oder „Zweigs Protest richtet sich objektiv, ohne die sozialen und ökonomischen Ursachen zu erfassen, gegen den imperialistischen Krieg" (S. 481). Und – Bertolt Brecht zitierend – wird weiter ausgeführt, dass es eben nicht genüge „‚von vernachlässigter Erziehung des Menschengeschlechts' zu sprechen und die ‚unvergänglichen Begriffe Freiheitsliebe, Würde, Gerechtigkeit' zu beschwören: ‚Reden wir nicht nur für die Kultur ... Diejenigen unserer Freunde, welche über die Grausamkeiten des Faschismus ebenso entsetzt sind wie wir, aber die Eigentumsverhältnisse aufrechterhalten wollen oder gegen ihre Aufrechterhaltung sich gleichgültig verhalten, können den Kampf ... nicht führen, weil sie nicht die gesellschaftlichen Zustände angeben und herbeiführen helfen können, in denen die Barbarei überflüssig wäre ..." (S. 464).
Ausdrücklich wird hier gesagt, dass sich aus den Eigentumsverhältnissen eine Situation für den Menschen ergibt, die ihn eindeutig festlegt. Sie „können den Kampf ... nicht führen" auf Grund ihrer Stellung zum Eigentum! Es sind die „gesellschaftlichen Zustände, präzis jene, in de-

nen die Eigentumsverhältnisse, wenn sie denn im Sinne der marxistisch-leninistischen Ideologie geordnet sind, *Gewähr* dafür bieten, dass Barbarei aufhört.
Welch ein schrecklicher Irrtum, welch ein naives Welt- und Menschenbild, welch ein Wunschdenken, das mit der Wirklichkeit nichts zu tun hat. Der Vorwurf an die Christen im „real-existierenden Sozialismus" war ja der, dass sie einer Illusion nachlaufen und einer Utopie anhängen. Mir scheint, dass dieser Vorwurf eine grandiose Übertragung, eine Projektion eigener, verdrängter Anteile der marxistisch-leninistischen Ideologie war und ist. Das Christentum hat nie die Gebrochenheit des Menschen geleugnet, seine Ambivalenz, die darin besteht, dass Macht immer zum Guten gebraucht und zum Schlechten missbraucht werden kann.
Wir wissen heute nur zu gut vom Ausgang dieses schrecklichen geschichtlich-gesellschaftlichen Experimentes. Doch sind wir heute wirklich in einer anderen Situation? Ich möchte nicht auf all die Versprechen in der medialen und realen Welt hinweisen, mit denen das „Experiment Mensch" heute durchgeführt wird: Schönheit, Jugend, Macht, Reichtum sind jene „Götter", die den „Erbauer des Sozialismus und Kommunismus" abgelöst haben. Und auch hier die gleiche „Unvermeidlichkeit" und der „Wenn-dann-Zusammenhang": Wenn diese und jene Bedingungen erfüllt sind, dann stellt sich „unweigerlich" der gewünschte Zustand ein!
Rahners Glaubensaussage steht dagegen: Der Pluralismus ist nicht nur zu akzeptieren und hinzunehmen. Vielmehr muss in Erkenntnis und Freiheit ernst gemacht werden mit der Tatsache: Es gibt – weder im gesellschaftlich-politischen Raum noch in privater Innerlichkeit noch im Bereich der Wissenschaft – einen eindeutigen Standort, von wo aus man den Menschen nach eigenem Gutdünken so „konstruieren" kann, dass seine Freiheit restlos beseitigt ist. Der Mensch ist einem unvermeidlichen Pluralismus konfrontiert, den es zu beachten, den es auszuhalten und zu bestehen gilt. Chance und Gefahr liegen hierbei immer eng beieinander. Dies alles trifft nicht nur auf den Raum des Politischen und Gesellschaftlichen zu, sondern auch auf den Bereich des Wissens. Diskutiert wird derzeit in populärwissenschaftlichen Kreisen, ob es gelun-

gen sei oder gelingen werde, die berühmte „Weltformel" nun doch noch (endlich) zu finden. Ihre Gestalt sei die der „großen vereinheitlichten Theorie". Forscher und Wissenschaftler, die sich auf den berühmten Physiker Stephen Hawking berufen, sprechen sogar davon, dass mit und durch den „Großen Entwurf" (Titel eines neuen Werkes von Hawking) man u. U. sogar imstande sei, die Unmöglichkeit der Existenz Gottes, seine Nichtexistenz, zwingend zu erweisen.
Wie viele Menschen gibt es, die entrüstet oder gelangweilt sich abwenden, wenn die Rede auf Glauben und Gott kommt? Und wie würden dieselben Menschen überrascht, vielleicht beleidigt sein, wenn man ihnen bei solch einer Haltung eine Fortschritts- oder Wissenschaftsgläubigkeit unterstellen würde?! Denn um nichts anderes handelt es sich bei diesen Äußerungen, auch wenn sie im Gewand der Wissenschaft daherkommen. Sie sind sehr wohl geeignet, Angst und Fatalismus zu erzeugen, aber auch Gleichgültigkeit und Resignation. Bei näherem Hinsehen entpuppen sich solche Äußerungen nämlich als das, was sie in Wahrheit sind, nämlich Ideologien, die den bestehenden Pluralismus einfach nicht aushalten. Stattdessen wird der Mensch, ja die Welt, in ein Korsett gesteckt, aus dem es nach dem Willen dieser „Konstrukteure" kein Entrinnen gibt. Das „Dogma" heißt dann: Die Welt kann nicht von einem liebenden Gott geschaffen worden sein. Das sei doch nun eindeutig und wissenschaftlich „bewiesen". Wenn nur genügend Energiequanten oder Materieteilchen, die sich gegenseitig umformen lassen, und damit genügend Kombinationsmöglichkeiten vorhanden sind in einer unendlichen Zeit oder in einem genügenden Zeitraum, dann kann und dann muss sogar so etwas „herauskommen", wie unsere Welt – oder eben eine andere. Platz für einen „Schöpfer" gibt es da nicht. Wozu auch? Er würde nicht nur überflüssig sein, er wäre ein rechter Störenfried.
Alles wäre bei solch einer Betrachtungsweise nur noch langweilig.[241] Abgesehen davon, dass hinter dieser Haltung ein anderes Axiom waltet: Es kann nicht sein, was nicht sein darf! Diese Betrachtungsweise hat darüber hinaus einen entscheidenden Grundfehler: Sie kommt daher mit dem Anspruch, alles erklären zu wollen und alles erklären zu können. Wer das vorgibt zu können, muss sich genau anschauen, was er be-

hauptet. Es wird nicht schwerfallen, die Überzogenheit dieses Anspruches wahrzunehmen, wenn man sich den Überlegungen Rahners hierzu nicht verschließt:
„Selbstverständlich ist für uns doch nur das in unserer Erkenntnis, was in sich selbstverständlich ist. Alles Begriffene aber wird doch nur dadurch verständlich, aber nicht eigentlich selbstverständlich, dass es auf anderes zurückgeführt wird, aufgelöst wird: einerseits in Axiome und anderseits in elementare Daten der sinnlichen Erfahrung. Dadurch aber wird es zurückerklärt und verständlich gemacht, entweder in die stumme Stumpfheit des bloß Sinnlichen oder in das Hell-Dunkel der Ontologie, also in das absolut heilige Geheimnis. Das verständlich Gemachte gründet in der einzigen Selbstverständlichkeit des Geheimnisses. Wir sind daher schon immer mit ihm vertraut. Wir lieben es schon immer, auch dann noch, wenn wir – von ihm erschreckt oder vielleicht sogar böse gereizt – es auf sich beruhen lassen wollen. Was ist dem Geist, der zu sich selbst gekommen ist, thematisch oder unthematisch vertrauter und selbstverständlicher als das schweigende Fragen über alles schon Eroberte und Beherrschte hinaus, als das demütig liebend angenommene Überfragtsein, das allein weise macht?“[242]

Zu welcher Bekehrung möchte Rahner mit diesem Text bewegen?

Die Antwort legt sich nahe, wenn wir auf den letzten Satz des Textes von Karl Rahner genauer schauen. Da ist davon die Rede, dass das „demütig liebend angenommene Überfragt-Sein“ die angemessene Art des Umgangs mit sich selbst, mit der Mit- und Umwelt ist. Diese Art ist es, die „allein weise macht“. Warum? Auch das spricht Rahner klar aus: Weil dem Menschen, der in geistiger Reflexion zu sich selber kommt, eines immer schon vertraut ist: Er ist und bleibt der, der letztlich bei all seinem Können und Wissen an Grenzen kommt. Er ist und bleibt der, der überfragt ist. Weil er dem Geheimnis, dem unendlichen und unbegreiflichen Geheimnis, konfrontiert ist. Dem Geheimnis, das er nicht „gemacht“ hat, das nicht und nie seiner Verfügung unterworfen ist, das in seiner Unbegreiflichkeit bleibt. Unaufhebbar bleibt es in seiner Unendlichkeit und Unbegreiflichkeit für den Menschen. Theologisch wird dieser Sachverhalt auch unter der Begrifflichkeit Kreatürlichkeit, Geschöpflichkeit, ausgesagt. Karl Rahners Glaubensaussage will uns als Menschen nicht klein machen, die menschliche Größe soll nicht geschmälert werden. Aber sie wird in die richtige Perspektive gestellt: Wir können nicht alles, wir dürfen nicht alles und wir wissen nicht alles. Wir sind zuerst Empfangende, dann erst Gebende. „Du hast mich ergriffen, nicht ich habe dich ‚begriffen'" („Gott der Erkenntnis").[243] Wir sind wesentlich „Hörer des Wortes" (Buchtitel von Karl Rahner). Wir haben Möglichkeiten, ja auch Gestaltungsmacht in großem Ausmaß, aber niemals Allmacht.

Karl Rahner macht uns aufmerksam auf die Gefahren, die lauern, wenn das Eigentliche des Menschen, sein Konfrontiert-Sein mit dem absoluten Geheimnis, das ihn anspricht, sich ihm mitteilen will, „eingeebnet werden soll". Wenn der Mensch zurechtgestutzt werden soll; entweder durch politische Indoktrination oder durch Werbung und Reizüberflutung. Der Mensch ist nicht eindimensional, er darf auch nicht dazu gemacht werden. Dagegen muss sich christlicher Protest begründet erheben. Und eine zweite Gefahr: Weil der Mensch seine Pluralität nicht einfach überspringen kann, läuft er Gefahr, dieser Erkenntnis auszuweichen, ihr nicht standzuhalten. Er weicht dann aus ins Banale, in die „Herrschaft des Man". Dorthin, wo keine Verantwortung mehr übernommen werden kann. Karl Rahner macht demgegenüber darauf aufmerksam, dass in der „letzten Tiefe seines Gewissens, seiner Person, seines Daseins" (S. 379) jedem Menschen ein Angebot gemacht wird, das nicht herrlicher und größer gedacht werden kann. Es ist das Angebot der sich selbstmitteilenden, seligen Nähe des göttlichen Geheimnisses. Darauf aufmerksam zu sein und immer mehr zu werden, ihm im Leben, in seiner ganzen Länge und Breite, zu vertrauen – dazu will uns Karl Rahner bekehren. Rahners „Bekehrung" ist die Einladung des Glaubens: „Dem Leben trauen, weil Gott es mit uns lebt" (Motto eines Kirchentages).

Und noch etwas wird an diesem Text deutlich. Etwas, das ich als Friedenspotential des Glaubens bezeichne und dass die Dialogfähigkeit des Glaubens eindrucksvoll illustriert. Karl Rahner zweifelt in einem Gespräch am Rande eines Forums mit Marxisten in Budapest im Jahr 1984 daran, dass der Atheismus eine letztgültige Sinndeutung liefern kann. Die Begründung für seine Meinung: „Weil sich in einer atheistischen Welt die Frage stellt, wie endliche Werte absolut verpflichten sollen" (SW 28, S. 799). Den Einwand, dass das sehr wohl gehen könne, weil „der menschliche Geist ... doch die schönste Blüte der Materie" ist, lässt Rahner nicht gelten. Auch hier zieht er dieselbe Argumentationslinie aus, wenn er argumentiert: „Weil eine aus sich selbst heraus zugrunde gehende Wirklichkeit kraft ihrer selbst nicht die Forderung auf absolute Respektierung erheben kann" (ebenda, S. 799).[244] Aufschlussreich und spannend ist der Fortgang dieses Gespräches. Auf den gemachten Einwand, dass eine Wirklichkeit, die zugrunde gehen wird, keine absoluten Forderungen legitim erheben kann, wird Rahner entgegengehalten: „Aber es wird doch gemacht!" Rahner streitet dies nicht ab, weil er um die – oft verborgene – Tiefendimension menschlichen Denkens und Tuns weiß. Weil er sie deuten kann als Werben und Wirken des Heiligen Geistes.[245] Darum akzeptiert Rahner zunächst diesen Einwand, aber er fragt weiter, wo man doch meinen könnte, hier sei doch zunächst ein vorläufiges Ende im Gespräch erreicht. Damit, durch dieses behutsame Weiterfragen, erreicht Rahner im Dialog eine Erweiterung des Blickwinkels, wie sich im weiteren Gesprächsverlauf deutlich abzeichnet. Rahner fragt also weiter: „Es stellt sich nur die Frage, warum. Wenn man wirklich wüsste, dass der Mensch nur seine biologische Wirklichkeit ist, dann könnte man es nicht. Warum aber sollte man andererseits nicht ausdrücklich zugeben, dass der Mensch von vornherein unwiderstehlich eine reale Bezogenheit auf eine absolute Wirklichkeit hat?" (ebenda, S. 799). Sein Dialogpartner stimmt ihm hier ausdrücklich zu mit den Worten: „Das denke ich auch. Ansonsten ist man inkonsequent; denn absolute Forderungen zu stellen, ohne ein eigentlich absolut Begründendes zu nennen, führt zu unlösbaren Problemen" (ebenda, S. 799).

Rahner will uns „bekehren", mit dem Fragen nicht zu früh aufzuhören. Seine Offenheit ist gleichzeitig Voraussetzung für einen „Dialog auf Augenhöhe". Damit ist ein wirklicher Dialog gemeint, bei dem keine Seite selbstherrlich „alles immer schon weiß" oder ängstlich den Fragen und Problemen der Zeit auszuweichen versucht. Wenn unser

Glaube „jeden Menschen in der letzten Tiefe seines Gewissens, seiner Person, seines Daseins als denjenigen“ (anerkennt), dem sich als der wahre Inhalt jedweden geistigen Lebens die Unendlichkeit, die Namenlosigkeit, die Undefinierbarkeit Gottes als Heil angeboten hat an die Freiheit dieser Person“ (SW 26, S. 378 f.), dann wird jede wirkliche Begegnung zwischen Menschen, jeder tiefe und wahre Dialog, der sich durch Offenheit und Vertrauen auszeichnet, immer auch zu einer echten Gotteserfahrung.

Im Heute (noch) glauben?

„Nicht einzelne Glaubenssätze aus und unter einer Menge von anderen Überzeugungen sind heute in Gefahr, sondern der Glaube überhaupt, das Glaubensvermögen selbst, die Fähigkeit, überhaupt eine eindeutige, umfassende, fordernde Überzeugung zu realisieren und sie Macht in einem Leben, ja durch ein ganzes Leben hindurch gewinnen zu lassen. Die Leere überhaupt, der tödliche Sinnschwund, die metaphysische Müdigkeit, der scheinbar unaufhaltsame innere Zerfall, die Ohnmacht des Geistes gegenüber den Mächten des Fleisches, der Gewalt und des Todes, die scheinbar sinnlose Grausamkeit in der Geschichte, das dauernde Übermächtigtsein der wehrlosen Wahrheit durch die Brutalität der sogenannten Wirklichkeit, das Aufgesogenwerden durch den Betrieb des Alltags, die unmittelbare Erfahrung eines jeden von dem unüberwindlichen, widersprüchlichen Pluralismus der Weltanschauungen, die heute jeden ganz anders als früher treffende und bedrängende Erfahrung der Spannung zwischen Glaubensformeln und Glaubenswirklichkeit, die Erfahrung des einfach wahren und ehrlich zuzugebenden Herstammens der konkreten Gestalt von Glaubensformeln aus einer Geisteswelt, die nicht mehr unmittelbar unsere ist – solches und ähnliches bedroht den Glauben heute als ganzes einfach und schlechthin“ (Im Heute glauben, SW 14, S. 13 f.).

Kurze Interpretation

In diesem kurzen Text aus dem Büchlein, von dem Herbert Vorgrimler sagt: „Insgesamt bildet der Beitrag eine Art Kurzfassung der Theologie Rahners" (SW 14, XII), sind noch einmal summarisch die aus Rahners Sicht wichtigsten Probleme und Fragen zusammengefasst, die bei der Verkündigung der Botschaft des Glaubens unbedingt berücksichtigt werden müssen. Ansonsten läuft die Botschaft des Glaubens Gefahr, den „Sitz im Leben" zu verfehlen bzw. zu verlieren.[246]

Karl Rahner nennt kurz und prägnant die scheinbar heute weitverbreitete Unfähigkeit, sich zu einer klaren Überzeugung zu bekennen, den vielfach beklagten Sinnverlust, die Vergeblichkeit, sich mit Fragen zu beschäftigen, die das Leben als Ganzes betreffen. Er geht ein auf den real zu erlebenden Pluralismus der Meinungen, der eine Haltung weltanschaulicher Indifferenz und Abstinenz von jeglichem klaren Bekenntnis scheinbar als logische Folge impliziert, er nennt die vielfachen Vergeblichkeiten und das grausame Diktat des rein Faktischen, oft Banalen, das unter der „Fahne Normalität" segelt.[247]

Schlussendlich geht Rahner ein auf die Spannung zwischen dem, was kirchenlehramtlich verkündet wird und der real erlebten Wirklichkeit, wobei oft genug eine schier unüberbrückbare Kluft dazwischen zu bestehen scheint. Wie überhaupt die Glaubensüberzeugung ohnehin oftmals eher das Ergebnis von Tradition, Sitte, Erziehung und Gewohnheit zu sein scheint, als dass sie wirklich Ergebnis eines Ringens um jene Meinung und Überzeugung ist, die mehr Leben verheißt und ermöglicht.

Wer sich auf Karl Rahners Analysen einlässt, muss zunächst eines deutlich festhalten: Glaube ist – so sehr er ein Gnadengeschenk ist – auch Ergebnis eines Entscheidungsfindungsprozesses. Dort, wo er echt ist, geht es gar nicht anders. Im Glauben geht es um das Ganze unseres Lebens! Es geht stets um beharrliches Suchen, um geduldiges Bemühen, sich auf einen Weg zu machen, der voller Verheißung (nicht schon Erfüllung!) ist. Glaube ist immer Einladung zum Wagnis! Nichts am Glauben ist selbstverständlich. Im Gegenteil, Glaube löst zunächst alle (scheinbaren) Verständlichkeiten und Selbstverständlichkeiten, alle (Schein-)Sicherheiten auf.

Nur die „leeren Hände“ können sich von Gott und durch Gott füllen lassen.

Entfaltung auf heutige Erfahrung hin

Wir erleben heute in einem Ausmaß, das kaum überschätzt werden kann, wie die Restbestände volkskirchlicher Mentalität ein für allemal zu Ende gehen. Man mag es beklagen oder herbeisehnen – am Faktischen ändert das nichts. Entscheidend für die Zukunft der Kirche wird auch sein, wie sich das Gottesvolk diesen Herausforderungen stellt und welche Wege es beschreitet.[248] Was ist zu tun? Was muss geändert werden? Was muss aufgegeben werden? Was darf unter keinen Umständen verloren gehen?
Es wird um neue Strukturen gerungen. Womöglich noch schwieriger – weil nicht so greifbar, wie Finanzen und Verwaltungsabläufe – ist die Frage des Inhaltes: Haben wir eine Spiritualität, die genügend offen, einladend und werbend ist? Was muss getan werden, damit die *Frohbotschaft* als solche verkündet wird und ankommt? Und wie wehren wir den allzu verführerischen „Mythos der einfachen Rezepte“ und den elitären Versuch, den „Marsch ins Getto“ anzutreten, ab?
Das sind nur Fragen, die ich stelle, es sind (noch) keine Antworten, nicht einmal Antwortversuche. Ich bin mir dieser Grenze bewusst, doch wir können und dürfen die Analyse nicht – auch nicht in einem „frommen Salto mortale“[249] – überspringen oder ausblenden. Wir müssen zunächst innehalten. Es ist die „Tugend der geistlichen Geduld“, wenn ich es einmal so bezeichnen darf, die wir von Karl Rahner lernen müssen. Es gilt, die ganze Wirklichkeit genau und gründlich, wohlwollend und kritisch in den Blick zu nehmen.
Gewiss gibt es viele Gründe für eine gute Liturgie. Wer als Christ in der Welt seinen Glauben bezeugt, braucht ein geistliches Zuhause, eine Gemeinschaft, die trägt, Beheimatung, eine Quelle, um für diese Aufgabe immer wieder neu „aufzutanken“. Darin erschöpft sich die Liturgie des Gottesvolkes nicht, aber dieser Aspekt ist gebührend zu berücksichtigen. Nur wer daraus ableitet, dass die Liturgie der einzige Vollzug des Gottesvolkes ist, das mit der „Welt draußen“ eh nicht

viel gemein hat, wird der Ganzheitlichkeit christlicher Vollzüge nicht gerecht.
Ebenso wenig dem Auftrag, Kirche in der Welt und für die Welt zu sein. Natürlich braucht es den Dienst der Kirche am Nächsten in seinen vielfältigen Formen, weil auch die Nöte, Fragen und Probleme vielfältig sind. Wer darin allerdings die einzige Form des Gottesdienstes sieht, spaltet ebenfalls einen wichtigen Teilaspekt ungerechtfertigter Weise ab.
Und wer die Aufgabe des christlichen Glaubens ausschließlich auf die Wortverkündigung reduziert, engt ebenso die Weite christlichen Glaubens und Lebens ein, indem ein wichtiger Teil für das Ganze ausgegeben wird.
Die Kirche wird in der Welt von heute mit ihren Fragen, Nöten und Problemen nur dann die frohe Botschaft des Glaubens unverkürzt ausrichten, wenn die Grundvollzüge kirchlichen Lebens, nämlich Liturgia, Diakonia und Martyria in ihrer gegenseitigen Bezogenheit beachtet und wertgeschätzt werden. Quelle und Höhepunkt, auf die hin sie bezogen sind und von der sie gleichermaßen ausgehen, ist die Eucharistie, die sonntägliche Feier der Gemeinde, das Mahlhalten und das Vergegenwärtigen des Kreuzesopfers Jesu als Danksagung des Gottesvolkes. Das Zweite Vatikanische Konzil hat in dieser Frage keine Unklarheiten gelassen und manche Einseitigkeiten gerade gerückt (Konzilskompendium, LG, Nr. 11).[250] Nur ein unverkürztes kirchliches Leben hat die Chance, einladend zu wirken und die Sorgen und Hoffnungen der Menschen von heute gleichermaßen wahr- und ernst zu nehmen.
Ob diese Chancen bei den Überlegungen zum „pastoralen Raum“ wirklich hinreichend gesehen werden? Ich habe insofern Zweifel, weil ich viel Skepsis, auch Resignation erlebe. Weniger Freude und Hoffnung. Karl Rahner sprach öfter von Modellen, auch vom „Mut zum Experiment“. Wir werden bei knapper werdenden Ressourcen nicht alles behalten können, was uns „lieb und teuer geworden ist“. Doch „Gottes Geist weht, wo er will“. Und ein pastoraler Raum hat vielleicht doch mehr und größere Chancen, gezielter Angebote zu machen, „passgerechter“ pastoral wirken zu können, als es in den Pfarreien jetzigen Zuschnitts möglich ist. Ich denke nicht, dass ich hier den Mangel schön-

rede, denn eine Pfarrei, wie sie derzeit besteht, muss in der Regel ja immer alles zugleich leisten und anbieten in der Erwachsenenpastoral, in der Katechetik, in der Jugend- und Seniorenarbeit etc.
Im größeren pastoralen Raum kann man vielleicht mehr auswählen, gezielter anbieten, Kräfte bündeln. Man kann schauen, wo jemand seine Stärken hat und ihn dort einsetzen. Und dort, wo unübersehbar Schwächen sind, müssen diejenigen einspringen, die dies besser können. Der Grundsatz „Stärken stärken, Schwächen schwächen“ ist in einem erweiterten pastoralen Gebilde leichter umsetzbar als in den herkömmlichen Pfarreien. Nicht jeder Kaplan muss beispielsweise in einem pastoralen Raum Jugendarbeit machen, sondern der Geistliche oder die oder der pastorale Mitarbeiter(in), der es am besten kann. Derjenige, der am Krankenbett seine Stärken hat, sollte dort eingesetzt werden. Und wer sich in Gremien und in der Öffentlichkeit wohlfühlt, dem sollte man dieses Aufgabengebiet anvertrauen. Wahrnehmung, Wertschätzung und Kreativität sind – wenn auch abgeleitet – Gaben des Heiligen Geistes, die bedarfsgerechter eingesetzt werden können in einem „pastoralen Raum“ als in einer heute üblichen Pfarrei. Denn konstitutive Elemente eines pastoralen Raumes sind überschaubare, soziale und pastorale Netzwerke. Sie sind – im Unterschied zu einem zentralistischen Modell – besser geeignet, „flache Hierarchien“ auszubilden, vorhandene eigene Ressourcen wahrzunehmen und besser zu nutzen.
Das setzt natürlich auch eine bestimmte Art des geistlichen Miteinanders voraus, die wiederum Geschenk und Tat in einem ist. Gott schenkt seiner Kirche die Gnadengaben, die sie benötigt, um ihre Sendung wahrzunehmen. Doch er zwingt sie ihr nicht auf. Auch hier können wir das Heilswirken in seiner grundlegenden Struktur wahrnehmen. Es ist immer beides zugleich: Gottes Gabe und unsere Chance, die wir ergreifen oder verspielen können.

Zu welcher Bekehrung möchte Rahner mit diesem Text bewegen?

Karl Rahner nahm die Sorge um die Kirche in der Welt von heute sehr ernst. Er warnte allerdings vor einer zu großen Selbstbespiegelung und er erinnerte in vielen „Zwischenrufen“ daran, dass die Kirche am besten mit krisenhaften Erscheinungen umgeht, wenn sie sich auf das besinnt, was ihre ureigenste Aufgabe ist. Ihre Sendung und Aufgabe, die aus ihrer Wirklichkeit erwächst: Sakrament des Heiles zu sein. Ein Sakrament ist ein Zeichen, das bewirkt, was es anzeigt. D. h. Kirche muss sich zuerst und zuletzt auf ihr eigenes Selbstverständnis, auf den „Beistand, der sie in alle Wahrheit einführen wird" (zurück)besinnen. Sie ist ja Zeichen und Wirklichkeit der Nähe der vergebenden und vergöttlichenden Zuwendung Gottes – in der Welt und für die Welt.

Von dieser (Rück-)Besinnung ausgehend, möchte Rahner der Kirche vor allem die Angst nehmen. Denn es ist ja Gottes Geist, der in der Kirche wirkt. Es ist derselbe Geist, der die Welt ins Dasein rief und sie im Dasein hält. D. h. die Kirche kann in SEINER Kraft wirken. Sie kann mitwirken, mithelfen. Doch das Eigentliche bewirkt Gottes Geist in ihr und durch sie. Der Zustand der Welt wird im Letzten von Gott, ihrem Schöpfer und Erhalter, verantwortet, nicht von Menschen, auch nicht von der Kirche!

Wenn dies erkannt und anerkannt wird, folgen daraus Einsichten und Einstellungen, die für die Kirche heute in vielfacher Hinsicht hilfreich und bedeutsam sein können. Darauf will uns Karl Rahner aufmerksam machen, seine „Bekehrung" ist hier ein behutsames Hinführen und Anleiten zu Verantwortung und Gelassenheit in einem.

Rahner hat sich auf Grund seiner Glaubensgewissheit der gnadenhaften Zuwendung Gottes, die „unserem Tun zuvor kommt", in seiner wohlwollend-kritischen Haltung zur Kirche, ja in seiner Liebe zu dieser Kirche, nicht irritieren lassen. Seiner – zuletzt deutlich vernehmbaren – „Sprache eines verwundeten Herzens" (Lehmann) lag immer die Liebe zu dieser, seiner Kirche zugrunde. Darum hielt er auch ein teilweise bewusstes Missverstehen, Ignoranz, ja Verleumdung aus. Ob Karl Rahner uns heute im Umgang mit der Kirche und in der Kirche nicht auch und gerade durch diese Haltung ein „produktives Vorbild" sein kann?

Die in Christus begründete Zuversicht und Hoffnung ist zudem ein wirksames „Medikament" gegen die Angst. Deren gibt es heute viele. Angst vor der Zukunft, vor den eigenen Möglichkeiten und Ohnmächten auf allen Ebenen, Angst vor Bedrohung durch Raubbau an der Na-

tur und ungehemmten Rüstungswahn, Angst vor Selbstmanipulation des Menschen bis hin zur Selbstabschaffung, die im heutigen Medien- und Kommunikationszeitalter in ungeheurem Ausmaß um sich greift. Auch die Angst vor dem „Schweigen der unendlichen Räume" (Pascal) und die Angst vor den unendlichen Abgründen in uns selbst hindern und blockieren Menschen, sich etwas zuzutrauen. Die Sinnhaftigkeit des Tuns wird oft grundsätzlich in Frage gestellt ebenso wie eine Hoffnungsperspektive für die Zukunft. „Wozu das alles? Es bleibt ja doch alles beim Alten". Wer kennt nicht diese resignative und müde Grundstimmung, die sich nicht nur bei Anderen findet.
Wenn wir heute davon sprechen, dass der Glaube bedroht ist, dann ist es in mindestens dem gleichen Ausmaß der Mensch selbst in seiner Freiheit, Selbstbestimmung und Zukunftserwartung. Dem Menschen wird die Sehnsucht ausgetrieben, obwohl er innerlich weiß: „Es muss doch mehr als alles geben" (Dorothe Sölle). Er braucht sich nicht zu fürchten vor einem „Gotteswahn" (Richard Dawkins), eher schon vor Allmachts- und Ohnmachtsphantasien menschlicher Hybris und Verzweiflung. Wenn der Mensch den „Schmerz der Transzendenz" betäubt durch Drogen, Konsumrausch und Reizüberflutung, ist die Abschaffung des Menschen tatsächlich eine reale Gefahr. Der Weg in den „findigen Termitenstaat" (Karl Rahner) scheint dann unaufhaltsam.
Rahner möchte uns „bekehren", innezuhalten. Zu erkennen, dass der Zwang, der auf der Kirche lastet, von einem „Volksglauben" hin zu einem „Entscheidungschristentum" zu reifen, Kirche der Entschiedenen und der Entschiedenheit zu werden und zu sein, keine Last, sondern vielmehr eine ungeheure Chance ist.
Karl Rahner möchte uns bewegen, den Kairos nicht zu verpassen, Angst und Resignation ein wirksames gläubiges Nein entgegenzusetzen. Er ermutigt uns, zu erkennen, dass die Welt mit all ihren Fragen, Nöten und Gefährdungen, aber auch mit ihren Chancen und Möglichkeiten letzten Endes jene Situation ist, die Gott uns heute „zuspielt". Zuspielt, damit wir unsere Antwort geben können. Es ist die Frage schlechthin an uns, die Gott uns in der Welt und durch die Welt stellt und die von uns eine Antwort verlangt, die uns niemand abnehmen kann: „Wollt auch ihr gehen?"

Karl Rahners umfangreiches, weitverzweigtes theologisches Werk, seine vielen geistlichen Versuche und „Anläufe“ fordern uns auf, im Hier und Heute in ähnlicher Weise „Rechenschaft des Glaubens“ zu geben. Es gibt viele gute Gründe für die Antwort: „Wohin sollen wir gehen, Herr? Du hast Worte ewigen Lebens.“ Doch sie müssen in jeder Zeit, an jedem Ort neu gefunden – und benannt werden, damit das Zeugnis des Glaubens lebendig bleibt.

Als Kirche sollen wir zudem diese Glaubensermutigung nicht nur uns gegenseitig immer wieder zusprechen. Das auch, denn wir leben auch im Glaubensvollzug buchstäblich füreinander und voneinander. Darum braucht es immer wieder die Ermutigung und Stärkung, das Gebet, das ratende Wort, die spürbare Hilfe sowie die gemeinsame Feier um den Tisch des Herrn. Aber wir sind Kirche – nicht für uns, sondern für die Welt, die auf Gottes Wort, auf SEINE Wahrheit und SEINEN Frieden dringend wartet und angewiesen ist.

Nicht zuletzt möchte Karl Rahner in uns eine „Frömmigkeit des Fragens“ wecken, die die vielfachen Oberflächlichkeiten im Leben durchschaut und in die Tiefendimension menschlicher Existenz vorstößt. Karl Rahner selbst war nicht nur ein „Meister des Fragens“, er stellte nicht nur die vielen „kinderschweren Fragen“. Ein Freund Karl Rahners, Albert Görres, berichtet, dass Karl Rahner die Fragen, die an ihn herangetragen wurden, oft in einer Tiefe verstand, die selbst dem Fragenden so vorher nicht bewusst war. „Der Glaube kommt vom Hören“. Wir müssen als Christen wach und hörbereit sein für die Nöte und Anliegen der Menschen in unserer Zeit. Nur so verpassen wir den „Advent“ im eigenen Leben und in dem unserer Mitmenschen nicht. Das sind jene Augenblicke, in denen die Erwartungen des Lebens sich Bahn brechen, auf die nur der Glaube eine wirkliche Antwort geben kann.

Unsere Zeit ist stark geprägt von grellen Schlagzeilen, für Differenzierungen gibt es immer weniger Raum und Zeit. Was heute brandaktuell ist, ist morgen uralt. Die Moden wechseln immer schneller, auch die Meinungen, die Idole. Wechseln auch die Ideale? Wechseln die Ziele menschlichen Lebens? Wechselt dessen Sinn? Woran soll man sich halten, wenn „alles fließt“? Fließt wirklich alles?

Karl Rahner lädt uns ein, tiefer und weiter zu fragen in „intellektueller Redlichkeit“. Nur dann wird der Schein als solcher wahrgenommen, der sich oftmals in den Vordergrund schiebt und uns bedrängt. Zumeist erst in der Stille wächst die lebendige Erkenntnis, dass hinter manch glänzender Fassade und bedrohlicher Gebärde etwas Größeres aufleuchtet, auf das der Mensch – durch Gottes Geist – immer schon hingeordnet ist. Dann kann eine Ahnung aufkommen vom liebenden Gott der uns anspricht, weil er die letzte Tiefe all unserer Unruhe ist. Der auch in seiner personalen Zuwendung das unbegreifliche Geheimnis bleibt, dem wir uns – wie Karl Rahner einmal in Bezug auf die Liebe zu Jesus formulierte – „vertrauensvoll in die Arme werfen“ dürfen.

VII. Gang: Christlich Glauben angesichts des radikalen Pluralismus der Weltanschauungen – Was dürfen wir hoffen?

Was können wir wissen? Was dürfen wir hoffen? Was müssen wir tun? Solange Menschen leben und nach dem Sinn ihres Lebens fragen, wird es auch diese Fragen geben. Das ist alles andere als eine pure Behauptung, denn in diesem Gang wird es nicht nur um diese Fragen gehen. Auch und vor allem wollen wir uns den Antwortversuchen zuwenden, die im abgelaufenen Jahrhundert mit dem Anspruch auftraten, die Völker zu beglücken. Im Bewusstsein rassistischer Überlegenheit oder im Klassenbewusstsein einer „historischen Mission" wurden nicht nur Einzelne verführt. Ganze Völker wurden unterjocht, verblendet. Unendliches, himmelschreiendes Leid und Unrecht ist im Namen „säkularer Apokalyptik" geschehen.
Offenbar geworden ist in der Tat etwas, das uns in diesem Gang beschäftigen wird: Die unermesslichen Abgründe der menschlichen Seele! Und wenn wir uns mit der Banalität als dem geistigen Tod des Menschen im „findigen Termitenstaat" beschäftigt haben, ist die Aussage von den Bemühungen der „säkularen Apokalyptik" kein Widerspruch dazu. Ganz im Gegenteil! Menschen, die sich der Abgründe in ihrer Seele nicht bewusst sind, die nicht nach sich selbst und dem Sinn des Ganzen fragen, sind für Verführer, wie sie das 20. Jahrhundert erlebt hat, wie „Freiwild": Mühelos konnte man ihnen die Parolen „einhämmern", ihrem Ego schmeicheln, dass sie ein „goldenes Zeitalter" erleben oder zumindest an ihm mitbauen – und so ein Stück Unsterblichkeit erheischen – wenn, ja wenn sie nicht weiter fragen, sondern folgen. Und zwar bedingungslos, treu und ergeben. Da ist es dann auch egal, ob ein „Führer" oder eine Partei „immer Recht hat".

Was deshalb unbedingt erforderlich ist, ist die Fähigkeit zur Unterscheidung. Die „Unterscheidung der Geister" ist der wesentliche zweite Aspekt in diesem Gang. Es geht um die Frage der Hoffnung, wie sie an Ostern abgelesen werden kann. Es geht um eine Hoffnungsgestalt, die sich nicht scheut, über die „Erfahrung des Kommenden" nachzudenken und dabei in der Furcht um sich selber die Hoffnung für Andere zu realisieren.

Andere Religionen

„Jeder wird, wenn er gerettet wird, nur durch die Gnade Jesu Christi gerettet. Es gibt kein Werk, das für das ewige Leben tauglich wäre, außer es ist vollbracht in der Gnade Christi. Aber damit ist nicht gesagt, dass dies alles nur dort geschähe, wo der Mensch ausdrücklich im Bereich seines gegenständlichen, begrifflich artikulierten Wissens weiß, dass es in Christi Gnade geschieht. Wenn wir daher in unserer Umgebung Menschen begegnen, vor deren sittlicher Haltung wir die größte Achtung haben können, dann stehen wir vielleicht vor Menschen, die nur nicht wissen, welche Macht die Gnade Christi und die heilige Kraft Gottes in ihrem Wesen schon ausgeübt hat. Vielleicht. Das aber genügt, um vertrauensvoll zu hoffen. Denn wirklich entscheidend mehr wissen wir ja auch von uns selbst nicht und hoffen dennoch zuversichtlich" (Der Christ und seine ungläubigen Verwandten, SW 10, S. 274–289).

Kurze Interpretation

Es sind wesentlich zwei Aspekte, die Karl Rahner in diesem kurzen Text ausdrücklich hervorhebt. Zunächst wird man dem Satz nachgehen müssen, dass alle Gnade Gnade Jesu Christi ist. Er mag anmaßend erscheinen, vereinnahmend gegenüber Andersdenkenden, besonders gegenüber anderen Religionen und Kulturen. Doch die Frage ist ja nicht die, ob wir im Glaubensgespräch dem Anderen nachweisen wollen, dass wir ihn besser verstehen, als er sich selber versteht. Das wäre in der Tat Hochmut, Arroganz und würde jeden Dialog unmöglich machen.

Hinter dieser – für uns Christen unaufgebbaren – Formel, dass Gnade immer Gnade Christi ist, steht Karl Rahners Trinitätstheologie, die als „konkreter Monotheismus“ zutreffend beschrieben werden kann. Wenn der personale Gott mit dem Menschen eine Geschichte eingeht, dann ist es immer ein und derselbe Gott. Es sind nicht drei Götter, es ist auch keine Geschichte, in der Gott sich nur teilweise engagiert, quasi eine Begegnung mit Vorbehalt.
Für Christen ist die Begegnung des Menschen mit Gott das Höchste, was denkbar ist. Darum ist auch die Formel vom „anonymen Christen“ ein schlimmer Unfug und eine grobe Lieblosigkeit, wenn man sie benutzt als Etikett, das dem Anderen – vielleicht noch gegen seinen Willen! – einfach angeheftet wird. Es ist zunächst eine „innerkirchliche“ Wertschätzung all jener, die für sich ihren Ort außerhalb der sichtbaren Kirche angeben.
Der Begriff vom „anonymen Christen“, der diesen Sachverhalt griffig beschreibt, ist – wie es Ralf Miggelbrink formuliert – ausdrücklich und ausschließlich eine „innerkirchliche Verständigungsformel“.[251] Es kann keine größere Würdigung des Partners im Glaubensgespräch geben, wenn man sich darüber einig ist, dass auch der bekennende Christ nicht mit größerer Gottnähe begnadet ist als derjenige, der sich nicht der Kirche und dem Bekenntnis zu Jesus Christus zugehörig fühlt. Gottes Angebot (was nicht heißt: Annahme!!) gilt wirklich ausnahmslos jedem Menschen, denn für alle Menschen ist Christus gestorben und auferstanden.
Karl Rahner gebrauchte, um die Differenz zwischen dem Angebot göttlicher Zuwendung und die Annahme derselben begrifflich zu fassen, den Ausdruck „übernatürliches Existential“ für das Angebot göttlicher Zuwendung an alle Menschen. „Gottes Heil gilt allen Menschen.“ Wer diese Grundaussage unseres Glaubens missachtet, handelt nicht nur lieblos. Er engt selbstherrlich den Radius göttlichen Wirkens ein. Das jedoch ist uns Menschen unmöglich.
Ein zweiter Aspekt, den Karl Rahner hervorhebt, ist der Modus der Hoffung, in dem diese Aussage zu stehen kommt. Wir wissen nicht um unser und der Welt Heil. Wir können nur zuversichtlich hoffen.[252] Es ist für Karl Rahner eine fraglose Selbstverständlichkeit, dass es eine Heilsgewissheit für den Einzelnen nicht geben kann.

In seinem letzten öffentlichen Vortrag benennt Karl Rahner mit bewegenden Worten seinen Ausblick auf das, was kommen wird: Er sieht das Antlitz Jesu, das alle menschlichen Erwartungen überbietet und sprengt, als Heil und Vollendung für die Welt und für jeden einzelnen Menschen. Auch dies ist keine Gewissheit, es ist eine Glaubenszuversicht, eine Hoffnung, die befreit und weit macht. Es ist uns nicht gestattet, so lieblos zu sein, dass wir für uns eine größere Hoffnung hegen als für den „Rest der Welt".
Bei Karl Rahner gibt es Theologie und Glauben nur in der Einheit von Praxis und Theorie. Das wird auch hier wieder deutlich. Wir können für uns nur hoffen, wenn wir es für Andere ebenso tun. D. h. Hoffnung ist nicht ein Ausdruck des Habens und Besitzens. Wohl aber Ausdruck einer Haltung und eines Tuns, das sich im tätigen Vollzug der Gottes- und Nächstenliebe stets neu zu bewähren hat.

Entfaltung auf heutige Erfahrung hin

Im vergangenen Jahr waren meine Frau und ich in Hamburg. Wir wollten „mal richtig" auf der Shopping-Meile flanieren. Das Wetter war prächtig, die Sonne schien. Wir wussten schon so in etwa, was wir kaufen wollten, so dass meine Frau und ich übereinkamen, dass jeder nach dem Einkauf für sich noch Zeit hatte. Meine Frau entdeckte noch viele schöne Geschäfte, ich machte es mir draußen bequem, aß und trank eine Kleinigkeit und las dabei ein Buch.
Plötzlich gab es einen Auflauf. Ein Mann, jung an Jahren, muskulös gebaut, trug vor sich ein großes, hölzernes Kreuz. Es war ganz schwarz, er stemmte es mit einer Hand vor sich her und rief dabei immer wieder laut: „Jesus wird euch erlösen, auch dich in deiner schlimmen Sünde. Auch dich in deiner großen Schuld. Du musst ihm vertrauen. Glaub' an den Herrn Jesus, dann wirst du gerettet werden. Wenn du nicht glaubst, wirst du der Hölle verfallen für ewige Zeit."
So in etwa redete, nein brüllte er seine Überzeugung heraus. Kein Mensch hielt ihn davon ab. Das schwere Holzkreuz, das er mit großer physischer Kraft vor sich her trug, wirkte neben seiner lauten Stimme, fast möchte ich sagen, angsteinflößend. Einige Männer tippten sich mit dem Finger

an die Stirn, junge Mädchen kicherten, viele Menschen gingen eilig vorüber, ein Großteil blieb auch stehen und schaute einfach zu. Es war ein Spektakel, denn seine Stimme war laut und gebietend, ja drohend. Ich weiß nicht, ob dieser junge Mann irgendeiner Sekte angehörte, ich fragte ihn auch nicht, sondern sah mir dieses „Schauspiel" an.
So unvermittelt, wie dieses „Stück" begann, so endete es. Irgendwann war Schluss, der „Prediger" packte sein Kreuz unter den Arm, nahm seine Habseligkeiten vom Boden auf (zwei Bücher und diverse Kleinigkeiten) und verschwand in der Menge. Man nahm von ihm keine Notiz mehr, es war wie immer, fast glaubte ich, es wäre nur ein Spuk oder ein Traumbild gewesen.
Ich fragte mich. „Wie wirkt das auf mich?" Und: „Welche Gefühle ruft dies in mir wach?" Mir war klar: So, wie dieser Prediger möchte ich nicht sein oder werden. Den eigenen Glauben den Menschen mit Lautstärke so verkünden, dass man nicht angesprochen, sondern fast angebrüllt wird. Das war und ist nicht meine Art des Glaubens, mit solchen Leuten will ich nicht gemeinsame Sache machen. Man wird auch in der Kirche solche Eiferer aushalten müssen. Das Beispiel Jesu, der in das Haus des Zachäus einkehrt und dafür als „Freund der Sünder" verspottet wird, weist in eine andere Richtung. Ebenso sein Gespräch mit der Frau am Jakobsbrunnen, das Grenzen überschreitet und sich nicht beirren lässt von Vorurteilen. Das sich auszeichnet durch Hörbereitschaft, Geduld und Verstehen. Und auch der „reiche Jüngling" wird von Jesus liebevoll angeschaut, obwohl er gerade nicht seine Habe an die Armen verteilt,[253] wie Jesus es für seine Nachfolge zur Bedingung macht.
Ich sprach über das Geschehen in der Shoppingmeile mit meiner Frau. Sie fragte mich: „Warum ärgert dich das so?" Und „Warum kannst du damit nichts anfangen? War das nicht mit Jesus ganz ähnlich? Und mit den Propheten?" Ich weiß nicht mehr genau, was ich gesagt habe. Aber eines weiß ich: Diese Art ist nicht meine Art. Sie motiviert mich nicht zum Glauben, sie stößt mich eher ab. Es ist auch keine Frage von Feigheit, zumal auch ich mir vorstellen kann, dass Menschen des Glaubens diesen sicher auch mutiger bezeugen könnten oder sollten, als es bisweilen der Fall ist. In diese Kritik schließe ich mich selbstverständlich mit ein.

Wenn ich heute mit einigem Abstand über meinen Ärger reden sollte, würde ich sagen: Geärgert habe ich mich, weil ich nicht mag, wenn man Glauben mit dieser Art von „Präsentation“ identifiziert. Mein Glaube ist vielmehr Einladung, frohe Botschaft, keine Drohbotschaft.[254]
Wer das Heilsangebot des Glaubens für sich als lebenswichtig erlebt, muss diese Hoffnung bezeugen. Er kann diese Freude schon deshalb nicht für sich behalten, weil sie nicht ihm allein, sondern allen, Gottes ganzer Schöpfung, gilt. Außerdem: Wer freut sich schon gerne allein, nur für sich. Freude und Einsamkeit schließen sich im Letzten aus.
Doch der wirklich entscheidende Grund für meine Ablehnung dieser Art der Glaubensverkündigung ist noch ein anderer. Rahners Text ist hier richtungsweisend. So wichtig das Überzeugt-Sein von der eigenen Sache ist: Mir fehlt an dieser Art die Empathie, das Hinhören und das Einfühlen in den Anderen. Was auch mit Nächstenliebe zu tun hat. Mit Annahme und Wahrnehmung des Anderen in seinem Anderssein.
Und es führt dazu, dass wir liebevoller, gütiger analysieren, was um uns geschieht. Wahrnehmen, ob nicht Andere in ihrer, uns vielleicht fremden Art, Form und Begrifflichkeit, auch versuchen, das zum Ausdruck zu bringen, was für uns wichtig und entscheidend ist. Ich sage bewusst versuchen, weil niemand wirklich über „Glaubensversuche“ hinauskommt.[255]

Zu welcher Bekehrung möchte Rahner mit diesem Text bewegen?

Dem Menschen heute unvermittelt zu sagen: „Du musst nur glauben, dass Gott dich liebt, dann klappt das schon“ – wer das so sagt und sich der Mühe entledigt, den Glauben im Kontext heutiger Frage- und Problemstellungen, heutiger Vorstellungsmodelle auszusprechen, darf sich nicht über Unverständnis und Kopfschütteln wundern.
Die Frage Luthers „Wie bekomme ich einen gnädigen Gott“ ist sicher nicht mehr mehrheitlich die zentrale Frage, die die Zeitgenossen von heute umtreibt. Was sind denn die wesentlichen Fragen, die heute an den Glauben gestellt werden? Ich denke, man kann zunächst einfach sagen: Es ist die Angst, die Unsicherheit, die hinter vielen Phänomenen lauert.[256]

Menschen haben Angst, viel Angst. Angst gehört zum Menschen dazu, ohne Angst als wichtiger Signalgeber würden lebensnotwendige Schutzmechanismen nicht funktionieren, der Mensch würde längst nicht mehr existieren.[257] Doch wird aus Krisen gelernt? Reinhold Schneider hat geglaubt, dass nach dem II. Weltkrieg nur noch Wahnsinnige eine Wiederbewaffnung Deutschlands betreiben würden. Bekanntlich hat er sich in diesem Punkt gründlich geirrt und wurde wegen seiner Haltung auch von nahen Freunden nicht immer verstanden.

„Wie bekomme ich einen gnädigen Gott?" Die abgrundtiefe Angst, die sich bei Luther in dieser Frage artikulierte, hat heute ganz andere Namen und tritt zudem in sehr unterschiedlicher Fragestellung auf. [258] Ebenso die Antwortversuche der Rettung und Erlösung, die dafür heute andere Begriffe und Bezeichnungen verwenden. Emanzipation, Befreiung, Unabhängigkeit, Autonomie – wir alle kennen diese Schlagworte, die darauf aufmerksam machen, dass Menschen in ihrem Leben elementare Defizite erfahren. (Die ihnen oft genug von Mitmenschen zugemutet werden!) Was ist mit den vielfältigen Süchten, dem Wahn vom nie endenden Glück? Was steckt hinter dem Jugendwahn, Schönheits- und Gesundheitswahn, hinter der Hoffnung auf das „große Geld" oder auf „das große Glück"?

Warum gibt es (auch und noch immer) den Traum vom „irdischen Paradies", vom Reich des Friedens und der Freiheit, das nie enden wird? Und dass vom Menschen „erkämpft" wird? „Wacht auf, Verdammte dieser Erde …" wird auch heute noch, nicht nur in China, laut und medial inszeniert, gesungen. Und das trotz Auschwitz, Stalingrad, Gulags und Umerziehungslager. Die Flucht in Drogen, ins Rauschhafte – wofür ist das alles Indiz? Ist die Welt, wie sie nun mal ist, nicht doch auf Dauer zu eng und zu langweilig für uns Menschen? Ist es wirklich so verkehrt, wenn man annimmt, dass all diese Fragen Anzeichen sind, die darauf verweisen, dass der Mensch nicht wirklich Abschied genommen hat von der Frage nach sich, nach seiner Zukunft, nach seinem Glück. Es wäre zu wünschen, dass es so ist. Dass der Mensch sich selbst noch in Frage stellt. Es wäre so etwas wie der Anfang der „Öffnung des Herzens."

„Wären wir religiös ohne die entsprechende Erziehung? Was heißt überhaupt „religiös"? Fragen, die ernsthaft gestellt werden müssen, denn wir leben in einer Umwelt, die es – zumindest scheint es so zu sein – weithin gut aushält ohne den Glauben der Kirche. Wo stattdessen die Frage gestellt wird: Was eigentlich haben wir konkret von der Kirche? Was gibt sie uns, was wir woanders nicht finden?

Der erste Impuls, den Karl Rahner uns mit auf den Weg des Glaubens gibt, ist: Zunächst die verschiedenen Formen der Glückssuche zu sichten, wahrzunehmen, sie durchzubuchstabieren, sie zu enträtseln. Nicht einfach darüber hinweggehen und vielleicht sogar überheblich sich abwenden: „Mit mir hat das alles nichts zu tun, wenn die Leute in Scharen in die Warenhäuser strömen, wenn sie von Event zu Event eilen, um der tötenden Langeweile zu entfliehen." Es bedarf einer offenen Atmosphäre, wirklicher Annahme und Aufmerksamkeit, die wir unseren Mitmenschen entgegenbringen sollten. Ja, die wir ihnen schulden. Jesu Frage: „Was willst du, dass ich dir tun soll?" gilt auch heute. Wenn wir wollen, dass ein wirkliches Gespräch zustande kommt.

Der zweite Impuls Rahners ist die direkte Einladung zum Gespräch, zu einem echten und fairen Dialog. Rahner zeigt uns auf, warum der Dialog mit der „Welt" sinnvoll, ja notwendig, aber auch machbar ist. Er macht uns darauf aufmerksam, dass der Glaube seinem nichtchristlichen Mitmenschen eben nicht rein von außen indoktriniert „beigebracht" werden kann. Erst recht nicht muss!

Einfach deshalb, weil Gott von seiner Zuwendung niemanden ausschließt und der Christ deshalb damit rechnen muss, dass es innerhalb der sich auf den ersten Blick nicht christlich verstehenden Welt echte christliche Glaubens- und Lebensvollzüge gibt.

Die Annahme des göttlichen Liebesangebotes kann (und wird!) auch dort geschehen, wo wir es nicht sehen und vermuten. „Seine Wege sind nicht unsere Wege". Und oft sind Süchte nur tiefe, existentielle Sehnsüchte, die ein falsches Ziel verfolgen. Die nicht wahrnehmen und vor allem nicht wahrhaben wollen, dass das Endliche „ewiges Leben" verheißt und es doch nie geben kann!

Ich möchte an dieser Stelle drei Zitate von Karl Rahner anfügen, die für sich sprechen, gerade auch dann, wenn man überfallen wird von dem Verdacht, dass das „Gerücht von Gott" (Robert Spaemann) genau das ist: eben nur ein Gerücht. Vielleicht sogar ein gefährliches oder eines, das in Wirklichkeit eine einzige große Projektion unserer geheimsten Wünsche ist. Denn solche Augenblicke gibt es im Leben auch; Augenblicke, wo einem nichts mehr gewiss scheint, wo alles hinweggespült zu werden scheint von einer Welle der Unsicherheit und wo selbst der Anschein von Wahrheit scheinbar nur dazu dient, uns etwas vorzutäuschen, was es nicht gibt. Ich jedenfalls muss bekennen, solche Augenblicke, wo einem fast buchstäblich der Boden unter den Füßen wankt, wo keine Gewissheit mehr zu haben ist, wo alles schwankt, nicht nur einmal erlebt zu haben. Wie wichtig ist da die Stütze durch den Glauben anderer Menschen!

„Du hast mich ergriffen, nicht ich habe dich ‚begriffen'" (Gebete, S. 33).[259]

„Wir brauchen uns nicht zuerst ein Wesen des Menschen auszudenken und dann von diesem vorgegeben ausgedachten Wesen her zu fragen, ob solch ein Wesen sinnvoll seinen eigenen unbegreiflichen, unheimlichen Urgrund und Abgrund anreden könne. Wir gehen von der Wirklichkeit solchen anbetenden Anredens aus und haben von daher das Wesen des Menschen zu bestimmen: Er ist der, der zu Gott du sagen kann; seine Endlichkeit und seine Abhängigkeit sind derart, dass sie in Selbständigkeit offen sind auf Gott als den Partner, den Partner freilich, dem der Mensch sich gerade im Gebet übergibt als der, der alles von dem hat, den er anredet, selbst das Anredenkönnen und das Anreden selbst … Man muss eine höhere Naivität erkämpfen und erleiden, wenn die erste und vorläufige Naivität, die sich und Gott zu harmlos als zwei Realitäten begriffen hat, die miteinander in Beziehung treten können, unter dem tödlichen Erschrecken über Gottes Unbegreiflichkeit und alles tragende Macht wie verglüht ist" (Das Leben beten, S. 27).[260]

„Natürlich kann man sagen, mit Unbegreiflichkeit, in die man sich hineinlässt, sei nichts anzufangen, und der eigene Atheismus bestehe schlicht in nichts anderem als in der Weigerung, sich mit einem per definitionem unbegreiflichen Gott zu beschäftigen. Aber *kann man in der Wirklichkeit der menschlichen Existenz an solcher Unbegreiflichkeit gleichgültig vorbeisehen, wenn sie uns von überall her anblickt?* (Kursivierung R. H.) Schon da zeigt sich, dass der Versuch, im Leben Atheist zu sein, nicht in der Feststellung besteht, dass es so etwas wie Gott nicht gäbe, sondern die Erklärung ist, man wolle oder könne nichts zu tun haben mit dem Einen und Ganzen ..."(SW 28, S. 560).

Besonders das letzte, das dritte Zitat macht deutlich: An der Unbegreiflichkeit des Lebens kommt niemand vorbei. Da gibt es weder einen Informationsvorsprung noch einen Erkenntnisvorteil. Wer das Gegenteil behauptet, muss den Beweis lückenlos erbringen, dass er das Leben restlos aufgeklärt hat. Und selbst dann ist das Leben eine einzige Frage, die nicht beantwortet ist oder wie Karl Rahner es sagt: „Das exakteste Weltbild als Ganzes (ist) eine Frage, die sich nicht selbst beantwortet" (SW 15, S. 171–183).

Entscheidend ist, wie dieser Sachverhalt – nämlich dass wir mit der Erkenntnis leben müssen, dass das Leben mannigfaltig unbegreiflich ist und bleibt – interpretiert wird. Denn an der Selbstinterpretation kommen wir als vernunftbegabte Wesen nicht vorbei. Selbst die Aussage, „wir können etwas nicht sicher sagen", ist ja auch noch einmal eine Aussage, die genau diesen Sachverhalt bestätigt: Dass wir die Welt als unbegreiflich erleben und – in gewissem Sinn – auch erleiden. *Die entscheidende Frage bleibt, welche Lebensinterpretation zu mehr Lebenschancen führen kann und welche nicht.*

Und ein Drittes: Ein Glaubensgespräch ist keine „Einbahnstraße". Gerade wenn wir das Letztgenannte bedenken, müssen wir sagen: Kirche ist nie nur Lehrende, sondern immer auch Lernende. Wenn deshalb auch damit gerechnet werden muss, dass solche Vollzüge mit wahren Einsichten verbunden sind, die auch für uns Bedeutung haben (Wie sollte es anders sein in einem echten Dialog?), dann hat der Christ – auch um des eigenen Heiles willen – die Chance und Aufgabe, mit offenem Herzen und wachen Verstand auf den Anderen zu hören. Der Bote der Verkündigung des Glaubens ist immer auch der „Hörer des Wortes".

Schließen möchte ich mit einem Wort Karl Rahners, das für mich zu einem der schönsten Glaubenszeugnisse geworden ist. Deshalb, weil es tröstend ist, ermutigend, Zuversicht stiftend – alles in einem:

„Ach, es gibt viele Menschen, die meinen, sie wüssten, woran sie sind. Mit sich, ihrer Gesellschaft, ihrem Leben, ihrer Aufgabe. Natürlich weiß

man viel von all dem. Und warum sollten einem diese Einsichten nicht als Speise und Weggeleit auf dem Weg dienen, der in die Unbegreiflichkeiten seiner selbst und Gott führt?
Aber immer mehr merkt man, wie alle Erkenntnis eben doch nur Weg in die (gewusste und angenommene) Unbegreiflichkeit ist, dass das eigentliche Wesen der Erkenntnis die Liebe ist, in der die Erkenntnis außer sich gerät und der Mensch sich willig loslässt in die Unbegreiflichkeit.
Wie einfach ist doch das Christentum: die Absicht, in der kapitulierenden Liebe sich der Unbegreiflichkeit Gottes zu ergeben, die Furcht, dass man dies doch nicht tut, sondern sich an das Verständliche hält und dadurch sündigt; der Glaube, dass Jesus diese Übergabe fertig gebracht hat und darum endgültig von dem angenommen wurde, der ihm diese Übergabe gab; der Glaube, dass im Gelingen dieser Übergabe bei Jesus auch uns sich Gott unwiderruflich zugesagt hat" (SW 22/2, S. 39–47).

Banalitäten

„Wenn einem das Überlieferte das Hohe und Heilige schenkte, wenn es unendliche Fernen eröffnete und einen mit einem absoluten und ewigen Anruf traf … dann mag dies allein … noch keine aussagbare … Begründung … vor … der fragenden Vernunft bedeuten. Aber eines ist mir … immer deutlich geblieben, hat mich gehalten, indem ich es hielt: dass das Ererbte und Überkommene nicht einfach durch die Leere der Alltäglichkeit, der geistigen Stumpfheit, der dumpfen, lichtlosen Skepsis verzehrt werden dürfe, sondern höchstens von dem Mächtigeren und in größere Freiheit und ins unerbittlichere Licht Rufenden … dieser Beweis ist mir von niemandem und auch nicht von der Erfahrung meines Lebens beigebracht worden" (Stirbt das Christentum aus? SW 30, S. 184).

Kurze Interpretation

Karl Rahner hat sich in Gesprächen freimütig dazu bekannt, auch in seinem Leben von grundsätzlichen Fragen des Lebens und damit auch des Glaubens bedrängt worden zu sein. Er hat keine Visionen erlebt derart, dass ihm alle Fragen und Probleme des Glaubens abgenommen wurden. Karl Rahner kannte im Glauben keine „objektive Evidenz" (Hans Urs von Balthasar), für ihn war der Glaube – zumindest auch – ein angefochtener, einer, der erkämpft, auch erlitten werden musste. Karl Rahner erlebte nicht nur einen Glauben, der in Frage gestellt wurde. Er selbst stellte oft die schwersten Fragen.

Vielleicht macht dieser Grundzug sein Glaubenszeugnis so glaubwürdig und so geschwisterlich. Wer Karl Rahner liest, entdeckt nicht selten: „Ja, genau, das ist ja auch meine Frage." Und auch diese Erfahrung kann man bei Karl Rahner machen: „Endlich ist da jemand, der genau das sagt und fragt, was ich immer schon sagen oder fragen wollte." Mir ging es oft so, wenn ich mich mit Texten Karl Rahners näher beschäftigt habe. Und es gibt bewegende Zeugnisse von Menschen[261], die die gleiche Erfahrung mit Karl Rahners Theologie bezeugen, nämlich dass er nicht nur ein Hörender, sondern auch und vor allem ein verstehender Seelsorger war.

Man wird nicht ein Haus abreißen, wenn nicht mal ein Zelt zur Verfügung steht. Was kann man denn erreichen, wenn man die Gemeinschaft der Glaubenden verlässt? Sie ist ja eine Gemeinschaft, ohne die der Glaube des in Jesus nahegekommenen Gottes untergegangen wäre, verloren im Treib- und Flugsand der Geschichte. Die Kirche ist die Gemeinschaft, die diesen Glauben – in Wort und Tat – weitergegeben hat. Zugegeben, manchmal war (und ist) diese Botschaft des Lebens arg entstellt.[262]

Doch sie wurde (und wird) hochgehalten, in dem sie bezeugt und weitergegeben wird. Und damit auch das Gebot der umfassenden Liebe, das seinen (manchmal sehr schwachen) Verkündern oft genug das Urteil sprach (und spricht).[263] Ohne diese Gemeinschaft, die alle Schwächen (auch die meinen) und Schönheiten des Lebens kennt, der alles Menschliche und Irdische nicht fremd ist, wäre diese Welt ärmer.

„Hat mich gehalten, indem ich es hielt" – Man kann Glauben nicht konservieren oder ihn gewissermaßen neutral von außen bewerten. Man kann ihn nur leben und nur so – im Leben – erproben. Der Glaube ist der Ernstfall des Lebens, wie das Leben der Ernstfall des Glaubens ist.

Für mich persönlich waren es in meinen jüngeren Jahren drei Zeugnisse Karl Rahners, die mir entscheidend halfen auf meinem Glaubens- und Lebensweg. Da war das wunderbare Buch „Von der Not und dem Segen des Gebetes“. Ein Buch, das zusammen mit „Gebete des Lebens“, anlässlich des 100. Geburtstages von Karl Rahner unter dem Titel „Beten mit Karl Rahner“ eine weitere Auflage erlebte. Wer beide Bände mit wachem Herzen und Verstand liest und meditiert, hat genügend Wegzehrung für seinen Glaubensweg.
Da war auch das kleine, gewichtige Büchlein „Im Heute glauben“. Ein Buch, das nicht nur die vielen Fragen von heute de facto schon vorwegnahm. Darüber hinaus ist es ein Buch, das heute so aktuell ist wie zu der Zeit, in der es verfasst wurde: Es zeigt einen theologisch verantworteten Umgang mit all den bedrängenden Fragen unserer Zeit, dass ich bekennen muss: Ich kenne – auch heute nicht – kein vergleichbares Werk. Ein Werk, das einmündet in eine großartige „Kurzformel des Glaubens“, die – aus tiefer Reflexion kommend – sich aufhebt in eine direkte Anrede Gottes, in ein Gebet. Ganz zum Schluss wird *nicht mehr über* Gott geredet, sondern es wird *zu* ihm gesprochen. Gott wird ganz direkt *angesprochen.*
Der Aufsatz mit dem Titel „Über die Möglichkeit des Glaubens heute“, war (und ist!) nicht minder bedeutsam. Der Text Karl Rahners, der diesem Beitrag vorangestellt ist, ist in diesem Aufsatz, zumindest dem Inhalt nach, zu finden. Mich hat das Argument Rahners überzeugt: Wer den Glauben ablehnt, muss gute Gründe haben.
Bequemlichkeit, ängstliches Ausweichen oder Ärger mit der Institution Kirche mögen nachvollziehbar, verständlich sein. Argumente der Wissenschaft mögen viele Details in Frage stellen, sie auch anders gewichten als es in der kirchlichen Verkündigung mitunter geschieht. Man mag sich stören an „den“ Theologen, am Papst, an „der“ Kirche, die aus uns allen gebildet wird, an der Kirchensteuer, daran, dass die Kirche so reich ist und scheinbar immer wieder zu spät kommt – bei den Wissenschaftlern, den Arbeitern, den Frauen, der Jugend – man mag sich daran stören, dass der „Mehrwert“ des Glaubens so wenig konkret zu sein

scheint und man vielleicht ein ganzes Leben lang dazu braucht, um ihn zu erfahren und sich in den Glauben einzuüben. Man mag sich an der konkreten Ortsgemeinde, am Pfarrer und den schlechten Predigten, an manchen Christen, die den Kirchenraum mit einer Bühne zur Selbstdarstellung verwechseln usw. reiben und sich ärgern – all das sei zugestanden. Es sollte transparent, offen und fair diskutiert und – wenn nur irgend möglich – geändert werden.
Doch die „Mängelliste des Glaubens“ reicht nicht aus, um der Frage, die unser Leben entscheidet, auszuweichen, sie zu unterdrücken oder so zu tun, als habe man mit ihr nichts zu tun bzw. man habe sie für sich schon längst gelöst. Der Mensch kann sich auf Dauer die Frage nach sich selbst nicht versagen. Einfach deshalb nicht, weil sie zu ihm gehört, wie seine Gliedmaßen oder sein Gesicht. Der Mensch kann nicht vor sich selber davonlaufen. Er kann es versuchen, vielfach tut er es – schlussendlich bleibt er bei sich und der Frage nach dem ganz persönlichen Sinn seines Lebens, wenn er sich nicht vorher schon verabschiedet hat als sich selbst reflektierendes Wesen[264] mit allen sich daraus ergebenden Konsequenzen, die Rahner beschreibt im Bild vom „findigen Termitenstaat“. Wer die Botschaft des Glaubens ablehnt, wird seine Gründe dafür haben. Wir können ihn dann nur bitten, sie offenzulegen. „Prüfet alles, das Gute behaltet“ – kann das nicht auch ein Kriterium sein, um die Fragen an den Glauben (neu) zu gewichten?
„Wollt auch ihr gehen“ fragte Jesus. Die Antwort seiner Jünger gilt auch heute:
„Wohin sollen wir gehen? Du hast Worte ewigen Lebens.“
Wohin sollen wir gehen? Materialismus, Positivismus, Existentialismus, Kommunismus, Fatalismus, Nihilismus, Skeptizismus, Marxismus – alle Ismen müssen sich fragen, ob sie den Test des Lebens bestehen. Es geht im Glauben ja nicht um irgendeinen Aspekt des Lebens, um eine kleine Nebensächlichkeit. Nein, es geht buchstäblich um das Ganze. Hat das Leben als ganzes einen Sinn und welchen? Wer oder was ermöglicht ihn?
Mich hat die Antwort der Religionen deshalb überzeugt, weil sie dem Leben eine Gültigkeit auf Dauer geben (können). Nicht aus eigener Kraft. Die christliche Botschaft bezeugt mir das Gottesbild einer abso-

luten, einer menschgewordenen Nähe Gottes. Sie gilt allen Menschen, sie gilt der Schöpfung, weil sie Gottes Schöpfung ist. Im Menschen hat sich der liebende Gott sogar einen Partner geschaffen, der das Privileg besitzt, seinen Schöpfer wieder zu lieben. Gott liebt ohne jedes Maß, indem er nicht irgendetwas gibt und schenkt, sondern wirklich SICH SELBST!

Wenn diese Botschaft als Illusion, als illegitimer Wunsch abgelehnt wird, ist zunächst dagegen noch nichts einzuwenden. Man mag ja – mit einem gewissen Recht – sagen, dass so etwas weder vorstellbar noch irgendwie denkbar ist. Gott sei doch so erhaben, warum soll er sich mit uns überhaupt abgeben? Und wie soll das gehen, dass ein Geschöpf in der Lage sein soll, seinem Schöpfer gegenüberzutreten. Gerade Karl Rahner hat deutlich machen können, wie die Theologie über viele Jahrhunderte hinweg es sich gerade bei diesen Fragen nicht einfach gemacht hat.[265]

Man wird aber nicht widersprechen können, dass der Gott der Philosophen einer ist, vor dem man nicht tanzen kann. Und ergänzend wird man sagen können: Keine erschöpfende „Weltformel" (wenn es sie denn gibt), wird für uns da sein, wenn wir traurig sind, wenn wir Trost brauchen. Und zwar einen, „den die Welt nicht geben kann". Ja, man sollte es ruhig aussprechen: Das „Recht des Stärkeren" mag für eine kleine Wegstrecke verlockend erscheinen. Für ein ganzes Leben, in dem gelitten wird, in dem mit Vergeblichkeiten fertig zu werden ist, mit Enttäuschungen, reicht dieser „Sinn" nicht hin! Der heute Starke wird morgen der Verlierer sein. Das ist nicht nur im Sport das Gesetz des Lebens. Die vielfältigen Generationskonflikte belegen dies nachdrücklich.

Es sollte auch nicht so getan werden, als sei Glaube nur eine Art Trostpflaster.

Den „Luxus" sich zu leisten, hier von einem Wunsch zu reden, der nur von jenen geäußert wird, die mit dem Leben nicht zurecht kommen (Nietzsches „Schwachen"), kann nur von jenen kommen, die derlei Fragen (noch) nicht kennen und erlebt haben. Ob das für sie immer so ist und bleiben wird? Und was ist dann? Der Beweis, dass die Not als solche dann immer noch so heroisch bestanden wird, muss erst noch beigebracht werden. Und selbst dann trinkt man womöglich aus Quellen, über deren Ursprung und Wesen man sich vielleicht noch gar nicht wirklich Gedanken gemacht hat.[266]

Vielleicht sollte man die Frage, was der Glaube konkret gibt und schenkt, mit jener Erfahrung konfrontieren, die es eben auch gibt: Das Durchhalten, das Nichtaufgeben, trotz aller „Unkenrufe" und aller Mühe. Und mit Rahner soll man weiterfragen: Was ist auf dem Grund dieses „Weitermachens", des Nichtaufgebens?[267]

Es scheint auch heute beides zu geben: Einerseits die Angst vor Letzterklärungsversuchen, die Sorge, sich festzulegen und dabei dann vieles, wenn nicht alles falsch zu machen. Man scheut sich, im Leben „aufs falsche Pferd" zu setzen. Und setzt dann lieber auf keines. Wer sich nicht entscheiden kann oder entscheiden will, auf welchen Stuhl er sich setzt, gerät leicht zwischen alle Stühle.

Der – vermeintliche – Ausweg ist der der Nichtentscheidung, des Verbleibens im Unentschiedenen, im Ungefähren. Dann macht man aber auch nie wirklich mit etwas ganz ernst, außer mit eben genau dieser Tatsache, dass man mit nichts wirklich ernst macht. Und damit wird dieser „Ausweg" als Irrweg entlarvt, weil die Option, sich nicht zu entscheiden (weil man angeblich sich nicht entscheiden kann) auch wiederum eine Option ist. Wer sich nicht entscheiden will und deshalb die Entscheidung des Nichtentscheidens wählt, kann nicht – ohne sich zu widersprechen – sagen, er habe sich nicht entschieden.

Neben der Angst vor der Entscheidung gibt es die Hybris, die Arroganz von Letzterklärungen bzw. Versuchen dazu. Die jeweiligen Begrifflichkeiten mögen sich ändern, doch das, worum es eigentlich geht, bleibt. „Ich will sein wie Gott", heißt dann ein Slogan, „Der Einzelne ist nichts, das Volk ist alles", ein anderer. Oder: Es wird einmal eine Zeit kommen, da wird jedem Gerechtigkeit zuteil, nach dem Motto: „Jedem nach seinen Fähigkeiten, jedem nach seinen Bedürfnissen". Weder die kommunistische Illusion, noch rassistische Mythen, weder existentialistische oder materialistische Skepsis können als Lebensmaxime dem Glauben an das „Leben in Fülle" ebenbürtig an die Seite gestellt werden. Auch nicht der „Glaube" an den grenzenlosen Fortschritt, an die Mechanismen des Marktes, an die Macht des Faktischen, an Besitz, Macht, grenzenlosen Genuss oder Spaß. Der „Götter" gibt es viele. Schon das unterscheidet sie vom

wahren Gott. Sie sind sich zudem in ihrem Wesen allesamt gleich: Ein einzelner, in sich begrenzter Aspekt wird immer zu Lasten aller anderen absolut gesetzt. Das kann nicht lebensfördernd sein. Noch weniger kann es für das Leben insgesamt *die* Lösung bzw. der Sinn sein.
Bleibt noch die Frage, die auf jedem Grund einer Entscheidung lauert: Wenn alles, auch unser Glaube, nur eine einzige große (verzweifelte) Illusion ist? Antwort: Ich möchte dann lieber mit dieser Illusion leben und sterben als ohne sie. Auch dann wäre das Leben – durch sie – reicher als die pure Banalität, als ängstliches Ausweichen, Skeptizismus und Stumpfsinn, der sich das Hoffen, Fragen, Sehnen und Wünschen nicht nur abgewöhnt hat, sondern es sich selbst verbietet.

Zu welcher Bekehrung möchte Rahner mit diesem Text bewegen?

Rahner möchte zunächst dazu „bekehren", sich das Hoffen, Fragen, Sehnen und Wünschen nicht abzugewöhnen. Und er „verbietet" uns, zu „bescheiden" zu sein. Ich erlaube mir, an dieser Stelle noch einmal die einprägsamen Sätze aus dem letzten öffentlichen Vortrag Karl Rahners in Erinnerung zu rufen:
„Für mich wäre ... alles Engagement für Gerechtigkeit und Liebe in der Welt, aller Humanismus, der Gott für den Menschen verbrauchen will und den Menschen nicht in den Abgrund Gottes hineinstürzt, Religion eines unbegreiflich bescheidenen Humanismus, der uns einfach von der ungeheuerlichen Gewalt der Liebe Gottes, in der Gott wirklich selber aus sich selber gerät, verboten ist. Wir können nur entweder alles, nämlich Gott selbst in seiner reinen Gottheit wollen, oder wir sind verdammt, das heißt begraben in dem Kerker unserer Endlichkeit" (SW 25, S. 47–57).
Diese Argumentation ist für mich ohne Alternative, genauer: Sie ist *die* Alternative schlechthin, weil sonst nur ein „unbegreiflich bescheidener Humanismus" verbleibt.
Doch es gibt noch einen anderen Aspekt, auf den uns Karl Rahner aufmerksam macht:
„Wenn ich die Argumente des Daseins gegen das Christentum annehmen würde, was böten sie mir, um zu existieren? Die Tapferkeit der Ehr-

lichkeit und die Herrlichkeit der Entschlossenheit, der Absurdität des Daseins mich zu stellen? Aber kann man diese als groß, als verpflichtend, als herrlich annehmen, ohne schon wieder, ob man es reflex weiß oder nicht, ob man will oder nicht, gesagt zu haben, dass es ein Herrliches und Würdiges gibt? Aber wie sollte es dies geben im Abgrund absoluter Leere und Absurdität?"(Die Möglichkeit des Glaubens heute, SW 10, S. 574–589)
Diese Argumentation Karl Rahners überzeugt mich. Sie hielt auch stand in einer Zeit, in der ich erleben musste, wie Religion lächerlich gemacht wurde. Wie sollte es etwas geben, was dem Glauben wirklich gleichwertig an die Seite gestellt werden kann? Und es muss deutlich werden: Es geht nicht vorrangig um Begriffe, um Worte. Es geht um das Gemeinte, um unser Leben, ob das Leben aller, ob all das, um was wir uns und alle „Menschen guten Willens" und redlichen Herzens mühen, überhaupt eine Chance hat auf Vollendung und Bestand für immer. Wir Christen sprechen von „Erlösung", Geborgenheit in und Leben mit Gott. Sicher, das alles kann und wird immer wieder besser, umfassender, adäquater ausgesagt werden können und müssen. Denn nie wird es begrifflich erschöpfend ausgesagt werden. Wie soll das gehen, wenn es um das „Leben in Fülle", um den Sinn von allem, um das Ganze geht?
Wenn man gebannt „wie ein Kaninchen vor der Schlange sitzt" in banger Erwartung, ob nicht doch eine Erkenntnis der Wissenschaft einmal unumstößlich beweist, dass es Gott gar nicht geben kann, dann hat man noch nicht im Ansatz realisiert, worum es eigentlich in der Religion geht. Es ist diese – offene oder versteckte – Angst, die mitverantwortlich ist für Glaubensformen, die schwärmerisch oder offen wissenschaftsfeindlich sind. Die sich auf ein Terrain vermeintlicher Unangreifbarkeit begeben, um möglichst „irritationsfest" weiter in einem reinen „Behauptungsglauben" zu verharren.[268]
Das also ist Karl Rahners zweiter Impuls: Er „verbietet" uns, aus der Welt zu flüchten. Jesus setzte sich allem aus, was diese Welt zu bieten hat – bis zum Tod am Kreuz. Und auch für uns gilt, dass der „Jünger nicht über dem Meister steht". Glaube hat nichts mit Abschottung und Verbarrikadierung zu tun, unser Symbol ist die Geste der offenen Hand. Und sie weist – für alle Zeit und an allen Orten – uns unmissverständ-

lich darauf hin, dass keine „Weltformel“ unseren Hunger nach Leben stillen kann. „Von Gott kann der Mensch eigentlich nicht reden, doch wehe, wenn er es unterlässt“. In diesem Satz geht es um den Menschen, der nichts gültig von sich aussagen würde, außer er sagt seine Herkunft und Bezogenheit auf Gott immer zugleich mit aus. Darum hat die Kirche auch Gott den Menschen zu verkünden – gelegen oder ungelegen. Welchen Gott verkündet die Kirche? Gott als Geheimnis, das uns in Jesus unendlich nahe gekommen ist und das in seinem Geist bei uns „Wohnung nehmen will“.

Verständlich ist, dass diese Verkündigung es schwer hat in einer Zeit, die weitgehend von einer positivistischen Mentalität geprägt ist, wo nur das zählt, was messbar und prüfbar ist. Schwer in zweifacher Hinsicht: Sowohl die Botschaft auszurichten als auch sie so auszurichten, dass sie ankommen kann.

Wer kann schon mit einem „Geheimnis“ etwas anfangen? Schon bei kleinen Kindern erleben wir eine unbändige Neugier, hinter das Geheimnis zu kommen, das sich hinter vielen Sachen verbirgt.

Und wie erst im personalen Bereich? Wenn man das Bestreben nicht aufgibt, dem Anderen sein Geheimnis zu entreißen, wird man der Hölle des Egoismus nicht entkommen können. Es ist eine große Versuchung, jedes Geheimnis enträtseln zu wollen. Der Wunsch und die Suche nach der „Weltformel“ ist dafür ein sprechendes Symbol.

Für eine personale Beziehung ist diese Fixierung tödlich! Wenn jeder Mensch mit Gott, dem unendlichen Geheimnis, eine Geschichte hat, dann ist auch das Geheimnis jedes Menschen unergründlich. Nur Brutalität kann dann versuchen, dem Anderen sein Geheimnis zu entreißen. Er wird es nie bekommen, weil er es nie bekommen kann. Erreichen wird er allenfalls das Ende der Beziehung.

Begegnung ist immer personal und kann denkerisch nicht „bewältigt“ werden. Wer die personale Dimension nicht gelten lässt, muss sie zwangsläufig verlassen und gerät in die Unausweichlichkeit der Zwänge sachhafter Strukturen. Wo Personen sich begegnen, erfährt der Eine am Anderen eine Bereicherung und Ergänzung. Begegnung kann und darf nicht Herrschaft zum Ziel haben. Sie belässt dem Anderen sein Geheimnis, das ihn unverwechselbar macht. Nur so ist sie echt.

Im Verhältnis zu Gott ist gerade dieser Aspekt von höchster Bedeutung: Viel kann *über* Gott geredet werden. Manchmal zuviel. Dann wird alles zerredet, weil auch die Begegnung mit Gott Zeiten der Stille und Besinnung braucht. Zur Begegnung kommt es allerdings erst, wenn das Denken und Reden über Gott zur Anrede Gottes wird. Man kann deshalb *über* Gott nicht eigentlich reden, sondern nur *zu* ihm.
Dies ist der dritte Impuls Rahners, den ich diesem Text entnehme: Das Denken und Reden „über" Gott muss sich aufheben in ein Reden „zu" Gott – in das Gebet. Karl Rahner war auch in dieser Hinsicht ein „produktives Vorbild". Bei ihm gingen Reflexion und Gebet oft nahtlos ineinander über.
„Hat mich gehalten, indem ich es hielt" – Es ist verblüffend, wie inmitten dichtester Reflexion Rahner mitunter die Ebene wechselt und Gott direkt anspricht. Und umgekehrt: Nirgendwo in Rahners Gebeten wird sentimental „gefrömmelt". Auch hier ist Karl Rahner – oft in sprachlicher Schönheit – der „intellektuellen Redlichkeit" seiner Gottesrede verpflichtet. Das für mich schönste Beispiel ist dabei Rahners Gebet „Gott meines Lebens" (Gebete, S. 24ff.).[269]
Es ist für mich immer wieder erstaunlich, wie ich selber meine Gebetssprache finde, wenn es mir gelingt, mich in Rahners Duktus des Gespräches gleichsam „einzuschwingen". Man muss sie auf sich wirken lassen, die Rede von der „Hütte", die nur „spärlich erleuchtet" ist, von der „Dunkelheit der Nacht", in die man hinaustritt, von den „Sandkörnern am Strand des unendlichen Meeres". All das sind Bilder, die die Seele weit machen und offen für das unendliche Geheimnis, das uns mit allem verbindet. Das sich uns nähert, damit wir uns ihm öffnen. Rahners theoretische Aussagen zu den „Urworten" (SW 12, S. 421–440) werden hier auf den Glauben und das Leben hin exemplarisch „durchbuchstabiert".

Dunkelheit

„Ist nicht dieser ewige Sündenfall in der Geschichte der Philosophie, nicht nur im Gebiet des Erkennens, der Ausdruck dessen, was im Leben des unerlösten Menschen existentiell immer aufs neue geschieht:

Gott nur das sein zu lassen, was die Welt ist, Gott zu machen nach dem Bilde des Menschen, Frömmigkeit zu fassen als Andacht zur Welt, die Möglichkeiten des Menschen nicht nach den Möglichkeiten Gottes zu bemessen, sondern nach dem, was der Mensch selbst von sich aus davon zu realisieren vermag? Aller Götzendienst ist nichts als der konkrete Ausdruck für die existentielle Haltung des Menschen, die aufbaut auf dem Entschluss, Gott nichts sein zu lassen als nur die ursprüngliche Einheit der Mächte, die diese Welt und die Schicksale des Menschen durchwalten. Und selbst die geistige Philosophie eines Hegel betet noch einen Götzen an, den absoluten Geist, der im Menschen und in seiner Wesensentfaltung sich selber findet. Und die tragisch-heroische Philosophie eines Heidegger hat auch ihren Götzen: Wenn der Mensch von sich allein aus nur zum Tode ist, dann muss für diese Philosophie eines letzten Ressentiments eben auch für alles und jedes der Tod das letzte sein: weil der Gott des Menschen für diese Philosophie nicht mehr sein darf als der Mensch selbst, betet sie den Tod als ihren Gott an, ist für sie das Höchste das Nichtigste; das Sein und das Nichts sind dasselbe" (Passion und Aszese, Schriften III, S. 94 f.).[270]

Kurze Interpretation

Dieser Text Karl Rahners, der kurz erläutert werden soll, ist insofern schon interessant, dass Rahner, der ansonsten ein Meister im Differenzieren ist, im Abwägen, der theologisch stets viele Aspekte beleuchtet und Ermessensspielräume auslotet, hier eine Sprache findet, die, man könnte sagen, an negativer Eindeutigkeit, ja „Verurteilung", nichts zu wünschen übrig lässt. „Sündenfall" ist solch ein eindeutig negatives Wort, ebenso, dass es sich um einen „ewigen Sündenfall in der Geschichte der Philosophie" handelt, der nicht nur den Bereich des Erkennens meint.
Rahner spricht vom „unerlösten Menschen", von „Götzendienst", der auch noch Hegels Philosophie betrifft. Ebenso die von Heidegger, die jeweils Götzen anbeten, z. B. den „absoluten Geist" der eigenen Selbstentfaltung. Ich gestehe, dass ich nicht sehr viele Texte Rahners kenne, in denen die Werke andere Denker mit derart eindeutigen, negativen Attributen belegt werden.

Es geht Karl Rahner darum, die Botschaft vom liebenden Gott nicht abzuschwächen. Dieser Text ist ein einziges Plädoyer dafür, die Welt und unsere Möglichkeiten nicht zu verwechseln mit Gott und seinen Möglichkeiten. Rahner schaut in die Geschichte und sieht: Immer gab (und gibt) es den Versuch, Gott nur das sein zu lassen, was des Menschen Möglichkeit ist. Er sieht darin eine „Andacht zur Welt" mit all ihren facettenreichen Möglichkeiten. So groß, faszinierend und berauschend die Angebote der Welt sein mögen – sie sind endliche Möglichkeiten und dadurch unendlich verschieden von den Möglichkeiten Gottes.
Götzendienst ist im landläufigen Verständnis die Verehrung „fremder Götter". Sie können ihre Gestalt wechseln, ihr Anspruch ist immer derselbe: Sie beanspruchen absolute Geltung. Ob das Macht, Lust, Jugend, Schönheit, Reichtum oder irgendein anderer endlicher Wert ist. Entscheidend ist: Ein endlicher Wert tritt mit einem absoluten Anspruch auf. Und dadurch wird der Blick auf den wahren Gott verstellt. Die Beziehung zu ihm wird unmöglich, weil der Mensch sich absolut im Endlichen festgemacht hat. Hier kann und darf es keine Kompromisse geben!
Das Menschsein steht auf dem Spiel, nicht mehr und nicht weniger! Daher auch die unmissverständliche Eindeutigkeit Rahners. Gott sucht den Menschen als seinen Partner. Er spricht ihn an. Liebe beansprucht den Menschen ganz, hier ist kein Ressentiment möglich. Sobald der Mensch Gott mit einem Götzen verwechselt, hat er seine Berufung und Bestimmung verfehlt.
Es lohnt sich, gerade auch die letzte Passage auf sich wirken zu lassen: Sein und Nichts sind dasselbe, das Höchste und das Nichtigste. Wer Gott mit einem Vorbehalt gegenübertritt, missversteht ihn – und sich! Wenn sich der Mensch, statt für Gott, für endliche Gestalten vermeintlichen Glücks entscheidet – und seien sie noch so faszinierend – verkürzt er sein Maß, das ihm von Gott her zugedacht ist. Er ist zum Leben mit Gott berufen. Das ist sein Maß – und das ist maßlos!
Es geht um nicht weniger als um den Glauben, zu dem uns Christus in seine Nachfolge ruft! Die wir verfehlen, wenn wir uns „an die Welt verlieren". Das biblische Symbol des „goldenen Kalbes" hat auch in Zeiten der Globalisierung und der Medienvielfalt nichts an Ausdrucksstärke

verloren. Karl Rahners Denken hat zudem eine „inkarnatorische Tendenz“, d.h. es will sich im Hier und Heute „verorten“. Glaube hat mit dem konkreten Leben zu tun und spielt sich nicht im „Wolkenkuckucksheim“ ab. Und dennoch oder gerade deshalb scheint der Grat sehr schmal zu sein, der den „Glauben inmitten der Welt“ verwechselt mit einer „Andacht zur Welt“. Anbetung gebührt nur Gott. Auch der „späte“ Rahner hat hierauf allergrößten Wert gelegt, wenn er von der „unverbrauchbaren Transzendenz Gottes“ sprach (SW 29, S. 67–78).
Hier ist nach Rahner ein neutrales Sich-Nicht-Entscheiden unmöglich. Es geht um Klarheit, Entscheidung, um Entschiedenheit im Sinne Papst Johannes Paul II., der sagte: „Man kann nicht auf Probe lieben. Man kann nicht auf Probe leben.“

Entfaltung auf heutige Erfahrung hin

Viele Dinge im Leben können und müssen wir mit einem „sowohl als auch“ nebeneinander bestehen lassen. „Alles ist relativ, es kommt auf die Perspektive an.“ Oder: „Es gibt nicht ‚gut‘ oder ‚schlecht‘ – es gibt nur ‚anders‘.“ So heißt es bisweilen und diese Aussagen sind oftmals zutreffend. Denn viele Fragen des Lebens lassen sich nicht wirklich entscheiden oder einteilen nach einem einfachen Schwarz-Weiß-Schema. In vielen Fragen, ob in der Politik, in der Wirtschaft, im Gemeinwesen, in der Kirche oder wo auch immer gilt: Es gibt unterschiedliche Sichtweisen und Interessen, die – jeweils für sich betrachtet – ihre relative Berechtigung haben, ihren Eigenwert, ihren Sinn und ihre Bedeutung. Es muss um die jeweils beste Lösungsvariante gerungen werden, die Kunst des Lebens ist der Kompromiss. Es geht oftmals um einen fairen Interessensausgleich. Die Demokratie lebt vom gesellschaftlichen Diskurs, vom Aushandlungsprozess und dem Kräftespiel unterschiedlicher Akteure.
In den entscheidenden Glaubensfragen ist das jedoch anders. Hier gibt es kein „Vorbeischielen“ an dem Erfordernis der Entscheidung. Und auch der, der meint, sich nicht entscheiden zu können, hat genau diese Enthaltung als seine Entscheidung gewählt.
Warum führt Götzendienst in die „Dunkelheit“? Dunkelheit steht für mich zunächst symbolisch als Gegenstück zu Weite und Helle. Man

könnte auch von der tödlichen Enge sprechen, in die der Mensch gerät, wenn er ausschließlich bei sich verbleibt. In einer lesenswerten Interpretation über Gestalten aus Dostojewskis Werk wird die Situation der tödlichen Enge, des selbstgewählten Gefängnisses des Egoismus, drastisch beschrieben.[271]

Mir stockte der Atem bei diesen Worten: Ist diese Teufelsvision des Iwan Karamasow nicht längst wahr geworden im 20. Jahrhundert? Die grauenvollen Exzesse der Menschenvernichtung in unvorstellbarem Ausmaß – sind sie nicht Beleg für den Satz: „Ohne Gott ist alles erlaubt"? Der Mensch in seinem unstillbaren Glückshunger pervertiert ins Grässliche, ins grauenvolle Entsetzen – und das mit unendlicher Energie – wenn er „den Himmel auf die Erde zwingen will" oder wenn er meint, er selbst sei sich genug!

Denn beides ist ja da, diese Enge – und diese Energie, die sich partout mit der Enge der Endlichkeit nicht abfinden will! Die rebelliert und aufbegehrt. Die man das „Gespür für das Unendliche" bezeichnen könnte. Wie ein negatives Kontrastbild zum Bild vom Menschen, das uns das Evangelium Jesu vorstellt, nehmen sich jene Versuche aus, Glückseligkeit, das „Paradies auf Erden" aus eigener Kraft herzustellen, sie zu machen, zu „organisieren".

Die Einsicht, dass solche Versuche grundsätzlich zum Scheitern verurteilt sind, weil Ressourcen und Fähigkeiten begrenzt sind und bleiben, darf nicht dazu führen, die eigenen Möglichkeiten zu gering anzusetzen. Bequemlichkeit und bloßes Abwarten oder Zuschauen wird dem, was der Mensch ist und was er leisten könnte, nicht gerecht. Sie sind das entgegengesetzte Extrem zur kritiklosen Fortschrittseuphorie. Die Mit- und Umwelt ist dem Menschen in besonderer Weise anvertraut, weil der Mensch auch besondere Fähigkeiten und Fertigkeiten hat. Er hat sie sich nicht selber gegeben. Von daher ist die Haltung der Dankbarkeit jene, die am meisten dem Menschen entspricht. Der Mensch hat besondere Möglichkeiten erhalten, um die Schöpfung Gottes zu hegen, zu pflegen und um mitzuhelfen, sie zur Entfaltung zu bringen.

Diese Zusammenhänge werden oft genug verstellt von den großartigen Erfolgen der Wissenschaft und des Fortschritts auf allen Gebieten, die ja tatsächlich tagtäglich zu beobachten und zu vernehmen sind. Von de-

nen wir alle profitieren und die wir allesamt nicht missen möchten. Es ist unredlich, einerseits in den Gesang einzustimmen „Zurück zur Natur", wenn man gleichzeitig so tut, als sei der Fortschritt in Medizin, Technik und Wissenschaft das Normalste von der Welt und es gehe überhaupt nicht anders.[272] Wer die Segnungen der Wissenschaft in Anspruch nimmt, kann sie nicht gleichzeitig verfluchen.[273]
Es gibt allerdings – und darauf macht uns dieser Text Karl Rahners aufmerksam – eine Gefahr. Auch die schönsten und besten Güter dieser Welt können nicht der umfassende Grund sein, auf dem alles Sein ruht, sie können nicht für den letzten Sinn, das höchste, endgültige Ziel stehen. Und solange wir Menschen sind, können wir genau darauf niemals verzichten![274]
Alle „Andacht zur Welt" kann eine Ahnung von Gott vermitteln, wenn berücksichtigt und mitgedacht – und vor allem beachtet wird: Andacht gebührt Gott allein.
Gott selbst ist es ja, der den Menschen ruft, auszubrechen aus Dunkelheit und Enge. Dieser Ruf Gottes wird nicht zurückgenommen. Er ist in uns als Gnade, als Heiliger Geist wirksam. Er lässt den „Geschmack dieser Welt" immer wieder schal werden. Er führt aus der Welt hinaus in SEINE Freiheit. Aber er führt durch diese Welt mitten hindurch, sie ist ja seine Schöpfung. Und er führt nicht an der Freiheit des Menschen vorbei.

Zu welcher Bekehrung möchte Rahner mit diesem Text bewegen?

Was aber, wenn die Richtung eingeschlagen wird, „die ins Verderben führt"? Das soll die Frage Gottes an uns sein! Immer wieder. Einfach ist es zu sagen und zu antworten auf diese Frage: Wir sind aufgefordert, uns Gott zuzuwenden, sein Licht und seine Herrlichkeit zu suchen. Wenn wir uns IHM zuwenden, wenden wir uns gleichermaßen von allen „Götzen" ab. Doch wie geht das konkret? Wie sieht das aus? Hier, in der konkreten Umsetzung dieser Vorgabe ergeben sich doch die eigentlichen Probleme des Lebens!
An dieser Stelle möchte Rahner uns dazu bzw. dahin „bekehren", dass Leben, Glaube und Gebet eine Einheit bilden, die untrennbar ist. Und

dass der Glaube und das Gebet in der Kirche die eigentliche und wichtigste Gebetshilfe ist. Und damit auch die wichtigste Hilfe für ein Leben aus dem Glauben.
„Dass das Gebet mit Christus in der Kirche geschieht, das ist unsere erste Gebetshilfe.“[275]
Von daher ist auch der Gebetsschatz der Kirche ein Fundament des Glaubens und zugleich ein Geschenk, an dem wir uns nicht nur erfreuen dürfen. Wir sind gehalten, es immer wieder zu nutzen. Dabei ist das „Gebet des Herrn“, jenes, das Jesus seine Jünger lehrte, heute und für alle Zeiten von herausragender Bedeutung.[276]
Es ist sicherlich kein Zufall, dass der Weg aus Dunkelheit und gegen jeden Götzendienst vorgeprägt ist im „Vater-unser“. Für mich ist dieses Gebet nicht nur das schönste Gebet, es ist auch eine „Kurzformel des Glaubens“. Ja, weil wir nicht nur *an* Jesus glauben, sondern auch *mit* ihm zum Vater rufen dürfen, ist dieses Gebet für mich – auch wenn dies eine vielleicht etwas ungeschützte theologische Formulierung ist – eine „Kurzformel des Glaubens Jesu“.
Die Teufelsvision des Iwan Karamasow, dass also „ohne Gott alles erlaubt ist“, findet hier, im Gebet des Herrn, seine geistliche Antwort, auf die uns Karl Rahner in seinem „Vater-unser“ aufmerksam macht:
„Vater unser, der Du bist im Himmel meines Herzens, wenn es auch eine Hölle zu sein scheint; geheiligt werde Dein Name, er werde angerufen in der tödlichen Stille meines ratlosen Verstummens; zu uns komme Dein Reich, wenn alles uns verläßt; Dein Wille geschehe, auch wenn er uns tötet, weil er das Leben ist und, was auf Erden wie ein Untergang aussieht, im Himmel der Aufgang Deines Lebens ist; gib uns heute unser tägliches Brot, laß uns auch darum bitten, damit wir uns nie mit Dir verwechseln, selbst nicht in der Stunde, da Du uns nahe bist, sondern wenigstens an unserem Hunger merken, dass wir arme und unwichtige Geschöpfe sind; befreie uns von unserer Schuld und behüte uns in der Versuchung von der Schuld und Anfechtung, die eigentlich nur eine ist: Nicht zu glauben an Dich und an die Unbegreiflichkeit Deiner Liebe; sondern erlöse uns – erlöse uns von uns selbst, erlöse uns in Dich hinein, erlöse uns in Deine Freiheit und in Dein Leben“ (Not und Segen, 63 f., vorgesehen für Band 7 SW).

Bei diesem Gebet bleibt mir besonders in Erinnerung, was Karl Rahner einmal auf die Frage geantwortet hat, ob er denn wirklich noch glaube, noch glauben kann. Rahners Antwort darauf: „Ich glaube, weil ich bete." Rahner will uns „bekehren" zu der Einsicht im Glauben, dass die einzige Antwort auf die Dunkelheit des Unglaubens das Gebet ist, mit dem wir unser Sein in Gott festmachen.
Und dabei brauchen wir uns nicht überfordern, Gott wartet immer schon im „Verließ unseres Herzens" (Not und Segen, S. 57). Denn: „Du kommst unserem Tun mit Deiner Gnade zuvor" (SW 28, S. 245–333).
Unser Leben in Gott verankern. Das ist es, wozu Rahner uns „bekehren", uns anleiten und hinführen möchte. Das erfordert von uns das Einüben einer Sprache, die uns hilft, uns wirklich selber auszusagen. Wir werden dieser Mühe nicht enthoben, doch nur so wird unser Reden *über* Gott zur Anrede des unendlich liebenden Geheimnisses. Des Geheimnisses unseres Herzens, unserer eigentlichen Mitte, in der Gottes Geist wartet, dass wir ihm die Tür öffnen. Denn wenn wir beten, brauchen wir es nicht allein zu tun. Gottes Geist betet mit, in und für uns. Diese „Gebetshilfe", der wir unser Vertrauen „zur Verfügung stellen müssen" offenbart in nuce die Struktur des Glaubens: Gottes Ruf ermöglicht unsere Antwort.
Ich selbst habe Trost und Zuversicht dieses Gebetes spüren, erfahren dürfen, als ich Rahners „Vater-unser" nachgebetet habe beim Requiem für meinen Vater.

Osterpredigt-Hoffnung

„Man kann freilich fragen, wie es denn um den Menschen stehe, wenn schließlich doch alles ‚bloß' auf Hoffnung gegründet sei und auch die Auferstehung Jesu letztlich ‚nur' auf jener Hoffnung gründe, in der wir auch für uns alles hoffen. Aber dann ist ganz nüchtern zu entgegnen, dass das Letzte im Menschen als einem und ganzem im Unterschied zum funktionalen Besorgen der einzelnen Lebensbedürfnisse eben in der einen Bewegung auf das eine unbegreifliche Ziel bestehe, das wir Gott nennen, in der Bewegung, die wir Hoffnung nennen. Sie trägt, sie gibt Realität, *wenn* und indem sie geschieht. Und außerhalb ihrer muss sie sich nicht rechtfertigen. Außerhalb ihrer ist nur die Verzweiflung. Man kann diese zwar verdrängen und nicht hochkommen zu lassen versuchen. Aber ohne die Hoffnung wäre sie, und ohne die frei angenommene Hoffnung ist sie. Und sie hat keine Rechtfertigung in sich, auch wenn es dem Menschen oft scheinen mag, sie sei leichter als die Hoffnung, weil man sich da nur fallen lassen müsse ... Die Hoffnung kann sich durch nichts endgültig begrenzen lassen, wenn sie ihr eigentliches Wesen nicht verleugnen will" (Was Hoffnung vermag, SW 23, S. 409–415).

Kurze Interpretation

Es gibt Texte, die recht einfach beim ersten Lesen anmuten. Beim zweiten Mal stockt einem der Atem. Mir ging es so bei diesem Text, den ich im Urlaub, an einem schönen Sommerabend, auf einer griechischen Insel las. Er stammt aus einem Buch Karl Rahners, in dem Meditationen unter dem Titel „Das große Kirchenjahr" zusammengestellt wurden. Diese Meditation handelt von Ostern, also von der Auferstehung. Bei den Fragen des Glaubens, in denen es um alles oder nichts geht, wo das ganze Leben „auf dem Spiel steht", da will der Mensch möglichst evidente Einsichten. Er möchte seine Überzeugungen, so gut es geht, gegen alle möglichen Einwände absichern.

Dort, wo das Ganze meines Lebens in den Blick kommt, möchte ich doch auch die größtmögliche Gewähr dafür haben, dass ich nicht „auf das falsche Pferd gesetzt habe", dass meine Überzeugung gute, stichhaltige Gründe hat, die nicht so leicht zu erschüttern sind.

Und dann das! Fast wie nebenbei las ich dann, dass alles „nur" auf Hoffnung, auf pure Hoffnung gegründet sei. Das war noch insofern verständlich, da es bei den sogenannten „letzten Dingen" keine letzte Sicherheit, kein Wissen absoluter Art geben kann. Das war mir auch klar und gegenwärtig.

Aber – so stand die Frage in mir auf, die gegen diese Einsicht revoltierte – da war doch auch noch das Zeugnis Jesu Christi! Sein Tod und seine Auferstehung. Sie müssen doch derart gewesen sein, dass sie eine

Evidenz mitbrachten, sodass seine Jünger gar nicht anders konnten, als „in alle Welt hinaus zu gehen und die Frohbotschaft zu verkünden". Sie konnten ja nicht schweigen von all dem, „was sie gesehen und gehört haben". Da muss doch mehr als vages Hoffen und Bangen sein.
Die nüchtern-ehrliche Art Karl Rahners ließ mich zunächst aufschrecken. Alles ist auf Hoffnung gegründet, „nur" auf Hoffnung. Und auch die Auferstehung Jesu kommt nur zu stehen in jener Hoffnung, in der wir auch für uns und Andere alles hoffen. Da „fuhr mir schon", sozusagen, „der Schreck in die Glieder": Alles nur einfach ‚Hoffnung'? Eine Hoffnung, in der ich zwar mit allen Hoffenden verbunden bin. Doch ist das nicht viel zu wenig angesichts des Gewichts der Fragen, ja eigentlich *der* Frage? Und wem fällt – wenn alles ‚nur' auf Hoffnung gegründet zu sein scheint – nicht sofort Feuerbachs Religionskritik ein?
Karl Kardinal Lehmann schrieb einmal über seinen Lehrer Karl Rahner, dass er niemanden nur mit bloßen Fragen entlässt. So war es auch bei mir. Im Nachhinein bin ich zutiefst dankbar für solch eine ehrliche, nüchterne, tief bohrende Analyse. Denn sie erst stößt in Tiefen vor, in denen ein Fundament sichtbar wird, auf das man sein Leben bauen kann.
Rahner macht sehr klar und nachvollziehbar, dass nur *im* Akt der Hoffnung, also im Vollzug, das Eigentliche des Lebens geschieht, wenn es um das eine Ganze des Lebens geht im Unterschied zu einzelnen, funktionalen Aspekten. Hoffnung trägt nur, weil und indem sie geschieht. Sie braucht und kann sich deshalb außerhalb dieses Vollzuges nicht rechtfertigen. Ebenso ist sie aber auch von außerhalb des Vollzuges aus demselben Grund nicht sinnvoll anzufragen. Entweder man hofft, oder man hofft nicht!
„Außerhalb" der tatsächlichen Hoffnung ist letzten Endes nur Verzweiflung, die keine wirkliche Alternative darstellen kann, auf der man sein Leben gründet. Warum soll ich hoffnungslos sein, wenn ich doch hoffen kann! Und welche Argumente bringt eine sogenannte „realistische" Sicht denn bei außer dem Augenschein? „Mit dem Tod ist alles aus – das sieht man doch". Wirklich? Schon in der unbelebten Natur wechselt ein Zustand immer nur in einen anderen, verschwindet nie etwas völlig. Das wäre ja ein Akt „negativer Schöpfung".

Mir ist noch ein anderer Aspekt wichtig geworden an den Überlegungen Karl Rahners zur Hoffnung: Solche Hoffnung – wenn sie echt ist – ist zugleich grenzenlos. Wer eine Grenze irgendwo zieht, führt doch diese Hoffnung selbst ad absurdum. Ihr Wesen besteht doch gerade darin, eine Kraft, eine Bewegung zu sein, die Grenzenloses will.
Man wird die Frage stellen müssen nach der Bedingung der Möglichkeit solcher Art von Hoffnung.
„Sie trägt, sie gibt Realität, wenn und indem sie geschieht. Und außerhalb ihrer muss sie sich nicht rechtfertigen."
Wenn man diese Frage stellt, ehrlich, nüchtern und sich nicht beirren lässt, ist man nicht mehr nur bei sich selbst. Eigentlich hat man den engen Raum der eigenen Begrenztheiten schon überschritten. Überschritten in den Raum des von Gott eröffneten Glaubens. Glaube ist nicht eigenes Können oder Machen, er ist immer zuerst und zuletzt Geschenk Gottes. SEINE Zuwendung ermöglicht uns Vertrauen, Hoffnung und Zuversicht.
In dieser Situation, in der es um das ganze Leben geht, um den Sinn und das Ziel des Lebens, muss auch das eigens benannt werden: Man ist nicht allein, sondern umgeben von einer „Wolke von Zeugen", auf deren Zeugnis des Glaubens, der Hoffnung und der Liebe man angewiesen ist und bleibt. Ein Netzwerk der Hoffnung ist es, das uns alle miteinander verbindet.
Und in diesem „Netzwerk der Hoffenden" gibt es für Christen einen Kristallisationspunkt, von dem alles ausgeht, um den herum sich alles dreht, zu dem alles hinführt: Die Erfahrung mit Jesus von Nazareth, sein Leben, seine Botschaft, sein Kreuz und die Erfahrung seiner Auferstehung verbürgen eine Hoffnung, die keine Grenzen kennt, die sich nicht beirren lässt.
Sie kann nur aufleuchten, „wenn und indem sie geschieht". Dort aber wirklich. Und – wir können nur legitim für uns hoffen, indem wir zugleich auch für die Schwestern und Brüder hoffen, die mit uns auf dem Wege sind zu einer endgültigen Heimat. Als Christen glauben wir, dass alle Menschen durch Gottes Geist die Sehnsucht in sich tragen nach einer vollendeten Welt, in der „alle Tränen getrocknet werden", wo „des Lebens Fülle" ist. Wer will uns einreden, dass dieser Traum, diese Sehn-

sucht und diese Hoffnung eine Illusion sei? Warum sollen wir uns diese Hoffnung ausreden lassen?
„Außerhalb ihrer ist nur Verzweiflung."

Entfaltung auf heutige Erfahrung hin

Mir kommt bei diesem Text eine Begebenheit aus meiner Studienzeit Anfang der 80er Jahre in den Sinn. Unser Seminar war das einzige Seminar auf dem Gebiet der neuen Bundesländer in Trägerschaft der katholischen Kirche, unsere Ausbildung entsprach einer Fachhochschulausbildung, wie sie in den alten Bundesländern üblich war. Weil bei uns „bürgerliche" Fächer wie Soziologie, Katholische Soziallehre oder Psychologie, die wesentlich mehr umfassten als die Umsetzung der „Pawlowschen Reflexe", gelehrt wurden, gab es auch „nur" die kirchliche Anerkennung. Und auch die Bezeichnung war aufschlussreich: Wir durften uns „Fürsorger im kirchlichen Dienst" nennen, weil die „soziale Frage" im Wesentlichen gelöst war im „real-existierenden Sozialismus". Die Begründung war denkbar einfach: „Die widerstreitenden Klassengegensätze" waren durch die „Diktatur des Proletariats" aufgehoben. Weil sie entscheidende Quelle sozialer Probleme waren, waren diese eigentlich im Großen und Ganzen auch beseitigt. Soziale Schwierigkeiten waren demzufolge auch wesentliches Kennzeichen der „imperialistischen Ausbeutungspolitik".
Man wird auch heute an diese Dinge immer wieder erinnern müssen, weil in manchen Bereichen „Nostalgiker des DDR-Regimes" Praktiken aus dieser Zeit anpreisen und wohlweislich die gesamtgesellschaftlichen Hintergründe verschweigen.
Der Tag, von dem ich berichte, war der Tag, an dem in unserem Nachbarland, der – wie es damals hieß – „Volksrepublik Polen" das Kriegsrecht ausgerufen wurde. Wie viele Hoffnungen ruhten auf dem Streik der Gewerkschaft von der Danziger Werft?! Die Katholische Kirche stand Seite an Seite mit den streikenden Arbeitern im polnischen „Arbeiter- und Bauernstaat". Es war ungeheuerlich, die Spannung war fast unerträglich.
Die Erinnerungen waren, besonders bei den älteren Menschen, lebendig an Ostberlin 1953, an Ungarn 1956, an Prag 1968. Immer war es der

gleiche Ungeist der sogenannten „Breschnew-Doktrin“: Jedes Land im „Rat für gegenseitige Wirtschaftshilfe“ (RGW) oder des „Warschauer Vertrages“ – dem militärischen Gegenstück zur NATO – hatte nur eine begrenzte staatliche Souveränität. Man befürchtete – und wie die Ereignisse 1989 zeigten, sehr zu Recht –, dass dem kommunistischen Regime das Ende droht, seine Auflösung, wenn es nur einem Land dieses Machtbereiches gelingt, die Gesellschaftsformation so zu verändern, dass die diktatorische Parteienherrschaft gebrochen würde. Ganz zu Recht befürchtete man den sogenannten „Domino-Effekt“, d. h. dass dann auch andere Länder sich erheben und das Joch dieser Willkürherrschaft abschütteln würden.
Also musste alles mit militärischer Macht sowjetischer Panzer buchstäblich niedergewalzt werden. Ganz so, wie es ja dann Jahre später in Peking auf dem „Platz des himmlischen Friedens“ geschah. Der ehemalige Staatschef der DDR, Egon Krenz, leistete bei dieser massiven Menschenrechtsverletzung endgültig seinen „Offenbarungseid“, wie es denn mit den Reformbemühungen der „Postkommunisten“ wirklich aussieht, indem er dieses Tun öffentlich guthieß.
Bei uns im Seminar ging buchstäblich nichts mehr. Mit Tränen in den Augen saßen wir im Gottesdienst und beteten mit unserem Rektor, dass Gott verhüten möge, dass es in Polen zu massivem Blutvergießen kommt. Alles war auf Hoffnung ausgerichtet, die Gewerkschaftsbewegung, die Freiheitsliebe des ganzen Volkes, die Solidaritätsbekundungen im In- und Ausland. Was blieb noch, wenn diese Hoffnung in Blut und Tränen erstickt würde? Und gibt es dann einen Ausweg, eine Alternative? Wir wussten es nicht (ich weiß es bis heute nicht), welche wahren Motive es waren, die zum Kriegsrecht in Polen führten. Heute wissen wir jedenfalls, dass es keinen Einmarsch der sowjetischen Armee in Polen gab, dass das kommunistische Imperium in weniger als 10 Jahren im gesamten sogenannten Ostblock zerfiel in einer Revolution, die nicht auf der Macht der Bajonette beruhte, sondern die mit brennenden Kerzen und Blumen den Machtverzicht erzwang. Heute wissen wir, dass die „Breschnew-Doktrin“ nicht damit rechnete und ahnte, dass im Herzen des Imperiums längst die Macht bröckelte. Dass die Rufe „Keine Gewalt“ und „Wir sind das Volk“ bis hin zu „Wir sind ein Volk“ die all-

mächtige Staats- und Parteienherrschaft zusammenbrechen ließ wie das buchstäbliche Kartenhaus.
Wir haben im Staatsbürgerkundeunterricht gelernt, eine „revolutionäre Situation" zu beschreiben. Sie besteht immer dann, wenn die, die herrschen, nicht mehr so können, wie sie wollen. Und die, die beherrscht werden, nicht mehr so wollen, wie sie sollen. Einfach, weil es unerträglich geworden ist. Wir haben auch den leninschen Slogan gelernt, dass „die Idee zur materiellen Gewalt wird, wenn sie die Massen ergreift". Heimlich haben wir oft über diese Vereinfachungen gelacht. Doch dass ein Volk sich auf Dauer nicht einsperren lässt, auch nicht Ideen und Meinungen – wie viele Menschen haben dies insgeheim erträumt? Und wie wenige haben daran noch geglaubt? Und doch gab es 1989! Gott sei Dank.
Als junger Seminarist ist mir damals und besonders auch 1989 deutlich geworden, welche Kraft Hoffnung haben kann. Wenn sie wirklich realisiert wird. Ich kann sehr gut nachvollziehen, dass Rahner schreibt, dass sie, in dem sie getan wird, ihre eigene Rechtfertigung schon mitbringt. Und dass es „außerhalb" von ihr keine wirkliche Alternative geben kann, weil da nur namenlose Verzweiflung herrscht.
Mir ist auch bewusst geworden, was Karl Rahner in einem Buchtitel ausdrückt: „Glaube, der die Erde liebt". Unser Glaube, unsere Hoffnung, sind „geerdet", sie spielen sich ab an konkretem Ort, zu konkreter Zeit, mit Menschen, die einen Namen haben, die wir kennen, die zu uns gehören. Und mir ist – über 20 Jahre nach der friedlichen Revolution von 1989 deutlicher denn je – bewusst, dass Hoffnung nicht Besitz ist. Dass Hoffnung immer ein „Mehr" will, das sich nicht einfach machen, ‚produzieren' lässt.
Und so kommt in mir eine Ahnung davon auf, dass in den konkreten Gestalten jeder Hoffnung als auch in dem permanenten Ungenügen menschlicher Existenz beides zugleich aufleuchtet: Das wesentliche Angewiesensein des Menschen einerseits und der Geschenkcharakter des Lebens andererseits.
Mir fällt der Satz meines ehemaligen Pfarrers spontan ein: „Ein religiöser Mensch ist ein dankbarer Mensch."
Dabei glauben Christen nicht an eine „blinde" Evolution, die irgendwann und irgendwo für irgendwen einmal eine bessere Zeit bereithält

als es die unsrige ist. Die vollkommen sein wird, aus der irgendwann der „neue Mensch“ sozusagen herausspringt. Christen erliegen dieser Illusion nicht, weil sie den Grund dieser Hoffnung benennen können: Jesus Christus. Ihn ihm ist das Eigentliche schon geschehen, das nur darauf drängt – mit unserer Hilfe – zur Entfaltung zu kommen. Gott hat sich in Jesus von Nazareth endgültig, unüberbietbar und authentisch als der „Gott für uns“ engagiert. Gott selbst ist in Wort und Geist nicht nur eine fixe Idee des Menschen, sondern real dort, wo wir sind. Unsere Hoffnung hat nicht nur einen Namen, sie kann auch ein Ziel angeben, das ebenso wie der Grund dieser Hoffnung unüberbietbar ist: Das Leben in und mit Gott.

Zu welcher Bekehrung möchte Rahner mit diesem Text bewegen?

Das erste Stichwort ist schon gefallen: Dankbarkeit. Ich glaube, die Welt würde heute anders aussehen, wenn uns allen mehr bewusst würde, für was wir alles zu danken haben. Ob dann nicht eine Ahnung aufkommen könnte, dass wir auch jemandem dafür Dank schulden? Geben und Empfangen sind persönliche Vollzüge. Soll das für das Leben insgesamt nicht gelten? Wenn wir mehr realisieren würden, dass uns die Schöpfung anvertraut, in Obhut gegeben und nicht unser Besitz ist, mit dem wir verantwortlich oder auch achtlos umgehen können. Die Schonung der Ressourcen, das Gelten-Lassen des Anderen, Toleranz und Friedfertigkeit, ja, die Umsetzung der Bergpredigt Jesu – all das lässt sich weder erzwingen, noch ist es sozusagen „uns in die Wiege gelegt“, ein Selbstläufer.
Nein, am Anfang der menschlichen Existenz ebenso wie am Grunde jeder Hoffnung, steht eine Grunderfahrung: Die Erfahrung des Beschenkt-Seins. Unsere Augen nehmen zuerst das Lächeln der Eltern wahr. Und daran realisieren wir: Die Welt ist gut, sie meint es gut mit uns. Ohne die Erfahrung von Annahme können weder Dank noch Hoffnung gedeihen.
Ein anderes Stichwort ist: Sensibilität, zu der uns Rahner „bekehren“ möchte. Wir nehmen eine Welt wahr, die nicht „heil“ ist, in der es viele Problemzonen, Schwierigkeiten, ungelöste Fragen, Ungerechtigkeit und

Verzweiflung gibt. Wer Hoffnung säen möchte, weil sie der „Stoff ist, aus dem wir gebaut sind“, der muss sich ganz drangeben. „Verkaufe alles, was du besitzt, dann folge mir nach!“ Der Jüngling im Evangelium, der dies hörte, ging traurig weg, „denn er hatte ein großes Vermögen“. „Wer die Hand an den Pflug legt und zurückblickt, ist meiner nicht wert“, sagt uns der Herr. Jesus schärft uns ein, dass es nicht darum geht, möglichst oft, „Herr, Herr“ zu sagen, sondern den Willen seines Vaters zu tun.

Tun, Tätigwerden – darauf kommt es im Glaubensleben an. Beim „jüngsten Gericht“ werden wir hören, ob wir Hungernde gespeist, Kranke besucht oder Weinende getröstet haben. Es gibt vielfältige und unterschiedliche Gründe, im Leben und für das Leben dankbar zu sein. Durch Taten der Liebe.

Denn es reicht nicht aus, nur bei uns selbst zu bleiben. Die Hoffnungsperspektive greift ins Unendliche vor, sie umgreift den Nächsten und den Fernsten. Und es wird uns nur gelingen, wenn Dankbarkeit nicht zur Selbstgenügsamkeit verkommen soll, wenn wir zunächst sensibel wahrnehmen, welcher Art die Nöte sind, unter denen Menschen leiden. Nöte, die ihrer Hoffnung im Wege stehen, die sie blockieren, die sie einsam und verzweifelt, abgestumpft und resigniert sein bzw. zurück lassen. Hier will uns nicht nur Rahners Theologie Impulse geben. Wer sich mit seinem Leben näher beschäftigt, wird leicht den stillen, unaufdringlichen, dafür aber treuen praktischen „Nothelfer“ Karl Rahner entdecken.

Und selbst dabei, beim Mitmenschen, kann es nicht bleiben: Gottes gesamte Schöpfung ist uns anvertraut, sie zu behüten und zu pflegen wie einen Garten – das ist unser Auftrag. Nehmen wir sensibel wahr, wo Gottes Schöpfung leidet, wo sie auch unter uns leidet?

Nur diese Sensibilität für konkretes Leben ermöglicht es uns, dass auch die allumfassende Hoffnung wirklich realisiert wird. Und auf sie kommt es an, damit Leben insgesamt gelingt. Denn die letzte Dimension ist das heilige Geheimnis, das uns durch all das, was wir sind, erleben, tun und erleiden, anblickt. Das uns fragt, ob wir an IHM vorbeiblicken oder es zulassen, dass in allem eine einzige große Verheißung uns ermutigen will, zu IHM Du zu sagen, sich IHM restlos anzuvertrauen in einem Akt

der bedingungslosen Hoffnung. In einem Akt, der sich nur, indem er vollzogen wird, als wahr und gut legitimiert.
Das ist das Gegenteil einer Immunisierungsstrategie, die keine Kriterien zur Wahrheitsfindung angeben kann und von daher keinen Sinn ergibt. Hier, wo das Ganze des Lebens ins Spiel kommt und nicht nur ein einzelner Aspekt, wird präzis der Ort der Wahrheitsfindung angegeben. Er ist einzig und einzigartig, er liegt im Bekenntnis der Wahrheit des Glaubens, in der Realisierung der Hoffnung und im Vollzug der Liebe.

Was letztlich zählt? Gericht und „Unterscheidung der Geister"

„Wir können nur entweder alles, nämlich Gott selbst in seiner reinen Gottheit wollen, oder wir sind verdammt, das heißt begraben in dem Kerker unserer Endlichkeit" (SW 25, S. 47–57).
„Es bleibt dem Menschen letztlich keine Wahl: er versteht sich letztlich als platte Leere, hinter die man kommt, um mit dem zynischen Lachen des Verdammten zu merken, dass nichts dahinter ist, oder – da er selber sicher nicht die Fülle ist, die beruhigt in sich ruhen könnte – er wird gefunden von der Unendlichkeit" (SW 12, S. 309–322).

Kurze Interpretation

Karl Rahner beschreibt den Menschen als „das Ereignis der freien, vergebenden Selbstmitteilung Gottes" (SW 26, S. 116). Der Mensch ist Mensch, weil Gott, sein überschwänglich liebender Partner, ihn so will! Nur deshalb gibt es die tiefe Sehnsucht im Menschen, das große Ungenügen, die existentielle Frage, die sich mit keiner Antwort zufriedengeben kann. Der „Spruch des Gewissens" ist deshalb real, weil er Echo ist auf einen zuvor ergangenen Ruf. Es ist ein Ruf der Liebe, des Werbens, des Lockens.
Interessant ist an dieser Stelle auch Rahners Definition der Hölle: „Begraben im Kerker unserer Endlichkeit". Der Schüler und Freund Karl Rahners, der Jesuit Karl Heinz Weger, meinte einmal, dass nach Karl

Rahner „das Offenhalten der Frage nach dem Menschen“ die entscheidende Aufgabe der Theologie sei.[277] Darin ist ihm nicht nur zuzustimmen, vielmehr leitet sich aus dieser Standortbestimmung zugleich die Aufgabe ab, all jenen „tastenden Versuchen“ in Kirche und Gesellschaft nachzuspüren, die sich nicht abfinden wollen mit all jenen Versprechungen und Versicherungen, die in Wirklichkeit nur das Verharren im Hier und Jetzt im Sinn haben. Der Status Quo hat nur eine begrenzte Halbwertzeit. Es gibt auch im mitmenschlichen und kirchlichen Bereich eine „kritische Masse“, ein „Trägheitsmoment“.
Weil Gottes Geist weht, wo er will, sollten wir – auch und gerade – die atheistischen Anfragen an den Glauben „noch einmal genauer, vorsichtiger und liebender analysieren; man könnte dann vielleicht auf deren Grund nochmals viele christliche Möglichkeiten entdecken“. (SW 28, 621 f) Es scheint so, dass der Glaube dort Verbündete hat, wo Positivismus und Materialismus in ihrer Banalität und in ihrer scheinbaren Selbstverständlichkeit „irritiert“ werden.
Wo der Mensch sich das Fragen und Staunen nicht verbietet bzw. es sich nicht verbieten lässt, ist der Raum der Selbstbeschränkung aufgebrochen, kann der „Hörer des Wortes“ lauschen, ob ihm nicht doch *das* Wort zugesagt wird, nach dem er – vielleicht heimlich und uneingestanden – in seinem Leben und durch sein Leben hindurch Ausschau hält.

Entfaltung auf heutige Erfahrung hin

Das Jahr 1989, das Jahr der Wende in Osteuropa, wäre nicht eingetreten, wenn Menschen all jenen Parolen weiterhin geglaubt hätten, die die Entwicklung zum Sozialismus-Kommunismus als eine zwangsläufige, weil gesetzmäßige, gesellschaftliche Entwicklung propagierten. Die gesellschaftliche Wende wäre auch nicht zustande gekommen, wenn jene Meinung Oberhand gewonnen hätte: „Man kann eh nichts machen.“
Wenn auch im Raum der Kirche in Ostdeutschland der gesellschaftliche Umbruch eine Heimat fand, muss trotzdem oder gerade deshalb gesagt werden: Die Kirchen waren nicht alleinige Träger des Umbruchs. Es waren viele unterschiedliche Kräfte am Werk, die den Aufbruch wagten.

Vielleicht ist darum das Jahr der Wende 1989 insofern ein so hoffnungsvolles Symbol, als dass es anzeigt: Menschen lassen sich auf Dauer nicht einsperren, sie lassen sich auf Dauer nicht bevormunden, in ihnen lebt eine Kraft, die sich nicht für immer versklaven und verdummen lässt. Karl Rahner schrieb in einem Gebetstext, dass wir in allem Gott suchen und in allem uns, den Menschen, nicht lassen können. Die Welt wäre absurd, gäbe es nicht IHN, den Gottmenschen, in dem man Gott „hat" ohne den Menschen lassen zu müssen.

Warum ist Gott Mensch geworden? Diese Frage steht oft hinter den tiefen und umfassenden Analysen Karl Rahners als eigentlicher Frageimpuls. Warum ist das Heil uns gerade in Jesus Christus geschenkt worden? Warum ER? Warum gerade so?

Karl Rahner deduziert das Christusereignis nicht aus der Beschaffenheit des Menschen. Er setzt zunächst die Glaubenserfahrung voraus. Sie wird – in einem zweiten Schritt – daraufhin befragt, wie man das in ihr Ausgesagte und Gemeinte so verstehen und auch so weitersagen kann, dass es beim „Hörer des Wortes" so ankommt, wie es gemeint ist. „Was wissen wir von diesem wahren Gott, von Gott, den wir nicht ergreifen, sondern der uns ergreift; den wir nicht tragen, sondern von dem wir getragen werden. Die ursprüngliche Erfahrung ist eben nicht: Ich denke an Gott und ich erkenne ihn, sondern: Ich bin von ihm ergriffen und von ihm erkannt. Mein Wissen, mein Lieben, meine Sehnsucht, meine Angst ist schon von vornherein von einer Unbegreiflichkeit getragen, die eben Gott genannt wird, und eben nur dann, wenn diese ursprüngliche Erfahrung Gottes irgendwie durch das Reden über Gott, lebendiger angenommen, da ist, hat dieses ganze Reden von Gott einen Sinn, erst dann hat auch das Nachdenken über Gott einen tieferen Sinn" (Einübung priesterlicher Existenz, SW 13, S. 269–437).

Mit dieser Art theologischen Umgangs mit den Heilswirklichkeiten gibt Karl Rahner gleichzeitig eine hermeneutische Grundorientierung vor. Gott und sein Heilswirken können und dürfen nicht auf das Maß menschlicher Vernunft reduziert werden. Sie bleiben unableitbar, geschichtlich einmalig. Aber sie müssen in der Verkündigung kirchlichen Glaubens *so* den Menschen nahegebracht werden, dass dieser „mit Herz und Verstand" einen Zugang zu Gottes Tun gewinnt, damit er nach-

vollziehen kann, warum Gottes Wirken in Jesus von Nazareth „ihn unbedingt angeht". Ansonsten wäre nicht einsichtig zu machen, dass das Heil etwas (und zwar alles!) mit uns zu tun hat. Dann wären Gott und sein Heilswirken nur etwas, das sich jenseits unseres Bewusstseins abspielt. Etwas, was man zur Kenntnis nehmen kann oder auch nicht.
Wenn es darum geht, zu fragen, was es mit dem Menschen auf sich hat, den wir nun mal „nicht lassen können" (wie Rahner einprägsam formuliert, denn wir können uns nicht gleichsam neben uns stellen), dann denke ich auch an die biblische Geschichte vom nächtlichen Kampf Jakobs mit Gott an der Furt des Jabbok. Jakob wurde dabei an der Hüfte verletzt. D. h., wer sich auf Gott einlässt, muss dies mit allen Fasern seines Lebens tun. Halbherzigkeit ist Gottes Sache nicht. Und der Mensch wird nicht „unversehrt" davonkommen. Doch das letzte Wort hat der Segen Gottes.
Die Fragen nach dem „Sitz im Leben" in der Pastoral, nach dem Anknüpfungspunkt für die Verkündigung, sind in jeder Zeit neu durchzubuchstabieren. Sie basieren auf der Grundannahme des Glaubens, dass jeder Mensch unter dem Gnadenangebot Gottes steht, dass die Botschaft von außen auf ein „inwendiges Licht" trifft, das den „Resonanzboden" für die Botschaft der allumfassenden Hoffnung und Liebe bildet. Damit die Botschaft Gottes als solche vernehmbar ist, muss Gott auch das Hören-Können im Menschen bewirken. Von der Gnade Gottes – auch das können wir von Karl Rahner lernen, der dabei nichts Neues sagt, sondern der Kirche nur in Erinnerung ruft, was sie längst schon weiß – kann man nie groß und umfassend genug denken.
Nur so ist Mission überhaupt möglich, die deshalb nicht monologisch, sondern dialogisch strukturiert ist. Es gibt immer beides zugleich auf allen Seiten: Das Reden und das Hören. Kirche wird von daher nie nur Lehrende, sondern gleichzeitig und immer auch Lernende sein, weil das, was sie den Menschen bringt, nicht eigentlich etwas völlig Neues für ihn ist. Die Glaubensrechenschaft ist eine nachträgliche Reflexion auf die zuvor ergangene Zuwendung Gottes. Diese – das stellt sich aber erst im Nachhinein und in der Reflexion auf die Zuwendung Gottes heraus – ist oft beides in einem: Die von Gott her geschenkte „Erfüllung" und zugleich die „Durchkreuzung" menschlicher Erwartungen und Vorstellungen.

Verkündigung ist mehr ein Erwecken und – gegenseitiges – Entdecken. Sie ist kein Erfinden von etwas völlig Unbekanntem. Damit soll das Überraschende, Frohmachende, Beglückende, oftmals auch Umstürzende der christlichen Botschaft nicht „kleingeredet" werden. Wohl aber soll deutlich gemacht werden, dass Gott unserem Tun mit seiner Gnade zuvorkommt. Dass seine Selbstmitteilung eine wirkliche und wirksame ist, die auch das Ankommen bei uns bewirkt. Und dass ER dort noch Wege weiß, wo wir mit unseren Möglichkeiten am Ende sind.

Zu welcher Bekehrung möchte Rahner mit diesem Text bewegen?

Wer einmal am Grab Friedrich Nietzsches in Röcken stand und die Betrachtung von Reinhold Schneider dazu aus dem Jahre 1935 gelesen hat und Nietzsches Leben vor seinem geistigen Auge Revue passieren lässt,[278] der kann leicht erstarren angesichts dieser düsteren Prognose für eine Welt ohne Gott. Er wird erinnert an Jean Pauls „Rede des toten Christus vom Weltgebäude herab, dass kein Gott sei".[279] Es war die Botschaft der Tragik, Verzweiflung, Resignation: Es gibt keinen Vatergott, wir sind allein in einer grenzenlosen Welt.
„Kinder der Welt" – ohne Beheimatung, ortlos, obdachlos, unbehütet. Es bedurfte nicht erst der „Weisheit" des ersten Kosmonauten der Menschheit, Juri Gagarins, der zuerst den Sowjets und dann der Welt „verkündete", er wäre nun im Weltall gewesen, einen Gott konnte er dort aber nicht entdecken! Welch eine grandiose „Erkenntnis"! Dem atheistisch Indoktrinierten muss es gleichsam wie ein Aha-Erlebnis erschienen sein. „So ist das also. Und wir haben das ja alles schon längst vorher gewusst. Diese albernen Pfaffenmärchen, nichts ist dran an solcherlei Spukgeschichten."
Die „sich selbst erfüllende Prophezeiung" fand wieder einmal ihr Opfer! Mir scheint, Gagarins Ausspruch ist vergleichbar mit der Sorglosigkeit eines Menschen, der bedenkenlos über einen tiefen Abgrund schlittert, ohne irgendeine Ahnung von ihm zu haben.
Karl Rahners Texte dagegen wollen aufrütteln: Die Gottesfrage wird oft nicht mehr gestellt, der Gottesbezug wird oft nicht mehr realisiert, weil das eigene Ich untergeht im Meer der Informationen, des Konsums, der

überbordenden Angebote und grellen Schlagzeilen. Solange dies gut geht, solange dem modernen Menschen die eigenen Grenzen nicht unabweisbar bewusst werden, solange kann man den entscheidenden Fragen ausweichen oder sie lässig beiseite tun. Der wirklich ernstzunehmende Gesprächspartner ist für Karl Rahner deshalb auch eher der von ihm so benannte „bekümmerte Atheist". Das ist derjenige, der an der Welt so sehr leidet, dass er Fragen hat an den ‚guten Gott', dem er seine Fürsorge und seine Liebe nicht (mehr) glauben kann. Nur wo Fragen sind, machen Antworten Sinn. Können sie als solche überhaupt erst vernommen werden.

Rahner möchte in diesen Texten auch die Alternativlosigkeit des Glaubens erweisen. Die Unzulänglichkeit anderer Weltdeutungen machen im Umkehrschluss den ‚Mehrwert' des Glaubens deutlich, auf dem seine – ihm eigene – Glaubwürdigkeit beruht. Der Glaube kann vielfach in Frage gestellt werden, er ist und bleibt angefochten. Wir tragen ihn in „irdenen Gefäßen". Immer! Aber er wird uns nicht abgenommen und er lässt sich auch nicht abstreifen wie ein Hemd oder ein Pullover. Deshalb nicht, weil wir nicht umhin kommen – solange wir Menschen sind – nach Sinn und Ziel unseres Lebens zu fragen. Zu fragen, „was die Welt im Innersten zusammenhält". Rahner will dazu „bekehren", uns diese Fragen – um Gottes Willen und der Menschen Willen – nicht austreiben oder ausreden zu lassen. Sie überhaupt zu stellen – unabhängig zunächst von der Antwort auf diese Fragen – davon hängt ab, wie wir uns im Letzten selber verstehen. Und davon wiederum hängt ab, ob wir den Menschen sehen können als Wesen von unendlichem Wert und einmaliger, unersetzbarer Würde als Person. Weil er von einem bedingungslos liebenden Gegenüber ins Dasein gerufen und im Dasein gehalten wird. Oder er ist „Kanonenfutter", „Dutzendware", die morgen sinnlos weggeworfen wird, Verbraucher, Konsument, Funktionär, Arbeitssklave oder sonst etwas, das bemessen und taxiert wird nach rein sachlich-abzuhandelnden Kriterien.

Und was ist mit demjenigen, der diese Fragen gänzlich als sinnlos abtut? Zunächst: Er würde und könnte den Satz „Alles ist sinnlos" nicht als sinnvollen Satz formulieren, ohne den – uneingestandenen – Glauben an die Wahrheit zumindest *dieser* Aussage. Die Sätze „Alles ist sinnlos“ oder „Ich kann keine Entscheidung fällen“, sind widersprüchlich zum eigentlichen Aussageinhalt, wenn sie ins Verhältnis gesetzt werden zu lebenspraktischen Vollzügen, in denen Ansprüche auf Wahrheit und Sinn praktisch geltend gemacht werden. Darum insistiert Karl Rahner immer wieder darauf, das, was Menschen tun (und nicht nur das, was sie verbal „bekennen“) „liebevoll zu analysieren“. Es gilt, die Spur des Heiligen Geistes im Leben der Menschen aufzunehmen und sie anzuleiten, ihrer eigenen Tiefendimension bewusst(er) zu werden. Rahner fordert zur „Frömmigkeit des Denkens“ heraus. Ein Denken, das die Unabweisbarkeit der Gottesfrage herausstellt und aushält. Und das dem Fragenden, Hoffenden, Zweifelnden oder Suchenden die hoffnungsvolle Perspektive des Jesus von Nazareth, der uns „Kunde brachte vom Vater im Himmel“, vermittelt. Manchmal hat unser Glaube aber auch nur die ‚dürre Gestalt‘ jener Frage und Feststellung: Was bliebe denn sonst? Wenn es Gott als liebendes Gegenüber wirklich nicht gäbe. Die ‚Alternative‘ zu Gott und SEINEM Leben in Fülle ist – das Nichts! Kann man darauf wirklich sein Leben setzen? Ist das ein hinreichendes Ziel, für das sich zu leben lohnt?

Hoffen für andere, Fürchten für mich – Ernsthaftigkeit

„Die Liebe zu Gott vermag alles zu umfassen, und nur sie allein. Sie allein stellt den Menschen ganz vor den, ohne den der Mensch nur das grauenvolle Bewusstsein radikaler Leere und Nichtigkeit wäre; sie allein ist imstande, alle Kräfte des Menschen, die vielfältigen und chaotischen und sich widersprechenden zu vereinigen, weil sie alle ausrichtet auf Gott, dessen Einheit und Unendlichkeit im Menschen diejenige Einheit schaffen kann, die die Vielfalt des Endlichen eint, ohne sie aufzuheben; die Liebe allein lässt den Menschen sich vergessen (welche Hölle, wenn uns das nicht gelänge), sie allein kann auch die dunkelsten Stunden der Vergangenheit noch erlösen, da sie allein an das Erbarmen des heiligen Gottes zu glauben den kühnen Mut findet“ (Not und Segen, S. 144 f., vorgesehen für SW 7).

Kurze Interpretation

Karl Rahners Auffassung der Liebe kann man vielleicht am besten beschreiben als *den* Grundakt menschlicher Existenz schlechthin. In ihm und durch ihn entscheidet sich, ob Menschsein gelingt oder nicht. Nichts ist von dieser Liebe, von diesem alles umfassenden Akt der Annahme, ausgenommen. Er – dieser Akt der Liebe also – ist deshalb auch nur möglich als Antwort auf ein zuvor ergangenes göttliches Liebesangebot. In seinem Buch „Von der Not und dem Segen des Gebetes" schreibt Karl Rahner:
„Nicht wir steigen auf zu ihm, sondern Er stieg ab zu uns." Und so, als ob er die Bedenken mancher kritischer Zeitgenossen ahnt, schreibt er – verdeutlichend – weiter:
„Weil er uns fand, können wir ihn suchen mit unserer Liebe." Und – um wirklich jeden Zweifel auszuräumen – schreibt Rahner nochmals in einer bewegenden Textpassage in ein und derselben Meditation:
„Gib, dass ich mich von Dir lieben lasse. Denn auch dies ist nochmals Deine Gabe" (Not und Segen, S. 91, vorgesehen SW 7).
Wir müssen gründlich auf diese Frage eingehen, weil sich hier entscheidet – wie in einem Brennglas – ob die Theologie Karl Rahners im Ansatz verstanden oder missverstanden wird. Wenn die Liebe der alles integrierende Akt ist, wenn sich angesichts der Gottesfrage auch Erkenntnis in liebende, vertrauensvolle Annahme der Wirklichkeit „aufheben" muss, dann muss von einer Bipolarität zwischen Gott und Mensch gesprochen werden. Aber nicht so, als ob zwei gleiche Partner sich gegenüberstünden.
Gott ist es, der die Liebe des Menschen will, der sich zu seinem Geschöpf hinunter begibt, damit dieses zu ihm aufsteigen kann. Gleichzeitig ist er derjenige, der den Charakter des Geschaffenen nicht einfach aufhebt. Vielmehr ermächtigt er sein Geschöpf, ihn in seiner Liebe wieder zu lieben. Das ist das Privileg des Menschen, das unvergleichbar ist. Das seine Würde, seine Größe, seine Bedeutung ausmacht – Partner Gottes zu sein. Nichts kann der Mensch ohne die Hilfe Gottes. Aber *in* seiner Gnade sind Grenzen schwer auszumachen. Wer will schon die Grenzen für ein „Kind Gottes" genauer benennen?

In der Geschichte gab es viele Verirrungen und Verwirrungen in dieser Frage. Mal wurde der Mensch als „Maß aller Dinge gesehen", mal ließ er sich als gottgleich verehren („gottgleicher Führer"), mal wurde er als Gegenspieler des Geistes gesehen, der „völlig verderbt" ist. Rahner schreibt von der Liebe als dem eigentlichen Akt des Menschen, der einzig in der Lage ist, den zerstörenden Egoismus aufzuheben; zu verhindern, dass der Mensch in der Vereinzelung sich selbst verliert. Schon in den mitmenschlichen Beziehungen wird deutlich, was Rahner von der Gottesliebe schreibt: Wenn es dem Menschen nicht gelingt, von sich wegzukommen, dann wäre das die „selbst gewählte Hölle".
Und auch hier muss man gut aufpassen: Es geht nicht um die Abschaffung des Menschen, insofern seine Individualität aufgegeben wird. Ganz im Gegenteil, erst im Du findet der Mensch sein Ich, er wird zum Ich am Anderen. Und dennoch muss auch hier wieder streng darauf geachtet werden, dass der Andere nicht Mittel zum Zweck wird, zur Sache, die nützlich für mich ist. Die Liebe ist das Schönste, das Höchste und das Tiefste dessen, wozu wir Menschen fähig sind. Sie ist deshalb aber auch am meisten gefährdet in Bezug auf Missbrauch und Missverständnis. Darum soll Karl Rahner am Schluss dieser kurzen Interpretation selber noch einmal zu Wort kommen als sein bester Interpret:
„Die höchste Tat, deren wir fähig sind, wird von uns verlangt … Darum aber lieben wir Ihn nur dann, wenn wir nicht vergessen, dass unsere Liebe seine Liebe ist" (Not und Segen, S. 91).
Man muss Karl Rahner ganz aussprechen lassen, um auch die Schönheit der Sprache nachzuempfinden, die in seinen Texten zu finden ist. Dennoch wäre nichts verkehrter als den Glauben zu verwechseln mit „ästhetischem Genuss". Glaube hat es mit der rauen Wirklichkeit zu tun. Nur angesichts einer Wirklichkeit, in der nicht nur gefeiert und gejubelt, sondern auch gelitten und gestorben wird, erweist sich, welcher Lebensentwurf wirklich trägt, durchträgt. Darum geht der Text Rahners auch weiter und bleibt nicht im unverbindlichen Theoretischen stecken, wenn er über die Liebe weiter schreibt:
„… die damals unsere wurde, als der Speer des hassenden Menschen das Herz Gottes durchbohrte, auf dass es ausrann in die gottleere Welt. Darum kann eigentlich das Gebet unserer Liebe immer nur sein: Du

liebst mich, und die zitternde Bitte: Gib, dass ich mich von Dir lieben lasse. Denn auch dies ist nochmals Deine Gabe" (Not und Segen, S. 91).

Entfaltung auf heutige Erfahrung hin

Es sagt sich so leicht: „Bis dass der Tod euch scheidet". Das Eheversprechen, das sich Brautleute geben, es wird – Gott sei Dank – in vielen Beziehungen wirklich gelebt. Das Sakrament der Ehe ist die Zusage Gottes an uns: Ich bin bei euch, ich helfe euch, auch dort, wo es schwierig ist.
Nun gibt es aber auch Scheitern und Versagen. Das Sakrament der Buße ist jene Hilfe, die die Kirche den Gläubigen anbietet, um das Verhältnis zu sich, untereinander und zu Gott neu zu ordnen. Und dort, wo es nicht gelingt? Dort, wo Beziehungen endgültig zerbrochen sind? Dort, wo man keinen Ausweg mehr sieht? Dort, wo Menschen unter Menschen leiden – wo es Menschen Freude bereitet, Andere zu peinigen? Oder wo Menschen gar nicht mehr mitbekommen, wie sehr sie für Andere eine – im wörtlichen Sinne – Zumutung geworden sind?
Die Caritas Mecklenburg hat in Schwerin eine „Schulwerkstatt" als sozialpädagogisches Hilfsangebot aufgebaut. Sozialpädagogen versuchen gemeinsam – im Auftrag und in enger Zusammenarbeit von Schul- und Jugendamt – jungen Menschen, Schülern, zu helfen.[280] Welche Hilfe brauchen diese jungen Menschen? Was kennzeichnet sie in besonderer Weise? Zunächst, es sind Schüler, die der Schule fern bleiben. Die nicht in der Schule erscheinen. Die nicht zuletzt dadurch große Wissenslücken im Schulstoff aufweisen, so dass es ihnen sehr schwer fällt, wieder reinzukommen in den normalen Schulbetrieb, Anschluss zu finden an das Niveau ihrer Klasse.
Was sind die Motive ihres „schulaversiven" Verhaltens? Leicht ist die Rede von sozialen Ursachen, davon, dass die Aversion gegen Schule nur Symptom ist. Doch bei der Umsetzung dieser Erkenntnis in die Praxis – da wird es sehr schwierig. Man spürt erst im Miteinander, wie groß die sozialen Ausfälle sind, schon geworden sind, wie gewaltig das Defizit an emotionaler Beeinträchtigung ist, wenn Vertrauen zerstört wurde, wenn Angst statt Freude herrscht, Misstrauen und Aggression die Oberhand gewonnen haben.

Es ist in hohem Maße erschreckend zu erleben, wie bei Kindern Sozialkompetenz nicht einmal im Ansatz, zunächst jedenfalls, vorhanden zu sein scheint. Dementsprechend waren bzw. sind auch die Prognosen für die Reintegration in das normale Schulsystem. Ursprünglich war es schon recht viel, wenn man meinte, vielleicht schaffen es ja 20 oder sogar 30 Prozent. Ich selber muss bekennen, dass ich anfangs eher einer negativen als einer positiven Prognose zuneigte.
Heute, nach über zehn Jahren Erfahrung in dieser Arbeit, kann man auf Grund empirischer Daten sagen: Es sind weder 20 noch 30 Prozent. Weit über 80 Prozent schaffen eine Reintegration in das Schulsystem! Wie ist das möglich?
Überraschend war und ist immer wieder für mich, was in dem sogenannten „Morgenkreis" passiert. In der Schulwerkstatt – im Gegensatz zur normalen Schule, in der von Anfang an mit dem Lernen begonnen wird („Dafür ist doch Schule da!", so die landläufige Meinung) – wird zunächst Kindern die Chance gegeben, ohne Lern- und Zeitdruck zu erzählen, wie es ihnen geht, was sie erlebt haben, „wo sie jetzt gerade sich befinden". Man muss nicht viel Phantasie aufwenden, um sich vorzustellen, was Sozialpädagogen alles zu hören bekommen. Von einer durchweinten und vor Angst durchbebten Nacht bis hin zu Angstphantasien, Albträumen und abgrundtiefer Traurigkeit.
Wenn dieser „Schutt" nur ein wenig von der Seele „weggeräumt" wurde, erlebt man junge Menschen, mit denen man nicht nur gut arbeiten und lernen kann. Es ist eine wirkliche Freude, sie in ihrer Unbekümmertheit zu erleben. Was sie können, wie und wofür sie sich einsetzen, welche Ziele sie erstreben. Vor einiger Zeit habe ich es selber erlebt, als Hilfe im „Haus der Caritas" erforderlich war und es ziemlich laut zuging, so dass ich die Lautstärke ansprach und um Mäßigung bat, da sagte solch ein „Steppke" aus der 5. Klasse zu mir: „Entschuldigen sie bitte". Und sehr schnell war der Lärmpegel auf normal gestellt.
Überall dort, wo Grundtugenden wie Vertrauen, Ehrlichkeit, Gerechtigkeit erlebbar werden, kann menschliche Gemeinschaft gedeihen. Nur dort. Wo dies nicht geschieht, erleben Menschen oft genug die „Hölle auf Erden".

Zu schnell wurde uns im Religionsunterricht beigebracht, dass die 10 Gebote lauten: „Du sollst dies, du sollst jenes." Zu wenig wurde davon gesprochen, dass davor der entscheidende Satz steht: „Ich bin der Herr, dein Gott, der dich aus dem Sklavenhaus Ägypten befreit hat." D.h. doch gerade, dass Gott will, dass wir nicht wieder in die „Sklaverei", in ein anderes „Sklavenhaus" geraten.
Genau darauf kommt es an, kommt alles an, um die 10 Gebote als Weisungen für ein Leben, das gelingt, zu verstehen und wahrzunehmen. Gott will uns weder bevormunden noch will er uns „knechten". Das hat er nicht nötig, wozu auch? Gott – so die biblische Botschaft – will, dass wir aus *jeglicher* Sklaverei herauskommen und Vorkehrungen schaffen, dass wir gar nicht erst in sie hineingeraten.
Darum sind seine Gebote in Wirklichkeit „Lebensmittel" – Mittel, Wege, die uns Leben ermöglichen. Kommt dies genügend in der kirchlichen Verkündigung vor? Wird diese Frohbotschaft als solche vermittelt? Ich vermisse oft, dass in Predigten konkret „durchbuchstabiert" wird, dass die Befolgung der Gebote im Leben befreiende Wirkungen haben. Auch wenn es auf den ersten Blick nicht so aussieht; auf Wahrheit, Anerkennung, Annahme, Verzeihung kann niemand ernstlich im Leben verzichten.
Nur dort, wo Liebe nicht Gefahr läuft, missbraucht , ins Absurde verkehrt zu werden, bleiben Menschen frei und werden nicht ihrer unveräußerlichen Rechte, die auf ebensolcher Würde aufruhen, beraubt. Ob uns dies immer bewusst ist in einer Zeit, in der die Porno-Industrie boomt? Wo jede Tabuverletzung Einschaltquoten bringt? Es bedarf keiner großartigen Beweisführung, dass wir erst dann mit dem Begriff des heiligen Geheimnisses, mit Gott, wirklich etwas anfangen können, wenn uns zuvor die Erfahrung von Liebe und Vertrauen geschenkt wurde. Wie gering das Vertrauen bei Kindern wirklich ausgeprägt ist, wenn und weil wichtige Bezugs- und Vertrauenspersonen in den entscheidenden Lebensphasen nicht oder nur unzureichend zur Seite stehen und Verlässlichkeit gewährleisten, ist in den steigenden Zahlen der Hilfen zur Erziehung bundesweit anschaulich nachzuvollziehen.
Was heißt das konkret für die Glaubensweitergabe? Eltern sind die ersten Glaubenszeugen – und die wichtigsten! Ob dies immer gewusst und

beherzigt wird? Als Eltern, als Familien, auch als „Pfarrfamilie“ haben wir nicht nur den Auftrag, es ist unser Recht und unsere – von Gott geschenkte – Möglichkeit und von daher auch Pflicht, mitzuwirken an seiner Schöpfung. Deutlich zu machen, erlebbar zu machen, dass es Gnade ist, zu leben, dass das Leben ein Geschenk ist vom „Geber aller Gaben“.

Welch ein riesiges Aufgabenfeld ergibt sich daraus für die Kirche, für die „Orte kirchlichen Lebens“[281], die nicht auf den liturgischen Innenraum beschränkt werden dürfen! Man muss genau hören und lesen, was Papst Benedikt in seinem jüngsten Werk schreibt: Er spricht von den „Schutzräumen der Liturgie“, davon, dass Kirche „wirklich *als Kirche*“ am meisten in der Liturgie erlebt wird.

Falsch indes wäre es, zu meinen, dass Liturgie der ausschließliche Ort für Kirche ist. Kirche als Kirche hat in der Liturgie ihren bevorzugten Ort. Doch Kirche ist nicht Selbstzweck. Herausgerufen für die Welt, Sakrament des Heils zu sein, das ist ihr Wesen. Nur so kann sie wirklich der „fortlebende Christus“ in der Zeit sein. Papst Benedikt sagt ausdrücklich, dass die Kirche „in vielen Dingen sichtbar“ ist und noch werden muss für die Menschen. Er nennt exemplarisch Caritas und Missionsprojekte.[282]

Christentum ist nicht zu reduzieren auf eine „Spaß- und Wohlfühlreligion“. Am Kreuz starb Jesus nicht in „Wellness-Mentalität“. Andererseits: Wenn uns jegliche Freude abhanden kommt, wenn Christen der Welt ein Gesicht zeigen, vor dem man davonlaufen möchte, dann stimmt auch mit unserem Glauben etwas nicht.

Der Satz, dass die Erlösten erlöster aussehen sollten, ist auch heute nicht falsch und sollte uns wachrütteln in der Kirche. Wachrütteln, die richtigen Fragen zu stellen, z. B.: Wie wirken wir auf Andere? Ist unser Benehmen anziehend, unsere Gemeinschaft? Leben wir so, dass Andere „Lust auf Kirche“ bekommen? Wir verkünden doch einen Gott der Liebe. Eine Liebe, die nichts und niemanden ausschließt. Spürt man dies bei uns? Sieht man es uns an? Fühlen sich die Menschen bei uns wohl? Dies sind Fragen, die nicht auf einem theologischen Seminar gelernt und abgefragt werden. Wohl aber sind es Fragen, die in jedem christlichen Haus mit darüber entscheiden, ob der Weg der Liebe als lohnenswert erlebt wird, um ihn weiterzugehen. Und was für jede Familie gilt, gilt auch für die Kirche vor Ort, für unsere „Pfarrfamilie". Es ist nicht unerheblich, welches „Familienklima" in unseren Gemeinden vorherrscht. Und es ist auch nicht so, dass wir als „Glieder am Leibe Christi" abseits stehen dürften, Unbeteiligte sind und passiv alles „über uns ergehen lassen." Kirche ist unser Zuhause, wenn wir uns dort nicht nur heimisch fühlen, sondern auch verantwortlich dafür, dass unser Heim „wohnlich eingerichtet ist – und bleibt."

Zu welcher Bekehrung möchte Rahner mit diesem Text bewegen?

Eine kleine Begebenheit mag das Gemeinte verdeutlichen. Unser Hauskreis, wir sind etwa acht bis zehn Personen, trifft sich regelmäßig nach dem Sonntagsgottesdienst und bleibt noch ein wenig beisammen, eine Art Agape sozusagen. Meistens gehen wir in eine Gaststätte in der Nähe unserer Kirche und reden „über Gott und die Welt" bei einem Glas Bier oder Kaffee. So, wie jede und jeder von uns es gerne mag.
Gestern, also beim regelmäßigen Frühschoppen in der Schweriner Innenstadt, trafen wir den evangelischen Probst. Er kennt uns schon länger und sagte zu uns scherzhaft: „Ach, ihr Katholiken, ihr mit euren Sinnesfreuden. Wir müssen ja immer erst unser Buch zu Ende kriegen." So scherzhaft dieser kleine Ausspruch gemeint war, ein Kern Wahrheit ist doch in ihm enthalten: Die Freude über das Dasein, über das Leben, ist nicht nur privater Luxus. Sie ist ein Widerschein der Freude des ersten Schöpfungstages, die man nicht für sich allein behalten möchte. Fragen, Freuen, Staunen sind Vollzüge, die uns aufmerksam machen: Wir sind geliebt, die Welt ist schön, sie ist da, auch, weil es uns in ihr geben soll. Weil jemand da ist, der uns kennt, der uns ansieht, der „jedes Haar auf unserem Haupt gezählt hat".
Wenn wir fragen, zu welcher „Bekehrung" Karl Rahner uns mit diesem Text über die Liebe bewegen möchte, fällt mir spontan dies ein.
Sehr viel (zu viel?) ist über Liebe schon geschrieben und gedacht worden. Wem fällt nicht Paulus ein und das „Hohe Lied der Liebe" in der Bibel? Wem fallen nicht Romane und Filme ein, die die Liebe besingen, beschreiben, zeigen, beschwören? Doch *über* Liebe zu schreiben oder zu

denken und zu reden ist verschieden von der Liebe selbst. Sie ist ein Geschenk Gottes.

Rahner erinnert uns an dieses Geschenk und motiviert dazu, mit ihm sorgsam umzugehen. Denn es löst sich auf, wenn man es nur für sich behalten will oder wenn man sich darüber nur „schlaue Gedanken" macht. Alle personalen Vollzüge werden ihrer Wahrheit nur ansichtig, indem sie getan werden. Die Wahrheit der Liebe leuchtet im Vollzug, im Tun auf und nur dort. Man kann nicht eine große Abhandlung theoretischer Art über die Liebe verfassen und gleichzeitig meinen, damit ihr Wesen erfasst zu haben. Das Tun einer Mutter Theresa oder eines Maximilian Kolbe wird wahrgenommen und leuchtet weit über den konkreten Ort und Anlass hinaus. Es ist kein Zufall, dass die bekanntesten Heiligen, wie Nikolaus, Elisabeth von Thüringen, Martin von Tours allesamt Heilige der Nächstenliebe waren.

Das „Talent, das vergraben wird", ist ein verlorenes Talent. Auch mit den „kleinen Geschwistern" der Liebe, der Freude und dem Staunen, geht es so zu im Leben.[283] Segen für sich behalten ist ein Widerspruch in sich, denn Segen will, wie Liebe auch, von sich aus Gemeinschaft stiften.

„Wer liebt, der kehrt zu dir nach Haus."[284] Erst in der Liebe kann eine Ahnung aufkommen vom Gott, der die Liebe ist.

Erfahrung des Kommenden (Freiburg 1984)

„Wenn die Engel des Todes all den nichtigen Müll, den wir unsere Geschichte nennen, aus den Räumen unseres Geistes hinausgeschafft haben (obwohl natürlich die wahre Essenz der getanen Freiheit bleiben wird), wenn alle Sterne unserer Ideale, mit denen wir selber aus eigener Anmaßung den Himmel unserer Existenz drapiert hatten, verglüht und erloschen sind, wenn der Tod eine ungeheuerlich schweigende Leere errichtet hat und wir diese glaubend und hoffend als unser wahres Wesen schweigend angenommen haben, wenn dann unser bisheriges, noch so langes Leben nur als eine einzige kurze Explosion unserer Freiheit erscheint, die uns wie eine Zeitlupe gedehnt vorkam, eine Explosion, in der sich Frage in Antwort, Möglichkeit in Wirklichkeit, Zeit in Ewigkeit, angebotene in getane Freiheit umsetzte, und wenn sich dann in einem ungeheuren Schrecken eines unsagbaren Jubels zeigt, dass diese ungeheure, schweigende Leere, die wir als Tod empfinden, in Wahrheit erfüllt ist von dem Urgeheimnis, das wir Gott nennen, von seinem reinen Licht und seiner alles nehmenden und alles schenkenden Liebe, und wenn uns dann auch noch aus diesem weiselosen Geheimnis doch das Antlitz Jesu, des Gebenedeiten, erscheint und uns anblickt und diese Konkretheit die *göttliche Überbietung* all unserer wahren Annahme der Unbegreiflichkeit des weiselosen Gottes ist, dann, dann – so ungefähr möchte ich nicht eigentlich beschreiben, was kommt, aber doch stammelnd andeuten, wie einer vorläufig das ‚Kommende' erwarten kann, indem er den Untergang des Todes selber schon als Aufgang dessen erfährt, was kommt" (SW 25 S. 47–57).

Kurze Interpretation

Bei diesem Text ist jede Interpretation nicht nur schwer, sondern eigentlich kann sie den Aussagegehalt nur abschwächen. Er ist so konzentriert und inhaltsschwer, dass er nicht nur für sich spricht, sondern dass jeder Versuch einer Interpretation Gefahr läuft, zu vereinfachen oder Wesentliches zu übersehen.[285]
Vielleicht ist eine kleine Anmerkung hilfreich, die zeigt, wie konzentriert Karl Rahner in diesen Überlegungen seine Akzente setzt. Und wie wichtig es ist, Karl Rahners Theologie immer im Ganzen zu sehen und nicht gleichsam als einen „Steinbruch" zu missbrauchen, aus dem sich jeder die Steine holen kann, von denen er meint, dass sie für ihn brauchbar sind.
Gleich am Anfang schreibt Karl Rahner vom „nichtigen Müll, den wir unsere Geschichte nennen". Man könnte meinen, dass Rahner also doch, zum Schluss seines Lebens, deutlich macht, wie wenig er am Konkreten des menschlichen Lebens, des geschichtlichen und dialogischen Charakters menschlicher Existenz interessiert ist. Haben jene also recht, die seine Theologie deshalb ablehnen als „transzendentale Spekulation", die das Eigentliche christlichen Lebens verfehlt bzw. ignoriert und nicht erreicht?

Man muss nur auf den sofort sich anschließenden Klammersatz achten, um zu sehen, wie verfehlt eine derartige Deutung ist. Rahner spricht von der „wahren Essenz der getanen Freiheit, die natürlich bleiben wird". Hier ist jedes Wort hoch bedeutsam, auf keines kann verzichtet werden.[286] Freiheit kann nicht „konserviert" werden, sie muss *getan* werden, sie ist nur real im Vollzug. Weil der Freiheitsvollzug in Geschichte und Gesellschaft geschieht (und nicht im „luftleeren Raum"!), darum wird das, was wahr ist, was bleibt, dem gegenübergestellt in der Geschichte, was es ja auch gibt, dem „nichtigen Müll". Das, was oft so belanglos ist (Und sich doch im Leben so oft vordrängt und wichtig nimmt.) und das, was wir so gerne verdrängen. Das Echte, das, was vor Gott bestehen kann, was in Liebe getan wurde, nur das wird *bleiben*. Nur das ist eben auch so wertvoll, dass es bleibt.
Karl Rahner kommt dann auf Jesus zu sprechen als „göttliche Überbietung all unserer wahren Annahme der Unbegreiflichkeit Gottes". Er spricht von Gottes nehmender und alles schenkender Liebe, von der *angebotenen Freiheit, die in der Zeit in getane Freiheit umgesetzt wird.* Dichter, deutlicher, klarer kann man es nicht ausdrücken, dass wir unser Heil in der Zeit wirken können – aber auch wirken müssen. Dass wir es nur in der Kraft Gottes tun können, („alles schenkender und alles nehmender Liebe"), wie sie jedem Menschen persönlich von Gott angeboten wird in seinem Leben. Dass Gottes Liebe unbegreiflich ist („nehmend und schenkend"). Dass wir außerhalb dieser unbegreiflichen Liebe im Endlichen verbleiben und an dieser Endlichkeit „versteinern".[287] Dass Gottes Einsatz in Jesus von Nazareth all unsere selbstgemachten, menschlichen Vorstellungen vom Heil „göttlich überbietet". Und dass wir deshalb in einer großen Gemeinschaft mit Jesus, dem Christus, zu Hause sind, in der das Tun und Lassen immer auch Bedeutung hat für den Anderen, für die menschliche Gemeinschaft. Man kann Lehmann nur zustimmen, dass Karl Rahner nach dieser Aussage nicht mehr viel sagen brauchte.

Es gibt bestimmte Begegnungen im Leben, die einen prägenden Einfluss haben. Jeder weiß, wie sehr er abhängig ist von seinen Eltern, seiner Umwelt, wie wichtig Schule, Familie, Freundes- und Bekanntenkreis sind. Als Jugendlicher war ich in unserer Gemeinde Messdiener, die Messdienertage fanden in Dreilützow statt, unserem Wallfahrtsort in Westmecklenburg. Und am Abend eines jeden Tages gab es die turnusmäßige Auswertung, in der Regel im Schloss, das heute ein Caritas-Schullandheim ist und in dem vormals geistig behinderte Menschen von Ordensschwestern liebevoll umsorgt wurden.
Eines Abends, ich wollte mich gerade zurückziehen, kam ich mit einer Ordensschwester ins Gespräch. Ihren Namen weiß ich nicht mehr, aber die Begegnung mit ihr steht mir noch heute klar vor Augen. Sie war fasziniert von einem älteren Priester, sein Name war Karl Pfleger. Sie las gerade, wie sie sagte, sein „geistliches Testament" mit dem Titel „Christusfreude".[288] Und sie erzählte mir von Büchern Pflegers wie „Im Schatten des Kirchturms",[289] das die Nazis gleich einstampfen ließen. Ein anderes Buch handelte von „verwegenen Christozentrikern",[290] ein weiteres hieß verheißungsvoll „Geister, die um Christus ringen".[291] Und noch ein anderer Titel war alleine vom Namen her beeindruckend: „Kundschafter der Existenztiefe".[292]
Ich wurde durch die Begegnung mit dieser netten Ordensfrau aufmerksam auf den alten elsässischen Prälaten, dessen Bücher sich spannend lesen wie ein Krimi. Die Titel halten allesamt, was sie versprechen. Mir fiel Karl Pfleger und sein „geistliches Testament" sofort ein, als ich unlängst ein Gespräch hatte mit einem jungen Mann, den ich persönlich sehr gut kenne. Er selbst ist ein guter Handwerker, hat sein Auskommen, ist verlobt mit einem netten Mädchen. Mit der Kirche hat er es nicht sonderlich „am Hut". Ich sage bewusst, mit der Kirche, denn er sagte mir, dass sein Leben ohne den Glauben an Gott nicht sinnvoll wäre. Doch die Gemeinde hier vor Ort, nein, das wäre seine Welt nicht. Er könne auch gut und gerne ohne diese Art von Kirche auskommen. Und dann gab es zwei Ereignisse, die vor kurzer Zeit erst stattfanden, der Tod eines Verwandten seiner Verlobten und die ‚Jugendweihe' ihres Bruders.

Es gibt an sich keinerlei Zusammenhang zwischen beiden Ereignissen, außer dass sie zeitlich ziemlich eng beieinander lagen. Und doch gibt es noch etwas anderes. In einem Gespräch am Rande einer Veranstaltung sagte mir dieser junge Mann mit echter Entrüstung: „Nein, das ist wirklich schlimm."
Auf meine Frage, was denn so schlimm sei, warum er so entrüstet sei, kam es sehr drastisch in der Formulierung heraus. Dieser junge Mann hatte zum ersten Mal in seinem Leben eine Beerdigung erlebt ohne jeglichen kirchlichen Bezug. Und er war tief betroffen über die Trostlosigkeit dieser Veranstaltung. Ich konnte ihm dann zunächst auch nur die Frage stellen, was denn dieser Redner hätte anders machen sollen, wenn wirklich alles, wie er sagt, mit dem Tode „aus ist" und nur die Erinnerung bleibt?
Ähnlich war es mit der ‚Jugendweihe'. Zu DDR-Zeiten wurde sie weltanschaulich instrumentalisiert, die überwiegende Mehrzahl der jungen Menschen hatte allerdings auch damals schon an all den Phrasen wenig Interesse. Heute scheint vielfach die Feierlichkeit zumeist ohne echten Inhalt. Der Eintritt in das Erwachsenenleben wird eben gefeiert. Wenn dabei dann möglichst viele Geschenke überreicht werden, Gutscheine oder Geld besonders, weil dann die eigenen Bedürfnisse doch etwas großzügiger befriedigt werden können, hat sich die Feier auch „richtig gelohnt".
Dass in beiden Veranstaltungen etwas Entscheidendes fehlte, das wurde dem jungen Mann, der kirchlich erzogen wurde, ganz plötzlich, ohne viele Worte und Überredung, sehr klar und deutlich. Im Gespräch kam ich auf Pflegers „Christusfreude" zurück,[293] in dem er auch auf Monods Aussage, wir seien nur „Zigeuner am Rande des Universums", einging, auf die sich daraus ergebende Trostlosigkeit einer Welt ohne Gott. Der französische Biologe und Nobelpreisträger meinte sinngemäß, dass der Mensch endlich aufwachen müsse aus seinem vieltausendjährigen Traum. Dann würde er schon erkennen, wie es um seine totale Einsamkeit, seine radikale Fremdheit in der Welt bestellt ist. Er würde endlich zur Einsicht kommen, dass er wie ein Zigeuner am Rand der Welt haust. Sein Zuhause ist ein Weltall, das taub ist für seine Musik, gleichgültig gegenüber seinen Hoffnungen, seinen Leiden, wie auch seinen Verbre-

chen. Es ist eine grandiose Sicht der Dinge, die ernüchtert ausgebreitet wird, um die totale Hoffnungslosigkeit – fast möchte man sagen – genüsslich zu zelebrieren.

„Welch eine ‚grandiose' Einsicht nach all den vielen Studien!", möchte man dem hochgelehrten Mann zurufen. Dass wir nichts weiter sind als purer Zufall, wie ein Streichholzflämmchen in rabenschwarzer Nacht in unendlich dunklen Räumen – welchen Wert hat das als „Lebenssumme"?

Pfleger führt dann noch einen anderen Zeitzeugen an, einen Landsmann, der um die Wende vom 19. zum 20. Jahrhundert lebte, Anatole France, der davon sprach, dass die Menschen in einer Phantasmagorie leben und dass das Leben nur ein schlechter Schlaf ist. Das Wissen darum ist dann lediglich wie ein böser Traum in diesem Schlaf. Mehr nicht. Nichts ist mehr gültig.

Interessant war für mich, welche Abscheu bei Fragenden und Suchenden solch abgrundtiefe Trostlosigkeit oder Inhaltsleere hervorrufen kann, wie sie eine Beerdigung ohne den Segen der Kirche zwangsläufig darstellt. Oder eine Feier, bei der man nicht erkennen kann, warum und was denn überhaupt gefeiert wird. Der junge Mann geht nach wie vor nicht in die Kirche, doch dass ohne Glauben etwas Entscheidendes im Leben fehlt – das mag er (noch) nicht offen zugeben, doch man merkt es ihm an. Fast mutet es da wie „rhetorischer Luxus" an, wenn man religiöses Denken und Tun abtun möchte als Ablenkung und Ausdruck des Nicht-abfinden-Könnens mit der Welt, wie sie nun mal ist. Oder als ein Ablenkmanöver von der Erkenntnis eigener Unbedeutendheit.

Und damit komme ich zum rahnerschen Text zurück. Er ist wie ein Kontrastbild zu solchen Visionen und Schreckensszenarien eines Monod oder France. Er ist „hoffnungsgesättigt", er lässt die Barmherzigkeit Gottes aufscheinen im Antlitz Jesu. Seine Zuwendung zu uns ist die „göttliche Überbietung" all unserer Erwartungen. Die Frage bleibt, und damit auch die Frage nach der „Bekehrung", die Rahner mit seinem Text bewirken will, warum die Kirche offensichtlich Mühe hat, das Frohmachende dieser Botschaft den Zeitgenossen so zu vermitteln, dass die Freude und das Hoffnungsvolle mit Strahlkraft aufscheint.

Zu welcher Bekehrung möchte Rahner mit diesem Text bewegen?

Man wird sich hüten müssen, auf die Frage nach der scheinbar geringen Strahlkraft kirchlich-christlichen Lebens und der christlichen Botschaft mit einfachen Antworten aufzuwarten. Es gibt vielfältige Gründe, warum es die religiöse Botschaft heute schwer hat, anzukommen. Doch die Frage muss auch gestellt werden, ob sie es wirklich jemals leicht hatte mit ihrer Botschaft? Der Kreuzweg ist kein „roter Teppich" oder ein Laufsteg!

Papst Johannes Paul II. sprach von den unterschiedlichen Areopagen dieser Zeit, die sich heute im Computerkabinett, an der Werkbank und in der Fabrikhalle, im Seminarraum der Universität, in wissenschaftlichen Laboratorien oder in den Hörsälen befinden. Sie alle brauchen Verkünder des Glaubens, die in den unterschiedlichen Strukturen „zuhause sind", sich auskennen. Die eine Sprache sprechen, die verstanden wird. Die Frage darf, ja sie muss gestellt werden, ob und wie Kirche und ihre Verkündigung auf diese neuen Herausforderungen vorbereitet ist.

Etwas anderes scheint mir ebenfalls sehr bedeutsam. Kirche muss weder dem „letzten Schrei" nachlaufen, noch sich von der Welt abwenden. Wenn und insofern sie die Menschen ernst nimmt, ist sie von vornherein in einen Prozess involviert, der ihr Eigentliches als auch ihr Eigenes berührt. Mir scheint nämlich, dass der Mensch von heute nur darauf wartet, wirklich ernst genommen zu werden, sich ganz aussprechen zu dürfen. Der moderne Mensch ist viel zu realistisch, als dass er nicht wüsste, dass es auf komplexe Fragestellungen selten eine ganz simple Lösung gibt.

Er will auch keine Patentlösungen, dazu ist er – auch im geistigen Bereich – schon viel zu oft um sein „Hab und Gut geprellt worden". Er will zunächst angehört, angenommen werden. Mit seinen vielfältigen Fragen und Nöten, Freuden und Wünschen. Nehmen wir uns die Zeit dazu? Und tun wir genügend dafür, dass wir Fragenden gegenüber – wie der Apostel sagt – fähig sind, den „Grund der Hoffnung zu benennen"?

In seiner „Christusfreude" kommt Pfleger auch auf Karl Rahner zu sprechen, indem er Rahners Aufsatz über die Theologie der Menschwerdung bespricht. Er fragt nach dem, was denn diese ‚menschliche Natur' ist, um dann – fast euphorisch – fortzufahren, dass sie ein „bodenloses Geheimnis ist, denn trotz ihrer Endlichkeit und Todverfallenheit reicht sie in die unendliche Fülle, Seligkeit und Ewigkeit Gottes hinein. Gott hat diese, genau diese unsere menschliche Natur angenommen als seine Wirklichkeit."

Diese Annahme ist für Pfleger der Grund seiner „Christusfreude".[294] Ist dies auch für uns Grund zur Freude? Und wenn nicht, warum nicht? Was steht dem entgegen?

Die Kirche kann darauf verweisen, dass Gott den Menschen so sehr annimmt, dass er einer von uns geworden ist. Ob sie dies mit dem nötigen Ernst, der heiteren Freude und der gebotenen Gelassenheit gleichermaßen verkündet? Sicher ist jede Situation anders, einmalig, unverwechselbar. Doch sind diese Attribute: Ernsthaftigkeit, Freude und Gelassenheit wirklich mehrheitlich die Kennmerkmale der Gläubigen?

Der Mensch von heute erwartet, dass er wirklich ganz ernstgenommen wird, mit all dem, was seine Existenz ausmacht und bestimmt. Eigentlich ist die Situation für die Kirche vielversprechend, denn wo erlebt der Mensch noch, dass es um ihn persönlich geht? Ich glaube, dass der Mensch heute zunehmend ein waches Gespür dafür entwickelt hat, zu unterscheiden, wo es wirklich um ihn geht oder um seinen ‚Geldbeutel', seine Zeit oder sein Talent. Der Mensch heute lernt zu unterscheiden, ob *er* gemeint ist oder ob man ihn nur nutzen, instrumentalisieren will.

Ein weiterer Aspekt, zu dem Rahner anleiten, „bekehren" will: Die Frohbotschaft nicht überheblich, aber überzeugend auszurichten.[295] Mir fällt in diesem Zusammenhang Pater Maximilian Kolbe ein, der für einen anderen Mithäftling in den Hungerbunker eines Konzentrationslagers ging. Mir fallen die Lübecker Märtyrer ein, die im Jahre 2011 in Lübeck seliggesprochen wurden. Deren einziges „Vergehen" es war, die unendliche Würde des Menschen öffentlich einzufordern in einer Zeit, in der der Rassenwahn und der blinde, fanatische Völkerhass unermessliches Leid über viele Menschen, besonders über unsere jüdischen Schwestern und Brüder, brachten.

Es gibt das Zeugnis des Wortes und es gibt das Zeugnis der Tat. Vielleicht wird das Beispiel, die Geste in einer Zeit der „Inflation der Bilder und Worte“ eine größere Chance haben, wahrgenommen zu werden und anzukommen als das Wort, das gesprochene Bekenntnis. Aber es muss auch *gesagt* werden. Bei vielen Menschen, die durch Güte und Menschenfreundlichkeit oder durch Leid und Trauer aus den gewohnten Gleisen herausgerissen und zum vertieften Nachdenken angeregt werden, werden Fragen sich Bahn brechen, die in die Tiefe gehen. Die nach Antwort Ausschau halten. Wer gibt Rat? Wer kann helfen, indem er Auskunft gibt?

Auf mich wirkte (und wirkt!) Rahners letzter öffentlicher Vortrag wie ein Vermächtnis, den Glauben zu bezeugen in Nüchternheit, Ehrlichkeit und redlicher Gelassenheit. Man muss sich nur anschauen, wie Karl Rahner einerseits den Dialog mit den Wissenschaften einfordert. Und wie er andererseits einen „Frieden“ im Dialog ausmacht, an dem alle Teilnehmer mitwirken können und sollen. Einfach deshalb, weil alle Menschen dem göttlichen Geheimnis – auch und gerade in den exakten Wissenschaften, wo vieles verständlich, nichts aber wirklich selbstverständlich ist – konfrontiert sind, ihm in gewisser Weise ausgeliefert sind und so nicht nur auf das Geheimnis verwiesen und angewiesen sind, sondern es auch erleiden und aushalten müssen.

Wenn man vor ihm fliehen wollte, müsste man vor sich selber fliehen, denn das unbegreifliche Geheimnis wird dort ansichtig und spürbar, wo wir uns selber zur Frage werden. Wenn wir selber keine Fragen mehr haben und auch keine Fragen mehr zulassen, dann hat das Geheimnis keine Chance. Denn dann ist alles restlos „aufgeklärt“, durchschaubar und klar. Dann aber auch todlangweilig, wie ein Kreuzworträtsel uninteressant wird, wenn alle Lösungen gefunden wurden.[296] Die Frage bleibt, ob und wie lange Menschen diese Langeweile, die man durchaus eine Zeitlang genießen kann, aushalten, ohne irre zu werden.

Beides, das aufmerksame Zuhören und das freudige Verkünden des Gotteswortes, sind vielleicht entscheidende Zugänge zum Glauben heute und morgen, die es immer wieder neu einzuüben gilt.

VIII. Gang: Christliche Lebenskultur in Anerkennung des bleibenden Geheimnisses

„Rabbi, was muss ich tun, um das ewige Leben zu erlangen?“ Diese Frage, die Jesus gestellt wurde, steht in auffälligem Kontrast zu einer Lebenserfahrung, die der Schriftsteller Reinhold Schneider in seinem letzten Buch in etwa so formuliert hat: Er – Schneider – könne sich einen Gott nicht denken, der so unbarmherzig ist, einen müden Schläfer aufzuwecken. Schneider sah sich als einen Schläfer, der müde geworden war. Das Gewicht des Daseins lastete zu schwer auf ihm, als dass er noch den Mut verspürte, so weiterzuleben oder gar zu hoffen auf ein „ewiges Leben“. Es war weder Protest noch Leugnung des Glaubens, die Lebenskraft war zu Ende. Und wer so erschöpft vom Leben war, der sollte nicht weiter gequält werden.
Die Frage wurde – und wird – auch in diesem Buch gestellt: Was sind die Bedingungen des Glaubens? Wir können auch fragen: Was sind die Bedingungen des Lebens? Denn beide Begriffe sind im Allerletzten nicht unterscheidbar. Glaube verheißt: „Dass sie das Leben haben und es in Fülle haben.“
Doch was ist erforderlich für das „Leben in Fülle“? Was braucht es, damit Leben als Geschenk erlebt wird? Leben nicht als Last, sondern als Lust?
Es ist sicher kein Zufall, dass am Ende dieser Betrachtungen die Grundtugenden Glaube, Hoffnung und Liebe stehen. Von Paulus wissen wir, dass nichts bleibt, wenn es nicht in Liebe geschieht. „Zum Schluss aber bleiben diese drei, Glaube, Hoffnung und Liebe. Am größten von ihnen aber ist die Liebe“ – so noch einmal der Völkerapostel.
Wenn wir sagen, dass der Glaube den Lebens- und Liebeswillen voraussetzt; wenn wir leben, weil Gottes Liebe uns will und wir deshalb das Le-

ben als Geschenk erleben dürfen, kann man dann nicht auch umgekehrt fragen: Dort, wo gehofft und geliebt wird, wird dort nicht auch geglaubt? Immer wieder macht Karl Rahner auf diesen Zusammenhang aufmerksam und eröffnet damit eine Zukunftsperspektive, die atemberaubend ist. Es ist eine Perspektive, die Engen überwindet, Gräben zuschüttet, Grenzen überwindet. Eine Perspektive, die nicht kleinlich moralisierend die Welt betrachtet, nicht alles zur Beliebigkeit verkommen lässt, sondern auf den Grund der Dinge vorstößt und dort Gottes Geist am Wirken sieht. Auch dort, wo wir es nicht sehen, wo wir es nicht vermuten, wo wir mit unseren Kräften und Möglichkeiten an ein Ende kommen.
Der letzte Gang macht Mut, „im Heute zu glauben", weil das Geheimnis, das wir selber sind und auf das wir zugleich verwiesen sind, uns „immer schon" unendlich nahe gekommen ist. Das Geheimnis ist immer da. Und weil es uns gleichsam so vertraut ist, darum kann es auch leicht übersehen werden. Dabei ist es nicht das Banale und Durchschaute. Es ist – so sagt es unser Glaube – das Geheimnis unendlicher, unbegreiflicher Liebe. Ob es sich nicht doch lohnt, sich auf das unendlich liebende Geheimnis in Glaube, Hoffnung und Liebe einzulassen? Das ist die Frage, die jeder Einzelne nur für sich selber beantworten kann, denn Freiheit und Wagnis gehören untrennbar zusammen.

Im Heute mit Karl Rahner glauben – Exkurs

Zum Schluss unserer Betrachtungen, die uns ein wenig hineinführten in das „Labyrinth des Glaubens" und es uns anhand eines großen Theologen erschließen halfen, möchten wir noch einmal innehalten: Die Frage, was Karl Rahner uns gegeben hat und die ergänzt wird durch den zweiten Aspekt, was wir denn von ihm (auf-)genommen haben aus seinem reichen Erbe, wird für mich besonders signifikant erlebbar auf zwei Feldern: Zunächst: Der Gang mit Karl Rahner durch die Welt des Glaubens führt unweigerlich zu dessen Zentrum, also zu Glaube, Hoffnung und Liebe. Davon wird abschließend die Rede sein.
Dies wird besonders fruchtbar dort sein, wo es um den praktischen Glaubensvollzug geht. Hier können wir gleichsam ertasten, worum Rah-

ner sein riesiges Werk wie konzentrische Kreise herumgelagert hat: Es geht immer um die Geschichte Gottes mit seiner Schöpfung. Dabei spielen wir Menschen deshalb die herausragende Rolle, weil in der Menschwerdung Gottes Er selbst, nicht etwas von ihm Verschiedenes, einer von uns geworden ist. Das Zentrum der Geschichte Gottes mit uns Menschen ist die erfahrene Trinität als konkreter Monotheismus. Es ist eine überaus spannende Geschichte, zu der wir in die Nachfolge Jesu gerufen sind: Dem „Dabeisein Gottes" in allen Vollzügen des Lebens mit Herz und Verstand nachzuspüren.

Das ist kein Weg der „billigen Gnade" (Bonhoeffer). Es ist ein Weg des „Pilgers auf staubigem Weg". Er ist nicht einfach, nicht bequem. Wer es einfacher, behaglicher und „anschaulicher" haben möchte, wird von Karl Rahner nicht einfach abgewiesen. Dazu hatte er einen – theologisch wohlbegründeten – universalen Heilsoptimismus, für den es kaum denkbar ist, dass Gottes Gnade an Grenzen stößt.[297] Er wird von Rahner sanft hingewiesen auf den Glaubensweg, der Täler kennt und Bergmassive, regennasse Straßen und Wüsten, in denen der Durst unerträglich wird. Der aber auch Landschaften kennt, die von der Sonne hell erleuchtet und erwärmt werden: Oasen, in denen Gott uns besonders nahe ist.

Nur eines kennt der Glaubensweg mit Karl Rahner nicht: Den Luxus bürgerlicher Behäbigkeit, die sich das Leben „ersparen" will.

Heute stehen wir vor einer grundlegenden Alternative, die eine Entscheidung abverlangt: Der Weg mit Karl Rahner ist der einer kirchlichen Identität in Dialog und Dienst – sowohl innerkirchlich als auch im Heilsauftrag gegenüber der Welt. Ihm gegenüber steht eine – vermeintlich – unanfechtbare Identität des Glaubens.

Es wird schwer sein, zwischen beiden Positionen zu vermitteln, so wie es schwer ist, aus unanfechtbarer und unerschütterlicher, irritationsfester Identität heraus noch einen wirklichen Dialog zu führen. Aus dieser Situation heraus ergeben sich spannungsreiche Beziehungen, die auch im Raum der Kirche mitunter leidenschaftlich und „interessegeleitet" ausgetragen werden.

Ich glaube, dass Johannes Baptist Metz Recht hat mit seiner Aussage, dass Karl Rahner uns heute besonders fehlt. Den Reichtum der Tradition kennen und fruchtbar machen und gleichzeitig das Neue heute wahr- und annehmen, ist sicher schwierig. In gerade dieser Umsetzung ist Karl Rahner ein produktives Vorbild. Er fordert uns auf, den Glauben der Kirche „heutig“ zu machen. D. h. in der Zeit so zu verkündigen, dass er beim „Hörer des Wortes“ ankommt. Ankommt als Glaube, der in der Kirche lebt und durch sie die Jahrhunderte geprägt hat. Ein Glaube, der sich jeder Zeit neu stellen muss, weil sich die Bedingungen ändern für das Hören und Verkündigen der frohen Botschaft. D. h. eben auch, dass Karl Rahner nicht einfach „kopiert“ werden kann, obwohl ich immer wieder überrascht bin über die Aktualität von Rahners Denken. Ich denke nur an seine Überlegungen zu Strukturfragen in der Kirche, zu Fragen der Frömmigkeit heute und morgen oder wie genau seine Zeitanalysen, insbesondere in seinen Meditationen, sind. Und ich bin tief beeindruckt – immer wieder neu –, wie gerade Rahners Gebete Menschen heute ansprechen.

Rahners Vermächtnis ist es, im Vertrauen auf Gottes Geist, Experimente zu wagen, Modelle zu entwickeln, die Herausforderungen des Glaubens durch die Zeit, durch deren Fragen und Probleme, anzunehmen. Ich bin sehr davon überzeugt, dass es für die Kirche von großer Bedeutung sein wird, die Breitenwirkung rahnerschen Denkens in Theologie und Verkündigung wahrzunehmen und die von ihm inspirierten Ansätze kraftvoll zu entfalten.

Hier ist vielleicht auch der geeignete Ort, einen kleinen Hinweis zu geben auf den „praktischen“ Karl Rahner. Sein stilles und unaufdringliches eigenes karitatives Engagement gehört zu einer Seite Karl Rahners, die (noch) dem Bekanntheitsgrad seiner Theologie hinterherläuft.[298]

Karl Rahner wollte immer nur das sein, was er stets war: Theologe seiner Kirche,[299] die sich von Gott zu den Menschen gesandt weiß.

Er kennt die Tradition der Kirche so genau und umfassend, wie kaum ein anderer.[300] Nicht nur die Kärrnerarbeit zu den verschiedenen Lexika beweist das;[301] auch seine ausgeprägte Fähigkeit, das Alte neu zu sagen, ohne den Aussagegehalt abzuschwächen.[302] Gerade so hilft Rahner der Kirche, ihre Sendung im Hier und Heute zu leben.[303]

Es sei an dieser Stelle darum kurz zusammenfassend auf einige Impulse Karl Rahners eingegangen. Sie helfen uns, der „Lebensfülle“ ansichtig

zu werden und führen uns von selbst zu Glauben, Hoffen und Lieben als den entscheidenden Vollzügen „christlicher Lebenskultur in Anerkennung des bleibenden Geheimnisses".
„*Glaubensrechenschaft in intellektueller Redlichkeit*" ist ein einprägsamer Begriff, mit dem Karl Rahner eines seiner Hauptanliegen kennzeichnete. Es ist sehr lohnend, sich von Rahner an die Hand nehmen zu lassen für das Gespräch mit dem „bekümmerten Atheisten", überhaupt mit dem suchenden und fragenden Zeitgenossen. Dann kann man auch Rahners Leidenschaft spüren, die gute Botschaft des menschenfreundlichen Gottes, der uns in Jesus von Nazareth und in seiner Kirche auf besondere Art und Weise nahe sein will, weiterzusagen und weiterzugeben. Weil man nie groß genug von Gottes Gnade, von seiner Zuwendung, denken und sprechen kann, darf man von ihr auch alles erwarten. Das heißt gerade nicht, dass damit der Beliebigkeit „Tür und Tor geöffnet" ist. Wohl aber heißt es, dass es keinen Abgrund gibt, aus dem heraus wir nicht zu jenem Vater rufen dürfen, der der Vater Jesu Christi ist.
Karl Rahner bleibt *auf Augenhöhe mit den Fragen der Zeit* und realisiert so eine Solidarität der ‚Zeitgenossenschaft'. Es ist gerade die Fähigkeit, zu argumentieren, ohne zu verletzen und überheblich zu wirken, die wir von Karl Rahner lernen können. Seine Hinweise, an Modellen zu lernen, Praxis nur mit Praxis und Theorie nur mit Theorie zu vergleichen sowie immer den Gesamtzusammenhang der Glaubensaussagen ebenso wie die „Hierarchie der Wahrheiten" zu beachten, gehören ebenso zu den Impulsen Rahners für eine „Glaubensrechenschaft" wie das unaufhörliche Insistieren darauf, dass *Theologie nur aus der „Gestimmtheit des Beters"* heraus erfolgen kann, dass nur die *Einheit von praktischer und theoretischer Vernunft* theologische Bedeutung hat.
Deshalb muss *Theologie aus dem lebendigen Glaubens-, Lebens- und Gebetsvollzug* herkommen und immer wieder zu ihm hinführen. Das bedeutet auch und besonders, nicht stehen zu bleiben beim Erlernten und Ererbten, sondern den eigenen Weg des Glaubens zu suchen – und ihn zu gehen!
Der Beter Karl Rahner lehrt uns: *Das unerschöpfliche heilige Geheimnis muss genannt, angerufen werden.* Ihm gegenüber kann sich der Mensch

nur vertrauensvoll übergeben, wenn alles Reden über das Geheimnis an sein Ende gekommen ist.
Darum ist Karl Rahners Theologie letztlich eine einzige *Einweisung in das Heilige Geheimnis.* Heilig ist dieses unendliche Geheimnis, weil es uns in seinem Sohn und Geist unendlich nahe (gekommen) ist. Die Kirche vermittelt diese Wirklichkeit Gottes auf sakramentale Weise, d.h. sie ist selbst „Ursakrament“ des Heils durch Gottes Zuwendung, weil sie das ist und wirkt, auf was sie zeichenhaft verweist.

Dass sie das Leben haben und es in Fülle haben

„Die Jahre, in denen wir jetzt leben, sind in der langen Geschichte der Menschheit mehr als viele andere Zeiten ein Augenblick der Entscheidung. Vieles hat sich schon entschieden. Das Zepter der Welt ist schon vom Abendland gewichen. Das Abendland, dem die Verheißungen Gottes galten, weil es den Namen Christi vor die Könige und Völker der ganzen Welt tragen sollte und dass *darum* die Herrin der Welt geworden war, hat in der Zerreißung der Einheit der Christenheit, in der Anbetung des Goldenen Kalbes, in dem Hochmut der glaubenslosen Vernunft, in der selbstsüchtigen Tyrannei, mit der es die Welt an sich reißen wollte, und zuletzt noch in der Verbiegung des Kreuzes Christi zum Hakenkreuz als Ganzes den Auftrag Gottes verraten … Nur eines ist sicher: Auch jetzt noch kann Gott trotz aller ‚geschichtlichen Notwendigkeiten‘, die für Gott, den Herrn der Geschichte, immer noch tausendfach offen sind, auch zu uns sagen, was er einst dem alten Bundesvolk gesagt hat: ‚Siehe, heute lege ich dir Leben und Glück, Tod und Unglück vor … ich rufe heute Himmel und Erde gegen euch als Zeugen an: Leben und Tod, Segen und Fluch habe ich dir heute vorgelegt. So wähle denn das Leben, damit du am Leben bleibst, du und deine Nachkommen. Liebe den Herrn deinen Gott, gehorche ihm und sei ihm treu ergeben! Denn davon hängt dein Leben ab und die lange Dauer deiner Tage“ (Not und Segen, S. 182ff, vorgesehen SW 7).

Je mehr ich über christliche Lebenskultur nachdenke, drängt sich mir ein Gedanke Karl Rahners auf, den ich eigens bedenken möchte. Er erscheint mir wie ein Fanal, das auf Schwierigkeiten der Kirche im Hier und Heute prophetenhaft aufmerksam macht.
Die Missbrauchsvorwürfe, der Priestermangel oder die vielen finanziellen, personellen und strukturellen Probleme der Kirche sind nicht so sehr eine Kirchenkrise. Sie deuten vielmehr eine grundlegende Glaubenskrise an. Die sogenannte Kirchenkrise hat für das grundlegendere Problem viel eher symptomatischen Charakter. Und auch hier ist Karl Rahner kein Zweckpessimist. Er zeigt sehr deutlich die Ambivalenz auf, die jeder Krise innewohnt, weil sie immer auch neue Chancen birgt und bietet. Insbesondere, wenn wir uns auf Gottes Geist besinnen, der seiner Kirche in besonderer Weise verheißen ist. Der aber nur wirken kann, wenn Menschen sich dem göttlichen Angebot, das allen Menschen gilt, wirklich öffnen.
Es hatte immer etwas Zwanghaftes und Bedrückendes, wenn wir im Staatsbürgerkundeunterricht lernen mussten, dass die gesellschaftliche Entwicklung – ähnlich wie in der Natur – nach ehernen Gesetzen abläuft. Auf die Urgesellschaft folgt die Sklavenhaltergesellschaft, ihr schließt sich der Feudalismus an, dem der Kapitalismus folgt. Er wird an den eigenen Widersprüchen zugrunde gehen. Es war eine Ideologie, die sich nicht nur geistig viel bei Hegel und der Naturwissenschaft des 19. Jahrhunderts abgeschaut hat, sie war vor allem auf „Blut und Tränen“ erbaut worden – millionenfach. Es gab viele Utopien in der Vergangenheit der Menschheitsgeschichte, die das Glück aus eigener Macht errichten wollten. Kommunismus und Nationalsozialismus aber können für sich den zweifelhaften „Ruhm“ ernten, mit Abstand die größte Anzahl von Opfern auf dem Gewissen zu haben.[304] In den groben Spielarten dieser materialistischen Gesellschaftsexperimente kommt nicht nur der Mensch als individuelles Wesen kaum mehr vor. Auch Gott spielt in diesem „gesetzmäßigen“ Prozess keine Rolle. Nur so ist es zu erklären, dass an seine Stelle die allmächtige Partei trat, die „immer Recht hatte“. Oder eben der allmächtige und allwissende Führer.[305] Die

Tatsache, dass Gott – weil er Gott ist – trotz aller „geschichtlichen Notwendigkeiten“ immer Möglichkeiten hat, die offen sind, die ‚alternativ‘ sind und andere Wege eröffnen – sie muss für Machthaber jeglicher Art immer wieder wie eine Bedrohung wirken.
Wenn Gott Herr der Geschichte ist, dann gibt es keine „ehernen Gesetze“, kein blindes Schicksal als letzte Macht. Auch keine ‚Götter in Menschengestalt‘. Dann ist Hoffnung auch dort und für jene möglich die meinen, nur noch fatalistisch sich ergeben zu müssen, weil man nur die eigenen Möglichkeiten zulässt und ihnen vertraut. Ich glaube, dass religiöse Menschen Hoffnungsträger sind. Sind wir uns dessen bewusst? Und lassen wir die Erkenntnis zu, dass die Welt vielleicht nichts dringender benötigt als eine Hoffnungsperspektive? Erkennen wir genügend, dass wir berufen sind, Hoffnung in die Welt hineinzutragen und zu sagen?

Entfaltung auf heutige Erfahrung hin

Mich hat seit meiner Jugend die Autobiographie von Stefan Zweig nicht mehr losgelassen. „Die Welt von gestern“ – so der Titel – beschrieb den Untergang des Reiches der Habsburger Monarchie. Ein Untergang, der als Möglichkeit vor Ausbruch des ersten Weltkrieges kaum im Ansatz geahnt wurde. Und was dann kam, stellte die schlimmsten Erwartungen in den Schatten. Was hatte man erlebt in diesem Reich, in dem man lange Jahre ohne Krieg gelebt hat? Es gab – scheinbar – Sicherheit, die nicht gefährdet war, es gab Ordnung und Beamte, die sie durchsetzten. Es gab feste Regeln und es war undenkbar, dass sie einmal nicht mehr gelten würden. Kultur, Kirche, Kaiser, Untertanen – alles war gut ‚sortiert‘, Schulden wurden nicht gemacht, man hatte sein Auskommen mit dem Einkommen.
Und dann die Katastrophe: 1914 erklärte ein Land dem anderen den Krieg, der Flächenbrand war nicht mehr aufzuhalten. All das, was seit Jahrzehnten verdrängt war an Gefühlen, brach sich mit Macht Bahn und kam an die Oberfläche und zum Ausbruch. Nationalitäten bekriegten sich auf das Grausamste, der Krieg wurde genutzt, um die neuesten, verheerenden Waffensysteme, wie Giftgas, zu testen und um sich

auf dem „Feld der Ehre“ einen Vorteil zu verschaffen. Es wurden Anlässe gesucht, um die Ursachen zu verschleiern, die einfach zu nennen sind: Die Ungleichgewichte zwischen wirtschaftlicher und politischer Macht, die Interessen der Mächtigen in Wirtschaft und Politik an Rohstoffen, Kolonien, Handelswegen, Macht, Einfluss und Reichtum. Ja, selbst Gott wurde bemüht, er möge doch Beistand leisten, er möge sich erweisen, „wie er mit unseren Vätern war“.
Wir wissen heute, wie die Geschichte weiter ging: Es folgte nach einer kleinen gesellschaftlichen Ruhepause, die genutzt wurde, um die gegenseitigen ‚Hassdepots‘ aufzufüllen, der zweite Weltkrieg. Der Autor der „Welt von gestern“ hielt es nicht mehr aus. Stefan Zweig schied völlig verzweifelt und desillusioniert, fern der Heimat, aus dem Leben. Dieser Krieg, der zum Untergang der nationalsozialistischen Schreckensherrschaft 1945 führte, brachte millionenfaches Leid über die Menschen. Sein Ende befestigte in einem großen Teil unserer Erde zudem bis 1989 die Schreckensherrschaft der kommunistischen Ideologie.
Und heute? Sind wir nicht sehr unsicher geworden in Bezug auf die Zukunft und unsere Möglichkeiten? Weil eine Krise die andere jagt, weil der „Krieg gegen den Terror“ uns in Atem hält, weil die reiche Welt sich mit aller Macht abschottet gegen die übrige Welt, die oft deshalb arm ist, weil die Anderen – wir – reich sind – und offensichtlich alles tun, damit dieser Zustand so bleibt.
Kirche, Glaube – ist es nicht so, dass im „christlichen Abendland“ der Glaube – so, wie es Karl Rahner prognostizierte – zu großen Teilen wie „Nebel in der Morgensonne verdampft“ (ist)? Es bleibt nicht einmal mehr eine spürbare ‚Leerstelle‘.
Die Frage bleibt unerbittlich bestehen: Wo kommt uns Hoffnung her? Wie steht es mit der biblischen Zusage: „Unsere Hilfe ist im Namen des Herrn, der Himmel und Erde gemacht hat“?

Zu welcher Bekehrung möchte Rahner mit diesem Text bewegen?

In der Meditation zählt Karl Rahner präzis jene Faktoren auf, die die Entwicklung maßgeblich beeinflusst haben, die zur Entchristlichung Europas geführt haben. Es waren insbesondere die Aufgabe der Einheit der Christen, die Vergötzung von Geld und Reichtum, die Überschätzung der Möglichkeiten der Autonomie des Menschen und der Glaube an menschenverachtende Ideologien.

Damit sind auch exakt die Orientierungsmarken gesetzt für die „Bekehrung". Es muss alles getan werden, damit die Christenheit endlich wieder als die *eine* Stimme des Herrn vernehmbar wird, der auch heute und morgen der Welt nicht irgendetwas, sondern das Entscheidende zu sagen hat.

Die Absolutsetzung von Werten wie Prestige, Gewinn, Macht und Ansehen führte und führt zur Verelendung ganzer Völker, ja Kontinente. In der einen globalisierten Welt kann dies nicht ohne Konsequenzen bleiben. Wenn sich die Völker und Staaten nicht darauf besinnen, dass Menschenwürde und Menschenrechte unteilbar sind, werden jene Völker sich mit Gewalt zurückholen, was man ihnen zuvor geraubt hat. Gott hat viele Kinder, aber keine Stiefkinder! Es ist beschämend und erschreckend zugleich, die geschichtliche Tatsache zur Kenntnis nehmen zu müssen, dass Mission und Kolonialisierung fast immer eine schlimme unheilige Allianz eingegangen sind. Verbunden mit all den dramatischen Auswirkungen, die auch noch die Gegenwart entscheidend prägen!

Wir sehen heute mit großer Klarheit, was aus „Freiheit, Gleichheit und Brüderlichkeit" werden kann, wenn man diese Maximen der Willkür ausliefert und sie nicht rückbindet an jenen Grund, der sie erst ermöglicht. Religion ist Rückbindung, Festmachen in Gott. Wenn dies nicht gelingt, sind elementare Werte, die für die Würde der Person unverzichtbar sind, der Beliebigkeit ausgeliefert. Dann ist es nur folgerichtig, wenn diese völlige Autonomie als fragwürdig erkannt wird. Schließlich wird die Autonomie des Menschen als das eigentliche Übel diagnostiziert. Und dann bleibt nur der Griff nach der Macht, um diese Freiheit (wieder) zu ‚kasernieren'. Dann ruft der Mensch von heute ganz von selbst Dostojewskis „Großinquisitor" auf den Plan, weil er sich keinen Rat mehr weiß.

Die Frage bleibt auch hier, ob diese Diagnose überhaupt stimmt und welches die Kriterien der Beurteilung sind. Und dann bleibt natürlich die Frage bestehen, woher die Machthaber, die ganze Völker „domesti-

zieren“ wollen, ihrerseits überhaupt eine Legitimation herbeziehen. Es ist dann nicht nur verwunderlich, sondern auch unerträglich, wenn Ideologien mit einem absoluten Machtanspruch sich etablieren. Fast zweitrangig ist es dann, in welchem ‚Gewand‘ solch eine Ideologie daherkommt. Ihr verräterisches Kennmerkmal ist ihr Absolutheitsanspruch, dessen sie sich dreist, unter wechselnden Begrifflichkeiten, stets bemächtigt.
Die entscheidende Kehrtwende, die gesellschaftlich wie individuell nur weiterhilft, die die Vergötzung von endlichen Gütern nicht zulässt und Machthaber mit ihren Machtansprüchen nachhaltig irritiert, ist: Gott (endlich) wieder die Ehre zu geben. Dem „Herrn aller Mächte und Gewalten“, der „mit seinem Arm machtvolle Taten vollbringt, der die Mächtigen vom Thron stößt und die Niedrigen erhöht“.

Glauben

„Meine Brüder, schließen wir leise, damit wir nicht Gottes stilles und doch so mächtiges Gnadenwort in uns durch das anmaßend laute und schwache Menschenwort übertönen. Sagen wir: „Herr, hilf meinem Unglauben!“, gib mir die Gnade des Glaubens an Jesus Christus, unseren Herrn, sein Evangelium und seine rettende Gnade“ (SW 14, S. 25).

Kurze Interpretation

Karl Rahner hat ein sehr weites Verständnis von Gebet. Für ihn sind Lebensvollzüge immer auch Glaubensvollzüge, weil Gott dem Menschen seine Partnerschaft anbietet.[306] Ob und wie es dem Menschen gelingt, darauf einzugehen, macht sein Leben aus. Weil bei Karl Rahner Leben und Glauben so untrennbar miteinander verwoben sind, sind bei ihm Reflexion über Gott und direkte Gebetsanrede oft ganz eng beieinander.
Ja, man kann häufig erleben, dass mitten in einer großen Denkbewegung diese sich gleichsam umwendet und den, über den gerade reflektiert wurde, direkt anspricht. Und andererseits wird in den Gebeten

Karl Rahners in einer Weise Theologie betrieben, dass er selbst sagt, dass in seinen „mehr geistlichen Texten nicht weniger Theologie enthalten ist, als in den mehr wissenschaftlichen Werken".
Karl Rahner betet als Theologe und er treibt Theologie aus der „Gestimmtheit des Beters" heraus,[307] weil Gott kein Gegenstand ist, mit dem man einfach hantieren kann. In Äußerungen über sich selbst sagte Karl Rahner, dass er eigentlich nie etwas anderes sein wollte, als ein ganz normaler Christ. Sein Christsein war ihm stets viel mehr wert als akademische Titel, Ruhm und Anerkennung. Auffällig ist überdies der direkte Bezug zu Jesus in Rahners Frömmigkeit. Für Rahner ist Jesus der „absolute Heilsbringer", derjenige, ohne dessen Existenz wir nicht wüssten, wie das Drama Gottes mit uns Menschen ausgeht.
Entscheidend sind also jene zwei Aspekte, die wir bei Karl Rahner immer wieder entdecken. Zunächst den ‚Befund', dass wir eigentlich ‚*über*' Gott nicht reden können, weil er kein Objekt ist. Deshalb kann Gott auch nicht ‚objektiviert' werden. Man kann eigentlich nur ‚*zu*' Gott sprechen, weil er Person ist, die auch diese Anrede nochmals trägt und ermöglicht.
Und das Zweite. „Der Glaube kommt vom Hören", auch das ist bei Karl Rahner immer wieder neu zu lernen. Unser ganzes Leben ist ein einziger Anruf Gottes an uns, durch alle Umstände und Widrigkeiten, durch Höhen und Tiefen hindurch, spricht Gott uns an.
Man kann irritiert werden, wenn man die Antwort Rahners auf eine Frage nach dem Gebet vernimmt. Gemeinhin würde man sagen: Ich glaube. Und weil ich glaube, darum bete ich. Bei Rahner wird die Reihenfolge umgedreht. Er sagt: Ich bete, darum glaube ich. Und das hat seinen guten Grund.
Rahner geht von den Lebensvollzügen des Alltags aus, in denen wir über uns hinausgreifen und an das unendliche, unbegreifliche Geheimnis rühren. Das kleine Büchlein „Alltägliche Dinge" geht so elementare Vollzüge wie Essen, Gehen, Schlafen etc. durch und befragt sie auf ihre Tiefendimension. Diese Vollzüge sind getragen von der Zuwendung Gottes, wir können sagen, sie sind ‚gnadenhaft geprägt'. In der Reflexion auf sie und im „Ins-Wort-Bringen" machen wir uns diesen Zusammenhang bewusst und legen Zeugnis von ihm ab.

Weil wir im Gebet nach Gottes Willen fragen – und zwar nicht nur theoretisch, sondern im praktischen Interesse für unser ganzes Leben – darum kann der eigentliche Grundakt gläubiger Existenz als Gebet bezeichnet werden.[308] Dort, wo Menschen sich ausdrücklich, im Wort und in der betenden Geste, an Gott wenden, intensivieren, „aktualisieren" sie diesen Vorgang, der ihr Leben durchformt und ausmacht.[309]

Entfaltung auf heutige Erfahrung hin

Auf das Wort der deutschen Bischöfe aus dem Jahre 2009 „Berufen zur Caritas" komme ich deshalb zurück, weil der Zusammenhang von Glaube und Gebet dort in einer Art und Weise beschrieben wird, die einladend ist und werbend. Gleichzeitig gelingt es den Bischöfen, falschen Alternativen zu wehren. Der enge Zusammenhang mit der Enzyklika „Deus caritas est" von Papst Benedikt XVI, ist bei diesem Hirtenwort unübersehbar.[310]

Karl Rahner selbst hat die Zusammenhänge, auf die uns die deutschen Bischöfe ausdrücklich aufmerksam machen, schon vor etlichen Jahren in einer bewegenden Passage so ausgedrückt:

„Die Kirche hat auch dann für Gerechtigkeit und Freiheit, für die Würde des Menschen einzutreten, wenn es ihr selbst eher schadet, wenn ein Bündnis mit den herrschenden Mächten ... ihr auf den ersten Blick eher nützen würde. Theoretisch leugnet das ja unter uns gewiss niemand. Aber da wir eine Kirche der Sünder sind, können wir gewiß nicht sagen, daß wir diese Bestimmung der Kirche in der Praxis nie verraten würden" (Strukturwandel, SW 24, S. 490–579).

Hier ist zu spüren, was es heißt, dass Kirche nur dort lebt, wo es ihre drei Grundfunktionen gibt: Die Verkündigung, die Caritas und die Feier der Liturgie. Eucharistie – Danksagung – geschieht um den Tisch des Herrn herum, an dem die große Gemeinschaft des Gottesvolkes erfahren und zugleich sichtbar gemacht wird.

Es ist eine Gefährdung des Glaubens, wenn wir – gerade in einer ausgeprägten Diasporasituation – uns zu sehr auf den Kircheninnenraum beschränken. Im Pastoralgespräch „Das Salz im Norden" für das Erzbistum Hamburg wird ausdrücklich darauf aufmerksam gemacht, dass

Dienste zu stärken sind, die in die Öffentlichkeit hineinwirken. Dienste sind zu fördern, die eine karitative Prägung haben. Hinter diesen Aussagen steht ein Kirchenbild, das eine einseitige Fixierung auf den liturgischen Bereich ablehnt, das den Menschen ganzheitlich anspricht.
Vielleicht ist es eine gewagte These, doch sie ist in sich schlüssig: Wenn es wahre, echte Glaubensvollzüge auch außerhalb der sichtbaren Gestalt der Kirche gibt, gibt es dort auch wahre, echte Gebetsvollzüge. Glaube und Gebet gehören zusammen. Und selbst wenn kein einziges Wort direkt an Gott gerichtet wird, kann die Tat sehr wohl von der Gnade Gottes künden. Und auch wenn Worte ausschließlich säkularen Klang haben, wie „Ich denke an dich“ oder „Ich wünsche dir alles Gute“, kann es sein, dass auch hier längst der Bereich des nur Machbaren und Prüfbaren, des Exakten, überschritten worden ist. Überschritten – hinein in den Bereich des Heiligen Geheimnisses, das uns alle umfängt, auf das wir zu jeder Zeit und an jedem Ort unserer Existenz gleichermaßen angewiesen und verwiesen sind. In seinem berühmten Aufsatz „Zur Theologie der Menschwerdung“ aus dem Jahr 1958 finden sich die Sätze Karl Rahners, die auch heute noch Quelle der Inspiration und Zeugnis für die Weite des Glaubens in einem sind:
„Und Gott und Christi Gnade sind in allem als geheime Essenz aller wählbaren Wirklichkeit, und darum ist es nicht so leicht, nach etwas zu greifen, ohne mit Gott und Christus (so oder so) zu tun zu bekommen.“ (SW 12, 309–322)
Viel wird heute davon abhängen für die Kirche und ihre Sendung, ob sie es schafft, Brücken zu verschiedenen Milieus hin zu bauen. Dialog ist keine Einbahnstraße, wir sind – auch als Kirche – immer Lehrende und Lernende, Gebende und Empfangende zugleich.

Zu welcher Bekehrung möchte Rahner mit diesem Text bewegen?

Auf diese Zusammenhänge wird man Bezug nehmen müssen, wenn es um die Glaubenshilfe geht, die Rahners Denken vermittelt. Vielfach tun wir uns heute schwer mit dem Gebet. Wir merken, wie der Alltag uns in Beschlag nimmt, wie sehr wir gefangen sind in all dem „Getriebe“, der Hetze, des Stresses. Und wenn wir uns dann die Zeit nehmen wollen, zur Ruhe zu kommen, zu beten, „Gott die Ehre zu geben“, dann machen wir oft die Erfahrung, dass genau das nicht gelingt. Gott ist für uns zu „unwirklich“, wir sind noch viel zu sehr bei uns und mit uns selbst beschäftigt. Es gelingt uns nur sehr mühsam, Alltag und Gebet zusammen zu bringen.

Andererseits gibt es die Versuche, Glaube und Gebet als Sonderwelt zu etablieren. Fast so, als müsse man den Glauben der Kirche und das Gebet quasi „vor dem Leben schützen“ und bewahren. Solche Versuche haben die Kirchengeschichte von Anfang an begleitet, es steht zu befürchten, dass dieses Phänomen uns auch künftig erhalten bleibt. Es geht in der Regel einher mit dem Bewusstsein, man wisse von Jesus, vom Glauben der Kirche schon genug.[311] Es reiche aus, darum zu wissen. So wenig, wie man glaubensmäßige Beliebigkeit aus dem Wissen ableiten kann und darf, dass es Heils- und Glaubensvollzüge auch außerhalb der sichtbaren Gestalt der Kirche gibt, so wenig gibt es eine „irritationsfeste Identität“, die im sturen Festhalten an der Beibehaltung wortwörtlicher Weitergabe von Glaubenssätzen ihren Ausdruck findet. Vermittlung des Glaubens als kirchlicher Vollzug sollte sowohl ein Akt „intellektueller Redlichkeit“ sein als auch geschwisterlicher Liebe.

Und eine andere Spielart dieser Art von „Frömmigkeit“ versucht auf allen möglichen Wegen und Weisen über Gott und „in Gott hinein“ zu spekulieren, sich in das Innerste Gottes, in seine Absichten zurück zu tasten.[312]

Karl Rahner dagegen hat mit allem Nachdruck darauf insistiert, Leben und Glauben nicht voneinander zu trennen. Für ihn ist Gott ein Gott des Sonntags und des Alltags – oder er ist gar nicht. („Habt den Alltag und das Gewöhnliche lieb.“) Wenn Gott die alles bestimmende Wirklichkeit ist, wenn er in seiner Menschenfreundlichkeit uns in seinem Sohn nahe gekommen ist, der uns erzählt hat, dass „alle Haare auf unserem Kopf gezählt sind“, dann können wir Gott nicht gleichsam nur für die feierlichen Stunden und weihevollen Augenblicke allein ‚reservieren‘.

Karl Rahner hat über das Gebet des Alltags bleibend Gültiges geschrieben (Not und Segen, S. 99 ff.), er selbst hat den Alltag gebetet (Gebete, S. 99 ff.). Es ist sein Vermächtnis, das er seiner Kirche auf den Weg ge-

geben hat, dass das Eigentliche des Gebetes im Vollzug dessen besteht, über das – oft nur mühsam stammelnd – versucht wird zu reden. Das sei insbesondere auch deshalb in Erinnerung gerufen, weil wir das schöne, feierliche Empfinden nicht verwechseln dürfen mit dem ganzheitlichen Akt, mit dem wir uns Gott anvertrauen dürfen. Es besteht sonst die Gefahr, dass wir die Gottesliebe verwechseln mit einer schönen Veranstaltung über sie.
„Denn alle abstrakte Theologie liefe schließlich doch ins Leere, wenn sie sich nicht selber aufheben würde aus Worten über die Sache in ein Gebet hinein, in dem vielleicht doch geschehen könnte, worüber vorher nur geredet wurde" (Gebete, S. 10, SW 7 voraussichtlich).

Hoffen

„Wer für die selige Wahrheit optiert, sagt schon ‚Vater' zu ihr. Und, so ist zu hoffen erlaubt, wer meint, für eine tödliche Wahrheit optieren zu müssen, um wahr zu bleiben, der hat wegen dieser Treue zur vermeintlich bitteren Wahrheit im Grunde des Herzens nochmals die selig bergende Wahrheit des Vaters geliebt" (Gott unser Vater, SW 23, S. 300–304).

Kurze Interpretation

Es war und ist für mich immer wieder beeindruckend zu sehen, wie unbegrenzt und unbegrenzbar Karl Rahners Theologie der Hoffnung ist. Wir haben es schon in einer Ostermeditation bedacht: Rahner ist unbestechlich ehrlich und nüchtern, selbst angesichts der Auferstehung Jesu! Für ihn ist die Wirklichkeit so, wie sie ist und nicht so, wie wir gerne wollen, dass sie ist. Wir glauben und hoffen für Andere nur in dem Glauben und in der Hoffnung, in der wir auch für uns hoffen. Es gibt keine Gewissheit, nur Hoffnung. Ohne sie bzw. außerhalb von ihr existiert nur die tatsächliche Verzweiflung.
Doch auch hier ist Karl Rahner – fast möchte man paradox formulieren – ‚unerbittlich gütig'. Er zieht die Linien der Denkbewegung immer

bis zum Ende hin aus. An einer anderen Stelle sagt Karl Rahner einmal, dass ohne die Ahnung von Licht Finsternis als solche gar nicht wahrgenommen werden kann.[313]
D. h. doch wohl auch, dass selbst eine abgrundtiefe Verzweiflung – in ihrem Vollzug – noch einmal voraussetzt, dass man eine bessere Welt, ein anderes „Schicksal“ erwartet und erhofft. Ohne diesen Zusammenhang sind Kritik, Resignation und Verzweiflung als solche nicht verständlich.[314]
Karl Rahner spricht sogar von der „Treue zur vermeintlich bitteren Wahrheit“. Es ist gerade diese Treue, die eine letzte Ahnung von einem „Vater“[315] verbürgt, den man im Vermissen eigentümlicherweise zumindest in seinem Sein nochmals bejaht. Besser: Dessen Existenz man zumindest bejaht, wenn und indem man ihm seine Abwesenheit schmerzlich vorwirft.
Das Argument der Retorsion hat nicht nur die Federführung in diesem Denkvorgang. Es bringt noch einmal einen Vertrauensüberschuss zum Vorschein. Außerhalb dieser lauten oder leisen Resignation bliebe lediglich ein Leben in der Banalität. Das wäre dann die düstere Vision eines Lebens ohne Gott. Das dann nicht einmal mehr die Kraft zur Klage aufbringt. Und umgekehrt: In jüdisch-christlicher Tradition kennt die Anrede Gottes mannigfaltige „Gestalten“: Hymnen und Lieder, Dank und Bitte, Freude und Trauer. Und auch die Klage.
Dies ist ja die eigentliche Gefahr für das Menschsein nach Karl Rahner – der Verlust der Gottesbeziehung, der daran erkennbar ist, dass der Mensch nicht mehr nach sich selber fragt. Und vergessen hat, dass er diese Frage nach sich selbst vergessen hat. In der Klage, selbst im „stummen Schrei“ ist diese Frage sehr lebendig, selbst in der „stillen Resignation“. Man kann die Frage formulieren: Was ist dann, wenn der Gottesbezug wirklich völlig abhanden gekommen ist? Wenn alle Fragen, Wünsche, Sehnsüchte und Hoffnungen vergessen sind. Wenn man vergessen hat, dass man dies alles, was uns wesentlich ausmacht, vergessen hat.
Mir scheint, Karl Rahner hegt die Hoffnung, dass selbst diese theoretische Möglichkeit durch das praktische Leben quasi „überlistet“ wird. Anders ausgedrückt: Dass Gottes Geist es immer wieder schafft, unsere Eigenblockaden aufzubrechen.

Und noch ein anderer Aspekt wird an diesem Text deutlich: Der der Hoffnung. Hoffnung bekundet sich auch und *gerade dort, wenn, wo und weil* an sich und an der Welt gelitten wird. Leid als solches wäre nicht verständlich, wenn alles nur ein großes Einerlei wäre. Und der Protest in einer Welt, die ausschließlich aus Chaos, Zufall und Banalität besteht, wäre als Protest weder in sich verständlich noch sinnvoll. Denn wohin – wenn nicht ins Leere und Sinnlose – geht solch ein Protest? Er würde sich ja gar nicht artikulieren (warum denn?!), wenn wirklich alles einerlei wäre.
Rahner hat für diese Leidenden, die Gott ablehnen, weil sie die Welt, so, wie sie ist, nicht zusammen bekommen mit dem Bild eines „gütigen Vater", das wunderbare Bildwort geprägt, das wir schon mehrfach verwendeten: Sie sind für ihn „bekümmerte Atheisten". Und man liegt nicht falsch, wenn man vermutet, dass Karl Rahner in ihnen zumeist den bevorzugten Gesprächspartner sieht. Weil hier noch Gespräch möglich ist, weil man mit sich und der Welt noch nicht abgeschlossen hat. Weil man noch nicht ‚fertig' ist – weil man noch offen ist. Offen für – das große Geheimnis, das alle meinen, wenn sie Gott sagen.

Entfaltung auf heutige Erfahrung hin

Vor über 50 Jahren, Anfang April des Jahres 1958, verstarb der heute weithin unbekannte Schriftsteller Reinhold Schneider an den Folgen eines schweren Sturzes. Zuvor hatte er eigenhändig noch das Manuskript in den Verlag gebracht, in dessen Auftrag er in Wien von Oktober 1957 bis März 1958 weilte. Sein Buch, das dort entstand, trägt den Titel „Winter in Wien". Es gilt als das bedeutendste Werk Reinhold Schneiders, aber auch als das umstrittenste. Freunde haben ihn nicht mehr verstanden. Er konnte nur noch in Fragmenten, in Tagebuchnotizen schreiben, wie er die Welt sieht und erlebt. Angesichts seiner Welterfahrung im „Wiener Winter" konnte der große Glaubenszeuge den „liebenden Vater" nicht mehr erkennen. Einige sprachen vom „Glaubensabfall", andere meinten, erst jetzt stoße er in jene Dimensionen des Glaubens vor, die auch zu ihm gehören. Die zu erleben aber Gott nur „extremen Existenzen" zumutet und „anbietet" als Dienst für die Anderen.

Mir scheint, dass „Winter in Wien“ eine Prophetie ist, die nichts an Gültigkeit verloren hat, die aktueller ist denn je. Warum? Weil uns heute das „Glaubenserlebnis“ Schneiders auf „Schritt und Tritt“ begegnet. In der modernen Kunst und Wissenschaft, in Politik und Literatur, gibt es ein großes Erleben und Nachvollziehen der Wirklichkeit des Fragmentarischen, die sich als „die alles bestimmende Wirklichkeit“ geradezu aufdrängt.

Nichts ist wirklich „fest“, man weiß nicht, woran man sich halten soll. Was früher absolute Gültigkeit beanspruchte, ist heute kaum noch verständlich. Man denke nur an Werte wie Treue, Gerechtigkeit, Wahrhaftigkeit, Liebe. In Gesprächen, besonders mit jungen Menschen, erleben wir eine radikale Infrage-Stellung des Überkommenen, des Traditionellen. Reinhold Schneider erlebte in seinem „Wiener Winter“ einen „Glaubensentzug“,[316] ein „Herausgleiten aus jeglichem Horizont“,[317] sodass ihm der „Vatergott“ entschwand.[318] Die Welt war für ihn eine „rotierende Hölle“,[319] seine „Gotteserfahrung wurde geprägt durch das Bild des „Keltertreters“,[320] Ordnungen lösten sich für ihn unwiderruflich auf[321] und ließen ihn die Wirklichkeit als „Explosion einer zerplatzenden Granate“ beschreiben.[322]

Gleichzeitig gibt Schneider eine andere Erfahrung wider, die nicht weniger bestürzend ist und die mit dem Heute eine unheimliche „Gleichzeitigkeit“ erkennen lässt. Die Fragen an den Glauben, die Reinhold Schneider in seinem „Winter in Wien“ gestellt hat, werden heute kaum noch gestellt. Woran soll aber die Verkündigung anknüpfen, wenn es keine Frage mehr gibt?[323]

Es ist bedrückend zu erleben, dass eine Gleichgültigkeit um sich greift, eine stumme Resignation, die nicht einmal mehr die Kraft zum Protest aufbringt. Wo bleibt das große Ideal, wenn eine Kassiererin für angeblich zwei unterschlagene Pfandgutscheine fristlos entlassen wird, Manager, die nachweislich sich um Milliarden „verzockt“ haben und Existenzen und Betriebe in den Ruin getrieben haben, mit schwindelerregenden Abfindungen in den „Ruhestand“ geschickt werden?

Nachrichten melden, dass die Banken in den USA scheinbar aus der Krise, die sie entscheidend mit verursacht haben, als „Gewinner“ hervorgehen, weil lästige Konkurrenz auf der Strecke geblieben ist. Umso

dreister wird weiter „gezockt", so der lakonische Kommentar im Fernsehen. Die Probe wurde insofern bestanden, als die Politik sich als handlungsunfähig erwies. Handlungsunfähig, um die gravierenden Folgen von skrupelloser Geldgier abzuwehren und vor allem, die Ursachen wirksam, d.h. nachhaltig zu bekämpfen. Es ist, wie so oft im Leben: „Die Zeche zahlt der kleine Mann". Und wenn das einmal funktioniert hat, dann wird der Appetit größer, es wieder und wieder so zu versuchen. Politik hat den Beweis erbracht, in welchem Ausmaß sie erpressbar ist und auf welchen Rücken all die Probleme schlussendlich abgewälzt werden.
Beide Erfahrungen, die des Protestes und die der Gleichgültigkeit, greifen heute in ungeahntem Ausmaß um sich. Sie erfassen immer größere Teile der menschlichen Gesellschaft. Trotz ihrer Unterschiedlichkeit erheben sie den Anspruch der „alles bestimmenden Wirklichkeit". Ein Anspruch, der nur Gott zukommt, der von keiner endlichen Wirklichkeit zu Recht erhoben werden darf! Damit offenbaren Gleichgültigkeit und Protesthaltung in ihrem Anspruch und Ausmaß religiöse Dimensionen.
„Du hast Worte des ewigen Lebens" – was, wenn dies weder erfragt noch verstanden wird? Wenn – wie Reinhold Schneider es in „Winter in Wien" formuliert hat – nur noch Ruhe gesucht wird, Schlaf? Wo soll die christliche Frohbotschaft vom ewigen Leben „anknüpfen", wenn es keine Sehnsucht mehr gibt nach ewigem Leben?[324]
Oder müssen wir – wie es Karl Rahner formulierte – nicht „liebevoller" unsere „Zeitgenossen" befragen? Kann es nicht sein, dass hinter all der Resignation eine verkümmerte Sehnsucht am Werk ist, die sich nicht einmal mehr getraut, sich zu äußern? Rahner nennt die „Alternative" zum Glauben, die keine ist: Das endgültige „Versanden" aller Sehnsucht, aller Hoffnung. Was gleichzusetzen ist mit der (vielleicht auch unbewussten) Aufgabe der Freiheit und des Geistes.

Zu welcher Bekehrung möchte Rahner mit diesem Text bewegen?

Rahner möchte eine Richtungsänderung bewirken. Wie oft meinen wir zu wissen, wie der Andere „tickt", warum er gerade dies und jenes so

macht, wie er es macht. Und wie oft katalogisieren wir Menschen, ordnen sie ein – endgültig. Da kommt niemand mehr heraus, aus der Rolle, aus der ‚Schublade'. Das gilt auch für jene, die Gott und Kirche ablehnen. Die sind dann eben Kirchenkritiker, Atheisten und Agnostiker, jedenfalls Menschen, die nicht zu uns gehören, die wir doch Gläubige sind „mit Leib und Seele".
Was (hoffentlich ist es so!), wenn das alles nur unsere kleinherzigen Beurteilungen der Anderen sind?[325] Was, wenn sich bei sorgsamer Betrachtung herausstellt, dass dort, bei den „Anderen", vielleicht mehr an Güte, Menschenfreundlichkeit und Offenheit vorhanden ist als wir es vermuten? Ja, vielleicht werden wir durch deren Menschenfreundlichkeit beschämt und unserer Ängstlichkeit, „Kleinkariertheit" und Freudlosigkeit überführt? Kann das nicht auch sein? Kann es Gutes geben ohne Gottes Zutun? Das Wort, dass viele drinnen sind, die sich draußen wähnen und dass viele vielleicht draußen sind, die sehr selbstsicher behaupten, sie seien drinnen, sollte uns vorsichtig machen und leise werden lassen. Rahner lädt zur Stille, zur Einkehr ein, behutsam und doch eindringlich besteht er auf einer „Gewissenserforschung" in Bezug auf den „Schlaf der Sicherheit" in unserer Kirche.
Ein Zweites scheint nicht weniger wichtig. Der „bekümmerte Atheist" ist für Rahner deshalb ein bevorzugter Gesprächspartner, weil er noch Fragen hat, Sehnsucht, Hoffnung und Wünsche. Auch wenn dies vielleicht in vielen Klagen und Ratlosigkeiten nicht so deutlich erkennbar ist und von ihnen zugedeckt wird. Buchtitel Rahners wie „Im Heute glauben", „Vom Glauben inmitten der Welt", „Glaube, der die Erde liebt" „Gegenwart des Christentums" bis hin zu „Was sollen wir noch glauben?", verraten ein wichtiges Anliegen Karl Rahners, das exemplarisch in seinen „Kurzformeln des Glaubens" sowie in seinem „Grundkurs des Glaubens" vorgelegt und durchgeführt wurde: Karl Rahner will im Gespräch über den Glauben bleiben. Ja, er sucht dieses Gespräch. Und er möchte den Glauben so sagen, dass Menschen ihn als Antwort auf ihr Leben erkennen und verstehen können.
Wie sehen Antworten und Antwortversuche Karl Rahners aus in Bezug auf Sorgen, Fragen, Nöte, Bitten und Klagen von heute? Und wie leitet

er uns an zu Dank und Lobpreis an Gott, „der seine Sonne aufgehen lässt über Gute und Böse“?
Gleichsam als Illustration möchte ich zunächst Karl Rahner selber noch einmal mit einem schon bekannten Text zu Wort kommen lassen. Es sind Sätze, die für mich immer wieder Quelle des Nachdenkens, des Staunens und der Besinnung sind.
„Das ursprüngliche Wissen um das, was ‚Sein‘ ist, ist hier in diesem Ereignis der Transzendenz gegeben ... Daraus ergibt sich, daß das noch nicht Erkannte und das bloß Gedachte defiziente, nachträgliche Modi des Gegenstandes der Erkenntnis sind, die prinzipiell und von vornherein auf das Wirkliche als solches gehen, weil ohne diese Voraussetzung gar nicht gesagt werden könnte, was mit Wirklichem als solchem überhaupt gemeint sei ... Wären wir nicht unausweichlich vor uns selbst gebracht, könnten wir vom Akt der Transzendenz absehen, dann entfiele für uns die Notwendigkeit der Bejahung der absoluten Wirklichkeit des Woraufhin der Transzendenz, aber damit entfiele auch die Möglichkeit eines Aktes, in dem die Wirklichkeit dieser Transzendenz geleugnet oder bezweifelt werden könnte. Im Akt der Transzendenz wird die Wirklichkeit des Woraufhin notwendig bejaht, weil in eben diesem Akt und nur in ihm überhaupt erfahren wird, was Wirklichkeit ist“ (SW 26, S. 69).
Ich möchte abschließend versuchen, ausgehend von diesem Text, Rahners Antwortversuch kurz zu skizzieren.
Zunächst ist wohl der Hinweis bedeutsam, dass es existentiell von größter Bedeutung ist, dass all das, was uns bewegt, nicht *nur* subjektiv ist. Nichts wäre doch verheerender, wenn wir als Menschen von abgrundtiefem Misstrauen uns selbst gegenüber erfüllt wären. Und nichts wäre schlimmer, als von bitterster Enttäuschung und ratloser Verzweiflung erfüllt zu sein, weil die Meinung Gültigkeit besitzen könnte, dass alles, was im Menschen an wesentlichen Wünschen, Hoffnungen und Sehnsüchten angelegt ist, *nur* subjektive Sinnerwartung und Zielvorstellung ohne objektive Entsprechung ist.
Das ist eine sehr wichtige Klärung und Vorbereitung auf die weiterführende Antwort.
Der Glaube an Gott kann deshalb nicht einfach als bloße Projektion im Sinne der atheistischen Kritik gelten, nur weil er den tiefsten Sehnsüch-

ten der Menschen entspringt. Ganz im Gegenteil: Wir gehen immer schon mit der Wirklichkeit ‚an sich' um. Und dabei kommen wir nirgends ohne „Projektion" aus, erst recht nicht im Erkenntnisvollzug. Nicht die Projektion als solche kann also verdächtigt werden, die Wirklichkeit zu verzerren und nur Utopien zu ‚produzieren'.

Woraus Personen wirklich leben (können), darauf kommt es vielmehr entscheidend an. Karl Rahner beschreibt von daher „Sicherheit und Wahrheit in personalen Vollzügen".

„Worauf es uns hier allein ankommt, ist die Einsicht, dass es anzweifelbare Gewissheiten gibt und ein Mensch ohne solche gar nicht leben kann *und* dass solche Gewissheiten immer auch durch eine personale Entscheidung für sie mitgetragen werden, dies aber kein Argument gegen die sachbegründete Gewissheit und Wahrheit der betreffenden Überzeugungen ist. Dass z. B. selbstlose Liebe sinnvoll sei, lässt sich nur in der Entscheidung für sie erfahren. Das bedeutet aber nicht, dass die Sinnhaftigkeit solcher Liebe eine subjektive Einbildung sei, die man genauso gut unterlassen könnte. Es gibt nun einmal im Bereich der Existenz Wirklichkeiten, die nur in der Entscheidung für sie als wirklich und als ‚wahr' und als ‚gewiss' erreicht werden können … Man kann aber nachweisen, dass es Wirklichkeiten geben muss, die sich nur in ihrer eigenen Wirklichkeit zeigen können, wenn man sich ihnen im freien Entschluss anvertraut" (SW 28, S. 547).

Rahner macht über diese „Subjektivierung der Glaubensgewissheit" hinaus deutlich, dass unser personales Bedürfnis nach Liebe und Menschlichkeit ja in Wirklichkeit der eigentliche Grund ist, warum wir überhaupt glauben *müssen*, dass es einen wirklich absoluten Grund für diese Liebe gibt. Karl Rahner weist im „Grundkurs des Glaubens"[326] nach, dass eine andere Betrachtungsweise einem Denken entlehnt ist, das nur Sachzusammenhänge kennt. Dort, wo es um personale Wirklichkeiten geht, gehören zu den Vollzügen immer auch Personen als Träger dieser Vollzüge.

Die Religionen, wenn sie recht verstanden werden, geben ganz entscheidend den tiefsten Gefühlen, Hoffnungen und Sehnsüchten der Menschen Recht. Und sie erweisen deren Berechtigung und Erfüllbarkeit. Entscheidend ist allerdings – und hier ist Rahners Theologie immer auch als Korrektiv einzutragen – dass die „Erfüllung“ menschlicher Erwartungen – ebenso wie diese selbst – nicht abstrakt aus dem ‚Wesen des Menschen‘ abgeleitet wird, sondern erst als solche erkennbar wird in der *nachträglichen* Reflexion auf die – ergangene und deshalb vorausgesetzte – Glaubenswirklichkeit. Sie ist zugleich Erfüllung, Überbietung und ‚Durchkreuzung‘ menschlicher Erwartungen.

Gerade Karl Rahners Auseinandersetzung mit den Fragen der Religionskritik offenbart noch etwas anderes. Mir scheint, dass hier auf allen Seiten „Bekehrung“ in mehrfacher Hinsicht Not tut: Wer Kritik äußert, ist kein Nörgler und „Ketzer“. Vielleicht ist es ein Akt der Liebe, sensibel zu werden gegenüber dem, was an Verletzung, Enttäuschung und echter Suche hinter Kritik steckt, die oft genug berechtigt ist.

Und nicht zuletzt zeigt uns Karl Rahners Umgang mit Fragen der Religionskritik, dass wir nicht nur ehrlich sein sollen mit unserer eigenen Überzeugung, mit ihren Motiven und Gründen. Denn wir selbst sind doch auch nicht außerhalb der Fragen und Anfechtung! Von daher ist es ein Gebot der Ehrlichkeit und der Fairness, eine „Streitkultur des Dialogs“ zu entwickeln und zu gestalten – auch in der Kirche. Ausgrenzung und Abgrenzung tragen das Signum der Angst und eigenen Unsicherheit an sich, als dass sie hilfreich sein können.

Wer die Religion hinterfragt, irritiert zudem jene, die in vermeintlicher Selbstsicherheit meinen, Religion und alle Fragen, die damit zusammenhängen, haben sich längst erledigt. Mir scheint, dass Religionskritik hilfreich sein kann in einer Welt der Banalität und Ignoranz gegenüber all den Fragen, die weit hinausgehen über Besitz, Haben und Macht.[327]

In einer Welt der Beliebigkeit, der Ignoranz und der Behauptung der Irrelevanz des Religiösen scheint mir Rahners Umgang mit ernsthaft Suchenden und Fragenden auch ein Hinweis darauf zu sein, dass wir es mit „anonymen Verbündeten“ zu tun haben. Karl Rahner ist gerade auch hier für mich ein „produktives Vorbild“ geworden, an dem ich mich orientieren kann. Sein Umgang mit Anfragen an die Religion ist geprägt von Respekt und Verständnis. Und natürlich auch von dem Bemühen, sowohl die Position des Anderen anzuhören und zu verstehen als auch die eigene Position zu erläutern, sie verständlich zu machen, ihren „Mehrwert“ in aller Demut und Bescheidenheit darzutun. Dahinter steht das existentielle Wissen, dass wir auch in unserem Glaubensleben, im Zeugnisgeben, voneinander und füreinander leben. Hier hat auch die theologische Kategorie der Stellvertretung ihren „Sitz im Leben“.

Lieben

„Von … Gott sagen wir, dass die Welt das Ereignis seiner Selbstmitteilung, der Ekstase seiner Liebe sei, die sich selbst ‚nach außen‘ an das verschwenden will, was er nicht ist. Der ungeheuerliche Ausbruch dieser in sich seligen Liebe schafft aus dem Nichts eine Welt, an die jene sich in Freiheit verschwenden kann … Sie ist unbegreiflich, diese Liebe, sie kann in ihren Gebilden aussehen wie eine blind waltende Ungeheuerlichkeit, ruft Zeiten und Welten hervor, um sie scheinbar bloß wieder in ihr leeres Nichts zurückfallen zu lassen … sie macht lebendig und tötet … alles ist empor- und fortgerissen durch diese Liebe, die die materielle Welt und ihr ungeheuerliches Werden schafft, damit aus ihr und an ihr Geist und seine Geschichte werde“ (SW 20, S. 3–25).

Kurze Interpretation

Auf diesen bekannten Text Karl Rahners komme ich zum Ende des Buches noch einmal zurück. Wissenschaft und Technik sind, wie schon erwähnt, großenteils Kinder einer Entwicklung, die ohne jüdisch-christliche Weltdeutung und Glaubenserfahrung nicht denkbar ist. Das Vertrauen in den menschlichen Geist, in das Experiment, hat den modernen Naturwissenschaften enormen Schwung verliehen. Ermöglicht – das darf nicht vergessen und verschwiegen werden – hat sie allerdings nicht die Neuzeit, die sich oft genug in Absetzung zur Kirche und ihren Glauben definiert(e). Ohne die „Erlaubnis“ zur „Entzauberung der Welt“ wären die wissenschaftlichen Erkenntnisse, das Experiment und die technischen Erfahrungen nicht zustande gekommen. Der neuzeitliche Glaube an den mensch-

lichen Geist bedeutet einen „Quantensprung“ in der menschlichen Entwicklung.
Und doch herrscht eine große Ambivalenz. Einerseits scheint alles machbar, andererseits sind wir eine durch und durch angstbesetzte Zeit. Der Text Karl Rahners spricht denn auch von einem „ungeheuerlichen Ausbruch“ göttlicher Liebe. Sie ist für uns unbegreiflich, ja „sie macht lebendig und tötet“ und kann aussehen wie eine „blind waltende Ungeheuerlichkeit“. Alles, die ganze Welt, ihr „ungeheures Werden“ hat den Menschen zum Ziel: Dass „aus ihr und an ihr Geist und seine Geschichte werde.“
Es gibt heute die moderne Tendenz, auch den Menschen nur als ein evolutives „Zwischenprodukt“ zu interpretieren. Er ist nicht Ziel der Evolution, er ist lediglich Ergebnis, das morgen von einem anderen, verbesserten Ergebnis abgelöst wird, das seinerseits nur wieder ein Zwischenglied in der Aufwärtsbewegung der Weltentwicklung ist. Für diese These spricht zunächst genau das, was der Text beschreibt: Die Evolution scheint eher einer „blind waltenden Ungeheuerlichkeit“ zu ähneln, als dass sie einem zielgerichteten, göttlichen Plan entspricht. Wer die Evolution der Welt ohne Gott betrachtet, wird sich schwer tun mit der Aussage, dass es ausgerechnet Liebe ist, die lebendig macht und gleichzeitig tötet. Das soll Liebe sein?!
Wer die Evolution unbefangen zur Kenntnis nimmt, wird nicht umhin können, neben den vielen wunderbaren Geschehnissen auch ihre Absurditäten und monströsen Seiten wahrzunehmen. Doch Rahner geht ja nicht von einer „blinden“ Evolution aus, die weder Ziel noch Richtung kennt. Für ihn steht – als Glaubensoption, nicht als Erkenntnis der Wissenschaft! – Gott am Anfang und am Ende. Nur diese Sicht erlaubt es, trotz aller Unbegreiflichkeit von Liebe zu sprechen. Davon, dass sie sich „verschwenden will“. Auch davon, dass alles, was geworden ist, nur dazu da ist, Geist hervor zu bringen, mit dem die Geschichte der Liebe fortgesetzt wird. Eine rein „materialistische“ Sicht auf die Evolution kann zu dieser Aussage nicht vorstoßen. Karl Rahners Text ist auch eine Warnung an uns: Vielleicht gibt es doch in unserem Inneren einen Hang dazu, aus Angst und Furcht Gottes Liebe klein zu machen, sie in ihrer „Ungeheuerlichkeit“ nicht wahrhaben zu wollen. Es ist ein

„ungeheuerlicher Aufbruch", allerdings einer, der einer „in sich seligen Liebe" entstammt. Nur diese gläubige Grundannahme, diese Option, dass es der liebende Gott ist, der uns in seinem Geist und in Jesus von Nazareth ganz an- und in sein Leben hineinnimmt, lässt uns Vertrauen gewinnen in die Geschichte Gottes mit uns, die niemals zu einem banalen und bloßen Spiel verharmlost werden darf.

Entfaltung auf heutige Erfahrung hin

Je mehr ich mich auf den rahnerschen Text einlasse, desto mehr kommt in mir eine Erinnerung aus Kindertagen in den Sinn. Wir wohnten in einem kleinen Haus in einer Kleinstadt, d. h. die Straßen waren eng und schmal. Unser Kinderzimmer lag direkt an der Straße und im Haus gegenüber wohnte eine Familie, bei denen Konflikte nicht nur lautstark, sondern teilweise auch mit Gewalt ausgetragen wurden. Im Sommer, wenn es heiß und schwül war, machte unsere Mutter das Fenster auf. Und so kam es, dass ich als Kind häufig Ohrenzeuge wurde, wie in dieser Familie nicht nur laut geschrien, sondern auch geschlagen und geweint wurde. Besonders schlimm war wohl für mich, dass mein Vater oft abends nicht zuhause war. Er war bei der Deutschen Reichsbahn beschäftigt, hatte oft Spät- und Nachtschicht, dazu kamen viele Überstunden. Besonders schlimm war es einmal, als draußen ein heftiges Gewitter tobte. Vater war nicht da, sondern auf Arbeit, unsere Mutter holte uns Kinder zu sich, weil sie spürte, dass wir Angst hatten.
Ich erinnere mich noch sehr genau, wie sie zu mir sagte: „Junge, du zitterst ja am ganzen Körper". Und dann brach es aus mir heraus, es öffneten sich quasi alle Schleusen. Ich hatte in Wirklichkeit nicht solche große Angst vor Blitz und Donner, das war eher amüsant, zumal Vater uns erzählte, dass wir ja einen Blitzableiter am Haus haben. Ein Gewitter war schon deshalb für uns als Kinder eher interessant, weil Mutter dann mit uns bei einer angezündeten Kerze zu Gott betete. Da war mir als kleinem Bub klar: Wenn Mutter mit uns betet zum „lieben Gott", dann wird der Blitz schon nicht einschlagen.
Nein, ich hatte viel mehr Angst aufgrund dessen, was ich an Heftigkeit und Gewalt bei Familienstreitigkeiten im Nachbarhaus mitbekam. Ich

war aufgrund meines Alters dieser Erfahrung völlig hilflos ausgeliefert. Sehr froh war ich, als mein Kinderbett unmittelbar danach in ein anderes Zimmer, zu meiner ‚großen' Schwester verlegt wurde. Und mir ist noch sehr klar in Erinnerung, was meine Eltern mir damals sagten: „Junge, das ist schlimm, was dort passiert. Und hoffentlich gibt es da bald Hilfe. Aber *du* brauchst wirklich keine Angst zu haben. Dir kann nichts passieren, wir sind immer bei dir."

Viel später habe ich bei mir gedacht: Meine guten Eltern, sie haben mir etwas ganz Wichtiges mit auf den Weg gegeben: „Wir sind immer bei dir." Und: „Dir kann nichts passieren." Deshalb, weil sie bei mir sind, weil sie immer bei mir sind, kann mir nichts passieren. Diese Sätze kann und werde ich nie vergessen! Sie wurden so wichtig für mein Leben!

Und doch muss ich heute weiter fragen: Konnten meine Eltern eigentlich wirklich dafür einstehen, was sie mir und meinen Geschwistern versprachen? Natürlich war es für uns wichtig, diese Zusage, sie hat unser Vertrauen in die Wirklichkeit fest begründet. Und unsere Eltern haben es ganz ernst gemeint, sie versprachen uns, uns nie zu verlassen. Das nahmen wir als Kinder ihnen ab. Weil sie Recht hatten! Weil wir genau solch eine unbedingte Zusage brauchten.

Doch Eltern sind als Menschen von sich aus nur sehr bedingt in der Lage, diese unbedingte Zusage einzuhalten. Und doch haben sie sie gegeben. Sie haben nicht gelogen, sie haben es ganz ernst gemeint. Und Millionen Eltern geben solch eine Zusage ihren Kindern täglich, weil Kinder ohne diese Zusage gar nicht lebensfähig sind, kein Vertrauen haben können zur Wirklichkeit. Die Wirklichkeit ist vielfach „gebrochen", ambivalent, täuschend. Aus unserer menschlichen Erfahrung allein ist Vertrauen, das unbedingt gilt, nicht abzuleiten.

Ich habe gespürt und weiß heute besser als in meinen Kindertagen, dass in der Liebe meiner Eltern zu ihren Kindern – wie eigentlich in jeder wahren Liebe – etwas Absolutes auf- und durchscheint. Hier kommt ein Grund des Vertrauens ins Spiel, der nicht allein von all den Begrenztheiten, die wir erleben, herkommen kann.

Ich weiß, wie froh ich damals war über den Satz: „Wir sind immer bei dir." Und ich weiß, dass durch ihn meine Eltern mir etwas mit auf den Weg gegeben haben, dass sie auch empfangen haben. Die Gewissheit,

dass die Welt in guten Händen geborgen ist. Wir können uns als Christen die Welt mit ihren Abgründen nicht weglügen oder weginterpretieren. Doch um als Menschen überlebensfähig zu sein, brauchen wir einen Grund, den wir nicht gemacht haben, der uns trägt und uns hält – auch dann, wenn buchstäblich alles uns verlässt.
Noch heute singe ich gerne das Lied, das uns unsere Mutter oft vorgesungen hat: „Weißt du, wie viel Sternlein stehen?“ In ihm heißt es: „Gott, der Herr, hat sie gezählet, dass ihm auch nicht eines fehlet, an der ganzen großen Zahl …“ Welch ein Vertrauen spricht aus diesen Worten?! Ich hörte das Lied von meinen Eltern, meine Frau und ich sangen es unseren Kindern vor, wenn wir sie abends zu Bett brachten. Wer will uns hier den Vorwurf der Naivität machen?
Und ich fühle mich bestätigt und aufgehoben gleichermaßen durch die warmen, herzlichen und doch so eindringlichen und klaren Worte Karl Rahners zum Bittgebet. Worte, die so vertrauensvoll klingen und in denen doch „eine ganze Theologie versammelt ist?“
„Und doch ist in diesem Geheimnis das Geheimnis des wahren christlichen Bittgebets enthalten, des gottmenschlichen Bittgebets, des wahren Bittgebetes jedes Christen, in dem, wenn wir so sagen dürfen, wie in Christus selbst das Göttlichste und das Menschlichste unvermischt und ungetrennt sich vereinigen und durchdringen …
In dieser gottmenschlichen, geheimnisvollen Einheit von menschlichem Willen vor Gott und Ergebung in den Willen Gottes, in dieser Einheit, wo Gott den Willen der Erde nimmt, ihn in seinen Willen verschlingt und gerade so ihn bewahrt, wird dann auch die Untrüglichkeit der göttlichen Verheißung von der Erhörung des wahren Bittgebetes möglich und begreifbar: Die Erhörung durch den Vater ist dem Sohn zu Eigen, sie ist uns verheißen als Kindern des Vaters und als Brüdern des Christus. Beides aber sind wir nur in dem Maße, als wir eingegangen sind in den Willen Gottes … Haben wir das Geheimnis des Bittgebetes erklärt? Nein, wir haben in seinem Geheimnis nur das Geheimnis alles Christlichen wiedergefunden …
So wie es wahrhaft Erde und wahrhaft Himmel gibt, so wie wahrhaft ein lebendiger, freier allmächtiger Gott ist und doch auch wahrhaft freie kreatürliche Person, so gibt es diese Doppelheit auch im Bittgebet: wahr-

haft Schrei der Not, die das Irdische will, und wahrhaft radikale Kapitulation des Menschen vor dem Gott der Gerichte und der Unbegreiflichkeiten. Und beides in einem? Eines, ohne das andere aufzuheben? Ja. Wie ist das möglich? So möglich, wie es Christus gibt. Verwirklicht aber tausendmal in jedem wahrhaften Christenleben, in dem man wird – o höchste Tat des Menschen – wie ein Kind, das nicht deswegen davor Angst hat, Kind und sogar kindisch zu sein, weil es seinen Vater weiser und weitsichtiger weiß und gütig in seiner unerklärten Härte und darum doch auch nicht sein kindliches Urteil und Verlangen zur letzten Instanz macht.
Kind vor Gott zu sein mitten in der gefühlten und erlittenen Todesqual und der Verzweiflung, gelassenes, bescheidenes, schweigendes, vertrauendes Kind mitten in dem Absturz in die äußerste Leere des ganzen Menschen bis in den Tod, ja bis zum Tod am Kreuze, beides in einem zu sein und so beides in sein Bittgebet hineinzubeten: die Angst und das Vertrauen, den Willen zum Leben und die Bereitschaft zum Tode, die Gewissheit der Erhörung und den restlosen Verzicht, nach eigenem Plan erhört zu werden, das ist das Geheimnis des Christenlebens und des christlichen Bittgebetes. Denn für beides ist Christus das eine und alleinige Gesetz ... Solange die Hände gefaltet bleiben, gefaltet bleiben auch im entsetzlichsten Untergang, solange umgibt uns unsichtbar und geheimnisvoll, aber wahrhaftig – die Huld und das Leben Gottes, und alle Abstürze in das Entsetzen und in den Tod sind nur ein Fallen in die Abgründe der ewigen Liebe" (Not und Segen, S. 126 ff., vorgesehen in SW 7).[328]

Der große Theologe und Beter Karl Rahner lehrt uns eine Haltung absolut kindlichen Vertrauens. Ich kann gar nicht verschweigen, dass diese Worte mit zum Schönsten gehören, was ich an geistlicher Literatur kenne. Sie sind das Gegenteil von Infantilität, von „Kindisch-Sein" in Glaubensdingen, das sich weigert, erwachsen zu werden, Verantwortung zu übernehmen. Beten ist im Letzten, bei aller Aktivität, eine Haltung des Gewähren-Lassens einer größeren Liebe, die uns aus aller Begrenztheit herausruft und herausreißt.
Wer sich hier, wo es um letzte Entscheidungen und um deren Gründe geht, allzu selbstsicher über Menschen des Glaubens erhebt und ihnen

einen „Kinderglauben“ vorhält, dem sei empfohlen, sich eine Welt vorzustellen ohne diese göttliche Fürsorge, ohne diese Verlässlichkeit. Man möge dann zusehen, ob man seine Sinne heil behalten kann.

Zu welcher Bekehrung möchte Rahner mit diesem Text bewegen?

Dieser Text verdeutlicht noch einmal die Grundhaltung Karl Rahners zur Schöpfung Gottes: Sie ist weder Schein, noch leblose Materie. Sie ist weder ‚Bauplatz‘ für uns, auf dem wir die Bauherren sind, die die Gesetze des Handelns eigenmächtig in Händen halten. Sie ist auch kein ‚Spielplatz‘, in dem „alles nicht so gemeint ist“.
Nein, die Schöpfung – weil sie von Gott kommt und zu Gott zurückkehrt – hat Geschenkcharakter. Sie ist eine gute Gabe an uns. Wir sind zuerst Empfangende. Und erst im zweiten Schritt können auch wir von dem geben, was wir zuvor empfangen haben.
Das ist die entscheidende religiöse Aussage zur Schöpfung, die auf einer anderen Ebene gegeben werden kann und gegeben werden muss, als auf der naturwissenschaftlichen, auf der funktionale Zusammenhänge bedacht werden. Die religiöse Deutung der Welt ist nicht weniger gültig als die naturwissenschaftliche, sie antwortet jedoch auf andere Fragen und fällt von daher auch anders aus.
Religion antwortet auf die Angst und Sorge der Menschen, auf die Frage nach dem Sinn des eigenen Lebens und dem Sinn des Ganzen, auf des Menschen Sehnsucht und Hoffnung. Die Antwort des Glaubens steht dort für den Menschen ein, wo keine naturwissenschaftliche Aussage jemals eine wirklich befriedigende Aussage geben kann, weil das Ganze in Frage steht, das mehr ist als die Summe der Teile.
Hier geht es also um eine erste „Bekehrung“, die wir an uns selber vollziehen müssen. Die wir aber auch all jenen Zeitgenossen sagen müssen, für die primär das Machen, die Leistung, der Erfolg zählen. Das Gleichnis vom „reichen Kornbauern“ steht wie ein Symbol vor uns: Wer den Geschenkcharakter der Schöpfung leugnet, der kann seine eigene Rolle nicht finden. Er wird sie verfehlen, weil wir nichts wirklich ‚haben‘. Weder die Zeit, noch die Gesundheit, noch die Jugend. Alle „Götter dieser Erde“ werden zu „Nichtsen“, wie es in der Bibel heißt.

Warum der Religion trauen? Weil sie das Verhältnis des Menschen in der Schöpfung zunächst richtig „justiert". Weder sind wir „Götter" noch sind wir „Nichtse". Wir können und dürfen schaffen, forschen, „machen". Aber nur, weil wir zuerst mit jenen Gaben beschenkt, ausgestattet wurden, die uns dies ermöglichen. Darum sind unsere Gaben auch zugleich Aufgaben, so dass die religiöse Sicht vom Menschen immer auch eine ethische Dimension mit einschließt. Und zwar nicht als eine aufgesetzte Pflicht, sondern als ein angemessenes Tun, dem ein Sein zugrunde liegt. Ein Sein, das Liebe ist!
Und eine zweite „Bekehrung" wird deutlich: „Gerechtigkeit, Friede und Bewahrung der Schöpfung" – das sind Maximen, die heute – so global formuliert – kaum noch in Abrede gestellt werden. Doch wie sieht es mit der Umsetzung konkret aus? Wenn wir dankbare Menschen sind, die sich über das Geschenk der Schöpfung und des Lebens freuen – wie drückt sich diese Dankbarkeit aus? Leben wir so verantwortlich, dass wir Gott am „jüngsten Tag" frohen Herzens Antwort geben können? Leben wir so, dass andere Menschen auch etwas davon ahnen können, dass ihr Leben und die Schöpfung Gaben eines guten Gottes sind? Leben wir so, dass andere Menschen durch uns eine Solidarität erfahren, die sie ahnen lässt, dass wir allesamt Kinder des einen Vaters im Himmel sind?
Je mehr ich mich auf rahnersche Texte einlasse, desto mehr spüre ich: Glaube ist immer „Glaube, der die Erde liebt" – weil sie Gottes Schöpfung ist! Und darum gilt auch, was Karl Rahner in einem seiner frühen Gebete so wunderbar formuliert hat:
„Wohin sollte ich gehen? Wäre die enge Hütte mit ihren kleinen vertrauten Dingen, wäre das irdische Leben mit seinen großen Freuden und Schmerzen mir Heimat, wäre nicht all das umschlossen von deinen fernen Unendlichkeiten? Ist die Erde mir Heimat, wenn nicht dein ferner Himmel über ihr steht?"
Und Rahner betet weiter, in dem er Gott direkt fragt:
„Wohin soll ich fliehen vor dir, wenn alle Sehnsucht nach dem Grenzenlosen und aller Mut zu meiner Endlichkeit dich bekennt?" (Gebete, 26 f)
Frömmigkeit heute und morgen wird sich dieser Frage Karl Rahners stellen müssen. Sehnsucht nach dem Leben in Fülle und Mut zur eige-

nen Begrenztheit in Hoffnung sind nur möglich, wenn und weil Gott keine Fata Morgana, kein Trugbild ist. Die großen Fragen sind und bleiben uns aufgegeben, solange wir Menschen sind. Wir dürfen sie uns nicht austreiben lassen. Wären sie nicht mehr, wäre auch das Leben zu Ende. Vielleicht nicht biologisch, aber menschlich. Denn

„Ist die Erde mir Heimat, wenn nicht dein ferner Himmel über ihr steht?“

Wenn wir den „Himmel“ verlieren, verlieren wir gleichzeitig auch die „Erde“, weil wir uns selbst als Menschen, die nach dem Sinn des Ganzen fragen, verloren haben. Das Schlimmste daran wäre der „unbemerkte Ausfall“, das Nicht-mehr-Wissen um das, was wir verloren haben.

„Der Mensch hätte das Ganze und seinen Grund vergessen, und zugleich vergessen – wenn man das noch so sagen könnte –, dass er vergessen hat“ (SW 26, S. 52).

Karl Rahner ist nicht zu „kopieren“, sein Glaube ist nicht einfach in unsere Zeit zu übertragen. Probleme, Situationen ändern sich. Doch sein Werk ist Beispiel und Aufforderung in einem. Beispiel für einen Glauben, der die Tradition kennt, aus ihr lebt, ohne sich dem Heute zu verweigern. Aufforderung, die Zeichen der Zeit zu sehen, sie zu erkennen und aus dem Glauben der Kirche heraus zu deuten.

„Ich bin der, der nicht sich selbst gehört, sondern dir. Mehr weiß ich nicht von mir, mehr nicht von dir – Du –, Gott meines Lebens, Unendlichkeit meiner Endlichkeit“ (Gebete, S. 27, vorgesehen in SW 7).

„In ihm, Jesus von Nazareth, dem Gekreuzigten und Auferstandenen, sind wir gewiss, dass weder Ideen noch Mächte und Gewalten, weder die Last der Tradition noch die Utopie unserer Zukünfte, weder die Götter der Vernunft noch die Götter unserer eigenen Abgründe, noch überhaupt etwas in uns und um uns uns trennen wird von *der* Liebe, in der der unsagbare Gott in seiner alles umfassenden Freiheit sich selbst uns gegeben hat in Christus Jesus unserem Herrn. Amen“ (Gebete, S. 98, vorgesehen in SW 7).

Zur wissenschaftlichen Diskussion um das Werk Karl Rahners

Das besondere Anliegen des Buches, Karl Rahners Werk als Mystagogie, als Einweisung in die Erfahrung des christlichen Glaubens heute fruchtbar werden zu lassen, ließ es als besser erscheinen, die wissenschaftlich-theologische und kirchenpolitische Diskussion um sein Werk mit dieser Einweisung nicht zu vermengen. Weil das Werk aber bis heute umstritten geblieben ist, ja ihm im strengen Sinn des Wortes Häresie vorgeworfen wird, bin ich der Überzeugung, dass ich mich auch in meinem Anliegen diesem Vorwurf nicht entziehen darf. Das soll in prägnanter Form in diesem Abschnitt geschehen.
Im ersten Teil danke ich Roman A. Siebenrock (Innsbruck) dafür, dass er einen Aufsatz zum biographischen und theologischen Profil Karl Rahners für diesen Band beisteuert.[329] *Im zweiten Teil möchte ich mich aus meinem mehr lebensweltlich-spirituell geprüften Zugang zu Karl Rahner in die Debatte einschalten. Ohne eine fachtheologische Kompetenz in allen Aspekten der christlichen und katholischen Tradition beanspruchen zu können, scheint es mir nicht sinnlos zu sein, aus meinem Zugang ein Wort zu dieser Debatte zu sagen. Da es im Vorwurf der Häresie nie nur um inhaltlich-propositionelle Aussagen geht, sondern immer auch um die pastorale und seelsorgerische Wirksamkeit eines Werkes gehen müsste, halte ich meine Sicht für eine angemessene Urteilsbildung für nicht unbedeutend.*
Ich kann auch nur sehr spontan und fragmentarisch auf einige Aspekte und Anfragen eingehen, die mir persönlich wesentlich erscheinen. Zudem versuche ich in längeren Textpassagen Karl Rahner selbst zu Wort kommen zu lassen, weil ich der Überzeugung bin, dass – wer sich in Rahner hineinliest – die Antworten auf viele Fragen in einer Art und Weise bekommt, die einzigartig ist.[330] *Außerdem lasse ich, neben den Hinweisen von Lehmann, Raffelt oder Vorgrimler, insbesondere zwei Autoren aus ihren Arbeiten in längeren Textpassagen zu Wort kommen, deren Werke mir*

bis heute sehr halfen, die Tiefendimensionen Karl Rahners zu erfassen. Es sind dies „Gnade und Welt“[331] *von Nikolaus Schwerdtfeger und „Ekstatische Gottesliebe im tätigen Weltbezug“ von Ralf Miggelbrink.*[332] *Beide Arbeiten beschäftigen sich auf ihre Weise grundsätzlich mit der Theologie Karl Rahners. Alle Detailkritik wird sich letztlich daran messen lassen müssen, ob sie den Grundlagen und Grundoptionen Rahners gerecht zu werden vermag, über die Schwerdtfeger schreibt: „Erfahrung der Gnade Christi – damit scheint ein oder gar das Grundthema der Theologie Karl Rahners bezeichnet zu sein.“*[333] *Und wer sich wirklich um „eine verstehende Aneignung des Ganzen der Theologie Karl Rahners und dessen systematische Konzentration“*[334] *bemüht, wird „auf das von Karl Rahner selbst als das Zentrum aller Theologie verstandene Thema der Gotteslehre“*[335] *eingehen müssen. Dabei wird besonders zu beachten sein, was Miggelbrink zuvor betont: „Die Theologie steht bei Rahner als ganze unter dem Gesetz der von ihr zu leistenden Einführung in die Erfahrung des Geheimnisses, das Gott selber ist. Dieses methodische Merkmal seiner Theologie spricht Rahner selber mit der Formel einer von der Theologie notwendig zu leistenden ‚reductio in mysterium‘ an (SW 26,405). Sie ist das Grundgesetz der Theologie …“*[336]

Roman A. Siebenrock

Karl Rahner SJ (1904–1984)

1. Biographie und Werkentwicklung

In Karl Rahners Werk spiegelt sich die Entwicklung der katholischen Theologie des 20. Jahrhunderts in eminenter Weise. Es steht nicht nur beispielhaft für ihre Entwicklung vor, im und nach dem Zweiten Vatikanischen Konzil, sondern vermittelt ebenso einen dichten Einblick in die noch anhaltenden Suchbewegungen des christlich-kirchlichen Lebens in einer neuen kirchengeschichtlichen Epoche.
Geboren in Freiburg i. Br. wächst er in einer ebenso offenen wie selbstverständlich katholischen Frömmigkeit auf. Der Eintritt in die Gesellschaft Jesu (1922) führt ihn nicht allein an die Quellen neuzeitlicher Frömmigkeit durch die Wiederentdeckung des mystischen Ignatius von Loyola (1491–1556), sondern auch in die Nachwirkungen des deutschen Kulturkampfes und katholischen Antimodernismus unter Papst Pius X. (1903–1914). In dieser Zeit entwickeln sich vor allem in der französischen Theologie, Philosophie und Frömmigkeit auch innerhalb des Jesuitenordens Neuansätze, mit denen er verbunden ist (M. Blondel [1861–1949], P. Rousselot SJ [1878–1915], J. Maréchal SJ [1878–1944] und H. de Lubac SJ [1896–1991]). Nach der ordensüblichen Ausbildung (Ordination 1932) studiert er Philosophie in Freiburg i. Br. (1934–36), wo ihn nicht nur Martin Heidegger beeinflusst. 1937 wird er Dozent für Dogmatik in Innsbruck. Der Anschluss Österreichs an das Deutsche Reich (1938) bedeutet das Ende der theologischen Fakultät und aller Ordenshäuser in Tirol. Während des Krieges arbeitet er in der geheimen Ausbildung des Ordens und am Ordinariat in Wien (bis 1944). Von 1945–1948 in Pullach, und von 1948–1964 in Innsbruck wirkt er als Professor für Dogmatik. In München (1964–1967) wird er Nachfolger Romano Guardinis (1885–1968) in der philosophischen Fakultät. Als Dogmatiker lehrt er von 1967 bis 1971 in Münster. Bis 1981 lebt er in München.

Gestorben ist er in Innsbruck. Als Theologe und Wissenschaftsorganisator, geistlicher Begleiter und kirchenpolitischer Mahner wird er vor allem nach dem Konzil, an dem er als Konzilstheologe teilnahm (Wassilowsky 2001), zu einer auch umstrittenen Symbolgestalt für die Glaubensorientierung der Kirche in nachchristlicher Zeit. Deshalb ist die theologische Auseinandersetzung mit Rahner bis heute auch eine Debatte um die grundlegende Kirchen- und Glaubensorientierung und die maßgebliche Interpretation des Zweiten Vatikanischen Konzils, mit dem er eine dritte kirchengeschichtliche Epoche angebrochen sieht, in der die Kirche real Weltkirche wird (XIV, 303–318).

2. Werkgestalt und Quellen

Rahners Werk liegt in zahllosen Essays vor, die seine situativ-geschichtliche, von Anfragen, Problemen und Aufträgen in Anspruch genommene pastorale Absicht und zeitgeschichtliche Verwurzelung dokumentieren (‚Anlasstheologie'). Theologie dient der Verkündigung und der Ermöglichung einer zeitgemäßen Glaubensgestalt. Rahners Theologie ist daher als doppelt ‚offen gehalten' anzusehen. Einerseits ist der faktische Lebens- und Glaubensvollzug, der aus dem freien Anruf Gottes erwächst, rational nicht einholbar. Sein Denken setzt stets Vollzüge, Praktik und Erfahrung voraus, die er nicht immer explizit beschreibt, denen er aber stets ‚nach-denkt'. Das Denken holt das Leben und die darin wurzelnde ursprüngliche Erfahrung nicht ein. Andererseits strebt alle Rede über Gott danach, aus der vorausgesetzten existentiellen Nachfolge in die schweigende Anbetung des heiligen Geheimnisses zu münden. Rahners Theologie ist von ihrer pastoralen Wurzel her als Begleitung einer Kirche im Aufbruch und als formale Grundlegung und Ermöglichung der Nachfolge Christi zu lesen.
Die für ihn normativen theologischen Referenzen sind ebenso vielfältig wie heterogen. Sie repräsentieren in ihrer Vielfalt die Komplexität katholischer Theologie, die weder einer einzigen Epoche, noch einer Autorität allein verpflichtet sein kann. 1: Die Wiederentdeckung des mystischen Ignatius im Kontext der jesuitischen Ordensexistenz (Neu-

feld, 2004) richtet die geistliche Betrachtung der Schrift in den Wahlexerzitien auf eine persönliche Lebenswahl aus, in der Gott unmittelbar mit seinem Geschöpf handelt (XV, 373–408). 2: Die im Modernismus aufgeworfene Frage nach dem Glaubenssubjekt und der Bedeutung von Erfahrung entfaltet er im Rückgriff auf die von den Kirchenvätern begründete Tradition der geistlichen Sinne. Später werden diese Ansätze als „Erfahrung der Gnade“ für die Epistemologie unmittelbarer Gotteserkenntnis oder Gotteserfahrung fruchtbar gemacht. 3: Die Theologie sakramentaler Praxis und Frömmigkeit in einer die Geschichtlichkeit der Gnade verschärfenden Offenbarungs- und Gnadentheologie wird im Widerspruch zur Selbstbezogenheit moderner Religionsphilosophie entwickelt und als christologisch-kirchliche Vermittlung des Heils begriffen. 4: Die Frage nach der Möglichkeit der Metaphysik für ein Erkennen, das bleibend auf Sinnlichkeit, bzw. Welt verwiesen ist (SW 3: „Geist in Welt“), und die Grundlegung einer auf Offenbarung angelegten Religionsphilosophie als fundamentaltheologische Anthropologie (SW 4: „Hörer des Wortes“) in Auseinandersetzung mit der modernen Philosophie von Kant bis Heidegger, wird in einer systematischen Neuinterpretation des Denkens Thomas von Aquins gewagt, der als maßgebliche theologische und philosophische Autorität gegen die modernen Irrtümer seit Leo XIII. („Aeterni Patris“ 1879) eingeschärft wurde. Der Aquinate wird zur denkerischen Brücke für die Herausforderungen der Gegenwartsphilosophie. 5: Die schultheologischen Debatten der nachtridentinischen Systematik entfaltet er vor allem in der Gnaden- und Bußtheologie in ihrer inneren Dynamik auf gegenwärtige Fragestellungen hin, ohne sich einer bestimmten Schule (auch nicht der des eigenen Ordens: ‚Molinismus‘) zu verschreiben. 6: Seine Rezeption der Kirchenväter in spiritualitäts- und dogmengeschichtlichen Arbeiten steht in der damals aktuellen Wiederentdeckung der Vätertheologie in Zusammenarbeit mit seinem Bruder Hugo Rahner SJ (1900–1968). Damit kennt er in Konzeption und in Einzelthematik theologische Alternativen zur vermeintlichen ‚theologia perennis‘ der Neuscholastik und der westlichen Theologie (SW 3). 7: Die pastorale Aufmerksamkeit für die sich beschleunigt verändernde Glaubenssituation prägt seine spannungsreiche Entwicklung, weil er vor allem von der Not des Glaubens

her denkt, und weil der Verweis auf die Autorität von Schrift und/oder kirchlicher Tradition allein den Glauben nicht mehr als intellektuell redlich ausweisen kann.
Ansatz und Methode lassen sich so umschreiben: Die Einweisung in die Grunderfahrung des nahegekommenen Geheimnisses Gottes als Anspruch an die menschliche Freiheit und die im Argument entfaltete intellektuelle Redlichkeit des Glaubens wird mit Hilfe einer mitunter eigenwillig verwendeten transzendentalen Methode als anthropologische Wende der Theologie mit dem Ziel entfaltet, Glauben zu ermöglichen und dessen Bedeutung und Anspruch denkerisch zu verantworten (VIII, 79–126). Rahners Methode entwickelt sich implizit in Antworten auf Fragen und Herausforderungen, auf die er sich vorbehaltlos einlässt. Dass er faktisch immer mit seiner eigenen Existenz gestikuliert hat, weist seine Theologie als Zeugnis aus, das sowohl in poetischen Mystagogien und Betrachtungen als auch zahlreichen Gebeten ihren vielfältigen literarischen Ausdruck findet (Siebenrock, 2002): Im ganzen Werk tragen sich Reflexion und Gebet wechselseitig. Rahner will Theologie und Leben in das Geheimnis Gottes, das sich der Welt in Jesus Christus selbst mitgeteilt und im Heiligen Geist als Verwandlung aller Wirklichkeit bleibend wirksam geworden ist, rückführen („reductio in myterium“).

3. Genese und systematische Struktur

Rahners theologische Essays stellen Fragmente („Teppiche-Stromata“) christlichen Denkens auf die Grundbedingungen des Glaubens nach dem Ende aller Selbstverständlichkeiten dar. Als ‚systematische Struktur‘ kann jenes Wirkmuster bezeichnet werden, das die disparaten, nicht immer aufeinander abgestimmten Beiträge zu fast allen Bereichen christlichen Glaubens durchzieht. Erst in der nachträglichen Reflexion erweist sich das Werk als stimmig, d. h. von grundlegenden systematischen Optionen durchwirkt, die wechselseitig aufeinander verweisen, sich korrigieren und gerade so stützen (‚Multipolarität‘). Die Werkentwicklung geschieht in der spannungsreichen Dynamik zwischen theologischer Gegenwartsanalyse, dogmatischen Optionen („Prinzipien“) im Blick auf konkrete pastorale Herausforderungen und wissenschaftlichen Fragestellungen. In der ersten Phase (1934–45) wird eine systematische Grundlegung von bleibender Bedeutung feststellbar. Bis zum Konzil (ca. 1960) wird eine Abkehr von den damals gängigen Konzepten erkennbar. Es geht ihm um eine Darstellung des christlichen Glaubensanspruch auf Augenhöhe mit der Gegenwart. Rahner entwickelt im Unterschied zu vielen anderen seine theologische Zeitgenossenschaft aus und mit der schultheologischen Tradition in der Weite der gesamten Überlieferung und in Kenntnis der zeitgenössischen, vor allem deutschsprachigen Philosophie. Weil er als Überwinder der Neuscholastik gilt, stellt er für die ‚Generation danach‘ die Brücke zu ihr dar, weil er nur aus ihr, nicht allein gegen sie, verstanden werden kann. In editorischer ‚Kärnerarbeit‘ („Quaestiones disputatae“; „Lexikon für Theologie und Kirche“; „Handbuch der Pastoraltheologie“; „Sacramentum Mundi“) und als Konzilstheologe gewinnt er deshalb zunehmend an Einfluss, weil er in seiner theologischen Arbeit die normativen Referenzen einer katholischen Theologie an der Wurzel von der heutigen Glaubensnot in Anspruch nehmen lässt. Während des Konzils kommt es zu einer letzten Werktransformation, in der die Aufgabe der Mystagogie in die Gotteserfahrung und die theologische Solidarität mit dem bekümmerten Atheismus vor dem verborgenen Antlitz Gottes als Annahme des radikalen Geheimnisses Gottes kennzeichnend wird.

3.1 Grundanliegen: „Wer sich Gott naht, dem naht sich Gott“

„Die Kirche steht einer neuen Zeit gegenüber“ (SW 4, 498). Erstmals am Wiener Seelsorgeamt ist Rahners Bewusstsein einer epochalen Glaubensherausforderung feststellbar. Zuvor entwickelt sich eine theologische Urintuition, die in dem Bild zusammengefasst werden kann: Gott berührt den Menschen in seinem Innersten und im Sakrament der Kirche so, dass der Mensch Gott berühren kann (Batlogg u. a., Der Denkweg Karl Rahners; Siebenrock 2004). Im Schriftzitat (Jak 4,8: „Wer sich Gott naht, dem naht sich Gott“) spiegelt sich die doppelt-eine Bewegung der ignatianischen Exerzitien, die sein Werk prägt: Die Bewegung

Gottes zum Menschen ('Abstieg Gottes in die Welt': 'Katabasis'; Deszendenztheologie 'von oben') und die Bewegung des Menschen zu Gott ('Aufstieg als Nachfolge Christi': 'Anabasis'; Aszendenztheologie 'von unten'). Die Bewegung Gottes zum Menschen ist ihm durch das Zeugnis der Schrift, die Praxis der Kirche (Sakrament und Verkündigung) und speziell seines Ordensvaters verbürgt und in den Exerzitien existentiell erfahrbar geworden (Fischer 1974; Zahlauer 1996). Dies ist die stets wirksame 'Vor-gabe' seines Denkens. Wie aber ist der Weg aller Menschen zu allen Zeiten zum Gott Jesu Christi denkbar und so als möglich ausweisbar? Von dieser Leitfrage her gewinnt das Werk seine Konsistenz und Dynamik.
Verschiedene Ansätze sind im Frühwerk unterscheidbar. In der Aufnahme der ignatianischen Wahlmystik und der Tradition der geistlichen Sinne wird die Möglichkeit unmittelbarer Gotteserfahrung in bleibender Verwiesenheit auf Sinnlichkeit im Anschluss an Bonaventuras „Itinerarium mentis in Deum" ausgelegt (XII, 137–172). Bereits hier bestimmt er ein Organ der religiösen Erfahrung, in der der Mensch von Gott berührt wird. Bevor der Mensch zu Erkenntnis und Freiheit erwacht, formt Gott die Ekstase des menschlichen Seins im 'apex affectus' ('Seelenspitze') in Liebe um. Daher ereignet sich Gottesbegegnung immer im göttlichen Dunkel als dunkles Feuer der Liebe. Gottesbegegnung wird als Freiheitsgeschehen ausgelegt, das den Menschen in seiner innersten Mitte in Liebe wandelt.
Der zweite Ansatz ist in einer Theologie des Sakraments als Verschärfung der Geschichtlichkeit der Gnade zu finden. In der Analyse einer in die Krise gekommenen Frömmigkeitsform ('Andachtsbeichte') fragt er, wie die Notwendigkeit des Sakramentenempfangs theologisch begründet werden kann, wenn Sündenvergebung auch außerhalb dieses Sakraments möglich ist. Welche Bedeutung hat also das Sakrament, wenn die darin zugesagte Heilsgnade auch ohne dieses empfangen werden kann? Diese Fragestellung wird für das Werk kennzeichnend. In einer Theologie der Geschichte als Anerkennung der Wahl Gottes, der sich nicht immer und überall, sondern in der konkreten Heilsgeschichte – damals in Galiläa und heute im Beichtstuhl – finden lassen will, wird die kirchliche Praxis als freie Antwort auf den freien Gott und

als Protest gegen den „versteckten Rationalismus einer humanitären Geistfrömmigkeit“ (III, 222) begründet. Wie ein menschlich geschichtlicher Vorgang für eine spätere Zeit gegenwärtig bleiben kann, wird zum Anliegen der theologischen Dissertation, die für diese Fragestellung ein adäquates Symbolverständnis fordert (SW 3, 81–84).

Der dritte Ansatz stellt sich der intellektuellen Herausforderung der Gegenwart. Rahners Theologie gewinnt ihre eigentümliche Gestalt durch eine in philosophischer Anstrengung des Begriffs ausgearbeiteten Glaubensrechenschaft, die den Anspruch des Glaubens nicht einfach behauptet, sondern in der Sprache und Denkform der Zeit zu erweisen sucht. Philosophisches Denken stellt jenen Brückenschlag dar, der zwischen innen und außen, zwischen der Gottunmittelbarkeit seiner Herkunft und einer gottfernen Zeit (SW 4, 359) zu vermitteln wagt. Die philosophische Untersuchung „Geist in Welt“ (SW 2) kreist um zwei Anfragen. Kant hat die menschliche Erkenntnis auf die Phänomene in Raum und Zeit begrenzt. Rahner antwortet im Rückgriff auf den Dynamismus des Erkennens nach Joseph Maréchal SJ (SW 2, 373–406). Diese Antwort wird durch den Finitismus Heideggers, wie ihn Alfred Delp SJ (SW 2, 449.451) analysierte, in Frage gestellt. Heideggers Ex-istenz ist Dynamik radikaler Endlichkeit auf das Nichts hin. Menschliche Erkenntnis ist, so Rahners Ansatz, kein begrenzter Akt, sondern von einem Dynamismus auf die unbegrenzte Weite aller Wirklichkeit hin getragen. Lebensorientierendes Erkennen, das die Freiheit des Menschen einfordert, erwächst in einer allen Fragen und Zweifeln vorausgehenden Bejahung aus einer ursprünglichen Einheit des Erkennenden mit dem Erkannten. Es ist auch kein isolierter Akt, sondern integriert in seiner ‚affirmativen Synthese‘ alle Fähigkeiten des Menschen (Sinnlichkeit, Verstand, Vernunft, Vorstellungskraft). Erkenntnismetaphysik wird Anthropologie. Der Mensch überschreitet den Horizont aller Endlichkeit, ohne jedoch dieses Herausgerissensein (Ekstase als Excessus, Vorgriff) selbst noch einmal ergreifen zu können. Der Mensch ist ein Wesen der Grenze, zwischen Tod und Leben, zwischen Zeit und Ewigkeit, zwischen Himmel und Erde – aber in allem an Welt verwiesen. Gott ist als Prinzipium, nicht als Gegenstand miterkannt. Der Mensch steht in diesem über die Welt Hinausverwiesensein vor dem sich verschweigenden Gott.

Deshalb wird der Mensch in der „Conversio" aus allen idealistischen Versuchungen zurückgerufen in die Welt, in seine Geschichte. Wenn überhaupt, dann kann ihm nur in der Geschichte ein Wort der Ewigkeit begegnen (SW 2, 300: „Konversionsmetaphysik"). Alle Metaphysik endet in Anerkenntnis ihres Scheiterns. Immer besteht jedoch die Versuchung zur eigenmächtigen Antwort. Die Andacht zur Welt verwechselt Gott mit einem Götzen, wie es Rahner 1937 am Thema Rasse und Religion in Auseinandersetzung mit der Nazi-Ideologie verdeutlicht (SW 4, 104f. 454–461; SW 2, 451–454).

Der Mensch ist deshalb als jenes Seiende auszulegen, der auf eine ihn in der Geschichte treffende Offenbarung Gottes hören muss: er ist „Hörer des Wortes" (SW 4). Der Mensch stellt die Frage nach dem Sein in seiner prinzipiellen Möglichkeit (‚Fragbarkeit'). Daher ist das Sein gelichtet. Erkenntnisideal und Ontologie tragen sich wechselseitig. Mit der augustinisch-platonischen Tradition bestimmt er Sein als Einheit von Erkennen und Sein. Erkennen ist deshalb Teilhabe am göttlichen Logos (Zahlauer, 1996; Kreutzer 2002). Aber auch alle Wirklichkeit wird durch den Logos strukturiert (SW 4, 220.224), weshalb das Sein nur an der Erscheinung erkannt und allein durch das Wort zur Erscheinung gebracht werden kann (SW 4, 228). Rahner entwirft auch epistemologisch eine transzendental gewendete Logostheologie. Der endliche Mensch aber steht immer auch vor dem verborgenen Sein (‚Fraglichkeit'). Sein ist ihm entzogen, er begegnet einer anderen Freiheit, die sich ihm öffnen oder verschweigen kann. Die Zuordnung von absoluter und endlicher Freiheit im sich Verschweigenkönnen und im Hörenmüssen sind die äußersten Möglichkeiten philosophischer Offenbarungsbegründung, die nur den Ort bestimmen kann, an der sich die souveräne Freiheit des anderen Willens äußert: als Wort in der Geschichte. Die anthropologisch gewendete Metaphysik wird als „Ontologie der potentia oboedientialis" zur fundamentaltheologischen Anthropologie.

Ohne Wahlmöglichkeit trat Rahner 1937 in den vorgeschriebenen Traktatenzyklus der Schule ein – und fand sein Lebensthema, die theologische Mitte seines Denkens: Die „Gnade Christi" (Rulands 2000). Er revolutioniert, damit ist der vierte Ansatz benannt, in mitunter wortgetreuer Übernahme seiner Lehrer die gängige katholische Gnaden-

theologie. Eine trinitarische Grundstruktur durchwirkt die Aussagen: Gott will das Heil aller Menschen (1 Tim 2, 4; Eph 1–2). Dieser universale Heilswille berührt uns in Christus und der Kirche. Gnade ist zuerst ungeschaffene Gnade, die Person Jesu Christi selbst. Im Heiligen Geist ergreift diese Gnade in Jesus Christus, als dem Haupt der erlösten Menschheit die gesamte Welt, und möchte sie erlösend in das Leben Gottes hinein verwandeln. Weil in Christus als dem neuen Adam dieses Ziel der Schöpfung begonnen hat, wird der Nachvollzug des Lebens Christi zum Merkmal des (‚übernatürlichen') Heils: „Unser übernatürliches Leben ist Verlängerung und Auslegung des Lebens Christi" (De Gratia Christi, 22). Das Ziel des Heilshandeln Gottes ist die ganze Menschheit. Die Kirche ist in Christus als „unum magnum sacramentum" hierfür Zeichen (Schmolly 2001). Damit liegt die werkbestimmende Dynamik vor: der universale Heilswille Gottes möchte sich vom Haupt der erneuerten Menschheit auf alle Glieder ausdehnen. In dieser Finalität der Gnade ist der Mensch und alle Wirklichkeit auf die Unmittelbarkeit Gottes hin ausgerichtet. In diesem Horizont (‚übernatürliches Formalobjekt') steht der Mensch. Deshalb wird die Gnade in den unterschiedlichsten Erfahrungen mit-erfahren. Die traditionelle ‚Natur-Gnade-Diastase' ist überwunden.
Das Gesamtwerk steht im Zeichen der Dynamik des universalen Heilswillens Gottes in Christus, die er als Selbstmitteilung Gottes begrifflich fasst und als universales Gnadenangebot und Offenbarungsgeschehen deutet. Traditionelle Themen wie das Martyrium (Bluttaufe), das Votum für die Kirche, die These des Jesuiten Ripalda, dass ein sittlicher Akt ein Heilsakt sei, und die Unterscheidung von sichtbarer und unsichtbarer Kirche werden nach „Mystici Corporis" von Pius XII. (1943) zur These einer gestuften Kirchenmitgliedschaft und im Begriff der ‚objektiven Erlösung' weiterentwickelt (SW 10, 3–81.657–666). In der weiteren Werkentwicklung verbinden sich die gnadentheologischen Optionen mit den transzendental erschlossenen Strukturen des menschlichen Geistes. Aber der Mensch, der in ekstatischer Existenz auf Gott ausgerichtet ist, findet zu seiner Vollendung nicht im Verlassen der Welt, sondern allein in einer „conversio ad historiam", letztlich in der Nachfolge Christi. In Anerkennung unterschiedlichster Formen der Nachfolge

weist die Annahme des Gnadenangebots durch den Menschen stets eine ‚fuga saeculi' oder eine Todesannahme auf (Batlogg u. a., 2003, 131–143, 161–196). Denn die Natur des Menschen muss nach Rahner durch Leben und Tod Christi aufgebrochen, ja zerbrochen werden (Kühn, 1962). Schmolly (2001) hat diese beiden Bewegungen als eine nicht in eine höhere Synthese aufhebbare zweigliedrige Grundaxiomatik herausgearbeitet. Von Seiten Gottes ist sie wegen des universalen göttlichen Heilswillens als unwiderruflich und siegreich (Christologie, Mariologie), vom Menschen her aber immer durch Schuld und Sünde als gefährdet einzuschätzen.

Rahners analoger Kirchenbegriff in Einheit mit der Bestimmung der Gnade als ungeschaffener Gnade ermöglicht eine neue Diskussionsbasis mit den Kirchen der Reformation und der Orthodoxie. Rahners Denken wird immer von innen nach außen sich entfalten – von der im Glauben angenommenen Wahrheit (z. B. „Tauftheologie") hin zu den Herausforderungen einer sich rasch wandelnden Zeit.

3.2 Theologische Zeitgenossenschaft in nachchristlicher Zeit

Rahner hat stets vor einer illusionären Rückkehr zu nur scheinbar heilen (‚vormodernen') Zeiten gewarnt und immer nachdrücklicher eine Reform an Haupt und Glieder eingemahnt. Weil die Christen zur Minderheit werden (‚Diasporasituation'), in der die sekundären Stützen für den Glauben wegfallen, muss sich ein Entscheidungschristentum entwickeln, für das Freiheit und Gotteserfahrung entscheidend werden (SW 10, 251–273). Ein „Tutiorismus des Wagnisses" (VII, 85 f) ist gefordert, der die Bedeutung des Einzelnen betont, das offene Wort in der Kirche voraussetzt und in konkreten Imperativen Experimente wagt. Beliebigkeit ist ausgeschlossen, weil Rahner zwischen Prinzipien und Imperativen, zwischen Essenztheologie (bleibende Wesensmerkmale) und Existenztheologie (geschichtliche Realisierungsweisen) unterscheidet (SW 10) und vor Kryptohäresien warnt (SW 10, 520–556).

Während des Konzils verschärft sich die Analyse, weil er Moderne als Selbstmanipulation des Menschen bis in seine psychischen, ideologischen und biologischen Voraussetzungen hinein charakterisiert (SW 19,

265 f). Dieses Experiment ist radikal gefährdet, weil der Mensch sich dadurch zu einem findigen Tier zurückentwickeln kann, das den Schmerz der Transzendenz wegmanipuliert (SW 15). Es schien ihm später fraglich, ob seine Kirche den Mut hat, den Anfang eines Anfangs, den das Konzil gelegt hat, in einem mutigen ‚Strukturwandel' (1972) weiterzuführen, dessen Herz eine neue Spiritualität lebendiger Gottesbegegnung sein müsste. Seine Analysen der allgemeinen Glaubenssituation (Ungleichzeitigkeit, Minderheit, unhintergehbarer Pluralismus und ‚gnoseologische Konkupiszenz') beschreibt er mit dem Bild der winterlichen Zeit der Kirche. Darin ist auch ein Problemstau einbeschlossen: Gemeindeleitung und Priestermangel, der unversöhnte Antagonismus der innerkirchlichen Optionen, die ungelöste Verhältnisbestimmung von Orts- und Universalkirche, die Gefahr der Sektenmentalität und eine mangelnde missionarische Bereitschaft. Eine beispielhafte Bereitschaft, sich auf die Herausforderung einzulassen, zeichnet ihn aus. Rahner wird zum Gesprächspartner in verschiedenen Dialoggruppen („Paulus-Gesellschaft" und „Görres-Gesellschaft"), zunächst zu Fragen der Naturwissenschaft, dann im Dialog mit dem Marxismus (SW 15). Er verweigert sich keiner Fragestellung und entwickelt in der Reihe „Quaestiones disputatae" Anstöße in Fragen von Exegese und Dogmatik, der Schriftinspiration, der Reform des Theologiestudiums und zu den vielen Problemstellungen des Konzils (Offenbarung und Überlieferung, Sakramentalität der Kirche, Primat und Episkopat, Wiedereinführung des ständigen Diakons). Später nimmt er im Gespräch mit seinen SchülerInnen Stellung zu Fragen wie: Befreiungstheologie, Verbindlichkeit der Enzyklika „Humanae Vitae", Stellung der Frau in der Kirche und die Möglichkeit des Frauenpriestertums, u. a. m. In der Auseinandersetzung mit Hans Küngs ‚Unfehlbar' geht es für ihn um eine prinzipielle Grenzziehung im Profil katholischer Theologie (QD 54).

Die eigene Theologie beurteilt er stets ohne jede Euphorie. Nur seine selbstverständliche Pflicht habe er zu tun versucht. Die Not des Glaubens ist gemeinsam durchzutragen, die Herausforderung der Zeit auch zu erleiden.

3.3 Existenz und Welt in Gott durch Christus: Rahners transzendentaltheologischer Entwurf einer Logostheologie

Voraussetzung für Rahners theologische Begleitung einer Kirche im Aufbruch ist die Annahme der faktischen Situation als „heilsgeschichtliches Muss" (SW 10, 258–268). Auch diese Zeit ist eine Zeit in der Geschichte Gottes mit den Menschen, weil auch in der Moderne Gott den Sünder begnadet. Rahners Werk ist eine theologische Therapie für den katholischen ‚Antimodernismuskomplex'. Er entwickelt in einer Reinterpretation der Gnadenlehre und Christologie eine Auslegung der Universalität des christlichen Glaubens, die von der faktischen Christusbeziehung und dem kirchlichen Dogma als ihrem Ausgangs- und bleibenden Bezugspunkt ausgeht und als Mystagogie in die Erfahrung der Gnade und umfassende Gesprächsbereitschaft mit den Mitteln der Philosophie konkretisiert wird. Die Identität des Katholischen liegt in seiner universalen Dialogbereitschaft, die theologisch dadurch begründet wird, dass die Kirche die Geschichte Gottes mit allen Menschen zeichenhaft (= sakramental) bezeugt, verkündet und konkret zusagt. Das Zeichen ist daher auch Mittel. Die doppelt-eine Bewegung des Anfangs erweist sich als christologische Grammatik. Sie vermittelt zwischen universaler und geschichtlich-existentieller Christologie, zwischen der Frömmigkeit der Leben-Jesu-Betrachtung und der universalen Heilszusage in Christus.

Die bewegende Grundfrage ist so alt wie das Christentum selbst. Wie lässt sich die partikuläre Einzelexistenz Jesu von Nazareth als bedeutend für alle Menschen, ja die ganze Welt ausweisen. Rahners Antwort integriert das transzendentale Denken als Explikation und Begründung der Bedeutung Jesu Christi in einem durch Evolution und moderne Naturwissenschaft radikalisierten universalen Horizont als Hinordnung jedes einzelnen Menschen auf das Mysterium Christi. In der Tradition der griechischen Patristik, die seine trinitarische Gotteslehre prägt (SW 4, 346–403), wird Christus (‚hypostatische Union') als inneres Ziel der Schöpfung scotistisch verstanden. Das theologische Programm der wechselseitigen Verwiesenheit von Theologie und Anthropologie ist Konsequenz der christologischen Tiefengrammatik seiner Theologie (siehe: „Chalkedon: Ende oder Anfang“; I, 169–222). In der „Theologie der Menschwerdung“ (IV, 137–155) wird Schöpfung als Möglichkeit für hypostatische Union entwickelt, die wird, wenn Gott sich ins Nichtgöttliche aussagt: Gott wird am anderen seiner selbst. Die durch die Exegese aufgeworfene Frage nach dem Wissen und Selbstbewusstsein Jesu (V, 222–245) wird mit einer transzendentaltheologischen Neubestimmung des Wissens Jesu um seine bleibende Verbundenheit mit dem Vater in Spannung zur ausdrücklichen Suche des glaubenden Jesus nach seiner konkreten Sendung beantwortet. Sowohl die Bedeutung der Menschheit Jesu (III, 47–60) als auch die Herausforderung der Evolution (SW 15, 601–611), in deren Horizont er den Begriff der aktiven Selbsttranszendenz entwickelt, stecken die Weite des Unternehmens ab. In Münster stellt er sich den Herausforderungen der historisch-kritischen Fragestellung stärker (SW 26, 219–253). Die Rede vom „Leiden Gottes“ weist er zurück, auch wenn er den Tod Jesu als Selbstaussage Gottes auslegt (SW 26, 290). Das transzendentalphilosophische Instrumentarium gewinnt unter zwei Aspekten Wirksamkeit. Hermeneutisch dient es ihm dazu, die Tradition als gegenwartsrelevant zu lesen, weil er primär danach fragt, wie die Glaubensaussage beim Menschen heute ankommen kann. Der Mensch ist von jenem Menschen her zu verstehen, der Gott für uns ist. Dabei kann einmal die Christologie als Höhepunkt der Anthropologie, andererseits die Anthropologie als defiziente Christologie bezeichnet werden (I, 169–222). Diese universale, mit metaphysischen Termini formulierte „Christologie von oben“ wird in der Tradition der Leben-Jesu-Betrachtungen der Exerzitien in einer existentiellen Begegnungschristologie („Christologie von unten“) fruchtbar (Batlogg ²2003). Die allen Menschen vorgegebene (‚apriorische‘, ‚transzendentale‘, ‚immer schon‘) Beziehung auf das heilschaffende Geheimnis Jesu Christi weist existentielle Erfahrungen als Erfahrung der Gnade, als Gotteserfahrungen oder als Erfahrungen einer suchenden oder transzendentalen Christologie aus. Im Spannungsfeld von Offenbarungs-, Gnaden-, Glaubenstheologie und Erlösungungslehre stehen die für Rahner typischen Begriffe. Sie wollen die Universalität des christlichen Zeugnisses, nämlich dass die Welt in Christus geheiligt und gerettet ist (‚gnadentheologisches Apriori‘ oder ‚transzendentale Offenbarung‘)

mit der Heilszusage an den einzelnen Menschen vermitteln. Der Begriff ‚übernatürliches Existential' drückt die realontologische Bestimmung jedes Menschen in Bezug auf den universalen Heilswillen Gottes und die Gnade Christi aus. Damit wird ein sinnvolles Glaubensgespräch und universale Verkündigung möglich. Jeder Mensch hat eine Beziehung zum Geheimnis des Todes und der Auferstehung Christi (siehe: Gaudium et Spes 22).
Die Heilszusage wird für den einzelnen zur Heilsrealität (die Heilsmöglichkeit zur Rechtfertigung, scholastisch: die angebotene zur heiligmachenden Gnade), wenn der einzelne in seinen Lebensvollzügen in die Nachfolge Christi eintritt (Heil bleibt als Verlängerung und Auslegung des Lebens Christi gedacht). Wer in seinem Leben (auch unthematisch oder unbewusst) existentiell durch die Vollzüge radikaler Nächstenliebe, der Hoffnung wider alle Hoffnung oder der Annahme des Todes Christus nachfolgt, kann als „anonymer Christ" geschätzt werden. Diese Annahme geschieht immer in Lebensvollzügen, die in Analogie zur Passion und zum Tod Christi beschrieben werden. Nur in einer existentiellen Selbsthingabe und radikalen Entäußerung nimmt der Mensch sich selbst als ekstatische Existenz in einer ‚conversio ad historiam' an. Er ‚ergreift' das Gnadenangebot, in dem er sich in das Geheimnis Gottes hinein loslässt. Systematisch begründet werden diese Erfahrungen als gnadentheologische Finalisierung der Transzendenz des Menschen (‚transzendentale Erfahrung': SW 26, 26 f). Die Passion Christi und die Einheit von Gottes- und Nächstenliebe bilden die Strukturmerkmale der Gnadenerfahrungen (III, 105–109; IX, 161–176; XIII, 226–251). Im Blick auf die angesprochenen Gottes- und Gnadenerfahrungen, die stets Christus suchen, und in der Einheit von Gebet und Erfahrung kann er sagen, dass der Fromme (‚Christ') von morgen ein Mystiker sein wird (VII, 22).
Das transzendentale Denken Rahners, das von der Not des Glaubens aus denkt, ist fundamentaltheologisch motiviert. Im Bewusstsein der Selbstmanipulation des Menschen verschärft sich die Frage. Weil der Mensch darin sich selber aufgegeben ist, wird Rahner die Glaubensbegründung von diesem sich Selbstaufgegebensein des Menschen her entwickeln. Deshalb ist er mit sich selbst und seiner Geschichte radikal zu

konfrontieren. In der Mitte seiner Freiheit stellt sich dem Menschen die Frage nach dem Unmanipulierbaren, dem Unverfügbaren, dem Geheimnis, dem Anderen. Rahners erste Ontologie des Hörenmüssens (SW 4) entwickelt sich zu einer Theologie des Unverfügbaren und des radikalen Geheimnisses aus einer Analytik der menschlichen Freiheit im Zeitalter radikaler Selbstmanipulation. Insofern die Präsenz Christi in der existentiellen Erfahrung zum Ausdruck kommen kann, und insofern diese Präsenz bereits eine Form der Heilsgeschichte darstellt, spricht er von der transzendentalen Offenbarung und einer transzendentalen Christologie, die in der Theologie der Ostererfahrung ihre Mitte hat (Schmolly 2001, 258–305).

4. Der theologische Anreger

Rahners Impulse sind auf fast allen Gebieten der systematischen Theologie fruchtbar geworden. Hier sollen nur noch vier ausdrücklich erwähnt werden. Weil der Glaube an die Dreifaltigkeit im Herzen der Christen faktisch nicht lebendig sei, entwickelt er Optionen für eine trinitarische Neugestaltung der Theologie (Der dreifaltige Gott; De França Miranda; Nüssel). Seine Vorschläge zur trinitarischen Perichorese der Traktate wird vom Axiom getragen: „Die ‚ökonomische' Trinität ist die ‚immanente' und umgekehrt" (Der dreifaltige Gott, 328). Gerechtfertigt ist dieser Satz durch das biblische Zeugnis und die Christologie. Durchgeführt wird der Ansatz als Entfaltung des Begriffs der Selbstmitteilung Gottes. Die göttliche Selbstmitteilung geschieht in Einheit und Unterschiedenheit in Geschichte (Wahrheit) und im Geiste der Liebe. Gott ist Geber, Gabe und Prinzip der Annahme selbst. Gottes Mysterium in sich und das Mysterium seiner vergebenden Gnade und Offenbarung sind daher ein und dasselbe. Weil nach Rahner der Begriff ‚Person' heute nicht mehr vom autonomen Subjekt unterschieden werden kann, plädiert er für den Reflexionsbegriff „distinkte Subsistenzweise", auch wenn er in der Verkündigung die biblische Sprache bevorzugt.
Rahners Mariologie (SW 9), als Auslegung des Dogmas von 1950 geplant (aber in der internen Ordenszensur abgewiesen), ist der systematische

Ort seiner ersten gnadentheologischen Anthropologie („Theologie des Todes"; Bild des erlösten Menschen) und dogmengeschichtlichen Reflexionen. Die Aussagen über Maria liest Rahner als Aussagen über den erlösten Menschen in der Einheit von Geist und Leib generell und als anthropologische Verdeutlichung des universalen Heilswillen Gottes. Erst zur Zeit des Konzils äußert sich Rahner im Kontext seiner Analytik der pluralistischen Gegenwartssituation zu den nichtchristlichen Religionen (Ziebritzki 2002). Der ihn kennzeichnende Inklusivismus beruht auf dem in Christus sakramental-geschichtlich universal wirksamen Heilswillen Gottes, einem analogen Kirchenbegriff und der Bedeutung geschichtlich-kirchlicher Konkretion des Heils, wie sie die Theorie des anonymen Christen entwickelt hat. Einerseits hält er am Absolutheitsanspruch des Christentums (d.h. der Gnade Christi) fest, andererseits stellen andere Religionen legitime Religionen (SW 10, 565) oder legitime Heilswege dar. Spätere Äußerungen zum Thema sind vom konkreten Anlass geprägt. Eigenständige religionstheologische Studien hat Rahner nicht getrieben, aber zu solchen angeregt.
Auch wenn der ökumenische Einsatz erst in den letzten Jahren öffentlich bestimmend wird, sind Ansätze und Optionen schon früh zu verzeichnen. Bleibend wirksam ist seine argumentationsstrategische Option, die die Beweislast jenen auferlegt, die für Trennung plädieren (IV, 245). Die vielfältigen Beiträge zu Einzelfragen des Amtes, der Kirchenstruktur und einzelner Glaubensaussagen finden ihre Zusammenfassung im Appell, den er mit Heinrich Fries formuliert: „Einigung der Kirchen – reale Möglichkeit". Auf der Basis eines Grundkonsenses wird ein realistisches Glaubensprinzip vorgeschlagen, das Einheit und Differenz in einer realisierbaren Kircheneinheit als Altar- und Predigteinheit trägt (SW 27).

5. Rahner ein Klassiker?

Rahner hat immer deutlicher im Bewusstsein einer neuen kirchengeschichtlichen Epoche gearbeitet. Tief verwurzelt in den verschiedenen Epochen der christlichen Theologie, die sich in der Heterogenität der

Quellen und der spannungsreichen Verschachtelung unterschiedlicher Versuche und Ansätze spiegeln, stellt sein Werk ein klassisches Beispiel der Übersetzung der Tradition in einen neuen Kontext dar. Rahner ist ein Klassiker der Übersetzung. Damit bewahrt er einerseits für eine neue Zeit Perspektiven, Anregungen und kritische Einwände der Tradition, andererseits bewahrt er diese vor bloß historisch-musealer Wiederholung. Insofern hat er in seinen ‚Teppichen' eine maßgebliche Architektur für diese neue Epoche entwickelt. Gerade in ihrer unabgeschlossenen Suchbewegung ist er ein immer wieder neu zu entdeckender Anreger und Mahner. Insofern ein Klassiker die eigene Aufgabe der Theologie immer wieder stimuliert und provoziert, ist er in hohem Maße ein Klassiker der unabschließbaren Aufgabe der Theologie. Neben den inhaltlichen Grundoptionen wird dabei vor allem das hintergründige Ethos bedeutsam. Inhaltlich bestimmt die Architektur seiner Theologie ein gnadentheologisches ‚Optionenbündel': Gott berührt in Unmittelbarkeit den Menschen so, dass der Mensch Gott berühren kann. Diese doppelt-eine Bewegung ist durch den universalen Heilswillen Gottes bestimmt. Gott will das Heil aller Menschen, das uns in Christus und der Kirche berührt: ‚unum magnum sacramentum'. Christus als geschichtliche Manifestation dieses Heilswillen ist die innere Entelechie aller Wirklichkeit und als der in der Erfahrung der Menschen im Geist gesuchte. Solche pneumatische Christozentrik erweist den Menschen in seiner alltäglichen Erfahrung als vor das Geheimnis des dreifaltigen Gottes gerufen. Die christologische Grammatik der Theologie Rahners trägt ihre anthropologische Wende. Das verpflichtet die Theologie zur Rechenschaft des Glaubens vor dem Forum des Denkens der Gegenwart. Theologie muss je neu die Anstrengung des Begriffs wagen. Durchdrungen sind alle Arbeiten Rahners von dem Ethos, sich ebenso vorbehaltlos auf die Herausforderung der Zeit einzulassen, wie darin dem Geheimnis Gottes sich auszusetzen. Erst in dieser doppelten Radikalität wird die Dynamik des Werkes ansichtig. Rahner ist ein Klassiker theologischen Wagnisses.

Rahners Werk entwickelt sich in der spannungsvollen Einheit von Gegenwartsanalyse, theologischen Grundoptionen und kirchlich-praktischen Vorschlägen, die eine spirituelle Erneuerung anstreben und von einer tiefen Frömmigkeit getragen sind. Das Ethos seiner Theologie lässt sich mit einem Wort zusammenfassen, mit dem er selbst die Absicht Klemens von Alexandriens, der zu Beginn der zweiten kirchengeschichtlichen Epoche Teppiche („Stromata") verfasste, beschrieb: „Was Klemens will, ist durchaus anzuerkennen, und die Christlichkeit seiner Gesinnung war bei diesen Bestrebungen vollkommen echt. Er hat kein christliches Dogma durch die Philosophie abändern wollen, er dachte einzig daran, die überlieferte Wahrheit des Christentums in der Sprache darzustellen, die er für die wissenschaftliche seiner Zeit hielt" (SW 3, 182).

Wenn katholische Theologie nicht gegen die Moderne, sondern in, für und nur deshalb auch gegen sie entfaltet werden soll, dann bleibt Rahner eine Orientierung, nicht nur weil er eine theologische Grammatik bietet, sondern weil er hierfür die ganze Tradition auch in ihrer Heterogenität aufnahm und für den Glauben heute und morgen fruchtbar werden ließ. Weil er Theologie als Zeugnis eines normalen Christenmenschen auffasste, ist in seinen Schriften nicht nur Glaubensreflexion, sondern vor allem Glaubensermutigung und Glaubensprovokation zu finden: „Wir sind Anfänger im Christentum. Christentum bedeutet Jesus Christus als den anzunehmen, der Anfang und Ende aller Wirklichkeit, auch unseres Lebens ist. Nicht als ob dadurch alles klar würde. Im Gegenteil. Ihn annehmen heißt, den Sterbenden annehmen, der sich in die Unbegreiflichkeit Gottes fallen lässt. Das aber bedeutet das Verbot, irgend etwas in diesem finsteren Dasein als endgültig selbstverständlich, als definitiv durch uns manipulierbar und als uns untertan zu behaupten. Ihn annehmen heißt aber im konkreten Leben, annehmen, dass die Unbegreiflichkeit, in die Er sich fallen ließ, das ewige Licht und die ewig gültige Liebe ist" (Ich glaube an Jesus Christus 64).

Rudolf Hubert

Glaube in intellektueller Redlichkeit – Karl Rahner im Gespräch

Herausforderungen

Wer sich über die Bedeutung Karl Rahners für den Glauben und die Kirche in der Welt von heute Rechenschaft geben will, darf den Grad der Herausforderungen nicht verharmlosen, denen sich Glaube und Kirche heute gegenüber sehen.[337]

Die plakativ vorgetragene Alternative: Hier Glaube des ‚mündigen' Menschen, dort die Kirche, die sich verfängt in Formelsprache, Metaphysik und Machtstrukturen „von oben nach unten", ist zwar eingängig und einprägsam; ebenso leicht (und verächtlich) kann man aber sagen, in der Kirche gehe es vorwiegend um „Begriffsfetischismus" und „Ritualmagie"[338]. Es stimmt aber erkennbar nicht, u.a. weil es den „inkarnatorischen Ernst" der Theologie und des Glaubens in Geschichte und Gesellschaft nicht hinreichend berücksichtigt.[339] Auch die Aussage über die dogmatische Theologie, sie sei eigentlich nur „eine Mixtur aus griechischer Philosophie, aus biblischer Lehrtradition, aus bestimmten philosophischen Theoremen des Mittelalters, verknüpft mit einem unglaublichen Machtanspruch, der alternative Konzepte gar nicht zulässt"[340], gibt allerhöchstens ein völlig unzulässiges Zerrbild der Kirche wider, als dass die Realität der Kirche in der Welt auch nur annähernd adäquat beschrieben würde.[341]

Schon an dieser Stelle ist ein Vergleich mit einer ähnlich lautenden Analyse Karl Rahners reizvoll und aufschlussreich. Man wird kaum sagen können, Karl Rahner sei gegenüber der Institution Kirche gewissermaßen „infantil". Seine scharfe Sonde fördert zunächst einen Befund zutage, der auf den ersten Blick ähnlich klingt wie jene o.g. Totalabsage an die Kirche: „Die Kirche kann auch für die Spiritualität des einzelnen eine bedrückende Last sein, durch Doktrinalismus, Legalismus und Ritualismus, zu denen die eigentliche Spiritualität ... kein positives Verhältnis haben kann ... Warum denn könnte nicht die Spiritualität der Zukunft die einer höheren zweiten Naivität in weiser Geduld sein, die dadurch und darin kirchlich ist, dass sie die Armseligkeit und Unzulänglichkeit der Kirche selbstverständlich mitträgt, mitausleidet und so kirchlich ist? Schon ein Origenes wusste, dass die Pneumatiker nicht aus der Kirche auswandern dürfen, sondern in Geduld, Demut und den Abstieg Gottes ins Fleisch der Welt und der Kirche mitvollziehend und in Liebe ihren Geistbesitz in die konkrete Kirche, so wie sie nun einmal ist und trotz aller notwendigen und immer fälligen Reformen bleiben wird, einstiften müssen ... die Kirchlichkeit wird auch in der Zukunft ein unerlässlich notwendiges Kriterium für echte Spiritualität sein; die Geduld mit der Knechtsgestalt der Kirche ist auch in Zukunft ein unerlässlicher Weg in die Freiheit Gottes, weil, wo dieser Weg nicht begangen wird, man schließlich doch nur bei der Beliebigkeit seiner eigenen Meinung und seines eigenen, in sich selbst egoistisch verfangenen Lebens ankäme."[342]

Welch ein Unterschied wird schon alleine in der Sprache deutlich! Karl Rahner sieht die Gefahren und Probleme, doch er sieht weit darüber hinaus. Und er wehrt falschen Alternativen, denn ein Gang aus der Kirche, aus der Gemeinschaft führt zwangsläufig in Beliebigkeit und Vereinzelung. Und doch wird die Kirche auf diese Art von Fragen Antworten finden und geben müssen, weil diese Art von Kritik – zwar in sehr überzogener Weise – einen Mainstream kennzeichnet, dem sich Glaube und Kirche vielerorts konfrontiert sehen. Da ist der differenzierende, abwägende Karl Rahner ein wichtiger Kontrapunkt. Denn gefolgt wird meistens grellen, plakativen Farbtönen, nicht den Zwischentönen.

Es gibt zweifellos Gefahren, Tendenzen und realen Missbrauch in der Kirche – und sicher auch Strukturen, die geändert werden müssen. Und zwar schnell und gründlich, zumal auf Grund der Missbrauchsvorwürfe die Kirche im grellen Scheinwerferlicht der Öffentlichkeit steht.[343] Die entscheidende Frage an den Glauben bleibt – noch vor aller Detaildiskussion – ob seine Lebensdeutung zu mehr Lebenschancen führen kann oder nicht.

„Die entscheidende Aufgabe für die Kirche liegt heute nicht in der Pflege des überlieferten oder sogar verbindlich festgeschriebenen Glaubensguts. Sie ist zwar unverzichtbar, weil anderenfalls die Identität von Glaube und Kirche Schaden nehmen würde. Wichtiger ist allerdings das Bemühen, den Glauben als lebendige, ausstrahlungskräftige Wirklichkeit präsent zu halten. Das geht nur, indem er geerdet bleibt: Glaube ist ja, gerade weil er über diese Welt hinausweist, eine eminent weltliche Angelegenheit, darf nicht zum Reservat von einzelnen frommen oder ganz und gar entschiedenen Gruppen werden. Er muss sich vielmehr mit dem Alltag unserer Gesellschaft mit allen seinen Facetten herumschlagen. Daraus ergeben sich die vorrangigen Aufgabenstellungen für alle Bereiche des kirchlichen Lebens und auch für alle, die für dieses Leben eine besondere Verantwortung tragen."[344]
An dieser entscheidenden Grundfrage lässt sich übrigens sehr gut auch Rahners „Gebrauch" der sogenannten „ersten Reflexionsstufe" ablesen: Die Unausweichlichkeit von Bedingungen, die für jedermann gelten, wird dabei in einem ersten Argumentationsschritt erwiesen. Was sich daraus – einschlussweise – für den Lebensvollzug ergibt, wird in einem zweiten Argumentationsschritt erhoben und bedacht. Gerade für diese Art existentiellen Fragens habe ich von Karl Rahner gelernt, dass es sinnvoll ist und gar nicht anders geht, dass wir von unseren Erfahrungen her auf die Bedingungen der Möglichkeit dieser Erfahrungen schließen und versuchen, sie begrifflich zu fassen.
Eigentlich ist es sogar noch anders. Wenn wir anfangen zu reden, zu denken, dann passiert das immer schon im „Raum" des unbegreiflichen Geheimnisses. Alle Reflexion darauf bleibt sekundär. Nicht in dem Sinne, dass sie zweitrangig wäre. Aber doch so, dass Gott nicht eigentlich etwas Zusätzliches zum Leben beibringt. Daraus darf wiederum nicht geschlossen werden: Wenn wir nur tief in uns hinein blicken, entdecken wir Gott. Es gibt bei Karl Rahner die unaufgebbare Einheit des „inneren" Wirkens des Gottesgeistes und dem „von außen" auf uns zukommenden Wort und Ereignis der Offenbarung.[345]
Wenn wir über Gott, über Religion anfangen, nachzudenken und zu reden, muss uns klar sein, dass wir immer schon Religion „betrieben" haben. Wir haben Gott schon erfahren, bevor wir uns gedanklich mit ihm

beschäftigen. Sonst wäre schon der Gedanke „Gott" – also ohne diese vorgängige Erfahrung, die deshalb auch immer und leicht übersehen werden kann – gar nicht verständlich und nachvollziehbar. „Was wissen wir von diesem wahren Gott, von Gott, den wir nicht ergreifen, sondern der uns ergreift, den nicht wir tragen, sondern von dem wir getragen werden. Die ursprüngliche Erfahrung ist eben nicht: Ich denke an Gott und ich erkenne ihn, sondern: Ich bin von ihm ergriffen und von ihm erkannt. Mein Wissen, mein Lieben, meine Sehnsucht, meine Angst ist schon von vornherein von einer Unbegreiflichkeit getragen, die eben Gott genannt wird, und eben nur dann, wenn diese ursprüngliche Erfahrung Gottes irgendwie durch das Reden über Gott, lebendiger angenommen, da ist, hat dieses ganze Reden von Gott einen Sinn, erst dann hat auch das Nachdenken über Gott einen tieferen Sinn."[346]
Wir sind als Glaubende nicht im Vorteil gegenüber jenen, die meinen nicht zu glauben, wenn es darum geht, das zu Glaubende auch zu *beweisen*. Wir sind ihnen gegenüber aber auch nicht im Nachteil, ganz im Gegenteil. Genau das erweist Karl Rahners Argumentation. Glaube ist so ähnlich wie Sehen: Wir können nur sehen auf Grund der Existenz von Licht. Wir können die Augen schließen, wir können uns in dunkle Höhlen verkriechen. Doch der Gedanke an Licht kann nur aufkommen in einer Welt, in der schon Licht erfahren wurde.[347] Und weil das für alle gilt, kann das Selbstverständlichste immer auch „großzügig" übersehen werden. Was wir machen können, ist das behutsame Hinweisen auf Erfahrungen des unbegreiflichen Geheimnisses, das in allem Sein und in allen Vollzügen immer schon mit ausgesagt ist. Rahner hat es für seine Zeit exemplarisch vorgemacht.[348] Wir müssen in unserer Zeit heute unsere eigene Sprache finden, weil jede Zeit ihre Ausdrucksformen und Ausdrucksweisen hat. Dabei dürfen wir uns von Karl Rahner gleichsam „an die Hand nehmen" und inspirieren lassen.
Das Gemeinte lässt sich gut an Rahners Wort vom „Anonymen Christen" verifizieren. Mit dem Begriff vom „anonymen Christen" ist ein relativ einfacher Zusammenhang benannt, der in seinem Inhalt von einem katholischen Theologen nicht bestritten werden kann. Einfach deshalb, weil es kirchliche Lehre ist, dass Gott von seiner Zuwendung

niemanden ausschließt und der Christ schon deshalb damit rechnen muss, dass es innerhalb der sich auf den ersten Blick nicht christlich verstehenden Welt echte Glaubens- und Lebensvollzüge gibt. Wer das Gesagte bestreitet, nimmt Gottes universalen heilsstiftenden Willen nicht ernst, der das Heil aller Menschen will und sein Heil nicht an der Freiheit des zu Gott berufenen Menschen vorbei wirkt. Dessen Heilswille ein wirksamer ist, der in direktem Zusammenhang steht mit dem Christusereignis. Darum haben sämtliche Glaubensvollzüge, auch wenn sie anders interpretiert werden und sich anders verstehen, nach christkatholischem Verständnis immer eine innere Beziehung zu dem Heilsereignis, das uns in Jesus von Nazareth begegnet.
Das entbindet uns gerade nicht, darüber nachzudenken, wie dieses Verhältnis zwischen allgemeinem Heilswillen, Christus und Kirche genauer zu bestimmen und zu beschreiben ist. Es trägt wenig aus, wenn der Zusammenhang, dass es kein Heil an Christus und der menschlichen Freiheit vorbei gibt und dass wir gleichzeitig den umfassenden, wirksamen göttlichen Heilswillen zu bekennen haben, nur behauptet wird. Gerade in diesem Zusammenhang ist das theologische Nachdenken gefordert, um dem Glaubensdialog neue Impulse zu geben. Denn es darf weder um Vereinnahmung gehen noch um eine Abwertung von Glaubensvollzügen, nur weil auf den ersten Blick der Zusammenhang mit Christus und seiner Kirche nicht erkennbar scheint.
Der Vollzug des Glaubens ist umfassender als die Aussage über ihn. So wird es für immer Aufgabe der Glaubensverkündigung sein, die deshalb jeder Zeit neu gestellt wird, zu den Glaubensgeheimnissen Zugänge zu öffnen bzw. zu ermöglichen. Es scheint mir ein entscheidendes Anliegen der Symboltheologie Karl Rahners zu sein, diese Zusammenhänge aufzuzeigen.[349] „Danach ist Jesus Christus in seiner konkreten Menschheit das Ursakrament der Gnade bzw. ihr absolutes Realsymbol. Infolgedessen besteht nicht nur eine äußere Beziehung zwischen der Gnade und Christus (als ihrer Verdienstursache), sondern sie ist selbst innerlich christusförmig. Christus ist ihre endgültige, geschichtliche Urform, so dass alle Gnade konkrete Angleichung an ihn, Anteilnahme an seinem Leben und gerade dadurch Einbezogenwerden in das Leben des dreifaltigen Gottes ist."[350]

Ralf Miggelbrink schreibt in diesem Zusammenhang vom „inkarnatorischen Ernst der Rahnerschen Theologie“; davon, dass das Denken Karl Rahners „unter dem Primat der in Christus offenbar gewordenen Gnade Gottes“ steht und dass die „zentrale heilsgeschichtliche Gestalt Christi und – als von ihr abhängig gedeutet – die inkarnatorischen Wirklichkeiten von Kirche, Sakrament und verkündetem Wort Gottes“ gegen die „Mystiken der Weltvergessenheit“ stehen.[351]

Glaube in und mit der Kirche

Vor dem Hintergrund des unzertrennbaren Zusammenhangs zwischen Glaube und Gemeinschaft, traditionellem Sprachgewand und zeitgemäßer Verkündigung, scheint mir eine kleine Bemerkung zu Rahners Forderung nach „Kurzformeln des Glaubens“ angebracht.
Papst Benedikt schreibt zu dieser Thematik in einem früheren Werk: „Der Glaube hat es heute schwer, sich auszudrücken. Seine traditionellen Formeln wirken vielfach wie Fremdwörter ... Auf diesem Hintergrund ist das außerordentliche Echo zu verstehen, das Karl Rahners Vorschlag gefunden hat, neue ‚Kurzformeln des Glaubens‘ zu schaffen“.[352] Die sich unmittelbar anschließende Formulierung zeigt allerdings schon ein gewisses Unbehagen an einigen Versuchen, den Glauben in dieser Form auszusagen: „Seither schießen solche Texte üppig aus dem Boden, das Grundproblem selbst wird wenig reflektiert.“[353]
Und das, obwohl Ratzinger in seinem Werk „Einführung in das Christentum“, das er 1968 zum ersten Mal vorlegte[354] und im Jahr 2000 in einer Neuausgabe mit einem neuen einleitenden Essay „das Buch auch heute noch einmal in die Hand des Lesers zu legen“[355] unternahm, in ihm selber eine „Kurzformel des Glaubens“ unverändert vorlegte und somit deren Notwendigkeit nur ein weiteres Mal unterstrich. Allerdings ist der Terminus ein anderer. Ratzinger (Benedikt XVI.) spricht nicht von einer „Kurzformel des Glaubens“, sondern von „Strukturen des Christlichen“[356]. Das Anliegen ist jedoch dasselbe.
Auch wenn es mitunter abwertend heißt, bei Rahner gäbe es gar keine „Kurzformel des Glaubens“, sondern eher eine „Kurzformel rahnerscher

Theologie", verfängt dieser Einwand nicht, weil jeder Glaube, wenn er sich verständlich machen will, auf sprachliche Ausdrucksmittel gar nicht verzichten kann. Das gilt selbstverständlich auch für den Glauben Karl Rahners.

Wichtiger ist die Einsicht, dass der Glaube so ausgesagt wird, dass die Aussage auch „ankommt". Dem dienen in der heutigen Zeit, in der es im Medienzeitalter verstärkt auf Überschriften, auf verständliche, einfache Botschaften ankommt, verstärkt diese Kurzformeln des Glaubens. Hier wird man sagen müssen, dass Karl Rahner schon sehr früh sensibel war für pastorale Erfordernisse, für neue pastorale Herausforderungen. Dabei kann m. E. nach der Umstand nicht hoch genug bewertet werden, dass wir es bei Karl Rahners Theologie nicht mit einer „theologischen Sonderwelt" oder mit frei schwebenden theologischen Spekulationen, sondern mit dem ganz normalen Glauben der Katholischen Kirche zu tun haben, den er wie kaum ein anderer kannte und den er deshalb mit solch souveräner Geste der Gelassenheit „reformulieren"[357] konnte, ohne dabei den Anspruch auf „Unfehlbarkeit" zu erheben.

Diese Einsicht ist heute wohl weitgehend unstrittig, ebenso die tiefe Verwurzelung Karl Rahners in seiner Kirche.[358] Kriterium für die Echtheit der Glaubensverkündigung war für Karl Rahner, dass der Glaube immer Glaube der Kirche ist und bleibt. Glaube und Gebet geschehen immer im Raum der Kirche. „Dass das Gebet mit Christus in der Kirche geschieht, das ist unsere erste Gebetshilfe."[359]

Nur so wird der Glaube davor bewahrt, zu einem bloßen subjektiven Meinen zu „verkommen".[360] Doch wirklich bewahrt in einem guten Sinn kann der Glaube nur werden, wenn er so gesagt und verkündigt wird, wie seine Botschaft eigentlich gemeint ist. Und da sich die Horizonte des Verstehens verändern, ist das bloße Tradieren der altehrwürdigen Formeln zu wenig. Eine Sprache, die nicht ankommt, die unverstanden bleibt, wird irrelevant, bedeutungslos. Darum war es Karl Rahner immer auch um die Sprache zu tun: Eine Sprache, die verstanden wird. Der Rahner-Schüler Vorgrimler spricht sogar von einem ‚Schlüsselerlebnis', das Karl Rahner in dieser Frage widerfuhr. Es fällt in Rahners, durch die politischen Umstände erzwungenen, fünf Wiener Exilsjahre 1939–1944. Dazu schrieb die langjährige Leiterin der Wiener Theologi-

schen Kurse, Margarethe Schmid: „Wien galt damals als eine Art Zentrum theologischer Auseinandersetzung und übte auf viele deutsche Fachkollegen und andere Wissenschaftler eine große Anziehungskraft aus. Zahlreiche theologische, interdisziplinäre, ökumenische Gespräche entwickelten sich in offiziellen und privaten Kreisen. Die Wiener Situation dürfte bei Karl Rahner auch den Sinn für seelsorgliche Fragen, den er nie mehr verloren hat, geweckt und geschärft haben."[361] Pater Batlogg fährt dazu weiter fort: „Rahner wollte verstanden werden, und zwar nicht nur von Fachkollegen, die außer Selbstgeschriebenem wenig anderes zur Kenntnis nehmen." Er zitiert Herbert Vorgrimler, der meint: „Wenn man manchmal abfällig liest, seine theologische Leistung bestehe aus Gelegenheitsarbeiten (was schon in sich nicht stimmt), dann ist darin richtig gesehen, dass er sich mutig, suchend, fragend und spürsicher den dringenden Einzelproblemen zuwandte."[362]
Und ein Weiteres. Wer den Glauben verkündigt, muss wissen, dass er „auf den Schultern von Riesen steht". D. h. in der Glaubensverkündigung geht es nicht um eine Erkenntnis aus der Retorte. Der Glaube kommt vom Hören, d. h. auch wir stehen immer in einem geschichtlichen Zusammenhang. Wir erfinden uns nicht einfach neu, sondern denken mühsam nach, was Andere vorgedacht haben. Und auch sie haben zuerst empfangen, bevor das, was empfangen wurde, bedacht wurde. Und bedacht wurde es, um es weiter zu sagen und zu geben. So wie man Freude, Zuversicht und Hoffnung nicht für sich allein behalten kann, so stiftet auch Glaube Gemeinschaft. Weil Glaube auf Gemeinschaft hin angelegt ist, hat Glauben auch mit Verstehen zu tun: Ich kann nur etwas auf Andere hin sinnvoll aussagen, wenn ich es zuvor verstanden (nicht begriffen!) habe.
Unter der Überschrift „Eine tiefe Liebe zur Kirche" zitiert Karl Kardinal Lehmann exemplarisch die Wertschätzung eines Freundes Karl Rahners, die für sich spricht und keines weiteren Kommentars bedarf: „Karl Rahner hat für unzählige strapazierte Köpfe und wunde Herzen, für Legionen von Kirchengeschädigten und Gottesenttäuschten die helfenden Worte gefunden, die ihnen den verschütteten Zugang zu dem verlorenen Gott, zu seiner Schöpfung voller Fürchterlichkeiten, zur blutigen Geschichte und zu seinem quälenden Evangelium, zu seiner las-

tenden Kirche wieder geöffnet und liebgemacht haben. Er hat Traurige getröstet, Unwissende belehrt, Irrende zurecht gewiesen und Zweifelnden geraten. Er hat Friedlose auch versöhnt und in alledem das Höchste erreicht, was Psychotherapie nach Freuds Lehre überhaupt erreichen kann: Aussöhnung mit einer unerträglich scheinenden Wirklichkeit, Zustimmung zu allem, was der Zustimmung würdig ist; Auflehnung gegen alles, was nicht hingenommen werden darf."[363]

Bei Karl Rahner sind Theologie und Kirchlichkeit nicht zu trennen! Gerade deshalb sind die Texte Rahners ja so authentisch: Wer sich auf sie einlässt, bekommt die „Daten der Schuldogmatik" immer gleich mitgeliefert. Weil dieses solide theologische Grundwissen heute oftmals nicht mehr vorhanden ist, erscheinen Rahners Texte mitunter sperrig, schwierig oder unverständlich. Was bei Rahner jedoch nicht zu finden ist, ist eine Verkürzung des Glaubens.[364] Dies ist ja der Kern der Kritik an den „Kurzformeln" – hier werde die Substanz des Glaubens aufgezehrt, ja aufgegeben, wegen eines falschen Verständnisses von Anpassung an den Zeitgeist, an die Moderne. Es besteht die Notwendigkeit, die Botschaft verständlich, klar, nachvollziehbar und einfach zu formulieren. Bei Karl Rahner haben wir die Gewähr, dass aus der einfachen Botschaft keine Vereinfachung wird.

Die deutschen Bischöfe haben in Ihrem gemeinsamen Dialogwort „Im Heute glauben"[365] im Jahr 2011 dazu aufgerufen, über den Glauben in ein intensives Gespräch einzutreten. Ich bin davon überzeugt, dass dabei gerade Karl Rahners Intention, den Glauben der Kirche[366] so auszusagen, dass er ankommen kann und dass er so verstanden wird, wie er gemeint ist, eine Bedeutung spielen wird, die schwerlich überschätzt werden kann. Seine Vorschläge zu den Kurzformeln des Glaubens als auch die von ihm selbst vorgelegten Kurzformeln haben in dieser Hinsicht eine Bedeutung, die noch im Wachsen begriffen ist.[367] Denn „Die eigentlichen Fragen liegen freilich tiefer. Sie haben ihre Ursache im Auseinanderbrechen von Evangelium und heutiger Kultur, das Papst Paul VI. einmal als das Drama unserer Zeitepoche bezeichnet hat."[368]

Kritische Stimmen zur Theologie Karl Rahners

Kritik, wenn sie wohlwollend ist, ist aufbauend und legitim. Auch Rahners Denken hat Aspekte, die sicher ergänzungsbedürftig sind oder die sich weiteren kritischen Anfragen stellen müssen. Herbert Vorgrimler nennt z. B. Rahners Verhältnis zum Judentum[369], andere Theologen meinen, Rahner setze zu stark beim Fragen an, anstatt das Staunen als religiösen Ausgangspunkt ernster zu nehmen.[370]
Es gibt in unserer Kirche allerdings auch Kräfte, die auch 50 Jahre nach Ende des letzten Konzils dieses für einen schweren Fehl- und Rückschlag in der Kirchengeschichte halten. Denen die Öffnung des Konzils zur Welt hin als ein einziger großer Fehler erscheint, der für Irrtum, Verwirrung und Unsicherheit in der Kirche verantwortlich ist. Für jene Leute ist Karl Rahner *der* Protagonist des Konzils schlechthin, die Symbolfigur des verkehrten Weges, vor der gewarnt werden muss. Man warf verschiedentlich Karl Rahner „Gewichtserleichterung" vor. Um mit der Glaubensbotschaft den Menschen zu erreichen, hätte Rahner manche Sachen aus Dogmatik und Tradition „einfach über Bord geworfen."[371]
Zur Illustration möchte ich an dieser Stelle von einer persönlichen Erfahrung berichten, die mir widerfahren ist und die deutlich machen kann, welche Gefahren ausgehen von einem „Christentum", das zur Ideologie verkommen ist. Vor einiger Zeit hatte ich einen längeren Briefwechsel mit einem Geistlichen, der aus seiner grundsätzlichen Ablehnung der Theologie Karl Rahners keinen Hehl macht und der – mehr rhetorisch als sachlich – inhaltlich nachfragt, ob wohl Karl Rahners Theologie den Glauben der Kirche erreiche. Sein Urteil stand vor der Fragestellung und seinem „Kreuzverhör" für Karl Rahner längst fest.
An einem kleinen Beispiel aus dem Phil-Hymnus wollte er mir deutlich machen, dass gerade Rahners Trinitätstheologie den Glauben der Kirche nicht erreicht. Dieser Text ist genau jene Stelle aus Karl Rahners „Einübung"[372], die ich persönlich als so hilfreich empfinde, weil sie überzeugend beschreibt, wie Gott selbst in seiner Selbstmitteilung, in seinem Sohn und in seinem Geist, wirklich als ER selbst bei uns ist. „Das ist die ungeheuerliche Paradoxie des Christentums, dass das erlöst wird, was als das Unerlöste angenommen wird. Denn so ist es. Wir sollen vom

Tod erlöst werden und darum wurde der Tod als Schicksal des Logos selbst angenommen. Wir sollten von unserer existentiellen Armut, Leere und Verlorenheit erlöst werden, darum ist er um unseretwillen arm geworden (Phil 2,8–9), darum hat er unsere Gottverlassenheit am Kreuz ausgelitten. ‚Das Wort ist Fleisch geworden', das ist das Ereignis, das Gott wagen konnte."

Ich kann beim besten Willen nicht erkennen, wie man „über Rahner hinaus" noch trinitätstheologisch „Genaueres" sagen könnte, ohne eine „innergöttliche Gruppendynamik" zu vermeiden? Mein Briefpartner meinte (und meint!) jedoch, dies zu können. Genau hier, beim Philipperhymnus, wurde von ihm gemutmaßt, just an dieser Stelle könne man doch zweifelsfrei nachweisen, wie Karl Rahner die Rechtgläubigkeit abhanden gekommen ist.[373]

Ich argumentierte mit dem Bedeutungswandel der Begriffe in der Geschichte, insbesondere was den tatsächlichen Gebrauch des Wortes „Person" anbetrifft.[374] Zudem führte ich Karl Rahners Hinweis auf die Analogie an, die ja nicht nur eine der Erkenntnis ist, sondern auch der Existenz und die sich auf den Selbstvollzug in Freiheit auswirkt. Ich konnte nicht durchdringen. Der „Bibelpositivismus" und die „Buchstabenbeterei" und – ich hoffe, man verzeiht mir diese kleine Spitze – Selbstverliebtheit ließen einen wirklichen Dialog gar nicht erst zu. Was es gab, waren Belehrungsversuche „von oben nach unten". Karl Rahner hat ja genau davor gewarnt. Schlimmer als das meiste Versagen der Kirche, so meinte Rahner, sei der Glaube an die eigene „Unfehlbarkeit", die „Selbstverliebtheit in die eigene Subjektivität".[375]

Mir hat in dieser Frage die Arbeit „Gnade und Welt" von Nikolaus Schwerdtfeger aus Hildesheim sehr weitergeholfen. Darum möchte ich kurz aus ihr die für mich wichtige Stelle zitieren: „An dieser Stelle setzt Rahners Bemühen an, das chalkedonische Dogma von der einen Person des menschgewordenen Logos bei zwei wirklich verschiedenen Naturen spekulativ zu erfassen. Er begnügt sich mithin nicht mit einer Betrachtung des Ansichseins und der metaphysischen Konstitution des Gottmenschen, sondern versucht von Anfang an, die hypostatische Union als Heilsgeschehen zu erhellen. Aus diesem Grund fordert er einen Begriff der Einheit, der das chalkedonische „unvermischt" und „un-

getrennt" in seiner inneren Korrelation deutlich macht ... Der Logos mag so für sich allein betrachtet werden, nicht aber die *konkrete* Menschheit Christi. Sie darf vielmehr ,als sie selbst nur gedacht werden als verschieden vom Logos, *indem* sie ihm geeint ist.'"[376]
Das Gespräch zwischen Anselm Grün und Wunibald Müller „Wer bist Du, Gott?" ist ebenfalls hilfreich und aufschlussreich in dieser Frage. Mehrfach wird in ihm auf Karl Rahners Denken Bezug genommen. Und ausgerechnet zu dem in Frage stehenden Sachverhalt zitiert Wunibald Müller zustimmend eine Aussage von Karl Rahner aus dem Jahre 1952! „Karl Rahner ... schreibt: „Weil der Sohn des Vaters unsere Menschheit in das Licht des Vaters hineingenommen hat, darum ist die Liebe des Vaters und des Sohnes in heiliger Glut in unsere Herzen gefallen. Weil der Menschensohn gestorben ist dem Fleische nach, darum kann von nun an der Mensch im Heiligen Geist das Leben Gottes leben."[377]
Für mich zeigt diese Aussage die Aktualität Karl Rahners in entscheidenden Fragen der Theologie,[378] was wiederum in der jüngsten Studie über seine Trinitätstheologie eindrucksvoll herausgearbeitet wird: „Wenn man die rahnersche Trinitätslehre recht verstehen will, muss man sich des geistesgeschichtlichen Ortes dieser Lehre und auch der gesamten Theologie Rahners bewusst sein ... Bei einem solchen Neu-Verstehen muss aber stets der hermeneutische Grundsatz walten, dass zuerst die dogmatische Aussage aus ihrem Kontext (und nicht zuerst aus unserem! – so schwer das auch im Einzelnen sein mag) erfasst werden muss, ehe sie verheutigt wird (sofern man das Letztere für nötig hält)."[379]
Nachdem Hauber „exemplarische Missverständnisse"[380] genauer untersucht hat, kommt er zu dem bemerkenswerten Resümee: „Rahners Anliegen über die wissenschaftstheoretisch-kerygmatische Funktion des Axioms hinaus ist doch, über eben dieses einzuschärfen, dass man es in Geschichte und Gnade tatsächlich mit Gott zu tun hat: es geht also bei Rahner nicht um eine neue Präsenz der innertrinitarischen Selbstmitteilung Gottes ... sondern um die endgültige, unaufhebbare und vollkommene Aufgehobenheit der Schöpfung im dreifaltigen Gott. Freilich muss man, damit man dies richtig sehen kann, Trinitätslehre sofort mit Christologie, Gnadenlehre und Eschatologie verbinden, was das Axiom übrigens leistet, und darf diese Verbindungen nicht unterschla-

gen".[381] Nach solcher Aussage muss man sich in der Tat die Frage stellen, warum Rahner scheinbar bewusst missverstanden wird. Klarer geht's doch kaum!

Rahners Theologie, besonders seine Einheit von Theologie und Spiritualität, ist nur zu verstehen, wenn man dem Satz seines älteren Bruders Hugo Rahner nachspürt, der nicht nur eine große Gemeinsamkeit mit seinem Bruder Karl im theologischen Bemühen feststellt, sondern in der Theologie des Symbols die entscheidende Grundausrichtung in der Theologie seines jüngeren Bruders erblickt. Anlässlich seines 60. Geburtstages schrieb Hugo Rahner an seinen jüngeren Bruder Karl: „... die theologische Ausdeutung der Andacht zum Herzen unseres Herrn, und was ich zur Geschichtstheologie dieser Andacht geschrieben habe, wird von Dir spekulativ unterbaut in der Abhandlung, die ich persönlich für den Inbegriff Deiner theologischen Grundrichtung halte, ‚Zur Theologie des Symbols' (1959)"[382]

Über das Verhältnis der beiden Rahner-Brüder gibt es einen theologischen Disput, der bis heute anhält.[383] Das ist hier schon deshalb von Bedeutung, weil man bei Ihnen gegensätzliche theologische Grundpositionen meint ausmachen zu können. Aus dem Buch von Johannes Holdt[384] sei deshalb folgende Passage zitiert, die ein altes Vorurteil von Hans Urs von Balthasar[385] erneut aufleben lässt, obwohl an anderer Stelle dazu Klärendes längst gesagt worden ist. Holdt schreibt beispielsweise auf S. 145: „Wenn die Gnade (d. h. die vergebende Nähe, der Geist, das Wort Gottes) zur anthropologischen (wenn auch übernatürlich geschenkten) ‚Grundausstattung' jedes Menschen gehört, warum musste Gott dann geschichtlich werden und ein geschichtliches Heilswerk begründen?" Und unter ausdrücklichem Bezug auf „Cordula oder der Ernstfall" von Hans Urs von Balthasar wird dann die Frage gestellt: „Wenn es auch transzendental ‚zum Heil reicht', wozu braucht es den ‚Ernstfall' des Christentums, Menschwerdung und Tod Jesu Christi, das Zeugnis der Märtyrer?"

Ich kann an dieser Stelle nicht die ganze Diskussion in ihrer Breite referieren, die sich immer wieder mit diesen und anderen Vorurteilen und teilweisen Klischeevorstellungen zu Rahners Theologie befassen. Es gibt diesbezüglich eine breite und sehr fundierte Rahner-Forschung.[386] Vielleicht sind einige, exemplarisch ausgewählte „Klarstellungen“[387] hilfreich.

Nikolaus Schwerdtfeger[388] schreibt zur Frage, ob bei Rahner die „Schau der Gestalt“[389] ausfalle: „Gestalt und Wesen, Kategoriales und Transzendentales sind ... miteinander in einer ursprünglichen Einheit verschränkt. Mit dem Symbolbegriff ist dem Anliegen entsprochen, in Rahners Theologie ein Pendant zum ästhetischen Gestaltbegriff zu finden. Zwar erscheint jener weniger plastisch als dieser. Doch liegt darin möglicherweise auch ein Vorzug: Rahners Vorstoß zu einer allgemeinen Theorie der Symbolwirklichkeit ist nicht auf einen partiellen (etwa den ästhetischen) Bereich beschränkt, sondern legt Grundstrukturen frei, die sich auf allen Seinsebenen und in allen Wirklichkeitsdimensionen in analoger Weise wiederholen.“

Und weiter: „Gegenüber einem ‚Symbolismus‘, der den Akzent übermäßig auf die Einheit des Unterschiedenen im Symbol verlagert und im theologischen Raum bis zu einem magischen Sakramentsverständnis führen kann, wahrt sich Rahner eine anspruchsvollere Haltung, weil er in dieser Beziehungseinheit zugleich die ontologische Differenz nüchtern zur Kenntnis nimmt und sie anerkennt. Seine Betonung der Verschiedenheit der kategorialen und transzendentalen Dimension zeugt davon.“[390]

Man kann bei Karl Rahner auch nicht [391] den Vollzug des Glaubens ausspielen gegen die „Schau der Gestalt“. Karl Rahner beschreibt dieses „Ineinander“ am schönsten in seinen Meditationen zum heiligsten Herzen Jesu. Hier ist weder der eine Aspekt dem anderen vorgeordnet, noch wird der eine gegenüber dem anderen vernachlässigt.[392]

Ralf Miggelbrink schreibt in seiner Arbeit über Karl Rahner hierzu: „Nicht die leere Möglichkeit einer offenen Zukunft ist der Raum, in dem die Sinntotalität vom Menschen allererst zu wirken wäre, sondern der sich offenbarende Gott ist das Anwesen einer Sinntotalität in absoluter Nähe, aber nicht als Wissen eines Sinnes, nicht als Dispensierung vom innerweltlichen Kampf um die Zukunft, sondern als der dort und nur dort als absoluter Trost Anwesende, wo das Engagement für die Welt radikal ernst genommen wird in der ekstatischen Liebe. Das ‚Ja‘ zur innerweltlichen Entwicklung und die ihm korrespondierende, aus der mystischen Dispensierung vom krampfhaften Abrundenwollen der Welt in einer immanenten Sinnhaftigkeit (vgl. III, 94ff) lebende permanente Destruktion sich verabsolutierender partikularer Sinnkonstruktionen sind die ethisch-politische Dimension der mystischen Gotteserfahrung. Sie verteidigt den Wahrheitsanspruch der Utopie gegen deren lügnerische Identifikation mit dem Bestehenden und wendet sich zugleich gegen die Despotie der Utopie (vgl. VI, 82f).[393]

Und Karl Rahner selbst schreibt in seinem wunderbaren Gebet „Gott, der da kommen soll": „Langsam verstehe ich wieder, was ich immer schon weiß: Du bist noch immer im Kommen ... was könnte noch kommen, was diese Zeit nicht schon in ihrem Schoße trägt? ... Nur immer mehr musst du kommen ... Siehe, du kommst. Das ist keine Vergangenheit und keine Zukunft, sondern Gegenwart, die nur noch sich selber erfüllt. Noch immer ist die eine Stunde deines Kommens, und wenn sie zu Ende ist, werden auch wir erfahren haben, dass du wirklich gekommen bist."[394] „Lass mich dich finden, dir begegnen in meinem ganzen Leben, damit langsam mir auch verständlich wird, was die Kirche mir von dir sagt: Es gibt nur zwei letzte Worte: Gott und Mensch, ein einziges Geheimnis, in das ich mich völlig, hoffend und liebend, ergebe."[395] Hier wird noch einmal deutlich, was Karl Rahner in seiner Soteriologie immer wieder betont hat: Wir sind durch Gottes Einsatz im Christusereignis erlöst, befreit. Aber nicht so, dass uns das abgenommen wird, was wir – nicht von uns aus, sondern im Raum seiner Gnade und von daher auch in SEINER Kraft – selber wirken sollen, wozu wir berufen sind, wozu Er uns in Jesus befreit hat.

Klaus Peter Fischer[396] hat zu diesem Fragekomplex die nötigen Anmerkungen gemacht und Ralf Miggelbrink[397] hat bereits 8 Jahre vor Erscheinen des Buches von Johannes Holdt in wünschenswerter Klarheit formuliert: „Die Rede von Jesus als dem ‚absoluten Heilbringer' ... meint eben nicht einen inhaltlich unabhängig vom Christusereignis schon bestimmten Begriff des Heiles, das durch Christus lediglich bestätigt würde. Wer solchermaßen die transzendental gegebene Hinordnung des Menschen auf Jesus Christus gegen das kategoriale Ereigniswerden Christi ausspielen wollte, hat das von Rahner beschriebene, erkenntnisnotwendige Ineinander von transzendentaler Subjektqualifikation und subjektunabhängigem geschichtlichen Ereignis für das Gelingen religiöser Erfahrung nicht begriffen: Keines der beiden Momente menschlicher Erfahrung, weder das transzendentale noch das kategoriale, kann ‚(…) trotz ihrer Einheit auf das andere zurückgeführt werden'(QD 55, 21)."

Christus wird in der transzendentalen, gnadenhaft erhobenen Geistigkeit des Menschen erkannt; er ist aber eben nicht schon immer gewusst, bevor seine geschichtlich konkrete Gestalt zur Kenntnis genommen wird."[398] Es erschließt sich mir nicht, wie man angesichts dieser Deutlichkeit und Klarheit, dieser „Wolke von Zeugen" noch einmal, 1997, solch ein irriges Vorurteil erneut hoffähig zu machen versucht.

Es scheint also – ganz im Gegenteil – sehr viel gegen diese Grundthese von Holdt zu sprechen. Und es scheint sehr viel dafür zu sprechen, dass – wieder einmal – ein diametraler Gegensatz zwischen Hugo und Karl Rahner dargestellt (vielleicht müsste man besser sagen: konstruiert) wird. Karl Heinz Neufeld arbeitet in seiner großen Studie über die Rahner-Brüder deren vielfältige und umfangreiche Gemeinsamkeiten akribisch heraus bzw. weist sie, besonders auf dem Hintergrund werkgeschichtlicher Forschung, nach: „Bei allen Unterschieden zwischen beiden ist ja einfach zu sehen, dass sie auf gemeinsamem Fundament aufbauen, auf einer Basis von Christsein, von Ordensleben aus gleicher Herkunft und Prägung, von Einsatz im gleichen Bereich, ja von erstaunlich ähnlicher geistiger Struktur, Ausrichtung und Zielerwartung."[399] Und weiter: „Sind jedoch die Unterschiede nur dann richtig erfasst, wenn der gemeinsame Grund klar im Blick bleibt, verbietet sich jeder Versuch, sie so zuzuspitzen, dass sie sich als Gegensatz darstellen. Das wäre grundlos künstliche Konstruktion. Die Vermutung spricht vielmehr von Anfang an dafür, dass Eigenheiten, die am Denken des einen gelobt werden, beim anderen nicht einfach fehlen, dass Beiträge des einen Korrespondenz im Werk des anderen besitzen, dass also echte Gemeinsamkeit zu erwarten steht, die für die Betrachtung der theologischen Beiträge beider als hermeneutischer Schlüssel eine Art des Lesens verlangt, die jeweils die Texte in Konkordanz mit dem Denken des Bruders angeht."[400]

Abschließend zu dieser Frage sei deshalb ein Text Karl Rahners zitiert, der in seiner Dichte und Fülle noch einmal implizit diese falsche Alternative von innen her überholt.[401] „Die Geschichte der Welt bewegt sich schon jetzt nicht bloß innerhalb der Macht der sich selbstmitteilenden Liebe, sondern auch schon im Äon der Erscheinung dieses Sieges, im Äon Jesu Christi, der die radikale geschichtliche Erscheinung der endgültigen Selbstzusage Gottes an die Welt und der Annahme dieser Zusage durch die Welt in substantieller Einheit ist. In diesem Äon Christi, der nicht mehr untergeht, geht die Geschichte der Menschheit weiter, aber umfangen von der siegreichen Selbstzusage Gottes auch in deren geschichtlicher Erscheinung."

Im Nachfolgenden möchte ich mich mit einigen, immer wiederkehrenden Verdächtigungen Rahners Theologie gegenüber auseinandersetzen. Eines dieser schwerwiegenden Missverständnisse ist jenes, Karl Rahner deduziere das Christusereignis aus der Beschaffenheit des Menschen. Verbunden damit ist der Vorwurf, Rahner ebne das Einmalige, das Besondere der Offenbarung im Christusereignis, ein, er reduziere es auf das „Nur-Menschliche", das immer und überall gegeben ist. Dieser stereotype Vorwurf an die Adresse Karl Rahners ist zudem oft verbunden mit einem grundsätzlichen Misstrauen (und Missverstehen) einer Theologie gegenüber, die die Anthropologie nicht ausblendet, sondern Ernst macht mit der Tatsache der Menschwerdung Gottes.

In der Antwort auf diese Fragen lasse ich vornehmlich Karl Rahner selber zu Wort kommen. In seinen Texten – wenn man sich nur der Mühe unterzieht, sie gründlich zu lesen und nicht mit vorgefassten (und fertigen) Deutungsmustern an sie herantritt – sind die kritischen Anfragen in der Regel auch „immer schon" hinreichend mitbedacht.[402] In der Tat gibt es bei Karl Rahner zunächst – allerdings ausgehend vom Christusereignis – Aussagen, die eine große Nähe belegen zwischen allen Menschen und Jesus von Nazareth.

Karl Rahner schreibt in seinem „Grundkurs des Glaubens": „Der Gottmensch ist der erste Anfang des endgültigen Gelungenseins, der Bewegung der Selbsttranszendenz der Welt in die absolute Nähe zum Geheimnis Gottes. Diese hypostatische Union darf im ersten Ansatz nicht so sehr als etwas gesehen werden, was Jesus von uns unterscheidet, sondern als etwas, was einmal und nur einmal geschehen muss, wenn die Welt beginnt, in ihre letzte Phase einzutreten … in der sie ihre endgültige Konzentration, ihren endgültigen Höhepunkt und ihre radikale Nähe zum absoluten Geheimnis, Gott genannt, verwirklichen soll. Von da aus erscheint die Inkarnation als der notwendige, bleibende Anfang der Vergöttlichung der Welt im ganzen."[403] Und in einer Pfingstmeditation heißt es: „Pfingsten ist in all seinen äußern seltsamen Vorgängen im Grunde nur das Sichtbarwerden der viel wesentlicheren Tatsache, dass der Geist von nun an nie mehr ganz aus der Welt weichen wird bis zum Ende der Zeiten, weil dieses Wohnen des Geistes in der Welt ohne Ende nur die Auswirkung jener Geistüberschattung ist, die sich in der Menschwerdung des Sohnes des Vaters vollzogen hat."[404]

Bleibt also doch die „bange Anfrage"[405], der sich Herbert Vorgrimler widmet, „ob mit Rahners Ansatz die qualitative Einmaligkeit der hypostatischen Selbstmitteilung Gottes in seinem Sohn gegenüber der gnadenhaften Selbstmitteilung Gottes im Geist gewahrt werde".[406]

Für Vorgrimler ist Karl Rahner selbst der beste Gewährsmann dafür, dass die Frage und besonders der damit einhergehende Verdacht Rahner gegenüber völlig unbegründet ist: „Weil die hypostatische Union ... die ontologisch und existentiell absolute Übergabe an das Heilige Geheimnis, das Gott ist, derart (ist), dass diese Übergabe die eigene Wirklichkeit Gottes selbst ist, in der das Wort Gottes als das ausgesagte Geheimnis sich selbst die Antwort ist."[407]

Dazu Karl Rahner noch einmal in seinem „Grundkurs des Glaubens", in dem er dieses Verhältnis in einer sehr differenzierenden Weise beschreibt: „Diese unio unterscheidet sich nicht von unserer Gnade durch das in ihr Zugesagte, das ja eben beidesmal die Gnade (auch bei Jesus) ist, sondern dadurch, dass Jesus die Zusage für uns ist und wir nicht selber wieder die Zusage, sondern die Empfänger der Zusage Gottes an uns sind. Die Einheit der Zusage, die Unablösbarkeit der Zusage von dem sich uns Zusagenden muss aber entsprechend der Eigenart der Zusage gedacht werden. Ist die reale Zusage an uns eben die menschliche Wirklichkeit als die begnadete selbst, in der und von der aus Gott sich in seiner Gnade uns zusagt, dann kann die Einheit zwischen dem Zusagenden und der Zusage nicht nur ‚moralisch' gedacht werden ... sondern nur als eine Einheit unwiderruflicher Art zwischen dieser menschlichen Wirklichkeit mit Gott, als eine Einheit, die eine Trennungsmöglichkeit zwischen der Verlautbarung und dem Verlautbarenden aufhebt, also das real menschlich Verlautbarte und die Zusage für uns zu einer Wirklichkeit Gottes selbst macht. Und eben dies sagt die unio hypostatica, dies und eigentlich nichts anderes."[408]

Ich muss gestehen, dass, wenn ich derlei Texte Karl Rahners lese, die in ihrer Komplexität einerseits und in ihren vielen Differenzierungen andererseits Ihresgleichen suchen, ich immer wieder verwundert bin über die Leichtigkeit, mit der manch' einer sich „berufen" fühlt, Karl Rahner ein Abschweifen von der kirchlichen Lehre meint nachweisen zu müssen – und es auch zu können. Ich glaub' eher, dass oberflächliche Kritik dann doch wohl auf den Kritisierenden fällt und nicht auf Rahner. Und es stellt sich mir die Frage, ob nicht hinter vielen Ressentiments doch insgeheim die Angst steckt vor einer banalisierenden Rahner-Rezeption, die der Kohärenz und Stimmigkeit seiner Gedanken nicht mehr gewachsen ist. Diese Angst mag berechtigt sein. Doch ihr wird man nicht gut begegnen, wenn man zweifelhafte Epigonen mit einem der verdienstvollsten Theologen des 20. Jahrhunderts bei derlei Kritik „in einen Topf wirft".

Rahner wird häufig auch schlagwortartig unterstellt, er sei ein „Sohn des Deutschen Idealismus", er sei ein spekulativer „Transzendentaltheologe", der die Geschichte nicht ernst nähme, für den das Heil „immer schon entschieden sei". Hierzu gibt zunächst Albert Raffelt ganz allgemein zu bedenken: „Inwieweit man Rahner auf Kant – oder gar Fichte – festlegen kann, ist in verschiedener Hinsicht fraglich: Man sieht dabei von der phänomenologischen Kraft des Rahnerschen Denkens ab, die zweifellos auch andere Quellen hat, und überhaupt von seiner Verwurzeltheit in der Philosophie des 20. Jahrhunderts."[409]

Wer Rahners Theologie hinreichend würdigen will, wird eine Entscheidung fällen müssen zwischen zwei Grundannahmen: Entweder ist Rahner vorrangig ein Schüler des deutschen Idealismus und wurde zudem in seinem Denken wesentlich durch Martin Heidegger geprägt, dann wird die Rede von einer „transzendentaltheologischen Konstruktion" bei Rahner zu Recht bestehen. Oder – was seriöse Rahner-Forschung[410] immer klarer herausgearbeitet hat – Rahner steht wesentlich in der Tradition der Kirchenväter und in der Tradition seines Ordens, besonders des Gründervaters, des Heiligen Ignatius. Es sind von daher wesentlich seine spirituellen Wurzeln, die sein Denken, seine Theologie bestimmen, in der selbstverständlich – und das mit großer Gründlichkeit – auch philosophisch gedacht wird. Von Martin Heidegger hat er nicht so sehr inhaltliche Vorgaben übernommen als vielmehr das Vokabular, um im Gespräch mit zeitgenössischen Gesprächspartnern die Anliegen des Glaubens in deren Sprache verständlich zu artikulieren. Außerdem übernahm er von Heidegger gleichsam das „Instrumentarium philosophischer Fragestellungen".

Bei dieser zweiten Grundannahme, die wohl eher dem heutigen Stand der Rahner-Forschung entspricht und sämtliche Aspekte seines umfangreichen Werkes berücksichtigt,[411] kommt man dann zu einer Verhältnisbestimmung zu den verschiedenen Anteilen in seinem Werk, die Ralf Miggelbrink so formuliert: „Rahners Rezeption der Transzendentalphilosophie zielt auf die Begründung einer genuin christlichen Form der Rationalität, deren Kern die existentiell und somit immer geschichtlich situiert vollzogene Offenheit gegenüber Gott als dem inkomprehensiblen Anderen ist."[412] Es geht dabei dann auch entscheidend darum, dass das Verhältnis von „transzendental" und „kategorial" richtig gesehen wird und das „transzendentale" Element nicht einem unbegründeten Verdacht eines „Immer schon Entschiedenhabens" geopfert wird. „Wer solchermaßen die transzendental gegebene Hinordnung des Menschen auf Jesus Christus gegen das kategoriale Ereigniswerden Christi ausspielen wollte, hat das von Rahner beschriebene, erkenntnisnotwendige Ineinander von transzendentaler Subjektqualifikation und subjektunabhängigem geschichtlichen Ereignis für das Gelingen religiöser Erfahrung nicht begriffen: Keines der beiden Momente menschlicher Erfahrung, weder das transzendentale noch das kategoriale, kann … trotz ihrer Einheit auf das andere zurückgeführt werden …"[413]

Schon Ende der 70iger Jahre gebrauchte Metz in seiner Rahner-Kritik das plastische Bild der Geschichte vom Hasen und Igel. Karl Rahner war darüber sehr verletzt, weil er wusste, dass sein Schüler Metz es besser wusste. Denn es stellt sich doch die Frage: „Wie könnte ein … konsequenter Immanentismus noch eine hoffnungsvolle Perspektive begründen, der alleine Irritationsfähigkeit entsprechen kann. Jenseits einer solchen Praxis ist nur die Erschlagenheit absoluter Resignation. Wenn aber eine solche Praxis nicht in der Hoffnung auf die ‚selige Unbedrohtheit' Gottes gründet, muss sie sich wiederum immanent begründen, spricht aber gerade dadurch den Katastrophen in der Geschichte das absolut Katastrophale ab."[414]

„Die Metzsche Allegorese zum Märchen vom Wettlauf des Igels mit dem Hasen … sieht im Hasen das Bild einer nachidealistischen Theologie. Die Schlüssigkeit des Bildes wird jedoch mit der Ausblendung des traurigen Schicksals, dem der Hase schließlich zum Opfer fällt, ‚erkauft': Dass ‚man auch liegenbleiben kann' … erscheint im Kontext der pathetischen ‚Option für den Hasen' … als von der Bitterkeit wirklichen Scheiterns, wie es ja dem Hasen im Märchen widerfährt, befreiter, stimulierender Reiz, der die eigene geschichtliche Rolle dramatisch aufwertet." [415]

In „Wagnis Theologie" widmet Herbert Vorgrimler diesem plastischen Bild, das der Kritik als Illustration dient, eine hinreißende Passage, die ich hier ergänzend anfügen möchte: „Für den transzendentaltheologischen Igel trifft nicht zu, dass er die Straße ‚von beiden Enden her überschaut' und sie deswegen erst gar nicht mehr zu betreten braucht, noch stimmt es, dass der Igel und seine Frau den Hasen durch ihre ‚transzendentale Omnipräsenz' selber ungefährdet zu Tode hetzen. Bleiben wir im Bild. Der transzendentaltheologische Igel ist in Wirklichkeit gleichfalls ein Hase, der im Laufen innehält, nachdenkt, zurückläuft und sich dadurch der richtigen Richtung vergewissert, dass er vom Ausgangspunkt aus die Furchen noch einmal entlangläuft. Er hat die doppelte Mühe gegenüber dem Hasen der politischen Theologie. Erstens ist er mitten in der Geschichte, auf der Strecke, gefährdet, auf der Seite der Opfer, dem Neuen ausgesetzt. Zweitens unterzieht er sich der Plage, die Strecke immer von neuem zu durchmessen, um zu sehen, ob die Richtung stimmt, die ihm im Start als die richtige erschienen war. Der Hase der politischen Theologie dagegen verzichtet auf diese Vergewisserung, angezogen von der Morgenröte der Zukunft über dem Acker vor ihm. Reicht seine ‚gefährliche Erinnerung' weit genug zurück, ist das Morgenrot intensiv genug, um ihn die richtige Richtung halten zu lassen?"[416]

An dieser entscheidenden Stelle der Kritik möchte ich auch noch eine weitere Stimme zitieren, die den Sachverhalt treffend beschreibt: „Knitter ist offensichtlich der Meinung, dass die von Metz gegen Rahner gerichtete Kritik ... den Lehrer nicht trifft. Denn er erkennt in Rahners These von der geschichtlichen Vermittlung aller transzendentalen Verwiesenheit eben die Position, die Metz mit der Parabel vom Wettlauf zwischen Hasen und Igel für sich reklamiert hat. Niemand ist wie der Igel ‚immer schon' am Ziel; jeder Mensch kann wie der Hase das Ziel nur im Laufen erfahren. Es gibt keine Begegnung mit dem Absoluten außerhalb der Geschichte, sondern nur in ihr."[417]
Karl Rahner selbst sagte zu diesem Vorwurf: „Eine transzendentale Theologie, die immer wieder auf sich selbst reflektiert, müht sich vielleicht viel mehr als die Politische Theologie, die munter und vergnügt in das Morgenrot der Zukunft läuft".[418]
Hier muss auch noch auf einen Vorwurf eingegangen werden, der besagt, dass Rahner zwar eine spekulative Theologie entworfen, sich aber nicht ernsthaft um Anthropologie gekümmert habe. Ich meine zunächst, dass es vorrangig Rahners großes Verdienst war (und ist), die Grenzen jeglicher Anthropologie aufgezeigt zu haben, die sie gar nicht überschreiten kann.[419] Und – davon ausgehend – die Stellung des Menschen als „Hörer des Wortes" zu beschreiben. Eines Wortes, das der Mensch sich nicht selbst geben kann, auf das er aber zutiefst angewiesen und verwiesen ist. Dies dann entsprechend zu begründen, ist m. E. eines der wesentlichen Beiträge, die Karl Rahner zu einer angemessenen Anthropologie beigesteuert hat. Einer Anthropologie freilich, die keinen Moment von der Christuserfahrung absieht und das „Gottfinden in allen Dingen" immer voraussetzt, präsent hat und als „Gnade im Alltag" stets mitbedenkt.
In „Beten mit Karl Rahner"[420] formuliert Karl Rahner eine Zeitdiagnose, von der ich gerne bekenne, dass mir keine andere bekannt ist, die gleichermaßen so prägnant und umfassend ist. An ihrem Schluss stehen folgende denkwürdigen Sätze: „Weiß der Mensch von heute aus sich wirklich mehr von sich, als daß er eine Frage ist in eine grenzenlose Finsternis hinein, eine Frage, die nur weiß, daß die Last der Fragwürdigkeit bitterer ist, als das der Mensch sie auf Dauer erträgt?"[421] Meiner

Meinung nach kann man die Grenzen *jeder* Anthropologie nicht präziser beschreiben. Rahner setzt deren Ergebnisse voraus (und schätzt jene, die dort forschen). Er fragt aber theologisch weiter[422] und kommt von daher zum Menschen als „Hörer des Wortes", der „Ereignis der freien, vergebenden Selbstmitteilung Gottes" ist.[423] „Von Rahner her lässt sich ... einwenden, die ‚transzendentale' Anwesenheit Gottes im Heiligen Geist sei angebotshaft, müsse, um wirkliches Heil und wirkliches Wissen zu werden und so authentische Theologie tragen zu können, vom Menschen in dessen geschichtlich situierten Raum im Erkennen und Handeln bejaht werden ..."[424]

Zum Vorwurf selber schreibt Herbert Vorgrimler in seinem Artikel „Karl Rahner – eine theologisch-biografische Skizze": „Einem wehrlosen Theologen wie Rahner gegenüber kann man es sich erlauben, Behauptungen ohne Nachweise einfach in die Welt zu setzen. In Rahners Gesamtwerk finden sich so viele Ausführungen über die Defekte menschlicher Erkenntnis, über die Deformierungen menschlicher Freiheit, die sich übrigens auch, auf der anderen Seite der Polemik, die neoidealistischen Enthusiasten der Freiheit zu Gemüt führen könnten, über die ‚gnoseologische Konkupiszenz', über unerhörte Gebete, über Fragen an Gott, an sein Schweigen, an sein Verhalten gegenüber ‚Auschwitz', die auf eine wahre Gotteskrise hinweisen – es ist schlechterdings nicht ersichtlich, wo bei Rahner die konkrete Geschichte fehle, es sei denn, man habe ihn nur in Auswahl gelesen."[425]

Ich kann hier nur wieder auf Nikolaus Schwerdtfeger verweisen, der eindringlich davor warnt, Rahner vorschnell und einseitig festzulegen. „Die Titel zweier Werke von ihm belegen exemplarisch, dass beides bei ihm zur Geltung kommt, dass seine Theologie nicht nur auf die ‚Einführung in den Begriff des Christentums' zielt ... sondern auch auf die ‚Einübung priesterlicher(und das meint zuallererst: christlicher) Existenz', wie ein anderes, weniger bekanntes, jedoch kaum minder bedeutsames Buch von ihm heißt, das den zweiten Typus der Theologie repräsentiert."[426]

Aus meiner Tätigkeit in der sozialen Arbeit kann ich immer wieder nur dankbar bezeugen, dass ich kaum einen Theologen kenne, der so eindrucksvoll und theologisch bedeutsam über einfache Alltagsvollzüge schreibt, in denen Gottes Gnade wirkt, wie Arbeit, Schlafen, Gehen, Essen; der sich über Gefängnisseelsorge ebenso Gedanken macht wie über eine Theologie des Kindes, der über die Tiefendimension eines Dienstes wie den der Bahnhofsmission ebenso theologisch nachdenkt wie über eine Theologie des Alltags oder bohrend der Frage nachgeht: „Warum lässt uns Gott leiden". Rahners Gebete sind durchzogen von vielen menschlichen Erfahrungen. Gleichzeitig, indem er darauf insistiert, sie unbedingt ernst zu nehmen, werden auch deren Grenzen sichtbar. Wird erkennbar, dass Anthropologie, wenn sie nicht den Gottesbezug realisiert, einer „Gotteskrise" (Metz) anheimfällt, in der der Mensch im Letzten an sich selber scheitert, scheitern muss.

Bei der genannten „transzendentalen Anwesenheit" der Gnade bleibt noch zu fragen, ob hier nicht doch, zumindest heimlich, eine anthropologische Reduktion der Offenbarung vorgenommen wird. Bleibt noch genügend Raum für das Überraschende, plötzlich in unser Leben Einbrechende, für die „Gestalt", die sich uns „einprägt", die alle Erwartungen überbietet und unser Leben von Grund auf verändern kann? Überspitzt gefragt: Kann Gott sich uns wirklich noch als der „ganz Andere" zeigen?

Auch hier möchte ich noch einmal auf Schwerdtfeger und Miggelbrink zurückkommen, die dieses fatale Missverständnis Rahner gegenüber benannt und ausgeräumt haben: „Besagt das nicht doch eine ‚anthropologische Reduktion' (...) im Sinne einer apriorischen Konstruktion der Heilswirklichkeit vom Subjekt her? Rahner wendet sich entschieden gegen diese Verdächtigung. Für ihn ist damit weder vorausgesetzt, dass die materiale Inhaltlichkeit des Offenbarungsgeschehens sich adäquat aus den transzendentalen Erkenntnisbedingungen des Subjekts explizieren ließe, noch dass die aposteriorische Wirklichkeit nur das an sich gleichgültige Material der Selbsterfahrung des Subjekts darstellte ... In diesem Verfahren geht es um die Rückführung alles Heilsbedeutenden auf das transzendentale Wesen des Subjekts, nicht um seine Ableitung daraus: ‚Das geschichtliche Heilsereignis, das dem Menschen in seiner Heilsfrage begegnet und an dem sich diese realisiert, lässt sich aus der apriorischen Möglichkeit des Menschen nicht ableiten ... trotzdem hat sich die Identifizierung mit dem Heilsereignis erst verstanden, wenn sie begreift, dass der Mensch das Wesen ist, das sich notwendig in der Konkretheit der Geschichte vollziehen muss, um seinem Wesen zu entsprechen. Auch die unberechenbarste, konkrete, geschichtlich sich ereignende Begegnung muss sich also in diesem Sinn transzendental verstehen, um sein zu können, was sie sein soll."[427]

„In diesem Sinne betont Rahner die Bedeutung der Analogie für alle Theologie ... Als ein echtes Formalprinzip habe sie die Theologie zu durchwalten ... In diesem Sinne ist der ‚Mut zur Metaphysik' ... auch von der Offenbarungstheologie gefordert ... ‚Die Welt eröffnet uns nicht den Sinn Gottes. Aber damit ist die Metaphysik in ihrer Gottesfrage auch schon am Ende, in ihrem *wesentlichen* Versagen' ... Dieses Versagen betrifft auch die Metaphysik in der Gestalt theologischer Systematik. Dafür steht das Analogiegebot wie das Negativzeichen vor der Klammer des theologischen Lehrgebäudes. Es signalisiert die Notwendigkeit der ‚reductio' aller Theologie in das nur existentiell-handelnd erfahrbare Mysterium Gottes ... Ein Höchstmaß an metaphysischem Bemühen zielt auf nichts anderes als auf die Destruktion der Metaphysik."[428]

Und noch einmal anders gewendet: „Rahner definiert Theologie als (...) die absolut gehorsame Konfrontation der eigenen Existenz mit dem Kerygma des Heils in dem Einmaligen Jesu Christi."[429]

Karl Rahner sagte einmal sinngemäß dazu, dass wir schon deshalb Anthropologie betreiben müssen, weil Gott in Jesus Anthropologie betrieben hat. Hier wird deutlich, dass nur der Rahners Anthropologie richtig versteht, der *zugleic*h den theologischen Bezug, die Gottverwiesenheit, mitdenkt.[430] Wer mit Rahner vom Menschen spricht, muss zuerst und zuletzt und zugleich immer auch von Gott her und auf Gott hin denken und reden. Wenn Rahner auf Jesus zu sprechen kommt, dann ist das Christusereignis für ihn die „göttliche Überbietung all unserer wahren Annahme der Unbegreiflichkeit des weiselosen Gottes".[431]

Manche Verdächtigungen waren und sind nur scheinbar von wirklichem Interesse an der Sache geleitet. Gerade im jüngsten Buch von David Berger, der seinerzeit nichts unversucht gelassen hat, „auftragsgemäß" Karl Rahner in die Ecke des Ketzers, des Leugners der Glaubenswahrheit, zu stellen, wird dies eindrucksvoll belegt. Berger schreibt dort: „Mit der Zeit erkannte ich, dass meine Rahnerkritik diesen Kreisen gerade deshalb gelegen kam, weil der Jesuit einer der bedeutendsten neueren Theologen war, der es auf Basis der modernen Bibelinterpretation gewagt hatte, an der traditionalistischen Vorstellung von der Erbsünde zu rühren und ein positives, zukunftsoffenes Menschenbild im katholischen Geist zu entwerfen".[432] Es macht mich betroffen, mit ansehen zu müssen, wie innerhalb bestimmter „kirchlicher" Kreise, solche Ressentiments immer noch – aus erkennbarem Interesse heraus – weiter „kultiviert" werden.

Karl Rahner und Hans Urs von Balthasar

Ganz bewusst orientiere ich mich bei den Fragen der Rahner-Kritik am großen Schweizer Theologen. Er wurde schon mehrfach erwähnt. Darum sind einige Argumente hier nochmals „konzentriert versammelt", die schon zuvor, in anderen Zusammenhängen, bedacht wurden. Hans Urs von Balthasar wurde am 12. August 1905 in Luzern geboren. Er starb am 26. Juni 1988 im Alter von 82 Jahren, wenige Tage, bevor er in Rom den Kardinalshut entgegennehmen sollte. Das theologische Werk Hans Urs von Balthasars zählt wohl – neben dem Werk Karl Rahners – zu den wichtigsten Entwürfen der katholischen Theologie des 20. Jahrhunderts. Balthasars umfassende Kenntnis der abendländischen Kunst, Literatur und Philosophie ermöglicht ihm originelle Zugänge und neuartige Perspektiven für theologische Sachthemen. Er gilt weithin als theologischer Gegenspieler Karl Rahners. Man muss diesem Urteil nicht folgen und darf durchaus auf die vielen Gemeinsamkeiten zwischen beiden Theologen mit einigem Recht hinweisen.[433] Dennoch scheint mir, hat von Balthasar die entscheidenden Anfragen an die Theologie Rahners formuliert, wenn man von der grundsätzlichen Kritik von Baptist Metz einmal absieht.
Ich denke, dass man nicht fehl geht in der Annahme, dass sich die Kritik Balthasars an Rahner auf zwei wesentliche Aspekte konzentriert. Da ist zum einen der Vorwurf, bei Rahner falle die „Schau der Gestalt" des Christusereignisses völlig aus. Damit entfalle bei Rahner auch das dra-

matische Moment. Zudem gibt es bei ihm nicht die ‚theologische Kategorie der Stellvertretung'.
Auf die Frage, ob Karl Rahner auch eine ‚Gestalt' im theologischen Sinne kennt, welche theologischen Konsequenzen sich daraus ergeben und ob diese theologische Kategorie nicht ihrerseits Fragen aufwirft, wurde schon eingegangen. Ich habe im Antwortversuch Bezug genommen auf klärende Aussagen von Schwerdtfeger, Klaghofer-Treitler und Striet. Weil dieser Fragekomplex so entscheidend wichtig ist, muss ich an dieser Stelle noch einmal darauf zurückkommen.[434] Insbesondere Schwerdtfeger weist eigens darauf hin, dass Rahner einer eindimensionalen Sicht, etwa einem rein „ästhetischen Gestaltbegriff" durch seine Symboltheologie, entgeht und dass er umfassender denkt indem er „Grundstrukturen freilegt", die sich auf allen Ebenen des Seins wiederholen. Damit ist dem „Standardvorwurf" Balthasars nicht nur der Boden entzogen. Die Ausführungen zeigen eindrucksvoll, dass es gerade die theologischen Wurzeln Rahners sind, die der Gefahr einer theologischen Engführung wirksam entgegen stehen.
Was das dramatische Moment anbetrifft, wird man sagen müssen, dass Karl Rahner in der Tat ein Drama *in* Gott nicht kennt. Wohl aber ein Drama in der Geschichte, in der sich Gott selbst bis zur Passion seines Sohnes für den Menschen engagiert. Karl Rahners trinitätstheologisches Grundaxiom, dass die ökonomische Trinität die immanente ist und umgekehrt, legt ihm eine theologisch wohlbegründete Zurückhaltung auf, sich in das göttliche Geheimnis „zurück zu tasten". Hier ist in der Tat ein entscheidender Unterschied zu Hans Urs von Balthasar festzustellen, der nicht eingeebnet werden sollte.
Zwei bedeutende Stimmen sollen noch zu Wort kommen, die sich dem Spätwerk der beiden Autoren zuwenden. Einmal Medard Kehl zum „Credo" Balthasars. Und dann Herbert Vorgrimler, der Rahners „Sehnsucht nach dem geheimnisvollen Gott" zur Sprache bringt. Gerade in diesen beiden summarischen Zusammenfassungen werden die Unterschiede deutlich, die bei allen Gemeinsamkeiten von Rahner und Balthasar als legitimer Pluralismus innerhalb der einen Kirche verstanden werden sollten und die als Vermächtnis der Kirche aufgegeben wurden. Als Vermächtnis, mit Spannungen zu leben, sie auszuhalten und nicht

vorschnell eine Harmonisierung anzustreben, die es so vielleicht nicht geben kann. Das ist vielleicht auch gar nicht wünschenswert und zu erstreben, weil es in der wahrhaft umfassenden, also katholischen Sicht einen durchaus legitimen Pluralismus gibt aufgrund unterschiedlichster Erfahrungen und Zugänge.
Zunächst Medard Kehl:
„Der herausragende, sie von ähnlichen Versuchen abhebende Wert dieser Darstellung des Glaubensbekenntnisses liegt in der Konsequenz und Stimmigkeit, mit der v. Balthasar die trinitarische Gestalt des christlichen Glaubens als ganzen und in seiner Ausfaltung in den zwölf ‚Glaubensartikeln' herausarbeitet ... Gott braucht nicht die endliche Welt, um überhaupt erst Liebe und Hingabe sein zu können, sondern ist es immer schon in sich selbst: ein unerschöpfliches Beziehungsgeschehen wechselseitiger Selbsthingabe zwischen Vater, Sohn und Geist ... Auf dieses eine Urgeschehen hin die Geschichte des Heils transparent zu machen, dürfte das tiefste Anliegen der gesamten Theologie v. Balthasars sein."[435]
Nun Herbert Vorgrimler:
„Rahner lehnt Spekulationen über ein innergöttliches Liebesgespräch und Drama strikt ab. Er wehrt sich nachdrücklich dagegen, das Sohnesbewusstsein des Menschen Jesus von Nazareth gegenüber seinem göttlichen Vater gleichsinnig mit den Aussagen über einen innergöttlich gezeugten ewigen ‚Sohn' zu verstehen. Das heißt: Vom Menschen Jesus her konnte in Tat und Wahrheit von einem Gespräch von Liebenden, von einem Liebesdialog von Vater und Sohn die Rede sein. Das ewige Wort Gottes dagegen, das sich mit Jesus von Nazareth zu unlöslicher und unvermischter Einheit verband, kann nur in einem analogen Sinn durch ‚Zeugung' entstanden sein und ‚Sohn' Gottes genannt werden. Wir wissen durch Gottes Selbsterschließung nichts von einem innergöttlichen Liebesgespräch und erst recht nichts von einem furchtbaren innergöttlichen Drama, in dem Gott von Gott verlassen, Vater und Sohn bis zur Feindschaft von einander entzweit gewesen seien ... Zur Beantwortung der ewigen Menschheitsfrage nach dem Leiden und seiner Unverhältnismäßigkeit gegenüber menschlicher Schuld konnte Rahner keine Antwort genügen ... Da diese Unbegreiflichkeit Gottes

sich in seiner Geschichte mit der Menschheit als Unbegreiflichkeit einer unbegrenzten Liebe hat erfahren lassen, bleibt nur die Flucht nach vorwärts in die Hoffnung, diese Liebes-Unbegreiflichkeit werde in allen nur denkbaren Schicksalen das letzte Wort behalten."[436]

Daraus abzuleiten, Karl Rahner kenne in seiner Theologie kein dramatisches Moment, ist nicht nur voreilig. Es ist falsch! Zwar kennt, wie schon erwähnt, Rahner kein Drama *in* Gott, wohl aber ein Drama der Begegnung Gottes mit seinem Geschöpf.

In seinem vielbeachteten Aufsatz „Theos im Neuen Testament"[437] schreibt Karl Rahner: „Gottes Handeln im Laufe der Heilsgeschichte ist nicht gleichsam ein Monolog, den Gott für sich allein führt, sondern ein langer, dramatischer Dialog zwischen Gott und seinem Geschöpf, in dem Gott dem Menschen die Möglichkeit einer echten Antwort auf sein Wort erteilt und so sein eigenes weiteres Wort tatsächlich davon abhängig macht, wie die freie Antwort des Menschen ausgefallen ist. Die freie Tat Gottes entzündet sich immer auch wieder an dem Handeln des Menschen. Die Geschichte ist nicht bloß ein Spiel, das Gott sich selber aufführt und in dem die Geschöpfe nur das Gespielte wären, sondern das Geschöpf ist echter Mitspieler in diesem gott-menschlichen Drama der Geschichte, und darum hat die Geschichte einen echten und absoluten Ernst, eine absolute Entscheidung, die für das Geschöpf nicht relativiert werden darf mit dem Hinweis – der recht und falsch zugleich ist –, daß alles dem Willen Gottes entspringt und nichts ihm widerstehen könne."[438]

Rahner betont den „absoluten Ernst" in diesem Drama, weil er um den Einsatz Gottes weiß, aus dem Glaubenszuversicht und Hoffnung erwachsen. Sie sind jedoch nicht zu verwechseln mit einer Glaubensgewissheit (die es nicht geben kann!), die vom Einsatz eigener Möglichkeit dispensieren würde.

„Nicht die leere Möglichkeit einer offenen Zukunft ist der Raum, indem die Sinntotalität vom Menschen allererst zu wirken wäre, sondern der sich offenbarende Gott ist das Anwesen der Sinntotalität in absoluter Nähe, aber nicht als Wissen eines Sinnes, nicht als Dispensierung vom innerweltlichen Kampf um die Zukunft, sondern als der dort und nur dort als absoluter Trost Anwesende, wo das Engagement für die Welt radikal ernst genommen wird in der ekstatischen Liebe."[439]

Der nachfolgende Dialog zwischen einem Christen und einem kommunistischen Kommissar ist dem Buch „Cordula oder der Ernstfall" von Hans Urs von Balthasar aus dem Jahr 1966 entnommen. Es hat eine vielbeachtete theologische Kontroverse im vergangenen Jahrhundert ausgelöst, weil in ihm Hans Urs von Balthasar Nächstenliebe *oder* Glaubensbekenntnis alternativ als „Ernstfall des Christseins" aufzuzeigen versucht.
„Sie sind bei uns dabei! Ich weiß, wer Sie sind. Sie meinen es ehrlich, sie sind ein anonymer Christ. Der Kommissar: Nicht frech werden, Junge. Auch ich weiß jetzt genug. Der Kommissar stellt fest: „Ihr habt euch selbst liquidiert und erspart uns damit die Verfolgung. Abtreten"[440] Ein Werk, das sich u. a. kritisch mit „Cordula oder der Ernstfall" beschäftigt, kommt zu folgendem Resümee: „Es wird beim Lesen des Buches deutlich, dass Balthasar das Zeugnisablegen für die ‚Wahrheit' nicht primär dort situiert sieht, wo ein Christ den Nächsten liebt, sondern wo er – wie Cordula! – ein Zeugnis seines Glaubens an den Liebestod Christi ablegt."[441]
Anders Karl Rahner: „Die These der Einheit von Nächsten- und Gottesliebe zeigt einmal mehr die Fähigkeit Rahners, ‚den falschen Alternativen zu wehren'. Vergeblich sucht man bei Rahner nach irgendwelchen konstruierten Abgrenzungsmanövern christlicher von ‚anderer' Liebe. Bei Rahner wird weder das Judentum als Negativfolie missbraucht noch der griechische Eros, noch der Humanismus – gleich welcher philosophischen oder weltanschaulichen Herkunft. Wo auch immer Liebe im Vollsinn des Wortes vorliegt: wo jemand sich selbst vergisst und den anderen liebend annimmt, für menschliche Freiheit und Würde kämpft, dort ist diese Liebe Annahme des Angebots der Gnade Gottes, Annahme der von Gott in Christus angenommenen Menschheit, dort ist sie Offenheit auf Gott – unabhängig davon, ob sie um dieses Gott-Geheimnis weiß oder nicht."[442]
Bleibt noch der Vorwurf, Karl Rahner kenne den „Ernstfall des Glaubens", das Martyrium um des Glaubens willen, nicht. Also doch ein „Christentum light"? Eine Vereinfachung und falsche Anpassung des Christlichen, die den „Ernstfall" einfach ausklammert, ignoriert oder verdrängt?

Besonders aufschlussreich war für mich zu diesem Fragekomplex der folgende Hinweis von Nikolaus Schwerdtfeger, der dazu anmerkt: „Seine Entscheidung für die Übernatürlichkeit der sittlich guten Akte, die die Geburtsstunde seiner Theorie vom ‚anonymen Christen' ist, fällt nämlich inmitten seiner Gedanken ‚Über die Theologie des Martyriums' … Das Erstaunliche ist, dass bei Rahner nun gerade in seinen Gedanken zum Martyrium zum ersten Mal innerhalb einer eigentlichen theologischen Explikation sein Begriff der ‚anonymen Christen' fällt … So lässt sich dann sagen: Der Mensch kann im Tod den Sinn des Lebens nur dadurch ‚von oben' entgegen nehmen, indem er sein vom Christusereignis mitgeprägtes Geschick ‚von außen' frei und ergeben übernimmt. Damit tritt er aber auch in eine existentielle, konkret-geschichtliche Beziehung zu Jesus Christus ein. Rahner hat seine Theorie vom anonymen Christen am Ernstfall menschlicher Existenz, in der theologischen Betrachtung des Todes, gewonnen. Was er dort zunächst nur als äußerste Möglichkeit aufzeigte, wurde schon bald nicht nur in seiner Theologie, sondern sogar im Glaubensbewusstsein der Kirche zu einem festen Datum."[443]
Fällt bei Karl Rahner die „theologische Kategorie der Stellvertretung" aus? Vielleicht ist die theologische Frage der Stellvertretung sogar jener Punkt, an dem die kritischen Anfragen an Karl Rahner sich – insbesondere in Aufnahme und Weiterführung der Gedanken Hans Urs von Balthasars – in gewisser Weise bündeln. Geht es doch bei der Frage der Stellvertretung gleichermaßen um Anthropologie, die vom Christusereignis her ihren Maßstab bezieht als auch um Christologie, in deren Zentrum die Soteriologie, die Erlösung steht.
„Dass Bultmann und Rahner den Stellvertretungsbegriff vermeiden bzw. ausdrücklich ablehnen, ist für Balthasar neben einer defizienten Kreuzestheologie das entscheidende Indiz für ein Abweichen von der biblisch bezeugten Wahrheit, dass der geschichtliche Jesus (als dieses ‚concretum') der Sinn (das ‚universale') alles Seienden und die Norm (das ‚universale') jedes einzelnen Menschen ist."[444]
Im Gegensatz zu dieser Aussage Menkes, der sich ausdrücklich an dieser Stelle auf Hans Urs von Balthasar bezieht, ist hier schon darauf aufmerksam zu machen, dass Balthasar ausgerechnet in der Frage der Stell-

vertretung, die er als einen zentralen Punkt seiner Auseinandersetzung mit Buber kenntlich macht, Karl Rahner quasi als Kronzeugen anführt für seine Auffassung.

„Das äußerste Geheimnis im Alten Bund, das des leidenden Gottesknechtes, kennt das Geheimnis der Stellvertretung, aber nichts deutet darauf, dass sein Leiden selbst göttlich wäre ... Es sei denn, wir verstünden Gottes Transzendenz so groß und so hoch, dass die ihm, in Freiheit, das Mitgehen erlaube. ‚Das kann man, ja muss man sagen, ohne darum ein Hegelianer zu sein. Denn es ist nun einmal wahr und Dogma, dass der Logos, er selbst, Mensch geworden ist, also er selbst etwas geworden ist, war (formaliter) er nicht immer schon war, und dass darum das, was er geworden ist, als genau es selbst und durch sich selbst Wirklichkeit Gottes ist. Ist das aber Wahrheit des Glaubens, dann hat sich die Ontologie danach zu richten und zu zugeben, dass Gott „in" sich unveränderlich bleibend „im andern" werden kann und dass beide Aussagen wirklich und wahrhaft vom selben Gott als ihm selbst gemacht werden müssen.'"[445]

Man wird ein wichtiges Indiz nicht übersehen dürfen, nämlich dass Balthasar zwar meint, in Karl Rahners Theologie Schwächen auszumachen, dass er aber die eigene, grobe Kritik aus „Cordula" selber in erheblichem Maße zurücknimmt.

„Sie haben gegen Karl Rahner eingewandt, er sei bisher eine Theologie Crucis schuldig geblieben ... Ich glaube, Sie haben mich hier nicht durchaus richtig verstanden. Wenn ich Karl Rahners Kreuzestheologie nicht völlig befriedigend finde, so nicht eigentlich im Blick auf das anonyme Christentum, sondern auf die transzendental entworfene Christologie. Rahner sieht das Erlösende, das Sühnende im Tode Christi in einem Akt der vollkommenen Selbstübergabe Jesu in seinem Sterben an seinen Vater. Ich frage, ob das genügt? Das Furchtbare am Tod Jesu ist, dass er den Tod der Sünder, und zwar aller Sünder, erleidet."[446]

Gerade beim letzten Satz wird man fragen müssen, ob Balthasar Chalzedon wirklich hinreichend im Blick behält.[447] Ganz abgesehen davon, dass er Karl Rahner mit seinem Vorwurf nicht trifft:

„Wir tragen immer mit an der Last aller und von jedem sollten wir wissen, dass wir selber auch seine Last sind, in tausend Weisen, die wir gar nicht kennen, über alle Räume und Zeiten hinweg bis an die Grenzen der Menschheitsgeschichte ... Wenn wir das besser verstünden, würden wir besser begreifen, dass wir teilhaben können an der Passion des Menschensohnes ... würden wir besser verstehen, dass seine Passion die abgründige, einmalige Annahme der Passion der Menschheit ist, in der diese Menschheitspassion angenommen, durchlitten, erlöst und befreit ist in das Geheimnis Gottes hinein."[448]

Eine weitere Rückfrage an Balthasar ist dahingehend zu stellen, ob er sich wirklich hinreichend in seiner Soteriologie der Analogie sämtlicher Begrifflichkeit hinreichend bewusst bleibt?[449]

Mir schien deshalb eine direkte Gegenüberstellung von zentralen Aussagen zur Stellvertretung von Karl Rahner und Hans Urs von Balthasar sinnvoll, um Gemeinsames und Trennendes ausmachen zu können. Sie ergab ein für mich überraschendes Ergebnis:

Zuerst Karl Rahner: „Die Erlösung von Jesus Christus her hebt die Selbsterlösung des Menschen nicht auf, sondern konstituiert sie. Die Leugnung dieses Satzes ... wird vermutlich getragen von einem falschen Verständnis des an sich durchaus legitimen Satzes, dass der Mensch durch das ‚stellvertretende' Leiden Jesu erlöst sei. Dieses falsche Verständnis der Stellvertretung des Menschen durch Christus setzt stillschweigend voraus, dass Jesus anstelle der anderen Menschen etwas getan hat, was für die Erlösung der Menschen von Sünde an sich unbedingt erforderlich ist, was aber die Menschen selber nicht leisten können, wozu aber Christus imstande ist."[450]

Nun Hans Urs von Balthasar: „Man wird auch mit dem Wort ‚Stellvertretung' einigermaßen vorsichtig umgehen müssen. Jesus kann den Sünder nicht beiseiteschieben, um seinen Platz einzunehmen. Er kann sich dessen Freiheit nicht aneignen, um aus ihr zu tun, was der andere nicht tun will. Zugespitzt: er kann mich ‚erlösen ... aber ich muss diese Tat immer noch annehmen." [451]

Überraschend war (und ist) für mich bei dieser Gegenüberstellung, dass in dieser zentralen theologischen Aussage Karl Rahner und Hans Urs von Balthasar bis in's Wörtliche hinein übereinstimmen, so dass ich mich ernsthaft frage, was von der „Rahner-Kritik" wirklich noch bleibt bei diesem Maß an Übereinstimmung?[452]

Man wird auch nicht sagen können, das seien irgendwelche Randnotizen aus dem Werk beider Theologen. Denn die Stelle bei Karl Rahner stammt aus einem Aufsatz aus seinen letzten Lebensjahren, die von Hans Urs von Balthasar aus seinem „Epilog", den er 1987, ein Jahr vor seinem Tod, herausgab als einen „Durchblick" zu seiner „auf fünfzehn Bände angeschwollenen Trilogie"[453], seinem Hauptwerk. Ein letzter Hinweis sei noch angemerkt, weil wir uns wirklich im „dichtesten Knoten des Mysteriums" (Balthasar) befinden. Rahner und Balthasar vertreten hier keine Sondermeinung, sondern den Glauben der Kirche.[454]
Ergänzend sei noch darauf aufmerksam gemacht, dass es ausgerechnet Hans Urs von Balthasar war, der auch bei Anfragen an die Trinitätstheologie Karl Rahners hier für die nötige Klärung sorgte: „Karl Rahner hat an weithin sichtbarer Stelle als Axiom verkündet: ‚Die ökonomische Trinität ist die immanente Trinität und umgekehrt'[455], aber er hat wohl daran getan, dies näher dahin zu präzisieren, dass beides ‚sich nicht adäquat unterscheiden' lässt."[456]
Das alles verstärkt meinen Eindruck einer sehr großen Ambivalenz bei Hans Urs von Balthasar im Verhältnis zu Karl Rahner.[457] Mir fällt auf, dass gerade zum Ende seines Lebens Hans Urs von Balthasar Karl Rahner immer wieder zitiert. Das scheint nicht nur eine formale Nebensächlichkeit zu sein. Ging es Rahner in seinen späten Jahren verstärkt um die Konzentration des Glaubens auf seine Mitte hin[458] so faltet auch Balthasar bei seiner „Bilanz des Glaubens"[459] die schier unüberschaubare Wissensmenge ein und konzentriert sie auf den Kern des Glaubens. Ein Beispiel ist dafür nicht nur sein „Epilog", sondern auch das Buch mit dem schönen Titel „Einfaltungen". In ihm sprach Balthasar davon, dass Karl Rahner und auch Henri de Lubac gerade in der Frage, wie der Glaube in die heutige Zeit hinein verkündigt werden kann, gleichsam einen „Zauberstab" besitzen.[460] Diese Notiz ist insofern bedeutsam – und darum gehe ich hier etwas ausführlicher darauf ein –, weil Balthasar, der sich ja ansonsten häufig kritisch zu Karl Rahner geäußert hat,[461] hier aber, in diesem späten Werk, Rahner etwas zugesteht, was selbst „eingefleischte" Kritiker Rahners aufhorchen lassen müsste. Balthasar schreibt nämlich weiter über de Lubac und Rahner, dass sie „aus scheinbar Erstorbenem unverhofft aktuelles Lebendiges zu erwecken wissen.

Wer solches kann, muss aber bei sich ein gültiges Kriterium zur Unterscheidung der Geister besitzen."[462]
Er bescheinigt also ausdrücklich Karl Rahner, ein gültiges Kriterium zur Unterscheidung der Geister zu besitzen. Dieser Hinweis ist insofern äußerst interessant, weil man nicht gleichzeitig sagen kann, dass Entscheidendes bei jemandem in die falsche Richtung geht, wenn man zugleich die Gültigkeit des Kriteriums zur Unterscheidung der Geister und die Fähigkeit zu dieser Unterscheidung bei ihm rühmt.
In diesem Zusammenhang ist auch ein anderer Befund von großem Interesse. Im Buch „Hans Urs von Balthasar" von Elio Guerriero schreibt dieser[463] bezeichnenderweise in einer Fußnote über das Verhältnis Balthasars zu Rahner aus Balthasars letzten Lebensjahren: „Der S. 26 in ‚Was dürfen wir hoffen? zitierte Satz stammt von Karl Rahner, den Balthasar in den letzten Jahren wieder zunehmend zitiert. Bereits 1976 hatte er in einem Interview für die Herder Korrespondenz 2 (1976), 75 Karl Rahner als ‚die stärkste theologische Potenz unserer Zeit' bezeichnet."[464]
Balthasar war vielleicht einer der wirkmächtigsten theologischen Gegenspieler Karl Rahners, besonders nach 1966. Und wenn er 1987, nach Rahners Tod also, diesem bescheinigt, dass er scheinbar Erstorbenes zum Leben erwecken kann und damit einen Weg weiß aus der Sackgasse unverständlicher theologischer Sprachspiele, dann muss gerade das als Signal gehört und verstanden werden. Denn damit meint er klar und unmissverständlich, dass Karl Rahner die große Tradition der Kirche, die man kennen muss, um sie fruchtbar machen zu können, so kennt, dass er ihre Schätze für uns heute heben kann – und hebt![465] Gerade weil von Balthasar dies über Karl Rahner sagt, ist aufzuhorchen. Denn es gibt nach wie vor Leute vom „rechten" Rand in der Kirche, die Rahner der Häresie bezichtigen und der Zerstörung des kirchlichen Glaubens.[466] Balthasars Wertschätzung an dieser Stelle ist nur verständlich, wenn man Rahner neben der Kenntnis dieser Tradition auch deren Anerkennung im positiven Sinne unterstellt. Ich bin Balthasar für diese Aussage dankbar, weil er mit ihr manches geraderückt, was seit seiner „Kampfschrift" von 1966, „Cordula oder der Ernstfall", bedauerlicherweise Vorurteile und Klischees Karl Rahner gegenüber bestärkte und bestätigte.[467]

Man kann Balthasars Schwanken in seinem Denken und in seiner Haltung zur Theologie Karl Rahners in gewisser Weise nachempfinden, wenn man sich vor Augen führt, welch fragiles, ja gebrochenes Verhältnis er zu seinem Werk „Die Gottesfrage des heutigen Menschen" einnahm. Peter Henrici und Karl Lehmann haben eindringlich für eine Neuauflage plädiert, die nun vorliegt.[468] Ein Vergleich mit Karl Rahners „Im Heute glauben"[469] macht deutlich, wie sehr sich beide Theologen in grundsätzlichen Fragen ähneln, wie sie aus denselben Quellen schöpfen. Nicht zufällig wird auf Karl Rahner in diesem Werk häufig Bezug genommen, besonders auf sein Werk „Hörer des Wortes".
Ein Vergleich Balthasar – Rahner anhand dieses Werkes von Balthasar wäre eine reizvolle Aufgabe, die allerdings eine eigene Studie erforderlich macht. Hier kann ich nur sehr willkürlich und exemplarisch ein paar Stellen aus diesem Werk heranziehen, die zweierlei belegen: Erstens zitiert Hans Urs von Balthasar an entscheidenden Stellen Karl Rahner. Und zweitens gibt es viele Details, wo man sich verwundert die Augen reibt, weil man meint, das könne nur von Karl Rahner stammen. Es stammt aber von Hans Urs von Balthasar!
„Das Erschrecken über die Abwesenheit Gottes in der Welt, das Gefühl, das Göttliche nicht mehr realisieren zu können, das Bestürztsein über das Schweigen Gottes, über das Sich-Verschließen Gottes in seine eigene Unnahbarkeit, über das sinnleere Profanwerden der Welt, über die augen- und antlitzlose Sachhaftigkeit der Gesetze der Welt bis dorthin, wo es nicht mehr um die Natur, sondern um den Menschen geht – diese Erfahrung, die meint, sie müsse sich theoretisch als Atheismus interpretieren, ist eine echte Erfahrung tiefster Existenz … Es ist aber im Grund nur die Erfahrung, dass Gott nicht in das Weltbild hineingehört … nur das Wachsen Gottes im Geist der Menschheit".[470]
„Jesus Christus als der Gottmensch ist, nachträglich und im Glauben betrachtet, die exakteste Verwirklichung dessen, was auf Grund der Menschheitsfrage von Gottes freier Gnade und Barmherzigkeit abschließend erwartet werden durfte."[471] „Und diese Liebe anerkennen heißt, bewusst oder unbewusst anerkennen, dass Gottes Liebe Menschengestalt angenommen hat. Jesus Christus anerkennen, ob man seine Existenz kennt oder nicht. Ihn anerkennen einfach dadurch, dass man Got-

tes Liebe – wirklich Gottes Liebe – als für mich Menschen verpflichtend gelten lässt. Wer das tut, ist offen oder verborgen ein Mitglied der Kirche, sofern sie die Gemeinschaft der Heiligen ist, die sich aufbaut durch die Bruderliebe."[472]
„Wachsende Unanschaulichkeit und Transzendenz des Gottesbegriffs kann nur ein Symptom dafür sein, dass der Gottesbegriff selbst unter den Menschen im Wachsen ist ... So müssen alle drei, Gott, der Mensch und die Welt, von ihrer geistigen *Anschaulichkeit* verlieren. Der Mensch hat zwar noch immer eine ‚Natur', aber diese wird sich nicht mehr als ein geschlossenes, beinah sachhaftes System von ‚Fähigkeiten' definieren lassen, sondern zu jenem Offenen werden, das durch Gottes Anrede und Verfügung eine so oder anders geartete Form erhalten wird.[473]
„Es besteht zwischen dem unendlichen und dem endlichen Geist eine genaue Entsprechung: Jesus Christus, Gott und Mensch, zwei ‚Naturen' in einer ‚Person', Sohn des Vaters im Himmel, Menschensohn auf Erden, der sein göttliches Sohnsein in die ‚Form des Menschen' überträgt und einschreibt, der das ewige Wort des Vaters ist und zugleich dieses Wort auf Erden hält bis zum Tod. Der so sich selber treu ist und damit zugleich Gott und dem Menschen entspricht. Weil der Mensch als solcher der ‚Ort' des Seins ist in der Welt, ist er zum Sein hin entgrenzt und offen."[474] „Es dürfte auch nicht so sein, dass die Christen den Satz von der Unbegreiflichkeit Gottes wie einen zwar besessenen, aber im Schrank vergessenen und ad hoc hervorgeholten und abgestaubten Gegenstand handhaben ... Der Christ darf sich dieser Erfahrung nicht entziehen."[475]
Ich kann hier nur einmal mehr meine persönliche Erfahrung bezeugen, dass ich staunend zur Kenntnis nehme, wie sehr Balthasar gerade in diesem Werk Rahners Denken aufnimmt bzw. sich ihm nähert. Wer nur einmal den Hinweis von der Unbegreiflichkeit Gottes vergleicht mit der ersten Erfahrung eines Katholischen Theologen[476] aus Karl Rahners letztem Vortrag, den er anlässlich seines 80. Geburtstages hielt, wer Balthasar davon reden hört, dass Jesus die „exakteste Verwirklichung" dessen sei, was „auf Grund der Menschheitsfrage erwartet werden durfte", wer Balthasars Rede von der Abnahme der „Anschaulichkeit" vernimmt und der Zunahme der Unanschaulichkeit, wird sich der Erkenntnis der

grundlegenden Übereinkunft beider Theologen (zumindest in Balthasars „Gottesfrage“) kaum entziehen können.
Ein letztes Beispiel: Im Jahr 1981 gibt Josef Pieper ein Lesebuch über sein Lebenswerk heraus, zu dem Balthasar das Vorwort schrieb. (Josef Pieper-Lesebuch, München 1981) In diesem Vorwort werden durch Balthasar Aspekte thematisiert, die zeitweise fast wie vergessen in seinem Werk scheinen und die die Nähe zu Karl Rahner – bis in die Begrifflichkeit hinein – eindrucksvoll bezeugen. Zur Illustration stelle ich einfach nur einige Aussagen zusammen, die dies belegen. Da ist zunächst die Begrifflichkeit Gottes, die Balthasar umschreibt. Rahner nannte Gott häufig das „Heilige Geheimnis“. Urs von Balthasar spricht in diesem Text das Goethe-Wort nach: „das heilig öffentlich Geheimnis“. Und dann folgen jene Sätze, bei denen man sich fragen möchte, wo denn das bei Karl Rahner steht:
„Wie aber gibt sich die Wirklichkeit, das ‚heilig öffentlich Geheimnis‘,[477] das wir nach Goethe ‚ohne Säumnis‘ ergreifen sollen? Immer als ein Mehr als was erfassbar ist, immer als ein ‚unaustrinkbares Licht‘. Am Erlebnis eines sich mir schenkenden liebenden Du erfahre ich, dass dieses Mehr, nämlich die Freiheit des sich öffnenden Anderen, nicht greifbar ist, obschon sie sich mir in der Hingabe ja nicht entzieht.“
Balthasar schreibt in typischer „rahnerscher Terminologie“ – und ich glaube nicht, dass es nur unbewusste Anspielungen sind – wenn er auf S. 7 weiter schreibt: „Wo sich nichts mehr ‚gibt‘ und von sich her ‚eröffnet‘ …“ Weiter schreibt er: „Nur wenn Philosophie als liebende Sehnsucht nach dem Immer-Mehr im Geheimnis des Seins den Menschen unbedingt auf den Weg setzt …“ Und auf der folgenden Seite schreibt er in fast wörtlicher Übereinstimmung mit Karl Rahner, der immer als Theologe Philosophie betrieb: „Wenn Philosophie nur dadurch möglich ist, dass sich Sein ‚immer schon‘ (Diese häufig wiederkehrende Redewendung Karl Rahners kennzeichnet Balthasar selber als besonders aufmerksam zu lesende Vokabeln!), wenn auch im Geheimnis (!) erschlossen hat, dann hat Philosophie auch immer schon mit Theologie zu tun.“
Resümierend möchte ich sagen: Dort, wo Balthasar die „Schau der Gestalt“ argumentativ begründet, macht er es zumeist in derselben gna-

dentheologischen Art und Weise wie Karl Rahner. Von daher steht mir der „argumentierende" Balthasar[478] wesentlich näher als der lediglich „behauptende" Balthasar. Dazu auch A. M. Haas in seinem Vorwort zur Neuausgabe von Balthasars „Gottesfrage": „Trotz allen wissenschaftlichen Erfolgen ist die Erkenntnis ‚das ich (= der Erkennende) nicht selber das Licht bin', unaufhebbar. Und bei dieser Erkenntnis wird es weit in die Postmoderne hinein bleiben. Der Mensch kommt über seine *Sehnsucht* zum Absoluten nicht hinaus. Das ist sein Ort, der auch durch alle reduktionistischen Versuche (Religionsgene etc.) ihn biologistisch zu entschärfen, nicht transzendiert werden kann. Stachel im Fleisch auch des (post-)modernen Menschen bleibt diese Sehnsucht nach dem Unbedingten in aller Bedingtheit!"[479]

Rahners Beitrag in der Auseinandersetzung um das moderne Welt- und Menschenbild

Richard Dawkins z. B. schreibt in seinem „Der Gotteswahn"[480], dass die Religion dazu auffordere, sich (endlich) zufrieden zu geben mit dem Zustand, dass man eben nicht verstehen könne. Dabei stellt er grundsätzlich die Kompetenz der Religion in Frage. „Ich bin ein Gegner der Religion. Sie lehrt uns, damit zufrieden zu sein, dass wir die Welt nicht verstehen". Für mich war und ist hier Karl Rahners grundlegendes theologisches Verständnis vom Menschen hilfreich, besonders sein Hinweis, dass es gerade Aufgabe der Theologie sei, mit allen Mitteln die Frage nach dem Menschen offen zu halten.[481] Ich denke, diese Frage wie auch die grundsätzliche Bedeutung von Religion für deren Beantwortung wird von Dawkins schlicht ignoriert. Nur so lässt sich erklären, dass Dawkins die Kompetenz der Religion insgesamt in Frage stellt. „Warum heißt es, Gott sei die Erklärung für irgendetwas? Er ist es nicht – er ist die Unfähigkeit, zu erklären ... Wenn wir irgendetwas auf Gott schieben, heißt das in der Regel, dass wir keine Ahnung haben."[482]
Auch Eugen Drewermann meint in seinem Buch „Der sechste Tag", Rahner mache es sich bei der Stellung des Menschen in einer evolutiven Welt viel zu einfach, wenn der Mensch als „Ziel" dieser Evolution angesehen

wird.[483] Weil Karl Rahner ausschließlich vom göttlichen Gnadenhandeln her denkt, ist diese Unterscheidung nicht nur fragwürdig. Sie ist unangemessen, denn aus Sicht des Liebesgeschehens ist es sekundär, welche Bedingungen zu diesem Ereignis geführt haben. „Es handelt sich zunächst lediglich um die Frage des Nachweises einer Einpaßbarkeit oder Eingepaßtheit einer Aussage in einen Komplex von anderen Aussagen, nicht um diese Aussagen je für sich."[484]

Diese Unterscheidung ist darüber hinaus auch sinnlos, denn es geht Karl Rahner eben nicht in dem Aufsatz, den Drewermann für seine Kritik heranzieht, darum, „die Mittelpunktstellung des Menschen" durch den Evolutionsgedanken „zu rechtfertigen".[485] Drewermann schreibt in gleichem Atemzug auch von der „Mittelpunktstellung des menschgewordenen Gottessohnes".[486] Sie allerdings ist sehr wohl im Fokus der Überlegungen Rahners. Doch sie ist völlig anders zu werten als es die „Mittelpunktstellung des Menschen" vermuten lässt, handelt es sich doch hier ausschließlich um eine Glaubensoption, die allerdings eine sehr ‚vernünftige'[487] (nicht begreifbare!) ist.

Sie kommt von der Erfahrung der Liebe Gottes her und nicht aus einer evolutiven Weltbetrachtung. Rahners Frage geht ‚nur' dahin, wie diese Erfahrung „eingepasst" werden kann in eine evolutive Weltsicht, die als gegeben vorausgesetzt wird.

Auch in seinem „Grundkurs des Glaubens" stellt Karl Rahner klar, um was es ihm bei dieser Überlegung geht: „... zunächst weder um eine Darstellung der katholischen Christologie in sich, noch um das, was man vage vielleicht mit ‚evolutiver Weltanschauung' bezeichnen kann ... Es handelt sich um eine mögliche Zuordnung dieser beiden Größen. Dabei wird die evolutive Weltanschauung als gegeben vorausgesetzt und nach einer Eingepaßtheit oder Einpaßbarkeit der Christologie in sie und nicht umgekehrt gefragt."[488] (SW,26, 174)

Es rächt sich ein um das andere Mal, wenn man entscheidende Passagen aus dem Werk Karl Rahners nicht zur Kenntnis nimmt, sie nicht gelten lässt oder an das Werk Rahners die eigene, vorgefasste Meinung als Deutungs- und Interpretationsmuster und als alleiniges Kriterium der Bewertung heranträgt. Karl Rahner kann nur dann richtig verstanden werden, wenn seine geistlichen Wurzeln und deren Intentionen richtig verstanden und interpretiert werden. Und wenn sie den Stellenwert in Rahners Werk zuerkannt bekommen, den sie tatsächlich einnehmen!

In einem Aufsatz zum Pfingstfest macht Rahner deutlich, dass es ihm weder um menschliche Hybris oder um einen einseitigen, ungerechtfertigten Anthropozentrismus geht. Es geht ihm einzig um den Lobpreis der Gnadenzuwendung Gottes, die dann allerdings auch die Stellung des Menschen näher bestimmt. „Wenn wir sagen: an Pfingsten ist der Geist gekommen über alles Fleisch, dann sagen wir es nicht nur von jenem Geist, der immer schon in der Welt waltete, dann sprechen wir von dem eschatologischen Geist, dem Geist als der unwiderruflichen Gabe, von dem Geist ewiger Prädestination der Welt als ganzer zum Leben und zum Sieg, vom unbesiegbaren Geist, der unverlierbar der Welt und ihrer Geschichte eingesenkt und vermählt ist … also der Geist, der nie mehr von der Welt und der Gemeinde Christi weichen wird.“[489]

Nach Karl Rahner kann man nur dann sinnvoll vom Menschen als „Krone der Schöpfung“ sprechen (mit all der sich daraus ergebenden Verantwortung!) oder als „Ziel der Entwicklung“, wenn klar ist und bleibt: Nur weil Gottes Geist uns geschenkt ist als „unwiderrufliche Gabe“ ist dies so. Auch in Bezug auf die Kirche wird man deshalb sagen können und müssen: Die hoffnungsvollen Aussagen über die Kirche, über den Menschen, über die Welt, die Zuversicht und das Frohmachende unseres Glaubens sind nicht Ausdruck menschlicher Größe oder menschlichen Könnens. Der Rekurs auf eigenes Tun und Können müsste neben all der Größe und all dem Guten auch all die schrecklichen Abgründe und Gemeinheiten mitberücksichtigen. Dann stellt sich mit Dringlichkeit die Frage, ob darauf Hoffnung gegründet werden kann. Nur weil Gottes Geist „unverlierbar der Welt und ihrer Geschichte eingesenkt und vermählt ist“ kann die Kirche groß von sich, vom Menschen und von der Welt denken. Nur deshalb!

Darum möchte ich zum Schluss noch einmal Karl Rahner das abschließende Wort geben in einer längeren Textpassage. In ihr wird dieser Zusammenhang für mich in aller Differenziertheit sehr prägnant beschrieben, so dass mich manchmal das Gefühl beschleicht, daran zu zweifeln, dass manche Rahner-Kritiker sich wirklich immer der Mühe unterzogen haben, Karl Rahner zu Ende und – vor allem – genau zu lesen. Denn auch in diesem Text wird nicht nur der Zusammenhang deutlich, um den es geht. Karl Rahner ist präzis auch insofern, dass er die Prämissen *und* die Grenzen seiner theologischen Bemühungen klar herausarbeitet und benennt.

„Wer eine universale Evolution als ein Grundschema der Weltwirklichkeit und ihres Verständnisses behauptet ... muss sagen, dass sich in einer (letztlich trotz aller Zufälle gerichteten) Evolution die Gesamtwirklichkeit auf diese Freiheitsgeschichte hinentwickelt hat ... Dabei ist dann die Möglichkeit von Fehlentwicklungen, Sackgassen und Abstürzen, wie sie in der theologischen Heilsgeschichte gedacht werden, nicht mehr verwunderlich ... Gerade weil bei einer solchen Evolution ... mit Überraschungen, Fehlentwicklungen, Sackgassen, mit Steckenbleiben an sich zu rechnen ist, erklärt der christliche Glaube zusätzlich und in einem allen an sich denkbaren Pessimismus überbietenden, von Gottes Gnade herkommenden Optimismus, dass diese Weltevolution in ihrer Phase geistiger Geschichte nicht nur bei der Unmittelbarkeit mit Gott grundsätzlich ankommen *kann*, sondern schon in eine Phase eingetreten ist, durch die unumkehrbar für das Ganze der Freiheitsgeschichte (ohne über den einzelnen eine theoretische Aussage zu machen), dieses Ziel auch tatsächlich erreicht werden wird, der an sich mögliche Absturz und das Steckenbleiben nicht eintritt. Diese Unumkehrbarkeit und wirkliche Ankünftigkeit der Weltevolution und ihrer Freiheitsgeschichte sind für den Christen mit dem christlichen Dogma von Jesus Christus als dem ‚fleischgewordenen Logos Gottes' als der unwiderruflichen Heilszusage Gottes in Jesus von Nazareth gegeben. In unserem Zusammenhang ist es besonders bemerkenswert, dass der Punkt, an dem Gott in einer letzten Selbstmitteilung das andere seiner Schöpfung unwiderruflich und endgültig ergreift, nicht als Geist, sondern als Fleisch charakterisiert wird. Von daher ist die Eingliederung der Heilsgeschichte in die Geschichte des Kosmos überhaupt sanktioniert für den Christen, auch wenn dann tausend Fragen noch offenbleiben, wie dies geschehen kann."[490]

Die Aktualität Karl Rahners in Zuspruch und Widerspruch

Herbert Vorgrimler sprach davon, dass es notwendig sei, „die Erinnerung an Karl Rahner lebendig zu erhalten."[491] „Seine Kraft der Konzentration auf das Wesentliche und seine Fähigkeit, Weitsicht und Spürsinn miteinander zu verbinden, fehlen der heutigen Theologie und Kirche. Seine zugleich nüchterne und von Herzen kommende, zum Herzen sprechende Spiritualität kann angesichts der ‚postmodernen' Banalität unserer Öffentlichkeit wie angesichts der gegenwärtigen Winterzeit der Kirche heilsam und hilfreich sein. In Theologie und Spiritualität möchte Karl Rahner unsere Aufmerksamkeit auf das in Wahrheit lohnende Thema hinlenken, auf Gott als das unbegreifliche, innerste Geheimnis des Menschen."[492]

Heinrich Fries schrieb an Vorgrimler über Karl Rahner:

„… Dies um so mehr, als es heute unverkennbare Tendenzen gibt, Gestalt und Werk des großen Theologen vergessen zu machen bzw. zu demontieren. Es muss alles getan werden, dass das nicht geschieht; der größte Glaubenszeuge unserer Zeit darf nicht vergessen werden, sein Werk ist immer noch unerschöpflich und eine Quelle von Inspiration und Ermutigung. Ich werde nicht müde, in seinen Texten zu lesen. Jedes Mal wird man reicher entlassen."[493]

Und in einer mitreißenden Passage beschreibt sein Schüler und Kritiker, Johann Baptist Metz, 5 Jahre nach dem Tode Karl Rahners, warum dieser uns heute so fehlt:

„Ja, Karl Rahner fehlt uns – vor allem in unserer gegenwärtigen kirchlichen Situation, hierzulande und überhaupt. Er fehlt uns in dem, was wir auch durch Nachschlagen und Zitieren nicht angemessen ersetzen können. Bei ihm waren Werk und Person, Leben und Theologie in einer nahtlosen Weise eins: Alles war Werk, und das Werk war eine einzige Gestikulation christlicher Existenz in unserer spätmodernen Zeit. Diese Grundgebärde seiner kirchlichen, seiner theologischen, seiner christlichen Existenz ist es, die uns fehlt."[494]

Von daher möchte ich in diesem Abschnitt nur auf einige wenige Äußerungen von Menschen, sporadisch und exemplarisch, hinweisen, die auch heute einer breiten Öffentlichkeit bekannt sind. Es ist m. E. nach nämlich kein Zufall, dass etliche Jahre nach Karl Rahners Tod, nicht nur an Jubiläen, sondern auch andernorts und aus verschiedenem Anlass, so unterschiedliche Theologen, wie Hans Küng, Eugen Drewermann, Hans Urs von Balthasar oder Papst Benedikt bezeugen, was sie Karl Rahner verdanken bzw. wie sie zu ihm stehen. Das geschieht sowohl direkt als auch indirekt. Ich denke, dass dies auch Indiz für die tatsächliche Breitenwirkung rahnerschen Denkens in der Kirche – auch heute – ist.

Hans Küng äußert sich z. B. so:[495]

„Es liegt mir daran, mit meinem gewichtigsten theologischen Kontrahenten, Karl Rahner, ein versöhnliches Schlusswort unter die Unfehlbarkeitsdebatte zu setzen."[496]

Und an anderer Stelle bezeugt Küng:

„Rahner ist für mich ohne allen Zweifel ‚der führende Kopf der katholischen Theologie im deutschen Sprachbereich', wie ich dem ‚Spiegel' das Zitat aus der ‚Neuen Zürcher Zeitung' umgehend bestätige ... Rahner ist ein ‚spekulativer Kopf', ein glänzender Systematiker. Selbst Hans Urs von Balthasar ... muss zugestehen, er, Balthasar, sei eigentlich mehr Literat, Karl Rahner aber der wirkliche Theologe."[497]

Eugen Drewermann schreibt: „Wir dürfen also die Lehren Rahners als das nehmen, was sie de facto sind: als das Beste, was die katholische Kirche unter Voraussetzung des äußersten ihr gerade noch möglich scheinenden Spielraums an Gedankenfreiheit am Ende des 2. Jahrtausends nach Christus den Menschen zu sagen hat."[498] „Der ‚Ausgangspunkt dieses zweifellos bedeutendsten katholischen Theologen im 20. Jahrhundert lag wesentlich im deutschen Idealismus."[499] Leider benutzt Drewermann in diesen Zusammenhängen, wie allein die – wider besseres Wissen – erneut proklamierte wesentliche Verortung Rahners im „deutschen Idealismus" belegt, die wertschätzenden Aussagen zu Karl Rahner letztlich als „negative Kontrastfolie".[500] Drewermanns Rahner-Interpretation (zumindest hier) und die sich daran anschließende Kritik sind für mich weder nachvollziehbar noch legitim. Sie unterschlagen völlig Rahners spirituelle Wurzeln. Stattdessen wird ihm eine einseitige philosophische Deutung unterlegt. Sie ist heute auf breiter Front wissenschaftlich längst widerlegt. Darauf wurde schon mehrfach hingewiesen.[501]

Drewermanns Rahner-Kritik ist nicht nur einseitig, sie ist auch widersprüchlich. In seinem Hauptwerk „Strukturen des Bösen", Band III, u. a. S. 176, 495 und 583[502]), wird Rahners Denken in erheblichem Maße verkannt.

„Und hier auch muss das Christentum all den Widerspruch vom Judentum wie eine heilige Erbschaft übernehmen, die es verbietet, die absolute Differenz des Glaubens und des Unglaubens in ein bloßes Wechselspiel von Anonymität und Ausdrücklichkeit aufzulösen."[503]

Gnade und tatsächliches menschliches Leben werden äußerst radikal gegenübergestellt. Eine reale Beziehung ist so kaum mehr denkbar und möglich. Der Gegensatz Mensch – Gott, den Drewermann hier fordert, ist absolut:

„Um aus der Verflochtenheit der Sünde herauszutreten, muss daher gerade rigoros das Hören auf Menschen ein Ende finden; es muss unbedingt der absolute Unterschied wieder befestigt werden, der zwischen Gott und Mensch besteht."[504]

In seinen späteren Werken dagegen spricht Drewermann vom Wirken Gottes in den Bildern der Seele.

„Die Bilder selber wirken tatsächlich ‚durch sich selbst', indem sie sich aufführen wie eine magische Weise der Selbstberuhigung, wie eine Versicherung, dass diese brüchige Erde uns trotz allem trägt, weil sie selber getragen wird."[505]

Da bleibt die Frage, wie das sinnvoll zusammengehen soll, das Wirken der Seelenbilder „durch sich selbst" und der „absolute Unterschied zwischen Gott und Mensch", der das rigorose Ende des „Hören(s) auf Menschen" fordert.

Ähnliche Widersprüche in seinen Äußerungen zu Karl Rahner finden sich bei Drewermann auch andernorts. In seinem Werk „Wenn die Sterne Götter wären" [506] setzt er sich erneut ganz unmissverständlich und ausdrücklich ab vom Denken Karl Rahners. „In jedem Fall verlief Rahners Argumentation stets von oben nach unten … Man kann, so das Axiom, die Freiheit nur von der Freiheit her erklären …"

In „Wozu Religion?"[507] schreibt er das Gegenteil von dem: „Zusätzlich zum Kausalbegriff … brauchen wir eine paradoxe Notwendigkeit … Diese Notwendigkeit kann nur aus Freiheit stammen. Und der Inbe-

griff einer solchen Freiheit, die eine innere Notwendigkeit setzt, nennen wir Gott." Kritik an Karl Rahner und an der kirchlichen Theologie überhaupt entzündet sich bei Eugen Drewermann auch und besonders an der Frage des theologischen Umgang mit der Theodizeefrage, der Frage also: „Warum lässt Gott Leid und Elend in der Welt zu?" Nach Drewermann wird gerade hier deutlich, dass die „gesamte Theologie falsch zentriert ist"[508].
Eugen Drewermann schreibt z. B. über das Verhältnis von „Gottesbild" und „Weltbetrachtung": „die Menschen bei der Hand zu nehmen und sie von einem fertigen Gottesbild an die Wirklichkeit heranzuführen und ihnen vorweg schon zu sagen: ‚So ist die Welt, weil sie von Gott ist.' Dann machen die Menschen die Augen auf, und sie erstarren vor Entsetzen, wie anders diese Welt ist … Wie kann die Welt, die von Liebe und Weisheit geprägt sein soll, in eine Stätte des ständigen, permanenten Kampfes ums Dasein auf Leben und Tod verwandelt worden sein?"[509]
Dabei ist gerade hier auch ein Vergleich mit Karl Rahner sehr lohnenswert. Er zeigt zunächst, dass das „Verdammungsurteil" über die „gesamte Theologie" so gar nicht zutreffen kann. Weil dieses Denken, auf das Drewermann insistiert, durchaus in der Theologie bekannt ist und entsprechend berücksichtigt wird, sofern sie sich „intellektueller Redlichkeit" bewusst ist und bleibt. Rahner schreibt nämlich ganz ähnlich und lässt genau dadurch das von Drewermann vermisste Problembewusstsein in der Theologie in aller wünschenswerten Klarheit erkennen. Ein Problembewusstsein, das die Realität eben Gott hinhält, fast möchte man sagen, sie ihm vorhält und sie sich weder schönredet noch verdrängt.
„Wir stehen doch vor dem Dilemma, entweder uns immer neu davon zu überzeugen, dass dieser Schrei des Protestes, der alle Weltgeschichte begleitet, doch gehört und beantwortet wird in einer Weise, die von hier aus nicht begriffen aber auch nicht widerlegt werden kann, oder uns davon zu überzeugen, dass alle diese Proteste von vornherein sinnlos sind, dass sie nicht mehr bedeuten als irgendwelche physikalischen Reibungserscheinungen, die kommen und gehen."[510]
In einer Arbeit über Eugen Drewermann steht der bemerkenswerte Satz, der im Gespräch mit Atheismus und Agnostizismus m. E. nicht immer

hinreichend thematisiert wird. Der uns gerade im Interreligiösen Dialog den „Anknüpfungspunkt" im Dialog geben kann: „Das Paradox ist, dass Camus' radikaler Protest gegen das Leiden und gegen die Welt, wie sie ist, überhaupt erst entstehen kann, wenn wir in der Liebe an den absoluten Wert eines jeden Einzelnen glauben."[511]

Nicht anders schreibt Karl Rahner einem Jugendlichen und macht ihn damit darauf aufmerksam, dass für jemanden, der „mit Gott nichts am Hut hat", das Problem des Leides eigentlich keines sein kann.

„Es ist doch eigentlich so, dass der Atheist, für den dieses Leid eine absolut unlösbare Endgültigkeit hat, dieses Leid gerade als letztlich belanglos, als endlich, als eine Unvermeidlichkeit einer sich entwickelnden und sich immer wieder aufs Neue in ihren Gestalten auflösenden Natur erklären muss. Der Atheist hat nicht das geringste Recht, dieses Leid der Welt besonders wichtig zu nehmen. Ein Mensch, der glaubt, dass Gott existiert als ein heiliger, gerechter, liebender unendlich mächtiger Gott, für den ist eigentlich das Leid erst ein wahres Problem. Er löst es dann nicht, aber er kann wirklich einsehen, dass gerade er von seiner Position her viel radikaler dieses Leid als Frage ernst nehmen kann als ein Atheist, der im Grunde genommen von vornherein sich mit der Absurdität dieser Welt, dieser Naturentwicklung, dieses Aufgehens und Abstürzens zufrieden geben muss."[512]

Josef Kardinal Ratzinger schreibt in seiner Besprechung von Karl Rahners „Grundkurs des Glaubens": „Ein großes Buch … Man muss dankbar sein, dass Rahner als Frucht seiner Bemühungen diese imponierende Synthese geschaffen hat, die eine Quelle der Inspiration bleiben wird, wenn einmal ein Großteil der heutigen theologischen Produktion vergessen ist."[513]

Und als Papst Benedikt XVI. schreibt er in seinem neuen Buch „Licht der Welt"[514]: „Für die Kirchenväter war die Gottesgeburt eines der großen Themen. Sie sagten, dass sie einmalig in Bethlehem geschehen ist, aber doch in einer großen, tiefgehenden Weise in jeder neuen Generation immer auch neu geschehen muss und dass jeder Christ dazu gerufen ist."

Wer spürt hier nicht die innere theologische Verwandtschaft mit Karl Rahner? Die Gottesgeburt muss in jeder neuen Generation immer neu

geschehen. Wer kann angesichts solcher Aussage ernsthaft einen Zweifel am „übernatürlichen Existential“ als Angebot haben? Dies ist nicht nur eine klare Absage an jene theologischen Versuche, die Christus möglichst weit weg von uns Menschen positionieren wollen. Hier wird auch deutlich, was bei Karl Rahner argumentativ und geistlich in immer neuen Anläufen aufgezeigt wird –: Das Bild des Menschen wird von Jesus Christus her genommen. Und es ist Gottes Gnade, SEIN Heiliger Geist in uns, der uns zur Nachfolge Seines Sohnes drängt und sie gleichzeitig ermöglicht.
„Dass der Mensch daher als ‚gottfähig‘ zu interpretieren ist, besagt nicht, dass er im ontologischen Sinne gottgleich sei ... Zumindest ist die Beziehung als Kommunikation anzuerkennen, die nicht dadurch möglich wird, dass der Mensch auf die ontologische Höhe Gottes gehoben wird, sondern dadurch, dass sich Gott auf den Menschen hin entäußert hat ... So überbietet der kenotische Gott selbst noch unsere Menschlichkeit, indem er sie unterfängt.“[515] „Das ist nur möglich, weil Er zu uns gekommen ist, weil die Unbegreiflichkeit seiner Liebe geschehen ist, die dorthinein sich weggeliebt, wo nichts war, das solcher Liebe würdig war oder sie herausfordern konnte. Nicht wir steigen auf zu ihm, sondern Er stieg ab zu uns.“[516]
Ich möchte diesen Abschnitt beenden mit zwei Zitaten. Das erste stammt von Georg Kardinal Sterzinsky, der in einem Geleitwort zu einem Buch über Karl Rahners Theologie schrieb:
„Über Jahrzehnte gehörte Karl Rahner wohl zu den meistzitierten theologischen Autoren: von vielen als die theologische Autorität angenommen, von anderen kritisch angefragt. Heute klagen manche: Er fehlt uns; andere machen ihn für Verwirrungen und Irrwege verantwortlich ... Es ist bekannt, dass die Väter des II. Vatikanischen Konzils (1962–1965) Karl Rahner viel zu verdanken hatten. Und umgekehrt ist nicht zu verkennen, dass ein zentrales Anliegen des Konzils – nämlich „Freude und Hoffnung, Trauer und Angst der Menschen von heute“ (Gaudium et spes Nr. 1) als Hoffnung und Sorge der Kirche zu erkennen – den theologischen Ansatz Rahners bestimmt.“ [517]
Und im Sonderheft der „Stimmen der Zeit“, anlässlich des 100. Geburtstages Karl Rahners schrieb Karl Kardinal Lehmann: „Es gibt ein tiefes

Geheimnis der Fruchtbarkeit eines geistig-schöpferisch wirkenden Menschen nach seinem Tod. Eine Weile mag es so aussehen, als ob das meiste einer vergangenen Zeit angehörte. Aber vielleicht ist dieser Rückzug vom bloß Aktuellen, das Karl Rahner nie gefangen nehmen konnte, der Anfang einer Verwandlung, die den wahren Rang sichtbar macht, dass nämlich das Werk eines Mannes weit über die Gegenwart hinaus denkwürdig bleibt und mitten in aller Endlichkeit etwas vom Glanz der Wahrheit aufleuchten lässt."[518]

Anmerkungen

1 Am Ende des Buches, in einem Nachwort, wird zu einigen Grundaussagen und Grundanfragen der Theologie Karl Rahners Stellung genommen.

2 Dabei – das sei gleich zu Beginn eingeräumt – wird es zu Überschneidungen im Text kommen. Es gibt durchaus ähnliche oder gleichlautende Ausführungen, die sich an verschiedenen Stellen im Text finden lassen. Ich möchte über eigene Lebenserfahrungen berichten, in denen mir insbesondere Karl Rahner eine Hilfe im Glauben war (und ist), die ich ganz bewusst nicht einfach systematisch „glätten" kann und will. Das wäre künstlich und in gewissem Sinne zwanghaft. Außerdem, einen Gegenstand kann man „umrunden" und würde immer wieder einen anderen, oft überraschenden Blick auf ihn erhalten. Je nachdem, von welcher Seite aus man ihn betrachtet. Von diesem Bild habe ich mich beim Schreiben leiten lassen.

3 Als Stichworte mögen an dieser Stelle die Bemühungen um die Entschlüsselung des menschlichen Genoms oder die Suche in der Physik nach der „Weltformel" genügen, um diesen Sachverhalt zu verifizieren.

4 Darum ist mir der Satz von Richard Dawkins völlig unverständlich, wenn ich ihm nicht unterstelle, dass er das Wesen von Religion gänzlich missverstanden hat. Dawkins schreibt auf der Umschlagseite seiner berühmten „Streitschrift" „Der Gotteswahn" (Berlin 2007): „Ich bin ein Gegner der Religion. Sie lehrt uns, damit zufrieden zu sein, dass wir die Welt nicht verstehen." Karl Rahners Antwort darauf findet sich in seinem Artikel „Ich glaube an Jesus Christus" (SW 28, S. 650, zitiert nach Karl Rahner „Sämtliche Werke", Abkürzung SW). „Alle die Worte, die das Ganze der menschlichen Existenz aussagen oder anrufen, sind ‚unklar' … Diese ‚Unklarheit' hat für uns eine absolut positive und unersetzliche Funktion, und der Mensch, der diese Unklarheit nicht als Positivum und Verheißung annimmt, verfällt in die Banalität bloßen Stumpfsinns."

5 Ausdrücklich möchte ich betonen, dass dies sich ausschließlich auf eine rein formale Ähnlichkeit, also lediglich auf eine „Äußerlichkeit", bezieht. Hier wird weder ein „Grundkurs light" geboten noch ein „Grundkurs" in rahnerscher Theologie. Das Ziel dieser Bemühung ist viel bescheidener: Neugierig zu machen auf einen Seelsorger, Denker und Beter, dessen Glaubenszeugnis für mich wirklich zur Lebenshilfe geworden ist.

6 Das Buch ist – das als „Warnung" oder zweckdienlichen Hinweis, wie man will – nochmals sei es gesagt, also keines nur für „die Couch". Es ist weder geeignet, „auf einen Ritt" durchgegangen zu werden, noch ist es spannende „Erbauungsliteratur" nach einem „gestressten Arbeitstag". Vielleicht kann man es nur in „wohlproportionierten Dosen verarbeiten", denn es verlangt wirkliche Arbeit! Arbeit am eigenen Glauben, dem man das eigene Leben hinhält.

7 Hier ist vielleicht der Hinweis angebracht, dass auch unser heutiger Papst sich zu Karl Rahner in sehr anerkennender Weise geäußert hat: „Ein großes Buch … diese

imponierende Synthese, die eine Quelle der Inspiration bleiben wird, wenn einmal ein Großteil der heutigen theologischen Produktion vergessen ist." So Josef Ratzinger (Papst Benedikt XVI.) in „Vom Verstehen des Glaubens. Anmerkungen zu Rahners Grundkurs des Glaubens", in: ThRv 74 (1987), S. 177–186, hier 186. Diese Aussage bezieht sich – weil der "Grundkurs des Glaubens" die wesentlichen „Bausteine" von Rahners Denken beibringt – von daher auch auf das gesamte Werk Karl Rahners.

8 Die Ignoranz des kommunistischen Staates war freilich eine politisch kalkulierte. Und sie war nur scheinbar, denn die Überwachung durch den Staats- und Parteiapparat war allgegenwärtig. Im „Westen" übersieht man häufig – bis heute – dass die „Stasi", also die Staatssicherheit, gar keine eigene Machtbefugnis von sich aus hatte. Sie war – auch nach ihrem eigenen Selbstverständnis – „Schild und Schwert der Partei". Die „führende Partei" im sogenannten „Arbeiter- und Bauernstaat" auf deutschem Boden, die Sozialistische Einheitspartei Deutschlands, kurz SED genannt, dehnte ihr Machtmonopol konsequent auf alle Bereiche des gesellschaftlichen Lebens aus und bediente sich dabei solcher willfährigen Organe wie der Staatssicherheit.

9 Erst jetzt kann ich die Aussage meines Heimatpfarrers in ihrer ganzen Tragweite erfassen, der davon sprach, dass für den Glauben der theoretische Materialismus eine echte Herausforderung ist. Eine wirkliche und größere Gefahr allerdings sei der praktische Materialismus für ihn.

10 Hier tut sich offensichtlich eine gewisse Spannung auf: Der teilweise massive Abbruch, der in den Kirchen vor sich geht, scheint einerseits die Meinung zu bestätigen, dass wir in einer Welt leben, die fast vollständig säkularisiert ist. Das Erstarken neuer, anderer Religionsformen, das Erleben einer „religiösen Patchwork-Mentalität" scheint andererseits gleichzeitig das Ungenügen zu bezeugen, das in einer fast vollständig säkularisierten Welt auf vielen Ebenen des Lebens real erfahren wird. Damit verbunden ist deshalb die dringende Anfrage an die Kirchen, warum ihr Glaubenszeugnis ganz offensichtlich heute in relativ geringem Maß gefragt ist bzw. bei den Menschen ankommt.

11 Vgl. dazu in „Beten mit Karl Rahner", Freiburg-Basel-Wien 2004 (nachfolgende Abkürzung: Beten mit Rahner), Band 1 „Von der Not und dem Segen des Gebetes", S. 13 ff., vorgesehen für SW 7 (Abkürzung nachfolgend: Not und Segen), Band 2 „Gebete des Lebens" (Abkürzung nachfolgend: Gebete).

12 Theologisch könnte man vielleicht genauer sagen, dass es hier um „konkreten Monotheismus" geht, um die Erfahrung konkreter göttlicher Selbstzuwendung.

13 Karl Rahner „Rechenschaft des Glaubens", Freiburg-Basel-Wien 2004, 2. Auflage der Sonderausgabe; nachfolgend kurz „Rechenschaft" genannt, S. 26.

14 Papst Benedikt formuliert in seinem jüngsten Buch „Licht der Welt, Freiburg-Basel-Wien 2010, S. 206:
„Tatsächlich brauchen wir gewissermaßen Inseln, wo der Glaube an Gott und die innere Einfachheit des Christentums lebt und ausstrahlt; Oasen, Archen Noahs, in die der Mensch immer wieder fliehen kann. Schutzräume sind die Räume der Liturgie. Aber auch in den unterschiedlichen Gemeinschaften und Bewegungen, in den Pfarreien, in den Feiern der Sakramente, in den Übungen der Frömmigkeit, in

den Wallfahrten und so weiter versucht die Kirche, Abwehrkräfte zu geben und dann auch Schutzräume zu entwickeln, in denen im Gegensatz zu dem Kaputten um uns herum auch wieder die Schönheit der Welt und des Lebendürfens sichtbar wird." Ähnlich auch Eugen Drewermann in „Strukturen des Bösen", I–III, Paderborn, 1977/78, Band I, S. 368: „... von derartigen zentralen religiösen Evidenzen sich im Gang der Zeit tragen zu lassen, das heißt ein Stück vom Paradiese zu erinnern. Das Kirchenjahr, der Ritus sind die letzten Fragmente des zerbrochenen Rings der Zeit mit seinem Schutz und seiner Schönheit."

15 Karl Rahner: Die bleibende Bedeutung des II. Vatikanischen Konzils, in: „Schriften zur Theologie" XIV, Zürich-Einsiedeln-Köln 1980, S. 303–318, vorgesehen für SW 21.

16 Reinhold Schneider hat vor über 50 Jahren in seinem letzten, vielleicht dem bedeutendsten Werk „Winter in Wien" höchst eindrucksvoll – ja, in prophetischer Weise – das Dilemma der Glaubensverkündigung, wie wir es heute erleben, beschrieben: „‚Sie haben keinen Wein mehr': damit beginnt das Evangelium. Wie steht es aber mit denen, die nicht geladen wurden zur Hochzeit? Immer schmaler wird die Tafel des Bräutigams, immer breiter werden die Tische, an denen niemand mehr nach Wundern verlangt." (Aus Reinhold Schneider „Winter in Wien", Freiburg-Basel-Wien 1963, S. 71, Abkürzung im Folgenden WW).

17 SW, 10, S. 274–289.

18 Dazu eine weitere bedeutsame Stimme. Ebenfalls vor mehr als 50 Jahren formulierte bereits Johannes Urzidil: „Nun höre ich das Hohngelächter der ‚Realpolitiker', der ‚Nationalökonomen', der ‚Diplomaten' und all der Dilettanten und Egoisten, deren Doktrinen und Methoden diese Welt durch ihren mit Hypokrisie verbundenen Materialismus ins Unglück gestürzt haben. ‚Siehst du nicht', so rufen sie, ‚die aktuelle Gefahr, in der wir schweben? Siehst du nicht das Böse auf der anderen Seite? Siehst du nicht, dass das Haus schon brennt?" Gewiss sehe ich es. Ich habe jenes Böse sogar schon gesehen, als jene noch damit Geschäfte machten. Und ich weiß auch, dass es immer heißt, das ganze Haus brenne, wenn man Menschen im Einzelnen an ihre Pflichten erinnert.
Bei der Verteidigung des Abendlandes gegen die Bedrohung durch die materialistische Lebensform werden weder ‚Realpolitiker', noch ‚Nationalökonomen' noch ‚Diplomaten' etwas ausrichten, sondern einzig und allein Menschen, die ihre Christlichkeit wahrhaft und von Grund auf leben. Der Versuch, gegen den Materialismus einen anderen Materialismus zu stellen, ist unsinnig." (Karlheinz Deschner [Hg.] „Was halten sie vom Christentum?", München 1957, hier Johannes Urzidil, S. 96 f.).

19 WW, S. 156.

20 Ebenda, S. 233.

21 Ich selbst kann das nicht wirklich beurteilen, hier muss ich mich auf die Meinung der Experten verlassen. Es scheint mir jedenfalls so zu sein, dass die mannigfaltigen Hinweise auf eine reale Klimaveränderung, die durch den Menschen wesentlich verursacht ist, durchaus berechtigt sind.

22 Urzidils Hinweis (vgl. Anm. 18) deckt sich mit dem von Reinhold Schneider: „Vielleicht ist die Erkenntnis, dass etwas getan werden muss, was nicht getan werden kann, der wesentliche Gehalt unserer Zeit ... Wir müssen leidenschaftlich das er-

streben, woran wir im geheimen verzweifelt sind" (WW, 145). Und weiter: „Vielleicht, das ist die einzige Hoffnung dieser Jahre, würde es sich wieder erzeigen, wenn die Menschen sich in Ehrfurcht frei machen würden von allem, was bisher Geschichte war, wenn sie sich ... ein Herz fassten zu einer geschichtlichen Existenz, die noch nie gelebt worden ist. Sie schlummert in uns als heilige Notwendigkeit." (WW, S. 224).

23 „Das rechte Gott-Suchen, das betende Fragen nach Gott – das ist der ‚theologische Ort', an dem die Gotteswahrheit aufgehen kann." (Erich Zenger „Am Fuß des Sinai", Düsseldorf 1994, S. 18).

24 Hier muss streng darauf geachtet werden – weil sonst eine lieblose Vereinnahmung vorgenommen wird – dass es sich beim Begriff des „anonymen Christen" ausschließlich um eine wertschätzende, „innerkirchliche Verständigungsformel" handelt! „Deshalb ist die Zusage an einen anderen ‚Du bist ein anonymer Christ' ... im Sinne Rahners ein schlimmer Unsinn, weil der ausgesagte Sachverhalt dem richtenden Urteil des Aussagenden entzogen ist. Der Begriff ‚anonymer Christ' ist eine innerkirchliche Verständigungsformel. Sie ist nicht für den missionarischen Zuspruch formuliert, schon gar nicht für eine innerweltliche Apokatastasis" (Miggelbrink, R., Ekstatische Gottesliebe im tätigen Weltbezug. Der Beitrag Karl Rahners zu einer zeitgenössischen Gotteslehre. Altenberge 1989, S. 199).

25 Weil wir gar nicht wissen, wie eine solche „Existenz, die noch nie gelebt worden ist" (WW, S. 224), zu verwirklichen ist!

26 Literarisch hat Reinhold Schneider diesem „Vorgang" einen zeitüberdauernden Ausdruck gegeben in „Las Casas vor Karl V. Szenen aus der Konquistadorenzeit. Wiesbaden (Nr. 741) 1946.

27 SW 15, S. 437–455.

28 SW 26, S. 52.

29 Das lässt unschwer schon ein flüchtiger Blick auf das bereits genannte Buch Reinhold Schneiders „Winter in Wien" erkennen, der darin unüberhörbar vor der Zerstörung der Welt und der Selbstzerstörung des Menschen warnt. Gleichwohl hat er diese Gefahren nicht nur für die Zukunft heraufkommen sehen. Es ist das Verdienst Schneiders, diese realen Gefahren als teilweise verwirklicht nicht nur sehr früh wahrgenommen zu haben. Er hat dieser „Warnung" in „Winter in Wien" einen bleibenden literarischen Ausdruck gegeben. Im Gespräch mit Eugen Drewermann sagt Eugen Biser (Eugen Drewermann/Eugen Biser „Welches Credo?", Freiburg-Basel-Wien 1994): „Sie haben Reinhold Schneider genannt. Auch ich bin, nebenbei bemerkt, der Meinung, dass es kaum ein wichtigeres theologisches Werk gibt, als Reinhold Schneiders ‚Winter in Wien'" (S. 185). Und in einem Brief vom 18. März 1958 an seinen Dichterfreund Werner Bergengruen (Werner Bergengruen, „Reinhold Schneider – Briefwechsel", Freiburg-Basel-Wien 1966), schreibt Reinhold Schneider über seine Erlebnisse und Erfahrungen in Wien, die er im Buch „Winter in Wien" festgehalten hat: „... es ging Unermessliches an mir vorüber und mir durch die Seele ... Einer zersplitternden Welt kann ich nur Splitter bringen" (S. 142).

30 Beide setzen bewusstes Handeln voraus, Intentionen, die zielgerichtet sind. Wie sollte es dies alles geben in einer „blinden" unbewussten Evolution?

31 Die Frage stellt sich allerdings, wie der Mensch der Moderne damit umgeht, wenn er es nicht mehr schafft, sich seine Situation zu verschleiern, sich selbst zu belügen. Was macht der Mensch, wenn die „Stille dröhnt“, oder – wie es Karl Rahner ausgedrückt hat in einer wunderbaren Weihnachtsmeditation – wenn wir mit uns selbst in eine Situation hineingeraten, die „wie eine Stille (ist), deren Schweigen schreit?“(SW,14, S. 97–105) Die Gefahr besteht, dass der Glaube verdunstet wie Morgennebel in der Sonne, wenn es dem Menschen gelingt, die Erfahrung des tatsächlichen existentiellen Ungenügens permanent zu verdrängen und im wahrsten Sinn des Wortes zu übertönen. Sie ist Grundvoraussetzung für die Haltung des Wartens, der Erwartung, ob nicht doch ein Wort des Heils dem Mensch als „Hörer des Wortes“ gesagt wird. Weil der Mensch die Möglichkeit hat, sich über seine eigene Wirklichkeit zu täuschen, sie zu verdrängen, ist die Gefahr seiner Selbstabschaffung real vorhanden. Es kann aber auch sein, dass – wenn dieser Erfahrung standgehalten wird, wenn man ihr nicht davon läuft – der Sieg der Gnade Gottes schon begonnen hat.

32 Aber wie sollte das gehen? In „Wenn die Sterne Götter wären“ (Freiburg-Basel-Wien 2004, S. 154 f.) geht Eugen Drewermann auf dieses Argument des angeblichen Überlebensvorteils für die eigene Art näher ein. Seine Antwort: „Ich glaube nicht, dass ein solches Argument verschlägt ... es geht ganz einfach darum, welche Grundbedürfnisse sich anmelden, wenn und weil Menschen geistige Wesen sind. Salopp gesprochen: Wir haben einen Magen mit dem Bedürfnis, etwas zu essen zu finden, sonst gehen wir zugrunde. Und ich glaube, wir haben einen Geist, um bestimmte Antworten zu finden.“ Vgl. auch Hoimar von Ditfurth „Der Geist fiel nicht vom Himmel“, München 1993, S. 318, ebenso Karl-Heinz Weger, „Der Mensch vor dem Anspruch Gottes“ – Glaubensbegründung in einer agnostischen Welt“, Graz-Wien-Köln 1981, S. 161 f.

33 SW 26, S. 41.

34 Vgl. auch Eugen Drewermann „Strukturen des Bösen“, I–III, Paderborn 1977/78, III, S. LXXX: „Ohne Gott, rein immanent, ist das Bewusstsein in der Angst des Daseins notgedrungen pathogen, und es ist nur die Frage, ob man den Menschen dazu oder davon erlösen will, ein Mensch zu sein.“

35 Der Titel des Gespräches lautet: „Wer braucht heute die Kirche?“ Die These Schnädelbachs steht zur Diskussion, dass ein sogenanntes „erfülltes Leben“ angeblich „keinen Glauben braucht“. Religion sei so etwas wie „Wellness“ geworden. Die Antworten von Weihbischof Jaschke gipfeln in der Aussage, dass „der Mensch gerade heute nach größeren Zusammenhängen“ suche.

36 Carlo Maria Martini/Umberto Eco „Woran glaubt, wer nicht glaubt?“, Wien 1998.

37 SW 15,S. 391–394.

38 Josef Kardinal Ratzinger/Benedikt „Einführung in das Christentum“, (Abkürzung im Folgenden: Einführung), München 2000, S. 33 ff. „Mit einem Wort – es gibt keine Flucht aus dem Dilemma des Menschseins. Wer der Ungewissheit des Glaubens entfliehen will, wird die Ungewissheit des Unglaubens erfahren müssen, der seinerseits doch nie endgültig gewiss sagen kann, ob nicht doch der Glaube Wahrheit enthält. Erst in der Abweisung wird die Unabweisbarkeit des Glaubens sichtbar.“ (39)

Mit klaren Worten hat er den Dienst herausgestellt, den Religionskritik leistet: Glaube hat auch mit Vernunft zu tun, ist also nicht unvernünftig und muss sich deshalb auch rationalen Anfragen stellen. In „Winter in Wien", dem schon erwähnten Werk Reinhold Schneiders, stellt dieser eine Prognose für kommende Zeiten auf, die in ihrer Dichte und Präzision ihresgleichen sucht. Schneider spricht von einem „Herausgleiten aus jeglichem Horizont", Ordnungen lösten sich für ihn unwiderruflich auf und ließen ihn die Wirklichkeit als „Explosion einer zerplatzenden Granate" beschreiben.
Es ist erschreckend, nachzuvollziehen, wie treffend und frühzeitig Schneider die Situation erfasst hat, die wir heute in einer Art und Weise erleben, die als „überfallartig" durchaus gekennzeichnet werden kann und deren Ausmaße wir vielleicht erst zu ahnen beginnen. Viele Menschen fühlen sich erdrückt von der Fülle dessen, was auf sie einströmt. Viele flüchten sich in virtuelle Welten, weil die realen viel zu unübersichtlich geworden sind. Und die Frage: „Was ist wirklich?" wird dabei offensichtlich immer unübersichtlicher.

39 Glaube wird wohl immer – unter wechselnden Stichworten und Begrifflichkeiten, die am Kern des Gemeinten nichts ändern – dem Verdacht ausgesetzt sein, den Karl Marx und Lenin plakativ so formuliert haben: „Glaube ist Opium des Volkes" bzw. „Opium für das Volk". Aus dem zweiten Begriff leitete bzw. leitet sich nach Auffassung der „Revolutionäre" auch die Legitimation ab auf Verfolgung und Hass in Bezug auf Glauben und Gläubige. Denn wer jemandem „Opium", Gift, verabreicht, um seine Ziele umzusetzen, muss den „revolutionären" Widerstand zu spüren bekommen. Die Begrifflichkeiten wechseln – im Kern geht es darum, dass mit Religion ein falsches Spiel gespielt wird. Dass mit ihrer Hilfe andere Ziele verschleiert und Wege zu ihrer Umsetzung ideologisch legitimiert werden.
Und auch Nietzsche wird immer wieder – in neuen Gewändern – aufleben mit seiner Kritik, dass Glaube etwas ist für „Schwache", für jene, die mit dem Leben nicht wirklich zurechtkommen. Die sich deshalb ein ganz anderes Leben wünschen. Und die deshalb Neid und Hass auf jene entwickeln, die mit dem Leben besser zurechtkommen als sie selber. Und weil man Neid und Missgunst nicht gut zugeben kann, wird man zu Ausreden greifen, die das Unvermögen als besseres sittlich-moralisches Tun tarnen.

40 In WW gebraucht Reinhold Schneider das Bild einer herrlich gedeckten Tafel. Speisen, Getränke sind vom allerfeinsten – das Problem ist nur, dass niemand wirklich Hunger, Durst noch Appetit hat. Eine festlich gedeckte Tafel, an der keiner sitzt, zu der es niemanden hindrängt. Weder die festliche Tafel, noch Hunger und Durst werden überhaupt (noch) bemerkt!

41 Buchtitel von Romano Guardini „Das Ende der Neuzeit", Leipzig 1955, auch Würzburg 1951, vgl. dazu „Unsere geschichtliche Zukunft" – ein Gespräch über „Das Ende der Neuzeit" zwischen Clemens Münster, Walter Dirks, Gerhard Krüger und Romano Guardini, Würzburg 1953.

42 In WW, S. 76 schreibt Reinhold Schneider: „Ich kann mir einen Gott nicht denken, der so unbarmherzig wäre, einen todmüden Schläfer unter seinen Füßen, einen Kranken, der endlich eingeschlafen ist, aufzuwecken. Kein Arzt, keine Pflegerin

würde das tun, wie viel weniger Er! Und in „Wir glauben, weil wir lieben", Ostfildern 2010, S. 161 sagt Eugen Drewermann auf die Frage: „Nur wer Gott als Liebe glaubt, vermag die eigene Unsterblichkeit aus Gottes Hand zu glauben? Nur wer sie erwartet, will und wird Gott glauben?" Antwort von Eugen Drewermann auf die Frage des Interviewers: „Genau so ist es. Es stellt eine Rückkopplung im Bewusstsein dar."

43 Eine Bestätigung kann man in folgendem Sachverhalt sehen: Im Buch „Glaube und Unglaube" von Friedrich Heer und Gerhard Szczesny, München 1959, ein Buch, das vor fast 50 Jahren geschrieben wurde, in dem in Briefform m. E. nach die wichtigsten Fragen von heute in flammenden Plädoyers gestellt und Antworten in analoger Qualität versucht werden, formuliert Szczesny am Ende seines ersten Briefes auf S. 27 punktgenau die entscheidende Frage an Heer unter Bezugnahme auf Reinhold Schneiders „Winter in Wien": „Ist sie (nämlich die Frage nach der Unsterblichkeit) aber nun dem Menschen wesentlich? Ist sie unabdingbar? Nein". Auf dieses Zitat Schneiders, das eine sehr ernste Anfrage von Szczesny an Heer war, habe ich lange auf Heers Antwort warten müssen. Er kam auf diese Frage zurück, im letzten Brief, auf S. 130. Und er formuliert unzweideutig: „Hier stelle ich mich Ihrer wichtigsten und größten Frage und wiederhole sie noch einmal: ‚Welche humanisierende Bedeutung soll das Ewige Leben für Menschen haben, die die Unsterblichkeit des Individuums weder für glaubwürdig halten, noch ersehnen? Antwort: der Christ hat die Aufgabe, eben diese humanisierende Bedeutung des Ewigen Lebens durch sein eigenes Leben, durch seine Präsenz, seinen nichtchristlichen Brüdern darzustellen." Soweit das Zitat von Friedrich Heer, der sicherlich dabei das Engagement und Zeugnis Reinhold Schneiders im Blick hatte, der noch im „Winter in Wien" von einem Besuch bei Friedrich Heer berichtete. An dieser Stelle ist es wiederum Karl Rahner, der m. E. nach am tiefsten schürft, wenn er auf die „reale Endgültigkeit aller personalen Vollzüge des Geistes und der Freiheit" als Antwort auf diese Frage verweist. SW 28, S. 537: „Alle personalen Vollzüge des Geistes und der Freiheit enthalten diesen Anspruch auf Endgültigkeit, der nur außerhalb dieser Vollzüge selbst geleugnet werden kann." Und Rahner gibt selbst den Weg der weiteren Ausformung der Antwort vor, wenn er die Aufgabe beschreibt „solche personalen Vollzüge auf diese ihnen immanente Behauptung von Endgültigkeit hin zu analysieren".

44 Vorgesehen für SW 7. Das große Kirchenjahr, S. 301.

45 Auch Eugen Drewermann in Strukturen, II, S. XXVIII: „Nur wenn der Mensch sein eigenes Sehnen und Fühlen als einen Reflex dessen verstehen kann, was Gott selber in ihn hineingelegt hat, kann er es vermeiden, seine tiefsten Leidenschaften und Hoffnungen für sinnlose Chimären zu halten … erst im Glauben an Gott wird der Mensch das Vertrauen finden, sich auf sich selber einzulassen …"

46 Auch Karl Rahner SW, 28, 564–566 „Warum und mit welchem Recht wird unterstellt, dass der Theist in einer Illusion befangen sei … Kann es die skeptische Abstinenz einer Entscheidung zwischen Theismus und Atheismus auf die Dauer weiterbringen als zu einem Leben von Banalität, das ängstlich den letzten großen Fragen des Daseins als einem und ganzem ausweicht? … Wenn der Ungläubige sagen würde, er protestiere nur gegen einen allmächtigen und guten Gott, ohne diesen aber sei

das, was uns widerfährt an Grauenvollem, selber kein Grund zum Protest, dann würde ich sagen, dieser Ungläubige solle wirklich im Leben und nicht nur in seiner Theorie diese Klaglosigkeit zu leben versuchen, er wird ja dann sehen, ob er das wirklich fertigbringt oder sein Unglück immer noch *als* solches erfahren wird, das insgeheim nach einem Gott verlangt".

47 Matthias Beier „Gott ohne Angst", Mannheim 2010, S. 154 „Zum einen gehört die Projektion zu jeder Wahrnehmung unseres Gehirns ... Nicht eine standpunktbedingte Verfälschung der Wirklichkeit, sondern vielmehr das unausweichlich ‚subjektive Erkenntnisinteresse' drückt sich in dieser Projektion aus."
Vgl. auch Hans Küng in „Was ich glaube", München-Zürich 2010, S. 131: „Ich darf das Projektionsargument nicht ablehnen, ich muss es verallgemeinern! Denn Projektion spielt überall mit ... überall lege ich etwas von mir selbst in den Gegenstand meines Erkennens ... Natürlich existiert etwas noch nicht allein deshalb, weil ich es wünsche oder ersehne. Aber auch umgekehrt gilt: Es existiert auch nicht notwendigerweise *nicht, weil* ich es wünsche. Gerade dies war der Fehlschluss des Projektionsarguments von Feuerbach und seinen zahllosen Gefolgsleuten gewesen ...".
Ebenso schreibt Heinrich Fries in „Abschied von Gott?", Freiburg-Basel-Wien 1991, S. 100: „Vom Wunsch und – noch allgemeiner – von der Bedeutung, die etwas für mich hat, darf ich keineswegs auf die Existenz dessen schließen, das für mich bedeutsam ist. Aber ebenso wenig darf ich schließen, dass es nicht existieren könne, weil es bedeutsam, weil es die Erfüllung meines Wunsches ist."
Vgl. auch Pinchas Lapide in Pinchas Lapide/ Karl Rahner „Heil von den Juden?", Mainz 1989, S. 86: „Nur ein Wahnsinniger bekämpft etwas oder jemanden, dessen Existenz er leugnet."

48 George Orwell „1984", Berlin 2007; vgl. dazu auch „1984 – Orwells Jahr", Dieter Hasselblatt (Hg.), Berlin-Frankfurt/Main-Wien 1983; ähnlich auch Orwells Märchen „Farm der Tiere" (George Orwell „Farm der Tiere", Zürich 1982).

49 Der Lobgesang Mariens, das Magnificat (Lk 1,46–55) veranschaulicht eindrucksvoll die „Einheit von mystischer und politischer Dimension" (Metz) im Leben eines betenden Menschen. Auf diese Einheit wird es heute mehr denn je ankommen, wenn man nicht in blinden Aktionismus abgleiten oder sich in einer „irritationsfesten" Bastion (die es nicht gibt, auch nicht im Raum der Kirche!) vom „Rest der Welt" abschotten will. „Er vollbringt mit seinem Arm machtvolle Taten, er zerstreut, die im Herzen voll Hochmut sind. Er stürzt die Mächtigen vom Thron und erhöht die Niedrigen. Die Hungernden beschenkt er mit seinen Gaben und lässt die Reichen leer ausgehen." Was für eine Botschaft! Die Hoffnung, dass jeder Einzelne zu seinem Recht kommt, dass Gott das Recht schaffen wird, dass er mit machtvollem Arm die Niedrigen erhöht und die Hungernden mit seinen Gaben beschenkt.

50 Denn nicht der Mensch, sondern „*Er* vollbringt mit seinem Arm machtvolle Taten".

51 „Es gehört zu den großartigsten Gedanken der christlichen Theologie, dass der Auferstandene nicht nur heimgekehrt ist an seinen Ursprungsort zur Rechten Gottes und am Herzen des Vaters, sondern dass er gleichzeitig zu den Seinen gekommen ist, um in ihren Herzen Wohnung zu nehmen. ‚Er', so sagte der Neutestamentler Alfred Wikenhauser während des Zweiten Weltkriegs, ‚der am Kreuz für mich

gestorben ist, führt nun als Auferstandener sein Leben in mir'" – so Eugen Biser in „An der Schwelle zum dritten Jahrtausend", Hamburg 1996, S. 35.

52 SW 28, S. 621 f.

53 Andreas R. Batlogg/Melvin E. Michalski (Hg.) „Begegnungen mit Karl Rahner", (Abkürzung im Folgenden: Begegnungen), Freiburg-Basel-Wien 2006, S. 265.

54 Vgl. auch Anm. 42 und 47. Ekstatische Gottesliebe, Altenberge 1989, S. 109–111. „Wo aber ein praktisches Interesse als der Vernunft selbst konstitutives angenommen wird, erfolgt notwendig ein Vorgriff auf die in den konkreten Erkenntnissen noch nicht eingeholte Totalität allen Erkennens ... Die neuzeitliche Philosophie verlässt im Interesse der Selbstbegründung erkennender und handelnder Subjekthaftigkeit den Bereich gesicherter Empirie, wo sie nicht im Positivismus erstarren will ..., fragt sie nach der Sinntotalität, in die sich das menschliche Erkenntnishandeln einfügt. Rahners Vorgriff auf eine Sinntotalität allen Fragens ist der neuzeitlichen Philosophie mithin nicht unbekannt" (S. 110). Auch hier trifft sich Karl Rahner wiederum sehr eng mit Reinhold Schneider, der ganz ähnlich argumentiert: „Wo Zweifel ist an Gott, da ist schon die Anerkenntnis seines Daseins; denn der Zweifel kann nur arbeiten an einer Realität, ankämpfen gegen einen Widerstand; wo irgendein Bangen ist, eine Scheu vor einer Macht, da kann von unbedingter Verneinung nicht gesprochen werden ... Haß auf Gott, wenn er wirklich möglich ist, erkennt Gott an; ganz ernst nehmen sollten wir den Atheismus nur, wenn er das erschöpfende Zeugnis des Lebens und Sterbens auf seine Überzeugung erbracht hat" (Reinhold Schneider „Erfüllte Einsamkeit", Freiburg-Basel-Wien 1963, S. 181 f.).

55 Wer glaubt, weiß nicht sicher und wer nicht glaubt, weiß auch nicht sicher, ob er Recht oder Unrecht hat. (Josef Ratzinger/Benedikt XVI. „Einführung in das Christentum", München 2000, S. 33 ff.) Mich beeindruckt tief, dass Heinz Zahrnt in dem Buch „Gott kann nicht sterben" von 1973, München 1973 und in seinem Buch „Leben als ob es Gott gibt", München 1992 sowohl an seine Söhne als auch an seine Enkel, denen er jeweils die Bücher gewidmet hat, dieselbe jüdische Geschichte als Vermächtnis und Widmung mit auf ihren Lebensweg als Lebensmotto gegeben hat. Und in seiner „Einführung in das Christentum" von Papst Benedikt ist just diese Geschichte ebenfalls zu finden. („Die Großen der Thora, mit denen du gestritten hast, haben dir Gott und sein Reich nicht auf den Tisch legen können, und auch ich kann es nicht. Aber bedenke, vielleicht ist es wahr.") Einführung in das Christentum, S. 39 f.

56 Ebenda.

57 Als Antwort auf den modernen Atheismus und als Konsequenz der Analyse Karl Rahners möchte ich an dieser Stelle auf den Erstling von Eugen Drewermann „Strukturen des Bösen", Band I–III, Paderborn 1977/78 verweisen und nur exemplarisch aus Band III die Seiten XLVIII f. anführen. „Wenn es so unmenschlich ist, nicht an Gott zu glauben, sollte man dann nicht zu dem Schluss kommen, dass der Glaube an Gott dem Menschen etwas von Grund auf Notwendiges ... ist, etwas, das so unbezweifelbar ist, wie die Existenz von Luft angesichts der Qual des Erstickens? ... Was wir ... analysiert haben, formt sich jetzt, wenn wir die Angst des Menschen aus seinem Bewusstsein, aus seiner Freiheit, aus seinem Wissen um die eigene Kontingenz ableiten, zu einer existentiellen Psychopathologie des Atheis-

mus." Leider vermisse ich mitunter diese Klarheit und Stringenz der Gedankenführung und Geschlossenheit der Aussage bei anderen Werken Eugen Drewermanns.

58 SW 26, S. 116.

59 SW 12, S. 321–322.

60 Karl Heinz Weger in Paul Imhof und Hubert Biallowons (Hg.) „Bilder eines Lebens", Freiburg-Basel-Wien und Zürich-Köln 1985, S. 113 (Abkürzung: Bilder).

61 Weger schreibt: „Tatsächlich dürfte dieses ‚Ausweichen' die Einschätzung des Atheismus durch Karl Rahner bestimmen" – Bilder, 113.

62 „Denn du kommst unserem Tun mit deiner Gnade zuvor" – Paul M. Zulehner im Gespräch mit Karl Rahner, SW 28, S. 245 ff.

63 SW, Band 28, S. 622.

64 SW 26.

65 SW 26, S. 17.

66 SW 26, S. 17.

67 SW 26, S. 16.

68 Dazu seien noch zwei Bemerkungen Karl Rahners aus seinem „Grundkurs des Glaubens" angefügt, die im Hintergrund immer „mitlaufen" müssen, um seine Aussagen, Intentionen und Implikationen hinreichend zu erfassen. Zur methodischen Eigenart bemerkt Karl Rahner: „Die Frage schafft die Bedingung des wirklichen Hörens, und die Antwort bringt die Frage erst zu ihrer reflexen Selbstgegebenheit. Dieser Zirkel ist wesentlich und soll im Grundkurs nicht aufgelöst, sondern als solcher bedacht werden ... „In unserem theologischen Grundkurs kommt es gerade darauf an, dem Menschen auch aus der *Inhaltlichkeit* des christlichen Dogmas selbst heraus das Vertrauen zu geben, dass er in intellektueller Redlichkeit glauben kann." SW 26, S. 18.

69 Karl Lehmann gibt zu bedenken: „Nicht selten gilt Rahner als schwer und dunkel. Gewiss, es gibt manchmal lange Satzperioden ... Rahner macht es seinem Leser nicht immer leicht. Aber er ist stets glasklar" (Unbegreiflicher – so nah, Mainz 1999, S. 5).
Und im Buch „Das große Kirchenjahr" ergänzt Albert Raffelt „Die geistlichen Texte sind für Rahner nicht weniger Theologie als die großen systematischen Aufsätze. Sie zeigen vielmehr oft genauer den Wurzelgrund seiner Theologie, die eben durchaus nicht elitär akademisch ist ... Es zeigt sich daran, wie wichtig es für die Rezeption und die Interpretation der Rahnerschen Theologie ist, die Genera, den Sprachstil und den sachlichen Hintergrund seiner Aussagen jeweils sorgfältig zu differenzieren" (Das große Kirchenjahr, Freiburg-Basel-Wien, S. 6 f.).

70 Vgl. Franz K. Mayr zu Rahners Sprachstil in „Wagnis Theologie", Freiburg-Basel-Wien 1979, S. 143 ff.

71 Karl Heinz Weger „Karl Rahner", Freiburg-Basel-Wien 1978, S. 82.

72 SW 14, S. 156–159.

73 Eugen Biser „Die Neuentdeckung des Glaubens", Stuttgart 2004, S. 130 f.

74 Ralf Miggelbrink „Ekstatische Gottesliebe im tätigen Weltbezug", Altenberge 1989 (nachfolgend abgekürzt: Ekstatische Gottesliebe), S. 18 f.

75 Not und Segen, S. 71.

76 Karl Pfleger „Dialog mit Peter Wust", Heidelberg 1949, S. 169 f.

77 SW 26, S. 116.

78 Vorgesehen für Band SW 7.

79 Karl Rahner „Schriften zur Theologie", I–XVI, Einsiedeln-Zürich-Köln 1954–1984 (Abkürzung nachfolgend: Schriften), VIII, S. 215. Ich glaube an Jesus Christus, vorgesehen SW 22/1.

80 Ist das die reich gedeckte Tafel, nach der heute niemand mehr verlangt? (Reinhold Schneiders Frage in „Winter in Wien") Und was folgt daraus für uns?

81 Vorgesehen für SW 7.

82 Sieht es bei einem Großteil der Menschen in den neuen Bundesländern heute, über 20 Jahre nach der Wende, wirklich anders aus? Ich denke, für viele von ihnen ist kirchliches Leben nach wie vor unbetretenes, unerforschtes Land.

83 Glaube ist hier zunächst in einem christlichen Sinn gemeint. Gerade deshalb aber geht es weder um Vereinnahmung noch um Abschottung. Vielmehr handelt es sich um Einladung, um Wahrnehmung; um die Frage, ob die hier vorgelegte Deutung für das eigene Leben hilfreich und weiterführend sein kann.

84 In einem Aufsatz zu einem Artikel des apostolischen Glaubensbekenntnisses hat der heutige Papst, Papst Benedikt XVI., darauf eigens Bezug genommen. Benedikt XVI. führt dabei Josef Pieper an, der noch einmal von einer anderen Seite her diesen Sachverhalt folgendermaßen verdeutlicht:
„Wenn die Wirklichkeit nicht selbst aus einem schöpferischen Bewusstsein kommt, wenn sie nicht Verwirklichung eines Entwurfs, einer Idee ist, dann kann sie nur ein Gebilde ohne feste Konturen sein, das sich beliebiger Verwendung darbietet; wenn es aber in ihr Sinngestalten gibt, die dem Menschen vorausgehen, dann auch einen Sinn, dem solches zu verdanken ist" (Josef Ratzinger „Brückenbau im Glauben", Leipzig 1979, S. 25 ff.).

85 Bevor ich auf diesen „Familiendisput" weiter eingehe, muss ich von einer anderen Erfahrung berichten. Mir hat es sehr zu schaffen gemacht, im „real existierenden Sozialismus", in der Schule, immer wieder zu hören, dass die Wissenschaft, allen voran die Evolutionstheorie Darwins, dem Schöpfungsglauben der Christen sozusagen den Garaus gemacht habe. Was konnte ich als Schüler, als Heranwachsender, wirklich dagegen setzen? Kaum etwas. Und so recht fündig wurde ich auch im Katechismus nicht. Regelrecht verliebt habe ich mich deshalb seinerzeit in das Buch eines gewissen John A. O'Brien (John A O Brien „Gott lebt", Aschaffenburg 1951, S. 252) mit dem Titel: „Gott lebt", in dem ich folgende Zeilen fand: „Mitunter wird der Einwand vorgebracht, dass wir niemals den Geist getrennt vom Körper vorfinden. Die Folgerung, die daraus gezogen wird, ist, dass er nichts vom Körper Verschiedenes ist. Aber die Tatsache des *gleichzeitigen Zusammenbestehens* beweist noch nicht die *Identität.*" (John A O'Brien, Gott lebt, S. 252) Und an anderer Stelle: „Die Seele hängt ... vom Gehirn ab. Das heißt jedoch nicht, dass sie mit dem Gehirn identisch ist. Ein Bildhauer ist bei der Herstellung einer Statue in gewissem Maße von der Beschaffenheit seiner Werkzeuge ... abhängig ... bedeutet dies, dass der Bildhauer mit seinen Werkzeugen identisch ist, dass er nicht existieren kann, wenn seine Werkzeuge

vernichtet sind? … Wer würde bei einer Wiedergabe von Lalos Symphonie Espagnole durch Fritz Kreisler versuchen, das stürmische Fließen der Melodie oder das tiefe Pathos des Adagio als das Ergebnis des Streichens von ein paar Strähnen Rosshaar über ein Stück Darm ohne eine bewusste Intelligenz hinter dem sorgfältig ausgearbeiteten Vorgang zu erklären? (O'Brien, S. 248) Das Buch war für *mich* interessant geworden, seit seinem Erscheinen sind allerdings über 50 Jahre vergangen.

86 So schreibt Gerald Hüther: „Es kann sein, dass die Brise der Erwartungen umschlägt und die Menschen irgendwann auf die Idee kommen zu fragen, wie sie sein sollen, anstatt sich immer wieder Gewissheit darüber einzuholen, dass sie so sind, wie sie sind, aus naturwissenschaftlicher Sicht genau richtig sind. Es kann auch sein, dass es im Laufe der Zeit immer mehr Menschen gibt, denen die Vorstellung abstrus erscheint, als Vehikel ihrer Gene herumzulaufen und für deren Vermehrung zu sorgen, und die nicht länger akzeptieren wollen, dass die Instruktionen für den Aufbau eines Menschen wichtiger sein sollen als der ganze Mensch" (Gerald Hüther „Die Evolution der Liebe", Göttingen 1999, S. 55). Und in einem Interview zwischen dem weltbekannten Philosophen Karl Popper und dem Nobelpreisträger John Eccles, der den Preis für seine Arbeit der Erforschung des menschlichen Gehirns erhielt, sagte Popper: „… etwa anzunehmen, dass Michelangelos Werke bloß das Ergebnis von Molekularbewegungen sind, und sonst nichts, erscheint mir noch viel absurder … (Karl R. Popper/ John C. Eccles „Das Ich und sein Hirn", München 1999, S. 641). John Eccles darauf: „Wenn der physische Determinismus richtig ist, dann ist dies das Ende aller Diskussion oder Argumentation: alles ist zu Ende … Wenn wir diese rein deterministische physikalische Welt haben wollen, dann sollten wir still bleiben … All dies ist Illusion. Anders, wenn wir an eine offene Welt glauben, dann besitzen wir die ganze Welt des Abenteuers, indem wir unseren Geist benutzen, unser Verständnis benutzen …" (ebenda, S. 644).
All diese Überlegungen sind kein „Gottesbeweis". Wohl aber ein begründeter Aufweis dafür, dass es höchst fraglich ist und den Tatbestand des Reduktionismus erfüllt, der seine eigenen Voraussetzungen nicht hinreichend reflektiert und seine Behauptungen nicht genügend argumentativ absichert, wenn das menschliche Selbstbewusstsein und die Hirntätigkeit als einfache Identität beider verstanden wird. Vgl. auch Eugen Drewermann „Dass auch der Allerniedrigste mein Bruder sei", Zürich-Düsseldorf 1998, S. 43 ff.: „Wie aber kann er denn leben ohne Gott?"
Diese Frage Dostojewskis ist grundlegend, sie ist existentiell, weil Menschen sie stellen müssen, wenn sie sich nicht ihres Menschseins begeben. „Für einen Menschen jedenfalls, der sich seiner Lage in der Welt bewusst wird, ist die Frage nach dem Grund des Daseins unvermeidbar … wenn er sie mit der nötigen geistigen Konsequenz reflektiert und sich nicht in die Scheinberuhigung einer freiwilligen Denkverweigerung flüchtet." Eugen Drewermann „Strukturen des Bösen", I–III, Paderborn 1977/78, Band I, S. 342.

87 „Verweile doch, du bist so schön", wie es bei Goethe heißt.

88 Hier lohnt es sich, noch einmal beim schon erwähnten Aufsatz von Papst Benedikt zu verweilen. Zunächst berichtet er von einem Gespräch zwischen den Physikern Heisenberg und Pauli. In ihm klärte sich, „dass eine so vollständige Trennung zwi-

schen Wissen und Glauben ‚sicher nur ein Notbehelf für sehr begrenzte Zeit' sein könne'" (Brückenbau, ebenda, S. 22). Weiter beschreibt er, „wie Bohr im Gespräch mit Heisenberg vom Naturwissenschaftlichen her die Unterscheidung zwischen objektiv und subjektiv übersteigt und sich auf eine Mitte hinter beidem vortastet" (Ebenda, S. 23).

89 Buchtitel von Karl Rahner.

90 Buchtitel Karl Rahners.

91 Vorgesehen SW 7.

92 Ebenda.

93 Kirche kommt nicht zu Menschen, die schlechterdings nichts von ihrer Botschaft wissen. Sie kommt zu Menschen, die eine – durch Gott – seinsmäßige „Gottfähigkeit" haben. Karl Rahner drückt es mit dem Sprachungetüm des „übernatürlichen Existentials" aus, ein Begriff, der sowohl der Tradition der Kirche („Natur-Gnade-Problematik") als auch der Existentialphilosopie, wie er sie bei Martin Heidegger gelernt hat, gerecht zu werden versucht.
Und er müht sich auf seine Art, die Leute seiner Zeit zu erreichen. Für uns heißt das, uns zu mühen, die Leute unserer Zeit mit der Botschaft des Glaubens zu erreichen. Ich glaube nicht, dass heute viele Menschen etwas anfangen können mit dem Begriff des „übernatürlichen Existentials". Das aber, was gemeint ist, nämlich dass Gott jeden Menschen in seinem Innersten anspricht, ihn ruft, lockt, mit ihm eine Liebesgeschichte eingehen möchte – das muss heute unbedingt gesagt werden. Und zwar so gesagt werden, dass das Gemeinte auch verstanden wird.

94 Karl Rahner in Erinnerung, 1984, S. 85 ff.

95 In der Besinnung auf das sperrige Begriffsgebilde „übernatürliches Existential" kann man diesen Zusammenhang gut belegen und verdeutlichen, zumal in ihm das pastorale Anliegen Karl Rahners exemplarisch erkennbar wird: Die Verkündigung des Glaubens der Kirche in einer Art und Weise so darzubieten, dass die Botschaft wirklich beim „Hörer des Wortes" ankommen kann. Dabei müssen Wort und Tat eine Einheit bilden, dürfen nicht im Widerspruch zueinander stehen. Im Tun muss sich das widerspiegeln, was dem Menschen als frohe Botschaft verkündet wird und was er im Innersten ersehnt, ohne es sich selber zusagen zu können. Die Sprache darf nicht „von gestern" sein, d. h. sie muss die heutigen Verstehenshorizonte beachten. In ihr müssen sich heutige Fragestellungen erkennbar und vollständig aussprechen. Dabei muss sie den Schatz kirchlichen Lebens zugleich bewahren und neu auszusagen versuchen. Der Reichtum der Tradition darf nicht verloren gehen. Gleichzeitig muss er fruchtbar gemacht werden, zu verschiedenen Zeiten, an verschiedenen Orten. Damit ist keinerlei Anbiederei an den „Zeitgeist" das Wort geredet. Nein, es geht immer um den Glauben der Kirche in seiner „Vollgestalt". Aber er muss den modernen Menschen mit all seinen Sorgen des Alltags, des Berufslebens, der Nüchternheit der Analyse, der Sachlichkeit und der Pragmatik, die ihm heute abverlangt werden, gebührend berücksichtigen. Nur so hat Verkündigung heute eine Chance, sich wirklich verständlich zu machen.

96 Es ist auch und besonders eine Frage der Einstellung, der Haltung, ob wir uns dem Wirken Gottes zur Verfügung stellen oder ob wir meinen, es komme letztlich doch

nur auf unsere „Künste“ an. Damit soll das menschliche Mühen nicht kleingeredet werden, so als ob es nicht darauf ankommt, ob und wie wir uns einbringen. Doch, es kommt sehr darauf an, dass wir uns mühen, dass wir unsere „Talente“ einsetzen. Doch wir brauchen (und dürfen!) nicht die „Macher“ sein, weil Gottes Liebe eben nicht „machbar“ ist. Sie ist reines Geschenk.

97 Reinhold Schneiders „Winter in Wien“ ist dafür ein sehr gutes Beispiel. Doch gerade Schneider war – das wird oft übersehen – bei allem Schweren auch in besonders intensiver Weise allem zugetan, das für ihn mit Leben zu tun hat: Die Natur, die Kultur, die Geschichte. Wer Schneider als „Kronzeugen“ ausruft für Lebenspessimismus tut ihm nicht nur Unrecht. Er hat ihn nicht verstanden. Denn am auffälligsten ist bei Reinhold Schneiders „Winter in Wien“ der Umstand, dass sein „Glaubensentzug“ derart war, dass er dies unbedingt weitergeben musste. Er konnte darüber nicht schweigen und dokumentierte damit nichts weniger als die gelebte Solidarität mit all jenen, die ähnliche Erfahrungen mit ihrem Leben und Glauben machen. Diese Art der Solidarität, der Wille zur unbedingten Wahrhaftigkeit und die Treue zur eigenen Sendung ist die „Struktur“ des Glaubens von Reinhold Schneider, der zudem ein geschwisterlicher Glaube war.

98 Vorgesehen SW, S. 7.

99 Buchtitel von Ralf Miggelbrink.

100 Schriften VII, S. 130.

101 „Es rettet uns kein höh’res Wesen, kein Gott, kein Kaiser noch Tribun, uns aus dem Elend zu erlösen, müssen wir schon selber tun.“

102 Selbst in Leserbriefen der Tageszeitungen gab es für mich eine bis zu diesem Zeitpunkt nicht vorstellbare Kampagne der Genossen der Linkspartei. Es waren Wut und Hass, die sich an der Person Gauck abarbeiteten. Wenn auch die Umstände nicht glücklich waren, die es mit sich brachten, dass Joachim Gauck, sozusagen im zweiten Anlauf, heute doch Bundespräsident geworden ist, so kann ich dies nur mit Freude und einer gewissen Genugtuung zur Kenntnis nehmen.

103 Titel einer Ostermeditation Karl Rahners.

104 Hans Urs von Balthasar spricht vom „Geist der Banalisierung“ („Klarstellungen“, Freiburg-Basel-Wien 1971, S. 21) der darin besteht, „dass man etwas Begegnendes auf Schonbekanntes zurückführt … Dann entsteht das Denkmodell: ‚Christus ist nichts anderes als …‘ Das Leben ist nichts anderes als … Man will ins große Allgemeine hinein verschwinden. Für die ‚Nichts-anderes-als-Denker‘ gibt es das Einmalige, Andersseiende, Nicht-Einzuordnende nicht“ (ebenda, S. 19 ff.).

105 Dieser Reduktionismus ist insofern bedrohlich, weil Erde und Menschheit angeblich „wissenschaftlich“ vollständig aufgeklärt werden können. Da gibt es dann keinen Platz mehr für ein Geheimnis. Einher geht damit eine eindimensionale Weltsicht, die für sich in Anspruch nimmt, die einzig wahre zu sein. In Wirklichkeit ist sie einzigartig in ihrer Armut und Beschränktheit. Niemand hat das besser ins Wort gebracht als Rabindranath Tagore, der dies so beschreibt: „Dass ein Mensch in seinem Wesen die Gottesvorstellung besitzt, ist das Wunder aller Wunder. Er fühlt in den Tiefen seines Lebens, dass alles unvollkommen

Erscheinende die Kundgebung des Vollkommenen ist, wie ein Mensch, der ein Ohr für Musik hat, die Vollkommenheit eines Liedes erlebt, während er in Wirklichkeit nur eine Folge von Noten hört." Ursula Muth (Hg.) „Ein Glaubenswort für jeden Tag", Freiburg-Basel-Wien 1987, S. 45.

106 SW 29, S. 67–78.

107 Klaus Hemmerle drückte dies so aus: „Gegen eine bloße Verzweckung, gegen den Kult des bloß Machbaren und für den Freiraum des Menschlichen steht letztlich nur die Anbetung" (Klaus Hemmerle „Gottes Zeit – unsere Zeit", München 1995, S. 200).

108 Hans Maier schreibt dazu in einer sehr bewegenden, längeren Passage: „Auf der christlichen Umwertung der Werte ruht nicht nur das mittelalterliche und moderne Kranken-, Armen- und Erziehungswesen (die Antike kennt keine institutionellen Einrichtungen vergleichbarer Art!). Auf ihr ruht auch der moderne Rechts- und Sozialstaat, der den Menschen in seiner Individualität und Sozialität schützt, seine Entfaltung sichert und ihn im Alter, in Krankheit und Not, nicht im Stich lässt. Gewiss, diese Überlieferung scheint auch heute noch zu tragen: Menschenrecht und Menschenwürde, das Leben in Freiheit und Gerechtigkeit, die solidarischen Sicherungen für alle – dieser Anstoß des Christentums ist in viele Sachstrukturen von Politik, Gesellschaft, Wirtschaft eingegangen. Und doch: wissen wir, ob die Kultur des Sozialstaats den Untergang der Nächstenliebe überleben würde? Müsste nicht die Solidarität mit dem Nächsten verschwinden, wenn dieser nur noch der Fremde, der Andere wäre, der Konkurrent, ja Feind? Kann es soziale Verantwortung überhaupt noch geben, wenn das Leben selbst in Frage gestellt wird? Gibt es noch Menschenrechte, wenn die Menschheit und ihr Schöpfer in einem ‚Kampf der Zivilisationen', einem Nebeneinander und Gegeneinander ‚unmischbarer' Ethnien gänzlich aus dem Blick geraten?" (Hans Maier „Welt ohne Christentum – was wäre anders?", Freiburg-Basel-Wien 1995, S. 150f.).

109 Buchtitel Rahners, SW 2.

110 Dabei muss deutlich unterschieden werden zwischen dem aufopferungsvollen Dienst der Menschen in solchen Einrichtungen und dem, was sie an Mitteln und Möglichkeiten zur Verfügung gestellt bekamen. Nur mit Hochachtung und Respekt wird man die Leistungen dieser Menschen würdigen können, die sich – oft auf abgelegenen Dörfern – mit aller Kraft und mit großartigem Einsatz mühten, den Lebensabend der Menschen, die ihnen anvertraut waren, so angenehm wie möglich zu gestalten. Es war das politische Regime der DDR – und nur um dessen Wertung geht es –, das für Waffen und Volksbespitzelung erhebliche Mittel mobilisierte. Menschen in stationären Einrichtungen, dazu gehörten auch Menschen mit einer Behinderung, mussten oft unter sehr schwierigen materiellen Mangelbedingungen leben.

111 Darum wird noch einmal die Wahrheit missbraucht, werden erneut „Lügenmärchen" – dieses Mal sich selbst und der jungen Generation, die die Erfahrung des „real-existierenden Sozialismus" nicht gemacht hat – erzählt. Und dabei kann man sogar damit rechnen, dass im übrigen Deutschland ein gewisses Verständnis, vielleicht sogar ein wenig Naivität, diesen Fragen gegenüber besteht, weil man

einer wirklichen Auseinandersetzung mit diesem Teil deutscher Geschichte und Gegenwart bisher relativ erfolgreich aus dem Weg gegangen ist.

112 Selbstverständlich neben all jenen Menschen, die – wie immer in der Geschichte – Nutznießer des Systems waren, ohne von ihm, seiner Ideologie, überzeugt zu sein. Diese Menschen glauben zumeist in erster Linie an sich selber. Und selbstverständlich gab es in der DDR Menschen, die offen oder verdeckt ihren Protest lebten und mehr oder weniger deutlich artikulierten, dass sie diese herrschenden Verhältnisse ablehnten. Und es gab jene Gruppe von Menschen, die weder Systemanhänger, noch „Mitläufer" und Nutznießer, noch Gegner waren. Es waren Menschen, die sich eingerichtet, die ihre Nischen für sich entdeckt haben, die kaum auffielen und alles dafür taten, dass das auch so blieb.

113 Hier geht es lediglich um den Versuch, das Phänomen zu verstehen und zu beschreiben, warum viele Menschen das Leben (und oft genug auch ihre eigene Rolle darin) in der DDR nostalgisch verklären. Wer daraus irgendeine Rechtfertigung, gar ein Gutheißen dieser Position herauslesen würde, hätte den Autor gründlich missverstanden!

114 Vgl. Benedikt XVI./Josef Ratzinger „Berührt vom Unsichtbaren", Freiburg-Basel-Wien 2005, S. 345 (Eschatologie, Tod und ewiges Leben, Regensburg 1990, S. 85 f.). Papst Benedikt macht in seinen Überlegungen drei Aspekte des Todes aus, die sich berühren, die aber nicht identisch sind: Der Tod ist zum einen dauernd im Leben anwesend als Erfahrung der Nichtigkeit und Endlichkeit. Er ist ebenfalls erfahrbar als ein physischer Prozess der Auflösung, der Zerstörung. Besonders in Krankheit und Tod wird dieser Aspekt erfahrbar. Und ein Drittes: Mit der Liebe ist immer auch etwas verbunden, was am Sterben, am Tod Anteil hat. Wer sich weggibt, wer „sich verliert", verliert auch die Verfügung über sich, die Kontrolle.

115 SW 25, S. 47–57.

116 SW 30, S. 178–187.

117 SW 26, S. 177.

118 SW 26, S. 180.

119 Rudolf Feustel „Abstammungsgeschichte des Menschen", Jena 1976.

120 Ebenda, S. 9.

121 Ebenda, S. 13.

122 Hugo Aufderbeck und Martin Fritz (Hg.) „Biblische Verkündigung in der Zeitenwende", Band I und II, Pastoral-Katechetische Hefte, Band 34/35, Leipzig 1967.

123 Vgl hierzu auch: Hubertus Knabe „Die Wahrheit über DIE LINKE", Berlin 2010; ebenfalls Hubertus Knabe „Die Täter sind unter uns", Berlin 2007.

124 Das heißt gerade nicht, dass es nicht auch viele Menschen in der Kirche gibt, die nicht über den „Kinderglauben" hinausgekommen sind. Es nützt nicht sehr viel, wenn wir uns über Kritiken beklagen und selbst unseren Glauben in seinen „Kinderschuhen" belassen.

125 Bei der Evolution geht es um das *Wie* der Schöpfung, bei der Schöpfung geht es um die Frage, ob es Sinn macht, an einen Schöpfer zu glauben. Gerade von Karl Rahner können wir hier lernen, dass man eben nicht geradlinig von der Schöpfung auf den Schöpfer schließen kann (Kausalgesetz; Vgl. dazu in Ralf Miggel-

brink, „Ekstatische Gottesliebe im tätigen Weltbezug“, Altenberge 1989, S. 246. Doch wenn wir uns als Personen ernst nehmen, können wir das Gesamt der Welt nicht nach einfachen Gesetzen interpretieren, die ausschließlich Sachzusammenhängen entnommen worden sind. Vgl. SW 26, S. 76, vgl. auch Eugen Drewermann „Wir glauben, weil wir lieben“, Ostfildern 2010, S. 156, 162, 168 und Hans Urs von Balthasar, „Glaubhaft ist nur Liebe“, Einsiedeln 1963, S. 100).

126 SW 26, S. 177.

127 Reinhold Schneider in WW, S. 129: „Es ist ein großes Symbol: Kaiser Atom; es zeigt deutlicher als fast jedes andere, was geschehen ist“.

128 Wem fällt hier nicht Goethes „Zauberlehrling“ ein?

129 SW 27, S. 397–453.

130 SW 30, S. 353 f.

131 Karl Heinz Weger: „Karl Rahner“, Freiburg-Basel-Wien 1978, S. 84 f.

132 Karl Lehmann in „Rechenschaft“, Neuauflage, S. 27.

133 Johann Baptist Metz/Tiemo Rainer Peters: „Gottespassion“, Freiburg-Basel-Wien 1991, S. 34.

134 Wer an solche Rahner-Texte selektiv herangeht, herausliest bzw. heraushört, was er lesen bzw. hören möchte, muss Karl Rahner zwangsläufig missverstehen.
Karl Rahners Christologie ist nur in eins zu sehen mit seiner Gnadentheologie: Jesu Sein und Tun bedingen sich: Das Christusereignis ist Ausdruck der Tatsache, dass in diesem Menschen Gott sich uns „einmalig“, „radikal“, unüberbietbar zugewandt hat. Jesu Sein und Tun ist Gottes Nähe bei uns und für uns.

135 Sie wirft uns vielleicht deshalb nicht (mehr) um, weil wir uns womöglich schon viel zu sehr an die Worte der Botschaft des Glaubens gewöhnt haben, ohne zugleich das Gespür entwickelt zu haben, die Dramatik, das Außergewöhnliche, das uns verkündet wird, mitzuerleben. „In Jesus von Nazareth ist Gott einer von uns geworden“ – Dieser Satz ist so aufregend, wie kaum ein zweiter. Doch wer lässt sich davon in seinem „Schlaf der Sicherheit“ („Gotteslob“ Nr. 644, 2) wirklich aufschrecken?

136 Ekstatische Gottesliebe, S. 195. „Im Gespräch öffnet sich der Mensch dem gemeinsamen Geheimnis aller Menschen, indem er den Anderen als das Subjekt der gemeinsamen Berufung vor das Geheimnis Gottes annimmt.“

137 SW 29, S. 12–37.

138 Faszinierend für mich war (und ist es bis heute, weil ich darin eine große pädagogische Weisheit erkenne), dass er diese Aussage mal eben so, im Vorbeigehen quasi, machte. So, als wäre es das Selbstverständlichste von der Welt, wie er vom Christentum redete. Und zwar in einer Zeit, in der die Lehrer eigentlich offiziell dazu angehalten waren, das Gegenteil den Schülern darüber zu vermitteln. Sicher hat er auf diesen „Aha-Effekt“ gesetzt bei jenen, die über diesen Satz weiter nachdachten. „Wer Ohren hat zu hören, der höre!“

139 Man denke nur an manche Darstellungen über das sogenannte „finstere Mittelalter“ oder die oft einseitigen Berichte über das Mönchswesen oder den Konflikt um Galilei.

140 Das tiefe und umfassende theologische Wissen und sein Bemühen, es in heutiger Sprache zu sagen ohne Abschwächung, erklärt z. T., warum Karl Rahner manchmal so verschachtelt und kompliziert schreibt.

141 Karl Rahner „Stirbt das Christentum aus?“ Informationszentrum Berufe der Kirche, Freiburg 1981, S. 9, SW 30, S. 121–132.

142 Auch eine erstarrte theologische Formelsprache und ein irritationsfestes theologisches System, das keine Fragen mehr zulässt, kann ein „Palast“ oder ein Bunker sein, der schützt vor der „bösen Welt“. Die Kirche aber ist das „wandernde Volk Gottes durch die Zeit“, wie das Konzil sagt. Und bei einer Wanderung ist ein Zelt allemal angemessener als eine feste Burg.

143 Karl Rahner SW 13, S. 37–265, vgl. auch „Betrachtungen zum ignatianischen Exerzitienbuch“, (Abkürzung im Folgenden: Betrachtungen), München 1965.

144 Buchtitel von Eugen Drewermann.

145 Eugen Drewermann ist in seinen Aussagen ambivalent. Ihm wird man nur gerecht, wenn man auch sagt, dass er vielfach die überragende Bedeutung der Person des Mannes aus Nazareth ausdrücklich betont. Drewermann beschreibt in seinem umfangreichen Werk an nicht wenigen Stellen, wie wichtig die Begegnung mit Jesus von Nazareth ist, um gerade die Ambivalenz der Archetypen und der Bilder in unserer Seele aufzulösen!

146 Hier sei kurz eine methodische Anmerkung gemacht. Rahners Texte zeichnen sich durch „Indirektheit“ aus. Sein „Grundkurs des Glaubens“ ist in seiner Art ein einzigartiger Beleg dafür. Was ist darunter zu verstehen? Der Christ von heute muss sich mit Herz und Verstand für seinen Glauben entscheiden. Dennoch kann er nicht alle Wissenschaften vorher prüfen, um dann sicher zu sagen, was nun gilt und was nicht. Dies ist in der Tat ein Dilemma, ist doch dem Freiheitsvollzug die Setzung von Endgültigkeit immanent. Es ist – wie schon gezeigt – ein Trugschluss, wenn jemand meint, er könne solch einer grundsätzlichen Entscheidung, weil nicht alles geprüft werden kann, einfach ausweichen. Ausweichen ist ja auch eine Entscheidung, denn Freiheit und Entscheidung sind zugleich existent oder fallen aus. Ein typisches Beispiel Karl Rahners ist denn auch: „Jemand, der gegenständlich thematisch sagt, es gebe keine Wahrheit, setzt diesen Satz als wahren – sonst hätte der Satz ja gar keinen Sinn.“ Rahner schlussfolgert: Weil wir nicht alles prüfen können, müssen wir es auch nicht. Und trotzdem fordert das Leben – täglich neu – von uns Entscheidungen ab, die wir nicht völlig unbegründet treffen können und dürfen. Das gilt auch für den Glauben. Wenn er nicht reine Willkür und bloßes Meinen sein soll, muss es für ihn plausible Gründe geben, die sich auch darstellen lassen. Karl Rahner spricht hier von der „intellektuellen Redlichkeit“ unseres Glaubens, der wir nicht davonlaufen dürfen.

147 Wir sprachen nie wieder zusammen. Von daher kann ich nicht einmal ganz genau sagen, ob ihm überhaupt bewusst war, was er sagte und was seine Frage bei mir auslöste.

148 Buchtitel von Eugen Drewermann und Michael Albus.

149 Bildwort von Karl Rahner.

150 Karl Lehmann über Karl Rahner: in Karl Rahner: „Praxis des Glaubens“, Geistliches Lesebuch, Freiburg-Basel-Wien 1982, S. 10.

151 Ebenda, S. 10.

152 SW, 14, S. 3ff.

153 Beten mit Rahner/Gebete, S. 66,, vorgesehen für SW 7 – Hans Urs von Balthasar bemerkt zu diesem Geschehen am Kreuz: „Nur Gott kann wissen, was es heißt, in Wahrheit von Gott verlassen zu sein“ (Hans Urs von Balthasar „Einfaltungen“, Trier 1987, S. 130).

154 Mir hat zum Verstehen dieses inneren Zusammenhangs auch Reinhold Schneider sehr geholfen, der in seinem Buch „Das Kreuz in der Zeit“ (Reinhold Schneider: „Das Kreuz in der Zeit“, Freiburg-Basel-Wien 1947, S. 130 f.) schrieb: „Und doch ist es ‚sein Gott‘, der den Unglücklichen verließ, unser aller Gott. Es ist der Gott glaubender Verzweiflung, verzweifelnden Glaubens, der Gott, der i s t ; denn wie könnten wir ihn anrufen und fragen, wenn er nicht wäre, wie könnten wir rechten mit einem Nicht-Seienden ... Ist diese Frage nicht Gebet: der letzte Notruf des Glaubens? Es mag Geister geben, die ganz unter dem vierten Wort vom Kreuze stehen und Zeiten, deren eigentliches Wort dieses vierte Wort ist ... Der Verlassene weiß doch, dass er angewiesen ist auf einen Andern, der mehr ist als er, und ihm helfen kann. Er leugnet nicht, ob er auch nicht mehr begreift und fragend verzweifelt. Sein Warum ist das äußerste Wort der Sehnsucht. Wir müssen es fassen, dass es eine Liebe gibt, die nicht hilft, und diese Liebe ganz erfahren werden muss. Es gibt eine Stelle ohne Trost.“

155 SW 14, S. 160.

156 Karl Lehmann in Karl Rahner: „Unbegreiflicher – so nah“, Mainz 1999, S. 8.

157 Karl Lehmann in Karl Rahner: „Das große Kirchenjahr“, Freiburg–Basel–Wien 1988, S. 6.

158 Karl Rahner: „Meditationen zum Kirchenjahr“, Leipzig 1967.

159 Beten mit Rahner, Gebete, S. 60 ff., vorgesehen für SW 7.

160 Karl Rahner: „Worte vom Kreuz“, Freiburg-Basel-Wien 1980.

161 Vielfach hat man heute eine, teilweise berechtigte Scheu, von Gott zu sprechen, wenn alles in Frage steht. Die Sorge drängt sich auf, dass man immer nur dann „mit Gott zur Hand ist“, wenn man nicht mehr weiter weiß. Also doch wieder nur ein „Lückenbüßer-Gott“? Ich glaube nicht. Und ich denke, man sollte den Mahnruf Hans Urs von Balthasars nicht überhören, der sagte: „Man sollte sich deshalb auch hüten, zu viel Gewicht dem Gedanken Bonhoeffers beizumessen, das Christentum solle den Menschen nicht vornehmlich von seinen schwachen Grenzsituationen her ansprechen, sondern in der geballten Stärke seiner Existenz. Denn es wird den starken Menschen in seiner Mitte doch nur dann treffen, wenn es ihm gleichzeitig einen Blick zu den Rändern erlaubt, der frei und bejahend, auch jeder Situation der Angst, Krankheit, Ohnmacht, Einsamkeit und geistigen Verdunkelung ins Auge zu blicken vermag“ (Hans Urs von Balthasar/Josef Ratzinger: „2 Plädoyers“, München 1971, S. 47).

162 Beten mit Rahner/Gebete, S. 66, vorgesehen für SW 7.

163 Karl Rahner: „Sehnsucht nach dem geheimnisvollen Gott“, 1990, S. 72 (hrsg. von Herbert Vorgrimler).

164 Nikolaus Schwerdtfeger: „Gnade und Welt“ (Abkürzung im Folgenden: Gnade und Welt), Freiburg-Basel-Wien 1982, S. 221. In „Begegnungen mit Karl Rahner“, Freiburg-Basel-Wien 2006, S. 92, schreibt Karl Kardinal Lehmann zu dieser Ar-

beit: „Schwerdtfeger hat eine phantastische Dissertation geschrieben, die bis heute eine sehr, sehr gute Arbeit ist."

165 „Widerruf oder Vollendung" – Reinhold Schneiders „Winter in Wien" in der Diskussion, Freiburg-Basel-Wien 1981; Hans Urs von Balthasar „Nochmals Reinhold Schneider", Freiburg 1991; Karl Pfleger: „Kundschafter der Existenztiefe", Frankfurt am Main 1959, S. 235 ff.

166 Buchtitel von Dawkins.

167 „... dass es im Grunde doch etwas gibt, was uns und unsere Lebensarbeit im tiefsten verbindet und was ich in die Worte des heiligen Irenäus kleiden will: ‚Alles, was zur Kirche gehört, muss man aufs innigste lieben und die Überlieferung der Wahrheit umklammern" („Sehnsucht nach dem geheimnisvollen Gott", ebenda, S. 68).

168 Ekstatische Gottesliebe, S. 290 ff.

169 Mir ist kaum ein Theologe bekannt, bei dem dies in ähnlicher Art und Weise so „mit Händen zu greifen ist". Schon deshalb kann man Karl Rahner nicht kopieren. Vielleicht ist Klaus Hemmerle in dieser Frage mit Karl Rahner in etwa zu vergleichen, ich denke an sein Buch „Gerufen und verschenkt", München 1986 und natürlich an Pater Peter Lippert SJ und an sein Buch „Der Mensch Job redet mit Gott", München 1934. Auf diese Ähnlichkeit wies schon 1939 im Klappentext zu „Worte ins Schweigen" von Karl Rahner Dr. Friedrich Wessely, Wien, hin. Ebenso Karl Heinz Neufeld im „Rahner-Register", Köln 1974, S. 191 – „In den geistlichen und meditativen Texten oder in Predigten ... Auf dieser sprachlichen Ebene erinnert vieles an die nachhaltigen Ansprachen Peter Lipperts ..." So wird es kein Zufall sein, dass Karl Rahner ein Vorwort schrieb zu einem kleinen Buch mit dem Titel: „Worte von Mensch zu Mensch", das 1978 mit Texten Lipperts, der ja schon 1936 verstarb, herauskam.

170 Karl Lehmann zur letzten öffentlichen Rede Karl Rahners: „Von der Unbegreiflichkeit Gottes", Freiburg-Basel-Wien 2006: „Der ganze Rahner ist hier versammelt".

171 Not und Segen, S. 126, vorgesehen für SW 7.

172 Not und Segen, S. 66, vorgesehen für SW 7.

173 Auch hier, in der Einschätzung des Atheismus, der Gott ablehnt, weil er den guten Gott nicht mit jener Welt zusammenbringt, die er erfährt, trifft sich Karl Rahner mit Reinhold Schneider (Erfüllte Einsamkeit, Freiburg-Basel-Wien 1963, S. 180 f.): „Auch dürfen wir die Worte der Menschen in dieser Frage nur selten wörtlich nehmen. Welcher Gottesleugner hat sich bis ins Herz erforscht? ... Und das wäre denn unser Anliegen an die Feinde der Religion: sich wirklich durch und durch zu prüfen und zu fragen, ob sie dem Nichts festen Blickes entgegensehen und wirklich keine Macht erkennen, als die der Menschen oder die Gewalten der Natur. Wie leicht könnte es sein, daß sie doch von Kräften leben, die sie öffentlich leugnen?".

174 Ekstatische Gottesliebe, S. 286.

175 „Beten mit Rahner", Not und Segen, S. 126 ff.

176 Karl Rahner Klerusblatt (München), 27, Nr. 7, 1947, S. 52.

177 Er ist Gott, er muss sich nicht rechtfertigen, erst recht nicht vor unserem menschlichen Tribunal!

178 Buchtitel von Hans Urs von Balthasar.

179 Ein Wort von Dietrich Bonhoeffer.

180 Der frühere Aachener Bischof Klaus Hemmerle schreibt einmal über Jesu Leben: „Sein Leben ist Leben. Aber es ist eben von allem Anfang auch: Sterben. Alle Kindheitsgeschichten, die uns erzählt sind, haben es offenkundig oder hintergründig mit dem Sterben zu tun. Die Anbetung der drei Weisen ist verquickt mit dem Kindermord von Bethlehem und mit der Flucht nach Ägypten (vgl. Mt 2,1–18); die Darbringung im Tempel wird von Simeon bejubelt, aber er weissagt der Mutter das Schwert und sieht im Neugeborenen das Zeichen des Widerspruchs (vgl. Lk 2,34f); die festliche Pilgerreise des Zwölfjährigen nach Jerusalem mündet in die schmerzliche Suche der drei Tage, ehe die Seinen ihn im Tempel finden, Vorzeichen der drei Tage von Karfreitag bis Ostersonntag (vgl. Lk 2,45f)" (Klaus Hemmerle: „Gerufen und verschenkt", Theologischer Versuch einer geistlichen Ortsbestimmung des Priesters, München 1989, S. 52f.).

181 Vorgesehen für SW 7.

182 Buchtitel von Karl Rahner.

183 Begriff von Hans Urs von Balthasar.

184 Meditation von Karl Rahner, vorgesehen für SW 7, derzeit in Karl Rahner „Das große Kirchenjahr", Freiburg-Basel-Wien 1987, S. 283ff. („Geist und Leben", 23, 1950, S. 81–85).

185 SW 26, S. 120.

186 Hier ist nicht der Ort, weitere theologische Erörterungen über die Trinitätstheologie anzustellen. Es wären sonst Überlegungen anzustellen über die Art der Annahme und Einheit, über den Begriff der Person, über die Hypostatische Union und über das Verhältnis von „Natur" und „Person" bei der Menschwerdung Gottes. Näher bedacht werden müsste auch die berühmte Formel des Konzils von Chalzedon („ungetrennt" und „unvermischt"). Verwiesen sei jedoch hier auf entsprechende Ausführungen im Nachwort. Und der Hinweis auf zwei Werke sei noch gestattet, die sich ausführlich mit dieser Frage beschäftigen: Michael Hauber, „Unsagbar nahe" (Innsbruck 2011) und Ralf Miggelbrink: „Ekstatische Gottesliebe" (318–400). Für mich war die Arbeit von Nikolaus Schwerdtfeger, „Gnade und Welt", auch hier besonders hilfreich, darum sei anstelle weiterer theologischer Überlegungen ein längeres Zitat angeführt, das die theologische Problematik eindrücklich vor Augen führt (Gnade und Welt, S. 244f.; das dort angeführte Zitat entstammt Karl Rahners „Schriften zur Theologie", Bd. VI 548 und ist dem Aufsatz „Die anonymen Christen" entnommen.).
„Das führt zu einer entscheidenden Einsicht in den Wesenssinn der Menschheit Christi. Der ursprungslose Gott sagt sich innertrinitarisch im Logos aus; dieser ist die Selbstaussage des Vaters, sein Symbol. Sagt sich Gott in die Welt hinein aus, vollzieht sich dies eben durch den Logos, der durch seine Selbstentäußerung die Menschheit Christi konstituiert. In dieser Selbstentäußerung bleibt er der Logos, der vom ursprungslosen Gott als dessen Selbstaussage ausgeht. Wenn also die Selbstaussage Gottes sich in der Menschwerdung des Logos fortsetzt, ist diese Menschheit nicht nur die Entäußerung, sondern auch die Äußerung Gottes, seine

Selbstaussage … Die Menschheit Christi offenbart folglich den sich selbst aussagenden Gott … Weil Gott die Liebe ist, die sich in der Selbstmitteilung des Vaters durch den Sohn im Heiligen Geist innergöttlich manifestiert, kann er sich auch in das Nichtgöttliche hinein mitteilen, ist er offen für das Menschsein. Ja, wenn ‚man damit Ernst macht, dass Gott Mensch wird, dann … ist der Mensch (…)in der ursprünglichsten Definition jenes, das Gott wird, wenn er sich in der Region des Nichtgöttlichen zu zeigen unternimmt.'" (VI 548) Das Menschsein wiederum, das erkennen wir in der Menschwerdung Gottes, ist ‚keine absolut abgeschlossene Größe', sondern eine Wirklichkeit ‚von absoluter Offenheit nach oben'".

187 In ihrem Hirtenwort Nr. 83 aus dem Jahre 2006 schreiben die deutschen Bischöfe auf Seite 81: „Das Rahnersche Grundaxiom der Trinitätslehre bringt einen breiten Konsens gegenwärtiger Trinitätstheologie zum Ausdruck. Es geht davon aus, dass das Heil des Menschen im Letzten nichts anderes ist und sein kann als Gott selbst und nicht nur eine von Gott verschiedene Gabe (gratia creata). Das Handeln Gottes durch Jesus Christus im Heiligen Geist ist nur dann Gottes Heilshandeln, wenn die Menschen es dabei mit Gott selbst zu tun bekommen, wenn hier Gott selbst als der, der er an sich ist, für sie da ist. Die ökonomische Trinität würde jeden Sinn verlieren, wenn sie nicht zugleich die immanente Trinität wäre. Das entspricht dem soteriologischen Ansatz, der die Trinitätstheologie der Kirchenväter insgesamt geprägt hat."

188 Die deutschen Bischöfe schreiben im selben Hirtenwort, dass „das Heil … nichts anderes ist und sein kann als Gott selbst". Und sie konstatieren einen „breiten Konsens gegenwärtiger Theologie" in dieser Frage.

189 Beten mit Rahner, Not und Segen, S. 74 ff.; vorgesehen für SW Band 7.

190 Spontan fällt mir die Brutpflege im Tierreich ein, wo es ja in der Tat wirkliche „Opfer" gibt. Und wie viele Menschen gibt es, die ohne Nähe zu einem „lieben" Tier gar nicht leben können.

191 An dieser Stelle möchte ich auf Anfragen an Rahners Denken hier zunächst nur auf das Nachwort verweisen, das zu einigen Kritikpunkten Stellung nimmt.

192 Das wurde nicht nur auf dem zweiten Vatikanischen Konzil deutlich; es ist kein Zufall, dass Karl Rahner, der selber keine eigene große Dogmatik schrieb, Herausgeber ist von internationalen Standardwerken der Theologie, wie beispielsweise das große „Lexikon für Theologie und Kirche". Karl Rahner war zudem nicht nur ein „Jesuit der alten Schule", der deshalb in der Lage war, die von ihm sogenannte „Schultheologie" zu kritisieren, weil er sie im Grunde sehr schätzte – und vor allem so gut kannte. Im Rahner-Archiv fiel Roman Siebenrock zur Arbeit am Werk „Kleines Theologisches Wörterbuch" auf, dass Rahner die Artikel in den Ferien und „ohne größere Vorarbeit ‚direkt' geschrieben" hat. „Die Handschriften zeigen nur wenige Korrekturen und Ergänzungen. Den Schulstoff beherrschte er mit absoluter Souveränität, inklusive der einschlägigen ‚Denzinger-Nummern'" (Stimmen der Zeit – Spezial 1 – 2004 Karl Rahner – 100 Jahre, S. 37)

193 „Ich fühle mich … gerade in besonderer Weise vor etwas geschützt, was ich noch mehr als das ‚römische System' … fürchte: die Beliebigkeit meiner eigenen Subjektivität", SW 22/2, S. 722–738, auch Ekstatische Gottesliebe, S. 76.

194 Dies ist keine Absage an richtig verstandene Kontemplation. Wohl ist es eine Absage an die irrige Meinung, zu glauben, das „eigene Seelenheil" sei gänzlich unabhängig davon, was mit anderen Menschen, was mit der Schöpfung passiert.

195 Andererseits – und das ist der Preis für diese „Bescheidenheit" – bleibt der Verzicht Rahners, über die heilsgeschichtliche Erfahrung hinaus zu spekulieren, dann auch wieder seltsam abstrakt. Ohne zu sehr rein fachtheologisch abzugleiten, muß hier das gesagt werden, was der frühere Innsbrucker Dogmatiker Raymund Schwager auf die Kritik antwortete, dass die Sprache Karl Rahners innertrinitarisch etwas seltsam Formales habe. Er sagte dazu: „Ist dies aber ein Übel, und muß die Theologie das innergöttliche Leben ‚anschaulich' machen? Die Heilige Schrift spricht wohl sehr konkret von der ökonomischen Trinität, aber nur indirekt von der immanenten" (Der wunderbare Tausch. Zur Geschichte und Deutung der Erlösungslehre. München 1986, S. 303, Anm. 177). Auch Schwager konzipiert – wie Karl Rahner – das entscheidende Moment des Dramas nicht zuerst vertikal zwischen unendlicher und endlicher Freiheit, sondern zwischen Jesus und seinen Zeitgenossen (ebd., S. 304f.).

196 Hier ist m.E. mit ein entscheidender Unterschied auszumachen zwischen Karl Rahner und der Theologie Hans Urs von Balthasars auf katholischer Seite und Jürgen Moltmann auf evangelischer Seite. Herbert Vorgrimler schreibt in diesem Zusammenhang: „Balthasar ist freimütig genug zu sagen, er wolle sich mit solchen Erwägungen in das Geheimnis des Absoluten ‚zurücktasten' (Theodramatik III, 301–304). Karl Rahner empfand ein solches Zurücktasten nicht als legitim, sondern als verhängnisvoll"(Herbert Vorgrimler: „Karl Rahner – Sehnsucht nach dem Geheimnisvollen Gott", Freiburg-Basel-Wien 1990, S. 42).

197 Ein Begriff aus Dostojewskis Werken.

198 Buch von Hans Urs von Balthasar.

199 Vorgesehen für SW 1 oder SW 7.

200 Der müsste dann auch sagen, wenn Chalzedon nicht oder nur teilweise gilt, dass Gott selbst in die Windeln gemacht oder geplärrt hat. Unser Glaube hat mit derlei Unsinn nichts zu tun! „Wenn man ‚Person' nicht metaphysisch, sondern eher ‚phänomenologisch', also im Sinne von ‚dieses Gegenüber' versteht, dann spricht auch von Seiten der Trinitätstheologie Rahners nichts dagegen, von drei göttlichen Personen zu sprechen" (Ekstatische Gottesliebe, S. 398).

201 Buchtitel von Ralf Miggelbrink.

202 Auf dieses intensive theologische Bemühen Karl Rahners weist insbesondere sein Schüler, Herbert Vorgrimler, immer wieder hin. U.a. in dem Buch „Karl Rahner – Sehnsucht nach dem geheimnisvollen Gott", 1990, S. 39ff. Und im Jahre 2012 schreibt Karl Lehmann in einem Geleitwort zum einem berühmten Vortrag Karl Rahners (Warum ich Christ bin, 2012): „Die Konzentration auf die einigende Mitte dieses Glaubens war ihm ebenso wichtig oder sogar noch wichtiger als ihre legitime Ausfaltung in die konkrete Vielfalt des Glaubens und der Lebensbereiche hinein" (S. 11).

203 Weil es hier um grundlegende Fragen geht, die die heutige Mentalität des Menschen im Umgang mit sich selbst und seiner Mit- und Umwelt unmittelbar berüh-

ren, sei kurz auf folgenden Zusammenhang hingewiesen: Descartes kommt zu seinem Postulat auf folgendem Weg: Er stellt fest (was nicht schwer ist), dass die Sinnesorgane täuschen können. Von daher ist nichts legitimer, als ihnen zu misstrauen. Wissenschaften, die von der Betrachtung zusammengesetzter Wirklichkeit ausgehen, sind also in ihren Ergebnissen anzuzweifeln. Der Fortschritt dieser Wissenschaften in ihren Erkenntnissen beweist die Fruchtbarkeit des Zweifels. Und die mehr abstrakten Wissenschaften, die weniger betrachtender Natur sind, sondern sich mit allgemeinsten und einfachsten Dingen gedanklich beschäftigen, geben keinen Aufschluss darüber, ob das, was sie bedenken, auch wirklich ist. Und – so Descartes – wer hat beim tradierten Gottesbild wirklich Gewissheit darüber, ob es sich um einen allgütigen Gott oder einen Dämon handelt? Bleibt also nur der radikale Zweifel?
Descartes hat nie wirklich geglaubt, er würde von einem Dämon getäuscht, für ihn ist der radikale Zweifelversuch ausschließlich methodisch angelegt: Er möchte eine „Nullpunktsituation des Denkens" erreichen. Warum? Um an eine Wahrheit heran zu reichen, die für ihn absolut, fest und sicher sowie unbezweifelbar ist. Das ist für ihn sein Denken, mit dem er erst zweifeln kann. Und weil er beim Zweifeln denkt und er es ist, der denkt – er also existiert, wenn er denkt –, schließt er von seinem Denken auf seine eigene Existenz. Man wird nicht einfach behaupten dürfen: Existenz setzt Denken voraus. Das trifft ja schon auf den ganzen Bereich unbelebter Materie nicht zu. Doch man wird im Sinne Descartes sagen können: Wenn gedacht wird, dann muss auch einer da sein, der denkt.

204 Vgl. Romano Guardini: „Das Ende der Neuzeit", Leipzig 1954, auch Würzburg 1951, vgl. dazu auch „Unsere geschichtliche Zukunft" – Ein Gespräch über „Das Ende der Neuzeit" zwischen Clemens Münster, Walter Dirks, Gerhard Krüger und Romano Guardini, Würzburg 1953.

205 Auch die vorherrschende Geistesmentalität Amerikas ist davon entscheidend geprägt.

206 Das ist nicht gegen eine evolutive Weltsicht gesagt, denn wenn wir eine solche Weltsicht voraussetzen, kann man ganz unbefangen sagen: Je höher der Entwicklungsstand, desto mehr Selbstorganisation, Interaktion, Komplexität gehen damit einher. Ein Stein „kommuniziert" nicht in gleichem Maße mit seiner Umwelt, wie ein Äffchen im Dschungel. Vom menschlichen Zusammenleben einmal ganz abgesehen. Das gesamte Werk von Teilhard de Chardin gibt davon Zeugnis, das man nicht ignorieren kann, wenn man auch nicht in jedem Detail mit Teilhard übereinstimmt.

207 Rahners Meditation lässt mich übrigens genau an einen Text von Schalom Ben-Chorin denken, in dem es heißt: „Man muss im Laufe des Lebens lernen, zur eigenen Existenz ja zu sagen … Erst im Prozess von Reife und Individuation stellen wir uns die Frage Bubers: „Wie werden wir die, die wir sind?" – Schalom-Ben Chorin: „Ich lebe in Jerusalem", München 1998, S. 132.

208 Pinchas Lapide/Karl Rahner: „Heil von den Juden?", Mainz 1989, S. 87. „Gottlose Menschen, falls es solche gibt, scheinen mir metaphysisch behindert zu sein, denn ihnen fehlt die menschlichste aller Dimensionen: das Gespür für den personalen Gott."

209 Noch einmal sei es gesagt: Es geht nicht um Menschen, die – oft in ihrer Hilflosigkeit – diesen Versprechungen geglaubt haben. Es geht um Strukturen, um ideologisch begründete Machtansprüche, die mit totalitärem Anspruch auftreten. Für dieses System, für diese Strukturen stehen allerdings Personen, wie Lenin, Stalin, Mao oder Pol Pot, die ihre Macht mit Hilfe dieser Ideologie ohne Skrupel aufrecht erhalten haben.

210 In seinem Buch „Jeder Tag ein neuer Anfang" zitiert Alfred Müller-Felsenburg in diesem Zusammenhang ein schönes Wort von Hans Küng über die Kirche: „Dafür soll die Kirche als Gemeinschaft der an Christus Glaubenden sich aktiv einsetzen, in ihrer Verkündigung und in der helfenden Tat. Dies soll sie aber vor allem in sich selbst realisieren dadurch, dass sie in einer Solidarität der Liebe die Ungleichen zusammenführt; die Gebildeten und die Ungebildeten, die Weißen und die Schwarzen, die Männer und die Frauen, die Reichen und die Armen, die Hohen und die Niedrigen."

211 Buchtitel von Karl Rahner.

212 Dieser Hinweis findet sich am Ende des Buches „Was sollen wir noch glauben" , S. 206 (SW 28, S. 663). Rahner sieht Menschen, die „immer weitermachen", trotz Enttäuschung und Bitterkeit. Er fragt dann tiefer nach dem „Grund des Weitermachens" und kommt dann zur „Hoffnung, die sich keine Grenze endgültig befehlen lässt." Interessanterweise endet der Dialog zwischen Michael Albus und Eugen Drewermann in „Die großen Fragen" (2012, S. 231) verblüffend ähnlich. Es geht auch um das „Weitermachen". Drewermann formuliert dann sehr schön: „Jesus meinte, wir sollten uns aus der Angst der ständigen Verwirrungen und Fehlidentifikationen erheben können. Das allein jedenfalls tut den Menschen gut, denen wir begegnen."

213 Vorgesehen für SW 7.

214 „Zum Augenblicke dürft' ich sagen: Verweile doch, du bist so schön!" – Aus Goethes Werke in Auswahl, herausgegeben und eingeleitet von Paul Wiegler, Berlin 1949, Sechster Band, S. 583.

215 Marie Curie schrieb einmal zu dieser „Versuchung": „Wir dürfen nicht hoffen, eine bessere Welt zu bauen, ehe nicht die Individuen besser werden. In diesem Sinn soll jeder von uns an seiner eigenen Vervollkommnung arbeiten, indem er auf sich nimmt, was ihm im Lebensganzen der Menschheit an Verantwortlichkeit zukommt, und sich seiner Pflicht bewusst bleiben, denen zu helfen er am ehesten nützlich sein kann." Aus Alfred Müller Felsenburg (Hg.): „Jeder Tag ein neuer Anfang", München 2003 (Wort zum 6. Mai).

216 Karl Rahner „hat gezeigt, wie es möglich ist, das Gute und Wahre überall wahrzunehmen und in die Dynamik der eigenen Glaubensbewegung zu integrieren, ohne den festen Boden zu verlassen, der bereitet wurde in der Geschichte der eigenen Vorfahren im Glauben" – so Herbert Vorgrimler in „Sehnsucht nach dem geheimnisvollen Gott", Freiburg-Basel-Wien 1990, S. 30.

217 Vorgesehen für Band 7 der SW.

218 Die deutschen Bischöfe schreiben: „Indem wir die tätige Nächstenliebe und zwischenmenschliche Solidarität bewusst in das Licht der menschgewordenen Liebe

Gottes in Jesus Christus stellen, finden wir zu ihm und zu uns selbst. Nur wirkliche Liebe ist zu glaubwürdiger Verkündigung und Bezeugung seiner Frohen Botschaft fähig" (Berufen zur Caritas – Wort der deutschen Bischöfe, 2009, S. 33 f.).

219 Papst Benedikt drückt diesen Zusammenhang prägnant aus, wenn er formuliert: „Wenn Jesus der exemplarische Mensch ist ... dann kann er nicht dazu bestimmt sein, nur eine absolute Ausnahme zu sein, eine Kuriosität, in der Gott uns demonstriert, was alles möglich ist" (Einführung, S. 222). Und an anderer Stelle: „Es bleibt mithin gültig bestehen, dass die wahrhaft Liebenden, die als solche zugleich Glaubende sind, Christen heißen dürfen." Josef Ratzinger/Benedikt XVI. „Einführung", S. 222/Josef Ratzinger: „Umkehr zur Mitte", Leipzig 1981, S. 71 f. (Original aus „Vom Sinn des Christseins", München 1971, S. 53–70). Und so berichtet auch Mutter Theresa von der Heiligen Kommunion, die sie täglich zweimal empfängt: einmal in der Feier der heiligen Eucharistie. Und dann in der Begegnung mit den Ärmsten der Armen.

220 SW 22/2, S. 284–291 – Vgl. auch Andrea Tafferner in „Gottes- und Nächstenliebe in der deutschsprachigen Theologie des 20. Jahrhunderts", Innsbruck-Wien 1992, S. 228. „Wo auch immer Liebe im Vollsinn des Wortes vorliegt: wo jemand sich selbst vergisst und den anderen liebend annimmt, für menschliche Freiheit und Würde kämpft, dort ist diese Liebe Annahme des Angebots der Gnade Gottes, Annahme der von Gott in Christus angenommenen Menschheit, dort ist sie Offenheit auf Gott – unabhängig davon, ob sie um dieses Gott-Geheimnis weiß oder nicht."

221 „Ist aber Gnade Mitteilung des göttlichen Wesens an den Menschen ... , dann ist die hypostatische Union der höchste Fall menschlichen Wesensvollzuges (IV, 142). Erst von Christus her wird – anders gesagt – offenbar, wozu das menschliche Wesen offen ist" – Ralf Miggelbrink: „Ekstatische Gottesliebe im tätigen Weltbezug", Altenberge 1989, S. 213.

222 Deshalb ist der folgende Satz aus dem Wort der deutschen Bischöfe sowohl als Grundorientierung als auch als praktische Handlungsmaxime zu betrachten: „Caritas geschieht unabhängig von Parteien, Ideologien oder politischen Interessen ... Dies gilt auch für die missionarische Dimension von Caritas. ‚Wer im Namen der Kirche karitativ wirkt, wird niemals dem anderen den Glauben der Kirche aufzudrängen versuchen' ... Er weiß, dass die Liebe in ihrer Reinheit und Absichtslosigkeit das beste Zeugnis für den Gott ist, dem wir glauben und der uns zur Liebe treibt. Der Christ weiß, wann es Zeit ist, von Gott zu reden, und wann es recht ist, von ihm zu schweigen und nur einfach die Liebe reden zu lassen" (Berufen zur Caritas, S. 24).

223 Die deutschen Bischöfe Nr. 91 „Berufen zur Caritas", S. 43 (5.2.).

224 Die deutschen Bischöfe Nr. 91 „Berufen zur Caritas", S. 43 (5.2.).

225 Vgl. Not und Segen. Vorgesehen für SW 7.

226 Sören Kierkegaard sagt: „Dass einer Christ geworden, erkennt man daran, dass er – wie Rebekka – handelt. ‚Ich will nicht bloß dir zu trinken geben, sondern auch deinen Kamelen.' – Aus „Ein Glaubenswort für jeden Tag", herausgegeben von Ursula Muth, Freiburg-Basel-Wien 1987, S. 50.

227 In Abwandlung dieses Wortes möchte ich deshalb sagen: Ein Mensch der Caritas, wird ein Beter sein – oder er wird nicht mehr sein, weil der Engagierte nur im Gebet sein Tun, seine Grenzen und seine Schwächen loslassen und sich Gott anvertrauen kann. Ohne diesen Akt des Gebetes läuft auch die Caritas Gefahr, jene Gelassenheit und Freiheitsdimension zu verraten, die sie von einer doktrinären Ideologie unterscheidet. Denn ohne Dank und Bitten gegenüber Gott meint der Mensch nur allzu leicht, dass es eigentlich doch nur auf ihn allein ankommt. Das muss nicht zwangsläufig so sein; es gibt Menschen, die den Dienst der Nächstenliebe selbstlos ausüben, ohne verbal mit Gott im Gespräch zu sein. Aber es kann eine Gefahr sein, weil man leicht die eigenen Möglichkeiten überschätzt, wenn man nicht immer wieder thematisiert, dass wir nur Gutes tun können in Gottes Kraft.

228 Karl Lehmann in Gebete, S. 10/13 – Ähnlich wie Karl Rahner beschreibt Marianne Dirks ihre Gebets- und Gotteserfahrung: „Ich muss damit rechnen, dass Gott um eine ganz andere Ecke kommt, als ich erwartet habe … Offenbar muss man auf Gott setzen, auf die von ihm aus offene Zukunft, um jene Frage nach dem ‚Warum' und ‚Wieso' hinter sich zu lassen. Nur dann wird man begreifen können, dass Gott uns immer wieder durch konkrete Situationen in unserem Leben herausfordert, vor allem durch menschliche Begegnungen." – Aus „Jeder Tag ein neuer Anfang" 2003, herausgegeben von Alfred Müller-Felsenburg (8. Mai).

229 Buchtitel von Hans Urs von Balthasar.

230 Im Nachwort (vgl. Gebete, S. 182) geht der Herausgeber, Albert Raffelt, auf das intensive ökumenische Bemühen Karl Rahners ein, das auch daran zu erkennen ist, dass das wohl letzte Gebet, das Karl Rahner schriftlich verfasst hat, dem Anliegen der Einheit aller Christen gilt.

231 Diese Bezeichnung stammt von Karl Kardinal Lehmann (Karl Kardinal Lehmann „Karl Rahner als Pionier der Ökumene", Karl Rahner Akademie Köln 2002).

232 Eugen Biser hat diesen Begriff häufig gebraucht, ob er auch auf ihn zurückgeht, entzieht sich meiner Kenntnis.

233 Pinchas Lapide/Karl Rahner: „Heil von den Juden?", Mainz 1989, S. 87 („Gottlose Menschen, falls es sie gibt, scheinen mir metaphysisch behindert zu sein, denn ihnen fehlt die menschlichste aller Dimensionen: das Gespür für den personalen Gott").

234 Ausdrücklich sei es gesagt: Es hat mitunter den Anschein. Bekanntlich kann der Schein auch trügen und nichts wäre verkehrter und Ausdruck von Arroganz und Ignoranz, als die tatsächlich vorhandenen Bemühungen zu verkennen, die in diesem Prozess von einer geistlichen Vision ausgehen. Bemühungen, die die vielfältigen Gaben des Heiligen Geistes sich auswirken lassen in einem geschwisterlichen Miteinander in pastoralen Netzwerken.

235 Bischof Hemmerle drückt diesen Sachverhalt in einer Meditation zum ‚Vater-unser' so aus:
„Ja, diese Versöhnung miteinander ist *der* Beitrag zu unserem Gebet, der uns nicht abgenommen werden kann." Klaus Hemmerle „Gottes Zeit – unsere Zeit", S. 215, ebenda S. 243 „Von innen her ist die Freundschaft Jesu nicht die Selbstbestätigung

des anderen unter Zuhilfenahme göttlicher Liebeskraft und Autorität. Indem Jesus den anderen ganz annimmt, öffnet seine Liebe diesen anderen zugleich über sich hinaus. Das ganze Erbarmen erspart dem anderen nicht die Entscheidung, sondern ermöglicht sie ihm."
Gerade hier zeigt sich im Übrigen, dass Karl Rahner und Hans Urs von Balthasar in diesem zentralen Grundanliegen christlichen Glaubens viel näher beieinander sind, als gemeinhin vermutet wird. Zumal es sich bei der Aussage Balthasars um eine Formulierung aus seinem „Epilog" handelt, den er seiner großangelegten Trilogie im Nachgang zugeordnet hat, so dass man hier wohl von einer zentralen Kernaussage Balthasars sprechen muss und nicht meinen darf, hier handele es sich lediglich um eine Randnotiz.
Die Aussage von Balthasars im Wortlaut: „Man wird auch mit dem Wort ‚Stellvertretung' einigermaßen vorsichtig umgehen müssen. Jesus kann den Sünder nicht beiseiteschieben, um seinen Platz einzunehmen. Er kann sich dessen Freiheit nicht aneignen, um aus ihr zu tun, was der andere nicht tun will. Zugespitzt: er kann mich ‚erlösen ... aber ich muss diese Tat immer noch annehmen." – Hans Urs von Balthasar „Epilog", Trier 1987, S. 95 f.

236 Josef Ratzinger (Benedikt XVI.) hat in „Glaube und Zukunft", München 1970, S. 123 der Kirche Mut gemacht für die Zukunft, wenn sie bei dem bleibt „... was immer ihre Mitte war: ‚Im Glauben an den dreieinigen Gott, an Jesus Christus, den menschgewordenen Sohn Gottes, an den Beistand des Geistes, der bis zum Ende reicht'".

237 Obwohl auch nicht übersehen werden darf, dass gerade die Katholische Kirche in Deutschland als erste Institution überhaupt entsprechende Leitlinien ausgearbeitet hat, die Achtung und Respekt verdienen.

238 Das hat Eugen Drewermann in „Strukturen des Bösen", I–III, 1977/78, in ausgezeichneter, tiefgründiger und umfassender Weise herausgearbeitet.

239 In Karlheinz Deschner (Hg.): „Was halten sie vom Christentum? München 1957, S. 23. „Selbst die allerschlechteste christliche Welt würde ich der besten heidnischen vorziehen, weil es in einer christlichen Welt Raum gibt für die, denen keine heidnische Welt je Raum gab: für Krüppel und Kranke, Alte und Schwache, und mehr noch als Raum gab es für sie: Liebe für die, die der heidnischen wie der gottlosen Welt nutzlos erschienen und erscheinen ... Ich glaube an Christus, und ich glaube, dass 800 Millionen Christen auf dieser Erde das Antlitz dieser Erde verändern könnten, und ich empfehle es der Nachdenklichkeit und Vorstellungskraft der Zeitgenossen, sich eine Welt vorzustellen, auf der es Christus nicht gegeben hätte ... ich glaube, dass eine Welt ohne Christus selbst die Atheisten zu Adventisten machen würde." Ich glaube, dass Rahner, der von Böll verehrt wurde, ihm hier uneingeschränkt zugestimmt hätte.

240 Stefan Zweig: „Die Welt von gestern", Berlin-Weimar 1985.

241 Abgesehen davon, dass man sich ganz banal die Frage stellen kann, warum ein mathematisch-beschreibbares Programm, in dem die ganze Welt enthalten ist, sich die Mühe macht, sich aufzuführen. Es kann ja nichts Neues, Überraschendes

kommen. (Vgl. Drewermann „Wenn die Sterne Götter wären", S. 181) In dem Balthasar-Lesebuch „In der Fülle des Glaubens"(Freiburg-Basel-Wien 1980, S. 207) beschreibt Hans Urs von Balthasar die Situation der „Weltformel" treffend so: „Die Rotationswalze des allgemeinen Dialogs steht still, weil jeder immer schon weiß, was überhaupt gesagt werden kann."

242 SW 26, S. 28.

243 „Beten mit Karl Rahner", Freiburg-Basel-Wien 2004, „Von der Not und dem Segen des Gebetes", S. 33, geplant SW , Band 7 „Der betende Christ".

244 Eugen Drewermann argumentiert ähnlich, wenn er schreibt: „Wer nicht von bestimmten menschlichen Werten als absoluten Größen ausgeht, verrät sich an die Geschichte, vor allem an die dialektisch interpretierte Geschichte des Marxismus, aber auch an die des Kapitalismus. Damit wir Menschen sind, müssen wir also von bestimmten menschlichen Evidenzen ausgehen" (Eugen Drewermann „Wenn die Sterne Götter wären", S. 240). Es ist allerdings bedauerlich, dass Eugen Drewermann nicht genauso deutlich wie Karl Rahner die reale Anwesenheit der göttlichen Zuwendung in diesem Zusammenhang formuliert. Die entscheidende Frage, ob Gott nicht doch ausschließlich Wunschdenken des Menschen ist, dem keine Wirklichkeit entspricht, bricht ja auch an dieser Stelle auf. Und wenn man nur sagt, dass man – um sein Menschsein zu wahren – ausgehen muss von bestimmten menschlichen Evidenzen, wenn man von „menschlichen Werten als absoluten Größen ausgeht", gerade dann darf der Satz Rahners nicht fehlen, „dass der Mensch von vornherein unwiderstehlich eine reale Bezogenheit auf eine absolute Wirklichkeit hat". Sonst bleiben Worte wie „absolut" und „Evidenz" ohne hinreichendes Fundament!

245 Vgl. dazu auch in „Beten mit Karl Rahner", Band 2 „Von der Not und dem Segen des Gebetes", das zweite Kapitel unter dem Titel: „Der Helfer-Geist", S 65 ff., bes. S. 75 ff. Hier gehen Rahners Betrachtungen sogar in Hymnus und Lobpreis über. (Vorgesehen für SW 7 „Der betende Christ")

246 Dann wird sie eine Art „Geheimsprache", die in einer „kirchlichen Binnenkommunikation" gepflegt wird. Womöglich mag sie noch der Auferbauung dienen, vielleicht ist sie noch von Interesse für „selbst ernannte Eingeweihte", die sich den „Luxus" leisten, Probleme Anderer in schöngeistiger Art zu diskutieren. Doch mit dem Leben selbst hat sie kaum wirklich etwas zu tun.

247 In einer Klausur zu pastoralen Räumen im Erzbistum Hamburg sagte ein Geistlicher treffend: „Es ist die so genannte Normalität, die tötet."

248 Die Kirche erlebt eine „Schleifung der Bastionen" (Hans Urs von Balthasar), die von ihr einen gewaltigen Lernprozess abverlangt.

249 Der überhaupt nicht fromm ist, wenn damit der Bezug zum nahegekommenen Gottgeheimnis gemeint ist.

250 Karl Rahner, Herbert Vorgrimler, „Kleines Konzilskompendium", Freiburg-Basel-Wien 1990, Lumen Gentium (Abkürzung LG), Nr. 11, S. 135; vorgesehen für SW 21, Karl Rahner/Angelus Häussling: „Die vielen Messen und das eine Opfer" – SW 18, S. 74–271.

251 Ekstatische Gottesliebe, S. 199.

252 Darum ist ja gerade der Satz „Du bist ein anonymer Christ" so unsinnig, „weil der ausgesagte Sachverhalt dem richtenden Urteil des Aussagenden entzogen ist"(Ebenda, S. 199).

253 Eugen Biser spricht in diesem Zusammenhang vom „Sinn gescheiterter Glaubensversuche" (Eugen Biser „Glaubenswende", 1987, S. 31 ff. und vom „Tisch der Sünder", E. Drewermann/E. Biser „Welches Credo?", 1994, S. 141 ff.).

254 Der Einwand, dass damit der Glaube „halbiert" wird, insofern die ernsten Worte Jesu und die unmissverständlichen Forderungen beiseitegelassen werden, trifft nicht. Eine Forderung ist mit dem Liebesangebot Gottes an uns insofern immer auch schon gegeben, weil dieses Angebot allen Menschen gilt. Daraus ist nicht nur abzuleiten, dass wir alles tun müssen, damit Menschen ihren Gottesbezug realisieren können. Herbert Vorgrimler formuliert dies treffend so: „Der Name Rahners steht hier für den Schutz der unmittelbaren Transzendenz und Freiheit des Menschen." („Sehnsucht nach dem geheimnisvollen Gott" 1990, S. 30. Und: Die Anerkennung der menschlichen Transzendenz steht in engstem Zusammenhang mit dem Kampf gegen inhumane Zustände und um die Rettung der Schöpfung vor der hemmungslosen Gier der Transzendenzlosen." (ebenda, S. 39) Daraus ist auch abzuleiten, dass das Hören der Botschaft vom Heil keine „wertneutrale" Angelegenheit ist, weil ihm das „Befolgen" entspricht!

255 Damit ist nicht der Beliebigkeit das Wort geredet. Wohl aber ist gemeint, dass „Gottes Geist weht, wo er will". Und dass er Wege kennt, wo wir mit unseren Möglichkeiten an unüberwindbare Grenzen stoßen. Es ist ein Akt des Glaubens, der Demut und der Hoffnung und zugleich eine Herausforderung, wenn wir uns immer wieder eingestehen, dass auch wir versucht sind, von Gottes Zuwendung zu seiner Schöpfung und dabei besonders zu den Menschen zu gering zu denken. Und dass Menschen, die dem Namen nach keine Christen sind, in ihrem Tun vielleicht uns das bezeugen, was wir im Wort verkünden.

256 Die Nachrichten sind voll von buchstäblichen Horrormeldungen, ob man den Nahost-Konflikt nimmt oder immer wieder aufflackernde blutige Auseinandersetzungen in Teilen von Afrika. Beides geht immer einher mit fatalen Folgen für die Zivilbevölkerung, besonders für Kinder, Frauen und ältere Menschen. Ängstlich schaut die Weltöffentlichkeit auf das zähe Ringen um die friedliche Nutzung der Atomenergie durch den Iran. Brüchig und anfällig ist der Waffenstillstand zwischen Nord- und Südkorea. Wie bei den beiden verfeindeten Nationen Indien und Pakistan (beide Nationen sind Atommächte) droht auch hier immer wieder das Aufbrechen der ungelösten Probleme. Und hier wie dort hat man weltweit Sorge, weil eine militärische Lösung solcher Konflikte unabsehbare Folgen mit sich bringt. Nicht nur für die Regionen, sondern für den Weltfrieden.
Ein anderes Beispiel ist der „Kampf gegen den Terror". Wie schnell und wie leicht werden rechtsstaatliche Verfahren und Prinzipien außer Kraft gesetzt? Was steckt dahinter und welche Folgen hat es, wenn Rechtsstaatlichkeit, Gewaltenteilung oder Fairness buchstäblich „über Nacht" außer Kraft gesetzt werden? Welche Ängste befallen Menschen, die hilflos Naturkatastrophen gegenüber stehen? Warum jagt eine Klimakonferenz die andere und warum ein „Gipfeltreffen" auf politischer

Bühne das andere? Dabei sind die Ergebnisse objektiv kaum messbar, im Gegenteil, die unterschiedlichen Interessen sind so gravierend, dass teilweise eine politische Handlungsunfähigkeit zu verzeichnen ist. Anders kann man es nicht sagen, wenn man z. K. nimmt, dass ganze Volkswirtschaften durch finanzielle Intrigen erpressbar sind und die Zerstörung der Umwelt (Stichworte: Rodung des Regenwaldes, Schadstoffausstoß) allen Konferenzen zum Trotz ungehemmt weiter geht.

257 Es gibt eine ganze Palette von Forschungen, die sich mit dem Thema Angst beschäftigen, angefangen bei der Neurologie bis hin zur Philosophie und Theologie. Schon die kleinsten Beobachtungen, wie das Verhalten im Straßenverkehr, können zeigen, dass ohne Angst die Risikobereitschaft des Menschen sehr wahrscheinlich ein Maß annehmen würde, das selbstzerstörerische Ausmaße annimmt.

258 Zur Illustration sei noch auf ein, zwei typische Beispiele aus Politik und Gesellschaft hingewiesen, denn unser Glaube spielt sich nicht im luftleeren Raum ab. Er muss sich ganz real, in den gesellschaftlichen Bezügen der Gegenwart, bewahrheiten. Nur dann ist er glaubwürdig und hat die Kraft, „die Erde zu verwandeln". Ein schon bekanntes Beispiel ist die (ungeheure, von niemandem mehr überschaubare) internationale Finanzkrise. Sie ist noch längst nicht zu den Akten gelegt, schon kündigt sich das Gegenteil von Einsicht an: Es werden weiter in unüberschaubarem Ausmaß Schulden gemacht, die „Solidarität" scheint nur eine Variante der Abschottung zu sein. Und über allem schwebt die riesengroße Angst, dass das ganze Finanzsystem wie eine Blase zusammenfällt und die ganze Weltwirtschaft mit in den Abgrund reißt. Doch wirklich nach Einsicht gehandelt wird kaum. Wie ist es sonst zu erklären, dass bei wichtigen Kontrollmechanismen für internationale Finanzmärkte jedes Mal ein Scheitern auf der „politischen Bühne" festzustellen ist und dass angeblich sehr viele (als von Experten als notwendig erachtete Maßnahmen) nationale Interessen oder gar die „nationale Sicherheit" dies und jenes nicht „erlauben". Als ob Fondmanager oder international operierende Konzerne jemals um „Erlaubnis" gefragt oder nationale Souveränität respektiert hätten?

Als vor 20 Jahren das kommunistische System zusammenbrach, der „kalte Krieg" zwischen Ost und West aufhörte, schoben sich andere Gefahren und Ängste in den Vordergrund: Der Nord-Süd-Konflikt, der Kampf um Energie- und Rohstoffressourcen, die Angst vor Terroranschlägen, die Angst vor einem Zusammenbrechen der weltweiten Kommunikationssysteme. Was besonders schlimm sich auswirken würde, weil diese mittlerweile global sehr eng vernetzt sind.

Überhaupt, wie steht es mit dem vielgepriesenen Fortschritt? Vielleicht keine Zeit vor der unseren wusste „existentiell" mehr als wir um die große Ambivalenz des wissenschaftlichen und technischen Fortschritts. Die Massenvernichtung von Menschen, wie sie im 20. Jahrhundert in so entsetzlichem Ausmaß geschah, wäre nicht möglich gewesen ohne die wissenschaftlich technischen Voraussetzungen hierfür. Die Angst vor genmanipulierten Pflanzen wächst. Wo endet diese Entwicklung und welche Auswirkungen haben solche Eingriffe, wo wir doch wissen, dass alles miteinander zusammenhängt? Mit der Entschlüsselung des menschlichen Erbgutes wächst die reale Gefahr der Selektion menschlichen Lebens. Was ist der tiefere Hintergrund solch einer Frage, wie: „Wer will schon ein behindertes Kind?“ Wohin führt dieses Denken und was ist der eigentliche Bewertungsmaßstab? Wie mag solch eine Frage wirken auf Menschen, die mit einer Behinderung vielleicht ihr ganzes Leben zurecht kommen müssen?

259 Vorgesehen für SW 7.

260 „Das Leben beten“, Hg: Wilhelm Ernst, Leipzig 1975, S. 27.

261 Z.B. Albert Görres, Anita Röper oder Georg Sporschill.

262 Karl Rahner hat diese kirchliche Seite nicht nur in der Tiefe er- und gekannt. Er hat sie auch persönlich erlitten und durchlitten. Das zeigt besonders seine kleine Schrift „Die Kirche der Sünder“ (SW 10. S. 82–95), die im Jahr 2011 als kleine Sonderschrift neu herauskam. Ich erlaube mir insbesondere auf das wunderbare und einfühlsame Nachwort des Herausgebers, Albert Raffelt, hinzuweisen.

263 Wir dürfen uns nicht davon dispensieren. Unabhängig von allen Struktur- und Finanzfragen gilt doch auch: Wir selber sind Kirche. Unser Zeugnis soll das eines Christen sein. Und jeder wird nur für sich beantworten können, ob und wie sein Zeugnis der Botschaft, die es ausrichtet, gerecht wird.

264 Dass das möglich ist, hat gerade Karl Rahner immer wieder betont in seinem Bild vom „findigen Termitenstaat“. Gemeint ist damit, dass der Mensch sich selbst – und damit seine Freiheit – geistig abschafft, indem er im Banalen aufgeht und sich die Frage nach sich und dem Ganzen nicht mehr stellt. Und dass er vergessen hat, dass er diese – einzigartige – Möglichkeit besitzt.

265 Der ganze Komplex „Natur-Gnade“ gehört hierher, auch die Formulierung Karl Rahners von der „Selbsttranszendenz“ des Menschen und die Aussage über das eigentümliche Verhältnis, das beim Menschen gegeben ist, dass nämlich die Abhängigkeit von Gott und der reale Selbststand des Menschen in demselben Maße wachsen.

266 SW 28, S. 621 f.

267 Ebenda, S. 622.

268 Hier wird nicht ernst gemacht mit der Fleischwerdung des göttlichen Logos. Gott selbst geht in seinem Sohn und durch seinen Geist in unsere Welt, in unsere Geschichte ein. Gott selbst, nicht etwas von ihm Verschiedenes! Von daher gibt es keinen „unantastbaren Raum des Glaubens“. Glaube und „Beratungsresistenz“, gekoppelt mit purer Behauptungsmentalität, die sich des Begründungszusammenhangs verschließt und verweigert, schließen sich gegenseitig aus.

269 Vorgesehen für SW 7 – In seinem Nachwort macht der Herausgeber, Albert Raffelt, aufmerksam auf die enge Verbindung bei Karl Rahner zwischen seinen wissenschaftlichen Werken und seinen geistlichen Bemühungen. Beides ist bei Karl Rahner nicht voneinander zu trennen! (Gebete, S. 179 f.).

270 Vorgesehen für SW 7.

271 Eugen Drewermann: „Dass auch der Allerniedrigste mein Bruder sei“, Zürich und Düsseldorf 1998, S. 53 f. „‚Es werden‘, sagt schließlich in seiner Teufelsvision Iwan Karamasow sich selber, ‚die Menschen sich zusammenrotten, und sie werden aus diesem Leben alles herausziehen, was ihnen möglich ist, jedwedes Glück, mit aller

Brutalität, denn es gibt keine Ewigkeit, und sie leben nur hier.' Aber wenn sie das tun, was soll sie dann hindern, bis zum Kannibalismus zu gehen? Wo soll eine Grenze sein? ,Ohne Gott ist alles erlaubt', schreit förmlich Iwan und möchte so nicht denken, aber es ist wie ein Zwangssystem in seinem eigenen Kopf und seiner eigenen Seele. Die Dämonie lebt in ihm selbst, im Schatten eines leergewordenen Himmels. Es ist aber möglich, phantasiert Iwan, zur Rettung der Menschheit einen Glaspalast, ein Glückseligkeitszuchthaus zu errichten" (Dass auch der Allerniedrigste, S. 53 f.).

272 Man kann nicht gegen Kernkraft, Windkraft, Kohlekraft, Ökostrom, neue Stromleitungen sein und zugleich für niedrige Energiepreise votieren mit dem Hinweis, dass der Strom ja aus der Steckdose kommt.

273 Die Güter dieser Erde haben nicht nur den Anschein des Guten, sie sind in vielerlei Hinsicht gut, hilfreich und nützlich. Wenn wir die Nutznießer einer großartigen Entwicklung in vielen Bereichen der Technik und Kultur sind, sollten wir das unumwunden zugeben. Es ist auch eine Form der Ehrlichkeit und Redlichkeit. Gleichzeitig mahnen uns Ressourcenknappheit, soziale Ungleichgewichte und unvorhersehbare Tragödien in der Natur, nicht kritiklos und grenzenlos den „Gütern dieser Welt" zu vertrauen.

274 Auch die Aussagen der modernen Physik von Selbstorganisationsprozessen, in denen Wirkungen auf Ursachen ein- und zurückwirken, finden ihre eindeutige Grenze an den Sinn- und Ganzheitsfragen, die nur eine menschliche Person zu stellen vermag. „Menschsein bedeutet … dass wir in ein Feld eintreten, dass die Neurologie zwar in ihren Mechanismen begründen kann, das aber eine Fülle von Fragen aufwirft, die damit überhaupt erst entstehen." (Eugen Drewermann „Wir glauben, weil wir lieben", Ostfildern 2010, S. 156). Diese Aussage über die Neurologie trifft auf alle anthropologischen Wissenschaften zu, ja auf alle Formen menschlicher Erkenntnis, denn zum Schöpfungsgedanken schreibt Drewermann in demselben Buch, dass er „überhaupt nicht nötig hat, irgendetwas erklären zu wollen. Er verbleibt ganz und gar in den Fragen, die nur wir Menschen an die Welt und an uns selber richten können, und er stiftet eine Antwort, die der Daseinshermeneutik dient, der Vermittlung von Sinnzusammenhängen, nicht von Kausalzusammenhängen" (Ebenda, S. 168). Erstaunlich ist die große Übereinstimmung zwischen diesen Aussagen und denen von Karl Rahner in seinem bekannten Buch „Von der Not und dem Segen des Gebetes", („Beten mit Rahner", Not und Segen, S. 68), in dem Rahner ausführt: „Weiß der Mensch von heute aus sich wirklich mehr von sich, als dass er eine Frage ist in eine grenzenlose Finsternis hinein, eine Frage, die nur weiß, dass die Last der Fragwürdigkeit bitterer ist, als dass der Mensch sie auf die Dauer erträgt?" Und Hans Urs von Balthasar formuliert in seinem vielleicht bekanntesten Buch „Glaubhaft ist nur Liebe" (Einsiedeln 1963, S. 100) über die Grenzen der Wissenschaft: „Nicht, weil der Geist des Menschen sinnenhaft ist, erscheint die Liebe ihm ,draußen', sondern weil es Liebe nur gibt zwischen Personen, was alle Philosophie immer wieder zu übersehen geneigt ist."

275 Not und Segen, S. 66. (Vorgesehen für Band 7 SW).

276 An dieser Stelle sei es mir erlaubt, neben dem „Vater unser" Karl Rahners auch das „Vater-unser" des früheren Aachener Bischofs Klaus Hemmerle zu erwähnen bzw.

anzuführen. Beide Gebete gehören für mich zum Schönsten, was ich in der spirituellen Literatur bisher kennengelernt habe.
„Wofür wir leben? Für den Vater, für seinen heiligen Namen – und darum für den guten Namen all derer, die er aus Liebe erschaffen hat, damit sie seine Söhne und Töchter seien, seinen Namen erben.
Für sein Reich, das kommen wird und das schon jetzt anbricht, wo wir nicht angsthaft um *unsere* Zukunft, sondern um *Gottes* Zukunft für alle besorgt sind. Für seinen Willen, der allein unseren eigenen Willen heilt und erfüllt, frei macht für sich und stark macht, das Gute für alle zu wollen.
Für unser Heute und aller Morgen, für das Brot, das er uns gibt, damit wir es teilen. Für Friede und Versöhnung, für gegenseitige Vergebung und immer neuen Anfang. Für die Treue, für die Überwindung aller Bedrängnis und Versuchung in der Kraft, die Gott uns gibt, im Zeichen des Kreuzes seines Sohnes. Für Erlösung und Befreiung, die nicht unser Werk sind, sondern unsere Hoffnung, Hoffnung aber, die uns fähig macht zur Tat und zum Dienst. Leben für den, der für uns ist, der für alle ist. Und wenn Gott selbst für uns ist, wer ist dann gegen uns? (vgl. Röm. 8, 31)" (Klaus Hemmerle: „Gottes Zeit – unsere Zeit", München 1995, S. 339).

277 Karl Heinz Weger: „Karl Rahner", S. 43.

278 Reinhold Schneider „Schicksal und Landschaft", Freiburg-Basel-Wien 1960, S. 295 ff. Beeindruckend, weil wie ein frühes Selbstporträt des „späten" Reinhold Schneider, lesen sich auch jene Sätze, die er 1935 (!) über Nietzsche formulierte: „Dem Glauben hatte im Grunde das ganze Leben des Verneiners gedient, nicht nach seinem , sondern nach einem höheren Willen; denn *indem es erwies, dass ein Leben ohne den Glauben nicht möglich ist, machte es wieder Raum für den Glauben.* Alle, die auf Erden mit dem Einsatz ihrer ganzen Seele streiten, streiten für Gott" (S. 300). Karl Pfleger verdanke ich den folgenden Hinweis über Reinhold Schneider: „Bei Schneider gehört zum vollen Begriff der extremen Existenz, dass er sie nicht nur privat für sich lebt, sondern auch für die anderen lebt, und sie daher schriftstellerisch kundtut. Für den Schriftsteller, wie er ihn versteht, besteht das Lebensproblem grundwesentlich im Vollzug der Wahrheit" (WW, S. 270). Auf diesem Hintergrund und der Aussage Schneiders über Nietzsches Leben, „*indem es erwies, dass ein Leben ohne den Glauben nicht möglich ist, machte es wieder Raum für den Glauben*", sind die folgenden Aussagen Schneiders zu sehen und zu werten, die die Interpretation absurd erscheinen lassen, Schneider habe in seinem „Wiener Winter" seinen Glauben verloren.
„Und es muss sein, es ist ganz unabdingbar, was sich verhüllt in mir, was sich mir unter dem Geheimnis der Barmherzigkeit sachte entzieht" (ebenda, S. 253). „Ich habe mich in dem Verdacht, da sein zu müssen, als Vorbote des Entsetzlichen" (S. 247); „Auf die Geschichtswelt gibt es zwei Antworten: das Märchen und das Kreuz. Damit ist gesagt, wo wir uns befinden" (S. 79). Schneider gelangt zu Aussagen, die in einmaliger Weise erweisen, dass „ein Leben ohne den Glauben nicht möglich ist", wenn er die Ausweglosigkeit einer rein materialistischen, weltimmanenten Deutung beschreibt: „jegliches Leben wird seine Schuldigkeit entrichten, zeugen und den Tod bereiten und erdulden, der sein Dasein ist" (S. 186). „Nichts

ist langweiliger als die Romantik der Maschinenpistole" (S. 183). Schneider warnt aber auch davor, allzu selbstsicher mit dem Glauben zu „hantieren", der uns eben nicht verfügbar ist, der auch Dunkelheit kennt, Zweifel und Anfechtung, wenn er schreibt: „Ich kann nur staunen über diese Kunst, über alle Gefährlichkeiten hinweg und ohne diese zu leugnen, den Gott der Liebe zu demonstrieren" (S. 216). Und weiter: „In aller Religion ist die Sehnsucht nach dem leidenden Gott, nach dem göttlichen Bruder in der Schmerzensgefangenschaft: Wie viele Fesseln nahm er nicht ab; wie viele schauerliche Verliese schloss er nicht auf!" (S. 57) „Papst Gregor, der Zweifler an der Kanzel, hält die Hostie in der Hand, an deren Geheimnis er nicht glaubt, und schaut bittersten Blicks auf die Menge herab, die nicht einmal mehr zu zweifeln vermag" (S. 92). „Wenn der Mensch das ewige Leben weder ersehnt, noch fürchtet ... verdorrt das Korn für immer" (S. 67). Und wieder: „Allein das Märchen von der Gnade löst das Wirrsal: Nur das Märchen ist Antwort an Leben und Zeit; es ist der Lobgesang der Tragiker" (S. 218).

279 „Von Gott sprechen". Pastoral-katechetische Hefte, Nr. 54, Leipzig 1975, S. 142, Quellenverzeichnis S. 164, dort: J. Paul: Blumen-, Frucht- und Dornenstücke oder Ehestand, Tod und Hochzeit des Armenadvokaten F. St. Siebenkäs.

280 Die Einzel(fall)arbeit macht das Gros der Arbeit in der Schulwerkstatt aus, in Ergänzung zu Elternarbeit und Arbeit in sozialen Netzwerken.

281 Ausdruck aus den Leitlinien für die Pastoralen Räume im Bistum Hamburg.

282 Benedikt XVI. „Licht der Welt", 2010, S. 206/183.

283 Man kann es vielleicht so sagen, wie es unlängst als Spruch auf einem Kalenderblatt zu lesen war: „Wer staunen und lieben kann, gehört zu den Gesegneten dieser Erde".

284 Text aus einem bekannten Kirchenlied. „Gotteslob", 1997, Nr. 895, Beginn der zweiten Strophe.

285 Darum scheint es angemessen zu sein, hier zunächst Karl Kardinal Lehmann zu wiederholen, der das Entscheidende zu der Passage, der dieser Text entnommen ist, gesagt hat:
Karl Rahner „wollte kurz vor Vollendung seines 80. Geburtstags von der Hoffnung des Ewigen Lebens sprechen. Die zwei Seiten ... gehören zu den am meisten konzentrierten und zu den dichtesten Aussagen Karl Rahnes zu dieser Wahrheit des Glaubens. Der ganze Rahner ist hier versammelt: die abgründige Ehrlichkeit im Ringen mit den durchschnittlichen ‚Vorstellungsschemen', das leidenschaftliche Infragestellen aller Verharmlosungen, der letzte Ernst theologischer Verantwortung vor der ‚unsagbaren Ungeheuerlichkeit' von Gottes Seligkeit. Wie immer ist der Anlauf etwas mühsam. Dann kommt in einem einzigen überlangen Satz – es sind fast dreißig Zeilen – eine große Aussage, die das ganze Leben des Menschen in seinen Höhen und Tiefen vor das Geheimnis der Ewigkeit Gottes bringt, an der der Mensch teilnehmen darf. Diese Aussage ist zu einem Lebensbekenntnis nicht nur des Theologen, sondern vor allem des gläubigen Christen, Priesters und Ordensmannes Karl Rahner geworden. Der eine Satz sagt nach meinem Empfinden mehr aus über die Mitte des Glaubens als viele ‚Kurzformeln', auch die von Karl Rahner selbst gewagten Versuche. Danach brauchte er nicht mehr viel zu sa-

gen" (Karl Rahner: „Von der Unbegreiflichkeit Gottes", Freiburg-Basel-Wien 2006, S. 14 f.).

286 Es drängt sich mir der Eindruck auf, dass gerade im letzten öffentlichen Vortrag Karl Rahners jeder Satz wirklich ein G r u n d s a t z ist. Da gibt es nichts Überflüssiges, keine Schnörkel, Abweichungen, „Nebenschauplätze". Alles ist gesammelt, hoch konzentriert. Ich vergleiche diesen letzten Vortrag gerne mit gutem, gereiften Wein, der köstlich schmeckt.

287 Gebete, S. 98. „Du hast uns unmittelbar zu dir gemacht, indem du uns alle Götzen immer wieder zerstörst in uns und um uns herum, die wir anbeten wollen, an denen wir aber dann selbst versteinern" (SW 26, S. 498–506).

288 Karl Pfleger: „Christusfreude", Frankfurt am Main 1973.

289 Karl Pfleger: „Im Schatten des Kirchturms, Paderborn 1952.

290 Karl Pfleger: „Die verwegenen Christozentriker", Freiburg-Basel-Wien 1964.

291 Karl Pfleger: „Geister, die um Christus ringen", Heidelberg 1946.

292 Karl Pfleger: „Kundschafter der Existenztiefe", Frankfurt am Main 1959.

293 Karl Pfleger: „Christusfreude", Frankfurt am Main 1973, S. 14/15.

294 Ebenda, S. 144

295 So, wie in etwa Teilhard de Chardin, der über seinen Glauben freudig bekennt: „Es macht den Wert und das Glück des Lebens aus, in etwas Größerem aufzugehen als man selbst ist." Und: „Im Grunde konzentriert sich für mich das wahre Interesse des Lebens unwiderstehlich immer mehr auf diese grundlegende Frage der Beziehungen zwischen Christus und der ‚Hominisation' …" Aus Josef Vital Kopp: „Entstehung und Zukunft des Menschen – Pierre Teilhard de Chardin und sein Weltbild", Luzern-München 1961. Oder: „Ich glaube, dass das Universum eine Evolution ist. Ich glaube, dass die Evolution auf den Geist zugeht. Ich glaube, dass der Geist sich im Persönlichen vollendet. Ich glaube, dass das höchste Persönliche der universale Christus ist." Karl Pfleger: „Lebensausklang", Frankfurt am Main 1975, S. 137 f.

296 „Die Rotationswalze des allgemeinen Dialogs steht still, weil jeder immer schon weiß, was überhaupt gesagt werden kann, vom Lao zu Mao, und die fetteste Schlagzeile kein Blickfang mehr ist." Hans Urs von Balhasasar: „In der Fülle des Glaubens", 1980, S. 207

297 Karl Rahner hat nie die Existenz der Hölle geleugnet, doch mit aller Kraft seines Herzens und Verstandes gehofft, dass sie für alle Zeiten leer bleibt. Es war Karl Rahners Glaubenshoffnung, keine Glaubensgewissheit!

298 Vgl. u. a. Anita Röper: „Karl Rahner als Seelsorger", Innsbruck-Wien 1987; Elmar Klinger: „Das absolute Geheimnis im Alltag entdecken", Würzburg 1994, SW 28, S. 378 ff., die vielen Hinweise von Pater Sporschill.

299 Vgl. Karl Lehmann in Rahner, Rechenschaft, 2. Auflage der Sonderausgabe 2004, S. 23. Wenn man diese Textpassage von Karl Kardinal Lehmann vergleicht mit jener aus einer früheren Ausgabe von „Rechenschaft des Glaubens" (dort S. 22), wird man eine feine Nuancierung erkennen: In Hinsicht u. a. auf Balthasar und Guardini sagt Lehmann in der neueren Ausgabe von „Rechenschaft", dass deren Aufnahme im Allgemeingut kirchlichen Denkens und Lebens zwar weiter gegan-

gen ist. Allerdings seien auch hier noch Reserven zu erschließen. Und noch wichtiger scheint mir der Hinweis Lehmanns zu sein, dass diese Entwicklung zurückzuführen ist auf eine veränderte Situation heutiger Theologie. Dabei kann er noch einmal deutlich machen, wie hoch der Stellenwert Karl Rahners ist in Bezug auf die veränderte Situation der Theologie heute.

300 Ebenda, S. 23.

301 SW 17 I und II.

302 Sehr schön sagt dies wiederum Karl Lehmann: „Karl Rahner verkürzt nichts, er weiß um die volle Wirklichkeit und die Fülle des Christlichen ... mit wenigen Worten trifft er die religiöse und theologisch bedeutsame Mitte." Aus dem Vorwort von Karl Lehmann zu Karl Rahner „Über die Sakramente der Kirche", Freiburg-Basel-Wien, Neuausgabe 1985.

303 Abschließend sei noch ein besonders schönes Beispiel angeführt, das zeigt, wie beide Impulse Karl Rahners, der zur Trinität – die „konkreter Monotheismus" ist – und der zur karitativen Dimension der Kirche, miteinander und ineinander verschränkt sind.
In der Zeitung „Betendes Volk Gottes", ebenfalls aus dem Jahr 2010, kann man unter der Überschrift „Menschwerdung soll sich auch verwirklichen" nachlesen: „Was wir an Weihnachten feiern, hat auch mit unserem Leben zu tun: Mit Gottes Mensch-Werdung in uns und daher auch mit unserer Mensch-Werdung. Letztlich heißt das: Langsam, Schritt für Schritt, so Mensch zu werden, wie Jesus Christus, der Mensch-gewordene, uns Menschsein vorgelebt hat ... Je konsequenter ein Mensch den Weg nach innen geht, je tiefer er bei sich und bei Gott ankommt, desto mehr wird es ihn drängen, aus sich heraus zu gehen, um für andere da zu sein und die Welt im Sinne Gottes mit zu gestalten." Aus „Betendes Volk Gottes" – Zeitschrift des Rosenkranz – Sühnekreuzzuges um den Frieden der Welt 2010/4.

304 Großes Erschrecken löste bei mir die Erkenntnis aus, wie biologistisch sich die „klassenbedingte" Ideologie des Marxismus/Leninismus präsentieren kann (Biologistische Selektion von Menschen war mir bisher nur vom Rassenwahn der Nazi-Ideologen bekannt.). Nur weil in dem kleinen, fernöstlichen Land Kambodscha aus Sicht einer Parteienkaste um Pol Pot Ende der 70-er Jahre des vergangenen Jahrhunderts die Schicht der sogenannten „Intelligenz" sich abhob von der der „Arbeiter und Bauern", musste sie buchstäblich verschwinden. Man erschlug, oft im wahrsten Sinn des Wortes, fast ein Drittel des gesamten Volkes. Ähnlich führte sich auch in China der „rote Mob" während der „Kulturrevolution" auf. Wer aus Intelligenzgründen nicht zur „Arbeiterklasse" gehört, muss vernichtet werden. Er könnte (ja er wird es, denn er hat ja ein Eigeninteresse!) ein Feind der Revolution sein.

305 Sind Judenfeindlichkeit und der Hass auf die Kirchen in diesen Ideologien nicht auch zu einem großen Teil dadurch erklärbar, weil in diesen Religionen das Wissen wachgehalten wird, das da lautet: „Du sollst keine Götter neben mir haben"?

306 Hier greift der Begriff „übernatürliches Existential", den Karl Rahner geprägt hat. Er ist im Modus des Angebotes gegeben und nicht gleichzusetzen mit der Annahme des göttlichen Gnadenangebotes.

307 Ekstatische Gottesliebe, S. 284.

308 „Der Mensch hört dann sich selbst als Anrede Gottes, die durch Glaube, Hoffnung und Liebe in der gnadenhaften Selbstmitteilung Gottes mit Gottes Selbstzusage erfüllt ist. (XIII,155) Das Gebet ist somit immer praktisch bezogen, immer handlungsorientiert. Beten und Leben als Fragen nach der göttlichen Führung sind dasselbe: Das Leben soll ein ‚einziges Gebet' sein und das Beten ‚ein Stück eines solchen Lebens'" (WiS 22, Zitat von Miggelbrink). Vgl. Ekstatische Gottesliebe, 1989, S. 286.

309 Karl Rahner hat darauf hingewiesen, dass Reflexion den eigentlichen Vollzug im Leben nie wirklich ganz einholen kann. Das gilt grundsätzlich, nicht nur für das Gebet. Aber eben auch für das Gebet. Vgl. dazu SW 26, S. 21ff., 405.

310 Die deutschen Bischöfe Nr. 91, „Berufen zur Caritas", S. 24 (3.3.). „Caritas geschieht unabhängig von Parteien, Ideologien oder politischen Interessen ... Dies gilt auch für die missionarische Dimension von Caritas. ‚Wer im Namen der Kirche karitativ wirkt, wird niemals dem anderen den Glauben der Kirche aufzudrängen versuchen' ... Er weiß, dass die Liebe in ihrer Reinheit und Absichtslosigkeit das beste Zeugnis für den Gott ist, dem wir glauben und der uns zur Liebe treibt. Der Christ weiß, wann es Zeit ist, von Gott zu reden, und wann es recht ist, von ihm zu schweigen und nur einfach die Liebe reden zu lassen."

311 Ich verweise an dieser Stelle nur auf das Nachwort, in dem auf diese Frage ausführlicher eingegangen wird.

312 Marcel Legaut: „Meine Erfahrungen mit dem Glauben", Freiburg-Basel-Wien, S. 14/15. „Gerade das ist ein Hindernis auf dem Weg zu Jesus, wenn man sich einbildet, man kenne ihn, weil man viel von ihm gehört hat. Der Einschliff der religiösen Praxis, den die Christen in ihrer Jugend zu bekommen pflegen, lässt sie allzu leicht an das glauben, was man sie lehrt. Sie sind ihres Glaubens sicher ... Diese Religion dispensiert ihre Anhänger von jeder persönlichen Suche nach Jesus und weist dafür Christus umso präziser und ausgetüftelter einen zentralen Platz in der Schöpfung an. Während sie ausgiebig vom Mysterium spricht, raubt sie es ihm."

313 Das ist identisch mit einer Anmerkung Karl Pflegers, der sinngemäß sagte, dass eine Frage nach dem Sinn der Welt gar nicht entstehen könnte, wenn Sinn nicht schon da wäre. Niemandem würde es einfallen, in einer lichtlosen Welt nach einem elektrischen Schalter zu suchen.

314 Karl Jaspers drückt es so aus: „Keine Existenz ohne Transzendenz".

315 Oder einer „Mutter", hier ist jedes Ausspielen geschlechtsspezifischer Unterschiede gegeneinander unangebracht und unangemessen.

316 WW, S. 34.

317 Ebenda S. 71/S. 102f./S. 105.

318 Ebenda, S. 120f.

319 Ebenda, S. 156/192.

320 Ebenda, S. 110.

321 Ebenda, S. 94f.

322 Ebenda, S. 208.

323 Schneider stellte ja diese Fragen nicht nur verbal, man könnte mutatis mutandis mit Kierkegaard davon sprechen, „es wäre dennoch das eigentliche Wort seines

Lebens, seine mit der ganzen Existenz ausgedrückte Aussage. Denn man könne ja nicht nur mit Worten, sondern auch mit seinem Verhalten, mit seiner ganzen Existenz gestikulieren und reden ..." Eugen Biser: „Predigten zum Lesejahr", Düsseldorf 1995.

324 Ebenda, S. 76.

325 Mit denen wir zusammen doch letztlich nur eines können: Uns gemeinsam in Gottes Barmherzigkeit flüchten und bergen.

326 SW 26, S. 76.

327 Hier hat Eugen Drewermann unter Bezugnahme auf Dostojewski bleibend Gültiges gesagt: „Das Ungenügen an der Welt, wie wir sie antreffen, gehört wesentlich zu uns Menschen, und diese Tatsache bedeutet eigentlich auch das Ende der klassischen Religionskritik im 19. Jahrhundert. DOSTOJEWSKI meinte einmal sinngemäß: ‚Wenn der Glauben dazu gehört, gesund bei Verstand zu bleiben, was ist dann gegen den Glauben zu sagen? Ist er deshalb kritisch zu betrachten, weil er die einzige Art ist, um als Mensch gesund zu leben und den Rückfall in die Barbarei zu verhindern?" (Die großen Fragen, 2012, S. 216) Sollte uns diese Aussage des großen russischen Schriftstellers nicht dankbar stimmen und sollte es nicht Aufforderung sein, frohgestimmt das Glaubensgespräch zu suchen?

328 „Die Erhörung durch den Vater ist dem Sohn zu Eigen, sie ist uns verheißen als Kindern des Vaters und als Brüdern des Christus." D. h. Gottheit und Menschheit sind im Christusereignis, „ungetrennt" und „unvermischt", wodurch Jesus zugleich unser Bruder und Herr ist, weil ER das „zu Eigen hat", was uns „nur" verheißen ist.

329 Dieser Beitrag stellt eine erweiterte und überarbeitete Fassung seines Beitrags dar: Karl Rahner SJ (1904–1984), in: Friedrich W. Graf (Hg.): Klassiker der Theologie. Bd. 2: Von Richard Simon bis Karl Rahner, München 2005, 289–310.

330 Ralf Miggelbrink: „Ekstatische Gottesliebe im tätigen Weltbezug", Telos, Altenberge 1989, (Abkürzung im Folgenden: Ekstatische Gottesliebe) S. 1 „... eine erste Eigenart der Theologie Rahners ...: Die theologische Durchdringung und denkerische Aneignung des überlieferten Glaubensgutes wird bei Rahner mit einer hohen erkenntnistheoretischen und methodologischen Bewusstheit durchgeführt" (Füssel, Wagnis Theologie, 1979, S. 199–209).

331 „Gnade und Welt" von Nikolaus Schwerdtfeger erschien 1982 im Herder Verlag, Freiburg-Basel-Wien (nachfolgend: Gnade und Welt). Über 20 Jahre später schrieb sein Doktorvater Karl Lehmann über diese Arbeit: „Schwerdtfeger hat eine phantastische Dissertation geschrieben, die bis heute eine sehr, sehr gute Arbeit ist" (Begegnungen mit Karl Rahner, 2006, S. 92).

332 Und über die „Ekstatische Gottesliebe" schrieb sein Doktorvater Herbert Vorgrimler im Jahr 2004 in „Karl Rahner–Gotteserfahrung in Leben und Denken", S. 14: „Mit einem Herzstück der Dogmatik, der Gotteslehre Karl Rahners befasst sich die hervorragende Dissertation meines Schülers Ralf Miggelbrink." Und im Buch „Der Denkweg Karl Rahners", Mainz 2003, schreibt Roman Siebenrock über diese Arbeit: „Dieser Arbeit verdanke ich für das eigene Rahnerverständnis viel" (S. 198, Anm. 4).

333 Gnade und Welt, S. 428.

334 Ekstatische Gottesliebe, S. 13.

335 Ebenda, S. 13.

336 Ebenda, S. 12.

337 Karl Lehmanns Worte, die sich ungekürzt auch in der 2. Auflage der Sonderausgabe der „Rechenschaft des Glaubens" 2004 finden, können nicht oft genug wiederholt werden. Darum seien sie auch hier nochmals in Erinnerung gerufen: „Die versierte Kenntnis der Geschichte der Kirche und der Theologie hat Rahner jene immer wieder überraschende Zuverlässigkeit gegeben, die ihm in den schwierigsten Fragen (Natur und Gnade, Dogmenentwicklung, Grundlegung der Christologie) und zu den gefährlichsten Zeiten (sie reichen ja bis in die Jahre *vor* dem Krieg!) eine Tollkühnheit des theologischen Denkens erlaubte, deren Gewicht man heute kaum mehr direkt ermessen, sondern in einem fast schon ‚historischen' Rückblick nur noch ahnen kann" (Karl Rahner-Lesebuch, Freiburg-Basel-Wien, 2. Auflage der Sonderausgabe 2004, S. 26).

338 Eugen Drewermann: „Hat der Glaube Hoffnung", Düsseldorf und Zürich 2000, S. 106.

339 Über die Aussagen Rahners hierzu Ralf Miggelbrink, Ekstatische Gottesliebe, S. 189, 193 f., 195.

340 Eugen Drewermann: „Wir glauben, weil wir lieben", Ostfildern 2010, S. 184.

341 Hier sei mir eine kleine persönliche Bemerkung gestattet. Dem Grundlagenwerk „Strukturen des Glaubens" von Eugen Drewermann, das mit kirchlicher Druckerlaubnis erschien, das wegen seiner Fülle und seiner Analysen in wissenschaftlichen Kreisen für Aufsehen sorgte und zu dem sich Eugen Drewermann ausdrücklich nach wie vor, ohne Abstriche, bekennt, verdanke ich viele Einsichten. Eugen Drewermann, u. a. in „An ihren Früchten werdet ihr sie erkennen", weist vielfach darauf hin, dass er ohne Kenntnis dieses Werkes nicht verstanden werden kann. Es macht mich betroffen und traurig, dass jemand, der ansonsten unglaublich viel weiß, der neben dem Wissen eine ungeheure Sprachbegabung hat und sehr genau zu differenzieren vermag, an solchen Stellen eine derartige Vereinfachung erkennen lässt, ja, selber zulässt, die die Frage aufwirft: Welche Erfahrungen stehen hinter solchen Aussagen, die bestenfalls eine Karikatur von Kirche widergeben?

342 Karl Rahner: Sämtliche Werke, abgekürzt: SW, hier 29, S. 307–316, ursprünglich in „Schriften zur Theologie", Zürich-Einsiedeln-Köln 1954–1984, (nachfolgend: Schriften) XIV, 380 f. Auf die „Schriften zur Theologie" und andere Werke Karl Rahners neben den SW wird nur insoweit Bezug genommen, soweit sie noch nicht in den SW veröffentlicht sind (Siehe auch Literaturliste).

343 Obwohl nicht übersehen werden darf, dass gerade die Kirchen in Deutschland entsprechende Leitlinien haben für die Frage nach einem angemessenen Umgang mit Opfern von sexuellem Missbrauch und Gewalt, die Achtung und Respekt verdienen, zumal andere Institutionen sich schwertun, Vergleichbares auf den Weg zu bringen. Mittlerweile wird das – zumindest teilweise – auch öffentlich anerkannt.

344 Der verantwortliche Chefredakteur Ulrich Ruh in „Korrespondenz", Heft 6, Juni 2011.

345 Die tiefe traditionelle Verwurzelung dieser Grundannahme bestätigt auch Papst Benedikt/Ratzinger mit folgenden Worten: „Die unserem Sein eingesenkte Anamnese braucht sozusagen die Nachhilfe von außen, damit sie ihrer selbst inne wird. Aber dies Äußere ist doch nicht etwas ihr Entgegengesetztes, sondern ihr zugeordnet: Es hat mäeutische (d. h. Hebammen-)Funktion, legt ihr nicht Fremdes auf, sondern bringt ihr eigenes, inneres Eröffnetsein für die Wahrheit zum Vollzug." Josef Ratzinger „Wahrheit, Werte, Macht. Prüfsteine der pluralistischen Gesellschaft" VH, Freiburg im Breisgau 1995, S. 53 f.

346 Karl Rahner SW 13, S. 269–437; „Einübung priesterlicher Existenz", Freiburg-Basel-Wien, S. 24.

347 SW 28, S. 548.

348 Anselm Grün in „Wer bist Du, Gott?", Anselm Grün/Wunibald Müller, München 2010, S. 29.

349 Gnade und Welt.

350 Ebenda, S. 426.

351 Ekstatische Gottesliebe 189, 193 f.

352 Josef Kardinal Ratzinger „Theologische Prinzipienlehre", München 1982, S. 127.

353 Ebenda S. 127.

354 Josef Ratzinger/Benedikt XVI „Einführung in das Christentum, München 2000.

355 Josef Ratzinger „Einführung in das Christentum", München 2000, S. 26.

356 Ebenda, S. 229 ff.

357 Vgl. Karl Lehmann in Karl Rahner „Von der Unbegreiflichkeit Gottes", 2006. In Stimmen der Zeit, Spezial 1 (2004, Karl Rahner–100 Jahre) schreibt Roman Siebenrock auf S. 37: „Manche Manuskripte beeindrucken mich bis heute. Die handschriftlichen Fassungen zahlreicher Artikel für das ‚Kleine Theologische Wörterbuch' gehören dazu ... Die Handschriften zeigen nur wenige Korrekturen und Ergänzungen. Den Schulstoff beherrschte er mit absoluter Souveränität, inklusive der einschlägigen ‚Denzinger-Nummern'."

358 Vgl. Karl Kardinal Lehmann, Karl Rahner und die Kirche, in: Vor dem Geheimnis Gottes den Menschen verstehen, Karl Rahner zum 80. Geburtstag, 120–135; derselbe, Das gelebte Zeugnis: Karl Rahner in: Dein Reich komme. 89. Deutscher Katholikentag Aachen 10.–14. September 1986, Dokumentation Teil I (Paderborn 1987) 832–842 – Franz Kardinal König: „Mein Konzilstheologe" in: „Begegnungen mit Karl Rahner", 2006, S. 23 ff. – Die wissenschaftlichen Arbeiten über seine Konzilstätigkeit von Günther Wassilowsky „Universales Heilssakrament", Innsbrucker Theologische Studien 59, Innsbruck-Wien 2001 und über Grundlinien einer Theologie als kirchlicher Existenz „Jetzt ist noch Kirche" von Udo Bentz, Innsbrucker Theologische Studien 80, Innsbruck-Wien 2008.

359 Karl Rahner „Beten mit Karl Rahner", 2004, Band 1 „Von der Not und dem Segen des Gebetes" (vorgesehen für Band 7 SW, S. 66 [Band 2: „Gebete des Lebens"]).

360 SW 22/2 S. 704–721, ursprünglich in Quaestiones Disputatae 54, Freiburg-Basel-Wien 1971, S. 58,42 ff.

361 Stimmen der Zeit, Spezial 1 (2004, Karl Rahner – 100 Jahre), der Beitrag von Andreas Batlogg, S. 20.

362 Ebenda, S. 20, ursprünglich aus Herbert Vorgrimler „Karl Rahner–Gotteserfahrung in Leben und Denken (Darmstadt 2004), S. 46.

363 Stimmen der Zeit, Spezial 1 (2004, Karl Rahner–100 Jahre), der Beitrag von Karl Kardinal Lehmann, S. 13/14. Er zitiert dabei A. Görres, Wer ist Karl Rahner für mich?–Antwort eines Psychotherapeuten, in: Karl Rahner. Bilder eines Lebens, hg. Paul Imhof u. H. Biallowons (Freiburg/Zürich 1985), S. 78–80, 80.

364 Dazu Karl Kardinal Lehmann in seinem Vorwort zu Karl Rahner „Über die Sakramente der Kirche", 1985, S. 9. „Karl Rahner verkürzt nichts, er weiß um die volle Wirklichkeit und die Fülle des Christlichen ... mit wenigen Worten trifft er die religiös und theologisch bedeutsame Mitte."

365 Ich glaube nicht, dass es ein Zufall ist, dass dieses Wort exakt denselben Titel trägt wie eine der wichtigsten Kleinschriften Karl Rahners aus dem Jahr 1965, die auch in die SW, Band 14, aufgenommen wurde.

366 Und zwar den unverkürzten Glauben der Kirche!

367 Karl Lehmann in Karl Rahner „Von der Unbegreiflichkeit Gottes", Freiburg-Basel-Wien 2006, S. 14/15–SW 25, S. 47–57.

368 Dialogwort der deutschen Bischöfe aus dem Jahre 2011 „Im Heute glauben"–Karl Rahner „Von der Unbegreiflichkeit Gottes", Freiburg-Basel-Wien 2006, S. 51 ff. – SW 25, S. 47–57.

369 Herbert Vorgrimler, Karl Rahner verstehen", Freiburg–Basel–Wien 1985, S. 147, auch Bernhard Grümme, „Noch ist die Träne nicht weggewischt von jeglichem Angesicht", Altenberge 1996.

370 Auf diesen Einwand antwortet Siebenrock, dass Rahners Ansatz „keine grundsätzliche Einschränkung" bedeutet. „Zu diesem Vorgehen gibt es deswegen keine Alternative, weil auch ein Ansatz beim Staunen, einer personalen Begegnung oder einer Sondererfahrung, insofern sie kognitiven Anspruch erheben will, als Erkenntnisakt reflektiert werden muss." Aus „Der Denkweg Karl Rahners, Mainz 2003, S. 79, auch: „Für den, der staunt, steht alles in Frage" (ebenda, S. 87).

371 Hier sei nur noch einmal an den schon erwähnten Hinweis von Hans Urs von Balthasar erinnert. Hans Urs von Balthasar erwähnt m. E. aus guten Gründen in seinen späten Lebensjahren, dass Karl Rahner die Gabe hatte zur „Unterscheidung der Geister". Er meint damit seine Fähigkeit, entscheiden zu können, was aufgegeben werden kann und was nicht, was einer „schöpferischen Verwandlung" bedarf, um so anzukommen, wie es gemeint ist.

372 SW 13, 269–437; ursprünglich Karl Rahner „Einübung priesterliche Existenz", Freiburg-Basel-Wien 1970, S. 96.

373 Nur nebenbei sei angemerkt: Dann müssen all jene, die Rahner auf dem II. Vatikanum erlebt haben, ebenso wie jene, die ihm die kirchliche Druckerlaubnis gaben – und darauf hat Karl Rahner bis zu seinem Lebensende geachtet, dass seine Werke mit Zustimmung der Kirche erschienen –, günstigstenfalls theologisch ihn nicht verstanden haben. Auf dem Konzil wurde derlei schwerwiegender Vorwurf nach meiner Kenntnis nicht erhoben. Ganz abgesehen davon, dass ich meine Zweifel habe, dass Leute, die heute meinen, sich in das Gottgeheimnis weiter „zurücktasten" zu können als Karl Rahner es vermochte, sich den tatsächlichen

Fragen der Zeit aussetzen. Ob nicht derlei „Rechtgläubigkeit“ (oder sollte man eher sagen Rechthaberei in Sachen des Glaubens) die Kompensation für den Ausfall und die Unfähigkeit ist, den Glauben der Kirche mit den Fragen, Nöten, Hoffnungen und Problemen der Zeit zusammenzubringen? Ich kann mich nur wundern über die Energie, mit der solche irritationsfesten Behauptungen vorgetragen werden!

374 In Gott „subsistiert“ die eine göttliche Natur in drei Personen, während in Jesus von Nazareth zwei Naturen (ungetrennt und unvermischt–Chalzedon), die göttliche und die menschliche, in einer einzigen göttlichen Person sich vereinigen. Wer hier kein hermeneutisches Problem sieht in Bezug auf das Verstehen und den Verständnishorizont der „Zeitgenossen“, bei dem stellt sich m. E. nach die Frage nach der Fähigkeit zum Dialog überhaupt!

375 SW 22/2, 722–738, ursprünglich Karl Rahner QD, 54, S. 58.

376 Gnade und Welt, S. 240 f.

377 So Wunibald Müller in „Wer bist Du, Gott?“–Anselm Grün, Wunibald Müller, München 2010, S. 83–Was auffällt, ist die Tatsache, dass in dieser wichtigen Frage der Trinitätstheologie in diesem ausgezeichneten Gespräch Karl Rahner zitiert wird mit einer Pfingstmeditation aus dem Jahre 1952! (Das belegt die Quellenangabe. Der Text ist dem Großen Kirchenjahr entnommen, 1990, S. 308)

378 Ebenda, S. 29–Anselm Grün über Karl Rahner: „Karl Rahner, über den ich promoviert habe und den ich nach wie vor als Theologe sehr schätze, hat zu beschreiben versucht, dass wir bei jedem Denken über das Vorfindbare hinausgehen und letztlich die Transzendenz mitbedenken. Jeder Akt des Denkens übersteigt den konkreten Gegenstand des Denkens und übersteigt ihn auf Gott hin.“

379 So Michael Hauber in seiner Dissertation über Karl Rahners Trinitätstheologie „Unsagbar nahe“ (Innsbrucker theologische Studien, 82, 2011), Innsbruck-Wien, S. 217 ff.).

380 Ebenda, S. 220 ff.

381 Ebenda, S. 225.

382 Karl Rahner: „Sehnsucht nach dem geheimnisvollen Gott“–Profil–Bilder–Texte, herausgegeben von Herbert Vorgrimler, Freiburg-Basel-Wien, S. 72.

383 Karl Heinz Neufeld: „Die Brüder Rahner“, Freiburg-Basel-Wien 2004.

384 Johannes Holdt: „Hugo Rahner“, Paderborn-München-Wien 1997.

385 Hans Urs von Balthasar „Cordula oder der Ernstfall“ (Kriterien 2), Einsiedeln 1966.

386 Vgl. nur exemplarisch: “Wagnis Theologie“–Erfahrungen mit der Theologie Karl Rahners (Hg. Herbert Vorgrimler), 1979, „Karl Rahner in Erinnerung“, Düsseldorf 1994, „Theologie aus Erfahrung der Gnade“ (Delgado, Lutz-Bachmann), Hildesheim 1994, „100 Jahre Karl Rahner Nach Rahner post et secundum“, Karl Rahner-Akademie Köln 2004, „Karl Rahner in der Diskussion“ (Hg. Siebenrock), Innsbruck 2001, „Der Denkweg Karl Rahners“, Mainz 2003, „Karl Rahner 1904–1984–Was hat er uns gegeben?–Was haben wir genommen?“ (Hg. Ralf Miggelbrink), Berlin 2009.

387 Buchtitel von Hans Urs von Balthasar.

388 Gnade und Welt, S. 231 ff.

389 Dabei ist die „Schau der Gestalt“ gar nicht so „irritationsfest“, wie es bisweilen vorgetragen wird. Wolfgang Klaghofer-Treitler schreibt in seinem „Karfreitag“, Innsbruck-Wien 1997, S. 190: „Was diese Einschränkung hinsichtlich des Ästhetischen betrifft, so ist damit ein Vorbehalt hinsichtlich der Wahrnehmbarkeit von Gestalt überhaupt formuliert; denn alle Behauptung der bestimmten Wahrnehmung einer solchen lässt diese nicht mit letzter Sicherheit erwiesen sein, sondern rückt sie in den einzigen Modus der Hoffnung.“ Und auf S. 188 formuliert Klaghofer-Treitler noch pointierter: „Es scheint nämlich in gleicher Weise unmöglich, den verlassenen Tod Jesu wie Hegel dialektisch umschlagen zu lassen in das Ereignis der Liebe oder wie Balthasar in pointiert johanneischer Perspektive die Grässlichkeit als adäquate Herrlichkeitsoffenbarung umschlagen zu sehen.“ In „Die Kunst Gottes verstehen“, 2005, unterzieht Magnus Striet (S. 54 ff.) Balthasars „objektive Evidenz“ der Schau der Gestalt einem Vergleich mit Hans Blumenbergs „Matthäuspassion“ und kommt dabei zu ganz anderen „Evidenzen“, wie etwa dem Satz: „Die Kopplung von Gottebenbildlichkeit und Todesfälligkeit in einer Welt endlicher Mittel der Selbsterhaltung und des Selbstgenusses involviert das Scheitern der Schöpfung“. (S. 78) „Blumenbergs Rekonstruktion irritiert Balthasars Begriff der objektiven Evidenz. Offensichtlich zwingt die Gestalt des Lebenszeugnisses Jesu keineswegs dazu, hier die definitive Selbstoffenbarung Gottes zu sehen – oder ist es doch die Sünde, die nicht sehen lässt, was doch offensichtlich ist. Ich meine nein ... Resümiert man vor diesem Hintergrund, dann scheint Vorsicht geboten zu sein, den Versuch Balthasars, vor allem im Rückgang auf das Schauen der Gestalt des Lebenszeugnisses Jesu die objektive Evidenz der Barmherzigkeit Gottes erweisen zu wollen, einfach zu übernehmen“ (S. 80).

390 Ebenda, S. 233.

391 Johannes Holdt „Hugo Rahner–Sein geschichts- und symboltheologisches Denken“, Paderborn 1997, S. 140 ff.

392 SW 13, S. 527–539, ursprünglich Karl Rahner „Meditationen zum Kirchenjahr“, Leipzig 1967, S. 293 ff.

393 Ekstatische Gottesliebe, S. 44 f.

394 Beten mit Karl Rahner (2004), Band 2 „Gebete des Lebens“, S. 168 ff., vorgesehen für SW 7.

395 Ebenda, S. 94.

396 Klaus Peter Fischer „Der Mensch als Geheimnis“–Die Anthropologie Karl Rahners, Freiburg-Basel-Wien 1974, bes. S. 252 ff.

397 Ekstatische Gottesliebe, S. 263 f.

398 Hier ist auch die Frage zu verhandeln, wieweit es eine Alternative gibt zwischen Extrinsezismus und Idealismus. Wie weit schränkt Rahner ein, wie weit ist er offen für das Überraschende der Offenbarungsgestalt? Hier möchte ich nur auf die Auseinandersetzung Miggelbrinks mit Michael Schneider verweisen in „Ekstatische Gottesliebe“, S. 31–35.

399 Karl Heinz Neufeld „Die Brüder Rahner“, Freiburg-Basel-Wien 1994/2004, S. 10.

400 Ebenda, S. 11.

401 SW 20, S. 3–25, ursprünglich Karl Rahner „Vom Sinn des kirchlichen Amtes", Freiburg-Basel-Wien 1966, S. 16.

402 „Der in Frage stehende Sachverhalt wird rundum erst einmal gleichsam abgeschritten, der Standort der Sache und des Fragenden ausgemacht sowie das Problem zurechtgesetzt. Traditionelle Kategorien und Reflexionsschemata werden auf ihre Fähigkeit hin geprüft, auf gegenwärtige Fragen hin Aufschluss und Antwort zu geben. Zugleich wird dem Leser in einer Art von diskretem ‚Nachhilfeunterricht' der Schulstoff in Erinnerung gebracht ... Es wird nach allen denkbaren Richtungen eine tiefere Wesensbestimmung versucht, die traditionellen Antworten werden kritisch geprüft, alles wird nach möglichen freien Ausblicken abgetastet." So Karl Lehman in Rechenschaft, S. 27 (2004).

403 SW 26, S. 177.

404 SW 10, S. 317–321, ursprünglich in Schriften, VII, S. 184.

405 „Wagnis Theologie" (Hg. Herbert Vorgrimler), Freiburg-Basel-Wien 1979, S. 255.

406 Ebenda, S. 255.

407 Ebenda, S. 255, auch in SW 12, S. 101–135, ursprünglich in Schriften IV, S. 94.

408 SW 26, S. 195 f.

409 „Logik der Liebe und Herrlichkeit Gottes" – Hans Urs von Balthasar im Gespräch, Hg. Walter Kasper, Ostfildern, S. 502.

410 Fischer, Schwerdtfeger, Vorgrimler, Miggelbrink, Grümme, Siebenrock, Raffelt, Lehmann, Stolina, Zahlauer, Fößel, Bentz, Rulands, Batlogg, Tafferner u. a. (siehe Literaturverzeichnis).

411 Die andere Grundannahme – vgl. z. B. die Kritik Miggelbrinks an P. Eicher oder an Metz – kommt offensichtlich nur zustande, wenn wichtige, besonders werkgeschichtliche, Aspekte aus dem rahnerschen Werk ausgeblendet werden.

412 Ekstatische Gottesliebe, S. 230.

413 Ebenda, S. 263.

414 Ebenda, S. 232 f.

415 Ebenda, S. 233.

416 Wagnis Theologie, s. o., S. 258.

417 Karl-Heinz Menke „Die Einzigkeit Jesu Christi im Horizont der Sinnfrage", Freiburg 1995, S. 96 f.

418 SW 25, S. 59–84, ursprünglich Karl Rahner „Bekenntnisse", Wien 1984, S. 37.

419 Die Bedeutung, dass es theologisch äußerst wichtig ist, insbesondere auch die Grenzen jeglicher Anthropologie aufzuzeigen, nicht zuletzt um die Illusion der Selbsterlösung als solche zu durchschauen, die ja in den Experimenten des Nationalsozialismus und Kommunismus schrecklichste, blutige Resultate hervorbrachte, kann man auch daran erkennen, dass eigentliche Antipoden sich an dieser Stelle sehr einig sind. So schreibt z. B. in seinem im Jahr 2000 erschienenen Buch „Hat der Glaube Hoffnung?" (Düsseldorf und Zürich) Eugen Drewermann, fast am Schluss des Buches jene bemerkenswerten Sätze: „Die letzte Antwort auf all die psychologischen ... so überdeutlich erlebten Gründen zu Selbstzweifel und Selbstverachtung läßt sich ... gewiß niemals rein psychologisch finden, sondern nur in einem Vertrauen, in allem, im Licht wie im Schatten, leben zu können und

leben zu dürfen. Wo dieses Vertrauen sich bildet, da allemal ergreift, jenseits dessen, was Menschen einander zu sagen vermögen, Gott selbst das Wort …" (S. 292) Mir will scheinen, dass dies nicht unähnlich ist der Analyse Rahners und einem Wort von Papst Benedikt/ Ratzinger in seinem Buch „Eschatologie, Tod und ewiges Leben" (Regensburg 1990): „Christlicher Glaube ist dem Leben zugewandt … Der Versuch, durch Medizin, durch Psychologie und Pädagogik, durch die Konstruktion einer neuen Gesellschaft das Leid abzuschaffen, ist zu der gigantischen Bemühung der endgültigen Erlösung der Menschheit angewachsen … Der relative Wert solcher Wege ist unbestritten. Sie können hilfreich werden, wenn sie sich als Teil eines größeren Ganzen erkennen. Für sich allein genommen, münden sie ins Leere. Denn zuletzt kann dem Menschen nur eine Antwort genügen, die den unendlichen Anspruch der Liebe einlöst. Nur das ewige Leben ist die zureichende Entsprechung zur Frage des menschlichen Daseins und Sterbens in dieser Welt." (S. 89 ff.)

420 „Beten mit Karl Rahner", Band 1 „Von der Not und dem Segen des Gebetes", S. 67 (Freiburg-Basel-Wien 2004), vorgesehen für SW Band 7.

421 Ebenda S. 67 f.

422 In seinem Nachwort „Karl Rahner zum Gedenken", in der dritten Auflage des Buches von Paul M. Zulehner „Denn du kommst unserem Tun mit deiner Gnade zuvor …" – Zur Theologie der Seelsorge, Düsseldorf 1987, schreibt Zulehner auf S. 139: „Rahner hat dann aber von jenen, die die Situation zunächst mit Hilfe human-und sozialwissenschaftlicher Erkenntnisse erkunden, gefordert, dass die Ergebnisse dieser Fachwissenschaften auch theologisch überdacht werden müssen. ‚Kairologie' nannte er dann diese Arbeit der Pastoraltheologie … Man könnte auch von einer ‚kritischen Theorie' der vorfindbaren (und human-bzw. sozialwissenschaftlich reflektierten) Wirklichkeit reden, wobei den kritischen Maßstab die Theologie abzugeben hätte." Karl Rahner reflektiert „Das rechte Verständnis der theologischen Aussage" u. a. auf S. 70 ff. in Schriften VII in seinem Aufsatz: „Intellektuelle Redlichkeit und christlicher Glaube", auch in SW 23, S. 51–67.

423 SW 26,S. 116.

424 Ekstatische Gottesliebe, S. 231; Vergleiche auch S. 232–238, S. 227–229, S. 126 ff. und S. 262 ff. (passim).

425 Vorgrimler, H.: Karl Rahner – eine theologisch-biographische Skizze, S. 7, Zugriff am 14. 1. 2012, *http://www.muenster.de/~angergun/rahnergeburtstag.pdf.*

426 Gnade und Welt, S. 65.

427 Ebenda, S. 52 f.

428 Ekstatische Gottesliebe, S. 69.

429 Ebenda, S. 76.

430 SW 25, S. 47–57, ursprünglich Karl Rahner „Von der Unbegreiflichkeit Gottes, 2006, S. 51 ff.), mahnt gerade als Theologe zudem den Dialog mit den übrigen Wissenschaften an und zeigt einen Weg aus, wie die „Versöhntheit" aussehen kann bzw. welchen Anteil die Theologie zu übernehmen hat. (Ebenda, S. 55 f.)

431 SW 25, S. 47–57, ursprünglich Karl Rahner „Von der Unbegreiflichkeit Gottes", 2006, S. 61.

432 David Berger: „Der heilige Schein“, Ullstein, Berlin 2010, S. 66.

433 Vgl. Michael Schulz „Hans Urs von Balthasar begegnen“, Augsburg 2002 und–vom selben Autor–„Karl Rahner begegnen“, Augsburg 1999; ebenso Peter Eicher „Offenbarung“, München 1977, S. 312 ff.

434 Ich wiederhole hier also bewusst frühere Aussagen aus dem Text, die ich im Wortlaut wiedergebe, weil sie mir an dieser Stelle unverzichtbar erscheinen.
Gnade und Welt, S. 231 ff. „Gestalt und Wesen, Kategoriales und Transzendentales sind ... miteinander in einer ursprünglichen Einheit verschränkt. Mit dem Symbolbegriff ist dem Anliegen entsprochen, in Rahners Theologie ein Pendant zum ästhetischen Gestaltbegriff zu finden. Zwar erscheint jener weniger plastisch als dieser. Doch liegt darin möglicherweise auch ein Vorzug: Rahners Vorstoß zu einer allgemeinen Theorie der Symbolwirklichkeit ist nicht auf einen partiellen (etwa den ästhetischen) Bereich beschränkt, sondern legt Grundstrukturen frei, die sich auf allen Seinsebenen und in allen Wirklichkeitsdimensionen in analoger Weise wiederholen.“
Und weiter: „Gegenüber einem ‚Symbolismus‘, der den Akzent übermäßig auf die Einheit des Unterschiedenen im Symbol verlagert und im theologischen Raum bis zu einem magischen Sakramentsverständnis führen kann, wahrt sich Rahner eine anspruchsvollere Haltung, weil er in dieser Beziehungseinheit zugleich die ontologische Differenz nüchtern zur Kenntnis nimmt und sie anerkennt. Seine Betonung der Verschiedenheit der kategorialen und transzendentalen Dimension zeugt davon.“ (S. 233) Denn die „Schau der Gestalt“ des Christusereignisses ist eben gar nicht so „irritationsfest“, wie es bisweilen vorgetragen wird. Wolfgang Klaghofer-Treitler schreibt in seinem „Karfreitag“, Innsbruck-Wien 1997, S. 190: „Was diese Einschränkung hinsichtlich des Ästhetischen betrifft, so ist damit ein Vorbehalt hinsichtlich der Wahrnehmbarkeit von Gestalt überhaupt formuliert; denn alle Behauptung der bestimmten Wahrnehmung einer solchen lässt diese nicht mit letzter Sicherheit erwiesen sein, sondern rückt sie in den einzigen Modus der Hoffnung.“ Und auf S. 188 formuliert Klaghofer-Treitler noch pointierter: „Es scheint nämlich in gleicher Weise unmöglich, den verlassenen Tod Jesu wie Hegel dialektisch umschlagen zu lassen in das Ereignis der Liebe oder wie Balthasar in pointiert johanneischer Perspektive die Grässlichkeit als adäquate Herrlichkeitsoffenbarung umschlagen zu sehen.“ In: „Die Kunst Gottes verstehen“, Freiburg-Basel-Wien 2005, unterzieht Magnus Striet (S. 54 ff.) Balthasars „objektive Evidenz“ der Schau der Gestalt einem Vergleich mit Hans Blumenbergs „Matthäuspassion“ und kommt dabei zu ganz anderen „Evidenzen“, wie etwa dem Satz: „Die Kopplung von Gottebenbildlichkeit und Todesfälligkeit in einer Welt endlicher Mittel der Selbsterhaltung und des Selbstgenusses involviert das Scheitern der Schöpfung“ (S. 78) „Blumenbergs Rekonstruktion irritiert Balthasars Begriff der objektiven Evidenz. Offensichtlich zwingt die Gestalt des Lebenszeugnisses Jesu keineswegs dazu, hier die definitive Selbstoffenbarung Gottes zu sehen – oder ist es doch die Sünde, die nicht sehen lässt, was doch offensichtlich ist. Ich meine nein ... Resümiert man vor diesem Hintergrund, dann scheint Vorsicht geboten zu sein, den Versuch Balthasars, vor allem im Rückgang auf das Schauen der Gestalt des Lebenszeugnisses

Jesu die objektive Evidenz der Barmherzigkeit Gottes erweisen zu wollen, einfach zu übernehmen" (S. 80).

435 Medard Kehl in seiner Einführung zu „Credo–Meditationen zum Apostolischen Glaubensbekenntnis" von Hans Urs von Balthasar, Freiburg-Basel-Wien 1989, S. 8f. Kehl schreibt zu diesem Buch: „... so gewinnen diese Texte, die zweifellos mit zu den letzten von ihm geschriebenen gehören, durch seinen plötzlichen Tod am 26. Juni 1988, doch den Charakter eines Vermächtnisses. Denn sie bilden in ihrer außerordentlichen Dichte und Tiefe eine kleine ‚Summe' seiner Theologie."

436 Herbert Vorgrimler in „Karl Rahner – Sehnsucht nach dem geheimnisvollen Gott", Freiburg-Basel-Wien 1990, S. 40ff.

437 SW 4, 346ff., ursprünglich in Schriften I, S. 91ff.

438 SW 4, 373 (identisch mit Schriften I, 126f.) Achten sollte man an dieser Stelle auch auf die eindringlichen Worte Karl Rahners über die Geschichte: „... darum hat die Geschichte einen echten und absoluten Ernst, eine absolute Entscheidung, die für das Geschöpf nicht relativiert werden darf ..." Es kann nur betroffen machen, wenn angesichts solcher zentraler Aussagen im Werk Karl Rahners Kritiker von einer „Geschichtsvergessenheit" Rahners reden! Es rächt sich bitter, wenn man Rahner nur auswahlweise zur Kenntnis nimmt.

439 Ekstatische Gottesliebe, S. 44f.

440 Hans Urs Balthasar: „Cordula oder der Ernstfall", Kriterien 2, 1966, S. 112.

441 Andrea Tafferner: „Gottes- und Nächstenliebe in der deutschsprachigen Theologie des 20. Jahrhunderts, Innsbruck-Wien 1992, S. 177.

442 Ebenda, S. 228.

443 „Theologie aus Erfahrung der Gnade" (Hg. Delgado, Lutz-Bachmann), Hildesheim 1994, S. 76–81).

444 So Karl-Heinz Menke in „Die Kunst Gottes verstehen" (Hg. Magnus Striet/Jan-Heiner Tück), Freiburg-Basel-Wien 2005, S. 156.

445 Hans Urs von Balthasar: „Einsame Zwiesprache", Freiburg, 2. Auflage 1993, S. 112/113, das Zitat von Karl Rahner ist entnommen: SW 12, S. 261–301, ursprünglich aus Karl Rahner „Probleme der Christologie von heute" (Schriften I).

446 So Balthasar auf die Frage eines Interviewers in „Hans Urs von Balthasar – Zu seinem Werk", Freiburg 2000, S. 113f.

447 Siehe auch Herbert Vorgrimler „Karl Rahner–Gotteserfahrung in Leben und Denken (Darmstadt 2004),S. 221 und SW 26, S. 276ff., bes. S. 278.

448 SW 23, S. 76–382, zuerst als Abschnitt in: Passion des Menschensohnes: Worte zur Karwoche, Ansprachen im Bayerischen Rundfunk, 20.–25. 3. 1967 ; auch in „Gnade als Freiheit", Freiburg-Basel-Wien 1968, S. 191f. Dass dieser Vorwurf an die Adresse Karl Rahners unbegründet ist, kann schwerlich widerlegt werden, wenn man sein Werk in all seinen Dimensionen wahr- und zur Kenntnis nimmt. Allerdings macht solch ein Vorwurf auch eine Form von Ignoranz deutlich, die betroffen macht. Ich persönlich habe im geistlichen Schrifttum Karl Rahners viel Trost und Zuversicht erfahren dürfen, wenn ich am Kranken- und Sterbebett lieber Menschen Karl Rahners Meditationen „Die Gegenwart Jesu und seines Lebens" und

„Die Gegenwart des Ölbergleidens in uns" gebetet habe („Beten mit Karl Rahner", Freiburg-Basel-Wien 2004, vorgesehen in SW 7, Band 2 „Gebete des Lebens", S. 71 ff. und 82 ff.). Dort erfahre ich etwas von Jesus und seinem „Wissen am Ölberg um die Sünden der ganzen Welt" (78) und von seiner „Bereitschaft am Ölberg, all das auf dich selbst zu nehmen" (79), ich fühle in Jesus Gottes Nähe als „Verlassenster aller Verlassenen" (79), bei seiner „Gottverlassenheit" (79), weil er das Haupt aller derer (ist), die die Sünden der Welt ausleiden müssen" (79). Wenn Karl Rahner betet: „Lamm Gottes, du hast all unser Leid am Ölberg auf dich genommen" (88), wenn er in „Die sieben letzten Worte Jesu" (60 ff.) fragt: „Wo ist eine Verzweiflung, die nicht in deiner Verlassenheit geborgen, selbst zum Gebet werden könnte?" (66), dann kann ich nur traurig werden, weil solche Kritik nicht zur Kenntnis nimmt, welch ein „Vater im Glauben" dieser große Theologe für viele Menschen geworden ist.

449 Karl Rahner „Von der Unbegreiflichkeit Gottes", Freiburg-Basel-Wien 2006, S. 25 ff., SW 25, S. 47–57. Vgl. auch Karl Rahner „Was heißt Jesus lieben?", Freiburg-Basel-Wien 1982, S. 84 ff., SW 29, S. 197–230 und „Karl Rahner im Gespräch", I, München 1982, S. 240 ff., SW 31, S. 109–120.
In „Von der Unbegreiflichkeit Gottes", Freiburg-Basel-Wien 2006, S. 39/42 (SW 25, S. 47–57) antwortet Karl Rahner auch direkt auf den Vorwurf, bei ihm käme das Thema der Sündigkeit nicht genügend zur Geltung. Er macht auf den Horizont aufmerksam, in dem dieses Thema bei ihm zu stehen kommt: „Ich meine, daß es einem christlichen Theologen nicht verboten sei, das Thema der Sündigkeit des Menschen und der Vergebung der Schuld aus reiner Gnade gegenüber dem Thema der radikalen *Selbst*mitteilung Gottes in einem gewissen Sinn etwas sekundärer zu empfinden" (39).
„Aber wenn man so zugesteht, daß man nicht alle denkbaren Erfahrungen eines christlichen Menschen in seiner eigenen begrenzten Subjektivität gleichmäßig realisieren kann, dann kann man doch den, der einem dies ankreidet, fragen, ob er in seiner doch auch unweigerlich subjektiven Theologie nicht auch Defizite in Kauf nehmen müsse, um das, worauf es ihm ankommt, deutlich genug aussagen zu können" (42).

450 Karl Rahner: „Bilanz des Glaubens", München 1985, S. 235 f., Schriften XV, S. 236–250, SW 30, S. 346–358.

451 Hans Urs von Balthasar: „Epilog", Trier 1987, S. 95. Und auf S. 98, der letzten Seite dieses Epilog, zitiert er erneut Karl Rahner in der Frage der Heilshoffnung für alle.

452 Dem widerspricht auch nicht, dass Balthasar unmittelbar nach diesem Zitat den Satz anbringt: „Wir sind hier im dichtesten Knoten des Mysteriums, der nur sehr behutsam aufgeknüpft werden darf." (ebenda, S. 95) Balthasar nennt dann „vier Momente im Ablauf dessen, was ‚Erlösung' genannt wird", die es zu „unterscheiden" gilt. Mir scheint: Gerade weil Balthasar seine Erlösungstheologie gegen Missverständnisse abschirmen möchte, stellt er – gleichsam wie eine Präambel – diese Aussagen zur Stellvertretung seinen weiteren Ausführungen voran. Und genau diese Aussagen sind fast wortwörtlich mit denen Karl Rahners identisch!

453 Ebenda, S. 7.

454 Das zeigt sich z. B. bei der wiederum fast wörtlichen Übereinstimmung mit Aussagen des früheren Bischofs von Aachen, Klaus Hemmerle, der diesen Sachverhalt in einer Meditation zum ‚Vater-unser' so ausdrückt:
„Ja, diese Versöhnung miteinander ist *der* Beitrag zu unserem Gebet, der uns nicht abgenommen werden kann." Klaus Hemmerle: „Gerufen und Verschenkt", Leipzig 1986, S. 116.
Und an anderer Stelle: „Indem Jesus den anderen ganz annimmt, öffnet seine Liebe diesen anderen zugleich über sich hinaus. Das ganze Erbarmen erspart dem anderen nicht die Entscheidung, sondern ermöglicht sie ihm." (Ebenda, S. 179).

455 Hans Urs von Balthasar Myst. Sal. II, S. 328; S. 336.

456 Ebenda, S. 329, H. U. von Balthasar, Theodramatik II/2, 466, Anm. 3.

457 Darum möchte ich an dieser Stelle exemplarisch einige, durchaus unterschiedliche bzw. sich ergänzende, Einschätzungen über das Verhältnis dieser beiden Theologen hier anführen. Herbert Vorgrimler schreibt in seinem Buch „Karl Rahner–Zeugnisse seines Lebens und Denkens", topos-Taschenbücher, 2011, S. 177 ff.:„Ich weiß nicht, von wann ab die Entfremdung genau datiert. Sicher ist, dass sie nicht von Rahner ausging … Rahner hat unter den Angriffen von Balthasars sehr gelitten, zumal von Balthasar ihn später auch ausdrücklich häretischer Irrungen bezichtigte" (Zur Soteriologie Karl Rahners: Theodramatik III, Einsiedeln 1980, S. 253–262)–In: „Die Kunst Gottes verstehen", 2005, schreibt Andreas Batlogg, S. 442: „Es scheint zuzutreffen, dass Balthasar den theologischen Dialog mit Rahner nicht abreißen lassen wollte … Rahner andererseits hat nur mehr beiläufig und, wie es aussieht, hilflos reagiert." Dagegen schreibt in „Begegnungen mit Karl Rahner", 2006, Karl Lehmann S. 91 „Aber er hatte auch da nicht sehr viel Lust und hat immer gesagt: Ist das ein dummer Kerl. Er hat nichts verstanden.–Balthasars Kritik war ihm zu ‚dumm', um auf die ganzen Einwände einzugehen." Erhellend ist in diesem Zusammenhang auch Manfred Lochbrunner in „Hans Urs von Balthasar und seine Theologenkollegen", Würzburg 2009, S. 241–245. Nachdem Karl Rahner ausführlich zitiert wurde, fährt Lochbrunner fort: „In der Zeitschrift folgt unmittelbar auf den Aufsatz Rahners ein kurzer Beitrag Balthasars, der den Kernpunkt seiner Soteriologie, nämlich das ‚pro nobis' fokussiert, *ohne* (*Unterstreichung* R. H.) auf die von Rahner angerissene Problematik des Neuchalkedonismus direkt einzugehen. Die Digression an dieser Stelle scheint mir angebracht, da auch ich der Meinung bin, dass die von Karl Rahner unter dem *Schlagwort Neuchalkedonismus ventilierten Fragen einer vertieften Reflexion und Diskussion unter den Theologen bedürfen.*" (Ebenda, S. 245, *Unterstreichung* R. H.).

458 Herbert Vorgrimler, „Karl Rahner verstehen", Freiburg-Basel-Wien 1985, S. 158 ff.; Karl Lehmann in „Karl Rahner–Warum ich Christ bin", Freiburg-Basel-Wien 2012, S. 11.

459 Buchtitel von Karl Rahner.

460 Hans Urs von Balthasar „Einfaltungen", Einsiedeln, Trier 1987, S. 10.

461 Vgl. „Cordula oder der Ernstfall", Einsiedeln 1966 (Kriterien 2).

462 Hans Urs von Balthasar: „Einfaltungen", Einsiedeln, Trier 1987, S. 10.

463 Elio Guerriero: „Hans Urs von Balthasar", Freiburg 1993, S. 386, Anm. 19.

464 Ich maße mir nicht an, hier ein sachkundiges Urteil abgeben zu können, aber vieles im Verhältnis zwischen Balthasar zu Rahner erinnert mich an das Verhältnis Balthasars zu Reinhold Schneider. Besonders auffällig wird diese Parallele in dem Buch von Werner Löser „Kleine Hinführung zu Hans Urs von Balthasar", Freiburg-Basel-Wien 2005, S. 81 f. Dort schreibt Löser über eine Stellungnahme Balthasars zum Spätwerk Schneiders: „Dies ist ohne Zweifel ein Urteil, das von einer gewissen Härte und möglicherweise Ungerechtigkeit nicht frei ist. Es lässt sich in der vorliegenden Form wohl nur aus einer persönlichen Enttäuschung erklären. Dass er es so oder ähnlich mehrfach ausgesprochen hat, hat von Balthasar bis in seine letzten Lebenswochen hinein sehr beunruhigt." Und zum Schlusskapitel in Balthasars „Nochmals Reinhold Schneider" schreibt Löser (ebenda, S. 82): „Es bedeutet in bewegendster Weise eine Versöhnung".
Vgl. beispielsweise zum Verhältnis Balthasar–Rahner in „Logik der Liebe und Herrlichkeit Gottes", Mainz 2006 den Beitrag von Albert Raffelt, S. 484ff. oder in „Die Kunst Gottes verstehen", Freiburg-Basel-Wien 2005, den Beitrag von Andreas Batlogg S. 410ff. und in „Hans Urs von Balthasar und seine Theologenkollegen", Würzburg 2009, den Beitrag von Manfred Lochbrunner, S. 148–258, bes. S. 208–214, S. 253ff.

465 Aber auch hier ist Balthasar in seinem Urteil nicht eindeutig, denn Lochbrunner (ebenda, S. 246) stellt fest, dass Balthasar noch 1985, also nach dem Tode Rahners, in einem Interview mit Angelo Scola „von seiner Kritik keinen Millimeter abgerückt ist." Lochbrunner selber schreibt zu dieser Auseinandersetzung auf S. 245, auf die ich noch einmal zurückkomme, weil mir der Sachverhalt sehr wichtig scheint: „Die Digression an dieser Stelle scheint mir angebracht, da auch ich der Meinung bin, dass die von Karl Rahner unter dem Schlagwort Neuchalkedonismus ventilierten Fragen einer vertieften Reflexion und Diskussion unter den Theologen bedürfen." Dies schreibt Lochbrunner – darum hat diese Stelle von der Sache her so erhebliche Bedeutung – unmittelbar nachdem er festgestellt hat: „In der Zeitschrift folgt unmittelbar auf den Aufsatz Rahners ein kurzer Beitrag Balthasars, der den Kernpunkt seiner Soteriologie, nämlich das ‚pro nobis' fokussiert, ohne auf die von Rahner angerissene Problematik des Neuchalkedonismus direkt einzugehen." Lochbrunner selbst scheint auch menschlich erschrocken zu sein über jene Distanz, die Balthasar, auch über den Tod hinaus, zu Karl Rahner einnimmt. Er schreibt auf S. 249: „Sowohl auf den Tod Barths wie auf den Tod Przywaras hat der Basler Theologe mit einem öffentlichen Nachruf reagiert. Beim Heimgang Karl Rahners meldet er sich nicht zu Wort. Im Kapitel über Theobald Beer habe ich die Briefkarte vom 31. Mai (1984) zitiert, wo Balthasar in zwei Sätzen den Tod Karl Rahners erwähnt. Es fällt mir schwer – und ich möchte bewusst darauf verzichten –, diese briefliche Äußerung hier zu wiederholen (im Buch S. 535 f., Anm. R. H.), zu deren Hermeneutik man zweifellos auch den vorausgegangenen Brief Theobald Beers kennen müsste, der dieses harte Urteil unter Umständen provoziert haben könnte. Im Übrigen widerspricht die Wirkungsgeschichte von Rahners gewaltigem und monumentalem Œuvre der Prognose seines baldigen geistigen Todes.

Das war 1984. 1987, wie schon erwähnt, in seinem „Epilog“, den Balthasar seiner großangelegten Trilogie anfügte, auf der allerletzten Seite (98), zitiert er in einem für ihn sehr wesentlichen Zusammenhang, nämlich der Heilshoffnung für alle Menschen, neben Gabriel Macel und Josef Ratzinger ausdrücklich wieder Karl Rahner mit dem Satz: Wir haben „die Pflicht der Heilshoffnung für alle“ (K. Rahner, Sacr. Mundi, II, 737).

466 Siehe exemplarisch dazu noch einmal David Berger: „Der heilige Schein“, Berlin 2010, S. 66.

467 Es ist ausgesprochen schade und gleichzeitig bezeichnend, dass solche und andere Kritik an Karl Rahner (Vogels, David Berger) fast immer zu dem unlauteren Mittel, die Werkgeschichte zu großen Teilen zu ignorieren, greift. Damit wird bewusst in Kauf genommen, ja es wird aus bestimmten Interessen heraus sogar gewollt, dass üble Missverständnisse entstehen, weil entscheidende Aspekte des Werkes einfach ausgeblendet werden!

468 Karl Lehmann in „Logik der Liebe und Herrlichkeit Gottes“, Ostfildern 2006, S. 451 und Peter Henrici in „Communio“, Internationale Katholische Zeitschrift, März/April 2005, S. 123.

469 SW 14, S. 3 ff.

470 Hans Urs von Balthasar: „Die Gottesfrage des heutigen Menschen“, Freiburg 2009, erweiterte Neuausgabe, nachfolgend abgekürzt Gottesfrage, Zitation erfolgt nach der Neuausgabe, S. 142/143, Bezug zu Rahner „Wissenschaft als Konfession?“ aus „Wort und Wahrheit“, IX, Nov. 1954, S. 811–813, Schriften III, S. 455 ff., SW 15, S. 171–183.

471 Gottesfrage, S. 123.

472 Gottesfrage, S. 218.

473 Gottesfrage, S. 108 f.

474 Gottesfrage, S. 134.

475 Gottesfrage, S. 148 f.

476 SW 25, S. 47–57, ursprünglich Karl Rahner „Von der Unbegreiflichkeit Gottes“, Freiburg-Basel-Wien 2006, S. 25 ff.

477 Beim Begriff Geheimnis muß doch noch einmal ausdrücklich gesagt werden: Hier scheint sich ein „Bruch“ im Denken Balthasars mit am markantesten zu zeigen, wenn man nur auf die „Ungegenständlichkeit der Gotteserfahrung“ aufmerksam macht, die Balthasar mit Blick auf Karl Rahner in „Cordula oder der Ernstfall“, S. 112, scharf kritisiert, während er in seiner „Gottesfrage“ ausdrücklich noch schreibt, dass „Gott kein Gegenstand ist, auch nicht für die Erkenntnis, sondern dass er auch über die Kategorie der Gegenständlichkeit unaussprechlich erhaben bleibt und deshalb auch nur analogisch in die Kategorie des ‚Anderen‘, des ‚Du‘ eingereiht werden kann.“ („Gottesfrage“, S. 167; vgl. auch A. Tafferner, „Gottes- und Nächstenliebe in der deutschsprachigen Theologie des 20. Jahrhunderts“, Innsbruck-Wien 1992, S. 225, Anm. 392).

478 „… weniger unvermittelt theologisch argumentiert ‚Die Gottesfrage des heutigen Menschen‘, eine von Balthasar selbst ungeliebte, aber oft übersetzte und viel gelesene Sammlung von Vorträgen. Sie führen von einem wissenschaftstheoretischen und religionsphilosophischen Ansatz aus zum Christlichen hin.“ – So Peter Hen-

rici in „Die Trilogie Hans Urs von Balthasars“ in: Internationale Katholische Zeitschrift Communio, März/April 2005, S. 123.

479 Alois M. Haas in Hans Urs von Balthasar „Die Gottesfrage des heutigen Menschen“, Erweiterte Neuausgabe aus dem Nachlass, Freiburg 2009, S. XXI.

480 Richard Dawkins „Der Gotteswahn“, Berlin 2007, Umschlagseite: „Ich bin ein Gegner der Religion. Sie lehrt uns, damit zufrieden zu sein, dass wir die Welt nicht verstehen“.

481 Vgl. Karl Heinz Weger: „Karl Rahner“, Freiburg-Basel-Wien 1978, S. 43; Ralf Miggelbrink: „Ekstatische Gottesliebe im tätigen Weltbezug“, Altenberge 1989, S. 70.

482 Dawkins: „Der Gotteswahn“, S. 187–Interessant ist der Umstand allemal, dass man diesen Sachverhalt so oder ganz anders sehen kann. Anselm von Canterbury schreibt genau entgegengesetzt: „Der Glaube lässt uns begreifen, dass es etwas Unbegreifliches gibt.“ Hier entnommen: „Ein Glaubenswort für jeden Tag“, herausgegeben von Ursula Muth-Schwering, Sonderband Bücherei, Freiburg-Basel-Wien 1987, S. 63 (21.06.). Oder auch Jacques Loew: „Staunen ist der erste Schritt zur Anbetung“(ebenda, S. 63, 22.06).

483 Eugen Drewermann: „Der sechste Tag“, Zürich und Düsseldorf 1998, S. 254f.

484 SW 15, S. 219–247, ursprünglich in Schriften V, S. 183.

485 Drewermann: „Der sechste Tag“, S. 254f.

486 Ebenda.

487 Mir drängt sich an dieser Stelle der Eindruck einer inneren Nähe von Karl Rahner zu Teilhard de Chardin auf, wenn man die nachfolgenden Texte auf sich wirken lässt: Aus „Teilhard de Chardin–Philosophische und theologische Probleme seines Denkens“; Studien und Berichte der Katholischen Akademie in Bayern, Herausgegeben von Karl Forster, Band 39, Würzburg 1967, hier der Beitrag von Adolf Haas, „Der Schöpfungsgedanke bei Teilhard de Chardin nach der unveröffentlichten Schrift ‚Comment je vois‘, S. 39–51.

„Für Teilhard de Chardin ist Gott als Schöpfer also die notwendige Voraussetzung dieser konkreten Welt und aller möglichen Welten. Voraussetzung heißt aber zuerst einmal Setzung: Der Schöpfer der Welt ist logisch und ontologisch als gegenwärtig zu setzen, weil es sonst – wie Teilhard sagt – unmöglich wird, überhaupt einen einzigen Schritt vorwärts zu machen. Diese Unmöglichkeit, einen einzigen Schritt vorwärts zu machen, gilt natürlich im Hinblick auf die letzten Seins- und Sinnzusammenhänge: sie gilt selbstverständlich nicht für den Fortschritt in der einzelwissenschaftlichen Bemühung, sei sie nun empirisch-konkret oder theoretisch-abstrakt. Wer aber nach einem letzten Sinn aller Existenz fragt, so meint Teilhard, der muss logisch und ontologisch ein erstes Sein, den Logos, den Schöpfer setzen. Ohne diese Setzung wird der Grund und Sinn meiner Existenz hineingerissen in die Unlogik und Absurdität“ (42).

„Genau an dieser Stelle setzt nun Teilhards Anliegen ein: das für den Naturwissenschaftler unersättliche Kausalbedürfnis stellt hier nochmals eine letzte kausale Frage, und zwar nach dem Grund und der Ursache eines Kosmos, der von Weltvernunft beherrscht ist. Worin gründet solche weltvernünftige Welt? Gründet sie in weltverneinender, chaotischer Unvernunft und Absurdität – oder gründet sie in

weltbejahender Urvernunft eines ‚Ersten Seins', in einer weltsetzenden ‚Ersten Ursache' (prima causa?) Wenn ich nach Teilhard nicht in Widerspruch geraten will mit der ganzen weltvernünftigen und weltursächlichen Welt, wenn ich vor allem nicht mit mir selbst in Widerspruch geraten will, der ich doch dauernd Welt als logisch-bedingt und kausal-bedingt entdecke und mich selbst vom Mutterschoß bis zum Tod existentiell in diese Weltkausalität eingebunden weiß – wenn ich also mit all dem nicht in Widerspruch geraten will, ‚logisch und ontologisch', dann muss ich die Präsenz der Prima Causa setzen. Und diese Setzung ist nach Teilhard keine idealistische Erschaffung, sondern eine existentielle Entdeckung von solcher Tiefendimension, dass sie zur Quelle einer letzten Sinnerfüllung des menschlichen Lebens wird ... Teilhard fällt es ... nicht schwer, dieser Prima Causa die Würde des Geistes und der Personalität zuzuerkennen, denn schon da, wo uns Geist zum erstenmal in geschöpflicher Gestalt begegnet, nämlich beim Menschen, kommt ihm bereits die Würde des Personalen zu. So wird es ganz unmöglich, jene die Weltvernunft begründende Ursache nicht als Person zu sehen. Freilich betont Teilhard, dass Gott als erste Ursache nicht Person der gleichen Ordnung wie wir ist ..." (44/45).
„Er wusste nämlich sehr genau, dass seine mit einem letzten personalen Ernst gestellten Fragen auch weithin unsere eigenen Fragen sind. Es hat in der heutigen geschichtlichen Stunde keinen großen Sinn mehr, uns mit philosophischen oder theologischen Detailfragen allzu sehr herumzuschlagen. Nur unverbesserliche geistige Dilettanten haben es noch nicht gemerkt, dass es in dieser Stunde äußerster materieller und geistiger Bedrohung um die letzten Sinnfragen zwischen Gott und Welt geht. BERNHARD SHAW hat das einmal in seiner sarkastisch, aber tiefblickenden Weise so ausgedrückt: ‚Es gibt kein deutlicheres Kennzeichen für einen gemeinen und von Grund auf stumpfsinnigen Geist, so tüchtig er auch in manchen praktischen Tätigkeiten sein mag, als die Verachtung der Metaphysik. Ein Mensch mag als Mathematiker, Ingenieur, Parlamentstaktiker oder Buchmacher in höchstem Grade hervorragen, wenn er aber sein Lebtag das Universum betrachtet, ohne jemals zu fragen: „Was zum Teufel bedeutet das alles?", gehört er (oder sie) zu denen, die CALVIN in die Reihe derer einordnete, welchen die Verdammnis vorbestimmt ist ..." (45/ 46).
„Wer die Evolution bezweifelt, der muss sich radikal eine andere Welt denken als die gegenwärtige" (46).
„Wir können Gott gar nicht anders aussagen, wenn wir überhaupt verstehen wollen, als in der Sprache unserer Zeit. Und in diesem Verständnis, das eine evolutive Weltschau zur Grundlage hat ..." (47).
„Wenn Gott aller Entwicklung ja immer schon voraus ist ... darum (kann es) keine Entwicklung dieser Weltwirklichkeit geben – trotz Sünde und Tod – die letztlich den Händen Gottes entrinnen könnte" (49).

488 SW, 26, S. 174.

489 SW 14, S. 183–189, ursprünglich Schriften VII, S. 193.

490 SW 30, S. 430 ff.

491 Vorgrimler „Karl Rahner–Sehnsucht nach dem geheimnisvollen Gott", Freiburg-Basel-Wien 1990, S. 7.

492 Ebenda, S. 7.

493 Herbert Vorgrimler: „Karl Rahner verstehen“, topos-Taschenbücher, Kevelaer 2002, S. 223.

494 Johann Baptist Metz in Karl Rahner, „Strukturwandel der Kirche als Aufgabe und Chance“, Neuausgabe, Freiburg-Basel-Wien 1989, S. 9.

495 Hans Küng: „Umstrittene Wahrheit–Erinnerungen“, München-Zürich 2007, S. 352.

496 Vgl. auch Hans Küng „Was ich glaube“, München-Zürich 2010, 95/96, 155, 165, 242.

497 Hans Küng: „Erkämpfte Freiheit – Erinnerungen“, München-Zürich 2002, S. 333.

498 Eugen Drewermann: „Glauben in Freiheit“, Solothurn und Düsseldorf 1993, S. 218.

499 Eugen Drewermann: „Wenn die Sterne Götter wären“, Freiburg-Basel-Wien 2004, S. 245.

500 Das ist schon deshalb sehr bedauerlich und macht betroffen, weil Drewermanns „Strukturen des Bösen“, ohne die er gar nicht verstanden werden kann und zu deren Kernaussagen er nach wie vor steht, ein Werk ist, das nicht nur vom Umfang her, sondern auch inhaltlich in der Theologie eine herausragende Stellung einnimmt. Gerade in diesem großen Werk zeigt Drewermann wissenschaftliche Gründlichkeit, systematische Strenge und ein breites Wissen um viele komplexe Zusammenhänge, dass ich mir die Frage immer wieder vorlege: Welche Erfahrungen stehen hinter solchen „holzschnittartigen“ Aussagen, wie sie z. B. bei der Kritik an der Kirche oder an Repräsentanten der Kirche, an „den“ Theologen oder eben auch an Karl Rahner auffallen? Ich kann nicht verbergen, dass mich dieser Umstand mit Trauer erfüllt.

501 Wer Rahner als einen „Sohn des deutschen Idealismus“ versteht, muss ihn zwangsläufig missverstehen! Im Text weiter oben habe ich zu den zwei Grundannahmen in der Interpretation Karl Rahners bereits Stellung genommen.

502 Es geht ja nicht bei dem Begriff des „anonymen Christen“ um ein einfaches „explizit“–„implizit“ des Glaubens. Rahner kennt sehr wohl die vielfältigen Formen falscher Wahrnehmung, falscher Interpretation, Verdrängung, Blockaden, angstbesetzte Positionen etc. (Vgl. SW 28, S. 539 f. oder S. 662 oder den Aufsatz Rahners mit den vielen Differenzierungen: „Der Christ und seine ungläubigen Verwandten“, SW 10, S. 274–289. Genügt hätte auch die Berücksichtigung der Meditation Karl Rahners „Das Gebet der Schuld“ in „Von der Not und dem Segen des Gebetes“, Vorgesehen für SW 7, um zu dieser Einsicht zu gelangen. Denn dort stehen Sätze, an denen man dies leicht erkennen kann: „Wer weiß, dass die sublimste Güte gerade die Voraussetzung einer sie mit der Schnelligkeit eines Blitzes pervertierenden Bosheit sein kann, dass das Paradies der Ort des tiefsten Falles ist, dass man Gottes Boten ablehnen kann, um Gott einen Dienst zu erweisen, das Zeugnis seines Sohnes wie eine Gotteslästerung hören kann – wird der sagen vor Gott: Ich bin gerechtfertigt vor Dir?“) In „Strukturen des Bösen“, Band III, ist für Drewermann zudem ausdrücklich der „allgemeine Heilswille“ Gottes außerhalb jeglicher Diskussion. Dann ist es auch seine Wirksamkeit – und zwar im Leben. Und wenn es „Leben nur im Glauben gibt“ (Drewermann, „Strukturen des Bösen“, III, S. XLI ff.) und der Mensch nur auf Grundlage von Gottes Zuwendung als Mensch wirklich lebt, weiß ich nicht, wo zwischen Rahners „anonymen Christen“ und Drewermann an dieser Stelle der Dissens liegen sollte.

Im Gegensatz zu diesen Aussagen aus seinen „Strukturen des Bösen" schreibt Drewermann dann auch in „An ihren Früchten sollt ihr sie erkennen" (Olten und Freiburg im Breisgau, 3. Auflage, 1988, S. 47) in ziemlich drastischen Worten: „Es scheint, als sei die anthropologische Wende in der systematischen Theologie, Karl Rahners Lehre z. B. vom anonymen Christentum, bis zu gewissen Kreisen der katholischen Exegese immer noch nicht vorgedrungen …" Und in seinem neuesten Werk „Die Apostelgeschichte – Wege zur Menschlichkeit" (Ostfildern 2011), schreibt Eugen Drewermann auf S. 659: „Karl Rahners (1904–1984) Lehre von den ‚anonymen Christen' etwa stellte vor über 50 Jahren einen sehr bemerkenswerten Versuch dar, all die Fragen, die in der Erzählung vom Apostelkonzil vor 2000 Jahren in Antiochien aufgeworfen werden in der Moderne so zu beantworten, dass die Enge des römischen Katholizismus sich überwinden ließe." Nicht nur die eigene Lebenserfahrung lässt mich Abstand nehmen von einer derart drastischen Formulierung wie die von der „Enge des römischen Katholizismus". Sie wirft bei mir, wie schon erwähnt, die dringende Frage auf nach der Erfahrung, die hinter einer derart plakativen Aussage in Bezug auf die Kirche steht, die sicher sehr vielschichtig und komplex ist. Ich gestehe freimütig, dass mich insbesondere diese gegensätzlichen Auffassungen bei Eugen Drewermann, die nicht selten recht unvermittelt nebeneinander stehen, rat- und hilflos zurücklassen.

503 Eugen Drewermann: „Strukturen des Bösen", I–III, 1977/78, Paderborn, Bd. III, S. 176.

504 Ebenda, S. XLV.

505 Drewermann: „Hat der Glaube Hoffnung?", Düsseldorf und Zürich 2000, S. 163.

506 Drewermann: „Wenn die Sterne Götter wären", Freiburg-Basel-Wien 2004, S. 247.

507 Drewermann: „Wozu Religion?", Freiburg-Basel-Wien 2001, S. 119.

508 „Ich glaube, dass diese gesamte Theologie falsch zentriert ist, indem sie versucht, den Offenbarungsgedanken des Schöpfungsglaubens mit der griechischen Philosophie und ihrem Suchen nach kausalen Ursprüngen identisch zu setzen. Beides geht nicht zusammen." – Eugen Drewermann: „Wir glauben, weil wir lieben", Ostfildern 2010, S. 163.

509 Eugen Drewermann: „Wozu Religion?", Freiburg- Basel-Wien 2001, S. 124.

510 SW 28, S. 565.

511 Matthias Beier: „Gott ohne Angst", Mannheim 2010, S. 157.

512 SW 28, S. 446 f.

513 Kardinal Joseph Ratzinger in „Theologische Revue"–„Vom Verstehen des Glaubens. Anmerkungen zu Rahners Grundkurs des Glaubens", in: ThRv 74 (1987) S. 177–186, hier 186.

514 Benedikt XVI. „Licht der Welt", Freiburg-Basel-Wien 2010, S. 187.

515 Roman Siebenrock in „Karl Rahner 1904–1984: Was hat er uns gegeben?–Was haben wir genommen?" Berlin 2009, S. 98.

516 „Beten mit Karl Rahner", Band 1 „Von der Not und dem Segen des Gebetes", Freiburg-Basel-Wien 2004, S. 91, SW 7.

517 Georg Kardinal Sterzinsky in „Theologie aus Erfahrung der Gnade", Hildesheim 1994, S. 7.

518 Stimmen der Zeit, Spezial 1 (2004, Karl Rahner–100 Jahre), S. 14. Und Ralf Miggelbrink schreibt ähnlich: „Diese Gedanken legen es nahe, Rahners Theologie nicht

als eine Theologie neben anderen zu verstehen ... Könnte die Theologie Rahners nicht in eine Position treten, wie sie für das theologische Systemwissen im vorigen Jahrhundert und bis zur Mitte dieses Jahrhunderts durch die neuscholastische Systematik eingenommen wurde? Es spricht einiges dafür, dass die Theologie Rahners in der theologischen Diskussion der Gegenwart effektiv einen solchen Platz einnimmt" (Ekstatische Gottesliebe, S. 3).

Literaturverzeichnis

1. Werke

1.1. Sämtliche Werke (32 Bände geplant)

Karl Rahner „Sämtliche Werke", SW – Sämtliche Werke, Hrsg. von der Karl-Rahner-Stiftung unter Leitung von Karl Lehmann, Johann Baptist Metz, Karl-Heinz Neufeld, Albert Raffelt und Herbert Vorgrimler. Freiburg i. Br. Solothurn/Düsseldorf 1995 ff.; ab 2002: Freiburg-Basel-Wien.
Die Herausgabe Sämtlicher Werke ist auf ca. 32 Bände konzipiert, ein Großteil der Sämtlichen Werke wurde bereits veröffentlicht, so dass in einigen Jahren die Arbeit an der Gesamtausgabe der Sämtlichen Werke Karl Rahners abgeschlossen sein wird.

SW 2 Geist in Welt. Philosophische Schriften. Bearbeitet von Albert Raffelt. 1995.

SW 3 Spiritualität und Theologie der Kirchenväter. Bearbeitet von Andreas R. Batlogg, Eduard Farrugia und Karl-Heinz Neufeld. (E Latere Christi, 1–84; Aszese und Mystik in der Väterzeit, 129–427). 1999.

SW 4 Hörer des Wortes. Schriften zur Religionsphilosophie und zur Grundlegung der Theologie. Bearbeitet von Albert Raffelt. 1997.

SW 6 Dogmatische Vorlesungen zum Bußsakrament. Bearbeitet von Dorothea Sattler. 1. Teilband (Deutschsprachige Texte). 2007.

SW 8 Der Mensch in der Schöpfung. Bearbeitet von Karl-Heinz Neufeld. 1998.

SW 9 Maria, Mutter des Herrn. Mariologische Studien. 2 Teilbände. Bearbeitet von Maria R. Pacis. 2004.

SW 10 Kirche in den Herausforderungen der Zeit. Studien zur Ekklesiologie und zur kirchlichen Existenz. Bearbeitet von Josef Heislbetz u. Albert Raffelt. 2003.

SW 11 Mensch und Sünde. Schriften zur Geschichte und Theologie der Buße. Bearbeitet von Dorothea Sattler. 2005.

SW 12 Menschsein und Menschwerdung Gottes. Studien zur Grundlegung der Dogmatik, zur Christologie, Theologischen Anthropologie und Eschatologie. Bearbeitet von Herbert Vorgrimler. 2005.

SW 13 Ignatianischer Geist. Schriften zu den Exerzitien und zur Spiritualität des Ordensgründers. Bearbeitet von Andreas R. Batlogg, Johannes Herzgsell und Stefan Kiechle. 2006.

SW 14 Christliches Leben. Aufsätze – Betrachtungen – Predigten. Bearbeitet von Herbert Vorgrimler. 2006.

SW 15 Verantwortung der Theologie. Im Dialog mit Naturwissenschaften und Gesellschaftstheorie. Bearbeitet von Hans-Dieter Mutschler. 2002.

SW 16 Kirchliche Erneuerung. Studien zur Pastoraltheologie und zur Struktur der Kirche. Bearbeitet von Albert Raffelt. 2005.

SW 17 Enzyklopädische Theologie. Die Lexikonbeiträge der Jahre 1956–1973; Teilband 1; Teilband 2. Bearbeitet von Herbert Vorgrimler. 2002.

SW 18 Leiblichkeit der Gnade. Schriften zur Sakramententheologie. Bearbeitet von Wendelin Knoch u. Tobias Trappe. 2003.

SW 19 Selbstvollzug der Kirche. Ekklesiologische Grundlegung praktischer Theologie. Bearbeitet von Karl-Heinz Neufeld. 1995.

SW 20 Priesterliche Existenz. Beiträge zum Amt in der Kirche. Bearbeitet von Andreas R. Batlogg SJ und Albert Raffelt. 2010.

SW 22 Dogmatik nach dem Konzil. Teilband 2: Theologische Anthropologie und Ekklesiologie. Bearbeitet von Albert Raffelt. 2008.

SW 23 Glaube im Alltag. Schriften zur Spiritualität und zum christlichen Lebensvollzug. Bearbeitet von Albert Raffelt. 2006.

SW 24 Das Konzil in der Ortskirche. Schriften zur Struktur und gesellschaftlichem Auftrag der Kirche. Bearbeitet von Albert Raffelt und Ulrich Ruh. 2011.

SW 25 Erneuerung des Ordenslebens. Zeugnis für Kirche und Welt. Bearbeitet von Andreas R. Batlogg SJ. 2008.

SW 26 Grundkurs des Glaubens. Studien zum Begriff des Christentums. Bearbeitet von Nikolaus Schwerdtfeger und Albert Raffelt. 1999.

SW 27 Einheit in Vielfalt. Schriften zur ökumenischen Theologie. Bearbeitet von Karl Kardinal Lehmann und Albert Raffelt. 2003.

SW 28 Christentum in Gesellschaft. Schriften zu Kirchenfragen, zur Jugend und zur christlichen Weltgestaltung. Bearbeitet von Andreas R. Batlogg und Walter Schmolly. 2010.

SW 29 Geistliche Schriften. Späte Beiträge zur Praxis des Glaubens. Bearbeitet von Herbert Vorgrimler. 2007.

SW 30 Anstöße systematischer Beiträge zur Fundamentaltheologie und Dogmatik. Bearbeitet von Karsten Kreutzer und Albert Raffelt. 2009.

SW 31 Im Gespräch über Kirche und Gesellschaft. Interviews und Stellungnahmen. Bearbeitet von Albert Raffelt. 2007.

1.2. Werke mit Abkürzungen im Text

QD 1 Über die Schriftinspiration. Freiburg-Basel-Wien 1958 (^{4}1965).

QD 4 Visionen und Prophezeiungen. Zweite, unter Mitarbeit von P. Th. Baumann SJ. ergänzte Auflage. Freiburg-Basel-Wien 1958 (^{3}1960).

QD 11 Episkopat und Primat. Zus. m. Joseph Ratzinger. Freiburg-Basel-Wien 1961 (^{2}1963).

QD 25 Bemerkungen zum Begriff der Offenbarung, in: Offenbarung und Überlieferung. Zus. mit . Joseph Ratzinger. Freiburg-Basel-Wien 1965.

QD 31 Die vielen Messen und das eine Opfer, zus. mit Angelus Häussling. Freiburg-Basel-Wien 1966.

QD 41 Zur Reform des Theologiestudiums. Anhang: Gutachten von J. Neumann und W. Steinmüller über die Habilitation von Laientheologen. Freiburg-Basel-Wien 1969.

QD 54 Zum Problem der Unfehlbarkeit. Antworten auf die Anfrage von Hans Küng. Hg. von K. Rahner. Freiburg-Basel-Wien 1971 (^{2}1972).

I Schriften zur Theologie. Bd. 1. Einsiedeln-Zürich-Köln 1954 (^{8}1967).

II Schriften zur Theologie. Bd. 2. Einsiedeln-Zürich-Köln 1954 (^{8}1968).

III Schriften zur Theologie. Bd. 3. Zur Theologie des geistlichen Lebens. Einsiedeln-Zürich-Köln 1956 (^{7}1967).

IV Schriften zur Theologie. Bd. 4. Neuere Schriften. Einsiedeln-Zürich-Köln 1960 (^{5}1967).

V Schriften zur Theologie. Bd. 5. Neuere Schriften. Einsiedeln-Zürich-Köln 1962 (^{3}1968).

VI Schriften zur Theologie. Bd. 6. Neuere Schriften. Einsiedeln-Zürich-Köln 1965 (^{2}1968).

VII Schriften zur Theologie. Bd. 7. Zur Theologie des geistlichen Lebens. Einsiedeln–Köln 1966 (^{2}1971).

VIII Schriften zur Theologie. Bd. 8. Einsiedeln-Zürich-Köln 1967.

IX Schriften zur Theologie. Bd. 9. Einsiedeln-Zürich-Köln 1970.

X Schriften zur Theologie. Bd. 10. Zürich-Einsiedeln-Köln 1972.

XI Schriften zur Theologie. Bd. 11. Frühe Bußgeschichte in Einzeluntersuchungen. Bearbeitet von Karl H. Neufeld SJ. Zürich-Einsiedeln-Köln 1973.

XII Schriften zur Theologie. Bd. 12. Theologie aus Erfahrung des Geistes. Bearbeitet von Karl H. Neufeld SJ. Zürich-Einsiedeln-Köln 1975.

XIII Schriften zur Theologie Bd. 13. Gott und Offenbarung. Bearbeitet von Paul Imhof SJ. Zürich-Einsiedeln-Köln 1978.

XIV Schriften zur Theologie. Bd. 14. In Sorge um die Kirche. Bearbeitet von Paul Imhof SJ. Zürich-Einsiedeln-Köln 1980.

XV Schriften zur Theologie. Bd. 15. Wissenschaft und christlicher Glaube. Bearbeitet von Paul Imhof SJ. Zürich-Einsiedeln-Köln 1983.

XVI Schriften zur Theologie. Bd. 16. Humane Gesellschaft und Kirche von morgen. Bearbeitet von Paul Imhof SJ. Zürich-Einsiedeln-Köln 1984.

Rahner-Register – Schriften zur Theologie, Register Band, (herausgegeben von Karl H. Neufeld und Roman Bleistein), Zürich-Einsiedeln-Köln 1974.

Karl Rahner: „Sendung und Gnade“, Innsbruck-Wien-München 1959.

1.3. Weitere Werke Karl Rahners

Alltägliche Dinge. Theologische Meditation 5. Einsiedeln 1964 (^{10}1980).

Beten mit Karl Rahner. Bd. 1: Von der Not und dem Segen des Gebetes. Bd. 2: Gebete des Lebens. Freiburg-Basel-Wien 2004.

Betrachtungen zum ignatianischen Exerzitienbuch. München 1965.

Chancen des Glaubens. Fragmente einer modernen Spiritualität. Freiburg-Basel-Wien 1971 (^{2}1971).

Das große Kirchenjahr. Geistliche Texte. Hg. von Albert Raffelt. Freiburg-Basel-Wien 1987 (^{4}1992).

Das Konzil B ein neuer Beginn. Vortrag beim Festakt zum Abschluss des II. Vatikanischen Konzils im Herkulessaal der Residenz in München am 12. Dezember 1965. Freiburg-Basel-Wien ^{2}1966.

De Gratia Christi. Codex. Oeniponte (Innsbruck). (^{1}1937/38; ^{3}1951) ^{5}1959/60.

Denn du kommst unserem Tun mit deiner Gnade zuvor – Paul M. Zulehner im Gespräch mit Karl Rahner. Ostfildern 2002.

De Paenitentia. Tractatus Historico-Dogmaticus. Codex. Oeniponte (Innsbruck) (^{2}1952; ^{3}1955) ^{4}1960.

Der dreifaltige Gott als transzendenter Ursprung der Heilsgeschichte. In: Mysterium Salutis. Grundriss heilsgeschichtlicher Dogmatik. Hrsg. Johannes Feiner – Magnus Löhrer. Band II. Die Heilsgeschichte vor Christus. Einsiedeln-Zürich-Köln 1967, S. 317–397.

Der Priester von heute. Freiburg-Basel-Wien 2009.

Die Kirche der Sünder. Freiburg-Basel-Wien 2011.

Einübung priesterlicher Existenz. Freiburg-Basel-Wien 1970.

Gegenwart des Christentums. Freiburg-Basel-Wien 1963.

Glaube der die Erde liebt. Christliche Besinnung im Alltag der Welt. Freiburg-Basel-Wien (^{5}1971).

Glaube in winterlicher Zeit. Gespräche mit Karl Rahner aus den letzten Lebensjahren. Hg. von Paul Imhof und Hubert Biallowons. Düsseldorf 1986.

Gnade als Freiheit. Kleine theologische Beiträge. Freiburg-Basel-Wien 1968.

Grundkurs des Glaubens. Einführung in den Begriff des Christentums. Freiburg-Basel-Wien 1976 (^{12}1982; Sonderausgabe 1984; ^{8}1997; 2004); siehe: SW 26.
Heil von den Juden? Zus. mit Pinchas Lapide. Mainz 1989.
Ich glaube an Jesus Christus. Theologische Meditation 21. Einsiedeln 1968.
Karl Rahner im Gespräch. Hrsg. von P. Imhof und H. Biallowons. Band 1: 1964–1977; Band 2: 1978–1982. München 1982, 1983 (Sonderausgabe 1985).
Knechte Christi. Meditationen zum Priestertum. Freiburg-Basel-Wien 1967 (^{2}1968).
Kritisches Wort. Aktuelle Probleme in Kirche und Welt. Freiburg-Basel-Wien 1970 (^{2}1972).
Meditationen zum Kirchenjahr. Leipzig 1967.
Mein Problem – Karl Rahner antwortet jungen Menschen. Freiburg–Basel-Wien 1984.
Stirbt das Christentum aus? Freiburg 1981.
Strukturwandel der Kirche als Aufgabe und Chance. Freiburg-Basel-Wien 1972 (^{3}1973).
Über die Sakramente der Kirche. Freiburg-Basel-Wien 1985.
Vom Glauben inmitten der Welt. Freiburg-Basel-Wien 1961.
Vom Sinn des kirchlichen Amtes. Freiburg-Basel-Wien 1966.
Von der Unbegreiflichkeit Gottes. Erfahrungen eines katholischen Theologen. Hg. von Albert Raffelt. Einführung Karl Kardinal Lehmann. Freiburg-Basel-Wien 2004.
Wagnis des Christen. Geistliche Texte. Freiburg-Basel-Wien 1974 (^{3}1975).
Warum ich Christ bin. Freiburg-Basel-Wien 2012.
Was heißt Jesus lieben? Freiburg-Basel-Wien 1982.
Was sollen wir noch glauben? Zus. mit Karl-Heinz Weger. Freiburg-Basel-Wien 1979.
Wer ist dein Bruder? Freiburg-Basel-Wien 1981.

2. Lesebücher/ Sammelbände

Karl Lehmann, Karl Rahner und die Kirche. In: Vor dem Geheimnis Gottes den Menschen verstehen, Karl Rahner zum 80. Geburtstag – Karl Rahner: Erfahrungen eines katholischen Theologen, Freiburg 12. Februar 1984.
Der Text ist in dem Sammelband über die genannte Tagung veröffentlicht: Karl Rahner: Erfahrungen eines katholischen Theologen. In: Karl Lehmann (Hg.): Vor dem Geheimnis Gottes den Menschen verstehen. Karl Rahner zum 80. Geburtstag. München 1984, S. 105–119, nachgedruckt in Albert Raf-

felt (Hg.): Karl Rahner in Erinnerung. Düsseldorf 1994 (Freiburger Akademieschriften; 8), S. 134–148. Neuausgabe als selbständige Publikation zum 100. Geburtstag Karl Rahners: Karl Rahner: Von der Unbegreiflichkeit Gottes. Erfahrungen eines katholischen Theologen / Albert Raffelt (Hg.); Karl Kardinal Lehmann (Einführung). Freiburg im Breisgau 2004. In der Ausgabe der sämtlichen Werke Karl Rahners ist er an folgender Stelle enthalten: Karl Rahner: Erneuerung des Ordenslebens. Zeugnis für Kirche und Welt / Bearbeitet von Andreas R. Batlogg SJ. Freiburg i. Br. 2008 (Rahner: Sämtliche Werke; 25), S. 47–57.

Bekenntnisse. Wien-München 1984. Hg. von Georg Sporschill.

Beiträge zur Christologie. Leipzig 1974. Hg. von Siegfried Hübner.

Bilanz des Glaubens". München 1985. Hg. von Paul Imhof.

Kleines Konzilskompendium. Zus. mit Vorgrimler. Freiburg-Basel-Wien 1990 (22. Aufl.).

Kleines Theologisches Wörterbuch. Zus. mit Vorgrimler. Freiburg-Basel-Wien 1975 (11. Aufl.).

Praxis des Glaubens. Freiburg-Basel-Wien 1982.

Rechenschaft des Glaubens. Freiburg-Basel-Wien 2004.

Sendung und Gnade. Beiträge zur Pastoraltheologie. Innsbruck 1959 (^{4}1966; erweiterte Auflage. Einleitung, Anmerkungen und Register von Karl H. Neufeld SJ, Innsbruck-Wien ^{5}1988).

Unbegreiflicher – so nah. Mainz 1999.

3. Literatur über Karl Rahner

Laufende Fortschreibung der Primär- und Sekundärliteratur unter: Fehler! Hyperlink-Referenz ungültig. Einführungen, Festschriften, Biographien.

3.1. Bibliographien

Hilberath, B. J.: Karl Rahner. Gottgeheimnis Mensch. Mainz 1995.

Kleinschwärzer-Meister, B.: Gnade als Mitte menschlicher Existenz. In: Theologen des 20. Jahrhunderts. Eine Einführung. P. Neuner (Hg.). Darmstadt 2002, S. 157–173.

Klinger, E. (Hg.): Christentum innerhalb und außerhalb der Kirche. QD 73. Freiburg-Basel-Wien 1976.

Klinger, E.; Wittstadt, K. (Hg): Glaube im Prozess. Christsein nach dem II. Vatikanum. Freiburg-Basel-Wien 1984.

Klinger, E.: Das absolute Geheimnis im Alltag entdecken. Zur spirituellen Theologie Karl Rahners. Würzburg 1994.
Lehmann, K. (Hg.): Vor dem Geheimnis Gottes den Menschen verstehen. Karl Rahner zum 80. Geburtstag. München-Zürich ^{2}1984.
Lehmann, K.: Karl Rahner. Ein Porträt. In: K. Lehmann u. A. Raffelt (Hg.): Karl Rahner-Lesebuch. Freiburg i.Br. 2004, S. 9–56.
Metz, J. B.; Kern, W. (SJ); Darlapp, Adolf; Vorgrimler, Herbert (Hg.): Gott in Welt. Band 1: Philosophische Grundfragen, Theologische Grundfragen, Biblische Themen. Band 2: Zur Theologie von Christus und Kirche. Zum Problem der Religionen und Konfessionen. Philosophisch-theologische Grenzprobleme der Geisteswissenschaften. Philosophisch-theologische Grenzprobleme der Naturwissenschaften. Festgabe für Karl Rahner. Freiburg-Basel-Wien 1964.
Neufeld, K. H.: Die Brüder Rahner. Eine Biographie. Neuauflage. Freiburg-Basel-Wien 2004.
Raffelt, A.; Verweyen, H.: Karl Rahner. München 1997.
Schulz, M.: Karl Rahner begegnen. Augsburg 1999.
Sanna, I.: Karl Rahner. Brescia 2000.
Sesboüé, B.: Karl Rahner. Paris 2001.
Sonderheft: Zeitschrift für katholische Theologie 96 (1974) Heft ½.
Vargas-Machuca, A. (Hg.): Telogia y mundo contemporaneo. Homenaje a K. Rahner en su 70 cumpleaños. Madrid 1975.
Vorgrimler, H. (Hg.): Wagnis Theologie. Erfahrungen mit der Theologie Karl Rahners. Freiburg-Basel-Wien 1979.
Vorgrimler, H.: Karl Rahner. Gotteserfahrung in Leben und Denken. Darmstadt 2004.
Weger, K.-H.: Karl Rahner. Eine Einführung in sein theologisches Denken. Freiburg-Basel-Wien 1986.

4. Sekundärliteratur (Monographien)

Batlogg, A. R.: Die Mysterien des Lebens Jesu bei Karl Rahner. Zugang zum Christusglauben. Innsbruck-Wien ^{2}2003.
Bentz, U.: Jetzt ist noch Kirche. Innsbruck-Wien 2008.
Bolewski, J.: Der reine Anfang. Dialektik der Erbsünde in marianischer Perspektive nach Karl Rahner. Frankfurt/M. 1991.
Conway, E.: The anonymous Christian – a relativised Christianity? An evalutation of Hans Urs von Balthasar's criticisms of Karl Rahner's theory of the anonymous Christian. Frankfurt u. a. 1993.

Dirscherl, E.: Die Bedeutung der Nähe Gottes. Ein Gespräch mit Karl Rahner und Emmanuel Levinas. Würzburg 1996.

Eicher, P.: Die anthropologische Wende. Karl Rahners philosophischer Weg vom Wesen des Menschen zur personalen Existenz. Freiburg/Schweiz 1970.

Ders.: Offenbarung. Prinzip neuzeitlicher Theologie. München 1977.

Egan, H.: Karl Rahner. The mystic of everyday life. New York 1998.

Endean, Ph.: Karl Rahner and Ignatian spirituality. Oxford 2001.

Farrugia, E. G. (S. J.): Aussage und Zusage. Rom 1985.

Fischer, K. P.: Der Mensch als Geheimnis. Die Anthropologie Karl Rahners. Freiburg-Basel-Wien 1974.

Fößel, Th.: Gott – Begriff und Geheimnis. Innsbruck-Wien 2004.

França Miranda, de M. : O Mistério de Deus em nossa Vida. A Doutrina trinitária de Karl Rahner. São Paulo 1975.

Gmainer-Pranzl, F.: Glaube und Geschichte bei Karl Rahner und Gerhard Ebeling. Ein Vergleich transzendentaler und hermeneutischer Theologie. Innsbruck-Wien 1996.

Grümme, B.: „Noch ist die Träne nicht weggewischt von jeglichem Angesicht". Überlegungen zur Rede von Erlösung bei Karl Rahner und Franz Rosenzweig. Altenberge 1996.

Hauber, M.: Unsagbar nahe. Innsbruck-Wien 2011.

Heijden, B. van der: Karl Rahner. Darstellung und Kritik seiner Grundpositionen. Einsiedeln 1973.

Hilberath, B.-J.: Der Personbegriff der Trinitätstheologie in Rückfrage von Karl Rahner zu Tertullians „Adversus Praxean". Innsbruck-Wien 1986.

Kehl, M.: Kirche als Institution. Zur theologischen Begründung des institutionellen Charakters der Kirche in der neueren deutschsprachigen katholischen Ekklesiologie. Frankfurt/M. [2]1966.

Kleinschwärzer-Meister, B.: Gnade im Zeichen. Katholische Perspektiven zur allgemeinen Sakramentenlehre in ökumenischer Verständigung auf der Grundlage der Theologie Karl Rahners. Münster 2000.

Knoepffler, N.: Der Begriff „transzendental" bei Karl Rahner. Zur Frage seiner Kantischen Herkunft. Innsbruck-Wien 1993.

Kreutzer, K.: Transzendentales versus hermeneutisches Denken. Zur Genese des religionsphilosophischen Ansatzes bei Karl Rahner und seiner Rezeption durch Johann Baptist Metz. Regensburg 2002.

Lennan, R.: Ecclesiology of Karl Rahner. Oxford 1995.

Mannermaa, T.: Lumen fidei et obiectum fidei adventicium. Uskontiedon spontaanisuus ja re septiivisyys Karl Rahnerin varhaisessa ajattelussa. Die Spontaneität und Rezeptivität der Glaubenserkenntnis im frühen Denken Karl Rahners (dt. Zusammenfassung). Helsinki 1970.

Marmion, D.: A spirituality of everyday faith. A theological interpretation of the notion of spirituality in Karl Rahner. Louvain 1998.
Maurice, É. : La christologie de Karl Rahner. Paris 1995.
Metz, J. B.: Glaube in Geschichte und Gesellschaft. Mainz ²1978.
Miggelbrink, R.: Ekstatische Gottesliebe im tätigen Weltbezug. Der Beitrag Karl Rahners zu einer zeitgenössischen Gotteslehre. Altenberg 1989.
Neumann, K.: Der Praxisbezug der Theologie bei Karl Rahner. Freiburg i. Br. 1980.
Rulands, P.: Menschsein unter dem An-Spruch der Gnade. Das übernatürliche Existential und der Begriff der natura pura bei Karl Rahner. Innsbruck-Wien 2000.
Schenk, R.: Die Gnade vollendeter Endlichkeit. Zur transzendentaltheologischen Auslegung der thomanischen Anthropologie. Freiburg 1989.
Schickendantz, C. F.: Autotrascendencia radicalizada en extrema impotencia. Comprensión de la muerte en Karl Rahner. Santiago de Chile 1999.
Schmolly, W.: Eschatologische Hoffnung in Geschichte. Karl Rahners dogmatisches Grundverständnis der Kirche als theologische Begleitung von deren Selbstvollzug. Innsbruck-Wien 2001.
Schneider, M.: „Unterscheidung der Geister". Die ignatianischen Exerzitien in der Deutung von E. Przywara, K. Rahner und G. Fessard. Innsbruck-Wien ²1987.
Schwerdtfeger, N.: Gnade und Welt. Zum Grundgefüge von Karl Rahners Theorie der „anonymen Christen". Freiburg-Basel-Wien 1982.
Siebenrock, R. A.: „Wer sich Gott naht, dem naht sich Gott." Studien zum Werk Karl Rahners in fundamentaltheologischer Perspektive. Mainz 2005.
Stolina, R.: Die Theologie Karl Rahners. Inkarnatorische Spiritualität. Menschwerdung Gottes und Gebet. Innsbruck-Wien 1996.
Tafferner, A.: Gottes- und Nächstenliebe in der deutschsprachigen Theologie des 20. Jahrhunderts. Innsbruck-Wien 1992.
Vass, G.: Understanding Karl Rahner. 5 Vol. Westminster–London 1985–2001.
Wandinger, N.: Die Sündenlehre als Schlüssel zum Menschen. Impulse K. Rahners und R. Schwagers zu einer Heuristik theologischer Anthropologie. Münster 2003.
Wassilowsky, G.: Universales Heilssakrament Kirche. Karl Rahners Beitrag zur Ekklesiologie des II. Vatikanums. Innsbruck-Wien 2001.
Werner, W.: Fundamentaltheologie bei Karl Rahner. Denkwege und Paradigmen. Tübingen 2003.
Weß, P.: Gemeinde Kirche – Ort des Glaubens. Die Praxis als Fundament und als Konsequenz der Theologie. Graz 1989.
Zahlauer, A.: Karl Rahner und sein „produktives Vorbild" Ignatius von Loyola. Innsbruck-Wien 1996.

Ziebritzki, D.: „Legitime Heilswege“. Relecture der Religionstheologie Karl Rahners. Innsbruck-Wien 2002.

5. Sekundärliteratur (Aufsätze)

Balthasar, H. U. von: Karl Rahner. Zum 60. Geburtstag am 5. März 1964. In: Christliche Kultur. Beilage zu Neue Zürcher Nachrichten. 28. Jhg. Nr. 8 vom 29. 2. 1964.

Delgado, M. u. Lutz-Bachmann, M. (Hg.): Theologie aus der Erfahrung der Gnade. Annäherungen an Karl Rahner. Berlin 1994.

Denken nach Karl Rahner. Theologische Quartalschrift 174 (1994) Heft 4.

Franz Kardinal König: Mein Konzilstheologe. Freiburg-Basel-Wien 2006.

Klinger, E.: Das absolute Geheimnis im Alltag entdecken. Würzburg 1994.

Metz, J. B.: Fehlt uns Karl Rahner? Köln 1989.

Neufeld, K. H.: Karl Rahner zu Buße und Beichte. Ein Überblick. In: Zeitschrift für katholische Theologie 108 (1986), S. 55–61.

Nüssel, F.: Grund zur Aufgeschlossenheit – Denkanstöße Karl Rahners für die gegenwärtige evangelische Theologie. In: Materialdienst des konfessionskundlichen Instituts Bensheim 55 (2004), S. 23–29.

Peters, A.: Zwischen Gottesmystik und Christuszeugnis. Zur Theologie Karl Rahners. In: Theologische Rundschau 51 (1986), S. 269–314.

Pröpper, Th.: Zu Karl Rahners Philosophie und Theologie der Offenbarung. In: Ders.: Erlösungsglaube und Freiheitsgeschichte. München ^{2}1988, S. 123–137.

Raffelt, A. (Hg.): Karl Rahner in Erinnerung. Düsseldorf 1994.

Ratzinger, J.: Vom Verstehen des Glaubens. Anmerkungen zu Rahners Grundkurs des Glaubens. In: Theologische Revue 74 (1978), S. 177–186.

Siebenrock, R. A. (Hg.): Karl Rahner in der Diskussion. Erstes und zweites Innsbrucker Karl-Rahner-Symposion: Themen – Referate – Ergebnisse. Innsbruck-Wien 2001.

Ders.: Poesie und Reflexion. Beobachtungen und Überlegungen zu den Sprachen im Werk Karl Rahners als Grundbestimmungen theologischer Rechenschaft des Glaubens. In: Religion – Literatur – Künste II. Ein Dialog. Mit einem Grußwort von Bischof A. Kothgasser. Hg. von P. Tschuggnall. Anif/Salzburg 2002, S. 490–504.

Sudbrack, J.: Der Christ von morgen – ein Mystiker? Karl Rahners Wort als Mahnung, Aufgabe und Prophezeiung. In: Der Christ von morgen – ein Mystiker? Grundformen mystischer Existenz. Hg. W. von Böhme u. J. Sudbrack. Würzburg-Stuttgart 1989, S. 99–136.

Verweyen, H.: Wie wird ein Existential übernatürlich? Zu einem Grundproblem der Anthropologie K. Rahners. In: TThZ 95 (1986), S. 115–131.
Vorgrimler, H.: Karl Rahner verstehen – Eine Einführung in sein Leben und Denken, Freiburg-Basel-Wien 1985.
Vorgrimler, H.: Wegsuche. Kleine Schriften zur Theologie. Bd. II. Altenberge 1998, S. 473–614.
Vorgrimler, H. (Hg.): Karl Rahner – Sehnsucht nach dem geheimnisvollen Gott. Freiburg-Basel-Wien 1990.
Vorgrimler, H.: Karl Rahner – Zeugnisse seines Lebens und Denkens. Kevelaer 2011.
Vorgrimler, H.: Karl Rahner – eine theologisch-biographische Skizze, S. 7, Zugriff am 14.1.2012, http://www.muenster.de/~angergun/rahnergeburtstag.pdf
Lehmann, K.: Das gelebte Zeugnis: Karl Rahner. In: Dein Reich komme 89. Deutscher Katholikentag Aachen 10.–14. September 1986, Dokumentation Teil I (Paderborn 1987), S. 832–842.
Lehmann, K.: Karl Rahner – Ein Leben für Theologie und Kirche, Karl Rahner-Akademie, Köln 1988.
Lehmann, K.: Karl Rahner als Pionier der Ökumene, Karl Rahner- Akademie, Köln 2002.

6. Sammelwerke zur Theologie Karl Rahners

Bachmann, M. L.; Delgado, M.: Theologie aus Erfahrung der Gnade, Berlin 1994.
Batlogg, A. R.; Rulands, P.; Schmolly, W.; Siebenrock, R. A.; Wassilowsky, G.; Zahlauer, A. (Hg.): Der Denkweg Karl Rahners. Mainz 2003.
Batlogg, A. R.; Michalski, M. E. (Hg.): Begegnungen mit Karl Rahner, Freiburg-Basel-Wien 2006.
Imhof, P.; Biallowons, H. (Hg.): Bilder eines Lebens, Zürich-Freiburg-Basel-Wien 1985.
Miggelbrink, R. (Hg.): Karl Rahner 1904-1984 – Was hat er uns gegeben? – Was haben wir genommen? Berlin 2009.
Mutschler, H.-D. (Hg.): Gott neu buchstabieren. Würzburg 1994.
Raffelt, A. (Hg.): Karl Rahner in Erinnerung, Düsseldorf 1994.
100 Jahre Karl Rahner – Nach Rahner post et secundum, Köln 2004.
Rahner, K.: Karl Rahner. In: Forscher und Gelehrte. Böhm, W. E. (Hg.), zusammen mit Paehlke, G., Stuttgart 1966, S. 21.
Schöndorf, H. (Hg.): Die philosophischen Quellen der Theologie Karl Rahners. Freiburg-Basel-Wien 2005.

Vorgrimler, H. (Hg.): Wagnis Theologie – Erfahrungen mit der Theologie Karl Rahners, Freiburg-Basel-Wien 1979.
Karl Rahner – 100 Jahre, Stimmen der Zeit, Spezial 1, Freiburg-Basel-Wien 2004.

7. Weitere im Text verwendete Literatur

Balthasar, H. U. von: Schleifung der Bastionen, Einsiedeln 1952.
Balthasar, H. U. von: Glaubhaft ist nur Liebe, Einsiedeln 1963.
Balthasar, H. U. von: Myst. Sal. II. Hg. von J. Feiner; M. Löhrer, Einsiedeln 1967.
Balthasar, H. U. von: Cordula oder der Ernstfall, Einsiedeln [3]1968.
Balthasar, H. U. von: Klarstellungen, Freiburg-Basel-Wien 1971.
Balthasar, H. U. von; Ratzinger, Josef: Zwei Plädoyers, München 1971.
Balthasar, H. U. von: In Gottes Einsatz leben, Einsiedeln 1972.
Balthasar, H. U. von: In der Fülle des Glaubens. Balthasar-Lesebuch, Hg. von M. Kehl; W. Löser, Freiburg-Basel-Wien 1980.
Balthasar, H. U. von: Theodramatik III, Einsiedeln 1980.
Balthasar, H. U. von: Theodramatik II/2, Einsiedeln 1983.
Balthasar, H. U. von: Einfaltungen, Trier 1987.
Balthasar, H. U. von: Epilog, Einsiedeln-Trier 1987.
Balthasar, H. U. von: Credo – Meditationen zum Apostolischen Glaubensbekenntnis. Hg. von M. Kehl, Freiburg-Basel-Wien 1989.
Balthasar, H. U. von: Gestalt und Werk. Hg. von Karl Lehmann; W. Kasper, Köln 1989.
Balthasar, H. U. von: Nochmals Reinhold Schneider, Einsiedeln-Freiburg 1991.
Balthasar, H. U. von: Einsame Zwiesprache, Freiburg 1993.
Balthasar, H. U. von: Die Gottesfrage des heutigen Menschen, Einsiedeln-Freiburg 2009.
Benedikt XVI./ Ratzinger: Glaube und Zukunft, München 1970.
Benedikt XVI./ Ratzinger: Vom Sinn des Christseins, München 1971.
Benedikt XVI./ Ratzinger: Brückenbau im Glauben, Leipzig 1979.
Benedikt XVI./ Ratzinger: Umkehr zur Mitte, Leipzig 1981.
Benedikt XVI./ Ratzinger: Theologische Prinzipienlehre, München 1982.
Benedikt XVI./ Ratzinger: Eschatologie, Tod und ewiges Leben, Regensburg 1990.
Benedikt XVI./ Ratzinger: Wahrheit, Werte, Macht. Prüfsteine der pluralistischen Gesellschaft, Freiburg 1995.
Benedikt XVI./ Ratzinger: Berührt vom Unsichtbaren, Freiburg-Basel-Wien 2000.

Benedikt XVI./ Ratzinger: Einführung in das Christentum, München 2000.
Benedikt XVI./ Ratzinger: Licht der Welt, Freiburg-Basel-Wien 2010.
Beier, M.: Gott ohne Angst, Mannheim 2010.
Berger, D.: Der heilige Schein, Berlin 2010.
Bergengruen, W.: Reinhold Schneider – Briefwechsel, Freiburg-Basel-Wien 1966.
Biser, E.: Glaubenswende, Freiburg-Basel-Wien 1987.
Biser, E.; Drewermann, Eugen: Welches Credo? Freiburg-Basel-Wien 1994.
Biser, E.: Predigten zum Lesejahr A, Düsseldorf 1995.
Biser, E.: An der Schwelle zum dritten Jahrtausend, Hamburg 1996.
Biser, E.: Die Neuentdeckung des Glaubens, Stuttgart 2004.
Chorin, Sch. B.: Ich lebe in Jerusalem, München 1998.
Dawkins, R.: Der Gotteswahn, Berlin 2007 (6. Aufl.).
Deschner, K. (Hg.): Was halten sie vom Christentum? München 1957.
Ditfurth, H. von: Der Geist fiel nicht vom Himmel, München 1993.
Drewermann, E.: Strukturen des Bösen, I–III. Paderborn 1977/78.
Drewermann, E.: An ihren Früchten werdet ihr sie erkennen, Olten-Freiburg im Breisgau 1993.
Drewermann, E.: Glauben in Freiheit, Solothurn-Düsseldorf 1993.
Drewermann, E.: Dass auch der Allerniedrigste mein Bruder sei, Zürich-Düsseldorf 1998.
Drewermann, E.: Der sechste Tag, Zürich-Düsseldorf 1998.
Drewermann, E.: Hat der Glaube Hoffnung, Düsseldorf Zürich 2000.
Drewermann, E.: Wozu Religion? Freiburg-Basel-Wien 2001.
Drewermann, E.: Wenn die Sterne Götter wären, Freiburg- Basel- Wien 2004.
Drewermann, E.: Wir glauben, weil wir lieben, Ostfildern 2010.
Drewermann, E.: Die Apostelgeschichte – Wege zur Menschlichkeit, Ostfildern 2011.
Drewermann, E.: Die großen Fragen, Ostfildern 2012.
Eicher, P.: Offenbarung, München 1977.
Ernst, W. (Hg.): Das Leben beten, Leipzig 1975.
Feustel, R.: Abstammungsgeschichte des Menschen, Jena 1976.
Forster, K. (Hg.): Teilhard de Chardin – Philosophische und theologische Probleme seines Denkens, Studien und Berichte der Katholischen Akademie in Bayern, Würzburg 1967.
Fries, H.: Abschied von Gott? Freiburg-Basel-Wien 1991.
Grün, A.; Müller, W.: Wer bist Du, Gott? München 2010.
Guardini, R.: Das Ende der Neuzeit, Leipzig 1955.
Guerriero, E.: Hans Urs von Balthasar, Einsiedeln-Freiburg 1993.
Hasselblatt, D. (Hg.): 1984 Orwells Jahr, Berlin-Frankfurt/ Main-Wien 1983.

Heer, F.; Szczesny, G.: Glaube und Unglaube, München 1959.
Henrici, P.: Die Trilogie Hans Urs von Balthasars – Eine Theologie der Europäischen Kultur, Internationale Zeitschrift Communio, März/ April 2005.
Hemmerle, K.: Das Wort für uns, Freiburg-Basel-Wien 1976.
Hemmerle, K.: Gerufen und verschenkt. Theologischer Versuch einer geistlichen Ortsbestimmung des Priesters, Leipzig 1986.
Hemmerle, K.: Gottes Zeit – unsere Zeit, München 1995.
Holdt, J.: Hugo Rahner, Paderborn-München-Wien 1997.
Hüther, G.: Die Evolution der Liebe, Göttingen 1999.
Kasper, W. (Hg.): Logik der Liebe und Herrlichkeit Gottes, Ostfildern 2006.
Klaghofer-Treitler, W.: Karfreitag, Innsbruck-Wien 1997.
Knabe, H.: Die Täter sind unter uns, Berlin 2007.
Knabe, H.: Die Wahrheit über DIE LINKE, Berlin 2010.
Kopp, J. V.: Entstehung und Zukunft des Menschen – Pierre Teilhard de Chardin und sein Weltbild. Luzern-München 1961.
Küng, H.: Erkämpfte Freiheit, München-Zürich 2002.
Küng, H.: Umstrittene Wahrheit – Erinnerungen, München-Zürich 2007.
Küng, H.: Was ich glaube, München-Zürich 2010.
Legaut, M.: Meine Erfahrungen mit dem Glauben, Freiburg-Basel-Wien 1973.
Lippert, P.: Worte von Mensch zu Mensch, Freiburg-Basel-Wien 1978.
Lochbrunner, M.: Hans Urs von Balthasar und seine Theologenkollegen, Würzburg 2009.
Löser, W.: Kleine Hinführung zu Hans Urs von Balthasar, Freiburg-Basel-Wien 2005.
Maier, H.: Welt ohne Christentum – was wäre anders? Freiburg-Basel-Wien 1995.
Martini, C. M.; Eco U.: Woran glaubt, wer nicht glaubt? Wien 1998.
Menke, K.-H.: Die Einzigkeit Jesu Christi im Horizont der Sinnfrage, Einsiedeln-Freiburg 1995.
Metz, J. B.; Peters, T. R.: Gottespassion, Freiburg-Basel-Wien 1991.
Muth-Schwering, U. (Hg.): Ein Glaubenswort für jeden Tag, Freiburg-Basel-Wien 1987.
Müller-Felsenburg, A. (Hg.): Jeder Tag ein neuer Anfang, Augsburg 2000.
Neufeld, K.-H.: Die Brüder Rahner, Freiburg-Basel-Wien 2004.
O'Brien, J. A.: Gott lebt, Aschaffenburg 1951.
Orwell, G.: Farm der Tiere, Zürich 1982.
Orwell, G.: 1984, Berlin 2007, 41. Auflage.
Pfleger, K.: Geister, die um Christus ringen, Heidelberg 1946.
Pfleger, K.: Dialog mit Peter Wust, Heidelberg 1949.
Pfleger, K.: Im Schatten des Kirchturms, Paderborn 1952.

Pfleger, K.: Kundschafter der Existenztiefe, Frankfurt am Main 1959.
Pfleger, K.: Die verwegenen Christozentriker, Freiburg-Basel-Wien 1964.
Pfleger, K.: Christusfreude, Frankfurt am Main 1973.
Pfleger, K.: Lebensausklang, Frankfurt am Main 1975.
Popper, K. R.; Eccles, J. C.: Das Ich und sein Hirn. 6. Aufl., München-Zürich 1997.
Röper, A.: Karl Rahner als Seelsorger, Innsbruck-Wien 1987.
Ruh, U.: Herder Korrespondenz, Heft 6, 2011.
Schneider R.: Las Casas vor Karl V. Szenen aus der Konquistadorenzeit, Wiesbaden: Inselbücherei (Nr. 741) 1946.
Schneider, R.: Das Kreuz in der Zeit, Freiburg-Basel-Wien 1947.
Schneider, R.: Schicksal und Landschaft, Freiburg-Basel-Wien 1960.
Schneider, R.: Erfüllte Einsamkeit, Freiburg-Basel-Wien 1963.
Schneider, R.: Winter in Wien, Freiburg-Basel-Wien 1963.
Schulz, M.: Hans Urs von Balthasar begegnen, Augsburg 2002.
Schwager, R.: Der wunderbare Tausch. Zur Geschichte und Deutung der Erlösungslehre, München 1986.
Striet, M.; Tück, J. H. (Hg.): Die Kunst Gottes verstehen, Freiburg-Basel-Wien 2005.
Weger, K. H.: Der Mensch vor dem Anspruch Gottes – Glaubensbegründung in einer agnostischen Welt, Graz-Wien-Köln 1981.
Wiegler, P. (Hg.): Goethes Werke in Auswahl, Berlin 1949.
Zahrnt, H.: Gott kann nicht sterben, München 1973.
Zahrnt, H.: Leben als ob es Gott gibt, München 1994.
Zenger, E.: Am Fuß des Sinai, Düsseldorf 1998.
Zulehner, P. M.: „Denn du kommst unserem Tun mit deiner Gnade zuvor“ – Zur Theologie der Seelsorge, 3. Auflage, Düsseldorf 1987; Neuauflage, Ostfildern 2002.
Zweig, S.: Die Welt von gestern, Berlin-Weimar 1985.
Berufen zur Caritas – Wort der deutschen Bischöfe 2009.
Betendes Volk Gottes – Zeitschrift des Rosenkranz-Sühnekreuzzuges um den Frieden der Welt 2010/4 Nr. 244.
Biblische Verkündigung in der Zeitenwende I und II (= Pastoral-Katechetische Hefte 34/35), Hg. von Aufderbeck, H. u. Fritz, M., Leipzig 1967.
Dialogwort der deutschen Bischöfe aus dem Jahre 2011 – Im Heute glauben.
Die deutschen Bischöfe – Hirtenwort Nr. 83/ 2006. Der Glaube an den dreieinigen Gott.
Internationale Katholische Zeitschrift Communio, März/April 2005.
Unsere geschichtliche Zukunft – ein Gespräch über „Das Ende der Neuzeit“ zwischen C. Münster, W. Dirks, G. Krüger und R. Guardini. Würzburg 1953.

Von Gott sprechen, Pastoral-katechetische Hefte, Nr. 54. Leipzig 1975, Quellenverzeichnis S. 164, dort: J. Paul: Blumen-, Frucht- und Dornenstücke oder Ehestand, Tod und Hochzeit des Armenadvokaten F. St. Siebenkäs.
Widerruf oder Vollendung – Reinhold Schneiders „Winter in Wien" in der Diskussion. Freiburg-Basel-Wien 1981.